Konzepte der Kulturwissenschaften

Konzepte der Kulturwissenschaften

Theoretische Grundlagen – Ansätze – Perspektiven

Herausgegeben von
Ansgar Nünning und Vera Nünning

Verlag J. B. Metzler
Stuttgart · Weimar

Bibliografische Information Der Deutschen Bibliothek
Die Deutsche Bibliothek verzeichnet diese Publikation in der Deutschen Nationalbibliografie; detaillierte bibliografische Daten sind im Internet über <http://dnb.ddb.de> abrufbar.

Gedruckt auf chlorfrei gebleichtem, säurefreiem und alterungsbeständigem Papier

ISBN 3-476-01737-0

www.metzlerverlag.de
info@metzlerverlag.de

Einbandgestaltung: Willy Löffelhardt
Satz: DTP + TEXT Eva Burri, Stuttgart
Druck und Bindung: Ebner & Spiegel GmbH, Ulm

Printed in Germany
April / 2003

Verlag J. B. Metzler Stuttgart · Weimar

Inhaltsverzeichnis

1. Kulturwissenschaften: Eine multiperspektivische Einführung in einen interdisziplinären Diskussionszusammenhang*

An Versuchen, die Geistes-, Literatur-, Geschichts- und Sozialwissenschaften kulturwissenschaftlich zu reformieren, zu modifizieren oder zu perspektivieren, herrscht wahrlich kein Mangel. Während sich im anglo-amerikanischen Bereich schon seit den 1960er Jahren neue Formen von *Cultural Studies* (vgl. Winter 2001) herausgebildet und institutionell etabliert haben, kreisen die Diskussionen hierzulande seit etwa zehn Jahren vor allem um die Möglichkeiten und Probleme einer kulturwissenschaftlichen Erneuerung der Geisteswissenschaften (vgl. Frühwald et al. 1991). Überblickt man die einschlägigen Publikationen und Auswahlbibliographien, so reflektieren die deutschen Debatten zunächst einmal die Hochkonjunktur und »geradezu triumphale Rückkehr des Kulturbegriffs« (Daniel 1993, S. 70) sowie die steigende Prestigekurve der Kulturwissenschaft (vgl. Ullmaier 2001) bzw. Kulturwissenschaften. Allerdings sind deren Konturen und Profil bislang trotz (oder wegen?) der Fülle von Publikationen eigentümlich unscharf (vgl. aber die äußerst anregenden Bände von Henningsen/Schröder 1997; Appelsmeyer/Billmann-Mahecha 2001; Jaeger 2001a).

Zudem ist der Aufstieg der Kulturwissenschaft(en) keineswegs nur von ungeteiltem Beifall begleitet gewesen, sondern hat auch eine stattliche Zahl von Gegnern und Kritikern auf den Plan gerufen. Letztere äußern gegenüber den selbsternannten Kulturwissenschaften gerne einen (meist recht pauschalen) Dilettantismus-Verdacht, bezeichnen sie als überflüssig oder »lehnen sie aus der saturierten Perspektive des fachdisziplinären Schrebergartens heraus ab«, wie Bernd Henningsen und Stephan Michael Schröder (1997, S. 6) im Vorwort des von ihnen herausgegebenen Sammelbandes pointiert bemerken. Die Frontstellungen in diesen Debatten sind klar, die verbalen Messer werden gewetzt, mit Polemik wird (auf beiden Seiten) zumeist nicht gegeizt, und für reichlich Zündstoff wird gesorgt, etwa wenn bestimmte Formen von Kulturwissenschaft »als Entertainment« (Vollhardt 2001) (ab-)qualifiziert werden. Was im Eifer des feuilletonistischen und wissenschaftlichen Dauergefechts über ›die Kulturwissenschaft(en)‹ (bei

* Allen Kolleginnen und Kollegen, die die Originalbeiträge für diesen Band geschrieben haben, sowie Ute Hechtfischer vom Metzler Verlag möchten wir ganz herzlich für die ausgezeichnete Zusammenarbeit und vielfältigen Anregungen danken. Besonders großes Lob und herzlichen Dank haben einmal mehr unsere Gießener und Heidelberger Mitarbeiter/innen – allen voran Astrid Erll, Julijana Nadj und Simone Roggendorf sowie Gaby Allrath, Wibke Bindemann, Hanne Birk, Dorothee Birke, Britta Freitag, Birgit Neumann, Nora Redhardt, Klaudia Seibel, Annegret Stegmann und Jens Zwernemann – verdient, die bei der Endredaktion in vielfältiger Weise behilflich waren, um einen möglichst fehlerfreien, druckreifen und optimalen Text zu erstellen.

Lichte betrachtet bereits ein notorisch schwer zu fassendes und prekäres Streitobjekt – oder gar ein Phantom?) allerdings nicht immer klar wird, ist die Antwort auf die eigentlich naheliegende Frage, worüber und auf welchen Ebenen bei dieser »unglücklichen Debatte« (Pornschlegel 1999) eigentlich so heftig gestritten wird: über die Notwendigkeit oder Überflüssigkeit einer kulturwissenschaftlichen Runderneuerung bestimmter oder aller geistes- und/oder sozialwissenschaftlicher Disziplinen; und/oder über Probleme bei der Rezeption und der »mögliche[n] bzw. unmögliche[n] Integration angelsächsischer und französischer Forschungskonzepte in die deutsche (Geistes-)Wissenschaftslandschaft« (ebd., S. 522); und/oder über theoretische, methodische oder konzeptuelle Grundsatzfragen bestimmter kulturwissenschaftlicher Disziplinen, z. B. der Literaturwissenschaft, deren Legitimationsdauerkrise in den letzten Jahren bevorzugt unter das Generalthema ›Literaturwissenschaft und/oder/als Kulturwissenschaft?‹ (vgl. z. B. Schönert 1996; Seeber et al. 1996; von Graevenitz 1999; Voßkamp 1999; Engel 2001) gestellt wurde?

1. Produktive Grenzüberschreitungen, Internationalität, Perspektivenvielfalt und Pluralisierung der kulturwissenschaftlichen Landschaft

Der damit grob umrissene Diskussionszusammenhang ist neben seiner oft etwas diffusen und unfokussierten Natur vor allem durch **drei übergreifende Tendenzen** gekennzeichnet, die im folgenden kurz charakterisiert werden sollen:

- erstens durch eine Reihe von sehr produktiven Grenzüberschreitungen,
- zweitens durch seinen internationalen Charakter bzw. – bezogen auf die deutschen Debatten – eine oftmals recht eklektische Rezeption angelsächsischer und französischer Theorie- und Forschungskonzepte und
- drittens durch seine polyphone und multiperspektivische Qualität. Nicht zuletzt diese Mehrstimmigkeit und Perspektivenvielfalt haben zu einer solchen Pluralisierung der Kulturbegriffe und Kulturtheorien, Ansätze, Richtungen und Methoden sowie kulturwissenschaftlichen Betrachtungsweisen und Untersuchungsgegenstände geführt, daß »*ein methodisch-konzeptuelles Paradigma* kulturwissenschaftlichen Arbeitens« (Pornschlegel 1999, S. 521) bislang nicht zu erkennen ist.

Grenzüberschreitend sind die Debatten um ›die‹ Kulturwissenschaft(en) gleich in mehrfacher Hinsicht: Es sind nicht bloß viele kulturwissenschaftlich orientierte Disziplinen daran beteiligt (und davon betroffen), sondern das ›Programm‹ der Kulturwissenschaft(en) ist selbst von **Grenzerweiterungen und Grenzüberschreitungen** geprägt. Zu den Ausgangspunkten dieser Diskussionen zählen nämlich Kritik an der bisherigen institutionellen Aufteilung wissenschaftlicher Disziplinen und das Bemühen, disziplinäre Grenzen zu überwinden. Beides speist sich wiederum aus der Einsicht, daß die Erforschung kultureller Phänomene einerseits interdisziplinärer Zusammenarbeit bedarf, kulturwissenschaftliche Untersuchungen aber andererseits durch ein institutionelles Problem behindert werden, das Mittelstraß (1987, S. 156) einmal als »Asymmetrie von Problementwicklung und disziplinärer Entwicklung« bezeichnet hat: Da ›Kultur‹ (was immer darunter im Einzelfall zu verstehen ist) zu jenen Phänomenen zählt, die quer zur fachwissenschaftlichen Spezialisierung stehen und die einem nicht den Gefallen tun, »sich als Probleme für disziplinäre Spezialisten zu definieren« (ebd., S. 154 f.), ist eine Diskrepanz entstanden zwischen der Entwicklung der kulturellen Probleme, die es zu untersuchen gilt, und der traditionellen Verfassung und Ausdifferenzierung der wissenschaftlichen Disziplinen.

Ein wichtiger Grund für die allseits geforderte kulturwissenschaftliche Erneuerung der Geistes- und Sozialwissenschaften wird daher vor allem darin gesehen, daß die Kulturwissenschaften »auch der **Rückgewinnung wissenschaftlicher Wahrnehmungsfähigkeiten**« (ebd., S. 155) dienen können. Sie rücken nämlich kulturelle Problemfelder in den Blick, die bislang vor allem deshalb wenig Beachtung gefunden haben, weil sie zwischen den Erkenntnisinteressen der Literatur-, Geschichts- und Sozialwissenschaften liegen und vom disziplinären Suchraster nicht erfaßt werden. Eine interdisziplinäre Weiterentwicklung der Geistes- und Sozialwissenschaften hin zu Kulturwissenschaften gilt somit nicht nur als ein vielversprechender Weg, um bestehende Erkenntnisgrenzen zu überwinden, sondern sie eröffnet auch neue Möglichkeiten »›transdisziplinärer‹ Zusammenarbeit« (Müller 1999, S. 576).

Allerdings ist zu Recht betont worden, daß die jeweiligen Disziplinen nur dann substantielle Beiträge zu dem interdisziplinären Projekt der Kulturwissenschaften leisten können, wenn sie sich auf ihre jeweiligen fachlichen Kompetenzen – über die etwa Literaturwissenschaftler im Umgang mit fiktionalen Texten und Geschichtswissenschaftler im Umgang mit historischen Quellen verfügen – besinnen, denn »interdisziplinäre Kompetenz setzt disziplinäre Kompetenzen voraus« (Mittelstraß 1987, S. 154). Ähnlich argumentiert Scherpe (1999, S. 22), wenn er zu Recht darauf hinweist, daß »eine an Anthropologie, Ethnologie, an Geographie und Mythenforschung oder Medienwissenschaft orientierte Literaturwissenschaft sich nicht legitimieren und Geltung erlangen [kann], wenn sie die neu gewonnenen Untersuchungsfelder nicht aus *eigener* Kompetenz heraus zu beschreiben vermag: Sie hat ihren Anteil am ›Thema‹, am Verfahren und am Erkenntnisziel zu definieren.« Die in **inter- und transdisziplinärer Zusammenarbeit** implizierte Überschreitung von Grenzen zwischen Disziplinen setzt somit **fachspezifische Standards, Methoden und Kompetenzen** voraus: »Kulturwissenschaft zielt jedoch nicht auf Aufhebung der Grenzen wissenschaftlicher Disziplinen (die im Gegenteil auf der Basis ihrer Funktionsprämissen, Methoden und theoretischen Grundannahmen arbeiten müssen), sondern auf ihre Überschreitung im Dienste einer wechselseitigen Erhellung« (Müller 1999, S. 576 f.).

Darüber hinaus sind die Kontroversen um ›die‹ Kulturwissenschaft(en) auch insofern grenzüberschreitend, als sie nicht bloß interdisziplinär, sondern auch international verlaufen. Vergleicht man etwa die **anglo-amerikanischen Debatten über die *Cultural Studies*** mit den deutschen Diskussionen um die kulturwissenschaftliche Erneuerung der Geisteswissenschaften, dann wird deutlich, daß es zwischen den nationalspezifischen Wissenschaftstraditionen nicht bloß Gemeinsamkeiten oder zumindest Parallelen, sondern vor allem auch eine Reihe von unübersehbaren Unterschieden gibt, die bislang noch nicht deutlich herausgearbeitet worden sind und aufgrund derer die Konturen der entsprechenden Forschungsrichtungen noch recht unscharf sind. Trotz einiger inhaltlicher und methodischer Parallelen sind die Begriffe ›Kulturwissenschaft‹ und ›Kulturwissenschaften‹ z. B. zu unterscheiden von den in Großbritannien und den USA entwikkelten Formen von *Cultural Studies*, zu deren Merkmalen eine marxistische Gesellschaftstheorie, eine ideologisch geprägte Zielsetzung und eine weitgehende Eingrenzung des Gegenstands auf die Populärkultur (*popular culture*) der Gegenwart zählen.

Die **interdisziplinären Grenzüberschreitungen** und die **internationale Dimension** der kulturwissenschaftlichen Theoriedebatten sind auch zwei der Hauptgründe für die ausgeprägt **polyphone und multiperspektivische Qualität**, die für den dynamischen Diskussionszusammenhang, der unter dem Begriff ›Kulturwissenschaft(en)‹ firmiert, kennzeichnend sind. Der »Perspektivenvielfalt der Handlungswelt« (Bachmann-Medick 1996b, S. 26) entspricht eine analoge Vielstimmigkeit und Multiperspektivität auf der Metaebene der wissenschaftlichen Disziplinen, Forschungsrichtungen und Ansätze. Daraus resultiert eine Pluralisierung der Kulturbegriffe und Kulturtheorien, der Ansätze und Methoden sowie der kulturwissenschaftlichen Betrachtungsweisen, Themen und Untersuchungsgegenstände. Die vielfach erhobenen Forderungen nach einer kulturwissenschaftlichen Erweiterung der Gegenstandsbereiche und Forschungsstrategien hat inzwischen zur Entwicklung einer **Vielzahl konkurrierender Theorien, Ansätze und Forschungsrichtungen** geführt, deren kleinster gemeinsamer Nenner darin gesehen wird, daß sie ›kulturwissenschaftlich ausgerichtet‹ sind. So reicht das Spektrum dominant kulturwissenschaftlich orientierter Konzeptionen z. B. in der Literaturwissenschaft von rezeptions-, wirkungs- und funktionsgeschichtlichen Ansätzen über den *New Historicism* (vgl. Glauser/Heitmann 1999), den *Cultural Materialism* und die Diskursanalyse bis hin zu kultursoziologischen, kulturanthropologischen und kultursemiotischen Ansätzen, um nur einige der besonders einflußreichen Richtungen zu nennen (vgl. die entsprechenden Kapitel dieses Bandes).

In anderen Disziplinen – allen voran in der Kulturgeschichte (vgl. Daniel 2002) – haben die sogenannte ›interpretative Wende‹ (*interpretive turn*; vgl. Hiley et al. 1991) und ›kulturalistische Wende‹ (*cultural turn*; vgl. Hartmann/Janich 1998) eine ähnliche Vielfalt neuer – z. B. sozial-, alltags-, mentalitäts- und kulturgeschichtlicher – Ansätze und Forschungsrichtungen hervorgebracht, die zwar im Hinblick auf ihre inhaltlichen Schwerpunktsetzungen und ihr Interesse an kulturwissenschaftlichen Fragestellungen einige Konvergenzpunkte aufweisen, ansonsten aber nicht über einen Leisten geschlagen werden dürfen (vgl. Daniel 2002).

Dementsprechend vielfältig sind auch die **Konzepte von Kulturwissenschaft(en)**, die in den letzten Jahren entwickelt und diskutiert worden sind. Bezeichnend für die Vielfalt der Standpunkte und die offenen Grundsatzfragen ist allein schon »das ungeklärte Nebeneinander von Singular und Plural in den Debatten über die Kulturwissenschaften« (Böhme/Matussek/Müller 2000, S. 33).

Im Singular wird der Begriff zumeist zur **Begründung einer neuen Disziplin**, die zwar fachübergreifend ausgerichtet ist, aber allein schon durch die notwendige Institutionalisierung einen disziplinären Status beansprucht und vielerorts auch erhält, oder zur **Bezeichnung einer »Form der Moderation«** (Böhme/Scherpe 1996b, S. 12) verwendet, die

> ein Medium der Verständigung, eine Art Kunst der Multiperspektivität darstelle, um die heterogenen, hochspezialisierten, gegeneinander abgeschotteten Ergebnisse der Wissenschaften zu ›dialogisieren‹, auf strukturelle Gemeinsamkeiten hin transparent zu machen, auf langfristige Trends hin zu befragen, disziplinäre Grenzen zu verflüssigen und ein Geflecht von Beziehungen, Vergleichen, Differenzen, Austauschprozessen und Kontexten zu entwickeln (ebd.).

Diesem Verständnis zufolge ist ›Kulturwissenschaft‹ »nicht eine Einzelwissenschaft, sondern eine Metaebene der Reflexion und eine Form der beweglichen Verschaltung, vielleicht auch eine Steuerungsebene für die Modernisierung der Geisteswissenschaften« (ebd.). Im Plural fungiert der Begriff ›Kulturwissenschaften‹ hingegen zunächst einmal als **Bezeichnung für die Fächer der alten Philosophischen Fakultät**; in diesem Sinne wird der Terminus »nahezu deckungsgleich mit **Geisteswissenschaften** verwendet, soll die dazu zählenden Fächer jedoch aus der geistesgeschichtlichen Tradition deutscher Prägung lösen« (Böhme 2000, S. 356).

Darüber hinaus läßt sich der Terminus ›Kulturwissenschaft(en)‹, dessen Verwendungsweisen in den aktuellen Debatten in der Praxis – im Singular wie im Plural – sehr heterogen sind, bislang trotz der zahlreichen Bemühungen schon deshalb nicht eindeutig definieren, weil darunter eine Vielfalt von unterschiedlichen Forschungsrichtungen und -tendenzen insbesondere in den Geistes- und Sozialwissenschaften subsumiert wird, weil er als Sammelbegriff für einen offenen, dynamischen und interdisziplinären Diskussionszusammenhang fungiert und weil seine Reichweite umstritten ist. Der inflationär gebrauchte Begriff ›Kulturwissenschaft(en)‹ wird in mindestens **vier verschiedenen Bedeutungen** verwendet:

(a) In einem sehr weiten Sinne steht ›Kulturwissenschaft(en)‹ für einen fachübergreifenden Bezugsrahmen, der das Spektrum der traditionellen geisteswissenschaftlichen Disziplinen integrieren soll.

(b) Der Begriff ›Kulturwissenschaft(en)‹ fungiert zweitens als programmatisches Schlagwort für die von verschiedenen Seiten erhobene Forderung nach einem Wandel und einer Erweiterung der Literatur-, Geschichts- und Sozialwissenschaften.

(c) In einem noch engeren und spezielleren Sinne bezeichnet ›Kulturwissenschaft‹ einen Teilbereich bzw. eine bestimmte Richtung innerhalb der einzelnen Philologien, wobei damit bei Lichte betrachtet oft die traditionelle Landeskunde gemeint ist.

(d) Der begrifflichen Klarheit wenig förderlich ist es, auch die Volkskunde oder Europäische Ethnologie als Kulturwissenschaft zu bezeichnen (vgl. Glaser/Luserke 1996).

Ebenso vielfältig wie die Konzepte von Kulturwissenschaft(en) sowie die Ansätze und Teildisziplinen, die sich an den kulturwissenschaftlichen Debatten beteiligen, sind die von ihnen geprägten **Kulturbegriffe und Kulturtheorien.** Die verschiedenen Versuche, den Gegenstandsbereich und die Methoden ›der‹ Kulturwissenschaft bzw. Kulturwissenschaften zu definieren, unterscheiden sich daher zum einen im Hinblick auf die verwendeten Kulturbegriffe und Kulturtheorien. Zum anderen variieren sie in bezug auf die jeweils vorgeschlagenen theoretischen Leitbegriffe und Verfahrensweisen. Dementsprechend vielfältig und schillernd sind die unterschiedlichen Bestimmungen des zentralen Begriffs ›Kultur‹. Dessen Verständnis hat sich in den letzten Jahrzehnten durch Definitionen verschiedener Wissenschaften grundlegend gewandelt. Anregungen für die Präzisierung dieses Begriffs liefern vor allem geschichtswissenschaftliche, anthropologische, soziologische und semiotische Arbeiten, die einige gemeinsame Fluchtpunkte erkennen lassen. Dazu zählen die Überzeugung, daß Kulturen von Menschen gemacht bzw. konstruiert werden, und die These, daß sie weder auf die ›hohe‹ Kultur eingeschränkt noch mit den künstlerischen Lebensäußerungen einer Gemeinschaft gleichgesetzt werden dürfen.

Die Forderung nach einer Ausweitung der Gegenstandsbereiche kulturwissenschaftlicher Forschung gründet in einer Skepsis gegenüber überkommenen Text- und Literaturbegriffen, der Zurückweisung des normativ gefärbten Gegensatzes zwischen ›Hoch- und ›Populärkultur‹ sowie der Einsicht in die Notwendigkeit der Einbeziehung der heutigen Medienkultur (vgl. Schönert 1996): »Die kulturwissenschaftlichen ›Grenzerweiterungen‹ führen zu einer Entprivilegierung der sogenannten hohen Kultur« (Böhme/Matussek/Müller 2000, S. 108).

Da es im Rahmen einer Einführung weder möglich noch sinnvoll ist, die historische Semantik des Kulturbegriffs (vgl. Böhme 1996) zu rekonstruieren oder die Vielzahl der gegenwärtig im Umlauf befindlichen Kulturkonzepte und Kulturtheorien (vgl. Fleischer 2001; Reckwitz 2000) vorzustellen, sei lediglich darauf hingewiesen, daß trotz der Vielfalt unterschiedlicher Entwürfe in den letzten Jahren eine fachübergreifende **Präferenz für einen semiotischen, bedeutungsorientierten und konstruktivistisch geprägten Kulturbegriff** erkennbar ist. Demzufolge wird Kultur als der von Menschen erzeugte Gesamtkomplex von Vorstellungen, Denkformen, Empfindungsweisen, Werten und Bedeutungen aufgefaßt, der sich in Symbolsystemen materialisiert.

Einer solchen bedeutungsorientierten Begriffsbestimmung zufolge sind nicht nur materiale (z. B. künstlerische) Ausdrucksformen zum Bereich der Kultur zu zählen, sondern auch die sozialen Institutionen und mentalen Dispositionen, die die Hervorbringung solcher Artefakte überhaupt erst ermöglichen. Ein solcher semiotischer Kulturbegriff trägt somit der Einsicht Rechnung, daß Kulturen nicht nur eine materiale Seite – die ›Kulturgüter‹ einer Nation – haben, sondern auch eine soziale und mentale (vgl. Posner 1991 sowie Kap. 3 dieses Bandes). Dementsprechend wird gegenwärtig ein der Kulturanthropologie und der Kultursemiotik verpflichtetes Verständnis von ›**Kultur als Text**‹ (vgl. Bachmann-Medick 1996a) bzw. von ›**Kultur als Zeichensystem**‹ (vgl. Posner 1991) und von Kulturwissenschaft als »ein interpretatives, bedeutungsgenerierendes Verfahren, das sozial signifikante Wahrnehmungs-, Symbolisierungs- und Kognitionsstile in ihrer lebensweltlichen Wirksamkeit analysiert« (Böhme/Scherpe 1996b, S. 16), favorisiert.

Wie sich diese Bedeutungserweiterung des Kulturbegriffs modellhaft erfassen läßt, geht aus dem von S.J. Schmidt (1992, S. 434) unterbreiteten Vorschlag hervor, **Kultur als** ein »**Gesamtprogramm** (i.S. von Computersoftware) kommunikativer Thematisierung des Wirklichkeitsmodells einer Gesellschaft« zu konzeptualisieren. Die Bildlogik dieser technischen Metapher, die zwischen dem Programm und der Applikation bzw. den verschiedenen Anwendern unterscheidet (die heikle Frage, wer denn der Programmierer sein kann, sei einstweilen außer acht gelassen), verdeutlicht, daß »die Kultur einer Gesellschaft nicht gleichgesetzt werden kann mit kulturellen Manifestationen wie Symbol(system)en, Kunstobjekten, Riten usw.«, daß diese jedoch die Instanzen sind, »über die Kultur *beobachtbar* werden kann« (ebd., S. 436): »Wie jedes Programm materialisiert sich auch das Programm Kultur nur in seinen Anwendungen durch Aktanten, aber es erschöpft sich nicht darin« (ebd., S. 437). Die Kultur einer Gesellschaft zu erforschen heißt somit, anhand der Untersuchung materialer und sozialer Phänomene ihr mentales Gesamtprogramm zu rekonstruieren.

Außerdem verdeutlichen sowohl die **drei Dimensionen des semiotischen Kulturbegriffs** – d. h. die **materiale**, die **soziale** und die **mentale** – als auch die metaphorische Charakterisierung der Kultur als ein softwareähnliches ›Gesamtprogramm‹ der Thematisierung des Wirklichkeitsmodells einer Gesellschaft, daß weder eine »semiotische Metaphorisierung der sozialen Dimension von Kultur« (Ort 1999, S. 542), wie sie in der – im Zuge der anthropologischen Wende in der Literaturwissenschaft popularisierten – Metapher von der »Kultur als Text« (vgl. Bachmann-Medick 1996a) schlagwortartig zum Ausdruck kommt, noch ein »inverse[r] soziologische[r] Reduktionismus« (Ort 1999, S. 542) den verschiedenen Dimensionen von Kultur gerecht wird, die eben nicht aufeinander reduzierbar sind. Im Gegensatz zu der verbreiteten Redeweise von ›Kultur als Text‹ ist daher zu betonen, daß diese Metapher insofern irreführend ist, als sie die Textbenutzer – mithin die mentale und soziale Seite der Kultur – nicht gebührend akzentuiert. Trotz des »durchschlagenden Erfolg[s] dieser Formel als programmatischer Losung der Kulturwissenschaft« (Böhme/Matussek/Müller 2000, S. 136) ist an der Metapher ›Kultur als Text‹ zweierlei problematisch:

> Zum einen führt die Einebnung der Differenz zwischen dem metaphorischen, universalisierten und dem engen, auf schriftliche Quellen beschränkten Textbegriff leicht in methodologische Aporien. Der Versuch, die nur in einem schriftlichen Text überlieferte kulturelle Praxis unmittelbar einer deutenden Lektüre zu unterziehen, neigt dazu, die Eigenlogik des Textes, der sie dokumentiert, zu unterschätzen. [...] Zum zweiten geht mit der Ausdehnung und Universalisierung des Textbegriffs nicht selten die Privilegierung des sprachlichen Zugangs zu Bedeutungen einher, der als Königsweg zur Entschlüsselung auch aller anderen Kristallisationsformen kultureller Praxis erscheint. Wer Film, Tanz, Theater, Ritual, Performance, Musik, bildende Künste, mithin die Formen kultureller Praxis insgesamt dem Modell der Lektüre subsumiert, bezahlt dafür mit Differenzierungsverlusten: Die je spezifischen Bedeutungspotentiale der einzelnen Künste oder kulturellen Praxen werden nicht mehr wahrgenommen. (ebd., S. 136 f.)

Ungeachtet der Präferenz für den skizzierten semiotischen Kulturbegriff ist zum einen zu betonen, daß mit diesen wenigen Hinweisen das Spektrum der gegenwärtig diskutierten Kulturbegriffe und Kulturtheorien (vgl. Fleischer 2001; Reckwitz 2000) noch nicht annähernd erschöpft ist, wie der anschließende Überblicksbeitrag von Claus-Michael Ort (vgl. Kap. 2) nachdrücklich verdeutlicht. Zum anderen liegt es auf der Hand, daß jede gegenstandstheoretische Definition des Kulturbegriffs zwangsläufig zu einer problematischen Verengung führt (vgl. Jaeger 2001b, S. 17 f.). Nicht umsonst wird ›Kulturwissenschaft‹ daher beschrieben als »ein *Prozeß*, eine wissenschaftliche Praxis, die sich im semiotischen Sinne pragmatisch über Problemstellungen und nicht ›Forschungsgegenstände‹ legitimiert und definiert« (Henningsen/Schröder 1997, S. 7; vgl. auch Appelsmeyer/Billmann-Mahecha 2001). Zum anderen unterstreicht gerade die Vielfalt der Kulturbegriffe die Einsicht, daß ›Kultur‹ – ebenso wie etwa ›Gedächtnis‹ – »als ein *diskursives Konstrukt* zu begreifen [ist], das auf unterschiedlichste Weise problematisiert, erforscht und beschrieben wurde und wird« (Pethes/Ruchatz 2001, S. 13). Die Vielfalt konkurrierender Kulturbegriffe erklärt sich nicht zuletzt daraus, daß es sich um theorie- und disziplinabhängige Konstrukte von Beobachtern handelt. Das gilt sowohl für die kulturanthropologische Metapher von ›Kultur als Text‹ wie für jede andere Definition oder Metapher von Kultur (vgl. Konersmann 1998, S. 327–354).

Diese Einsicht in die **Konstrukthaftigkeit aller Kulturbegriffe und Kulturtheorien** gilt schließlich auch für die Ebene der kulturwissenschaftlichen Gegenstände und Fragestellungen und erklärt zugleich auch deren bemerkenswerte Pluralität und Heterogenität. Als weithin akzeptiert dürfte inzwischen die Einsicht gelten, daß wissenschaftliche Gegenstände weder ›vorgegeben‹ sind noch einfach ›vorgefunden‹ werden. Vielmehr werden sie nach Maßgabe bestimmter Erkenntnisinteressen, Fragestellungen, theoretischer Vorannahmen und Modelle durch konzeptuelle und terminologische Differenzierungen konstruiert bzw. ›erfunden‹, wie S. J. Schmidt in seinem Beitrag zur Konstruktion einer Medienkulturwissenschaft (vgl. Kap. 16) nachdrücklich unterstreicht. Obgleich diese Einsichten weder neu noch revolutionär sind, lohnt es sich, bei Debatten über die kulturwissenschaftliche Erweiterung oder Erneuerung der Geistes- und Sozialwissenschaften daran zu erinnern. Mit wünschenswerter Deutlichkeit und Prägnanz bringt Schmidt (2000, S. 332) diese Einsicht aus systemtheoretischer und konstruktivistischer Sicht auf den Punkt, wenn er darauf hinweist, daß jede Gegenstandskonstitution »mittels Unterscheidungen und Benennungen, also via Differenzmanagement« erfolgt und daß Debatten über die in einem Untersuchungsbereich als relevant angesehenen Gegenstände eine Berücksichtigung des Beobachterproblems erfordern: »*Eine Wissenschaft spricht nicht über Gegenstände, sondern über Phänomene und Probleme.* Und diese gibt es nicht ›an sich‹, sondern nur für Wissenschaftler und Wissenschaftlerinnen« (ebd.).

Der anhaltende **Boom der Kulturwissenschaft bzw. Kulturwissenschaften** darf somit nicht darüber hinwegtäuschen, daß unter diesen Begriffen – ebenso wie unter dem Etikett der *Cultural Studies* – eine bunte Vielfalt unterschiedlicher Strömungen, (Teil-)Disziplinen und Ansätze sowie heterogener Studien subsumiert wird, denen es oftmals an einer gemeinsamen theoretischen, methodischen und fachlichen Grundlage mangelt. Sie haben daher eher den Charakter von Sammelbegriffen bzw. wissenschaftspolitischen Schlagworten, die weder eine klar definierte wissenschaftliche Disziplin noch eine bestimmte Forschungsrichtung bezeichnen, sondern auf einen offenen, interdisziplinären und zunehmend internationalen Diskussionszusammenhang verweisen. Bislang verläuft diese kulturwissenschaftliche Expansion auf beiden Seiten des Atlantiks jedenfalls oft mehr programmatisch als substantiell, eher eklektisch als systematisch, oft eher polemisch als methodisch.

Dementsprechend schwierig ist es bisher, die theoretisch-methodischen Grundlagen, den Gegenstandsbereich, die Leitbegriffe oder zumindest das Profil ›der‹ Kulturwissenschaft bzw. der Kulturwissenschaften zu bestimmen. Verschärft wird diese Schwierigkeit vor allem durch den bereits erwähnten Umstand, daß die kulturwissenschaftlichen Theoriedebatten interdisziplinär und international geführt werden und daß diese Diskussionen in verschiedenen Ländern und nationalen ›Zünften‹ ganz unterschiedliche Formen annimmt.

Diese Schwierigkeit, das Profil der gegenwärtigen Kulturwissenschaften zu bestimmen, hat nicht zuletzt mit der wachsenden **Internationalität und Interdisziplinarität** der Diskussion zu tun, die dazu geführt haben, daß die Verständigung zwischen den durch nationalspezifische Traditionen geprägten intellektuellen Milieus über die Unterschiede und Gemeinsamkeiten kulturwissenschaftlicher Disziplinen, über kontroverse Positionen und Deutungen, über Forschungsstrategien und Methodenkonzepte sowie schließlich über praktische Aufgabenfelder und Funktionsbestimmungen komplexer geworden ist (vgl. Jaeger 2001b, S. 9 f.).

Mehr noch: Was bei der oft recht eklektischen Rezeption angelsächsischer und französischer Theorie- und Forschungskonzepte im Zuge der deutschen Diskussionen um Kulturwissenschaften zumeist übersehen wird, sind zum einen die ganz **unterschiedlichen nationalen und wissenschaftspolitischen Kontexte**, in denen die Debatten jeweils stehen, und zum anderen die eigentümlichen perspektivischen Verzerrungen und Homogenisierungen, die bei einer von solchen Kontexten abstrahierenden interkulturellen Theorierezeption allzu leicht entstehen können. Aus diesem Grunde hat Clemens Pornschlegel zu Recht den sinnvollen Vorschlag unterbreitet, es würde den aktuellen Debatten vielleicht

> guttun, wenn man sie von der bislang vorherrschenden ›paradigmatischen‹ Meta-Ebene, auf der es um die Frage nach einer (un-)möglichen methodisch-thematischen Einheit der ›Kulturwissenschaften‹ geht, löste, um sie statt dessen in zwei voneinander getrennte Fragenkomplexe aufzuspalten. Auf der einen Seite würde sich dann die Frage nach den ›Kulturwissenschaften‹ im Kontext dessen stellen, was – völlig zu Recht – ›Legitimationskrise der Geisteswissenschaften‹ heißt. […] Auf der anderen Seite und *völlig unabhängig* von dieser spezifisch deutschen Legitimationsproblematik der ›Geisteswissenschaften‹ – die weder in den USA noch in England oder Frankreich auf der Tagesordnung steht, weil es dort keine Wissenschaften vom ›ghost‹ oder vom ›esprit‹ gibt –, wären die Vorschläge und Ansätze der einzelnen Autoren […] zu diskutieren; dann freilich nicht mehr im Hinblick auf ein ›methodisches Paradigma‹, das sie nicht bilden und zu bilden auch nicht beabsichtigen, sondern als Fragen bezüglich der *konkreten* sach- und gegenstandsorientierten Methodenprobleme, die sie auf je unterschiedliche Weise aufwerfen und beantworten (Pornschlegel 1999, S. 524 f.).

2. Schwerpunkte und Ziele dieses Bandes – und was er nicht will

Vor dem Hintergrund dieser Unterscheidung sei explizit betont, daß der vorliegende Band nicht primär darauf abzielt, einen (weiteren) Diskussionsbeitrag zu der spezifisch deutschen Meta-Debatte zur Frage nach der Legitimationsdauerkrise und Zukunft der ›Geisteswissenschaften‹ zu liefern oder eine Schiedsrichterfunktion im Streit über Nutzen und Nachteil, Sinn und Unsinn, Notwendigkeit oder Überflüssigkeit einer kulturwissenschaftlichen Erneuerung geistes- oder sozialwissenschaftlicher Disziplinen zu übernehmen. Somit geht es weder darum, die Frage zu klären, ob die Kulturwissenschaften nun »mehr als ein modisches Label« (Bollenbeck 1997) oder ein »Fetisch« (Harth 1996) sein mögen oder nicht, noch darum, eine bestimmte Konzeption von Kultur und Kulturwissenschaft(en) normativ festzuschreiben oder ein neues kulturwissenschaftliches Interpretationsverfahren anzupreisen.

Das Hauptziel dieses als Einführung und Überblick konzipierten Handbuchs ist vielmehr sehr viel schlichter, konkreter und pragmatischer: Es besteht vor allem darin, Leser/inne/n in Form einer kritischen Aufarbeitung und Zusammenschau der wichtigsten Kulturbegriffe, Kulturtheorien und Ansätze den Einstieg in diesen komplexen interdisziplinären und internationalen Diskussionszusammenhang zu erleichtern. Im Vordergrund steht dabei weder die Grundsatzfrage nach einer (un-)möglichen methodisch-thematischen Einheit der ›Kulturwissenschaften‹ in oder jenseits der Vielfalt ihrer (Teil-)Disziplinen noch die Begründung einer neuen Disziplin, sondern das Bemühen um eine möglichst **systematische Bestandsaufnahme der wichtigsten Konzepte, Ansätze und theoretischen Grundlagen**, die bei den Debatten um Möglichkeiten und Probleme einer kulturwissenschaftlichen Erneuerung der Geisteswissenschaften ins Feld geführt werden oder im Hintergrund stehen. Damit möchte der Band zugleich dazu beitragen, die

> Diskussion um die kulturwissenschaftliche Orientierung der Geisteswissenschaften [...] von der paradoxalen Fixierung auf ein *methodisches Paradigma* zu befreien, um die konkreten, analytischen Fragestellungen und thematischen Innovationen, wie sie in den letzten Jahrzehnten in der angelsächsischen und französischen Wissenschaftslandschaft entstanden sind, gelassener wahrnehmen und produktiv aufnehmen zu können (Pornschlegel 1999, S. 531).

Der mehrfache Gebrauch des Plurals im Titel dieses Bandes ist daher keineswegs zufälliger Natur, sondern insofern Programm, als er sogleich auf einige der Prämissen und **Ziele dieses Handbuchs** hinweisen soll.

- Erstens beabsichtigt es nicht, ein (neues) Fach namens ›Kulturwissenschaft‹ (im Singular) vorzustellen (vgl. dazu die ausgezeichnete Einführung von Böhme/Matussek/Müller 2000); Hauptziel dieses Bandes ist es vielmehr, einen bewußt multiperspektivischen, **einführenden Überblick** über die theoretischen Vorannahmen, Methoden und Forschungskonzepte jener Ansätze und Teildisziplinen zu geben, die im Zentrum der aktuellen kulturwissenschaftlichen Theoriedebatten stehen und denen die interdisziplinäre Weiterentwicklung der **Kulturwissenschaften (im Plural)** besonders wichtige Impulse verdankt.

- Die (ebenfalls bewußt im Plural verwendeten) Begriffe ›**Konzepte**‹ und ›**theoretische Grundlagen**‹ sollen zweitens signalisieren, daß der Akzent auf der Vorstellung der jeweiligen Programme, Modelle und Begriffe der Kulturanalyse liegt, wobei die in dem Wort ›Konzepte‹ mitschwingende Bedeutung von ›gedanklicher Entwurf‹ bzw. ›erste Fassung‹ insofern zum Teil durchaus passend und erwünscht ist, als die Vorläufigkeit einiger der vorliegenden kulturwissenschaftlichen ›Leitprogramme‹ keineswegs verschwiegen werden soll.
- ›**Ansätze**‹ verweist drittens auf die bereits erwähnte große Spannbreite der Forschungsrichtungen, Theorieangebote und Methoden, die in den Kulturwissenschaften derzeit zu verzeichnen ist und die in einem synchronen Querschnitt darzustellen eines der weiteren Ziele des vorliegenden Bandes ist.
- Der letzte Plural in der Begriffstrias des Untertitels – ›**Perspektiven**‹ – soll schließlich andeuten, daß es nicht bloß um Theoriedebatten geht, sondern auch um die Frage, welche Fragestellungen und Forschungsfelder durch kulturwissenschaftliche Betrachtungsweisen jeweils erschlossen werden bzw. welche Erweiterungen und welche konkreten Aussichten auf zukünftige Forschungen bestimmte Konzepte und Ansätze eröffnen. Daß ›Perspektiven‹ ein in den Untertiteln von kulturwissenschaftlichen Publikationen gern verwendeter Begriff ist, muß dabei nicht stören (vgl. z. B. Anderegg/Kunz 1999; Glaser/Luserke 1996; Jaeger 2001a; Nünning 1998; Winter 1996); zumindest darüber, daß eine kulturwissenschaftliche Erweiterung oder Erneuerung der Disziplinen neue Betrachtungsweisen und Aussichten für die Zukunft eröffnet, scheint eine gewisse Einigkeit zu bestehen.

Angesichts der skizzierten Vielfalt der theoretischen Konzepte, Ansätze und Forschungsrichtungen sowie der polyphonen Qualität der gegenwärtigen kulturwissenschaftlichen Theoriedebatten erscheint die in doppelter Hinsicht **multiperspektivische Anlage dieses Bandes** (multiperspektivisch sowohl in bezug auf das breite Spektrum der dargestellten Ansätze und Konzepte als auch in Hinblick auf die unterschiedliche Disziplinzugehörigkeit der Beiträger/innen) die wohl adäquateste Form der Darstellung, um eine Vorstellung von dem dynamischen und interdisziplinären Charakter ›der Kulturwissenschaften‹ und von dem Spektrum konkurrierender Positionen zu vermitteln. Anstatt die Differenzen zwischen den beteiligten Disziplinen, Ansätzen und Methoden zu verschleiern oder die Pluralität und Heterogenität der Positionen und Forschungstendenzen künstlich zu bündeln oder zu homogenisieren, erscheint es sinnvoller, von einer **Vielzahl unterschiedlicher Entwürfe** auszugehen, die ›Kultur‹ und kulturwissenschaftliche Fragestellungen auf je eigene Weise konzeptualisieren, perspektivieren und erforschen. Anstatt den Standpunkt einer bestimmten (Teil-)Disziplin oder theoretischen Position gegenüber anderen zu privilegieren, ermöglicht es die multiperspektivische Darstellungsweise, den polyphonen Charakter der kulturwissenschaftlichen Diskurse zu wahren.

Auf diese Weise präsentiert der Band die unterschiedlichen Ansätze und Zugangsweisen gleichberechtigt nebeneinander und eröffnet durch die Zusammenschau zugleich die Möglichkeit, sie zueinander in Beziehung zu setzen. Die Anlage des Bandes ermöglicht es zum einen, die jeweiligen Entstehungszusammenhänge, theoretischen Grundlagen und Besonderheiten der einzelnen Ansätze und Forschungsrichtungen separat darzustellen; damit reduziert sie zum anderen auch die Gefahr, daß es zu unzulässigen und irreführenden Homogenisierungen kommt, wie sie etwa für die Rezeption (bzw. Konstruktion) ›der‹ *Cultural Studies* bzw. ›des‹ Post- bzw. Neostrukturalismus vielfach kennzeichnend waren (und zum Teil auch heute noch sind).

Das vorliegende Handbuch ist daher vor allem als **Arbeitsmittel für die Orientierung** innerhalb des damit umrissenen Feldes von kulturtheoretischen Ansätzen und (Teil-)Disziplinen gedacht, das inzwischen selbst für Fachleute kaum noch überschaubar ist. Der interdisziplinär ausgerichtete Band gibt einen kompakten Überblick über die Vielfalt der kulturwissenschaftlichen Ansätze und Forschungsrichtungen, erläutert deren theoretische Grundlagen, methodische Zugriffe und Konzepte. Darüber hinaus eröffnet er einen exemplarischen Zugang zu zentralen kulturwissenschaftlichen Aufgabenfeldern, Fragestellungen und Forschungstendenzen. Der Band versteht sich somit zugleich als **Antwort auf die Kommunikationsprobleme und Verstehensschwierigkeiten**, die durch den grenzüberschreitenden und vielstimmigen Charakter der Debatten um die Kulturwissenschaft(en) bedingt sind. Derartige Verständigungsprobleme gibt es nämlich nicht nur zwischen Fachvertretern aus unterschiedlichen Nationen und Wissenschaftskulturen, sondern auch zwischen den an der Diskussion um die Kulturwissenschaften beteiligten Disziplinen, zwischen Repräsentanten unterschiedlicher Ansätze und Forschungsrichtungen sowie zwischen Lehrenden und Studierenden. Vor allem letztere stehen zudem vor dem ganz praktischen Problem, daß die Einarbeitung in diesen unübersichtlichen und komplexen Diskussionszusammenhang mit erheblichen Verstehensschwierigkeiten und einem großen Zeitaufwand verbunden ist.

Um diesem Anspruch zu genügen, muß der Band so systematisch und umfassend wie möglich sein, ohne seine Handlichkeit als einbändiges Einführungs- und Nachschlagewerk zu verlieren. Das Bemühen um eine möglichst breite Erschließung der wichtigsten Ansätze und Konzepte darf nicht als ein Anspruch auf Vollständigkeit (der ausdrücklich nicht erhoben wird) mißverstanden werden. Anstatt der Chimäre der Vollständigkeit nachzujagen, galt es daher, eine möglichst sinnvolle und **repräsentative Auswahl** zu treffen. Im Zentrum stand dabei erstens das Bemühen, in Form eines synchronen Querschnitts einen einführenden Überblick über die **gegenwärtig besonders intensiv diskutierten kulturwissenschaftlichen Ansätze** und Konzepte zu geben. Hingegen spielten die historische Rekonstruktion der Kulturwissenschaften (vgl. Jaeger 2001c) sowie die Geschichte der modernen Kulturtheorie (vgl. Jung 1999) bei der Konzeption des Bandes eine nachgeordnete Rolle, wiewohl natürlich die diachrone Dimension bzw. wissenschaftsgeschichtliche Aspekte in allen Kapiteln, wo immer es nötig oder zweckmäßig erschien, erörtert werden.

Der Ausrichtung des Verlagsprogramms entsprechend liegt der Akzent dabei zweitens auf den Konzepten und theoretischen Grundlagen jener Ansätze, die sich für eine **kulturwissenschaftliche Erneuerung der Literaturwissenschaf-**

ten als besonders folgenreich erwiesen haben. Darüber hinaus wurde drittens ein breites Spektrum kulturwissenschaftlicher **Forschungsrichtungen aus geistes- und sozialwissenschaftlichen Nachbardisziplinen** – von der Kulturgeschichte, Kultursoziologie, Kulturpsychologie und Kulturökologie bis zu den interdisziplinären Fremdkulturwissenschaften, Kulturraumstudien, *Gender*-Studien und der Medienkulturwissenschaft – berücksichtigt (vgl. die entsprechenden Kapitel des Bandes). Der Beitrag von Astrid Erll zum Thema ›kollektives Gedächtnis und Erinnerungskulturen‹, der bewußt quer steht zu den Kapiteln, die bestimmte Ansätze und kulturwissenschaftliche (Teil-)Disziplinen darstellen, verdeutlicht nicht nur exemplarisch, welche neuen Perspektiven sich durch eine kulturwissenschaftliche Betrachtungsweise – etwa im Hinblick auf die Erforschung nationaler und kultureller Identität (vgl. Giesen 1991) – eröffnen, sondern er trägt zugleich auch der Tatsache Rechnung, daß sich eine prophetische Bemerkung Jan Assmanns (1997, S. 11) inzwischen bestätigt hat: »Alles spricht dafür, daß sich um den Begriff der Erinnerung ein neues Paradigma der Kulturwissenschaften aufbaut, das die verschiedenen kulturellen Phänomene und Felder – Kunst und Literatur, Politik und Gesellschaft, Religion und Recht – in neuen Zusammenhängen sehen läßt.«

Die Auswahl der Ansätze und Teildisziplinen, die natürlich (ebenso wie jede andere) in Frage gestellt werden kann, orientiert sich primär an der Bedeutung, die die jeweiligen Forschungsrichtungen für die Debatten um eine kulturwissenschaftliche Erneuerung der Geisteswissenschaften und für die Entwicklung innovativer Konzepte kulturwissenschaftlicher Forschung hat. Diese Bedeutung ist zwar nur schwer exakt abzuschätzen, aber die systematische Auswertung der wichtigsten kulturwissenschaftlichen Neuerscheinungen und Zeitschriften bietet durchaus verläßliche Anhaltspunkte. Die vier entscheidenden Kriterien für die Aufnahme der ausgewählten Ansätze waren neben ihrer Relevanz für den Diskussionsverlauf die Fragen, wie ausgearbeitet die jeweils vorliegenden theoretischen Entwürfe sind, ob in dem jeweiligen Bereich bereits eine nennenswerte Menge ertragreicher Studien vorliegt, wie verallgemeinerungs- und anschlußfähig die jeweiligen Konzepte und Zugangsweisen für die Kulturwissenschaften sind (vgl. Daniel 2002, S. 297) und wie das Entwicklungspotential und die Perspektiven der Ansätze einzuschätzen sind. Von der nach diesen Kriterien getroffenen Auswahl erhoffen wir, daß sie in etwa repräsentativ ist für die wichtigsten Forschungsrichtungen und gegenwärtigen Entwicklungstendenzen in den Kulturwissenschaften. Daß dennoch manch eine Leserin bzw. manch ein Leser den einen oder anderen Ansatz vermissen wird, ist wohl unvermeidlich. So liegt es auf der Hand, daß das Spektrum der (Teil-)Disziplinen, die unterschiedliche Dimensionen des Phänomens ›Kultur‹ erforschen, mit den Beiträgen dieses Bandes noch nicht erschöpft ist (man denke etwa an die Kulturphilosophie, die Kunstgeschichte, die Religionswissenschaften und die Kulturgeographie) und daß sich auch die Gegenstände und Fragestellungen etlicher Disziplinen, in denen sich die ›kulturalistische Wende‹ erst zögerlich bemerkbar gemacht hat (z. B. die Sprach-, Rechts- und Wirtschaftswissenschaften), mit großem Gewinn kulturwissenschaftlich perspektivieren ließen. Am liebsten hätten auch wir noch ein Dutzend weitere Beiträge vergeben, worauf wir aber aus Umfangsgründen sowie aufgrund der Tatsache, daß ein um enzyklopädische Vollständigkeit bemühtes dreibändiges ›Handbuch Kulturwissenschaften‹ (Stuttgart: Metzler 2003 ff.) in Vorbereitung ist, notgedrungen verzichten mußten.

Aus der skizzierten Zielsetzung heraus ergibt sich, daß innerhalb der einzelnen Kapitel die Charakterisierung der **theoretischen Grundlagen** der verschiedenen Ansätze, die Explikation der jeweils relevanten **Begriffe** sowie die Erläuterung der daraus abgeleiteten **methodischen Zugangsmöglichkeiten** im Mittelpunkt der Beiträge stehen. Darüber hinaus werden in allen Kapiteln zentrale **Aufgabenfelder**, **Fragestellungen** und **Forschungstendenzen** vorgestellt, die die konkreten Sach- und Methodenprobleme exemplarisch und gegenstandsorientiert veranschaulichen. Aufgrund der vielfältigen Unterschiede zwischen den vorgestellten Ansätzen und Teildisziplinen haben wir es innerhalb des skizzierten Rahmens den Beiträger/inne/n überlassen, eigene Akzente zu setzen, und bewußt darauf verzichtet, alle Artikel in ein einheitliches Schema zu pressen oder enzyklopädische Vollständigkeit anzustreben.

Obgleich die verschiedenen Beiträge somit jeweils andere Positionen, Entwürfe und Aspekte in den Vordergrund rücken, fügen sie sich mosaikartig zu einem vielschichtigen Bild der gegenwärtigen kulturwissenschaftlichen Theorie- und Forschungsdebatten zusammen. Indem sie sowohl die Spannbreite der Ansätze, Konzepte und theoretisch-methodischen Vorannahmen als auch die Eigenarten der jeweiligen Positionen verdeutlichen, erschließen sie zugleich unterschiedliche Zugangsmöglichkeiten zu den verschiedenen Fragestellungen und Forschungsfeldern der Kulturwissenschaften: Die Ansätze und Theoretiker/innen »werden also nicht als Autoritäten vorgestellt, deren Anrufung sichere Ergebnisse garantiert, sondern als Anreger, deren kreatives Potential und intellektueller Reichtum für die aktuellen Debatten erschlossen werden können, ohne den an diesen Debatten Interessierten ein philosophisches, wissenschaftstheoretisches oder wissenschaftsgeschichtliches Zweitstudium zuzumuten« (Daniel 2002, S. 20).

Durch die Gegenüberstellung verschiedener Ansätze und Betrachtungsweisen möchte dieser Band nicht zuletzt jene Gefahren vermeiden, die Nietzsche in seiner radikalen Wissenschaftskritik »Vom Nutzen und Nachteil der Historie für das Leben« in düsteren Farben umrissen hat. Ersetzt man ›Historie‹ durch ›Theorie‹, so wirft Nietzsches (1960, S. 281) Klage über das »Übermaß von Historie« auch ein kritisches Licht auf die schädlichen Folgen, die ein Übermaß an Theorie insbesondere für unkritische Adepten haben kann und die sich in Anlehnung an Nietzsche so beschreiben lassen: Schon bald schleppt der Studienanfänger »eine ungeheure Menge von unverdaulichen Wissenssteinen mit sich herum« (ebd., 232), bei deren Anwendung im Proseminar droht dann »ein ganz isoliertes Kapitelchen der Vergangenheit [...] seinem Scharfsinn und der erlernten Methode zum Opfer« zu fallen (ebd., 256), »man braucht an ihm nur zu schütteln, so fällt einem die Weisheit mit Geprassel in den Schoß« (ebd.), »sein Kopf wird mit einer ungeheuren Anzahl von Begriffen angefüllt« (ebd., 279), bis er schließlich – »mit Begriffen wie mit Drachenzähnen übersät, Begriffsdrachen erzeugend, dazu an der Krankheit der Worte leidend und ohne Vertrauen zu jeder eignen Empfindung, die noch nicht mit Worten abgestempelt ist« (ebd., 280) – dem »*Begriffsbeben*, das die Wissenschaft erregt« (ebd., 282), schonungslos ausgeliefert ist.

Im Gegensatz dazu möchte dieser mehrstimmige Einführungsband Leserinnen und Leser – gerade auch Studierende – ausdrücklich dazu ermuntern, einen bestimmten Ansatz nicht einfach kritiklos und autoritätsgläubig zu übernehmen, sondern kulturwissenschaftlichen Theorien, Konzepten und Methoden gegenüber eine zugleich offene und kritische Haltung zu entwickeln, unterschiedliche Ansätze zu vergleichen und sich ein eigenständiges Urteil über deren jeweilige Vorzüge und Probleme – bzw. (frei nach Nietzsche) über den **Nutzen und Nachteil kulturwissenschaftlicher Konzepte für das Studium** – zu bilden. Dies ist eine wichtige Voraussetzung dafür, daß Studierende sich für jene Problemlösungsstrategien entscheiden, die für den jeweiligen Gegenstand und die Fragestellung ihrer eigenen Arbeiten angemessen sind. Da sich der Nutzen eines theoretischen Begriffsystems, einer modellhaften Darstellung und eines methodischen Zugriffs ohnehin erst bei der konkreten kulturwissenschaftlichen Arbeit feststellen läßt, bleibt es letztlich jedem Individuum überlassen, welchem Ansatz und welcher Vorgehensweise er oder sie im Einzelfall den Vorzug gibt. Dazu bedarf es einer begründeten und eigenständigen Entscheidung für bestimmte Ansätze und Methoden, was wiederum zunächst einmal zuverlässige Informationen über die gegenwärtig diskutierten Konzepte der Kulturwissenschaften voraussetzt. Ähnlich wie Ute Daniels ebenso anregendes wie lesenswertes *Kompendium Kulturgeschichte* (2002) versteht sich auch dieses Arbeitsbuch mit seiner multiperspektivischen Annäherung an den interdisziplinären Diskussionszusammenhang der kulturwissenschaftlichen Theorie- und Forschungsdebatten somit »ein wenig als Einstiegsdroge«:

> Es soll Lust darauf machen, eigene intellektuelle Abenteuerreisen in die Welt von Texten zu unternehmen, deren Erkundung sehr viel mehr erbringen kann als die Erkenntnis zitierfähiger Autoritäten: nämlich die Vertrautheit mit selbständigen Weisen des Denkens und die Gelegenheit in der Auseinandersetzung mit ihnen selbst intellektuelle Eigenständigkeit zu gewinnen. (Daniel 2002, S. 24)

Literaturverzeichnis

Anderegg, Johannes/Kunz, Edith Anna (Hgg.): *Kulturwissenschaften. Positionen und Perspektiven*. Bielefeld: Aisthesis 1999.

Appelsmeyer, Heide/Billmann-Mahecha, Elfriede (Hgg.): *Kulturwissenschaft. Felder einer prozeßorientierten wissenschaftlichen Praxis*. Weilerswist: Velbrück 2001.

Assmann, Aleida: *Erinnerungsräume. Formen und Wandlungen des kulturellen Gedächtnisses*. München: Beck 1999.

Assmann, Jan: *Das kulturelle Gedächtnis. Schrift, Erinnerung und politische Identität in frühen Hochkulturen*. München: Beck 1997 [1992].

Bachmann-Medick, Doris (Hg.): *Kultur als Text. Die anthropologische Wende in der Literaturwissenschaft*. Frankfurt a. M.: Fischer 1996a.

Bachmann-Medick, Doris: »Einleitung.« In: Bachmann-Medick 1996a, S. 7–64 (= 1996b).

Bachmann-Medick, Doris: »Texte zwischen den Kulturen. Ein Ausflug in postkoloniale Landkarten.« In: Böhme/Scherpe 1996, S. 60–77 (= 1996c).

Bachmann-Medick, Doris: »Literatur – ein Vernetzungswerk. Kulturwissenschaftliche Analysen in den Literaturwissenschaften.« In: Appelsmeyer/Billmann-Mahecha 2001, S. 215–239.

Bloh, Ute von/Vollhardt, Friedrich: »Literaturwissenschaft und Kulturwissenschaft. Prolegomena.« In: *Mitteilungen des Deutschen Germanistenverbandes* 46,4 (1999) (= Themenheft *Germanistik als Kulturwissenschaft*), S. 479–485.
Böhme, Hartmut: »Vom Cultus zur Kultur(wissenschaft). Zur historischen Semantik des Kulturbegriffs.« In: Glaser/Luserke 1996, S. 48–68.
Böhme, Hartmut: »Kulturwissenschaft.« In: Harald Fricke et al. (Hgg.): *Reallexikon der Deutschen Literaturwissenschaft*. Bd. 2: H–O. Berlin/New York: de Gruyter 2000, S. 356–359.
Böhme, Hartmut/Matussek, Peter/Müller, Lothar: *Orientierung Kulturwissenschaft. Was sie kann, was sie will*. Reinbek bei Hamburg: Rowohlt 2000.
Böhme, Hartmut/Scherpe, Klaus R. (Hgg.): *Literatur und Kulturwissenschaften. Positionen, Theorien, Modelle*. Reinbek bei Hamburg: Rowohlt 1996a.
Böhme, Hartmut/Scherpe, Klaus R.: »Zur Einführung.« In: Böhme/Scherpe 1996a, S. 7–24.
Bollenbeck, Georg: »Die Kulturwissenschaften – mehr als ein modisches Label?« In: *Merkur. Deutsche Zeitschrift für europäisches Denken* 51 (1997), S. 259–265.
Daniel, Ute: »›Kultur‹ und ›Gesellschaft‹: Überlegungen zum Gegenstandsbereich der Sozialgeschichte.« In: *Geschichte und Gesellschaft* 19 (1993), S. 69-99.
Daniel, Ute: *Kompendium Kulturgeschichte. Theorien, Praxis, Schlüsselwörter*. Frankfurt a. M.: Suhrkamp 2002 [2001].
Easthope, Antony: *Literary into Cultural Studies*. London/New York: Routledge 1991.
Engel, Manfred: »Kulturwissenschaft/en – Literaturwissenschaft als Kulturwissenschaft – kulturgeschichtliche Literaturwissenschaft.« In: *KulturPoetik* 1 (2001), S. 8–36.
Fleischer, Michael: *Kulturtheorie. Systemtheoretische und evolutionäre Grundlagen*. Oberhausen: Athena 2001.
Frühwald, Wolfgang et al. (Hgg.): *Geisteswissenschaften heute. Eine Denkschrift*. Frankfurt a. M.: Suhrkamp 1991.
Giesen, Bernhard (Hg.): *Nationale und kulturelle Identität. Studien zur Entwicklung des kollektiven Bewußtseins in der Neuzeit*. Frankfurt a. M.: Suhrkamp 1991.
Glaser, Renate/Luserke, Matthias (Hgg.): *Literaturwissenschaft – Kulturwissenschaft. Positionen, Themen, Perspektiven*. Opladen: Westdeutscher Verlag 1996.
Glauser, Jürg/Heitmann, Annegret (Hgg.): *Verhandlungen mit dem* New Historicism. *Das Text-Kontext-Problem der Literaturwissenschaft*. Würzburg: Königshausen & Neumann 1999.
Grabes, Herbert: »Literaturwissenschaft – Kulturwissenschaft – Anglistik.« In: *Anglia* 114,3 (1996), S. 376–395.
Grabes, Herbert (Hg.): *Literary History/Cultural History. Forcefields and Tensions*. Tübingen: Narr 2001 (= *REAL – Yearbook of Research in English and American Literature* 17).
Harth, Dietrich: »Vom Fetisch bis zum Drama? Anmerkungen zur Renaissance der Kulturwissenschaften.« In: *Anglia* 114,3 (1996), S. 340–375.
Hartmann, Dirk/Janich, Peter (Hgg.): *Die kulturalistische Wende. Zur Orientierung des philosophischen Selbstverständnisses*. Frankfurt a. M.: Suhrkamp 1998.
Hennigsen, Bernd/Schröder, Stephan Michael (Hgg.): *Das Ende der Humboldt-Kosmen. Konturen von Kulturwissenschaft*. Baden-Baden: Nomos 1997.
Hiley, David R. et al. (Hgg.): *The Interpretive Turn. Philosophy, Science, Culture*. Ithaca/London: Cornell UP 1991.
Jaeger, Friedrich (Hg.): *Kulturwissenschaftliche Perspektiven in der Nordamerika-Forschung*. Tübingen: Stauffenburg 2001a.
Jaeger, Friedrich: »Kulturwissenschaften, Cultural Studies und die deutsche Nordamerikaforschung.« In: Jaeger 2001a, S. 9–23 (= 2001b).
Jaeger, Friedrich: »Traditionen der Kulturwissenschaft im deutsch-amerikanischen Vergleich.« In: Jaeger 2001a, S. 209–238 (= 2001c).
Jung, Thomas: *Geschichte der modernen Kulturtheorie*. Darmstadt: Wissenschaftliche Buchgesellschaft 1999.
Konersmann, Ralf (Hg.): *Kulturphilosophie*. Leipzig: Reclam 1998 [1996].
Mittelstraß, Jürgen: »Die Stunde der Interdisziplinarität?« In: Jürgen Kocka (Hg.): *Interdisziplinarität. Praxis – Herausforderungen – Ideologie*. Frankfurt a. M.: Suhrkamp 1987, S. 152–158.

Müller, Jan-Dirk: »Überlegungen zu einer mediävistischen Kulturwissenschaft.« In: *Mitteilungen des Deutschen Germanistenverbandes* 46, 4 (1999) (= Themenheft *Germanistik als Kulturwissenschaft*), S. 574–585.

Nietzsche, Friedrich: *Unzeitgemäße Betrachtungen.* In: Karl Schlechta (Hg.): *Werke in drei Bänden.* Band I. München: Hanser 1960 [1873–1876], S. 135–434.

Nünning, Ansgar: »Literatur, Mentalitäten und kulturelles Gedächtnis. Grundriß, Leitbegriffe und Perspektiven einer anglistischen Kulturwissenschaft.« In: ders. (Hg.): *Literaturwissenschaftliche Theorien, Modelle, Methoden. Eine Einführung.* Trier: Wissenschaftlicher Verlag Trier 1998 [1995], S. 173–198.

Nünning, Ansgar (Hg.): *Metzler Lexikon Literatur- und Kulturtheorie. Ansätze – Personen – Grundbegriffe.* Stuttgart/Weimar: Metzler 2001 [1998].

Oexle, Otto Gerhard (Hg.): *Naturwissenschaft, Geisteswissenschaft, Kulturwissenschaft. Einheit – Gegensatz – Komplementarität?* Göttingen: Wallstein 1998.

Ort, Claus-Michael: »Texttheorie – Textempirie – Textanalyse. Zum Verhältnis von Hermeneutik, Empirischer Literaturwissenschaft und Literaturgeschichte.« In: Achim Barsch/Gebhard Rusch/Reinhold Viehoff (Hgg.): *Empirische Literaturwissenschaft in der Diskussion.* Frankfurt a. M.: Suhrkamp 1994, S. 104–122.

Ort, Claus-Michael: »Was leistet der Kulturbegriff für die Literaturwissenschaft. Anmerkungen zur Debatte.« In: *Mitteilungen des Deutschen Germanistenverbandes* 46,4 (1999) (= Themenheft *Germanistik als Kulturwissenschaft*), S. 534–545.

Pethes, Nicolas/Ruchatz, Jens (Hgg.): *Gedächtnis und Erinnerung. Ein interdisziplinäres Lexikon.* Reinbek bei Hamburg: Rowohlt 2001.

Pornschlegel, Clemens: »Das Paradigma, das keines ist. Anmerkungen zu einer unglücklichen Debatte.« In: *Mitteilungen des Deutschen Germanistenverbandes* 46,4 (1999) (= Themenheft *Germanistik als Kulturwissenschaft*), S. 520–532.

Posner, Roland: »Kultur als Zeichensystem. Zur semiotischen Explikation kulturwissenschaftlicher Grundbegriffe.« In: Aleida Assmann/Dietrich Harth (Hgg.): *Kultur als Lebenswelt und Monument.* Frankfurt a. M.: Suhrkamp 1991, S. 36–74.

Reckwitz, Andreas: *Die Transformation der Kulturtheorien. Zur Entwicklung eines Theorieprogramms.* Weilerswist: Velbrück 2000.

Scherpe, Klaus R.: »Kanon – Text – Medium. Kulturwissenschaftliche Motivationen für die Literaturwissenschaft.« In: Schmidt-Dengler/Schwob 1999, S. 19–35.

Schmidt, Siegfried J.: »Medien, Kultur, Medienkultur. Ein konstruktivistisches Gesprächsangebot.« In: ders. (Hg.): *Kognition und Gesellschaft. Der Diskurs des Radikalen Konstruktivismus 2.* Frankfurt a. M.: Suhrkamp 1992, S. 425–450.

Schmidt, Siegfried J.: *Kalte Faszination. Medien, Kultur, Wissenschaft in der Mediengesellschaft.* Weilerswist: Velbrück 2000.

Schmidt-Dengler, Wendelin/Schwob, Anton (Hgg.): *Germanistik im Spannungsfeld zwischen Philologie und Kulturwissenschaft. Beiträge der Tagung der österreichischen Gesellschaft für Germanistik in Wien 1998.* Wien: Edition Praesens 1999.

Schönert, Jörg: »Literaturwissenschaft – Kulturwissenschaft – Medienkulturwissenschaft. Probleme der Wissenschaftsentwicklung.« In: Glaser/Luserke 1996, S. 192–208.

Seeber, Hans Ulrich et al. (Hgg.): Themenheft *Literaturwissenschaft und/oder Kulturwissenschaft* der *Anglia* 114, 3 (1996).

Titzmann, Michael: »Aspekte der Fremdheitserfahrung. Die logischsemiotische Konstruktion des ›Fremden‹ und des ›Selbst‹.« In: Bernd Lenz/Hans-Jürgen Lüsebrink (Hgg.): *Fremdheitserfahrung und Fremdheitsdarstellung in okzidentalen Kulturen. Theorieansätze, Medien/Textsorten, Diskursformen.* Passau: Wissenschaftsverlag Richard Rothe 1999, S. 89–114.

Ullmaier, Johannes: *Kulturwissenschaft im Zeichen der Moderne. Hermeneutische und kategoriale Probleme.* Tübingen: Niemeyer 2001.

Vollhardt, Friedrich: »Kittlers Leere. Kulturwissenschaft als Entertainment.« In: *Merkur. Deutsche Zeitschrift für europäisches Denken* 55,8 (2001), S. 711–716.

von Graevenitz, Gerhart: »Literaturwissenschaft und Kulturwissenschaften.« In: *Deutsche Vierteljahrsschrift für Literaturwissenschaft und Geistesgeschichte* 73,1 (1999), S. 94–115.

Voßkamp, Wilhelm: »Literaturwissenschaft und Kulturwissenschaften.« In: Henk De Berg/Matthias Prangel (Hgg.): *Interpretation 2000. Positionen und Kontroversen. Festschrift zum 65. Geburtstag von Horst Steinmetz*. Heidelberg: Winter 1999, S. 183–199.
Winter, Carsten (Hg.): *Kulturwissenschaft. Perspektiven, Erfahrungen, Beobachtungen*. Bonn: ARCult Media 1996.
Winter, Rainer: *Die Kunst des Eigensinns. Cultural Studies als Kritik der Macht*. Weilerswist: Velbrück 2001.

Vera Nünning/Ansgar Nünning

2. Kulturbegriffe und Kulturtheorien

1. Vom normativen Kulturbegriff zur Kulturtheorie

1.1 ›Kultur‹ vs. ›Natur‹

Auf welche Weise moderne Gesellschaften ›Kultur‹ sektoral oder ganzheitlich wahrnehmen und sich mit Hilfe eines Diskurses über ›Kultur‹ normativ, kritisch, beschreibend oder erklärend über sich selbst verständigen, hängt von der Definition von ›Kultur‹ und von ihrer theoretischen Konstruktion ab.

Diese setzt im 18. Jahrhundert ein und erfährt seit der Mitte des 19. Jahrhunderts mehrfach Konjunkturen wissenschaftlicher Institutionalisierung zu ›kulturwissenschaftlichen‹ Einzeldisziplinen. Als Voraussetzung für den **Übergang von der Begriffsgeschichte zur Theoriegeschichte der ›Kultur‹** erweist sich im Verlauf des 17. und 18. Jahrhunderts die Befreiung des lateinischen Kulturbegriffs von seinen Genitivattributen. Die römische Antike bezeichnet mit *cultura* und *cultus* (lat. ›Pflege‹, ›Landbau‹ zu *colere*: ›wohnen‹, ›bebauen‹, ›bestellen‹, ›pflegen‹) nicht nur die naturbezogenen Tätigkeiten des Menschen und deren landwirtschaftliche Ergebnisse (*cultura agri*), sondern auch die religiöse ›Pflege‹ des Übernatürlichen (*cultus deorum*) und – darin der griechischen *paideia* (gr. ›Erziehung‹, ›Unterricht‹, ›Züchtigung‹, ›Wissenschaft‹, ›Bildung‹) entsprechend – die pädagogische, wissenschaftliche und künstlerische ›Pflege‹ der individuellen und sozialen Voraussetzungen des menschlichen Lebens selbst. Auch die stoizistische Definition der Philosophie als einer ›Pflege der Seele‹, die die Laster mit der Wurzel auszieht, wie sie Marcus Tullius Cicero in den *Tusculanae Disputationes* II, 13 formuliert, ruft den Bildbereich des Landbaus auf: »cultura autem animi philosophia est; haec extrahit vitia radicitus [...]« (Cicero 1957 [45 v. Chr.], S. 141).

Nach einer Bedeutungsverengung auf religiösen *cultus* und landwirtschaftliche *cultura* im Mittelalter setzt mit der Renaissance der Antike die neuzeitliche Entwicklung von *cultura* und ›Cultur‹ zu einem abstrakten und selbständigen Begriff der Gelehrtensprache ein. Dessen **erweitertes Bedeutungsfeld** betrifft nun die verbesserbaren, insofern historisch kontingenten – wirtschaftlichen, politischen, rechtlichen, religiösen – Bedingungen menschlicher Sozialität insgesamt und wird nur durch den **Gegenbegriff einer ›Natur‹** begrenzt, die es zu bearbeiten und zu domestizieren gilt. Während jedoch Francis Bacon im ersten Teil seiner *Instauratio Magna* den naturwissenschaftlichen Weltbezug nach wie vor bildlich als *cultura* und *georgica animi* bezeichnet (*De dignitate et augmentis scientiarum libri IX*, 7, 1, 1623), erhält der Terminus als Kollektivsingular in der Naturrechtslehre von Samuel Pufendorf einen größeren Bedeutungsumfang und bezeichnet – gleichbedeutend mit *status civilis* und oppositionell zum *status naturalis* – die menschliche Anstrengung, den Naturzustand zu überwinden (Pufendorf: *De jure naturae et gentium*, 1688; vgl. Bollenbeck 1996, S. 55–61). Auch im Kontext des Kameralismus und der ›Policey‹-Wissenschaft der frühen Aufklärung (Heinrich Gottlob von Justi und andere) benennt der deutsche Terminus ›Cultur‹ die als unabschließbar gedachte, sittliche, soziale und technische Verbesserungsbedürftigkeit des Menschen. Eine komplementäre historische Perspektive eröffnet die semiotische Kulturkomparatistik von Giambattista Vico, dessen *Principi di una scienza nuova d'intorno alla communa natura delle nazioni* von 1725 sich gegen René Descartes' ›Naturwissenschaft‹ profilieren und als Begründung von ›Kulturphilosophie‹ und ›Kulturgeschichte‹ interpretiert werden (Kittler 2000, S. 19–28).

In der weiten Bedeutung einer kollektiven ›Verbesserung der Sitten‹ erweist sich **›Cultur‹ als einer der Zentralbegriffe der Fortschrittskonzeption der europäischen Aufklärung** und markiert zugleich deren zunehmende Verzeitlichung und Verbürgerlichung. Johann Gottfried Herders *Ideen zur Philosophie der Geschichte der Menschheit* (1784–91) und ihr nicht-teleologisches Verständnis von ›Kulturen‹ als historisch gewordener, individueller Lebensweisen von Völkern und Nationen, belegen dies ebenso wie erste Versuche einer umfassenden, in ›Kulturräumen‹ denkenden und ständeübergreifenden ›Kulturgeschichte‹ (vgl. Kap. 9 »Kulturgeschichte« in diesem Band), die sich nicht auf dynastische und politische Annalen beschränkt (Johann Christoph Adelung: *Versuch einer Geschichte der Cultur des menschlichen Geschlechts*, 1782; Dietrich Hermann Hegewisch: *Allgemeine Uebersicht der deutschen Kulturgeschichte bis zu Maximilian dem Ersten*, 1788; zum Kulturbegriff der deutschen Spätaufklärung vgl. Garber 1983). Auch die früheste deutsche Lexikalisierung von ›Cultur‹ in der vierten Auflage von Johann Georg Walchs *Philosophischem Lexicon, darinnen die in allen Theilen der Philosophie [...] vorkommenden Materien und Kunstwörter erklärt [...]* (1775) dokumentiert den erweiterten Kulturbegriff der Spätaufklärung:

> Cultur, zeigt eine Verbesserung einer Sache an, so durch hülfreiches Zuthun und Bemühen erreicht wird. Man sagt sowohl von leblosen als auch von lebenden Dingen, sie sind cultiviert, wenn sie nämlich in einen vollkommenern [sic] Zustand versetzet worden, in welchem sie nicht von Natur sich befinden. (zit. nach Bollenbeck 1996, S. 321)

Von einem derart weiten, aber zugleich noch normativen Kulturbegriff leiten sich im Verlauf der Begriffs- und Theoriegeschichte von ›Kultur‹ sowohl ein deskriptiver, nicht-normativer als auch ein normativer und engerer Kulturbegriff ab, deren Gegensatz bis in das 20. Jahrhundert bestehen bleibt. Seit dem späten 18. Jahrhundert wird die frühe anthropologische Generalisierung und Historisierung von ›Kultur‹ im deutschen Sprachraum von einer semantischen Binnendifferenzierung konterkariert, die ›Kultur‹ emphatisch überhöht und zum Gegenbegriff von ›Zivilisation‹ verengt.

1.2 ›Kultur‹ vs. ›Zivilisation‹

Civilitas (lat. von *civis*: ›Bürger‹) meint seit dem Humanismus des 16. Jahrhunderts ›Höflichkeit‹ als Verhaltensstandard des Adels. Noch im 18. Jahrhundert werden ›Civilisation‹ und (materielle) ›Kultur‹ weitgehend bedeutungsgleich gebraucht (u. a. von Moses Mendelssohn). Mit Immanuel Kant setzt jedoch eine normative Bedeutungsrestriktion und **moralische Aufwertung von ›Kultur‹** ein, die sie an ›Bildung‹ bindet und in einen Gegensatz zum französischen Neologismus *civilisation* geraten läßt (zur Begriffsgeschichte vgl. Pflaum 1967; Fisch 1992). ›Zivilisation‹ unterliegt im Deutschen dabei einer Abwertung zu ›äußerlicher‹, ›künstlicher‹ Verfeinerung, während ›innere‹, ›organische Bildung‹ und die ›Idee der Moralität‹ mit ›Kultur‹ verknüpft bleiben:

> Wir sind im hohen Grade durch Kunst und Wissenschaft kultiviert. Wir sind zivilisiert bis zum Überlästigen, zu allerlei gesellschaftlicher Artigkeit und Anständigkeit. Aber, uns für schon moralisiert zu halten, daran fehlt noch sehr viel. Denn die Idee der Moralität gehört noch zur Kultur, der Gebrauch dieser Idee aber, welcher nur auf das Sittenähnliche in der Ehrliebe und der äußeren Anständigkeit hinausläuft, macht bloß die Zivilisierung aus [...]. (Kant 1983 [1784], S. 44)

›Kultur‹ und ›Bildung‹ besetzen im **deutschen Idealismus** eine zunehmend antiaristokratisch und anti-französisch konnotierte Gegenposition zu ›Zivilisation‹, und beide Begriffe verfestigen sich u. a. bei Johann Heinrich Pestalozzi und Wilhelm von Humboldt und v. a. ab der zweiten Hälfte des 19. Jahrhunderts zur scharfen Antithese (Friedrich Nietzsche; zugespitzt noch in Oswald Spenglers *Der Untergang des Abendlandes. Umrisse einer Morphologie der Weltgeschichte*, 1918). Schon Norbert Elias rekonstruiert den Gegensatz des prozeßhaften, übernationalen französischen und englischen Zivilisationsbegriffes zum deutschen, national kodierten und statisch-werkbezogenen Kulturbegriff im ersten Band von *Über den Prozeß der Zivilisation. Soziogenetische und psychogenetische Untersuchungen* (Elias 1980 [1939], S. 1–64; zur Entwicklung dieses Deutungsmusters vgl. Bollenbeck 1996).

Die Abwertung vermeintlich äußerlicher ›Zivilisation‹ als Ausdruck technischer und ökonomischer Rationalität durch einen mit ›Moral‹ und ›Bildung‹ assoziierten Kulturbegriff prägt den philosophischen Diskurs in Deutschland bis weit in das 20. Jahrhundert hinein. Diese Form der Kritik einer emphatisch hochbewerteten, normativen ›Kultur‹ – als Subjekt der Kritik – an ›Zivilisation‹, später auch an ›Gesellschaft‹, ist jedoch von der seit dem 18. Jahrhundert von Jean-Jacques Rousseau ausgehenden **Traditionslinie von ›Kulturkritik‹** zu unterscheiden. Letztere bezieht sich vielmehr auf ›Kultur‹ als Objekt der Kritik in einer weiten, ›Zivilisation‹ einschließenden Bedeutung und reaktiviert die Leitunterscheidung von ›Kultur‹ und ›Natur‹, um ›Natur‹ positiv zu markieren. Beide Traditionen überlagern sich im 20. Jahrhundert in den Kultur- und Gesellschaftsdiagnosen sowohl der Psychoanalyse (vgl. Kap. 11 »Kulturpsychologie und Psychoanalyse als Kulturtheorie« in diesem Band) als auch der neo-marxistischen ›Kritischen Theorie‹ (vgl. Kap. 10 »Kultursoziologie« in diesem Band) mit unterschiedlichen Akzentsetzungen (zur ›Sublimierung‹ und Repression von Trieben vgl. Sigmund Freud: *Das Unbehagen in der Kultur*, 1930; Herbert Marcuse: *Eros and Civilisation. A Philosophical Inquiry into Freud*, 1955; Erich Fromm; Theodor W. Adorno).

Als eigenständiger Objektbereich von Volkskunde, Soziologie (Wilhelm Heinrich Riehl, später Georg Simmel) und einer auf alle menschlichen Lebensbereiche ausgedehnten Kulturgeschichtsschreibung (Gustav Klemm, *Allgemeine Cultur-Geschichte der Menschheit*, 1843; Jacob Burckhardt, *Die Cultur der Renaissance in Italien*, 1860; später u. a. Eberhard Gothein und Karl Lamprecht; vgl. Schorn-Schütte 1984) fungiert dagegen schon im 19. Jahrhundert ein weiter, wertneutraler Kulturbegriff, der **Hochkultur und Volkskultur** gleichermaßen umfaßt. Damit korrespondiert ein auf Herder nur mehr bedingt rückführbarer, nicht-normativer und raum-zeitlicher Begriff von ›Kultur(en)‹ in Ethnologie und Anthropologie, wie ihn – ohne Abgrenzung zu ›Zivilisation‹ – der auch in Deutschland vielzitierte Ethnologe Edward B. Tylor schon 1871 in *Primitive Culture. Researches into the Development of Methodology, Philosophy, Religion, Art and Custom* (*Die Anfänge der Cultur*, 1873) skizziert:

> Cultur oder Civilisation im weitesten ethnographischen Sinne ist jener Inbegriff von Wissen, Glauben, Kunst, Moral, Gesetz, Sitte und allen übrigen Fähigkeiten und Gewohnheiten, welche der Mensch als Glied der Gesellschaft sich angeeignet hat. Der Zustand der Cultur in den mannichfaltigen Gesellschaftsformen der Menschheit ist, soweit er sich auf Grundlage allgemeiner Principien erforschen läßt, ein Gegenstand, welcher für das Studium der Gesetze menschlichen Denkens und Handelns wohl geeignet ist. (Tylor 1873, S. 1)

Derart holistische Kulturkonzeptionen prägen die Kulturanthropologie und Ethnologie des späten 19. und 20. Jahrhunderts von Adolf Bastian bis zu Franz Boas und Margret Mead langfristig und ebnen nicht nur die Unterscheidung von ›Zivilisation‹ und ›Kultur‹ ein, sondern subsumieren nun auch ›Gesellschaft‹ unter ›Kultur‹ oder setzen beide zumindest gleich (vgl. Stagl 1986, Texte von Bastian, Tylor, Boas und anderen in Schmitz 1963 sowie Kap. 5 »Kulturanthropologie« in diesem Band). Andreas Reckwitz zufolge lassen sich diese Kulturkonzeptionen idealtypisch in dreifacher Hinsicht charakterisieren: Sie umfassen erstens »die regelmäßige und beobachtbare Lebensweise selbst (›Gewohnheiten‹, ›Gebräuche‹)«, zweitens »die ideellen und normativen Voraussetzungen dieser Handlungen (›Wissen‹, ›Glauben‹, ›Moral‹)« und drittens »die ›künstlichen‹ Produkte und Artefakte, die in diesem Zusammenhang hergestellt werden (›Kunst‹, ›Recht‹)« (Reckwitz 2000, S. 74 f.).

1.3 ›Kultur‹ vs. ›Gesellschaft‹

Vor diesem Hintergrund konkurriert v. a. die englische und nordamerikanische Soziologie bis in die Mitte des 20. Jahrhunderts mit Kulturanthropologie und Ethnologie um die adäquaten Modelle der Gesellschaftsdeutung und versucht, einem universalistischen Verständnis von ›Kultur‹ entgegenzutreten, das diese als eine Gesellschaft(en) fundierende »Totalität der geistigen und physischen Wechselwirkungen und Tätigkeiten« begreift, »die das Verhalten der Individuen [einer Gruppe] charakterisieren« (Boas: *The Mind of Primitive Man*, 1938; zit. nach Fleischer 2001, S. 24). Schon zu Beginn des 20. Jahrhunderts kommt es innerhalb der Anthropologie selbst zur Spaltung in eine **englische *Social Anthropology*** (William H. R. Rivers, dann Alfred R. Radcliffe-Brown), die sich der vergleichenden Analyse ›sozialer Strukturen‹ widmet, und eine **nordamerikanische, historisch ausgerichtete *Cultural Anthropology*** (Arnold L. Kroeber), die den Vergleich von Kulturen auf eine Rekonstruktion ihrer wahrnehmungs- und verhaltenssteuernden ›Muster‹ zurückführt (im einzelnen vgl. Baumhauer 1982, S. 5–10). Daß das Verhältnis von ›Kultur(theorie)‹ und ›Gesellschaft(stheorie)‹ jedoch weiterhin strittig bleibt, dokumentiert zum einen der kritische Vergleich von mehr als einhundertundfünfzig Kulturbegriffen aus Ethnologie und Anthropologie, den Kroeber und Clyde Kluckhohn 1952 in *Culture. A Critical Review of Concepts and Definitions* vorlegen, sowie zum anderen der Beitrag »The concepts of culture and of social system«, den die Kontrahenten in Soziologie und Kulturanthropologie, Talcott Parsons und Kroeber, 1958 gemeinsam für die *American Sociological Review* verfaßten und in dem sie die Begriffe ›Kultur‹ und ›Gesellschaft‹ in einem »condensed concept of culture-and-society« ausdrücklich als gleichrangig akzeptieren (Kroeber/Parsons 1958, S. 583).

In Deutschland werden dagegen zunächst weniger die Vor- und Nachteile eines zu weiten Kulturbegriffs und die Werthierarchie von ›Kultur‹ und ›Gesellschaft‹ in Ethnologie, Anthropologie und Soziologie problematisiert. Vielmehr schöpfen Soziologen und Philosophen den ideologischen Mehrwert einer restriktiv definierten ›Kultur‹ ab und nehmen ab Ende des 19. Jahrhunderts einen **normativ überhöhten Kulturbegriff** dafür in Anspruch, die sich institutionalisierenden ›geistes-‹ oder ›kulturwissenschaftlichen‹ Disziplinen gegen die Naturwissenschaften zu profilieren und ihnen eine gemeinsame und selbstreflexive Identität zu verleihen. Religion, Philosophie, Kunst und Wissenschaft selbst bilden für Heinrich Rickert, Wilhelm Windelband und die neo-kantianische ›Kulturwissenschaft‹ eine autonome, überhistorisch sinnhafte Wertsphäre der ›Kultur‹, die – organizistisch und lebensphilosophisch gewendet – physiognomisch oder morphologisch zu ›verstehende‹ (Wilhelm Dilthey: ›Geisteswissenschaft‹), individuelle Ausdrucksformen des ›Lebens‹ oder Lebensalters von ›Kulturen‹ hervorbringt (Lamprecht: ›Kulturtypen‹; Theodor Litt, Erich Rothacker oder Leo Frobenius: ›Kulturkreislehre‹; zu Litt vgl. Schulz 1990a).

›Kultur-‹ und ›Geisteswissenschaften‹ und eine seit der Wende zum 20. Jahrhundert so bezeichnete **›Kulturphilosophie‹** (Ludwig Stein, Rudolf Eucken) begleiten kompensatorisch die technischen, ökonomischen und sozialen Modernisierungsfolgen, dienen der Selbstverständigung des Bürgertums als Trägerschicht einer ›Kulturnation‹ und befriedigen dessen erhöhten »Bedarf nach ›kultureller Vergesellschaftung‹, d. h. nach verbindlichen Deutungsmustern, Werten und Verhaltensregeln« (Bruch et al. 1989, S. 14 f.). Höherwertige ›Kultur‹ und materiell verfaßte ›Gesellschaft‹ scheinen sich dabei in einer ›tragischen‹ Aporie zu verfangen: Daß sich der subjektive »Waren-« und »Sachwert« der Objektivationen des menschlichen ›Geistes‹ unaufhaltsam von deren eigentlichem »Kulturwert« entferne, erweise sich, so Simmel, als »Tragödie der Kultur«, die die Selbstvollendung des Subjektes ermögliche und zugleich seine ›Entfremdung‹ erst verursache (»Der Begriff und die Tragödie der Kultur«, 1911; in: Simmel 1983, S. 203, S. 213–219).

›Kultur‹ erscheint als ein kompensatorisch ausdifferenziertes und autonomes Komplement von ›Gesellschaft‹, an dessen Re-Integration sich die ›verstehende Soziologie‹ des ›sinnhaften Handelns‹ (Max Weber) und insbesondere die Kultur- und Wissenssoziologie des frühen 20. Jahrhunderts abarbeiten (zur deutschen ›Kultursoziologie‹ vgl. Rehberg 1986 und Lipp 1994; zur ›Kulturkrise‹ um 1900 und zur Nietzsche-Rezeption durch die Soziologie vgl. Lichtblau 1996). Zwar bezieht schon Rickert in *Kulturwissenschaft und Naturwissenschaft* (1899) die soziale und zugleich zeichenhafte Qualität von ›Kultur‹ aufeinander, insofern er ›Kultur‹ relativistisch als Gesamtheit werthaltiger Objekte definiert, seien sie künstliche, vom Menschen produzierte oder natürliche, von selbst entstandene, aber von und für Menschen mit ›Werten‹ besetzte Objekte (Rickert 1910 [1899], S. 19–27). In der Soziologie scheint dies zunächst nur Max Webers Konzeption von ›Kultur‹ als »ein vom Standpunkt des Menschen aus mit Sinn und Bedeutung bedachter endlicher Ausschnitt aus der sinnlosen Unendlichkeit des Weltgeschehens« aufzugreifen (Weber 1968 [1904], S. 180).

Theoretisch lösbar wird das **Problem der Beziehung von ›Kultur‹ und ›Gesellschaft‹** indes erst dann, wenn die Paradoxien der ›Kultur‹ nicht mehr zur ›Tragik‹ der *conditio humana* hochstilisiert, sondern durch eine sozialtheoretisch anschließbare, nicht-normative Definition von **›Kultur‹ als ›symbolisches System‹** neutralisiert werden, was sich theoriegeschichtlich bei **Ernst Cassirer** 1923 in der *Philosophie der symbolischen Formen* und 1944 in *An Essay on Man. An Introduction to a Philosophy of Human Culture* abzuzeichnen beginnt (zur Bedeutung von Nietzsche, Simmel, Weber und Cassirer für die ›Kulturwissenschaft‹ vgl. die Artikel in Daniel 2001, S. 26–101). Als Forschungsprogramm setzt sich diese Tendenz jedoch erst in den 1960er und 1970er Jahren durch, nachdem sozialtheoretische und zeichentheoretische (vgl. Kap. 3 »Kultursemiotik« in diesem Band) Kulturdefinitionen ihre einzelwissenschaftlich getrennten Wege verlassen haben und sich dank eines *cultural* und *interpretive turn* in den Sozialwissenschaften und dank der Soziologisierung der hermeneutischen (›geisteswissenschaftlichen‹) Disziplinen wieder anzunähern beginnen. Symboliken, Semantiken, Diskursstrukturen und ihre jeweiligen narrativen und rhetorischen Medien rücken nun als handlungsleitende oder verhaltensmodellierende Sinnsysteme, als Ordnungsmuster sozialen Wissens und als Voraussetzungen der Wahrnehmung, Deutung und Konstruktion sozialer ›Realität‹ in den Mittelpunkt sozialwissenschaftlichen Interesses (paradigmatisch Rabinow/Sullivan 1979; Soeffner 1979; Alexander/Seidman 1990; Hansen 1993; vgl. Reckwitz 1999).

Bis in die Gegenwart koexistieren fächerübergreifende, meist zeichen-, diskurs-, text- oder erzähltheoretisch generalisierte Kulturtheorien, die die soziale Funktion von ›Kultur‹ tendenziell ausblenden, mit einzelwissenschaftlichen, meist sozialtheoretisch dimensionierten Kulturtheorien, die die ausdifferenzierte ›Hochkultur‹ als einen gesellschaftlichen Handlungsbereich neben anderen ansehen und die **Beziehungen zwischen ›Kultur‹ und ›Gesellschaft‹ als Beziehung von ›Teil‹**

und ›Ganzem‹ modellieren. Die Polarität zwischen einer »totalitätsorientierten« (Reckwitz 2000, S. 72–79), sozial- oder zeichentheoretischen Übergeneralisierung von ›Kultur‹ einerseits und deren Unterscheidung und »differenzierungstheoretischen« (ebd., S. 79–84) Abgrenzung von ›Gesellschaft‹ andererseits prägt die Theorielandschaft somit nach wie vor. Jüngere meta-theoretisch reflektierte Ansätze, insbesondere innerhalb der Soziologie, versuchen schließlich, beide Perspektiven systematisch zu integrieren (Reckwitz 2000; Baecker 2001; Cappai 2001) und blockierende Letztbegründungszirkel zwischen ›Natur‹ und ›Kultur‹, ›Gesellschaft‹ und ›Kultur‹ oder ›Zeichen‹/›Sprache‹ und ›Gesellschaft‹ in einer **historisch-genetischen Theorie der individuellen und kollektiven ›Enkulturation**‹ zu überwinden (vgl. Dux 2000, der an die Entwicklungspsychologie von Jean Piaget anschließt).

2. Sozialtheorie als Kulturtheorie: Die Funktion von ›Kultur‹

2.1 Die wissenssoziologische Generalisierung der Kultursoziologie

Im weitesten Sinne sozialtheoretische Definitionen von ›Kultur‹ werden von kultur- und sozialanthropologischen, ethnologischen, aber auch von soziologischen Ansätzen unterschiedlicher methodischer Ausrichtung vertreten und zeichnen sich durch ein **prozeßhaft-funktionales Verständnis von ›Kultur**‹ aus. Damit unterscheiden sie sich von zeichentheoretisch fundierten Kulturkonzeptionen, deren eher statischer Ausgangspunkt in symbolischen Ordnungsmustern zu sehen ist, die – als Ergebnisse und als Voraussetzungen sozialer Praxis – auf verschiedenen Abstraktionsniveaus von Artefakten verkörpert werden können. Obwohl beide Theorievarianten im Lauf ihrer Entwicklung immer wieder residual aufeinander Bezug nehmen und sich als komplementär erweisen, setzt sich die Einsicht, daß sie einander notwendig voraussetzen, erst nach und nach durch. Sozialtheorien von ›Kultur‹ beanspruchen, die Beziehungen von ›Kultur‹ und ›Gesellschaft‹ so zu beschreiben, daß die funktionalen Beiträge beider Bereiche füreinander sichtbar werden und sie sowohl aufeinander bezogen als auch voneinander unterschieden werden können – ohne erneut ›Gesellschaft‹ und ›Kultur‹ zur Antinomie hochzustilisieren.

Als Initiator einer kulturphilosophisch entschlackten, deutschen Wissens- und Kultursoziologie, die sich das Problem der sozialen »Seinsverbundenheit des Wissens« (Karl Mannheim: *Wissenssoziologie*, 1931; zit. nach Mannheim 1969 [1929], S. 229–244) explizit stellt, kann Max Weber gelten, der in *Die protestantische Ethik und der Geist des Kapitalismus* (1905) ›kulturelle‹ (hier religiöse) und ›gesellschaftliche‹ (hier ökonomische) Faktoren aufeinander bezieht. Während **Alfred Weber** um 1910 die Unterscheidung von ›Kultur‹ und ›Zivilisation‹ zu einer **wertfreien Trias** aus ›**Gesellschaftsprozeß**‹, technischem ›**Zivilisationsprozeß**‹ und ›**Kulturbewegung**‹ (›**Lebensaggregierung**‹) historisch entfaltet (*Kul-*

turgeschichte als Kultursoziologie, 1935; *Prinzipien der Geschichts- und Kultursoziologie*, 1951), konkretisiert Mannheim 1921 in »Beiträge zur Theorie der Weltanschauungs-Interpretation« (Mannheim 1970 [1964], S. 91–154) und 1926 in »Ideologische und soziologische Interpretation der geistigen Gebilde« (ebd., S. 388–407) die Beziehungen zwischen ›Gesellschaft‹ und ›Wissens‹- oder ›Denkinhalten‹ methodologisch. Indem er deren ›Innenbetrachtung‹ nicht nur in semantische Kontexte einbettet, sondern auch in sukzessiven Vermittlungsschritten mit der ›Außenbetrachtung‹ ihrer sozialen Handlungs- und Funktionskontexte verbindet, arbeitet **Karl Mannheim** die spezifischen **›Aspektstrukturen‹ und den ›Denkstil‹ von Wissensformationen** heraus, ohne ›Kultur‹ einseitig auf ökonomische, ›geistige‹ oder – wie A. Weber – auf ›seelische‹ Faktoren zurückzuführen (vgl. Mannheims Konzeption einer ›Denksoziologie‹ und die in den 1920er Jahren unveröffentlicht gebliebenen Abhandlungen »Über die Eigenart kultursoziologischer Erkenntnis« und »Eine soziologische Theorie der Kultur und ihrer Erkennbarkeit«, beide in Mannheim 1980).

Insofern sich **Kultursoziologie** derart zu **Wissenssoziologie** generalisiert und die Bezugswege zwischen der semiotischen und der sozialen Komponente nicht mehr nur zwischen ›Kultur‹ und ›Gesellschaft‹, sondern auch jeweils innerhalb kultureller wie nicht-kultureller Bereiche von Gesellschaften elaboriert, werden die kunst-, literatur-, religions- und rechtssoziologischen Erkenntnisinteressen der Soziologie in der Interpretation einzelner Artefakte und Texte methodisch einlösbar (im Anschluß an Mannheim Alfred von Martin: *Soziologie der Renaissance. Zur Physiognomik und Rhythmik bürgerlicher Kultur*, 1932; *Geist und Gesellschaft. Soziologische Skizzen zur europäischen Kulturgeschichte*, 1948). Die Konvergenz von Mannheims Ansatz mit der ikonographischen Kunstwissenschaft von Erwin Panofsky ist außerdem schon für die 1920er Jahre belegt. Sie hat sich – vermittelt über Panofskys Studie *Gothic Architecture and Scholasticism* (1951) – zusammen mit Cassirers *Philosophie der symbolischen Formen* im Rahmen des *interpretive turn* der Soziologie als langfristig fruchtbarer Anstoß für Pierre Bourdieu erwiesen (*Zur Soziologie der symbolischen Formen*, 1970). Dessen Kultur- und Literatursoziologie definiert sich über die Begriffe des ›symbolischen Kapitals‹, des sozialen und symbolischen ›Stils‹ und des ›Feldes‹ (Bourdieu 1982, 1999) und versteht unter ›Habitus‹ einen *modus operandi*, der als Ensemble kollektiver Differenzen und Wahlmöglichkeiten zwischen sozialer ›Struktur‹ und symbolischer ›Praxis‹ vermittelt (zu Bourdieu vgl. Mörth/Fröhlich 1994 und Reckwitz 2000, S. 308–346).

Obwohl die phänomenologische und strukturgenetische Wissens- und Kultursoziologie – etwa die Theorie der ›Kulturschwellen‹ von Hans Freyer oder Litts ›Weltbild‹-Konzeption – die Beziehungen zwischen ›Kultur‹ und ›Gesellschaft‹ bereits komplexer modelliert (vgl. Rehberg 1986; Schulz 1990b und zu Freyer Jung 1999, S.135–150), bleibt Max Scheler in einem ontologischen Dualismus von kulturellen ›Idealfaktoren‹ (›Geist‹) und sozialen ›Realfaktoren‹ (›Leben‹) befangen (*Die Wissensformen und die Gesellschaft*, 1926), deren deterministische Relationen an die inversen Versuche der ›materialistischen‹ Kulturtheorie des Marxismus erinnern, homologe Widerspiegelungsbeziehungen zwischen sozialstruktureller (ökonomischer und politischer) ›Basis‹ und kulturellem bzw. ideologischem ›Überbau‹ nachzuweisen (vgl. die Literatursoziologie von Georg Lukács und Lucien Goldmann; zur Kulturtheorie von Karl Marx vgl. Williams 1986). Neomarxistische Ideologiekritik (Walter Benjamin) und die ›Kritische Theorie‹ der ›Frankfurter Schule‹ (Max Horkheimer, Adorno, Marcuse) interpretieren ›bürgerliche Kultur‹ und ihre Artefakte sowohl als ideologische Affirmation von Herrschaft als auch als utopisch-kritischen ›Vorschein‹ und diagnostizieren darüber hinaus eine Polarität aus ›Avantgarde‹ einerseits und ›Massenkultur‹ und ›Kulturindustrie‹ andererseits.

Insofern deren Produkte kunst-, literatur- und medienwissenschaftliches Interesse wecken, erweitert sich nach und nach auch der Gegenstandsbereich nichtmarxistischer ›kulturwissenschaftlicher‹ Einzeldisziplinen um den Bereich der **Alltags-, Populär- und Volkskultur**. Auch die an Positionen marxistischer Sozialtheorie anschließende und auf Richard Hoggart und Raymond Williams (*Culture and Society 1780–1950*, 1958) zurückgehende Schule der *Cultural Studies* zeichnet sich durch ein **nicht-elitäres Verständnis von ›Kultur‹ als ›Lebensweise‹** aus, das z. B. Arbeiter- und Jugend-›Subkulturen‹ einbezieht (vgl. Lange 1984 und Bromley/Göttlich/Winter 1999). Die Tendenz der *Cultural Studies* zum Soziologismus – ›Kultur‹ erscheint als primär sozial determiniert – erweist sich als Antipode der einseitig ›kulturalistisch‹ geprägten, deutschen kulturwissenschaftlichen Tradition, die ›Gesellschaft‹ als primär kulturell determiniert begreift (vgl. Musner 2001, S. 269–270). Beide Vereinseitigungen können nur im Rahmen der veränderten Koordinaten einer gleichermaßen sozial- und zeichentheoretisch konzipierten Kulturtheorie überwunden werden, die auch den stark erweiterten Objektbereich eines nicht nur soziologischen, sondern auch anthropologischen und ethnologischen Kulturbegriffs theoretisch re-integrieren könnte.

Letzterer schwächt in den Literatur- und Medienwissenschaften nicht nur den normativen Gegensatz von Hoch- und Populärkultur ab, sondern ebenso deren eurozentrische Fixierungen zugunsten interkultureller Vergleiche und verhilft einer Reihe von Fragestellungen zu anhaltender Konjunktur (*Gender Studies*; das ›Fremde‹ und das ›Eigene‹; die ›Lesbarkeit‹ des Leibes; Mündlichkeit und Schriftlichkeit; Metaphorologie, ›Kollektivsymbolik‹: Jürgen Link; ›Gedächtnis‹, kollektive Erinnerung: Maurice Halbwachs usw; vgl. auch die Beiträge von Hof, Wierlacher/Albrecht und Erll in diesem Band). Auch der Geltungs- und Funktionsbereich »kommunikativer Gattungen« wie ›Mythos‹, ›Ritual‹ und ›Drama‹ als »Grundformen der gesellschaftlichen Vermittlung von Wissen« (Luckmann 1986, S. 191 f.) oder des ›Spiels‹ als Medium der Verarbeitung von Schwellenerfahrungen beschränkt sich nicht auf die kanonisierten Werke der Hochkultur, sondern läßt sich soziologisch und historisch generalisieren und vermittelt insbesondere der Literaturwissenschaft integrative und interdisziplinär anschließbare Vergleichsperspektiven (Johan Huizinga: *Homo Ludens*, 1938; Erving Goffman: *The Presentation of Self in Everyday Life*, 1959; Victor Turner: *From Ritual to Theatre. The Human Seriousness of Play*, 1982).

Der **anthropologische und ethnologische Funktionalismus** führt die institutionalisierte ›Kultur‹ einer Gesellschaft dagegen auf wenige konstante, menschliche Grundbedürfnisse wie Ernährung, Fortpflanzung und Hygiene zurück und vermag so zwar die Evolution des abstrakten kulturellen Funktionsbereiches insgesamt zu erklären, nicht aber die historisch spezifischen Unterschiede der funktional äquivalenten Elemente innerhalb dieses Funktionsbereiches. Insofern kulturelle Errungenschaften solche Bedürfnisse mit den Werkzeugen einer ›künstlichen Umwelt‹ befriedigen, lösen sie Probleme, deren erfolgreiche Bewältigung für den Bestand einer Gesellschaft unabdingbar ist, wecken dadurch aber zugleich weitere abgeleitete ›Kulturbedürfnisse‹ (vgl. am Beispiel ›primitiver‹ Gesellschaften Radcliffe-Brown und v. a. Bronislaw Malinowski: *A Scientific Theory of Culture*, 1944). Funktionalistischen Denkweisen nähert sich auch die Kulturtheorie des Soziologen **Arnold Gehlen**, der **›Kultur‹ als ›Institution‹** definiert, die das Dasein des instinktreduzierten ›Mängelwesens‹ Mensch durch Verhaltensschematisierung stabilisiere (*Urmensch und Spätkultur. Philosophische Ergebnisse und Aussagen*, 1956; *Die Seele im technischen Zeitalter. Sozialpsychologische Probleme der industriellen Gesellschaft*, 1957).

2.2 Systemtheoretische Kultur- und Wissenssoziologie

Seit den 1950er Jahren geht die struktur-funktionalistische **Handlungs- und Systemtheorie** des amerikanischen Soziologen **Talcott Parsons** von vier basalen Problemen aus, die soziale Systeme auf allen Ebenen – von der Handlungssituation eines ›Aktors‹ bis zum Sozialsystem ›Gesellschaft‹ – gelöst haben müssen, wollen sie sich dauerhaft funktionsfähig erhalten.

- Die funktionalen Erfordernisse der System-Umwelt-Adaptation (*adaptation*: A),
- der Zieldefinition und Zielerreichung (*goal attainment*: G),
- der Integration (*integration*: I) und
- der Bildung und Erhaltung kultureller Deutungs- und Wertmuster (*pattern maintenance/latency*: L)

bilden dabei Klassen von funktional äquivalenten, aber historisch je unterschiedlich ausgeprägten Elementen, die zur Lösung der vier konstanten Bezugsprobleme beitragen. Moderne Gesellschaften differenzieren deshalb die Subsysteme ›Wirtschaft‹ (A), ›Politik‹ (G), ›soziale Gemeinschaft‹ (›Recht‹, ›Erziehungssystem‹: I) und ›Kultur‹ (›Glaubenssysteme‹, ›Moral‹ und ›Werte‹ in ›Religion‹, ›Wissenschaft‹ und ›Kunst‹: L) aus und stabilisieren deren Austauschbeziehungen langfristig (AGIL-Kreuztabelle; vgl. Parsons: *The Social System*, 1951; dazu Schluchter 1980). Auf der mikrosozialen Ebene der vier ›Handlungssubsysteme‹ mobilisiert darüber hinaus das ›Verhaltenssystem‹ (A-Funktion) physische und kognitive Ressourcen des Aktors, während das ›Persönlichkeitssystem‹ (G-Funktion) sein Handeln organisiert, das sich wiederum an den vom ›sozialen System‹ (I-Funktion) vermittelten Handlungserwartungen und an den im ›kulturellen System‹ (L-Funktion) gespeicherten Semantiken und expressiven Symbolen und Codes (*semantic patterns*) orientiert und sie kognitiv und affektiv als Situationsdefinitionen und Wertmuster nutzt. Auf der Mikroebene der internen Handlungssubsysteme aller – auch der nicht-kulturellen – Subsysteme von ›Gesellschaft‹ wiederholt sich die Schnittstelle von ›Kultur‹ und ihren gesellschaftlichen Umwelten also in einer unmittelbaren Kopplung von ›Sozialsystem‹ und ›Zeichensystem‹ bzw. von sozialer Praxis und Symbolstruktur, die seit Mannheim die Generalisierung der Kultursoziologie zu einer Soziologie des ›Wissens‹, seiner semantisch-abstrakten Voraussetzungen und seiner je konkreten medialen (narrativen, dramatischen, rhetorischen usw.) Vermittlungsformen begleitet.

In der 1973 erschienenen Studie *The American University* (*Die amerikanische Universität. Ein Beitrag zur Soziologie der Erkenntnis*, 1990), die den letzten Zustand von **Parsons' integrativer Kulturkonzeption** dokumentiert, wird dies wie folgt zusammengefaßt: »Wenn aber Verhalten seine Ausrichtung und Bedeutung durch Symbole erhält, existiert auch ein kulturelles System. Kultur besteht aus kodifizierten Systemen sinntragender Symbole und aus jenen Aspekten von Handeln, die sich [...] auf Fragen der Sinnhaftigkeit dieser Symbole beziehen« (Parsons/Platt 1990, S. 21; zur expliziten Unterscheidung von »kulturellen [d. h. semiotischen] Objekten« und »kulturellem System« als Handlungssystem vgl. ebd., S. 31). Ohne daß die fächerübergreifend erheblich gestiegenen methodischen Anforderungen eingelöst würden, weist Richard Münch im Anschluß an Parsons dem »sozial-kulturellen System« die Funktion zu, den »sozialen Handlungsspielraum durch die [...] Konstruktion von gemeinsamen Symbolsystemen« – institutionalisiert im »Diskurs« – zu ›generalisieren‹ (Münch 1984, S. 73–260, hier S. 73; vgl. auch ders.: *Die Kultur der Moderne*. 2 Bd., 1986).

Zwar lassen sich ähnliche Funktionspostulate auch jenseits der Systemtheorie und innerhalb der älteren (Alfred Schütz: *Der sinnhafte Aufbau der sozialen Welt. Eine Einleitung in die verstehende Soziologie*, 1932) und jüngeren deutschen Wissens- und Kultursoziologie beobachten; deren Synthesen aus Sozial- und Zeichentheorie bleiben aber zumeist implizit (bei Peter L. Berger/Thomas Luckmann: *The Social Construction of Reality*, 1966; Friedrich H. Tenbruck: *Die kulturellen Grundlagen der Gesellschaft. Der Fall der Moderne*, 1989; vgl. auch Alois Hahn, René König, Hans Peter Thurn oder Gerhard Schulze, der innerhalb des ›semantischen Paradigmas‹ von einer »Hermeneutik der [sozialen] Stile« spricht, Schulze 1992, S. 93–123). Unter systemtheoretischen Vorzeichen, allerdings jenseits von Parsons und Luhmann, deutet Walter L. Bühl ›Wissen‹ als »evolutionär stabile Strategie« und analysiert die »sozialen Mechanismen der Wissenstransformation« (Bühl 1984, S. 9–111). ›Kultur‹ definiert er im Kontext einer nicht-substantialistischen ›dynamischen Kultursoziologie‹ (Bühl 1987) als »variabel gekoppeltes Mehrebenen-System« (Bühl 1986, S. 125–132). Die zu einem umfassenden fächerübergreifenden Theorievergleich ausholende Kulturtheorie von **Michael Fleischer** (*Kulturtheorie. Systemtheoretische und evolutionäre Grundlagen*, 2001) synthetisiert u. a. biologische, thermodynamische, sozialsystem- und diskurstheoretische Theorieversatzstücke und gelangt zu einer Konzeption von **›Kultur‹ als »offene[m] System«** (ebd., S. 241 f.). Dessen zeichentheoretische Dimension bearbeitet Fleischer mit den Vermittlungskategorien ›Weltbild‹, ›Metapher‹, ›Stereotyp‹ und ›Kollektivsymbolik‹ und greift darüber hinaus für die »kulturwissenschaftliche Diskursanalyse« auf Beschreibungsinventare der antiken Rhetorik zurück (ebd., S. 443–488).

Ihren vorläufigen Extrempunkt erreicht die wissenssoziologische Generalisierung von ›Kultur‹ in der **Verallgemeinerung der ›Wissenssoziologie‹ zu einer**

Soziologie der semantischen Differenzen, wie sie in der auf Parsons aufbauenden, konstruktivistischen Systemtheorie von **Niklas Luhmann** Kontur gewinnt (*Soziale Systeme. Grundriß einer allgemeinen Theorie*, 1984; *Die Gesellschaft der Gesellschaft*, 1997). Sie definiert ›Sozialsysteme‹ als sich ›autopoietisch‹ reproduzierende Kommunikationen, die sich auf der Basis semantischer Leitunterscheidungen verschiedenen System-Umwelt-Differenzen zuordnen und sich so als religiöse, politische, rechtliche, wirtschaftliche, wissenschaftliche usw. Kommunikationen zu erkennen geben. Damit unterläuft Luhmann jedoch die tradierten Bindestrichsoziologien des ›Wissens‹ und der ›Kultur‹: Insofern soziale Prozesse und Funktionen nämlich auf ›Kommunikation‹ als Basisoperation sozialer Systeme zurückgeführt und mit einer binären Differenzlogik modelliert werden, die auf soziale und semantische Systeme gleichermaßen Anwendung findet, integriert ›kulturelle‹ Kommunikation die soziale und die symbolische Seite von ›Kultur‹. ›Sozialstruktur‹ und ›Semantik‹ erweisen sich somit als zwei verschiedene Beschreibungen desselben Sachverhaltes und können deshalb auch nicht getrennt voneinander beobachtet werden (vgl. Stichweh 2000). Luhmanns Monographien zu ›kulturellen‹ gesellschaftlichen Subsystemen (*Die Wissenschaft der Gesellschaft*, 1990; *Die Kunst der Gesellschaft*, 1995; *Die Religion der Gesellschaft*, 2000) folgen diesen theoretischen Vorentscheidungen. Vor ihrem Hintergrund reformuliert Luhmann außerdem nicht nur den Kulturbegriff (›Kultur‹ als »Gedächtnis sozialer Systeme« und als »Sinnform der Rekursivität sozialer Kommunikation«, vgl. Luhmann 1995, S. 47), sondern auch Fragestellungen der ›Ideengeschichte‹ und der ›Wissenssoziologie‹, die sich erstens ihr »Zurechnungsproblem« nicht mehr »parallel zur Relation Subjekt-Objekt« stellt, zweitens nicht mehr primär »nach Trägern des Wissens«, sondern »nach einer Korrelation oder Kovariation von Wissensbeständen und gesellschaftlichen Strukturen« fragt (Luhmann 1980, S. 15) und sich drittens von der Annahme einer »repräsentationalen Funktion des Wissens« (Luhmann 1995, S. 159) verabschiedet.

Das kulturwissenschaftliche und mediengeschichtliche Potential von Luhmanns Theorie der ›symbolisch generalisierten Kommunikationsmedien‹ harrt darüber hinaus noch kulturwissenschaftlicher Anwendung – trotz ihrer vereinzelt kritischen Rezeption durch die konstruktivistische Medien- und Kommunikationswissenschaft (Siegfried J. Schmidt: *Kognitive Autonomie und soziale Orientierung. Konstruktivistische Bemerkungen zum Zusammenhang von Kognition, Kommunikation, Medien und Kultur*, 1994; *Kalte Faszination. Medien, Kultur, Wissenschaft in der Mediengesellschaft*, 2000). Als ›evolutionäre Errungenschaften‹ sichern Sprache und Verbreitungsmedien wie Schrift und Buch zwar das ›Verstehen‹ und die soziale Reichweite von Kommunikation, ohne aber den Erfolg der Kommunikationsofferten unter den Bedingungen massen- und printmedialer, ›situationsabstrakter‹ Schriftkommunikation garantieren zu können. Dies leisten erst ›symbolisch generalisierte Erfolgsmedien‹ wie ›Geld‹, ›Macht‹, ›Liebe‹, ›Wahrheit‹ und ›Kunst‹, deren Ausdifferenzierung dabei, so Luhmann, den neuzeitlichen Funktionsverlust der Motivationsmittel ›Moral‹ und ›Religion‹ kompensiere.

3. Kulturtheorie als Zeichentheorie

3.1 ›Kultur‹ als ›Sprache‹ – ›Kultur‹ als Abstraktion

Zeichentheoretische Denkweisen der strukturalen Sprachwissenschaft und Ferdinand de Saussures Unterscheidung konkreter *parole* von systemhaft abstrahierter *langue* prägen bereits die Kulturtheorien der älteren anglo-amerikanischen Ethnologie und ***Cultural Anthropology***. So postulieren Kroeber und Kluckhohn für ›Kultur‹ den ontologischen Status einer Abstraktion vom konkreten menschlichen Sozialverhalten und Handeln (Kroeber/Kluckhohn 1952, S. 155), um der nicht-biologischen Anthropologie in Abgrenzung von Psychologie und Soziologie einen eigenständigen Gegenstandsbereich zu sichern. Der Schwerpunkt einer solchen *pattern theory of culture* liegt nach Kroeber und Kluckhohn (vgl. Baumhauer 1982, S. 8–16; Fleischer 2001, S. 24–30) auf erworbenen Klassifikations- und Bewertungsstandards, die nicht nur selbst emergente Ergebnisse von Verhalten und Handeln bilden und sich als ›Werte‹ und ›Ideen‹ in Artefakten verkörpern, sondern ihrerseits – durch Symboliken vermittelt – die selektive Wahrnehmung von ›Realität‹ organisieren, Verhalten konditionieren und als Orientierungsmuster soziales Handeln kollektiv wie individuell normieren. ›Kultur‹ institutionalisiert somit »Standardisierungen« (Hansen 1995, S. 30–120) und speichert die kognitiven Schemata, »›Konzepte‹ und ›Modelle‹, über die Menschen mental verfügen, um ihre Erfahrungen zu organisieren und zu interpretieren« (Milton Singer, zit. nach Baumhauer 1982, S. 13).

Je nach Abstraktionshöhe erweisen sich diese Muster als stabil und konstant oder als instabil und wandlungsfähig: Kroeber unterscheidet dabei dauerhafte *basic* oder *systemic patterns*, historisch je spezifische *secondary patterns* und generative, ihrerseits musterbildende *patterns of patterns*. Die relative Eigengesetzlichkeit von ›Kultur‹ betont außerdem schon **Leslie A. White** (*The Science of Culture. A Study of Man and Civilisation*, 1949; *The Evolution of Culture*, 1958): Im Anschluß an die ›Kulturologie‹ des Chemikers und Philosophen Wilhelm Ostwald (*Energetische Grundlagen der Kulturwissenschaft*, 1909) geht er von der ***self determination*** **(›Selbstorganisation‹) von ›Kultur‹** als eines autonomen Systems aus, dessen Prozesse weder biologisch noch psychologisch erklärt werden können (zu Ostwald und White vgl. Baumhauer 1982, S. 19–24; Fleischer 2001, S. 34–37). Im expliziten Verweis auf Saussure und Cassirer besteht White auf einer **semiotischen ›Kulturologie‹**, welche »Dinge und Ereignisse, die auf Symbolen beruhen«, dann als ›Kultur‹ bezeichnet, wenn sie anstatt in einem ›somatischen‹ »in einem extra-somatischen Zusammenhang, d. h. eher in bezug auf ihre Verbindung miteinander« als in ihrem »Verhältnis zu menschlichen Organismen« (zit. nach Schmitz 1963, S. 364), also sprachanalog eher als *langue* denn als *parole* interpretiert werden. Seit den 1950er Jahren wendet sich darüber hinaus insbesondere die sogenannte *Ethnoscience* von Ward H. Goodenough noch stärker der Linguistik – v. a. der ›Komponentenanalyse‹ – zu (vgl. Baumhauer 1982, S. 12–16) und modelliert nicht-sprachliche Kulturphänomene konsequent als sprachanaloge Zeichensysteme (vgl. später auch Mary Douglas: *How Institutions Think*, 1986).

Obwohl auch derart ›mentalistische‹ Ansätze auf ihre empirische Basis, also einerseits auf das beobachtbare Sozialverhalten und die Institutionen einer ›Gesellschaft‹ und andererseits auf deren je konkrete Werkzeuge und Artefakte angewiesen bleiben, aus denen sie regelhafte kognitive Codes und ›kulturelle Grammatiken‹ überhaupt erst *ex post* abstrahieren, rechnen sie Artefakte nicht zum Objektbereich von ›Kultur‹ (Vivelo 1988, S. 50–58). Diese Vereinseitigung fördert sowohl sozial- als auch zeichentheoretische Fehlschlüsse, die den Erkenntniswert generativ-strukturalistischer Konzeptionen von ›Kultur‹ mindern: Weder lassen sich die aus sozialem Verhalten und Handeln nachträglich erschlossenen Verhaltens- und Handlungsmuster im generativen Umkehrschluß umstandslos als verhaltenssteuernde und handlungsleitende Strukturen interpretieren, noch sind solche wiederum ohne zusätzliche soziologische und semiotische Daten mit semantischen Strukturen gleichzusetzen, die aus einzelnen Werken, Artefakten oder ›symbolischen Formen‹ abstrahiert werden. A priori repräsentieren soziale Muster und symbolische Codes weder einander wechselseitig noch die jeweilige Praxis ihrer Hervorbringung. Als Ergebnisse sozialer Prozesse lassen sie sich außerdem nicht in jedem Fall als Voraussetzungen für Anschlußverhalten und -handeln interpretieren.

Solchen durch einen linguistischen Reduktionismus bedingten kurzschlüssigen Überinterpretationen logischer Strukturen als kausaler versuchen sowohl die strukturale Ethnologie und Anthropologie (Claude Lévi-Strauss; vgl. auch Oppitz 1975 und Edmund Leach: *Culture and Communication. The Logic by which Symbols are Connected,* 1976) als auch die jüngere nicht-mentalistische, werkbezogene Kultursemiotik zu entgehen, ohne deshalb aber die Beziehung von *parole* und ›Ereignis‹/›Prozeß‹/›Praxis‹ einerseits und *langue* und ›System‹/›Struktur‹/›Wissen‹ andererseits entlang eines obsoleten Dualismus von ›Subjekt‹ und ›Objekt‹ oder ›Teil‹ und ›Ganzem‹ zu modellieren. Nur wenn die Rekonstruktion abstrakter ›Wissensordnungen‹ »zusätzliche Informationen« enthält, die in der Beschreibung einer sozialen ›Praktik‹ noch nicht enthalten sind (Reckwitz 2000, S. 601), dieses ›Wissen‹ also »nicht logisch-begrifflich von den Praktiken abhängig ist, sondern [...] in einer empirischen Beziehung zu ihnen steht« (ebd.), läßt sich soziale ›Praxis‹ aus kulturellen Mustern ›erklären‹ und diese ›Erklärung‹ empirisch kontrollieren (vgl. den kritischen Theorienvergleich von Reckwitz 2000, S. 228–242, 347–362 und 593–616).

Claude Lévi-Strauss nähert sich zwar über die vergleichende differenzlogische Strukturanalyse von Tausch- und Verwandtschaftsstrukturen (*Les structures élémentaires de la parenté*, 1947) und Mythen verschiedener Ethnien (*Mythologiques I–IV*, 1964–71) ahistorischen und unbewußten ›Tiefenstrukuren‹ des ›Geistes‹, die den Bereich sozial zurechenbarer kultureller Muster überschreiten und von ihm stellenweise als neurobiologisch determinierte Universalien des Denkens interpretiert werden (vgl. Reckwitz 2000, S. 209–242; vgl. auch Dux 2000, S. 280–285 anläßlich der generativen Transformationsgrammatik von Noam Chomsky). Insofern Lévi-Strauss jedoch mythischem Denken schon früh eine Doppelstruktur attestiert, die den Mythos »gleichzeitig in der Sprache und jenseits der Sprache« situiert (*The Structural Study of Myth*, 1955; zit. nach Lévi-Strauss 1967, S. 226–254, hier S. 229 f.) und ›Mytheme‹ zugleich als historische

Phänomene des gesprochenen Wortes (*parole*) und als ahistorische auf der Ebene der Sprache (*langue*) betrachtet, entgeht er einer einseitigen Hypostasierung der systemhaften Dimension.

Dies gilt auch für **Umberto Eco**, der zwar »**Kultur als ein System von Zeichensystemen**« definiert (Eco 1977, S. 185), darunter jedoch, wie schon Roland Barthes, die Prozesse einer unabschließbaren Semiose versteht, bei welcher »das Signifikat eines Signifikanten wiederum zum Signifikanten eines weiteren Signifikats« wird, und zwar »unabhängig davon, ob es sich hier um Wörter, Gegenstände, Ideen, Werte, Gefühle, Gesten oder Verhaltensweisen handelt« (ebd., S. 185–186; vgl. Barthes' Definition des ›Mythos‹ als konnotatives ›sekundäres semiologisches System‹: *Mythologies*, 1957).

›Kultur‹ legt fest, wie Gesellschaften unter bestimmten historischen Bedingungen ihre sprachlich und non-verbal kodierten ›Inhalte‹ von den einfachsten »Wahrnehmungseinheiten« bis zu »ideologischen Systemen« segmentieren und auf diese Weise ihre soziale ›Realität‹ klassifizieren (Eco 1977, S. 186; zu ›Ritus‹, ›Mythos‹ und ›Ideologie‹ als ›tertiäre Codes‹ vgl. auch Bystřina 1989, S. 79–169). Ohne sie aufeinander zu reduzieren, unterscheidet **Roland Posner** schließlich **drei emergente Bezugsebenen von Zeichensystemen**, nämlich deren ›soziale‹, ›materiale‹ und ›mentale Kultur‹ und bezieht die ›Gesellschaft‹ und ihre ›Zeichenbenutzer‹ auf die ›Artefakte‹ und ›Texte‹ der ›materialen Zivilisation‹, die wiederum auf ›Mentefakte‹ und ›Codes‹ (›Mentalität‹) angewiesen bleiben, sollen sie eine Funktion für die ›soziale Kultur‹ übernehmen (Posner 1991, S. 53 f.; solche Zusammenhänge untersucht auch schon Mary Douglas in ihrer 1970 erschienenen Studie *Natural Symbols. Explorations in Cosmology; Ritual, Tabu und Körpersymbolik. Sozialanthropologische Studien in Industriegesellschaft und Stammeskultur*, 1974).

3.2 ›Kultur‹ als ›Text‹ – ›Kultur‹ und ›Medien‹

Eine im Sinne Ecos und Posners erweiterte Semiotik eröffnet vielfältige Bezugswege zwischen der sozial-funktionalen Dimension von ›Kultur‹ und ihren in Artefakten gespeicherten und transportierten Zeichenstrukturen. Sie geht den Weg von der Abstraktion zurück zu den je historisch gegebenen Einzelmedien und greift auf die Ergebnisse von Einzelwissenschaften wie Literatur-, Kunst-, Musik- oder Filmwissenschaft zurück (vgl. Jurij M. Lotman: *Aufsätze zur Theorie und Methodologie der Literatur und Kultur*, 1974; Dean MacCannell/Juliet Flower MacCannell: *The Time of the Sign. A Semiotic Interpretation of Modern Culture*, 1982; Walter A. Koch: *Culture and Semiotics*, 1989; ders., *Aspekte einer Kultursemiotik*, 1990; Irene Portis-Winner: *Semiotics of Culture*, 1994). Als anhaltend folgenreich erweist sich dabei die Definition der »ethnographischen Beschreibung« als Aufzeichnung einer ›mikroskopischen Deutung‹ des »Ablauf[s] des sozialen Diskurses«, die der Ethnologe **Clifford Geertz** (1983, S. 30) vorschlägt und die sämtliche »symbolischen Dimensionen sozialen Handelns – Kunst, Religion, Ideologie, Wissenschaft, Gesetz, Ethik, Common sense« (ebd., S. 43) betrifft.

Daß ›Texte‹ auch in ihrer formal-ästhetischen, narrativen und rhetorischen Feinstruktur zum Gegenstand ethnologischen Erkenntnisinteresses werden können, regt indessen die Literaturwissenschaft dazu an, **literarische Texte als Medien gesellschaftlicher Selbstbeobachtung** zu interpretieren und ihnen Beobachtungs- und Unterscheidungssemantiken zuzuschreiben, die **›Realität‹ als soziales Konstrukt** überhaupt erst wahrnehmbar und kommunizierbar machen. Insbesondere Semiologie und Ethnologie treffen sich in einem Verständnis von »Literatur als Ethnographie« (Neumann 1999, S. 35 anläßlich von Roland Barthes) und »wesentliches kulturelles Erkundungsorgan für das [...] Fremde in der Gesellschaft« (ebd., S. 34). Einerseits besinnen sich Ethnologen sowie Alltags- und Mentalitätenhistoriker (Georges Duby; Peter Burke: *The Historical Anthropology of Early Modern Italy*, 1987) also stärker auf Texte – auch poetische – als »Medien kultureller Selbstauslegung« (Bachmann-Medick 1996, S. 9), andererseits billigen Literaturhistoriker des *New Historicism* auch hochbewerteter kanonischer Literatur im Rahmen einer ›Poetik der Kultur‹ außerliterarische Aussagequalitäten zu (z. B. Stephen Greenblatt: *Shakespearean Negotiations. The Circulation of Social Energy in Renaissance England*, 1988).

Insofern sich eine **Konzeption von ›Kultur‹ als ›Wissen‹ und ›Bedeutung‹** notwendig den ikonischen, sprachlichen, rhetorischen, narrativen und technischen (printmedialen, audiovisuellen usw.) Mitteln der Speicherung und Verbreitung solchen ›Wissens‹ zuwendet, wird sie allerdings nicht nur auf textförmige Kulturprodukte verwiesen bleiben, sondern hat darüber hinaus einen Zuwachs an empirischen (semiotischen) Daten zu verzeichnen, den zu verarbeiten erhöhte methodologische sowie sozial- und zeichentheoretische Anforderungen stellt.

Der Zuwachs an empirischer Vielfalt und historischem Auflösungsvermögen, der einer solchen »kulturwissenschaftlichen Erweiterung der Textwissenschaften« (Bachmann-Medick 1996, S. 8) zu verdanken ist, droht jedoch ungenutzt brachzuliegen, wenn Kulturtheorien damit nicht Schritt halten und sich mit kurzschlüssig synthetisierenden Definitionen von ›Kultur‹ zufriedengeben (wie z. B. Bachmann-Medick 1996, S. 22 im Anschluß an Geertz, der wiederum auf Max Weber verweist: »Kultur ist das von den Mitgliedern einer Gesellschaft ›selbstgesponnene Bedeutungsgewebe‹, durch das Handlungen permanent in interpretierende Zeichen und Symbole übersetzt werden«). Solche Definitionen treffen zwar zu, sind aber einzelwissenschaftlich nicht anwendbar, ohne entweder die sozial- oder die zeichentheoretische Dimension von ›Kultur‹ metaphorisch zu verabsolutieren und auf den je anderen Bereich zu übertragen (›Kultur als Text‹). Nicht ›Gesellschaft‹ auf ›Kultur‹ und ›Kultur‹ auf ›Text‹ zu reduzieren, kann die Zukunft eines kulturwissenschaftlichen Theorieprogramms sein, sondern ›dichte Beschreibungen‹ von Texten und anderen Zeichensystemen, die von ihren Funktionen innerhalb kultureller und nicht-kultureller gesellschaftlicher Handlungsbereiche unterschieden werden, zur Erforschung dieser Funktionen aber unverzichtbar sind.

Ob eine ›kulturtheoretische‹ Selbstdefinition von Einzeldisziplinen (etwa der Literaturwissenschaft) in der Lage sein wird, die Vielfalt der Objektbereiche und Fragestellungen in einem interdisziplinären Theorierahmen zu re-integrieren, hängt also davon ab, ob es gelingen wird, gleichermaßen die soziale und die semiotische Dimension von ›Kultur‹ auf nicht-reduktive Weise zu elaborieren (aus narratologischer Perspektive vgl. Müller-Funk 2002, S. 3–15). Mit einem integrativen, aber nicht reduktiven Theorieprogramm, wie es sich bei **Reckwitz** (2000) abzeichnet, können die Sozialwissenschaften wesentlich dazu beitragen. Reckwitz rekonstruiert die indirekte Konvergenz sowohl strukturalistischer (Lévi-Strauss, Ulrich Oevermann, Bourdieu) und diskurstheoretischer (Michel Foucault: *L'archéologie du savoir*, 1969) als auch ›sozialphänomenologisch‹-interpretativer Kulturtheorien (Schütz, Goffman, Geertz, Charles Taylor) und versucht, die ›blinden Flecke‹ beider Paradigmen im Rahmen einer »Theorie sozialer Praktiken« zu beheben (Reckwitz 2000, S. 542–588). Die Zusammenhänge zwischen »**mentalen Wissensordnungen**«, **Texten/Artefakten** und »**körperlichen Verhaltensmustern**« (ebd., S. 588–616) werden nun als empiriefähige und raum-zeitliche Konstellationen beschreibbar, in denen Ausdrucksbeziehungen, »logische Abhängigkeit« und »kausale Konstitution« (ebd., S. 647) nicht mehr kurzschlüssig zur Deckung kommen, sondern sich durch »kulturelle Interferenzen« und »interpretative Unterbestimmtheiten« auszeichnen (ebd., S. 617–643). Von einer solchen »Kulturtheorie jenseits des ›Mythos kultureller Integration‹« und jenseits textualistischer und mentalistischer »Homogenitätsmodell[e] der Kultur« (ebd., S. 617–643) werden nicht zuletzt auch die historischen, auf Artefakte bezogenen Einzeldisziplinen profitieren.

Literaturverzeichnis

Standardwerke und Einführungen

Böhme, Hartmut/Matussek, Peter/Müller, Lothar (Hgg.): *Orientierung Kulturwissenschaft. Was sie kann, was sie will.* Reinbek: Rowohlt 2000.

Böhme, Hartmut/Scherpe, Klaus R. (Hgg.): *Literatur und Kulturwissenschaften. Positionen, Theorien, Modelle.* Reinbek: Rowohlt 1996.

Brackert, Helmut/Wefelmeyer, Fritz (Hgg.): *Kultur. Bestimmungen im 20. Jahrhundert.* Frankfurt a. M.: Suhrkamp 1990.

Eagleton, Terry: *The Idea of Culture.* Oxford: Blackwell 2000 (dt.: *Was ist Kultur? Eine Einführung.* München: Beck 2001).

Fisch, Jörg: »Zivilisation, Kultur.« In: Otto Brunner et al. (Hgg.): *Geschichtliche Grundbegriffe. Historisches Lexikon zur politisch-sozialen Sprache in Deutschland.* Bd. 7. Stuttgart: Klett-Cotta 1992, S. 679–774.

Jung, Thomas: *Geschichte der modernen Kulturtheorie.* Darmstadt: Wissenschaftliche Buchgesellschaft 1999.

Perpeet, Wilhelm: »Kultur, Kulturphilosophie.« In: Joachim Ritter/Karlfried Gründer (Hgg.): *Historisches Wörterbuch der Philosophie.* Bd. 4. Basel: Schwabe 1976, Sp. 1309–1324.

Pflaum, Michael: »Die Kultur-Zivilisations-Antithese im Deutschen.« In: Johann Knobloch et al. (Hgg.): *Europäische Schlüsselwörter. Wortvergleichende und wortgeschichtliche Studien.* Bd. 3: *Kultur und Zivilisation.* München: Max Hueber 1967, S. 288–427.

Reckwitz, Andreas: *Die Transformation der Kulturtheorien. Zur Entwicklung eines Theorieprogramms.* Weilerswist: Velbrück 2000.

Weiterführende Literatur

Alexander, Jeffrey C./Seidman, Steven (Hgg.): *Culture and Society. Contemporary Debates.* Cambridge: Cambridge UP 1990.

Bachmann-Medick, Doris: »Einleitung.« In: dies. (Hg.): *Kultur als Text. Die anthropologische Wende in der Literaturwissenschaft.* Frankfurt a. M.: Fischer 1996, S. 7–64.

Baecker, Dirk: *Wozu Kultur?* Berlin: Kulturverlag Kadmos 2001 [2000].

Baumhauer, Otto A.: »Kulturwandel. Zur Entwicklung des Paradigmas von der Kultur als Kommunikationssystem. Forschungsbericht.« In: *Kultur. Geschichte und Verstehen.* Sonderheft der *Deutsche[n] Vierteljahrsschrift für Literaturwissenschaft und Geistesgeschichte* (1982), S. 1–167.

Bollenbeck, Georg: *Bildung und Kultur. Glanz und Elend eines deutschen Deutungsmusters.* Frankfurt a. M.: Suhrkamp 1996.

Bourdieu, Pierre: *Die feinen Unterschiede. Kritik der gesellschaftlichen Urteilskraft.* Frankfurt a. M.: Suhrkamp 1982 (orig.: *La distinction. Critique sociale du jugement.* Paris: Minuit 1979).

Bourdieu, Pierre: *Die Regeln der Kunst. Genese und Struktur des literarischen Feldes.* Frankfurt a. M.: Suhrkamp 1999 (orig.: *Les règles de l'art. Genèse et structure du champ littéraire.* Paris: Seuil 1992).

Bromley, Roger/Göttlich, Udo/Winter, Carsten (Hgg.): *Cultural Studies. Grundlagentexte zur Einführung.* Lüneburg: zu Klampen 1999.

Bühl, Walter L.: *Die Ordnung des Wissens.* Berlin: Duncker und Humblot 1984.

Bühl, Walter L.: *Kulturwandel. Für eine dynamische Kultursoziologie.* Darmstadt: Wissenschaftliche Buchgesellschaft 1987.

Bühl, Walter L.: »Kultur als System.« In: Neidhardt/Lepsius/Weiß 1986, S. 118–144.

Bruch, Rüdiger vom/Graf, Friedrich Wilhelm/Hübinger, Gangolf: »Kulturbegriff, Kulturkritik und Kulturwissenschaften um 1900.« In: diess. (Hgg.): *Kultur und Kulturwissenschaften um 1900. Krise der Moderne und Glaube an die Wissenschaft.* Stuttgart: Franz Steiner 1989, S. 9–24.

Bystřina, Ivan: *Semiotik der Kultur. Zeichen – Texte – Codes.* Tübingen: Stauffenburg 1989.

Cappai, Gabriele: »Kultur aus soziologischer Perspektive. Eine metatheoretische Betrachtung.« In: Heide Appelsmeyer/Elfriede Billmann-Mahecha (Hgg.): *Kulturwissenschaft. Felder einer prozeßorientierten wissenschaftlichen Praxis.* Weilerswist: Velbrück 2001, S. 54–96.

Cicero, Marcus Tullius: *Ciceronis Tusculanarum disputationum libri V.* Stuttgart: Teubner 1957 [Nachdr. der 5. Auflage 1912].

Daniel, Ute: *Kompendium Kulturgeschichte. Theorien, Praxis, Schlüsselwörter.* Frankfurt a. M.: Suhrkamp 2001.

Dux, Günter: *Historisch-genetische Kultur. Instabile Welten. Zur prozessualen Logik im kulturellen Wandel.* Weilerswist: Velbrück 2000.

Eco, Umberto: *Il segno.* Milano: ISEDI 1973 (dt.: *Zeichen. Einführung in einen Begriff und seine Geschichte.* Frankfurt a. M.: Suhrkamp 1977).

Elias, Norbert: *Über den Prozeß der Zivilisation. Soziogenetische und psychogenetische Untersuchungen.* Bd. 1. Frankfurt a. M.: Suhrkamp 1980 [1939].

Fisch, Jörg: »Zivilisation, Kultur.« In: Otto Brunner et al. (Hgg.): *Geschichtliche Grundbegriffe. Historisches Lexikon zur politisch-sozialen Sprache in Deutschland.* Bd. 7. Stuttgart: Klett-Cotta 1992, S. 679–774.

Fleischer, Michael: *Kulturtheorie. Systemtheoretische und evolutionäre Grundlagen.* Oberhausen: Athena 2001.

Garber, Jörn: »Von der Menschheitsgeschichte zur Kulturgeschichte. Zum geschichtstheoretischen Kulturbegriff der deutschen Spätaufklärung.« In: Jutta Held (Hg.): *Kultur zwischen Bürgertum und Volk.* Berlin: Argumentum 1983, S. 76–97.

Geertz, Clifford: »Dichte Beschreibung: Bemerkungen zu einer deutenden Theorie von Kultur.« In: ders.: *Dichte Beschreibung. Beiträge zum Verstehen kultureller Systeme.* Frankfurt a. M.: Suhrkamp 1983, S. 7–43 (orig.: »Thick Description. Toward an Interpretive Theory of Culture.« In: *The Interpretation of Cultures. Selected Essays.* New York: Basic Books 1973, S. 3–29).

Hansen, Klaus P. (Hg.): *Kulturbegriff und Methode. Der stille Paradigmenwechsel in den Geisteswissenschaften.* Tübingen: Narr 1993.

Hansen, Klaus P.: *Kultur und Kulturwissenschaft. Eine Einführung.* Tübingen/Basel: Francke 1995.

Jung, Thomas: *Geschichte der modernen Kulturtheorie*. Darmstadt: Wissenschaftliche Buchgesellschaft 1999.

Kant, Immanuel: *Schriften zur Anthropologie, Geschichtsphilosophie, Politik und Pädagogik*. 6 Bde. Wilhelm Weischedel (Hg.). Bd. VI. Darmstadt: Wissenschaftliche Buchgesellschaft 1983 [Nachdr. der Ausgabe Darmstadt 1964].

Kittler, Friedrich A.: *Eine Kulturgeschichte der Kulturwissenschaft*. München: Fink 2000.

Kroeber, Alfred L./Kluckhohn, Clyde: *Culture. A Critical Review of Concepts and Definitions*. Cambridge, MA: Peabody Museums of American Archeology and Ethnology 1952.

Kroeber, Arnold L./Parsons, Talcott: »The concepts of culture and of social system.« In: *American Sociological Review* 23 (1958), S. 582–583.

Lange, Gerhard W.: *Materialistische Kulturtheorie im Vergleich. Raymond Williams / Terry Eagleton und die deutsche Tradition*. Münster: Lit 1984.

Lévi-Strauss, Claude: *Anthropologie structurale*. Paris : Plon 1958 (dt.: *Strukturale Anthropologie I*. Frankfurt a. M.: Suhrkamp 1967).

Lichtblau, Klaus: *Kulturkrise und Soziologie um die Jahrhundertwende. Zur Genealogie der Kultursoziologie in Deutschland*. Frankfurt a. M.: Suhrkamp 1996.

Lipp, Wolfgang: »Kultursoziologie.« In: ders.: *Drama Kultur*. Sozialwissenschaftliche Abhandlungen der Görres-Gesellschaft 22. Berlin: Duncker und Humblot 1994, S. 250–259.

Luckmann, Thomas: »Grundformen der gesellschaftlichen Vermittlung des Wissens: Kommunikative Gattungen.« In: Neidhardt/Lepsius/Weiß 1986, S. 191–211.

Luhmann, Niklas: *Gesellschaftsstruktur und Semantik. Studien zur Wissenssoziologie der modernen Gesellschaft*. Bd. 1. Frankfurt a. M.: Suhrkamp 1980.

Luhmann, Niklas: *Gesellschaftsstruktur und Semantik. Studien zur Wissenssoziologie der modernen Gesellschaft*. Bd. 4. Frankfurt a. M.: Suhrkamp 1995.

Mannheim, Karl: *Ideologie und Utopie*. Frankfurt a. M.: Schulte-Bulmke 1969 [1929].

Mannheim, Karl: *Wissenssoziologie. Auswahl aus dem Werk*. Kurt H. Wolff (Hg.). Neuwied/Berlin: Luchterhand 1970 [1964].

Mannheim, Karl: *Strukturen des Denkens*. David Kettler/Volker Meja/Nico Stehr (Hgg.). Frankfurt a. M.: Suhrkamp 1980.

Mörth, Ingo/Fröhlich, Gerhard (Hgg.): *Das symbolische Kapital der Lebensstile. Zur Kultursoziologie der Moderne nach Pierre Bourdieu*. Frankfurt a. M./New York: Campus 1994.

Müller-Funk, Wolfgang: *Die Kultur und ihre Narrative. Eine Einführung*. Wien/New York: Springer 2002.

Münch, Richard: *Die Struktur der Moderne. Grundmuster und differentielle Gestaltung des institutionellen Aufbaus der modernen Gesellschaften*. Frankfurt a. M.: Suhrkamp 1984.

Musner, Lutz: »Kulturwissenschaften und *Cultural Studies*: Zwei ungleiche Geschwister?« In: *KulturPoetik. Zeitschrift für kulturgeschichtliche Literaturwissenschaft* 1,2 (2001), S. 261–271.

Neidhardt, Friedhelm/Lepsius, M. Rainer/Weiß, Johannes (Hgg.): *Kultur und Gesellschaft*. Sonderheft 27 der *Kölner Zeitschrift für Soziologie und Sozialpsychologie*. Opladen: Westdeutscher Verlag 1986.

Neumann, Gerhard: »Roland Barthes: Literatur als Ethnographie. Zum Konzept einer Semiologie der Kultur.« In: Jürg Glauser/Annegret Heitmann (Hgg.): *Verhandlungen mit dem New Historicism. Das Text-Kontext-Problem in der Literaturwissenschaft*. Würzburg: Königshausen und Neumann 1999, S. 23–48.

Oppitz, Michael: *Notwendige Beziehungen. Abriß der strukturalen Anthropologie*. Frankfurt a. M.: Suhrkamp 1975.

Parsons, Talcott/Platt, Gerald M.: *Die amerikanische Universität. Ein Beitrag zur Soziologie der Erkenntnis*. Frankfurt a. M.: Suhrkamp 1990 (orig.: *The American University*. Cambridge, MA: Harvard UP 1973).

Pflaum, Michael: »Die Kultur-Zivilisations-Antithese im Deutschen.« In: Johann Knobloch et al. (Hgg.): *Europäische Schlüsselwörter. Wortvergleichende und wortgeschichtliche Studien*. Bd. 3: *Kultur und Zivilisation*. München: Max Hueber 1967, S. 288–427.

Posner, Roland: »Kultur als Zeichensystem. Zur semiotischen Explikation kulturwissenschaftlicher Grundbegriffe.« In: Aleida Assmann/Dietrich Harth (Hgg.): *Kultur als Lebenswelt und Monument*. Frankfurt a. M.: Fischer 1991, S. 37–74.

Rabinow, Paul/Sullivan, William M. (Hgg.): *Interpretive Social Science.* Berkeley: University of California Press 1979.
Reckwitz, Andreas: *Die Transformation der Kulturtheorien. Zur Entwicklung eines Theorieprogramms.* Weilerswist: Velbrück 2000.
Reckwitz, Andreas: »Praxis – Autopoiesis – Text. Drei Versionen des *Cultural Turn* in der Sozialtheorie.« In: ders./Holger Sievert (Hgg.): *Interpretation, Konstruktion, Kultur. Ein Paradigmenwechsel in den Sozialwissenschaften.* Opladen: Westdeutscher Verlag 1999, S. 19–49.
Rehberg, Karl-Siegbert: »Kultur versus Gesellschaft? Anmerkungen zu einer Streitfrage in der deutschen Soziologie.« In: Neidhardt/Lepsius/Weiß 1986, S. 92–115.
Rickert, Heinrich: *Kulturwissenschaft und Naturwissenschaft.* Tübingen: Mohr 1910 [1899].
Schluchter, Wolfgang: »Gesellschaft und Kultur. Überlegungen zu einer Theorie institutioneller Differenzierung.« In: ders. (Hg.): *Verhalten, Handeln und System. Talcott Parsons' Beitrag zur Entwicklung der Sozialwissenschaften.* Frankfurt a. M.: Suhrkamp 1980, S.106–149.
Schmitz, Carl August (Hg.): *Kultur.* Frankfurt a. M.: Akademische Verlagsgesellschaft 1963.
Schorn-Schütte, Luise: *Karl Lamprecht. Kulturgeschichtsschreibung zwischen Wissenschaft und Politik.* Göttingen: Vandenhoeck und Ruprecht 1984.
Schulz, Wolfgang K.: *Untersuchungen zur Kulturtheorie Theodor Litts. Neue Zugänge zu seinem Werk.* Weinheim: Deutscher Studien Verlag 1990a.
Schulz, Wolfgang K.: »Wert – Symbol – Wissen. Anmerkungen zum Paradigmenwechsel in der Kulturtheorie der Weimarer Zeit.« In: Helmut Brackert/Fritz Wefelmeyer (Hgg.): *Kultur. Bestimmungen im 20. Jahrhundert.* Frankfurt a. M.: Suhrkamp 1990b, S. 132–155.
Schulze, Gerhard: *Die Erlebnisgesellschaft. Kultursoziologie der Gegenwart.* Frankfurt a. M./New York: Campus 1992.
Simmel, Georg: »Der Begriff und die Tragödie der Kultur.« In: ders.: *Philosophische Kultur. Gesammelte Essais.* Mit einem Vorwort von Jürgen Habermas. Berlin: Wagenbach 1983 [1911], S. 195–219.
Soeffner, Hans-Georg (Hg.): *Interpretative Verfahren in den Sozial- und Textwissenschaften.* Stuttgart: Metzler 1979.
Stagl, Justin: »Kulturanthropologie und Kultursoziologie: Ein Vergleich.« In: Neidhardt/Lepsius/Weiß 1986, S. 75–91.
Stichweh, Rudolf: »Semantik und Sozialstruktur: Zur Logik einer systemtheoretischen Unterscheidung.« In: *Soziale Systeme. Zeitschrift für soziologische Theorie* 6,2 (2000), S.237–250.
Tylor, Edward Burnett: *Die Anfänge der Cultur. Untersuchungen über die Entwicklung der Mythologie, Philosophie, Religion, Kunst und Sitte.* Bd. 1. Leipzig: Winter 1873 (orig.: *Primitive Culture. Researches into the Development of Methodology, Philosophy, Religion, Art and Custom.* London: J. Murray 1871).
Vivelo, Frank Robert: *Handbuch der Kulturanthropolgie. Eine grundlegende Einführung.* München/Stuttgart: dtv/Klett-Cotta 1988 [1978].
Weber, Max: »Die ›Objektivität‹ sozialwissenschaftlicher und sozialpolitischer Erkenntnis.« In: ders.: *Gesammelte Aufsätze zur Wissenschaftslehre.* Johannes Winckelmann (Hg.). Tübingen: Mohr 1968 [1904], S. 146–214.
Williams, Raymond: »Karl Marx und die Kulturtheorie.« In: Neidhardt/Lepsius/Weiß 1986, S. 32–56.

Claus-Michael Ort

3. Kultursemiotik

1. Begriff und Aufgabe

Das deutsche Wort ›Semiotik‹ (gr. *sēmeiōtikḗ epistḗmē*) bezeichnet die Wissenschaft (*epistḗmē*) vom **Zeichen** (*sēmeíon* bzw. *sḗma*). Zeichen sind Gegenstände, die auf etwas (eine Botschaft) verweisen (vgl. Jakobson 1975); sie setzen voraus, daß es jemanden gibt, der sie versteht (einen Interpreten). Die Prozesse, in denen Zeichen und Interpreten auftreten, heißen »**Zeichenprozesse**« (»Semiosen«; vgl. Morris 1972, S. 20; Deely 1990, S. 32; Koch 1998, S. 707–719). Eine Menge von Interpreten zusammen mit den von ihnen interpretierten Zeichen und Botschaften sowie den für die Interpretation relevanten weiteren Umständen (vgl. Prieto 1972, S. 48 f.) nennt man ›**Zeichensystem**‹. Die Semiotik untersucht also Zeichen im Hinblick auf ihr Funktionieren in Zeichenprozessen im Rahmen von Zeichensystemen.

Das Wort ›Kultur‹ (lat. *cultura* = ›Bebauung, Bearbeitung, Ausbildung‹) geht zurück auf das lateinische Verb *colere*: ›pflegen, veredeln, verehren‹. Dementsprechend bezeichnete Johann Gottfried Herder (1887) mit ihm den Prozeß der Selbsterziehung der Individuen und der Gesellschaft (bzw. des gesamten Menschengeschlechts; vgl. Wefelmeyer 1984). Seit Edward B. Tylor (1871, S. 1) wird das Wort auch auf die Mittel dieser Selbsterziehung angewendet: »jenes komplexe Ganze, welches Wissen, Glauben, Kunst, Moral, Gesetze, Bräuche und alle anderen Fähigkeiten und Gewohnheiten umfaßt, die der Mensch als Mitglied der Gesellschaft erwirbt«.

Von ›Kultursemiotik‹ spricht man, seit **Ernst Cassirer** (1923–29) vorschlug, bestimmte Arten von Zeichensystemen als ›symbolische Formen‹ zu beschreiben, und die These aufstellte, daß die symbolischen Formen einer Gesellschaft ihre Kultur ausmachen. Die **Kultursemiotik** ist jene Teildisziplin der Semiotik, die die Kultur zum Gegenstand hat; sie hat nach Cassirer zweierlei Aufgaben:

a) Sie untersucht die **Zeichensysteme in einer Kultur** (im Sinne von Herder oder Tylor) im Hinblick darauf, was diese zu der Kultur beitragen.
b) Sie untersucht die **Kulturen als Zeichensysteme** im Hinblick auf die Vor- und Nachteile, die die Zugehörigkeit zu einer Kultur einem Individuum bietet.

Bezeichnet man die Gesamtheit aller Zeichensysteme in der Welt als ›**Semiosphäre**‹ (vgl. Lotman 1990; Posner 2001, S. 80 ff.), so kann man sagen, daß die Kultursemiotik Kulturen als Teile der Semiosphäre untersucht. Daraus ergibt sich eine Reihe von Fragen:

1. Wie unterscheiden sich die Zeichen, Zeichenprozesse und Zeichensysteme einer Kultur von den nichtkulturellen (d. h. natürlichen) Zeichen, Zeichenprozessen und Zeichensystemen?

2. Wie unterscheiden sich die Interpreten kultureller Zeichen von denen natürlicher Zeichen?
3. Was bestimmt die Identität und die Grenzen einer Kultur?
4. Wie verhalten sich die verschiedenen Kulturen im Rahmen der Semiosphäre zueinander?
5. Wie kommt Kulturwandel zustande?

Die Kultursemiotik liefert die theoretischen Grundlagen für die Beantwortung dieser Fragen. Sie schafft damit die Voraussetzungen für die empirische Erfassung und vergleichende Beschreibung aller Kulturen der Welt (vgl. Winner/Umiker-Sebeok 1979; Schwimmer 1986).

Der kultursemiotische Ansatz konkurriert mit den traditionellen geistes-, sozial- und normwissenschaftlichen Herangehensweisen an Kultur (vgl. Posner 1991, S. 37 f.) und versucht, deren Ergebnisse, soweit theoretisierbar, zu explizieren (vgl. Kap. 2 »Kulturbegriffe und Kulturtheorien« in diesem Band). Er ermöglicht die Analyse von Kulturphänomenen, ohne einerseits den Beschränkungen unterworfen zu sein, die Begriffe wie ›Geist‹, ›soziale Rolle‹ oder ›Norm‹ mit sich bringen, und ohne andererseits gezwungen zu sein, sich auf theorielose Aufzählungen zurückzuziehen wie so manche kulturhistorischen Darstellungen (vgl. Reckwitz 2000). Wurde der Kulturbegriff bis vor kurzem gern auf eine ausgezeichnete Nation, Rasse, Klasse oder Art von Lebewesen beschränkt (vgl. etwa die Gegenüberstellung ›deutsche Kultur‹ vs. ›westliche Zivilisation‹; Elias 1939, Bd. 1, S. 2–10), so macht der semiotische Ansatz aus ihm einen theoretisch fundierten Allgemeinbegriff, der der wissenschaftlichen Erklärung von Kulturphänomenen bei Mensch, Tier und Maschine keine Hindernisse mehr in den Weg legt.

2. Zeichensysteme in einer Kultur: Prozesse, Codes und Medien

Daß der Kulturbegriff mit Hilfe des Zeichenbegriffs expliziert werden kann, erschien bis vor kurzem nicht selbstverständlich. Daher seien zunächst einige Begriffsdifferenzierungen vorgenommen, die dies plausibel machen und die bereits eine Antwort auf die oben gestellten Fragen (1) und (2) zu geben erlauben.

2.1 Prozesse

Wie bereits gesagt, wird jeder Prozeß, in dem etwas als Zeichen fungiert (d. h. als Zeichen interpretiert wird), ›**Zeichenprozeß**‹ (›Semiose‹) genannt (vgl. Posner/Reinecke 1977). Zeichenprozesse sind wie alle Prozesse kausal bedingt. Sie lassen sich voneinander und von anderen Prozessen durch die besonderen Faktoren unterscheiden, die an ihnen beteiligt sind. Einige davon wurden schon genannt:

Zu jedem Zeichenprozeß gehört zumindest ein **Zeichen**, ein **Interpret** und eine **Botschaft**, auf die das Zeichen den Interpreten hinweist. Die Reaktion des Interpreten, bei der Wahrnehmung des Zeichens eine Botschaft zu konstruieren, nennt man ›**Interpretant**‹. Es gibt Zeichen, die von selbst entstehen, wie z. B. Rauch, dessen Wahrnehmung jemanden (den Interpreten) veranlaßt zu vermuten (Interpretant), daß ein bestimmtes Feuer (der Referent) in der Nähe brennt (die Botschaft); hier fungiert der Interpret als **Empfänger**. Und es gibt Zeichenprozesse, die von einem ›**Sender**‹ bewirkt werden, wie die Äußerung des Wortes »fire«, mit dem der Sprecher (Sender) die Hörer (Empfänger) auf ein bestimmtes Feuer (Referent) in der Nähe hinweist oder dazu auffordert, Feuer zu geben (Botschaft). Die Hörer einer solchen Botschaft zerfallen in die Adressaten (d. h. diejenigen, von denen der Sender will, daß sie glauben, daß er sie mit seiner Äußerung erreichen will), in die Bystander (d. h. diejenigen, von denen der Sender will, daß er sie mit seiner Äußerung erreicht, ohne daß sie glauben, daß er sie erreichen wollte) und in alle übrigen Empfänger, von denen der Sender gar keine Kenntnis haben muß. Sender, Adressaten, Bystander und andere Empfänger faßt man als ›**Zeichenbenutzer**‹ zusammen.

Die (gegebenenfalls von einem Sender gewollte) Interpretation eines Zeichens durch die Empfänger kann dadurch erleichtert und vereinheitlicht werden, daß Sender und Empfänger einen **Code** beherrschen (hier: die englische Sprache), der einem **Signifikanten** (hier: dem Produkt mündlicher Artikulation von der phonologischen Form /'faɪər/) ein **Signifikat** (hier: eine Bedeutung von der semantischen Form ›Licht, Wärme und Energie freisetzender Verbrennungsvorgang‹) zuordnet (vgl. Saussure 1916). Die Verwendung eines weitgehend gemeinsamen Codes erlaubt es dem Sender und den Empfängern, einen Teil des Interpretationsprozesses (die Zuordnung von Signifikant und Signifikat) automatisch zu vollziehen, so daß sie ihre Aufmerksamkeit auf die besonderen Situationsumstände konzentrieren können, die sie dazu veranlassen, einen Signifikanten in spezieller Weise zu artikulieren bzw. ein Signifikat in spezieller Weise zu verstehen (vgl. Prieto 1972, S. 48 f.; Blanke/Posner 1998). So wie an die Wahrnehmung von Rauch kann sich auch an das Hören der Äußerung »fire« ein unter Umständen recht komplexer situationsbezogener Folgerungsprozeß anschließen, der zu speziellen Botschaften (wie z. B. ›Schwelbrand‹, ›Kabelbrand‹, ›Staubbrand‹, ›Heidebrand‹, ›Waldbrand‹ bzw. ›Schießen mit der Pistole/dem Gewehr/der Kanone‹ oder ›Streichholz/Feuerzeug anzünden‹ etc.) führt.

Die beiden genannten Beispiele (Rauch und »fire«) sind nur die Extreme eines großen Spektrums von Zeichen bzw. Zeichenprozeßtypen, die von (senderlosen) Anzeichen über codelose Anzeigen (mit Sender), über codierte Anzeigen sowie Anzeigen von Anzeigen bis hin zu (codeloser oder codierter) Kommunikation und sprachlicher Mitteilung reichen (vgl. Posner 1996). Zwischen diesen Extremen liegt z. B. die Gewohnheit antiker Feldherren, am Ende einer Schlacht als Mitteilung des Sieges an ihre verstreuten Truppen ein Feuer bestimmter Art auf einer Bergkuppe anzuzünden, damit sie vom Typ des Rauchs (Signifikant) auf ein Signifikat (›Sieg‹) schließen und es zu einer bestimmten Botschaft (›Wir haben gesiegt‹) vervollständigen können (kommunikativer Zeichenprozeß mit Sender und Code, aber ohne Sprache).

Die Unterschiede zwischen den möglichen Zeichenprozeßtypen zu klären ist seit der Antike (vgl. Hülser 1997; Manetti 1997) eine der Hauptaufgaben der Semiotik. Dabei werden zwei entgegengesetzte Strategien verfolgt. Während die einen von Augustinus bis Umberto Eco (1976) das gesamte Spektrum der Zeichenprozesse in seiner ganzen Differenziertheit durch ein kohärentes System von Begriffen zu erfassen versuchen, postulieren die anderen einen oder mehrere Schnitte durch dieses Spektrum und wollen nur codierte Zeichenprozesse (vgl. Lévi-Strauss 1958; Barthes 1953, 1964) oder nur Kommunikation (vgl. Buyssens 1943; Prieto 1968; Mounin 1970) als Gegenstände der Semiotik akzeptieren. Im vorliegenden Kapitel wird wie in den meisten deutschsprachigen Einführungen in die Semiotik (vgl. Morris 1972; Sebeok 1979; Krampen et al. 1981; Schönrich 1999) die weite Auffassung von Semiotik vertreten und auf kulturelle Prozesse angewandt.

2.2 Codes

Welche Typen von Zeichenprozessen sind nun als kulturell und welche als nichtkulturell anzusehen? Wesentlich dafür ist die Frage, ob an ihnen Codes beteiligt sind, und wenn ja, welcher Art diese Codes sind. Ein Code besteht aus einer Menge von Signifikanten, einer Menge von Signifikaten und einer Menge von Regeln, die diese einander zuordnen (vgl. Nöth 2000, S. 216–226). Ein Code ist einem Individuum entweder angeboren wie der genetische Code, oder er wird von ihm im Umgang mit der Welt erlernt, wie viele Verhaltenscodes, oder aber er wird von ihm (allein oder mit anderen) per Beschluß (explizite Vereinbarung) eingeführt. Dementsprechend unterscheidet man natürliche, konventionelle und künstliche Codes (vgl. Keller/Lüdtke 1997).

Die **natürlichen Codes** eines Lebewesens werden auf biologischem Wege durch Vererbung an seine Nachkommen weitergegeben, wobei im Rahmen der Evolution jeweils geringfügige Modifikationen (Mutationen) möglich sind. Die **konventionellen** (und konventionell gewordenen künstlichen) **Codes** dagegen brauchen überhaupt nicht von einer Generation an die nächste weitergegeben zu werden. Ist dies aber der Fall, so entstehen **Traditionen** (vgl. Cavalli-Sforza/Feldman 1991; Nyíri 1988). Von Gruppen von Lebewesen mit demselben Körperbau und weitgehend denselben natürlichen Codes sagt man in der Biologie, daß sie der gleichen **Art** angehören. Von Gruppen von Lebewesen der gleichen Art mit weitgehend denselben Traditionen (d. h. über mehrere Generationen hinweg weitergegebenen konventionellen Codes) sagt man in den Geisteswissenschaften, daß sie derselben **Kultur** angehören.

Generationen von Lebewesen der gleichen biologischen Art (Spezies), aber verschiedener Kulturen können sich so sehr auseinanderleben, daß man von ›Pseudospeziation‹ sprechen kann (vgl. Erikson 1966; siehe auch Eibl-Eibesfeldt 1979, S. 47 f.). Verbunden mit geographischer Isolation führen die Kulturunterschiede dann dazu, daß die Angehörigen der verschiedenen Kulturen immer seltener gemeinsame Nachkommen haben, so daß ihre Gen-Pools immer unterschiedlicher werden. Auf diese Weise entstehen verschiedene Rassen (Subspezies) der gleichen biologischen Art (Spezies). Hält diese Entwicklung lang genug an, so kann die Zugehörigkeit von Generationen von Lebewesen der gleichen biologischen Art zu verschiedenen Kulturen schließlich die Entstehung verschiedener biologischer Arten herbeiführen (vgl. White 1978; Gould 1989, S. 187 ff.; de Winter 1984).

Zu betonen ist, daß nicht nur Menschen, sondern auch andere Lebewesen Traditionen bilden. Das gilt sowohl für Säugetiere als auch für Vögel (vgl. Bonner 1980; Becker 1993). Wesentlich ist dabei nicht, welcher biologischen Abstammung ein Lebewesen ist, sondern nur, daß seine kognitive Ausstattung es ihm ermöglicht, mit anderen Individuen gemeinsame Konventionen für die gegenseitige Zuordnung von Signifikanten und Signifikaten zu entwickeln. Daraus folgt, daß auch Maschinen bzw. Systeme der künstlichen Intelligenz prinzipiell in der Lage sind, Kulturen zu bilden.

2.3 Medien

Individuen, die bei der Interpretation von Zeichen weitgehend dieselben konventionellen Codes anwenden, betrachten wir als Mitglieder ein und derselben Kultur. Die Benutzung desselben konventionellen Codes in verschiedenen Zeichenprozessen macht diese einander ähnlich und bringt somit auch bei stark wechselnden Botschaften Konstanz in die Interaktionen der Mitglieder einer Kultur. Die Konstanz ist um so größer, je mehr andere Faktoren über viele Zeichenprozesse hinweg gleich gehalten werden (vgl. die Beiträge von Bachmann-Medick und Ort in diesem Band). Um Konstellationen von Faktoren zu charakterisieren, die über eine große Zahl von Zeichenprozessen hinweg gleich bleiben, benutzt man den **Begriff des ›Mediums‹**. So sagt man, zwei Zeichenprozesse finden in demselben Medium statt, wenn sie beim Empfänger dieselbe Sinnesmodalität beanspruchen (z. B. das Ohr), wenn sie sich derselben Kontaktmaterie (physischer Kanal) bedienen (z. B. der Luft), wenn sie Geräte mit derselben Technik (technischer Kanal) einsetzen (z. B. ein Telefon), wenn sie in derselben gesellschaftlichen Institution auftreten (z. B. in einer Feuerwehrstation), wenn sie gleichartigen Funktionen dienen (z. B. der Übermittlung von Hilferufen), oder eben wenn sie denselben Code verwenden (z. B. die englische Sprache). Will man zwischen diesen Bedingungstypen unterscheiden, so benutzt man einen entweder biologischen, physikalischen, technologischen, soziologischen, funktionalen oder codebezogenen Medienbegriff (vgl. Posner 1985, S. 255 ff. sowie Kap. 16 »Medienkulturwissenschaften« in diesem Band). Da alle Zeichensysteme in Kulturen Medien sind, seien die verschiedenen Medientypen im folgenden mit Hilfe von Beispielen erläutert.

Der **biologische Medienbegriff** charakterisiert die Zeichenprozesse nach den Körperorganen (Sinnesmodalitäten), die an der Produktion und Rezeption der Zeichen beteiligt sind. Auf den Menschen bezogen differenziert man zwischen einem visuellen Medium, dessen Zeichen über die Augen rezipiert werden, einem auditiven Medium, dessen Zeichen über die Ohren rezipiert werden, einem olfaktorischen Medium, dessen Zeichen über die Nase rezipiert werden, einem gustatorischen Medium, dessen Zeichen über die Geschmacksknospen im Mund rezipiert werden, und einem taktilen Medium, dessen Zeichen über den Tastsinn der Haut rezipiert werden.

Der **physikalische Medienbegriff** charakterisiert die Zeichenprozesse nach den chemischen Elementen und deren physikalischen Zuständen (Kontaktmaterie), die erforderlich sind, um eine physische Verbindung zwischen den Zeichen und dem Rezeptionsorgan des Empfängers und, soweit vorhanden, dem Produktionsorgan des Senders herzustellen. Visuelle Zeichenprozesse sind auf elektromagnetische Felder angewiesen, die optische Wellen übertragen (optisches Medium); auditive Zeichenprozesse benötigen akustisch leitfähige feste, flüssige oder gasförmige Körper als physische Verbindung zwischen Zeichen und Empfänger (akustisches Medium); olfaktorische Zeichenprozesse bedienen sich besonders zusammengesetzter chemischer Substanzen gasförmiger Art (osmotisches Medium); gustatorische Zeichenprozesse setzen bestimmte flüssige und feste Substanzen ein (kulinarisches Medium); taktile Zeichenprozesse sind an die Übertragung haptischer Reize durch die Haut als physisches Mittel gebunden (haptisches Medium). Die biologischen und physikalischen Aspekte menschlicher und tierischer Zeichenprozesse werden ausführlich in Posner et al. (1997–2003, Bd. 1, Artikel 6–12) behandelt.

Der **technologische Medienbegriff** charakterisiert die Zeichenprozesse nach den technischen Mitteln, die in ihnen zur Modifikation der Kontaktmaterie eingesetzt werden. In visuellen Zeichenprozessen dienen neben Bleistift und Papier, Leinwand und Pinsel, Brille, Opernglas und Fernrohr als technische Mittel einerseits Schreibmaschinen mit Typoskripten, andererseits Kameras mit Fotolabors und Diapositiven bzw. Zelluloidstreifen und Schneidetischen, Projektoren und Bildwänden sowie Papierabzügen und schließlich Computer mit Bildschirmen, Tastaturen und Mäusen sowie Druckern und Ausdrucken. Entsprechend den verwendeten Apparaten kann man visuelle Zeichenprozesse einteilen in Printmedien, Projektionsmedien, Bildschirmmedien etc.; entsprechend den Produkten dieser Apparate spricht man von Schreibmaschinenseiten, Drucktexten, Fotos, Dias, Filmen und Videokassetten als technischen Medien. Analoges gilt für die auditiven Zeichenprozesse (mit Musikinstrumenten, Mikrophonen, Lautsprechern, Sende- und Empfangsgeräten sowie Schallplatten, Tonbändern, Kassetten und CDs, weshalb man vom Medium Schallplatte, Tonband, Kassette, CD etc. spricht). Bei olfaktorischen Zeichenprozessen benutzt man als technische Medien Duftspender, Zerstäuber und Parfümfläschchen je nachdem, ob ein Geruch ständig gegenwärtig, mit zeitlich abnehmender Intensität überall im Raum verteilt oder an bestimmte Körperstellen gebunden sein soll. Bei gustatorischen Zeichenprozessen spricht man entsprechend den Techniken der Essenszubereitung von Suppenküchen, Backstuben, Grillstuben etc. und entsprechend den Geräten des Verzehrs von Gabelfrühstück, Tellergericht, Eis am Stiel etc. als gustatorischen Medien. Vor taktilen Zeichenprozessen wird die Haut mit Hilfe von Seife, Puder und Creme, Massageöl und Lippenstift vorbereitet und dann eventuell unter Einsatz von anderer Haut, von Handschuhen, Schlagringen, Klappen, Bürsten, Duschen, Strahlern etc. durch Hauen, Boxen, Ringen, Streicheln, Tupfen, Reiben, Zwikken, Pieksen, Massieren, Begießen und Bestrahlen bearbeitet, was entsprechend den eingesetzten Instrumenten zu der Redeweise von Boxkampf, Ringkampf und Massage, Sauna und Solarium als taktilen Medien führt.

Der **soziologische Medienbegriff** charakterisiert die Zeichenprozesse nach den sozialen Institutionen, die die biologischen, physischen und technischen Mittel mit dem Ziel der Erzeugung von Zeichen organisieren. Visuelle Zeichenprozesse werden organisiert durch soziale Medien wie Galerien, Museen, Bibliotheken mit der Veranstaltung von Ausstellungen; durch Pressekonzerne, Buchverlage und Buchhandlungen mit dem Vertrieb von Druckerzeugnissen; durch Filmverleihe, Lichtspielhäuser und Videotheken mit der Aufführung bzw. Ausleihe von Filmen und Videos. Auditive Zeichenprozesse werden u. a. organisiert durch den Musikbetrieb, olfaktorische durch Drogerien und Parfümerien, gustatorische durch Nahrungsmittelindustrie und Gastronomie und taktile durch Sportvereine und Massagepraxen. Die meisten dieser sozialen Medien lassen sich jedoch nicht auf die Organisation nur eines Kommunikationsmittels reduzieren. Man denke nur an die Theater und Opernhäuser, die Sportstadien und Wellness-Center, die Kirchen, Fernsehanstalten und Websites (vgl. Giesecke 1988; Baltzer 2001).

Der **funktionale Medienbegriff** charakterisiert die Zeichenprozesse nach dem Zweck der Botschaften, die durch sie übermittelt werden. Es handelt sich in verallgemeinerter Form um das, was in Literatur-, Kunst- und Musikwissenschaft als ›Gattung‹, ›Genre‹, ›Textsorte‹ oder ›Diskurstyp‹ bekannt ist (vgl. Morris 1973, S. 215–248). Der Kommunikationszweck verleiht den Botschaften unabhängig davon, durch welche biologischen, physischen, technischen und sozialen Medien sie laufen, gleichartige Strukturen. So unterscheidet man nicht nur in der Zeitung, sondern auch im Hörfunk und Fernsehen zwischen Nachricht, Kommentar, Kritik, Reportage, Erzählung und Werbung. Mit dem gleichen Recht, mit dem man Bücher in Sachbücher und Belletristik einteilt, unterscheidet man bei Filmen Dokumentarfilme und Spielfilme und bei Musik E(rnste)-Musik und U(nterhaltungs)-Musik. Auch im Unterhaltungsbereich gibt es, je nach den biologischen Beschränkungen eines Mediums, wiederum vielfache parallele Einteilungen, z. B. wenn eine Erzählung im Buch als Kriminalroman, Detektivroman, Heimatgeschichte oder historischer Roman, im Kino als Kriminalfilm, Detektivfilm, Heimatfilm oder Historienfilm und im Fernsehen als Krimi-, Detektiv-, oder Heimatserie bzw. ›Historisches Gemälde‹ angekündigt wird. Daher kann man allgemein fragen, wie sich die Beschränkungen unterscheiden, denen die Botschaft unterworfen ist, wenn man ein Ereignis im Rahmen einer Nachricht, eines Kommentars, einer Kritik, einer Reportage, einer Erzählung oder einer Werbemaßnahme bekannt macht. So ist die Rede von Nachricht, Kommentar, Kritik, Reportage, Erzählung, Werbung etc. als funktionalen Medien begründet (vgl. Hempfer 1973; Rolf 1993).

Der **codebezogene Medienbegriff** charakterisiert die Zeichensysteme nach den Sorten von Regeln, mit Hilfe derer ihre Benutzer bei der Rezeption den Zeichen Botschaften zuordnen. Um eine codebezogene Einteilung handelt es sich, wenn eine Institution wie das Fernsehen eine ›Abteilung Wort‹ einrichtet oder ein internationaler Verlag sich in eine deutsche, englische oder französische Abteilung gliedert. Codebezogen ist in der westlichen Musik die Unterscheidung in monophone und polyphone sowie in tonale und atonale Musik, in der Malerei die Gegenüberstellung von gegenständlichen und nichtgegenständlichen Bildern, in der Architektur die Einordnung eines Bauwerks als romanisch bzw. neuromanisch vs. gotisch bzw. neugotisch vs. sachlich bzw. neusachlich etc. Die Entscheidung eines Verlages, ob er ein Buch auf Deutsch, Englisch oder Französisch herausbringt, eines Komponisten, ob er tonal oder atonal komponiert, eines Malers, ob er gegenständlich oder nichtgegenständlich malt, oder eines Architekten, ob er ein Haus in neuromanischem, neugotischem oder neusachlichem Stil baut, wird als Entscheidung zwischen verschiedenen Medien der Literatur, Musik, Malerei bzw. Architektur verstanden.

Jedes Medium bestimmt die **Arten von Botschaften**, die in ihm weitergegeben werden können. Deshalb wird es auch oft ›**Kanal**‹ genannt: Es ist auf Botschaften besonderer Art spezialisiert und schließt andere aus (vgl. Posner 1985, S. 257, S. 264, Anm. 32). Dabei wirken die biologischen, physikalischen, technologischen, soziologischen, funktionalen und codetechnischen Beschränkungen meistens zusammen. So nutzt das Medium Popmusikkonzert zugleich als Sinnesmodalitäten Auge und Ohr, als Kontaktmaterie die Luft, als technische Apparate Scheinwerfer und Bildwände sowie Musikinstrumente, Mikrophone und Lautsprecher, als gesellschaftliche Institutionen eine Konzertagentur sowie eine Halle oder Freilichtbühne, als Textsorte Popsongs und als Codes die englische Sprache, westliche Gestik und tonale Musik (vgl. Müller 1996). Diese spezielle Medienkonfiguration prädestiniert es für emotionsgeladene allgemeinverständliche Mitteilungen, die jedem einzelnen in einem großen Publikum den Eindruck geben können, dazuzugehören. Wer dagegen z. B. eher auf den distanzierten Mitvollzug sachlicher Argumentation über diffizile Themen in einem kleineren Kreis aus ist, der sollte sich stattdessen etwa die Übertragung eines Expertengesprächs aus dem Parlament im Radio anhören.

Beispiele wie diese zeigen, daß es sinnvoll ist, bei der Beschreibung eines Zeichenprozesses alle angeführten Medienbegriffe einzubeziehen. Ein Medium in diesem umfassenden Sinne ist ein **Zeichensystem**, dessen Faktoren für eine gewisse Zeit eine gleich bleibende Konstellation von Eigenschaften aufweisen, so daß die in ihm ablaufenden Zeichenprozesse denselben Beschränkungen unterworfen sind.

Kulturtheoretisch interessant sind der hohe Spezialisierungsgrad, die starken Prestigeunterschiede und die Art der Arbeitsteilung der Medien in der Organisation der Zeichenprozesse innerhalb einer Kultur (vgl. Abschnitt 4). Aus diesen Gegebenheiten resultiert auch die Dynamik der Medien im Rahmen der Kulturgeschichte (vgl. u. a. Böhme-Dürr 1997; Threadgold 1997; Gumperz/Hymes 1972).

3. Kulturen als Zeichensysteme: Gesellschaft, Zivilisation, Mentalität

So wie die traditionellen Kulturwissenschaften in den Universitäten und Akademien des Westens betrieben wurden, waren ihre Untersuchungen meist auf bestimmte Medien konzentriert:

- in der *Philologie und Geschichtswissenschaft* auf visuell rezipierbare optisch übertragene auf Papier schriftlich festgehaltene in religiösen und/oder politischen Institutionen eingesetzte sprachliche Zeichenkomplexe (literarische Werke und historische Quellen);
- in der *Kunst- und Architekturwissenschaft* auf visuell rezipierbare optisch und haptisch übertragene in Bildern, Skulpturen und Gebäuden fixierte und von religiösen und/oder politischen Institutionen eingesetzte räumlich erfahrbare Zeichenkomplexe (Malerei, Denkmäler, Kirchen, Burgen und Schlösser);
- in der *Musikwissenschaft* auf auditiv rezipierbare akustisch übertragene mit dem menschlichen Artikulationsapparat oder mit Musikinstrumenten erzeugte in religiösen und/oder politischen Institutionen eingesetzte lautliche Zeichenkomplexe (Musikstücke).

Und dieses medienbezogene Selbstverständnis hat sich mit dem Aufkommen neuer technischer Medien im 19. und 20. Jahrhundert (Photo, Film, Fernsehen, Video, Computer) und der Einführung entsprechender Wissenschaften noch verstärkt.

Die einzigen Wissenschaften, deren Interesse bereits vor der Semiotik darauf ausgerichtet war, in systematischer Weise Kulturen als ganze zu ihrem Gegenstand zu machen, sind die **Anthropologie** (vgl. u. a. Kap. 5 »Kulturanthropologie« in diesem Band; Bidney 1953; Turner 1967; Harris 1968; Geertz 1973; Leach 1976; Vivelo 1978; Moore 1997 sowie den Überblick in Kroeber/Kluckhohn 1952) und die **Archäologie** (vgl. Leroi-Gourhan 1964; Chang 1967; Binford 1972; Renfrew 1973; Schiffer 1976; Clarke 1972, 1978; Frerichs 1981, 2003). Es lohnt sich für Kultursemiotiker, den Fragestellungen der Anthropologie und der Archäologie nachzugehen und sie in semiotische Begriffe zu fassen, denn sie versprechen eine medienübergreifende Perspektive auf die Kulturen der Welt.

In der zweiten Hälfte des 20. Jahrhunderts wurde in diesen beiden Wissenschaften ein weitgehendes Einvernehmen erzielt über die zentralen Gegenstandsbereiche, die im Rahmen des Studiums einer Kultur zu untersuchen sind, und über die wichtigsten Fragen, die an sie gestellt werden müssen (vgl. Singer 1978, 1980). Entsprechend diesen Gegenstandsbereichen läßt sich die Anthropologie in drei Teildisziplinen gliedern (vgl. Posner 1992, S. 12 ff.; Hansen 1993): die Sozialanthropologie (vgl. u. a. Weber 1920, 1950; Radcliffe-Brown 1940, 1952; Evans-Pritchard 1962), die Materialanthropologie (vgl. u. a. Thurnwald 1932; Bidney 1953; Clarke 1978) und die Kulturanthropologie (vgl. u. a. Kroeber 1923, 1952; Kluckhohn 1951, 1962; Lévi-Strauss 1949, 1958).

a) Gegenstand der **Sozialanthropologie** ist die soziale Kultur, d. h. die Gesellschaft (vgl. Kap. 10 »Kultursoziologie« in diesem Band). Jede Gesellschaft besteht aus Institutionen und den Ritualen, die in ihnen vollzogen werden. Ein Beispiel sind die religiösen Institutionen, wie eine christliche Kirche und die Rituale des Gottesdienstes.

b) Gegenstand der **Materialanthropologie** ist die materiale Kultur der Gesellschaft, d. h. ihre Zivilisation. Die Zivilisation einer Gesellschaft besteht aus den Artefakten und den Fertigkeiten ihrer Herstellung und Verwendung. Beispiele für religiöse Artefakte sind Kreuze, Kirchenlieder, Weihrauch, Hostien, Rosenkränze, Bibeln.

c) Gegenstand der **Kulturanthropologie** ist die mentale Kultur der Gesellschaft, die sich in ihrer Zivilisation manifestiert, d. h. ihre Mentalität. Die Mentalität einer Gesellschaft besteht aus den Mentefakten (d. h. Ideen und Werten) und den Konventionen, die deren Verwendung und Darstellung bestimmen (zum Mentalitätsbegriff vgl. Raulff 1987, S. 11; Posner 1991, S. 68, Anm. 2). Beispiele für religiöse Mentefakte sind die Heiligen der katholischen Kirche mit ihren Emblemen, die Sünden mitsamt ihrer Klassifikation in ›Todsünde‹, ›läßliche Sünde‹ etc. und der entsprechenden Terminologie sowie die Gesten der Priester.

Die Gegenstände dieser anthropologischen Teildisziplinen lassen sich nicht nur getrennt voneinander untersuchen, sondern auch aufeinander beziehen. So kann man zu einer Gesellschaft bestimmten Typs fragen, welche Zivilisation und Mentalität zu entwickeln sie in der Lage ist. Zu einer gegebenen Zivilisation kann man fragen, welche gesellschaftlichen Strukturen und Mentalitäten sie zuläßt. Und zu einer gegebenen Mentalität kann man fragen, welche gesellschaftlichen Strukturen und welche Zivilisation sie ermöglicht.

Für alle drei Gegenstände gleichermaßen relevant ist die Frage, wie die soziale Kultur (Institutionen und Rituale), die materiale Kultur (Artefakte und Artefaktgebrauch) und die mentale Kultur (Mentefakte und Mentefaktgebrauch) von einer Generation zur nächsten weitergegeben werden. Es ist dieser Weitergabemechanismus (vgl. Mead 1912; Thurnwald 1936 f., 1950; Lotman/Uspenskij 1971; Lotman et al. 1975), der gemeinhin als ›**Tradition**‹ bezeichnet wird.

Zusammenfassend kann man sagen, daß eine Kultur im Sinne von Anthropologie und Archäologie nichts anderes ist als eine Gesellschaft, die über eine bestimmte Mentalität verfügt und auf deren Basis eine Zivilisation entwickelt hat.

Den Kultursemiotiker interessiert nun die Frage: Welche Beziehung besteht zwischen Gesellschaft, Zivilisation und Mentalität auf der einen Seite und Zeichensystemen auf der anderen? Lassen sich solche Gegenstände wie Institutionen, Artefakte, Mentefakte und kulturelle Weitergabemechanismen mit Hilfe von Begriffen wie ›Zeichen‹, ›Botschaft‹, ›Interpret‹, ›Code‹ und ›Medium‹ explizieren? Mit anderen Worten: Lassen sich die von Anthropologen und Archäologen untersuchten Gegenstände als Elemente von symbolischen Formen im Sinne Cassirers verstehen?

3.1 Soziale Kultur (Gesellschaft): Zeichenbenutzer

Eine Gesellschaft ist eine Menge von Individuen. Ihre Struktur ist durch die Gruppen von Individuen festgelegt, die regelmäßig durch Zeichenprozesse miteinander verbunden sind. Diese nennen wir ›**Institutionen**‹. Welche Institutionen in einer Gesellschaft bestehen, ist charakteristisch für deren soziale Kultur (vgl. u. a. Homans 1950; Bourdieu 1970; Luhmann 1984; Smits 1987; Giesecke 1988; Alexander/Seidmann 1990; Cole 1996; Parmentier 1996; Kashima 2001; Baltzer 2001).

Jede Gesellschaft entwickelt ihre eigene materiale und mentale Kultur. Doch fallen die Grenzen zwischen zwei Gesellschaften nicht notwendig zusammen mit denen zwischen ihren materialen bzw. mentalen Kulturen (vgl. Clarke 1978; Posner 1990; Berry et al. 1997):

- **Individuen** aus einer Gesellschaft können in den sozialen Zusammenhang einer anderen Gesellschaft aufgenommen werden und einen Teil ihrer Artefakte, Ideen und Werte mitbringen; das ist sowohl der Fall bei kulturüberschreitenden Eheschließungen als auch bei der Ansiedlung fremder Funktionseliten (Handwerker, Händler, Steuereinnehmer).
- **Artefakte** aus der materialen Kultur einer Gesellschaft können von Mitgliedern einer anderen Gesellschaft erworben, nachgeahmt und in Gebrauch genommen werden, ohne daß sich an den sozialen Beziehungen etwas ändert; der Erwerb, die Nachahmung und der Gebrauch des chinesischen Porzellans (auf Englisch: ›china‹) durch die Europäer und der europäischen Kraftfahrzeugtechnik durch die Japaner sind allgemein bekannte Beispiele für solche zivilisatorischen Überlappungen.
- **Mentefakte**, die das Verhalten der Individuen in einer Gesellschaft bestimmen, können von Mitgliedern einer anderen Gesellschaft übernommen und für deren Verhalten bestimmend werden; ein solcher Fall ist die Übernahme der zunächst als ›Negergedudel‹ zurückgewiesenen afroamerikanischen Musik in Deutschland nach dem Zweiten Weltkrieg und ihre eigenständige Fortbildung zu einheimischen Musikformen (z. B. ›Krautrock‹) in den darauffolgenden Jahrzehnten: Die Mentalität der Jazzfans verbindet heute Individuen aus sonst ganz verschiedenen Gesellschaften und Zivilisationen.

Doch wer bestimmt die materiale und mentale Kultur einer Gesellschaft? **Wer sind ihre Kulturträger?** Diese Frage läßt sich, auch unter Berücksichtigung der skizzierten Überlappungen, folgendermaßen beantworten:

1. Jedes Individuum einer Gesellschaft verfügt über eine charakteristische Menge von Artefakten und Mentefakten und gilt daher als individueller Kulturträger.
2. Jede Gesellschaft verfügt als ganze über eine charakteristische Menge von Artefakten und Mentefakten und gilt daher als kollektiver Kulturträger.
3. Bestimmte (wieder möglicherweise einander überlappende) Gruppen von Individuen in einer Gesellschaft sind durch Artefakte und Mentefakte charakterisiert und gelten daher ebenfalls als kollektive Kulturträger. Beispiele sind

Institutionen wie die katholische Kirche, die evangelische Kirche und die anderen Glaubensgemeinschaften.

Nun trifft es sich, daß sowohl **Individuen** als auch **Gesellschaften** und **Institutionen** als eigenständige Zeichenbenutzer auftreten. In Bezug auf Individuen kann man mit Recht fragen, ob sie nicht genau deshalb als Individuen, d. h. als ›Unteilbare‹ bezeichnet werden, weil sie in der Lage sind, die Rolle eines Senders, Adressaten, Bystanders oder Empfängers von konventionellen Zeichen zu spielen: Individuen fungieren als Benutzer konventioneller Zeichen, und sie verlieren diese Fähigkeit, wenn man sie in Stücke teilt.

Und auch eine Gesellschaft als ganze handelt als Benutzer konventioneller Zeichen: In der Form des Staates kann sie Verhandlungen führen, Krieg oder Frieden erklären, Verträge schließen und brechen. Analoges gilt von Institutionen, wie einer Kirche, einem Krankenhaus, einer Schule, einer Behörde oder einem Theater: Jeder kann eine Universität als einheitliche Institution anschreiben, und sie wird als solche antworten (»Der Universitätspräsident, im Auftrag Meier«).

Kulturträger sind also Zeichenbenutzer. Und diese Überlegungen gelten auch für **Tiere**, wie die Ethologie gezeigt hat. Nicht nur einzelne Primaten, sondern auch ganze Primatengruppen können ihren Willen artikulieren, indem sie natürliche sowie konventionelle Zeichen produzieren und adressieren (wie etwa die Gruppe der Weibchen in einer Schimpansenhorde, wenn sie durch gemeinsames Auftreten einem Männchen seine soziale Rolle in der Horde anweist; vgl. de Waal 1982, 1989).

Sogar in den heute noch utopischen Vorstellungen von **Maschinen** als Kulturträgern gilt, daß sie Maschinengesellschaften bilden und in dem Maße als Mitglieder derselben Gesellschaft akzeptiert werden, in dem sie gemeinsame konventionelle Codes entwickeln sowie Zeichen produzieren und aneinander adressieren, die mit Hilfe dieser Codes interpretierbar sind (vgl. Posner 1993, S. 262–267, 2000).

3.2 Materiale Kultur (Zivilisation): Texte

Eine Zivilisation wurde oben als die Gesamtheit der Artefakte einer Gesellschaft charakterisiert, unter Einschluß der Fertigkeiten ihrer Herstellung und Verwendung. Jede Zivilisation ist Ausgangspunkt für Zeichenprozesse aller Art. Will man sie genauer beschreiben, so muß man untersuchen, was unter einem Artefakt zu verstehen ist (vgl. Folsom 1928, S. 15; Bernard 1942, S. 699, 1951, S. 86; Thompson 1979; Warnier 1999).

Artefakte

Ein Artefakt läßt sich leicht definieren, wenn man annimmt, daß das Verhalten eines Individuums begrifflich von seinen Ergebnissen getrennt und absichtliches von unabsichtlichem Verhalten unterschieden werden kann. Ein Artefakt ist dann alles, was Ergebnis absichtlichen Verhaltens ist, sei dieses Ergebnis nun selbst beabsichtigt oder nicht (vgl. Herskovits 1948; Rossi-Landi 1968, 1975; Becker 1993; Scholz 2002). Artefakte können von kurzer Dauer sein wie die Geräusche, die eine Frau erzeugt, wenn sie mit Stöckelschuhen über den Gehsteig trippelt; und sie können bleibend sein wie die Fußabdrücke, die die Frau mit ihren Schuhen im Lehm hinterläßt. Entsprechend sind **momentane** von **permanenten** Artefakten zu unterscheiden.

Artefakte werden meist hergestellt, um eine bestimmte Funktion zu erfüllen. Permanente Artefakte mit einer Funktion nennt man ›**Werkzeuge**‹. Etwas kann in der einen Kultur ein Werkzeug sein und in der anderen ein funktionsloses Artefakt (vgl. Posner 1992, S. 20). Alle menschlichen Kulturen klassifizieren ihre Werkzeuge nach deren Funktionen; das zeigt auch die Mehrzahl der Bezeichnungen, die wir im Deutschen für unsere Werkzeuge verwenden: Ein ›Hammer‹ ist ein Gerät zum Hämmern, ein ›Bohrer‹ ist ein Gerät zum Bohren, und Analoges gilt auch für ›Meißel‹, ›Feile‹, ›Säge‹, ›Hacke‹, ›Winde‹, ›Pumpe‹, ›Radierer‹, ›Locher‹, ›Filzschreiber‹ etc.

Texte

Wenn etwas ein Artefakt ist und in einer Kultur nicht nur eine Funktion hat, sondern auch ein Zeichen ist, das eine codierte Botschaft trägt, so wird es in der Kultursemiotik als »Text dieser Kultur« bezeichnet. Texte sind immer ein Ergebnis absichtlichen Verhaltens, auch wenn nicht alle ihre Eigenschaften beabsichtigt sein müssen (vgl. Beardsley/Wimsatt 1954; Hirsch 1967; Grice 1975; Danneberg/Müller 1983). Da sie Artefakte sind, können Texte nicht nur produziert, sondern auch reproduziert werden. Auf diese Weise erhält man mehrere Token desselben Artefakttypus. Beispiele sind Industriewaren wie Plastikmöbel, Kleider von der Stange und auf dem Fließband produzierte Autos. Wenn ein Text als solcher reproduziert wird, bleiben seine kodierten Eigenschaften (seine Signifikanten und Signifikate) unverändert. Das gilt insbesondere auch für sprachliche Texte. Aus diesem Grund kann ich sagen, daß deine Bibel ›derselbe Text‹ ist wie meine Bibel (wenn sie etwa beide das Ergebnis des Drucks der ersten Auflage der Lutherschen Übersetzung sind). In diesem Fall unterscheiden wir zwischen meinem und deinem Texttoken und stellen sie dem Texttyp dieser Auflage gegenüber (vgl. Posner 1991, S. 68 f., Anm. 7).

Der hier benutzte weite **Textbegriff** wurde erst in der zweiten Hälfte des 20. Jahrhunderts im Rahmen der Kultursemiotik entwickelt; er steht einem viel engeren Textbegriff gegenüber, der seit dem 18. Jahrhundert in der Philologie gebräuchlich ist. Der kultursemiotische Textbegriff ist aus dem philologischen in einer Reihe von Verallgemeinerungsschritten hervorgegangen (vgl. Posner 1992, S. 23 ff.). In der Philologie galten lange Zeit nur visuell rezipierbare (d. h. verschriftete) sprachliche Zeichenkomplexe als ›Texte‹. In den 1950er Jahren setzte sich jedoch eine erste Verallgemeinerung durch, nach der alle linearen Verkettungen sprachlicher Zeichen als ›Texte‹ bezeichnet wurden (vgl. Saussure 1967, S. 9–75). Sie machte auch auditiv rezipierbare sprachliche Zeichenketten (Reden) zu

›Texten‹. Eine zweite Verallgemeinerung führte dazu, daß man seit den 1960er Jahren auch nichtsprachliche Zeichenketten (z. B. Formeln der Mathematik und Logik) als ›Texte‹ zu bezeichnen begann. In einer dritten Verallgemeinerung wurde dann schließlich auch von der Bedingung der Linearität abstrahiert, so daß heute jedes mehr oder weniger komplexe codierte Zeichentoken ›Text‹ genannt werden kann, gleich ob es ein einzelnes Verkehrszeichen, eine Sequenz von Verkehrszeichen, ein Gemälde, eine Plastik, ein Gebäude, ein Musikstück, ein Tanz oder eine sprachliche Äußerung ist.

Damit ist der Textbegriff, und mit ihm die Ergebnisse der Texttheorie, medienübergreifend einsetzbar geworden. Er kann die komplexen Verhältnisse in den verschiedenen Medien klären helfen: Da codierte Zeichentoken im allgemeinen reproduzierbar sind, ist auch jede Reproduktion eines Gemäldes und einer Plastik sowie jede Aufführung eines Musikstücks ein Text. Sie kann sogar als ›derselbe Text‹ bezeichnet werden wie das Original, denn die Reproduktion macht sie zu einem Text desselben Texttyps. Auch lassen sich Texte über Texttypen produzieren, und deshalb ist auch eine Musikpartitur ein Text, und wenn man sie vervielfältigt, erhält man viele Token eines Texttyps, der seinerseits einen Typ einer musikalischen Aufführung bestimmt (vgl. Goodman 1968). Besonders in multimedialer Zeichenproduktion kann der verallgemeinerte Textbegriff Entscheidungsprozesse, die sonst meist intuitiv ablaufen, durchschaubar machen, indem er die beteiligten Zeichenkomplexe aus verschiedenen Medien nicht mehr als miteinander inkompatibel erscheinen läßt. Jeder Theater-, Opern- oder Filmregisseur sieht sich ja vor die Frage gestellt, ob er eine intendierte Mitteilung am wirkungsvollsten mitteilen kann, wenn er als Text eine gesprochene Äußerung, einen mimischen Ausdruck, eine Geste oder bloß die Kulissen bzw. eine Hintergrundmusik einsetzt. Auch die Integration der Botschaften all dieser Medien in einem komplexen Text läßt sich texttheoretisch beschreiben und erklären.

In den Kulturwissenschaften eignet sich der **allgemeine Textbegriff der Kultursemiotik** als gemeinsamer Nenner für die Untersuchungsgegenstände der Philologie ebenso wie der Kunst- und Architekturwissenschaft, der Musikwissenschaft und der Wissenschaften von den neueren Medien. Seine Verwendung trägt dazu bei, die Disziplingrenzen zu überbrücken und vergleichenden Untersuchungen zur Struktur und Leistung der Zeichenkomplexe in allen Medien eine nichtmetaphorische begriffliche Basis zu geben.

Es empfiehlt sich also nicht nur, das, was die Anthropologen unter Zivilisation verstehen, als Menge von Artefakten anzusehen, sondern diese kultursemiotisch zu explizieren als Menge von Texten im weiten Sinn. Ein Problem scheint die Archäologie zu bereiten, denn deren zentrale Untersuchungsgegenstände sind permanente Artefakte früherer Kulturen, die als ›**Werkzeuge**‹ bezeichnet werden, und Werkzeuge als Texte zu verstehen, ist bis heute nicht üblich. Doch kann man sich leicht klarmachen, daß auch die Werkzeuge unter den Textbegriff der Kultursemiotik fallen (vgl. Posner 1992, S. 27 ff.). Sie werden gewöhnlich für eine bestimmte Funktion (ihren Standardgebrauchszweck) produziert, und der Hersteller sichert ihre Wiedererkennung, indem er die beabsichtigte Funktion in sein Produkt hineincodiert. Werkzeuge verweisen also durch ihre Form auf die Funktion, für die sie gemacht sind.

Wir haben hier den einfachsten Fall eines Textes im Sinne der Kultursemiotik: Die Form des Werkzeugs ist der Signifikant und die Funktion des Werkzeugs ist das Signifikat. Signifikant und Signifikat sind durch einen (mehr oder weniger gut motivierten) konventionellen Code miteinander verknüpft. In dieser Weise verweist die Form des Messers (Griff mit Schneide) auf seine Schneidefunktion, die Form der Pumpe (Griff mit Saugkolben) auf ihre Pumpfunktion etc. **Werkzeuge** sind also **Artefakte**, die in einer Kultur eine **Funktion** haben sowie eine codierte **Botschaft** tragen, und damit **Texte**.

Als Ergebnis dieser Überlegungen ist festzuhalten, daß eine Zivilisation im Sinne der Anthropologie sich semiotisch als Menge von Texten explizieren läßt. Damit ist gezeigt, daß auch der Gegenstandsbereich der zweiten anthropologischen Teildisziplin, der Materialanthropologie, auf der Basis semiotischer Begriffe rekonstruiert werden kann.

3.3 Mentale Kultur (Mentalität): Codes

Die Mentalität einer Gesellschaft besteht aus ihren Mentefakten, d. h. ihren **Ideen und Werten, und den Konventionen**, die deren Verwendung und Darstellung bestimmen. Unter ›Ideen‹ im weiten Sinne sind hier alle Kategorien zu verstehen, mit denen eine Gesellschaft sich selbst und die Wirklichkeit interpretiert. Begriffe wie ›Mensch‹, ›Tier‹, ›Pflanze‹, gehören ebenso hierher wie ›Himmel‹ und ›Hölle‹. Beispiele für die Werte einer Kultur sind ›Freiheit‹, ›Gleichheit‹, ›Brüderlichkeit‹, ›Pflichtbewußtsein‹, ›Ehrlichkeit‹ und ›Wahrheitsliebe‹. Wie läßt sich der semiotische Status solcher **Mentefakte** bestimmen? Auch diese Frage ist in unserem theoretischen Rahmen leicht zu beantworten. Ein Mentefakt kann in einer Gesellschaft nur dann eine Rolle spielen, wenn diese über ein Substrat verfügt, das seine Mitteilbarkeit gewährleistet, und das heißt, wenn es eine symbolische Form gibt, die es ausdrückt (um mit Cassirer 1923–29 zu sprechen; vgl. Abschnitt 1, siehe auch Schwemmer 1997, S. 143 ff.), bzw. wenn es einen Signifikanten gibt, dessen Signifikat das Mentefakt ist. Außerdem treten Paare von Signifikanten und Signifikaten immer nur im Systemzusammenhang auf (vgl. Saussure 1967, S. 136 f.). Da Systeme von Signifikant-Signifikat-Zuordnungen als ›**Codes**‹ bezeichnet werden, führt diese Überlegung zu dem Resultat, daß sich jede Mentalität als Menge von Codes auffassen läßt. Diese Codes beruhen auf Konventionen. Mentale Kultur ist demnach nichts anderes als ein System von Zeichenkonventionen, das die Mitglieder einer Gesellschaft miteinander gemeinsam haben. Sie regeln deren soziales Verhalten und bestimmen die Funktionen und Bedeutungen ihrer Artefakte.

Mit der Explikation von **mentaler Kultur als Menge von konventionellen Codes** ist gezeigt, daß auch der Gegenstandsbereich der dritten anthropologischen Teildisziplin, der Kulturanthropologie, auf der Basis semiotischer Begriffe rekonstruiert werden kann.

3.4 Der semiotische Zusammenhang von sozialer, materialer und mentaler Kultur

Einer der Vorzüge dieser semiotischen Analyse der sozialen, materialen und mentalen Kultur ist, daß sie die Gegenstände der Sozialanthropologie, Materialanthropologie und Kulturanthropologie in einen theoretisch fundierten systematischen Zusammenhang stellt. Wenn eine Gesellschaft als Menge von Zeichenbenutzern, eine Zivilisation als Menge von Texten und eine Mentalität als Menge von konventionellen Codes definiert werden kann, so sind diese drei Bereiche notwendig miteinander verbunden, denn Zeichenbenutzer sind auf Codes angewiesen, wenn sie Texte verstehen wollen.

Die Semiotik kann somit die Einheit der Untersuchungsgegenstände der Anthropologie und Archäologie sowie der anderen Kulturwissenschaften nachweisen. Sie tut dies, indem sie behauptet, daß Kulturen spezielle Zeichensysteme sind. Diese schon in der Einleitung formulierte These läßt sich nun folgendermaßen präzisieren: Eine **Kultur als Zeichensystem** besteht aus individuellen und kollektiven Zeichenbenutzern, die Texte produzieren und rezipieren, durch die mit Hilfe konventioneller Codes Botschaften mitgeteilt werden, welche den Zeichenbenutzern die Bewältigung ihrer Probleme ermöglichen.

Diese Explikation des Kulturbegriffs gilt nicht nur für menschliche Kulturen, sondern auch für Tierkulturen und sogar für Maschinenkulturen sowie für Kulturen, in denen Menschen, Tiere und Maschinen zusammenwirken und ihre Interaktionen durch gemeinsame Zeichenkonventionen regeln. Innerhalb der menschlichen Kulturen trifft sie nicht nur auf Stammeskulturen, Sprachgemeinschaften oder Nationalstaaten zu, sondern auch auf Teile von ihnen. In diesem Sinne kann eine Person sowohl Angehöriger der westlichen, der europäischen, der deutschen, der bayrischen und der Münchner Kultur sein und sich als solcher verstehen (vgl. Baumann 1999). Auch die Rede von adliger, bürgerlicher und Bauernkultur sowie von Manager-, Beamten- und Arbeiterkultur, ja sogar von Firmen- und Betriebskultur und von studentischen Subkulturen läßt sich mit Hilfe des semiotischen Kulturbegriffs rekonstruieren und rechtfertigen.

Kulturen sind also hochkomplexe und dennoch einheitliche Gebilde. Genauer gesagt, besteht die Komplexität einer Kultur als eines Zeichensystems darin,

1. daß eine Gesellschaft sehr viele **Zeichenbenutzer** umfaßt, die in vielerlei (oft einander überlappende) Gruppen zerfallen, welche ihrerseits als kollektive Zeichenbenutzer auftreten können (z. B. wenn sie gesellschaftliche Institutionen sind),
2. daß eine Zivilisation aus sehr vielen **Texten** besteht, die vielerlei Medien angehören und sich daher auf recht verschiedene Weisen in Textmengen aufgliedern lassen, und schließlich
3. daß eine Mentalität aus sehr vielen **Codes** besteht, die auf Grund ihrer Regeltypen und der Eigenschaften der durch sie verknüpften Signifikanten und Signifikate ebenfalls auf vielerlei Weisen in Code-Arten eingeteilt werden können.

Wegen dieser hochdifferenzierten Strukturen läßt sich jedes gesamtkulturelle Zeichensystem auch als ein **System von Zeichensystemen** betrachten. Jede Kultur organisiert sich selbst in Systeme von Zeichensystemen, und weil dafür viele konkurrierende Organisationsprinzipien anwendbar sind, gibt es ständig Auseinandersetzungen über deren relatives Gewicht. So entsteht kulturelle Dynamik, die dem Kulturwandel zugrunde liegt.

4. Kulturmechanismus und Kulturwandel

Fragt man nach den Prinzipien des Kulturwandels, so wird einerseits behauptet, daß eine Kultur durch ihre Mitglieder geprägt wird, und andererseits, daß eine Kultur ihre Mitglieder prägt. Die Kultursemiotik hat es sich zur Aufgabe gemacht, zu erklären, wie beides zugleich der Fall sein kann. Dies ist die Frage nach dem Kulturmechanismus (vgl. Thurnwald 1936 f., 1950).

Wenn es gelingt, diese schwierige Frage mit Hilfe der semiotischen Begriffe zu beantworten, die bei der Explikation des Kulturbegriffs verwendet wurden, so läßt sich auch diese Antwort als Bestätigung der Fruchtbarkeit dieser Begriffe bewerten.

Am meisten zur Beantwortung der Frage nach dem Kulturmechanismus hat in den letzten Jahrzehnten Jurij Lotman mit seinen Kollegen im Moskau-Dorpater Kreis beigetragen. Ihre Annahmen finden sich am prägnantesten zusammengefaßt in den »Theses on the Semiotic Study of Culture (as Applied to Slavic Texts)«, die von Lotman, Uspenskij, Ivanov, Toporov und Pjatigorskij auf dem Moskauer Slawistenkongreß von 1973 vorgetragen wurden. Nach Lotman und seinen Kollegen (1975, S. 73) gilt: »Kultur läßt sich auffassen als eine Hierarchie von Zeichensystemen, als Gesamtheit der Texte und ihrer Funktionen oder als ein bestimmter Mechanismus, der diese Texte hervorbringt.« Im folgenden wird zunächst die Auffassung einer Kultur als Gesamtheit der Texte und ihrer Funktionen skizziert und damit auf die in Kap. 1 gestellte Frage (3) eingegangen. Dann wird die Auffassung einer **Kultur als Hierarchie von Zeichensystemen** behandelt, die auch geeignet ist, den Kulturwandel zu erklären und damit die Fragen (4) und (5) zu beantworten.

4.1 Kultur als System von Texten

Die These, daß eine Kultur ein System von Texten ist, wird von vielen Kultursemiotikern vertreten. Zu ihnen gehören Lévi-Strauss (1958), Barthes (1964), Winner (1979), Galaty (1981) und Fine (1984). Umstritten ist nur, worin dabei der Systemcharakter besteht.

Lotman (1981, S. 34–48) geht in seinem Ansatz von dem **weiten kultursemiotischen Textbegriff** aus, nach dem jedes Artefakt mit einer Funktion und einer codierten Botschaft als Text angesehen werden kann, bemerkt aber, daß alle

Kulturen aus der Menge dieser Texte eine kleine Teilmenge herausheben, die ihre Mitglieder im Hinblick auf ihre **kulturelle Identität** für wichtig halten. Er stellt fest (1981, S. 38): »Das Herausheben einer bestimmten Anzahl von Texten aus der Masse der [...] Mitteilungen kann man als Indiz für die Entstehung der Kultur als besonderer Form der Selbstorganisation der Gemeinschaft ansehen«, und umgekehrt: »Ein Zustand, in dem alle Texte gleichwertig werden, entspricht einer Liquidierung der Kultur.«

Die Kriterien, nach denen die Mitglieder einer Kultur die für sie identitätsbestimmenden Texte auswählen, wechseln von Kultur zu Kultur. Sie hängen von den in der jeweiligen Kultur benutzten **Medien** ab. Schwierig wird die Darstellung dieser Verhältnisse dadurch, daß die betreffende Kultur jeweils ihren eigenen Textbegriff entwickelt und die für sie nicht identitätsbestimmenden Texte oft als ›Nicht-Texte‹ ansieht. Dies galt ja auch für die europäische akademische Tradition, in der bis ins 20. Jahrhundert hinein nur schriftlich fixierte sprachliche Zeichenkomplexe als ›Texte‹ anerkannt wurden und bereits für mündlich geäußerte sprachliche Zeichenkomplexe nur das Wort ›Rede‹ zur Verfügung stand – von nichtsprachlichen Zeichenkomplexen ganz zu schweigen (vgl. Abschnitt 3.2). Um Verwirrung zu vermeiden, kennzeichnen wir im folgenden die von einer Kultur i als für sie **identitätsbestimmende Texte** eingestuften Artefakte durch das Subskript ›i‹.

Über die Vielfalt der Auswahlkriterien, bezogen auf sprachliche Texte, schreibt Lotman (1981, S. 36):

> So etwa gilt der Text als das, was in Stein oder Metall eingraviert ist, im Unterschied zu dem, was auf weniger haltbarem Material geschrieben wurde. Dies ergibt die Opposition ›beständig/ewig‹ versus ›kurzlebig‹. Was auf Pergament oder Seide geschrieben wurde, steht mit dem, was auf Papier geschrieben wurde, in der Opposition von ›wertvoll‹ versus ›nicht wertvoll‹. Was in einem Buch gedruckt wurde, steht mit dem, was in der Zeitung gedruckt wurde, was in ein Album geschrieben wurde, steht mit dem, was in einen Brief geschrieben wurde, in der Opposition ›zur Aufbewahrung bestimmt‹ versus ›zur Vernichtung bestimmt‹; bezeichnenderweise gilt diese Opposition nur in den Systemen, wo Briefe und Zeitungen nicht aufbewahrt werden, sie verschwindet in den entgegengesetzten Systemen.

In Schriftkulturen, in denen die Schrift durch soziale Stratifizierung oder Zensurpraktiken diskreditiert ist, kann allerdings auch das nicht schriftlich Gefaßte als Text akzeptiert und das Geschriebene oder Gedruckte als Nicht-Text angesehen und für belanglos erklärt werden. Dann kommt es zu Oppositionen wie ›aufrichtig‹ vs. ›unaufrichtig‹ oder ›einfach‹ vs. ›kompliziert‹, so wie etwa beim Übergang von der Adelsherrschaft zum Bürgertum in Westeuropa.

Ein Text_i ist also eine Mitteilung, die es verdient hat, in dem **prestigereichsten Medium** der betreffenden Kultur übermittelt zu werden.

- Texte_i gelten allgemein als **wertvoll** und werden daher besonders gepflegt, z. B. durch die Rezitation in zentralen Ritualen (etwa im sakralen Kontext) bzw. durch die Unterbringung an sorgfältig geschützten Orten (etwa in einem Museum oder einer Bibliothek).
- Texte_i sind für die Mitglieder der betreffenden Kultur **wirklichkeitskonstitutiv**; sie können daher von ihnen nicht als falsch angesehen werden (vgl. die

Autorität, die die Werke der antiken Philosophie, Literatur und Kunst für den mittelalterlichen Menschen hatten).

- Texte$_i$ setzen **Maßstäbe** für Generationen von Mitgliedern der betreffenden Kultur und werden daher auch nicht verändert, wenn deren Lebensumstände sich ändern; so entstehende Diskrepanzen zwischen Text und Welt werden durch besondere Interpretationsverfahren neutralisiert (vgl. die Bibel-Hermeneutik).
- Texte$_i$ werden mit der Zeit für die Mitglieder der betreffenden Kultur **unverständlich**, da ihre Zeichenkomplexe erhalten bleiben, während die für sie zuständigen Codes einem starken Wandel unterworfen sind; Texte$_i$ bedürfen daher der Auslegung und Übersetzung (vgl. die Behandlung der Heiligen Schriften durch die Schriftgelehrten, der Gesetze durch die Kommentatoren, der Kunstwerke durch die Kunstkritiker).
- Zur Legitimierung dieser Einstellungen und Praktiken werden **Mythen** über die Entstehung von Texten$_i$ verwendet; besonders häufig ist die Annahme eines göttlichen Ursprungs (wie etwa bei den zehn Geboten, die Gott Moses am Berg Sinai übergeben hat).

In Kulturen mit Buchreligionen lassen sich diese Vorgänge an der betreffenden Heiligen Schrift nachweisen; sie bestimmen aber auch den Umgang mit anderen Texten. Die **Heilige Schrift** ist jeweils nur die Spitze einer umfangreichen Texthierarchie mit identitätsbildender Funktion.

Um diese Texthierarchie zu erfassen und den kulturellen Stellenwert eines Textes bzw. Textgenres zu ermitteln, reicht oft die Frage nach der Zahl gleichartiger Texte und ihrer durchschnittlichen Lebensdauer in der betreffenden Kultur. So gibt es in Europa nur einen Text, der allgemein als »die Heilige Schrift« akzeptiert wird; er ist seit Jahrtausenden Richtschnur des Verhaltens. Daneben stehen etliche Staatsverfassungen, die jeweils nur für Jahrhunderte in Geltung bleiben, und Tausende von Gesetzen, deren Gültigkeitsdauer höchstens Jahrzehnte beträgt. Analoges gilt für die Werke der Literatur, Kunst und Architektur sowie, über eine geringere Zeitspanne hinweg, der Musik.

Am anderen Ende der Pyramide stehen die kurzlebigen Artefakte und flüchtigen **Äußerungen des Alltags**. Man vergleiche wieder die produzierten Anzahlen sowie die Lebensdauern von mündlichen Äußerungen, Memos, E-Mails, Briefen, Tagebucheinträgen, Rechnungen (mit Ablage), Anträgen (mit Wiedervorlage), Arbeitsverträgen, Abhandlungen etc.

Es ist daher nicht der schlechteste Ansatz für die Erkundung einer Kultur, den **Kanon** ihrer langlebigen Texte zu studieren (vgl. Fokkema 1986). Er zeigt nicht nur kulturelle Kontinuität an, sondern macht auch auf Umbruchzeiten aufmerksam. Typisch für letztere ist eine Änderung im Verhalten der Kulturmitglieder gegenüber ihren Texten; es kommt zur Aussonderung von Artefakten, die bisher zum Kanon gehörten, zur Aufnahme neuer Artefakte, ja sogar zur Umgewichtung ganzer Artefaktgattungen. Dies kann kulturimmanent motiviert sein, es kann aber auch auf andere Kulturen zurückgehen. So kann eine intensive Kenntnis einer anderen Kultur Texte aus deren Kanon identitätsbildend für die eigene Kultur werden lassen. Ein Beispiel ist die amerikanische Verfassung, die sich im

19. und 20. Jahrhundert zu einem der meistzitierten Texte im deutschen Staatsrecht entwickelt hat. Und dies gilt nicht nur für die deutsche Kultur, sondern für alle Kulturen des westlichen Kulturkreises.

Wie man sieht, ist die Untersuchung der materiellen Kultur ein guter Zugang zur **Selbstorganisation** und zum **Selbstverständnis** einer Kultur. Sie ermöglicht Rückschlüsse auf die soziale und mentale Kultur und hat den methodischen Vorzug, sich auf konkrete Objekte stützen zu können, während die Institutionenanalyse und die Codeanalyse zu indirekten Untersuchungsverfahren Zuflucht nehmen müssen.

Doch sei im folgenden noch ein weiterer Zugang skizziert, der zwar abstrakter ist, aber gerade deshalb genauere Hinweise auf die Art erlaubt, wie Kulturen sich wandeln.

4.2 Kultur als System von Codes

Nach Lotman (1975, 1990) ist die Hierarchie der Texte einer Kultur eng verbunden mit dem System der Codes, die das Verstehen dieser Texte ermöglichen. Auch das System der Codes ist hierarchisch gegliedert: Es ist in einem **System semiosischer Sphären** organisiert, das in mehreren Schichten von nichtsemiosischen Sphären umgeben ist. Eine jede Sphäre macht einen Weltausschnitt verfügbar. Die semiosischen Sphären bestehen aus Zeichensystemen mit Codes, die dieses Weltsegment mit Hilfe ihrer Signifikate gliedern. Die nichtsemiosischen Sphären lassen ihre Weltsegmente ungegliedert.

Die Sphären zerfallen in vier verschiedene Bereiche:

1. **das Außerkulturelle:** es ist den Mitgliedern der betreffenden Gesellschaft völlig unbekannt;
2. **das Gegenkulturelle:** es ist den Mitgliedern der betreffenden Gesellschaft bekannt, erscheint ihnen aber als der eigenen Kultur mehr oder weniger entgegengesetzt;
3. **das peripher Kulturelle:** es wird von den Mitgliedern der betreffenden Gesellschaft als Teil ihrer Kultur anerkannt, aber nicht für zentral gehalten;
4. **das zentral Kulturelle:** es wird von den Mitgliedern der betreffenden Gesellschaft als Teil ihrer Kultur anerkannt und als wesentlich für deren Identität betrachtet.

Während die nichtsemiosischen Sphären in den ersten Bereich fallen, verteilen sich die semiosischen Sphären auf die anderen drei Bereiche. Unter ihnen sind die gegenkulturellen semiosischen Sphären, die in den zweiten Bereich fallen, von den kulturellen Sphären zu unterscheiden, die sich auf den dritten und vierten Bereich konzentrieren.

Diese Einteilung der Sphären erlaubt es, wesentliche **Stadien des Kulturwandels** zu beschreiben. Er tritt auf als Verschiebung der Grenze zwischen den Sphären bzw. den Sphärenbereichen. Verschieben kann sich

a) die für eine Gesellschaft charakteristische Grenze zwischen dem Außerkulturellen (1) und dem Gegenkulturellen (2);
b) die in einer Gesellschaft gezogene Grenze zwischen dem Gegenkulturellen (2) und dem Kulturellen (3 und 4);
c) die in einer Gesellschaft gezogene Grenze zwischen dem peripher Kulturellen (3) und dem zentral Kulturellen (4).

Wie lassen sich diese Grenzen und ihre Verschiebung zeichentheoretisch rekonstruieren? – Für den Übergang vom Außerkulturellen zum Gegenkulturellen ist diese Frage leicht zu beantworten, denn er fällt mit dem Übergang von den nichtsemiosischen zu den semiosischen Sphären zusammen (vgl. Johansen/Larsen 2002, S. 196 f.). Entdeckt eine Gesellschaft ein neues Weltsegment (z. B. einen neuen Kontinent, eine neue Art von Strahlung, ein neues Herstellungsverfahren für Kunststoffe), so führt sie einen rudimentären Code ein, der dieses Weltsegment in gegenkulturelle Wirklichkeit verwandelt: Es muß identifiziert, etikettiert und in Bezug gesetzt werden zu den schon bekannten Weltsegmenten. Verliert eine Gesellschaft den Zugang zu einem früher bekannt gewesenen Weltsegment, so kommen auch die dafür zuständigen Codes außer Gebrauch.

Realitätsgewinn und **Realitätsverlust** sind also verbunden mit Einführung und Außergebrauchkommen von konventionellen Codes. Diese beiden komplexen Vorgänge sollen im folgenden als ›**Semiotisierung**‹ und ›**Entsemiotisierung**‹ eines Weltsegments bezeichnet werden.

Kultur und Gegenkultur: interkultureller Codewandel

Die Semiotisierung der Welt vollzieht sich kulturspezifisch. Im Rahmen der Semiosphäre (vgl. Abschnitt 1) verhalten sich Kulturen so, wie sich die Medien im Rahmen einer Kultur verhalten: Jede Kultur ist ein umfassendes Zeichensystem, dessen Faktoren langfristig bestimmte Konstellationen von Eigenschaften aufweisen, so daß die in ihm ablaufenden Zeichenprozesse weitgehend gleich bleibenden Beschränkungen unterworfen sind (vgl. Abschnitt 2.3). Jede Kultur ist charakterisiert durch andere Beschränkungen. Es ist daher zu erwarten, daß gewisse Botschaften in bestimmten Kulturen leicht produziert und rezipiert werden können, während sie in anderen Kulturen unausdrückbar scheinen und daher auch nicht kommuniziert werden. Wie dies zustande kommt, sei im folgenden skizziert.

Die Codes, die einer Kultur zu Verfügung stehen, gliedern die von ihnen erfaßten Weltsegmente auf recht verschiedene Art. Teilweise prägen sie ihnen hochdifferenzierte Strukturen auf, teilweise beschränken sie sich auf oberflächliches Etikettieren. Codes der ersten Art ermöglichen eine genaue Orientierung und lassen das Erfaßte reichhaltig und wohlstrukturiert erscheinen, wodurch es vom Rest der bekannten Welt unterscheidbar wird. Jede historisch gegebene Kultur trennt die kulturell geprägte Wirklichkeit von der übrigen bekannten Welt und tendiert dazu, die letztere als ›kulturlos‹, ›unzivilisiert‹, ja als ›Unkultur‹ abzustempeln. Dieser gegenkulturelle Bereich erscheint dem in die Kultur integrierten Beobachter als ungeordnet und chaotisch, während ein Außenstehender ihn allenfalls für anders geordnet hält. Darin zeigt sich der ideologische Charakter jeder Semiotisierung (vgl. Mannheim 1929; Ponzio 2003).

Alle historisch belegten Beispiele für **Gegenkultur** sind deutlich auf die Perspektive einer bestimmten Kultur zugeschnitten. So sah sich die klassische Kultur Griechenlands im Gegensatz zu den ›Barbaren‹, die religiöse Kultur des Mittelalters im Gegensatz zu den ›Heiden‹, die ästhetische Kultur der deutschen Romantik im Gegensatz zu den ›Philistern‹ etc. (weitere Beispiele in Posner 1992, S. 38).

Wie diese Beispiele zeigen, dient das Etikett, mit dem eine Kultur die mit ihr korrelierte Gegenkultur versieht, nicht nur dazu, das betreffende Weltsegment zu identifizieren, sondern auch dazu, dieses in einen inhaltlichen Bezug zu den für diese Kultur maßgeblichen Ideen und Werten zu setzen. Das betreffende Weltsegment wird ausgegrenzt, weil die für die Kultur verbindlichen Mentefakte in ihm nicht zu gelten scheinen. Durch die Ausgrenzung wird eine mögliche Bedrohung für die kulturspezifischen Mentefakte abgewendet und damit zugleich die Identität der betreffenden Kultur gefestigt. Das Verhältnis zwischen Kultur und Gegenkultur ist dementsprechend ambivalent. Einerseits wendet man sich von der Gegenkultur ab und bewertet sie negativ, andererseits versucht man, sie in Kultur umzuwandeln. Jede Kultur hat die Tendenz, die von ihr konstruierte Gegenkultur entweder zu eliminieren oder zu integrieren. Letzteres bedeutete z. B. in den genannten Fällen, die Barbaren zu kultivieren, die Heiden zu taufen, die Philister zu begeistern.

Kommt es zur Integration, so werden kulturspezifische Codes auf das vorher ausgegrenzte Weltsegment übertragen. Das führt zu einer zunehmenden Elaborierung der betreffenden Codes. An die Stelle pauschaler Etikettierung treten immer differenziertere Beschreibungen, die als Basis für immer gezieltere Eingriffe dienen können. Hatte die erste Stufe des Semiotisierungsprozesses darin bestanden, daß ein Weltsegment entdeckt, durch einen rudimentären Code erfaßt und als nicht zur betreffenden Kultur gehörig eingestuft wurde, so schließt sich nun eine zweite Stufe an, in welcher der Code durch andere ergänzt und verfeinert sowie die betreffende Wirklichkeit der Kultur einverleibt und als zu ihr gehörig akzeptiert wird.

Diese Art von Semiotisierung bringt jedoch auch Probleme mit sich: Wenn jede Kultur die Tendenz hat, ihre Identität zu wahren, und wenn diese Identität auf der Konstruktion einer Gegenkultur beruht, wenn jede Kultur ferner die Tendenz hat, ihre Gegenkultur fortlaufend zu eliminieren oder sich einzuverleiben, so entsteht ein ständiger Bedarf nach neuem Chaos, das die Kultur sich gegenüberstellen und dann entweder eliminieren oder sich einverleiben kann. Beispiele für diese molochartige Funktionsweise von Kultur bieten sowohl die frühen Hochkulturen Ägyptens und des Zweistromlands als auch die Städtebünde Griechenlands, das Imperium Roms sowie die Kolonialreiche der jüngst vergangenen Jahrhunderte.

In den heutigen westlichen Industriekulturen zeigen sich die **negativen Folgen des Kulturmechanismus** in der sog. Umweltverschmutzung. Diese erfaßt schon lange nicht mehr nur die Umwelt, d. h. den Bereich der Gegenkultur, sondern verändert zunehmend die kulturellen Sphären selbst (vgl. Posner 1998). Es kommt zur Kulturverschmutzung (*cultural pollution*), z. B. wenn zu einem früher wohlstrukturierten Weltsegment die alten Codes durch prestigereichere, aber nur unzureichend beherrschte neue Codes überlagert werden: Weder die alten noch die neuen Zeichen können zur Gliederung des Bereiches eingesetzt werden. Es entsteht eine Situation, in der die Signifikate der alten Codes nicht mehr ernst genommen und die neuen Codes noch nicht verstanden werden. Von den Signifikanten der alten Codes bleiben nur die uninterpretierten Zeichenkörper, und deren Verwendung trägt zur Desorientierung bei (vgl. Heelas/Lash/Morris 1996). Die Folge ist **Kulturschutt**, verbunden mit einem scharfen Rückgang des Vermögens der Gesellschaft, sich in dem betreffenden Bereich zurechtzufinden. Ein ehemals hochgradig semiotisierter Bereich ist entsemiotisiert. Die Gesellschaft sieht sich mit einem kulturintern entstandenen Chaos konfrontiert, das nun erneut in den Strudel der Dialektik von Kultur und Gegenkultur gerät (vgl. Thompson 1979; Appadurai 1986).

Finden diese Vorgänge in einer für die Kultur peripheren kulturellen Sphäre statt, so wird das betroffene Weltsegment entweder aufgegeben und als der Kultur nicht mehr zugehörig betrachtet, oder es wird einer Semiotisierung nach dem Muster der zentralen Codes der Kultur unterzogen (vgl. Abschnitt 4.2, *Zentrum und Peripherie*). Tritt der Kulturschutt aber in einer zentralen kulturellen Sphäre auf und kommen die neuen Codes, deren Einführung ihn verursacht, aus einer anderen Kultur, so führt das schließlich zur völligen Übernahme der anderen Kultur und zur Aufgabe der alten Kultur durch die betreffende Gesellschaft.

Interessante Zwischenformen dieses interkulturellen Codewandels entstehen gegenwärtig im Rahmen der **Globalisierung** (vgl. Robertson 1992). Der Versuch aller Kulturen, sich im Zeitalter des vermehrten Austauschs miteinander prestigereiche Codes der anderen Kulturen anzueignen, führt zu einer universalen Hybridisierung (vgl. Pieterse 1996). Die fremden Codes werden zunächst nur rudimentär beherrscht (Pidginisierung) und erhalten dennoch in dieser Form kulturspezifisch verschiedene Konventionalisierungen (Kreolisierung; vgl. Mühlhäusler 2003). Dies vermehrt die oberflächlichen Gemeinsamkeiten zwischen den Kulturen der Welt, ändert aber meist wenig an der Verschiedenheit der für sie identitätsbestimmenden Texte und der für sie zentralen Codes.

Bei dieser Ausgangslage sind allerdings zweierlei weitergehende Entwicklungen möglich, die beide in der Selbstaufgabe einer existierenden Kultur enden. Die eine besteht darin, daß die identitätsbestimmenden Texte vergessen und die zentralen Codes durch von außen kommende Codes verdrängt werden (siehe oben). Die andere besteht darin, daß die eigenen zentralen Codes nicht als ganze ersetzt, sondern durch fortlaufende Integration von außen kommender Zeichen und Zeichenkombinationsschemata ihren ursprünglichen Charakter verlieren. Ansätze zu beiden Entwicklungen sind heute in vielen Teilen der Welt zu beobachten (vgl. Hall/du Gay 1996).

Zentrum und Peripherie: intrakultureller Codewandel

Die Tendenz einer Kultur zur Semiotisierung der Welt endet nicht mit der Codierung eines Weltsegments und seiner Einbeziehung in den Bereich der kulturellen Sphären. Jeder Code hat nämlich seinerseits die Tendenz, in der betreffenden

Kultur eine zentrale Stelle einzunehmen. Diese Zentralisierung führt zu intrakulturellem Codewandel. Sie bewirkt Veränderungen an dem Code, die schließlich dazu führen, daß er wieder an die Peripherie gedrängt wird (vgl. Even-Zohar 1979, 1986). Es sei kurz skizziert, wie das im einzelnen vor sich geht.

Der **Zentralitätsgrad eines Codes** in einer Kultur ist v. a. an drei Merkmalen zu erkennen:

a) weite Distribution: dieser Code wird von mehr Mitgliedern der Gesellschaft beherrscht als andere Codes;
b) große Frequenz: dieser Code wird in der betreffenden Gesellschaft in mehr Situationen verwendet als andere Codes;
c) hohes Prestige: die Verwendung des Codes in einer gegebenen Situation wird in der betreffenden Gesellschaft höher bewertet als die Verwendung konkurrierender Codes.

Welchen Codes zu einem bestimmten Zeitpunkt in einer Kultur Zentralität zukommt, läßt sich entsprechend diesen Kriterien durch empirische Untersuchungen ermitteln. Zentral können etwa sein:

- der *auditive* (d. h. mündliche) Code der natürlichen Sprache und der Gattungscode des epischen Gesangs, wie in der frühgriechischen Kultur;
- der *visuelle* (d. h. schriftliche) Code der natürlichen Sprache und theoretische Abhandlungen, wie in den europäischen Kulturen der Aufklärungszeit;
- der *visuelle nichtsprachliche* Code der ›beweglichen Bilder‹ (in Film, Fernsehen, Video, Computerspiel und Comic Strip), wie in den westlichen Kulturen der Gegenwart;
- der *auditive nichtsprachliche* Code der Hausmusik, wie in der Epoche des Biedermeier;
- der *plastische* Code der steinernen Architektur, wie sie in den ägyptischen Pyramiden und den Kathedralen des Hochmittelalters verwirklicht wurde.

Wenn ein Code für eine Kultür zentral geworden ist, so hat dies auch Folgen für die anderen Codes und die Medien dieser Kultur (Beispiele in Posner 1992, S. 41 ff.):

a) Die entsprechend einem zentralen Code hergestellten Artefakte erhalten eine *Modellfunktion* für die Artefakte in anderen Medien.
b) Wenn ein Code für eine Kultur zentral geworden ist, so wächst der *Elaboriertheitsgrad* der durch ihn bestimmten Artefakte.
c) Die größere Elaboriertheit der Artefakte erfordert eine stärkere *Standardisierung* des Mediums, in dem sie auftreten.
d) Modellfunktion, Elaboriertheit und Standardisierung führen zu einem größeren Maß an *Automatisierung* in der Verwendung des Codes.

In diesem Rahmen werden die weniger gebräuchlichen Varianten in einem Code entweder unterdrückt oder semantisiert, und die Verwendung des Codes reduziert sich zunehmend auf Standardsituationen und Standardthemen. Durch die Automatisierung wird zwar die Ökonomie in der Verwendung des Codes erhöht, doch geschieht dies auf Kosten der Flexibilität. Die Probleme, die mit Hilfe des

Codes gelöst werden können, werden stereotyp, und wenn sich der Gesamtkontext dann einmal ändert, gibt es keine Anwendung mehr für den Code (vgl. Posner 1982, S. 118 ff.).

Je länger ein Code in einer Gesellschaft zentral war, um so größer ist die Gefahr, daß er auf diese Weise versteinert und so die Anziehungskraft verliert, der er seine Zentralität verdankte. Andere, flexiblere Codes beginnen, ihn an Prestige zu übertreffen, ihre Frequenz und Distribution nimmt zu, und sie drängen ihn an die Peripherie im System der kulturellen Sphären.

Die soeben skizzierten Prozesse des Wandels innerhalb der kulturellen Sphären passen zu den vorher beschriebenen Prozessen des Übergangs vom Außerkulturellen zum Gegenkulturellen und vom Gegenkulturellen zum Kulturellen. Es handelt sich nur um die dritte Stufe des Semiotisierungsprozesses und seine Fortsetzung bis zum bitteren Ende. Zu betonen ist jedoch, daß die Überstandardisierung und Überautomatisierung eines zentralen Codes, die zu seiner Außerkraftsetzung führen, vermieden werden können, wenn es zur **Interferenz** mit anderen ähnlich zentralen Codes kommt. Interferenz findet statt, wenn zwei Codes gleiche oder ähnliche Weltausschnitte strukturieren und wenn sie häufig in derselben Situation gebraucht werden.

Ein Beispiel ist das Übersetzen. Zirkuliert ein Text im Rahmen einer Kultur nicht nur in einer einzigen, sondern in mehreren Sprachen, so wie die Bibel in Europa seit Jahrhunderten, dann entautomatisiert jede Version die Sprache der anderen. Abweichungen im Textinhalt und Übersetzungsschwierigkeiten machen die Leser auf die besonderen Voraussetzungen der jeweiligen Sprache aufmerksam und zwingen sie dazu, diese weiterzuentwickeln, damit sie den entsprechenden Zweck besser erfüllt (vgl. Dusi/Nergaard 2000).

Ein anderes Beispiel ist die komplementäre Verwendung mehrerer verschiedener Codes wie in den Emblemen des Barock, in denen ein Bild, ein sprichwortartiger Satz und eine philosophische Abhandlung nebeneinander stehen und sich gegenseitig erläutern (vgl. Henkel/Schöne 1967). Aufgrund der Tatsache, daß Bilder kontinuierlich und nichtlinear, sprachliche Texte aber nichtkontinuierlich und linear aufgebaut sind, ist die Kombination beider miteinander sehr leistungsfähig. Sie regt den Leser zugleich dazu an, einen geschriebenen Text als Bild zu betrachten oder ein Bild so zu lesen, als wäre es ein geschriebener Text. Dies führt zu verstärkter Aufmerksamkeit auf etwaige bildartige Eigenschaften von geschriebener Sprache (z. B. bei der Wahl der Lettern und ihrer Verteilung auf einer Buchseite) und auf etwaige sprachliche Eigenschaften von Malerei (z. B. bei der Gliederung eines Bildes in Teile und bei der Prüfung ihrer syntaktischen Beziehungen). In dieser Weise wirkt Interferenz der Automatisierungstendenz entgegen (vgl. Bal 1989; Gandelman 1991 über betrachtendes Lesen und lesendes Betrachten; zur Komplementarität von Sprache und Musik vgl. Posner 2001, S. 102 ff.; zur Komplementarität von Sprache und Gestik vgl. Posner 2002).

Zusammenfassend läßt sich feststellen, daß der Kulturmechanismus in jeder Kultur eine **zunehmende Semiotisierung der Welt** bewirkt. Die Bildung eines Codes (zur Erfassung neuentdeckter Weltsegmente), seine Elaborierung (bei deren Einbeziehung in die kulturellen Sphären), seine Zentralisierung und seine schließliche Ersetzung durch andere Codes (die weniger festgelegt und daher flexibler sind) – das ist ein zyklischer Prozeß, der erst dann endet, wenn eine Kultur zu existieren aufhört. Diesen Prozeß zu beschreiben wäre kaum möglich ohne Verwendung des Codebegriffs und ohne die Betrachtung von Kultur als System von Codes.

4.3 Kultur als kollektives Gedächtnis

Was würde den Mitgliedern einer Gesellschaft fehlen, wenn sie nicht Teil einer Kultur wären, mitsamt ihrer Gliederung in soziale, materiale und mentale Kultur und mitsamt des komplexen Systems semiosischer Sphären und zyklischer Semiotisierungsprozesse? Was wäre, wenn es den Mechanismus der Kultur nicht gäbe? – Die Antwort wird klar, wenn man solche Tiere und Maschinen in die Untersuchung einbezieht, die keine Kultur haben. Eine Kultur hält jedem Mitglied der betreffenden Gesellschaft Erfahrungen seiner Zeitgenossen und Vorfahren verfügbar, so daß es sie wiederholen und verfeinern kann, wenn sie positiv waren, und es sie vermeiden kann, wenn sie negativ waren. Die Kultur ist also für die Gesellschaft, was das Gedächtnis für das Individuum ist (vgl. Assmann/Hölscher 1988 sowie Kap. 8 »Kollektives Gedächtnis und Erinnerungskulturen« in diesem Band). Sie ist ein kollektiver **Mechanismus zur Informationsspeicherung.**

Kollektive Informationsspeicherung ist auf Individuen angewiesen, die Information generieren, indem sie Erfahrungen machen. Sie wäre nicht möglich ohne Kommunikation, denn die ursprüngliche Erfahrung kann nur weitergegeben werden, wenn derjenige, der sie gemacht hat, die Rolle eines Senders übernimmt. Sie wäre nicht möglich ohne Codes, denn wenn alle Kommunikation sich ausschließlich uncodierter Mitteilungen bedienen würde, könnte die ursprüngliche Erfahrung vom Sender jeweils nur seinen Adressaten und von diesen nur ihren Adressaten weitergegeben werden; für Individuen, die nicht innerhalb einer solchen Kommunikationskette als Adressaten intendiert sind, bliebe die betreffende Erfahrung unzugänglich. Und sie wäre nicht möglich ohne die Fähigkeit, die besonderen Umstände der jeweiligen Kommunikationssituation einzubeziehen; denn wenn alle Kommunikation sich auf die Produktion codierter Botschaften beschränken würde, wären die Sender nicht in der Lage, codeüberschreitende Mitteilungen zu machen, und die Empfänger nicht, Folgerungen für die wechselnde, eigene Lage aus ihnen zu ziehen.

Kollektive Informationsspeicherung beruht also auf der **Herstellung von Texten** mit Hilfe konventioneller Codes und auf ihrer Rezeption mit Hilfe von situationsspezifischen Folgerungen. Diese Kombination ist es, die gewährleistet, daß eine einmal gemachte Erfahrung das Verhalten der Mitglieder einer Gesellschaft noch Hunderte von Jahren nach dem Tode dessen, der sie gemacht hat, beeinflussen kann (vgl. Posner 1984).

Doch wird Information nicht nur in einzelnen Texten gespeichert. Im Gegenteil, diese Art von Informationsspeicherung ist höchst verletzlich, denn wenn der Text zerstört wird, geht auch die Information verloren. Ein Weg zur Überwindung dieser Beschränkung ist die Multiplikation der Texttoken durch Anfertigung von Replikas und die Erhöhung der Frequenz der Textrezeption durch Einbeziehung des Textes in ein regelmäßig wiederholtes **Ritual**. Auch die Übernahme von Fragmenten des Textes in Sprichwörter ermöglicht die Erhaltung der betreffenden Information.

Größere Frequenz der Rezeption ist erreichbar, wenn eine Information zum obligatorischen Teil einer ganzen Klasse von Text(typ)en wird. **Gattungsspezifische Formeln** wie das ›Es war einmal‹ der Märchen oder das ›Quod erat demonstrandum‹ der Beweisargumentation gehören hierher. Schematische Information wird auch in Satzverknüpfern verfügbar gehalten, z. B. im stereotypen ›und dann‹ des Erzählers und im ›weil‹ und ›deshalb‹ des Argumentierers.

Die Chancen für die Erhaltung einer Information sind am größten, wenn es einen **Code** gibt, der in jeder seiner Anwendungen ihre Mitformulierung verlangt. Das ist der Fall in den grammatischen Informationen der natürlichen Sprachen: die Notwendigkeit, in jedem Satz ein finites Verb zu verwenden, hat in den indoeuropäischen Sprachen die uralten Kategorien der Zeit und der Modalität von Handlungen lebendig erhalten.

Eine besonders interessante Art der Informationsspeicherung sind **Monumente** wie etwa die Pyramiden. Bei ihnen handelt es sich um Texte, die in vergangenen Zeichenprozessen mit entsprechend alten Codes hergestellt wurden. Wegen ihrer physischen Haltbarkeit überleben manche Monumente die Codes, die ihre Signifikate bestimmten. Eine Gesellschaft, die Sinn in den überlieferten Monumenten finden will, muß also deren Codes rekonstruieren, deren Signifikate feststellen und deren Botschaften im Rahmen der neuen Umstände in neue Texte übersetzen. Auf diese Weise kann es in jeder Kultur auf der Grundlage der von den Monumenten verkörperten alten Codes zu neuen Zeichenprozessen kommen. Die Monumente einer Gesellschaft sind somit, ebenso wie ihre Rituale, ihre Gattungsformeln und ihre Codes, Träger eines kollektiven Gedächtnisses, das entsprechend den Erfordernissen der Anpassung an wechselnde Umstände immer neu aktiviert werden kann.

Mit den Verfahren der **Textformulierung, Ritualisierung, Gattungsbildung, Grammatikalisierung und Monumentalisierung** speichert jede Kultur bestimmte Handlungsmuster, die sich im Lauf ihrer Evolution als wichtig erwiesen haben (vgl. Kull 1979). Sie sind es, die die Identität der Kultur aufrecht erhalten und die strukturelle Information enthalten, die deren weitere Entwicklung bestimmt.

Vergleicht man diese strukturelle Information allerdings mit dem Reichtum und der Vielfalt der Informationen, die jedes Individuum direkt zu kommunizieren in der Lage ist, solange es existiert, so erscheint sie extrem reduziert. Die Verfahren der Textformulierung, Ritualisierung, Gattungsbildung, Grammatikalisierung und Monumentalisierung sind also auch ein starker **Informationsfilter**.

Kultur als kollektives Gedächtnis ist somit nicht nur ein Speichermechanismus, sondern auch ein Selektionsapparat: philologisch gesprochen, ein *dictionnaire raisonné*, biologisch eine Überlebensmaschine.

5. Zur institutionellen Verankerung der Kultursemiotik

Kultursemiotik ist ein zentraler Bestandteil des Faches Semiotik, für das in über fünfzig Ländern an den Universitäten Studiengänge angeboten werden, die mit dem Magister abschließen und danach zur Promotion führen. Außerdem wird Kultursemiotik als Modul in den traditionellen geistes- und sozialwissenschaftlichen Fächern gelehrt (z. B. in den Philologien, der Kunst- und Musikwissenschaft). Gleiches gilt für die Kunst- und Musikhochschulen und die Pädagogischen Hochschulen. Seit kurzem gibt es an einigen deutschsprachigen Universitäten auch ›Kulturwissenschaft‹ bzw. ›Kulturstudien‹ als eigenständige Studiengänge, die die Kultursemiotik als Basismodul enthalten. Außerdem wird die Kultursemiotik im Rahmen des Aufbaustudiengangs Semiotik an der Technischen Universität Berlin gelehrt, der Studienbewerbern mit einem bereits abgeschlossenen Magister- oder Staatsexamensstudium in einem beliebigen zeichenbezogenen Fachgebiet zur Weiterqualifikation (Studienzertifikat, Promotion) offen steht (Website: http://ling.kgw.tu-berlin.de/semiotik/welcomeindex.htm).

Über die Deutsche Gesellschaft für Semiotik DGS, die Österreichische Gesellschaft für Semiotik, ÖGS, die Schweizerische Gesellschaft für Semiotik ASS/SGS und die International Association for Semiotic Studies IASS sowie über alle anderen semiotischen Organisationen weltweit informiert Artikel 177 in *Semiotik: Ein Handbuch zu den zeichentheoretischen Grundlagen von Natur und Kultur* (Posner/Robering/Sebeok 1997–2003); Artikel 178 liefert eine Zusammenstellung aller semiotischen Nachschlagewerke und Zeitschriften weltweit.

Literaturverzeichnis

Standardwerke und Einführungen

Barthes, Roland: *Le degré zéro de l'écriture*. Paris: Seuil 1953 (dt.: *Am Nullpunkt der Literatur*. Frankfurt a. M.: Suhrkamp 1982).

Barthes, Roland: *Eléments de sémiologie*. Paris: Seuil 1964 (dt.: *Elemente der Semiologie*. Frankfurt a. M.: Syndikat 1979).

Bourdieu, Pierre: *Zur Soziologie der symbolischen Formen*. Frankfurt a. M.: Suhrkamp 1970.

Cassirer, Ernst A.: *Philosophie der symbolischen Formen*. 3 Bde. Berlin: Bruno Cassirer 1923–29.

Deely, John N.: *Basics of Semiotics*. Bloomington: Indiana UP 1990.

Eco, Umberto: *A Theory of Semiotics*. Bloomington: Indiana UP 1976 (dt.: *Semiotik. Entwurf einer Theorie der Zeichen*. München: Fink 1987).

Goodman, Nelson: *Languages of Art. An Approach to a Theory of Symbols*. Indianapolis: Bobbs-Merrill 1968 (dt.: *Sprachen der Kunst*. Frankfurt a. M.: Suhrkamp 1973 bzw. 1997).

Jakobson, Roman: *Coup d'œil sur le développement de la sémiotique*. Bloomington: Indiana UP 1975 (dt.: »Ein Blick auf die Entwicklung der Semiotik.« In: Roman Jakobson: *Semiotik. Ausgewählte Texte 1919–1982*. Hg. Elmar Holenstein, Frankfurt a. M.: Suhrkamp 1988, S. 108–138).

Johansen, Jørgen D./Larsen, Svend E.: *Signs in Use. An Introduction to Semiotics*. London: Routledge 2002.

Keller, Rudi/Lüdtke, Helmut: »Kodewandel.« In: Posner/Robering/Sebeok 1997–2003, Bd. 1 1997, S. 414–435.

Krampen, Martin et al. (Hgg.): *Die Welt als Zeichen. Klassiker der modernen Semiotik*. Berlin: Severin und Siedler 1981.
Leach, Edmund R.: *Culture and Communication. The Logic by which Symbols are Connected*. Cambridge: Cambridge UP 1976 (dt.: *Kultur und Kommunikation. Zur Logik symbolischer Zusammenhänge*. Frankfurt a. M.: Suhrkamp 1978).
Lévi-Strauss, Claude: *Anthropologie structurale*. Paris: Plon 1958 (dt.: *Strukturale Anthropologie*. 2 Bde. Frankfurt a. M.: Suhrkamp 1977).
Lotman, Jurij M.: »Über die Semiosphäre.« In: *Zeitschrift für Semiotik* 12,4 (1990), S. 287–305.
Moore, Jerry D.: *Visions of Culture. An Introduction to Anthropological Theories and Theorists*. Walnut Creek: Alta Mira Press 1997.
Morris, Charles W.: *Foundations of the Theory of Signs*. Chicago: The University of Chicago Press 1938 (dt.: *Grundlagen der Zeichentheorie*. München: Hanser 1972).
Müller, Jürgen E.: *Intermedialität. Formen moderner kultureller Kommunikation*. Münster: Nodus 1996.
Nöth, Winfried: *Handbuch der Semiotik*. Stuttgart: Metzler 2000 [1985].
Posner, Roland: »Kultur als Zeichensystem. Zur semiotischen Explikation kulturwissenschaftlicher Grundbegriffe.« In: Aleida Assmann/Dietrich Harth (Hgg.): *Kultur als Lebenswelt und Monument*. Frankfurt a. M.: Fischer 1991, S. 37–74.
Posner, Roland: »Im Zeichen der Zeichen. Sprache als semiotisches System.« In: Oswald Panagl/Hans Goebl/Emil Brix (Hgg.): *Der Mensch und seine Sprache(n)*. Wien: Böhlau 2001, S. 77–107.
Posner, Roland/Reinecke, Hans-Peter (Hgg.): *Zeichenprozesse. Semiotische Forschung in den Einzelwissenschaften*. Wiesbaden: Athenaion 1977.
Posner, Roland/Robering, Klaus/Sebeok, Thomas A. (Hgg.): *Semiotik. Ein Handbuch zu den zeichentheoretischen Grundlagen von Natur und Kultur*. 3 Bde. Berlin/New York: Walter de Gruyter Bd. 1 1997; Bd. 2 1998; Bd. 3 2003.
Schönrich, Gerhard: *Semiotik zur Einführung*. Hamburg: Junius 1999.
Vivelo, Frank R.: *Cultural Anthropology Handbook. A Basic Introduction*. New York: McGraw-Hill 1978 (dt.: *Handbuch der Kulturanthropologie. Eine grundlegende Einführung*. Stuttgart: Klett-Cotta 1981).

Weiterführende Literatur

Alexander, Jeffrey C./Seidmann, Steven (Hgg.): *Culture and Society. Contemporary Debates*. Cambridge: Cambridge UP 1990.
Appadurai, Arjun (Hg.): *The Social Life of Things. Commodity in Cultural Perspective*. Cambridge: Cambridge UP 1986.
Assmann, Jan/Hölscher, Tonio (Hgg.): *Kultur und Gedächtnis*. Frankfurt a. M.: Suhrkamp 1988.
Bal, Mieke: »Visual Readers and Textual Viewers.« In: *Versus* 52–53 (1989), S. 133–150.
Ball, John A.: »Memes as Replicators.« In: *Ethology and Sociobiology* 5 (1984), S. 145–161.
Baltzer, Ulrich (Hg.): *Semiotik der Institutionen*. Sonderheft der *Zeitschrift für Semiotik* 23, 3 (2001).
Baumann, Gerd: *Multicultural Riddle. Rethinking National, Ethnic, and Religious Identities*. London: Routledge 1999.
Beardsley, Monroe C./Wimsatt, William K.: »The Intentional Fallacy.« In: William K. Wimsatt (Hg.): *The Verbal Icon*. Lexington: University of Kentucky Press 1967 [1954], S. 1–20.
Beck, Ulrich: *Perspektiven der Weltgesellschaft*. Frankfurt a. M.: Suhrkamp 1998.
Becker, Peter-René: *Werkzeuggebrauch im Tierreich. Wie Tiere hämmern, bohren, streichen*. Stuttgart: Hirzel 1993.
Bernard, Luther L.: *An Introduction to Sociology*. New York: Crowell 1942.
Berry, John W. et al.: *Handbook of Cross-cultural Psychology*. Boston: Allyn & Bacon 1997 [1980].
Bidney, David: *Theoretical Anthropology*. New York: Cambridge UP 1953.
Binford, Lewis R.: *An Archaeological Perspective*. London/New York: Seminar Press 1972.
Blanke, Börries/Posner, Roland: »La pragmatique implicite dans l'œuvre de Luis J. Prieto.« In: *Semiotica* 122,3–4 (1998), S. 257–278.

Boas, Franz: *Anthropology*. New York: Columbia UP 1908.

Böhme-Dürr, Karin: »Technische Medien der Semiose.« In: Posner/Robering/Sebeok 1997–2003, Bd. 1 1997, S. 357–384.

Bonner, John T.: *The Evolution of Culture in Animals*. Princeton, NJ: Princeton UP 1980 (dt.: *Kulturevolution bei Tieren*. Berlin/Hamburg: Parey 1983).

Buyssens, Eric: *Les langages et le discours*. Brüssel: Office de la Publicité 1943.

Cavalli-Sforza, Luigi L./Feldman, Marcus W.: *Cultural Transmission and Evolution. A Quantitative Approach*. Princeton, NJ: Princeton UP 1981.

Chang, Kwang-Chih: *Rethinking Archaeology*. New York: Random House 1967.

Clarke, David L. (Hg.): *Models in Archaeology*. London: Methuen 1972.

Clarke, David L.: *Analytical Archaeology*. New York: Columbia UP 1978 [1968].

Cole, Michael: *Cultural Psychology. A Once and Future Discipline*. Cambridge, MA: Belknap Press of Harvard UP 1996.

Danneberg, Lutz/Müller, Hans-Harald: »Der ›intentionale Fehlschluß‹ – ein Dogma? Systematischer Forschungsbericht zur Kontroverse um eine intentionalistische Konzeption der Textwissenschaften.« In: *Zeitschrift für allgemeine Wissenschaftstheorie* 14 (1983), S. 103–137 und 376–411.

Dawkins, Richard: *The Selfish Gene*. Oxford: Oxford UP 1976 (dt.: *Das egoistische Gen*. Berlin: Springer 1978).

Dawkins, Richard: *The Extended Phenotype. The Gene as the Unit of Selection*. Oxford/San Francisco: Oxford UP 1982.

Dinzelbacher, Peter (Hg.): *Europäische Mentalitätsgeschichte*. Stuttgart: Kröner 1993.

Duby, Georges: »Histoire des mentalités.« In: Charles Samaran (Hg.): *L'histoire et ses méthodes*. Paris: Gallimard 1961, S. 937–966.

Dusi, Nicola/Nergaard, Siri (Hgg.): *Sulla traduzione intersemiotica*. Sonderheft von *Versus. Quaderni di studi semiotici* 85–87 (2000).

Eibl-Eibesfeldt, Irenäus: »Ritual and Ritualization from a Biological Perspective.« In: Mario von Cranach et al. (Hgg.): *Human Ethology. Claims and Limits of a New Discipline*. Cambridge: Cambridge UP 1979, S. 3–55.

Elias, Norbert: *Über den Prozeß der Zivilisation. Soziogenetische und psychogenetische Untersuchungen*. 2 Bde. Basel: Haus zum Falken 1939.

Erikson, Erik H.: »Ontogeny of Ritualization in Man.« In: Rudolph M. Lowenstein et al. (Hgg.): *Psychoanalysis. A General Psychology. Essays in Honor of Heinz Hartmann*. New York: International Universities Press 1966, S. 601–621.

Evans-Pritchard, Edward E.: *Social Anthropology and other Essays*. New York: Free Press 1962.

Even-Zohar, Itamar: »Polysystem Theory.« In: *Poetics Today* 1 (1979), S. 287–310.

Even-Zohar, Itamar: »Literature. Literary Dynamics.« In: Thomas A. Sebeok (Hg.): *Encyclopedic Dictionary of Semiotics*. Berlin/New York: Walter de Gruyter 1986, S. 459–466.

Febvre, Lucien: »La sensibilité et l'histoire. Comment reconstituer la vie d'autrefois?« In: *Annales d'histoire sociale* 3 (1941), S. 5–20.

Fine, Elizabeth C.: *The Folklore Text. From Performance to Print*. Bloomington: Indiana UP 1984.

Fokkema, Douwe W.: »The Canon as an Instrument for Problem Solving.« In: János Riesz/Peter Boerner/Bernhard Scholz (Hgg.): *Sensus Communis. Contemporary Trends in Comparative Literature. Festschrift für Henry Remak*. Tübingen: Narr 1986, S. 245–254.

Folsom, Joseph K.: *Culture and Social Progress*. New York: Longmans 1928.

Frerichs, Klaus: *Begriffsbildung und Begriffsanwendung in der Vor- und Frühgeschichte. Zur logischen Analyse archäologischer Aussagen*. Frankfurt a. M.: Lang 1981.

Frerichs, Klaus: »Semiotische Aspekte der Archäologie.« In: Posner/Robering/Sebeok 1997–2003, Bd. 3 2003, Art. 148.

Galaty, John G.: »Models and Metaphors. On the Semiotic Explanation of Segmentary Systems.« In: Ladislav Holy/Milan Stuchlik (Hgg.): *The Structure of Folk Models*. London: Academic Press 1981, S. 63–92.

Gandelman, Claude: *Reading Pictures, Viewing Texts*. Bloomington: Indiana UP 1991.

Geertz, Clifford: *The Interpretation of Cultures. Selected Essays*. New York: Basic Books 1973 (dt.: *Dichte Beschreibung. Beiträge zum Verstehen kultureller Systeme*. Frankfurt a. M.: Suhrkamp 1983).

Geiger, Theodor: *Die soziale Schichtung des deutschen Volkes*. Stuttgart: Enke 1932.

Giesecke, Michael: *Die Untersuchung institutioneller Kommunikation*. Opladen: Westdeutscher Verlag 1988.

Gould, Stephan J.: *The Panda's Thumb. More Reflections in Natural History*. New York: Norton 1980 (dt.: *Der Daumen des Panda. Betrachtungen zur Naturgeschichte*. Frankfurt a. M.: Suhrkamp 1989 [1987]).

Grice, H. Paul: »Logic and Conversation.« In: Peter Cole/Jerry Morgan (Hgg.): *Syntax and Semantics*. Bd. 3. *Speech Acts*. New York/San Francisco: Academic Press 1975, S. 41–58.

Gülich, Elisabeth/Raible, Wolfgang (Hgg.): *Textsorten. Differenzierungskriterien aus linguistischer Sicht*. Frankfurt a. M.: Athenäum 1972.

Gumperz, John J./Hymes, Dell H. (Hgg.): *Directions in Sociolinguistics. The Ethnography of Communication*. New York: Holt, Rinehart and Winston 1972.

Hall, Stuart/Gay, Paul du: *Questions of Cultural Identity*. London: Sage 1996.

Hansen, Klaus P. (Hg.): *Kulturbegriff und Methode. Der stille Paradigmenwechsel in den Geisteswissenschaften*. Tübingen: Narr 1993.

Harris, Marvin: *The Rise of Anthropological Theory*. New York: Routledge und Kegan Paul 1968.

Heelas, Paul/Lash, Scott/Morris, Paul: *Detraditionalization. Critical Reflections on Authority and Identity*. Cambridge, MA/Oxford: Blackwell 1996.

Hempfer, Klaus W.: *Gattungstheorie. Information und Synthese*. München: Fink 1973.

Henkel, Arthur/Schöne, Albrecht (Hgg.): *Emblemata. Handbuch zur Sinnbildkunst des 16. und 17. Jahrhunderts*. Stuttgart: Metzler 1967.

Herder, Johann Gottfried: *Ideen zur Philosophie der Geschichte der Menschheit*. In: Bernhard Suphan (Hg.): *Herder. Sämtliche Werke*. Bd. 13 und 14. Berlin: Weidmann 1887.

Herskovits, Melville: *Man and His Works. The Science of Cultural Anthropology*. New York: Knopf 1948.

Hirsch, Eric D.: *Validity in Interpretation*. New Haven/London: Yale UP 1967 (dt.: *Prinzipien der Interpretation*. München: Fink 1972).

Homans, George C.: *The Human Group*. New York: Harcourt and Brace 1950 (dt.: *Theorie der sozialen Gruppen*. Köln/Opladen: Westdeutscher Verlag 1965).

Hülser, Karlheinz: »Zeichenkonzeptionen in der Philosophie der griechischen und römischen Antike.« In: Posner/Robering/Sebeok 1997–2003, Bd. 1 1997, S. 837–861.

Hutton, Patrick H.: »The History of Mentalities. The New Map of Cultural History.« In: *History and Theory* 20 (1981), S. 237–259.

Kashima, Yoshihisa: »Culture and Social Cognition. Toward a Social Psychology of Cultural Dynamics.« In: David Matsumoto (Hg.): *The Handbook of Culture and Psychology*. New York: Oxford UP 2001, S. 325–360.

Klemm, Gustav E.: *Allgemeine Culturgeschichte der Menschheit*. 10 Bde. Leipzig: Teubner 1843–52.

Klemm, Gustav E.: *Allgemeine Culturwissenschaft*. 2 Bde. Leipzig: Romberg 1854 f.

Kluckhohn, Clyde: »The Study of Culture.« In: Daniel Lerner/Harold D. Lasswell (Hgg.): *The Policy Sciences*. Stanford: Stanford UP 1951, S. 86–101.

Koch, Walter A.: »System and the Human Sciences.« In: Gabriel Altmann/W.A. Koch (Hgg.): *Systems. New Paradigms for the Human Sciences*. Berlin/New York: Walter de Gruyter 1998, S. 671–755.

Kroeber, Alfred L.: *Anthropology*. New York: Harcourt and Brace 1923.

Kroeber, Alfred L.: *The Nature of Culture*. Chicago: University of Chicago Press 1952.

Kroeber, Alfred L./Kluckhohn, Clyde: *Culture. A Critical Review of Concept and Definition*. Cambridge, MA: Peabody Museum 1952.

Kull, Ulrich: *Evolution des Menschen. Biologische, soziale und kulturelle Evolution*. Stuttgart: Metzler 1979.

Le Goff, Jacques: »Les mentalités. Une histoire ambiguë.« In: ders./Nora, Pierre (Hgg.): *Faire de l'histoire*. Bd. 3. Paris: Gallimard 1974, S. 76–94.

Leroi-Gourhan, André: *Le geste et la parole*. 2 Bde. Paris: Michel 1964 (dt.: *Hand und Wort*. Frankfurt a. M.: Suhrkamp 1980).

Lévi-Strauss, Claude: *Les structures élémentaires de la parenté*. Paris: Presses Universitaires de France 1949 (dt.: *Die elementaren Strukturen der Verwandtschaft*. Frankfurt a. M.: Suhrkamp 1981).

Lotman, Jurij M.: *Kunst und Sprache. Untersuchungen zum Zeichencharakter von Literatur und Kunst*. Hg. v. Klaus Staedtke. Leipzig: Reclam 1981.

Lotman, Jurij M./Uspenskij, Boris A.: »O Semiotičeskom Mechanisme Kul'tury.« In: *Trudy po Znakovym Sistemam* 5 (1971), S. 144–166.

Lotman, Jurij M. et al.: »Theses on the Semiotic Study of Cultures (as Applied to Slavic Texts).« In: Thomas A. Sebeok (Hg.): *The Tell-Tale Sign. A Survey of Semiotics*. Lisse: Peter de Ridder 1975, S. 57–83.

Luhmann, Niklas: *Soziale Systeme. Grundriß einer allgemeinen Theorie*. Frankfurt a. M.: Suhrkamp 1984.

Lumsden, Charles J./Wilson, Edward O.: *Genes, Mind, and Culture. The Coevolutionary Process*. Cambridge, MA: Harvard UP 1981.

Lumsden, Charles J./Wilson, Edward O.: *Promethean Fire. Reflections on the Origin of Mind*. Cambridge, MA: Harvard UP 1983 (dt.: *Das Feuer des Prometheus. Wie das Denken entstand*. München: Piper 1984).

Manetti, Giovanni: »Sign Conceptions in Natural History and Natural Philosophy in Ancient Greece and Rome.« In: Posner/Robering/Sebeok 1997–2003, Bd. 1 1997, S. 922–939.

Mannheim, Karl: *Ideologie und Utopie*. Frankfurt a. M.: Schulte-Bulmke 1965 [1929].

Mead, George H.: »The Mechanism of Social Consciousness.« In: *Journal of Philosophy* 9 (1912), S. 401–406.

Morris, Charles W.: *Signs, Language, and Behavior*. New York: Prentice-Hall 1946 (dt.: *Zeichen, Sprache und Verhalten*. Düsseldorf: Schwann 1973).

Mounin, Georges: *Introduction à la sémiologie*. Paris: Editions de Minuit 1970.

Mühlhäusler, Peter: »Universal Languages and Language Planning.« In: Posner/Robering/Sebeok 1997–2003, Bd. 3 2003, Art. 175.

Nyíri, J. Kristof: »Tradition and Related Terms. A Semantic Survey.« In: *Semiotische Berichte* 12,1–2 (1988), S. 113–134.

Parmentier, Richard J. (Hg.): *Signs in Society. Studies in Social Anthropology*. Bloomington, Indiana UP 1994.

Peirce, Charles S.: *Collected Papers*. Hgg. v. Charles Hartshorne/Paul Weiss. 8 Bde. Cambridge, MA: Harvard UP 1931–35.

Pieterse, Jan Nederveen: »Globalization as Hybridiziation.« In: Mike Featherstone/Scott Lash/Roland Robertson (Hgg.): *Global Modernities*. London: Sage 1996, S. 45–68.

Ponzio, Augusto: »Ideology.« In: Posner/Robering/Sebeok 1997–2003, Bd. 3 2003, Art. 167.

Posner, Roland: *Rational Discourse and Poetic Communication. Methods of Linguistic, Literary, and Philosophical Analysis*. Berlin/New York: Mouton de Gruyter 1982.

Posner, Roland: »Mitteilungen an die ferne Zukunft.« In: *Zeitschrift für Semiotik* 6 (1984), S. 195–228.

Posner, Roland: »Nonverbale Zeichen in öffentlicher Kommunikation.« In: *Zeitschrift für Semiotik* 7 (1985), S. 235–271.

Posner, Roland: »Syntactics.« In: Thomas A. Sebeok (Hg.): *Encyclopedic Dictionary of Semiotics*. Berlin/New York: Walter de Gruyter 1986, S. 1042–1061.

Posner, Roland: »Gesellschaft, Zivilisation und Mentalität. Vorüberlegungen zu einer Sprachpolitik für Europa.« In: Ernest W.B. Hess-Lüttich/Jan Papiór (Hgg.): *Dialog. Interkulturelle Verständigung in Europa: ein deutsch-polnisches Gespräch*. Saarbrücken: Breitenbach 1990, S. 23–42.

Posner, Roland: »Was ist Kultur? Zur semiotischen Explikation anthropologischer Grundbegriffe.« In: Marlene Landsch et al. (Hgg.): *Kultur-Evolution. Fallstudien und Synthese*. Frankfurt a. M.: Lang 1992, S. 1–65.

Posner, Roland: »Believing, Causing, Intending. The Basis for a Hierarchy of Sign Concepts in the Reconstruction of Communication.« In: René J. Jorna/Barend van Heusden/Roland Posner (Hgg.): *Signs, Search, and Communication. Semiotic Aspects of Artificial Intelligence.* Berlin/New York: Walter de Gruyter 1993, S. 215–270.

Posner, Roland: »Sprachphilosophie und Semiotik.« In: Marcelo Dascal et al. (Hgg.): *Sprachphilosophie. Ein internationales Handbuch zeitgenössischer Forschung.* Bd. 2. Berlin/New York: Walter de Gruyter 1996, S. 1658–1685.

Posner, Roland: »Semiotische Umweltverschmutzung. Vorüberlegungen zu einer Ökologie der Zeichen.« In: Günter Lobin et al. (Hgg.): *Europäische Kommunikationskybernetik heute und morgen.* München: KoPäd 1998, S. 141–158.

Posner, Roland: »The Reagan Effect. Self-presentation in Humans and Computers.« In: *Semiotica* 128,3–4 (2000), S. 445–486.

Posner, Roland: »Alltagsgesten als Ergebnis von Ritualisierung.« In: Hartmut Schröder/Matthias Rothe (Hgg.): *Ritualisierte Tabuverletzungen, Lachkultur und das Karnevaleske.* Frankfurt a. M.: Lang 2002, S. 395–421.

Prieto, Luis J.: *Messages et signaux.* Paris: Presses Universitaires de France 1966 (dt.: *Nachrichten und Signale.* München: Hueber 1972).

Prieto, Luis J.: »La sémiologie.« In: André Martinet (Hg.): *Le langage.* Paris: Gallimard 1968, S. 93–144.

Radcliffe-Brown, Alfred R.: »On Social Structure.« In: *Journal of the Royal Anthropological Institute* 70 (1940), S. 1–12.

Radcliffe-Brown, Alfred R.: *Structure and Function in Primitive Society.* London: Cohen and West 1952.

Raulff, Ulrich (Hg.): *Mentalitäten-Geschichte. Zur historischen Rekonstruktion geistiger Prozesse.* Berlin: Wagenbach 1987.

Reckwitz, Andreas: *Die Transformation der Kulturtheorien. Zur Entwicklung eines Theorieprogramms.* Weilerswist: Velbrück 2000.

Renfrew, Colin (Hg.): *The Explanation of Culture Change. Models in Prehistory.* London: Duckworth 1973.

Robertson, Roland: *Globalization. Social Theory and Global Culture.* London: Sage 1992.

Rolf, Eckhard: *Die Funktionen der Gebrauchstextsorten.* Berlin/New York: Walter de Gruyter 1993.

Rossi-Landi, Ferrucio: *Il linguaggio come lavoro e come mercato.* Mailand: Bompiani 1968 (dt.: *Die Sprache als Arbeit und Markt.* München: Hanser 1972).

Rossi-Landi, Ferrucio: *Linguistics and Economics.* Den Haag: Mouton 1975.

Saussure, Ferdinand de: *Cours de linguistique générale.* Lausanne/Paris: Payot 1916 (dt.: *Grundlagen der Allgemeinen Sprachwissenschaft.* Berlin: Walter de Gruyter 1967 [1931]).

Schiffer, Michael B.: *Behavioral Archeology.* New York/London: Academic Press 1976.

Schmidt, Siegfried J.: *Texttheorie. Probleme einer Linguistik der sprachlichen Kommunikation.* München: Fink 1973.

Scholz, Oliver R.: »Was heißt es, ein Artefakt zu verstehen?« In: Mark Siebel (Hg.): *Kommunikatives Verstehen.* Leipzig: Leipziger Universitätsverlag 2002, S. 220–239.

Schramm, Wilbur (Hg.): *The Science of Communication.* New York: Basic Books 1963 (dt.: *Grundfragen der Kommunikationsforschung.* München: Juventa 1968 [1964]).

Schwemmer, Oswald: *Die kulturelle Existenz des Menschen.* Berlin: Akademie-Verlag 1997.

Schwimmer, Eric: »Culture.« In: Thomas A. Sebeok (Hg.): *Encyclopedic Dictionary of Semiotics.* Berlin/New York: Mouton de Gruyter 1986, S. 163–166.

Sebeok, Thomas A.: *Theorie und Geschichte der Semiotik.* Reinbek: Rowohlt 1979.

Segre, Cesare: *Avviamento all'analisi del testo letterario.* Turin: Einaudi 1985 (engl.: *Introduction to the Analysis of the Literary Text.* Bloomington: Indiana UP 1988).

Sellin, Volker: »Mentalität und Mentalitätsgeschichte.« In: *Historische Zeitschrift* 241 (1985), S. 555–598.

Silverman, Hugh J. (Hg.): *Cultural Semiosis. Tracing the Signifier.* New York/London: Routledge 1998.

Singer, Milton: »For a Semiotic Anthropology.« In: Thomas A. Sebeok (Hg.): *Sight, Sound, and Sense.* Bloomington: Indiana UP 1978, S. 202–232.

Singer, Milton: »Signs of the Self. An Exloration in Semiotic Anthropology.« In: *American Anthropologist* 32 (1980), S. 411–413.

Smuts, Barbara et al. (Hgg.): *Primate Societies.* Chicago: University of Chicago Press 1987.

Tellenbach, Gerd: »Mentalität.« In: Erich Hassinger/Joseph H. Müller/Hugo Ott (Hgg.): *Geschichte, Wirtschaft, Gesellschaft. Festschrift für Clemens Bauer zum 75. Geburtstag.* Berlin: Duncker und Humblot 1974, S. 11–30.

Thompson, Michael: *Rubbish Theory. The Creation and Destruction of Value.* Oxford: Oxford UP 1979 (dt.: *Die Theorie des Abfalls. Über die Schaffung und Vernichtung von Werten.* Stuttgart: Klett-Cotta 1981).

Threadgold, Terry: »Social Media of Semiosis.« In Posner/Robering/Sebeok 1997–2003, Bd. 1 1997, S. 384–404.

Thurnwald, Richard C.: *Economics in Primitive Communities.* Oxford: Oxford UP 1932.

Thurnwald, Richard C.: »Contributions to the Analysis of the Cultural Mechanism.« In: *American Sociological Review* 1 (1936), S. 387–395 und S. 604–613; 2 (1937), S. 26–42.

Thurnwald, Richard C.: *Der Mensch geringer Naturbeherrschung. Sein Aufstieg zwischen Vernunft und Wahn.* Berlin: Walter de Gruyter 1950.

Turner, Victor W.: *The Forest of Symbols.* Ithaca NY: Cornell UP 1967.

Tylor, Edward B.: *Primitive Culture.* 2 Bde. London: Murray 1871 (dt.: *Die Anfänge der Kultur.* Leipzig: Winter 1873).

Waal, Frans de: *Chimpanzee Politics.* London: Cape 1982 (dt.: *Unsere haarigen Vettern. Neueste Erfahrungen mit Schimpansen.* München: Harnack 1983).

Waal, Frans de: *Peacemaking among Primates.* Cambridge, MA: Harvard UP 1989 (dt.: *Wilde Diplomaten – Versöhnung und Entspannungspolitik bei Affen und Menschen.* München: dtv 1993 [1991]).

Warnier, Jean-Pierre: *Construire la culture matérielle.* Paris: Presses Universitaires de France 1999.

Weber, Alfred: »Prinzipielles zur Kultursoziologie.« In: *Archiv für Sozialwissenschaft und Sozialpolitik* 47 (1920), S. 1–49.

Weber, Alfred: *Kulturgeschichte als Kultursoziologie.* München: Piper 1950 [1935].

Wefelmeyer, Fritz: »Glück und Aporie des Kulturtheoretikers. Zu Johann Gottfried Herder und seiner Konzeption der Kultur.« In: Helmut Brackert/Fritz Wefelmeyer (Hgg.): *Naturplan und Verfallskritik. Zu Begriff und Geschichte der Kultur.* Frankfurt a. M.: Suhrkamp 1984, S. 94–121.

Werlen, Erika: *Sprache, Kommunikationskultur und Mentalität.* Tübingen: Niemeyer 1998.

White, Michael J.D.: *Modes of Speciation.* San Francisco: Freeman 1978.

Winner, Irene Portis: »Ethnicity, Modernity, and the Theory of Culture Texts.« In: Winner/Umiker-Sebeok 1979, S. 103–148.

Winner, Irene Portis/Umiker-Sebeok, Jean (Hgg.): *Semiotics of Culture.* Den Haag/New York: Mouton 1979.

Winter, K. Willem de: »Biological and Cultural Evolution. Different Manifestations of the Same Principle – A Systems-Theoretical Approach.« In: *Journal of Human Evolution* 13 (1984), S. 61–70.

Roland Posner

4. Literaturwissenschaft als Kulturwissenschaft

1. Einleitung

Im Gesamtbereich der Kultur als vom Menschen geschaffene Arbeits- und Lebensformen und ihrer Selbstdeutung in stets reflektierten Symbolisierungen spielen Sprache und Literatur eine zentrale Rolle. Der Gegenstandsbereich der Literaturwissenschaft ist durch seine Eigenständigkeit ebenso charakterisiert wie durch seine Einbindung in die Kultur- und historischen Sozialwissenschaften. Die Geschichte der Literaturwissenschaft zeigt auf anschauliche Weise, daß ihre Gegenstände im einzelnen weder eindeutig bestimmbar noch abschließend festgelegt sind. Die Suche nach ihren Gegenständen gehört vielmehr konstitutiv zur Geschichte dieser Disziplin, die durch immer neue Selbstentwürfe und historisch unterschiedliche Ausgriffe in andere Disziplinenbereiche charakterisiert ist. Dies ist die Bedingung der Möglichkeit für die je besondere Selbstorganisation und Erneuerung der Literaturwissenschaften.

So ist das Korpus von Texten, das jeweils als ›Literatur‹ bezeichnet wird, eine »historische Variable«, deren »Grenzen [...], so es sie überhaupt gibt, in jeder Epoche neu ausgehandelt werden« (Müller 2000, S. 54). Die historisch-kulturelle Einbindung von Texten macht eine permanente »Verhältnisbestimmung von Literatur- und Kulturwissenschaft« erforderlich (vgl. von Graevenitz 1999, S. 95). Spiegelbildlich dazu läßt sich die Kulturproblematik als »ein ›shifter‹ zwischen Ethnologie und Geisteswissenschaften, Soziologie und Kulturwissenschaften, Anthropologie und Literaturwissenschaften« bezeichnen (Baecker 2001, S. 526). Beide – Literatur und Kultur – bilden eine »Reflexionsinstanz [...] als semantisches und vor allem *performatives* Archiv, als Organon des Wissens um die Wirklichkeit symbolischer Welterzeugung« (Steiner 1997, S. 33).

2. Wissenschaftsgeschichte des Zusammenhangs von Literatur- und Kulturwissenschaften

Die Annäherung von Literaturwissenschaft und Kulturwissenschaft vollzieht sich in erster Linie als eine **Öffnung und Erweiterung** der Wissenschaft von Sprache und Literatur **gegenüber den kulturwissenschaftlichen Nachbardisziplinen**. Diese Öffnung ist nur verständlich im Horizont eines grundlegenden Wechsels vom philologischen Positivismus zu den ›Geisteswissenschaften‹ in Deutschland am Beginn des 20. Jahrhunderts. Dem geht allerdings eine Vorgeschichte der Literaturwissenschaft als Kulturwissenschaft im 19. Jahrhundert voraus, die sich auf

Entwicklungen der historischen Anthropologie und der vergleichenden Völkerkunde im 18. Jahrhundert berufen kann. In Deutschland ist dieses Konzept auf der Basis eines romantisch-nationalistischen Kulturbegriffs mit dem Namen von Jakob Grimm verbunden. Dessen Anstrengung, zu den Ursprüngen der deutschen Sprache und Kultur im Zeichen einer ›Wissenschaft vom Deutschen‹ vorzudringen, umfaßte neben Sprache und Literatur in Sagen und Märchen deutsche Mythologie und Rechtsaltertümer. Von daher ist die Literaturwissenschaft in Deutschland von ihren Anfängen her mit der Geschichte der Kulturwissenschaft als ›Volkskunde‹ verbunden.

Diese Tradition wird in der Absage an die positivistische Philologie im Sinne der Klassischen und Deutschen Philologie um 1900 allerdings nicht wieder aufgenommen. Vielmehr handelt es sich um einen zentralen Neubeginn der Literaturwissenschaft, der – gerade durch Wilhelm Dilthey – stärker an der Philosophie und Ideengeschichte ausgerichtet ist. Diltheys ›Kritik der historischen Vernunft‹ und die damit verbundene Rehabilitierung der Hermeneutik führt zu einer bis dahin nicht beobachtbaren **Erweiterung und Pluralisierung der literaturwissenschaftlichen Richtungen und Methoden.** In einer Phase intensiver methodologischer Selbstreflexion spielen die Nachbardisziplinen Philosophie, Psychologie, Anthropologie oder Kunstgeschichte eine zentrale Rolle. Oscar Benda hat 1928 in seiner Einführung in die Problemlage zum »Gegenwärtigen Stand der deutschen Literaturwissenschaft« eine Vielzahl von methodischen Richtungen aufgezählt, die – mit Ausnahme von stammes- und rassetheoretischen (vgl. August Sauer und Josef Nadler) – die Literaturwissenschaft auch heute noch bestimmen. Es sind strukturtypologische, psychoanalytische und formästhetische ebenso wie gesellschaftstheoretische oder mentalitätsgeschichtliche. Im Versuch, eine dem Gegenstand der Literaturwissenschaft angemessene, spezifisch ›geisteswissenschaftliche‹ Antwort auf den philologischen Positivismus zu finden, war die Hoffnung auf eine transzendentale Grundlegung der Literaturwissenschaft enthalten. Lösungen wurden in nachidealistischen Ganzheitskonzepten erblickt, die v. a. durch Friedrich Nietzsche und Henri Bergsons Lebensphilosophie geprägt waren.

In der Reaktion auf die ›Krise‹ eines positivistischen Wissenschaftsverständnisses und im Hinblick auf die Erfolge der Naturwissenschaften spielen für den Zusammenhang von Literatur- und Kulturwissenschaften **kulturphilosophische Konzepte** von Heinrich Rickert, Ernst Cassirer oder Erich Rothacker eine wichtige Rolle. Rickerts Kulturbegriff zielt auf die »Gesamtheit der realen Objekte, an denen allgemein anerkannte Werte oder durch sie konstituierte Sinngebilde haften, und die mit Rücksicht auf diese Werte gepflegt werden« (Rickert 1926, S. 28). In Cassirers *Philosophie der symbolischen Formen* (1923–29) und in seiner *Logik der Kulturwissenschaften* (1942) geht es wie bei Rickert um den werthaften Sinnzusammenhang der Kultur und damit um einen Gegenstand der Kulturwissenschaft, aber zugleich um die Bauformen des Symbolischen als sich wandelnde Ensembles symbolischer Formen und Praktiken. »Der Mythos, die Sprache, die Religion, die Dichtung: das sind die Objekte, die der menschlichen Erkenntnis wahrhaft angemessen sind« (Cassirer 1961, S. 10). »Mythos, Sprache, Kunst und Erkenntnis« gelten für Cassirer als die »eigentlichen Medien, die der Mensch sich erschafft, um sich Kraft ihrer von der Welt zu trennen und sich in eben dieser Trennung um so fester mit ihr zu verbinden« (ebd., S. 25).

Nimmt man noch die **Erweiterung des Quellenkorpus** (Wort- und Bildquellen), und damit die Deprivilegierung des Skripturalen zugunsten einer kulturwissenschaftlichen Bildgeschichte hinzu (vgl. Aby Warburg), zeigt sich die Aktualität der v. a. nach dem Ersten Weltkrieg entwickelten Konzepte zum Zusammenhang von Literatur- und Kulturwissenschaft gerade unter dem Aspekt des Stilbegriffs bis in die Gegenwart. Auch Rothackers *Logik und Systematik der Geisteswissenschaften* (1926) verstand sich »der Sache nach als eine Logik und Systematik der Kulturwissenschaften« (Perpeet 1976, Sp. 1314). Die von Rothacker und Paul Kluckhohn gegründete und jahrzehntelang herausgegebene *Deutsche Vierteljahrsschrift für Literaturwissenschaft und Geistesgeschichte* dokumentiert dies bis heute.

Der neue, ›reflexive‹ Stil der Methodendiskussion in den Literaturwissenschaften ist Teil einer prinzipiellen **Neuorientierung der Geisteswissenschaften** unter Gesichtspunkten ihrer kulturellen Standortbestimmung und gesellschaftlichen Funktion. Damit zusammenhängende Probleme fächerübergreifenden wissenschaftlichen Arbeitens, etwa Fragen von Leitdisziplinen oder das konstitutive Wechselverhältnis von Disziplinarität und Interdisziplinarität bleiben aktuell. Seinerzeit angestrebte Ganzheits- und Synthesemodelle erwiesen sich als nicht tragfähig.

Die **›kulturalistische Wende‹ in den Literaturwissenschaften** seit dem Beginn der 1990er Jahre nimmt bewußt (und unbewußt) Aspekte der 1920er Jahre wieder auf. Unmittelbar gegen Odo Marquards Kompensationstheorie gerichtet geht das Bemühen eines Umbaus der historischen Geisteswissenschaften in systematische Kulturwissenschaften von einem Wissenschaftskonzept aus, das Kultur als Inbegriff aller menschlichen Arbeits- und Lebensformen einschließlich der naturwissenschaftlichen Entwicklungen begreift. Die v. a. in der Dilthey-Rezeption kanonisierte Gegenüberstellung von verstehenden und erklärenden Wissenschaften soll durch eine Modernisierung der Kulturwissenschaften überwunden werden, die naturwissenschaftliche Fragestellungen berücksichtigt.

Gegenüber einem einheitsstiftenden, objektivistischen Geist-Begriff wird im Horizont moderner mediengeschichtlicher Bedingungen die Erneuerung der Literatur- und Kulturwissenschaften im Rahmen »allgemeine[r] Kommunikationsleistungen« erwartet (vgl. Frühwald et al. 1991, S. 139). Eingeschlossen sind damit die »Formen aller Vergesellschaftungen von Kunst und Literatur«, d. h. ebenso skripturale wie visuelle Phänomene, aber auch soziale Rituale und Lebensstile und eine bewußte Entprivilegierung der ›Monument‹-Kultur zugunsten der Lebenswelt (vgl. Assmann/Harth 1991). Wie in den 1920er Jahren geht die neuerliche Bestimmung der Geisteswissenschaften als Kulturwissenschaften von einem **fächerübergreifenden, interdisziplinären Impetus** aus, wobei der beobachtbaren Zersplitterung und Isolierung der geisteswissenschaftlichen Forschung »am ehesten und sinnvollsten durch eine *Anthropologisierung des Wissens* zu begegnen« sei (Frühwald et al. 1991, S. 51). Die Aufgabe der Literaturwissenschaft zielt nicht allein auf die Textinterpretation, sondern auf den Gesamtbereich der kulturellen Kommunikation, auch im Zeichen eines dem ›Verfügungswissen‹ gegenübergestellten **›Orientierungswissens‹**.

Charakteristisch für die literaturwissenschaftliche Diskussion ist die Hoffnung und Erwartung, die bestehenden Grenzen des Fachs zu überschreiten und es im Zeichen einer »Philologie als (Medien-)Kulturwissenschaft zu betreiben [im Sinne] einer gründlich bedachten und systematisch entwickelten Transdisziplinarität im Übertragen der ›philologischen Kompetenz‹ auf Gegenstände, die in ihren Organisationsformen und kommunikativen Funktionen sprachlichen Texten vergleichbar sind« (Schönert 1998, S. 494; vgl. auch Kap. 16 »Medienkulturwissenschaft« in diesem Band). Das methodische **Postulat einer Medienkulturwissenschaft** spiegelt gegenwärtige Tendenzen, ausgehend vom literarischen Text zu einem »umfassenderen Verständnis von kulturellem Text« (vgl. Kap. 5 »Kulturanthropologie« in diesem Band) zu gelangen. Die von Clifford Geertz übernommene Metapher ›Kultur als Text‹ charakterisiert eine doppelte Entwicklung insofern, als sie einerseits auf die Lesbarkeit und Übersetzbarkeit kultureller Praktiken setzt und kulturellen Zusammenhängen einen Text-Status verleiht und andererseits literarische Texte als »Darstellungsformen kultureller Selbstauslegung« (ebd.) versteht. Es kommt schließlich hinzu, daß sich im Zusammenhang der *writing culture*-Debatte die Kulturanthropologie ausdrücklich zu den rhetorisch-literarischen Mitteln von Texten bekennt und sich damit »ausdrücklich zur Literaturwissenschaft und zur Rhetorik« (ebd.) öffnet.

3. Systematische Aspekte des Zusammenhangs von Literatur- und Kulturwissenschaft

Der Zusammenhang von Literatur- und Kulturwissenschaft läßt sich heute – im Horizont der skizzierten wissenschaftsgeschichtlichen Entwicklung – am besten anhand der über die **philologischen Aufgaben** im engeren Sinn (Edition und Kommentar) hinausgehenden Kernbereiche der Literaturwissenschaft ablesen:

- Textanalyse und Textinterpretation als ›Institution der Auslegung‹ (Karlheinz Stierle);
- Analyse von Medien und Medialität als konstitutive Elemente kultureller Kommunikation und
- die Rekonstruktion und Konstruktion der Geschichte der Literatur als kulturwissenschaftlich ausgerichtete Funktionsgeschichte der Literatur.

In allen drei Bereichen handelt es sich um Äußerungsformen kultureller Praktiken.

3.1 Literarische Texte als Gegenstände der kulturellen Selbstwahrnehmung

Literarische Texte in ihrer paradoxalen Struktur von (ästhetischer) Autonomie einerseits und interpretatorisch zu erschließender Vieldeutigkeit andererseits sind Gegenstände der kulturellen Selbstwahrnehmung und Selbstthematisierung (vgl. Voßkamp 1998). In Texten beobachten sich Kulturen selbst, ob im Sinne einer Differenzierung (oder Durchkreuzung) von *popular culture* und Hochkultur oder unter Gesichtspunkten einer nach verschiedenen Gattungen und Diskursen bestimmten Ordnung im jeweiligen Literatursystem als Teil des gesellschaftlichen Gesamtsystems. Literarische Texte sind spezifische **Formen des individuellen und kollektiven Wahrnehmens von Welt** und Reflexion dieser Wahrnehmung. Literatur ist deshalb konstitutiv durch ein hohes Maß an Selbstreflexion charakterisiert. An künstlerischen Texten mit hoher Komplexität läßt sich das insbesondere ablesen. Die Geschichte der Auslegung zeigt, daß die ›ästhetische Differenzqualität‹ die Voraussetzung für ihre ›unendliche Auslegbarkeit‹ (Friedrich Schlegel) bietet. »Literarische Texte interpretieren von sich aus, noch bevor sie interpretiert werden. Und diese Interpretationen sind kulturelle, ja kulturspezifische Auslegungen und Selbstreflexionen in einem Spannungsfeld kultureller Widersprüche« (Bachmann-Medick 2001, S. 219).

Komplementär zur ›Textualisierung‹ der Kulturwissenschaften sind folgerichtig **semiotische Verfahren der Lektüre und Enträtselung** erforderlich (vgl. Kap. 2 »Kultursemiotik« in diesem Band). Unter Rückgriff auf Geertz – der von Kultur als einer ›Montage von Texten‹ spricht, haben v. a. Stephen Greenblatt und die Interpreten des *New Historicism* Textualität und Intertextualität als Eigenschaften der gesamten Kultur charakterisiert (vgl. Kap. 7 in diesem Band). Der Background eines Textes ist selbst als ein Komplex von Texten, als »Montage von Texten« (Geertz 1983, S. 253) bzw. als »Ensemble von Texten, die ihrerseits wieder Ensembles sind« (ebd., S. 259) charakterisierbar. Der zu analysierende literarische Text, der zu anderen literarischen oder nicht-literarischen Texten in Beziehung gesetzt wird, erscheint dabei seines traditionellen Privilegiums beraubt: Qua sprachliches Produkt ist der literarische Text ein Text unter anderen. Diese Deprivilegierung ist die notwendige Konsequenz, der Preis der Textualisierung der Geschichte, in die der Text eingesenkt wird. Das Lesen literarischer Texte läßt sich als »Integration in seine symbolische Bedeutungsordnung« charakterisieren; die »Konstruktion des literarischen Textes« ist selbst eine »symbolische Handlung« (Braungart 1996, S. 6, S. 17).

Symbolische Handlungen verweisen auf **kulturspezifische Kodierungen und Symbolisierungen**, die zunehmend Aufmerksamkeit finden. »Ritus und Repräsentation, Zeremoniell und Theatralität, kennzeichnen die Problemkreise, die über die Texte hinausführen, um zu ihnen zurückzukehren« (Wenzel 1999, S. 483). Zu fragen bleibt allerdings, inwieweit sich soziale Handlungen wie Texte lesen und hermeneutisch interpretieren lassen, oder genauer: inwiefern sich Kultur als textanaloges System verstehen läßt. Die Grenzen des Verstehens von Kultur als Text sind dort ablesbar, wo es um die historisch-gesellschaftlichen Bedingungen der Bedeutungsproduktion und damit um Herrschaftsfunktionen kultureller

Muster im Bereich von Macht und Wissen geht (vgl. Lenk 1996, S. 126). Unzweifelhaft ist indes, daß Texte als Medien der Wahrnehmung in ihrer die Wirklichkeit mitbestimmenden und selbstreflexiven Funktion Teil der kulturellen Sinnproduktion einer Gesellschaft sind.

3.2 Medien und Medialität als konstitutive Elemente kultureller Kommunikation

Texte in allen Kulturen machen auf unterschiedliche Medien und das **Problem von Medialität** aufmerksam:

> Alles, was über die Welt gewußt, gedacht und gesagt werden kann, ist nur in Abhängigkeit von den Medien wißbar, denkbar und sagbar, die dieses Wissen kommunizieren. [...] Nicht die Sprache, in der wir denken, sondern die Medien, in denen wir kommunizieren, modellieren unsere Welt. Medienrevolutionen sind deshalb Sinnrevolutionen, sie re-modellieren die Wirklichkeit und schaffen eine neue Welt [...]. (Assmann/Assmann 1990, S. 2)

Sprache und Literatur befinden sich nicht in einer Gegenstellung zur Medienentwicklung, sie sind vielmehr selber als Medien zu begreifen. Sie lassen sich als kommunikative Sachverhalte verstehen, als Medien der kulturellen Kommunikation. Kommunikation ist dabei diejenige Operation, die von Medien ermöglicht und durch Medien in spezifischen Formen ausgestaltet wird.

Deshalb sind die Medien für die Philologien und Kulturwissenschaften nicht bloß ein Thema unter anderen, sondern die Gegenstände dieser Disziplinen erlauben unter medienspezifischen Aspekten eine bislang nicht systematisch in den Blick genommene **Lektüre der Schichten ihrer Konstitution.** Von den diskursanalytisch inspirierten Versuchen einer ›Archäologie der literarischen Kommunikation‹ (Aleida und Jan Assmann) bis hin zu dekonstruktiv ausgerichteten Hermeneutiken des Sinns und den Forschungen zur ›Materialität der Kommunikation‹ (vgl. Gumbrecht/Pfeiffer 1988) erstreckt sich das Spektrum von Ansätzen, das die Formierungsleistung medialer Praktiken erforscht. »Medien markieren die Nahtstelle, an der Sinn aus nicht-sinnhaften Phänomenen entsteht. Sie bilden die historische Grammatik der Performativität« unserer Kultur (Krämer 1998, S. 4), eine Grammatik, die nach der Leistung vermeintlich bloß bedeutungstragender graphischer Systeme (Spur, Schrift, Zeichen) für die Sinngenerierung fragt.

Indem **Kunst als medial bestimmte Kommunikationskultur** verstanden wird, erhält die Frage der Medien in einer kulturwissenschaftlich ausgerichteten Literaturwissenschaft ein besonderes Gewicht. Kultur eröffnet im Horizont der Inkommensurabilität ihrer Symbole Auslegungsalternativen, die stets weniger eindeutig sind als die gesellschaftliche Realität. Dies gilt auch für die Literatur, die ebenso Kontingenz produziert und auf sie reagiert. Keine Leistung von Literatur und Kultur ist wichtiger als die »Erzeugung von Unbestimmtheit«, die den Fortgang kultureller Kommunikation ermöglicht (vgl. Baecker 2001, S. 535 f. unter Hinweis auf Jurij Lotman). Literatur widersetzt sich aller definitiven Kodierung und

Symbolisierung dadurch, daß sie »Nicht-Sprachliches über einen Umweg [tradiert], indem sie Möglichkeiten der Kommunikation eröffnet« (Hart Nibbrig 1999, S. 97 f.). In der Literaturwissenschaft kommt es darauf an, die »Rhetorik des ›non-dit‹ und des ›inter-dit‹ (nicht zuletzt auch in Texten) zu lesen, kurz als Inszenierungs-Kunst innerhalb eines sozialen Darstellungsraumes erkennbar zu machen« (ebd., S. 97).

Faßt man Medien als kulturelle Strukturen auf, die die Bedingung der Möglichkeit von Formbildungen bieten (vgl. Niklas Luhmanns [1997, S. 198] Unterscheidung von Medium – ›lose gekoppelte Elemente‹ – und Form – diese »fügt dieselben Elemente [...] zu strikter Kopplung zusammen«), läßt sich die gegenwärtige – vornehmlich über digitale Medien geführte Diskussion – anhand historischer Formengenerierungen kultur- und literaturgeschichtlich historisieren. Die Gleichzeitigkeit der ›ungleichzeitigen‹ Medien (Rede, Schrift, Bild, Film, Internet) verweist sowohl auf **die aktuelle Medienkonkurrenzsituation** als auch auf die Notwendigkeit einer mediengeschichtlichen Perspektive. So läßt sich etwa die allmähliche Entwicklung der Schriftkultur in der »Transformation von ritueller zu textueller Kohärenz« im ersten Jahrtausend v. Chr. (vgl. Assmann 1992, S. 291) als eine grundlegende »Reorganisation der kulturellen Praktiken« verstehen (Harth 1996, S. 333). Dietrich Harth macht darauf aufmerksam, daß die »Wissenschaften der Kultur« selbst Teil der »Schriftkultur [sind] und damit auch Teilhaber an deren literarischen Strategien« (ebd., S. 335). Ziel müßte es sein, die Rolle der Philologien im Kontext der aktuellen Medienkonkurrenz genauer zu bestimmen und zu einer Funktionsgeschichte des jeweiligen historischen Medienwandels zu kommen.

Dabei spielen Fragen nach der Interdependenz zwischen den einzelnen Medien im Zeichen von Intermedialität eine entscheidende Rolle. Mediendifferenz und ihre Überbrückung im Zeichen von Übersetzungsleistungen und Transkriptionen von einem Medium ins andere (vgl. Ludwig Jäger) sind das Pendant zu den literaturwissenschaftlichen Problemen von Intertextualität. **Transkriptivität** bestimmt die Leistung des Medialen als zugleich differenzgenerierend und differenzverarbeitend. Statt die Differenz repräsentational zu denken,

> konzipiert Transkriptivität die medial bewirkte Gegenständlichkeit als Effekt der stets vorläufigen und nur punktuellen Sistierung eines sich immer schon vollziehenden Differenzgeschehens, als das – stets provisorische – Ergebnis transkriptiver Operationen. Mediale Differenz unter der Perspektive des Transkribierens zu beobachten heißt deshalb, daß die wechselseitigen Bezugnahmen differenter Medien aufeinander bedeutungsgenerierende [...] Effekte haben [...] und [...] daß es *monomediale* Sinnkonstitution nicht geben kann. (Balke 2001, S. 24)

3.3 Rekonstruktion und Konstruktion der Geschichte der Literatur als historisches Problem des Zusammenhangs von Literaturwissenschaft und Kulturwissenschaft

Auch in kulturwissenschaftlicher Perspektive bleibt Literaturwissenschaft ein historisches Fach, wenn sie sich der Aufgabe von Literaturgeschichte stellt. Die Rekonstruktion und Konstruktion der Geschichte der Literatur wird der Eigenständigkeit literarischer Texte nur gerecht, wenn sowohl ihre textuelle Eigenart als auch ihre historische Kontextualität im Gesamtbereich der Kultur ernstgenommen werden. »Das Sich-Einflechten des Textes in den Zeichenkontext markiert [...] den kulturellen und ideologischen Ort, der die Funktionen der Zeichenkreuzungen, die Funktion der intertextuellen Organisation des Textes selbst offenlegt. Der Text [greift] in den sozialen Zeichenkontext [ein]« (Lachmann 1984, S. 137).

Eine weitere Conditio sine qua non für Literaturgeschichte ist die Einsicht in die Funktion literarischer **Texte als Medien des kommunikativen und kulturellen Gedächtnisses** (vgl. auch Kap. 8 in diesem Band). Literarische Texte haben Teil an einer reflexiven kulturellen Vergegenwärtigung, als stets »stattfindende' Konsistenzprüfung von Operationen, durch die nicht nur die Funktionen des Erinnerns, sondern erst recht die des Vergessens besorgt wird« (Steiner 1997, S. 18 f.). Die Intertextualität der Literatur kann selbst als ihr Gedächtnis bezeichnet werden. Darüber hinaus bedarf eine kulturwissenschaftlich orientierte Literaturgeschichtsschreibung der Reflexion ihrer institutionellen und gesellschaftlichen Rahmenbedingungen. Die Speicherfunktion bildet dabei nur die eine Seite, Selektion (mittels Kanon, Zensur und jeweiligen Organisationsformen) die andere. Das Gedächtnis der Institution (vom Theater bis zur Schule und Universität) bewahrt kollektives Wissen in bestimmten Formen und Genres, so daß auch hier die Frage der textuellen Geformtheit eine zentrale Rolle spielt.

Im Zeichen einer Reprivilegierung des Textes (im Dekonstruktivismus) einerseits und gleichzeitigen Deprivilegierung von literarischen Texten (im *New Historicism*) andererseits liegt sowohl der Diskurs- als auch der Mentalitätsgeschichte ein **weit gefaßter Begriff der Literatur** zugrunde. Die poststrukturalistische Kritik des Einheitsprinzips und die Distanz zu historisch-genetischen Kategorien der Geschichtsschreibung führt folgerichtig zu einer stärker an der (Inter-)Textualität der Diskurse ausgerichteten Literatur- und Kulturgeschichtsschreibung. Greenblatts Interesse für historisch-kulturelle Gemengelagen mit ihren Austausch- und Transaktionsbewegungen (*negotiations*) ist dafür charakteristisch. Allerdings liegt hier – ähnlich wie in der kulturanthropologischen Fundierung bei Geertz – noch kein deutlicher formuliertes und strenger abgegrenztes theoretisches Konzept von Literaturgeschichtsschreibung vor, um Literatur zugleich als Symbol- und als Sozialsystem vergegenwärtigen zu können (vgl. Schönert 1992, S. 337–348; Ort 1992, S. 409 f.).

Das gilt auch für eine **systemtheoretische Konzeption** autopoietischer Evolution des Kunstsystems im gesellschaftlichen Gesamtsystem. Soll die ästhetische Differenzqualität der Literatur gegenüber der sozialgeschichtlichen Realität genauer beschrieben werden, kommt es darauf an, zu Funktionsbestimmungen der Kunst innerhalb historisch-kultureller Zusammenhänge zu kommen. Vereinfachende Funktionszuschreibungen widersprechen der Funktionsvielfalt der Kunst. Prinzipiell ist davon auszugehen, daß die Beziehung zwischen kulturellen Manifestationen und sozialen Strukturen (also auch die zwischen ›Literatur und Gesellschaft‹) keinen determinierenden Charakter hat. Deshalb läßt sich Literatur von historischer Realität auch weder problemlos ableiten noch kann sie in eine widerspruchsfreie ›homologe‹ Beziehung zu ihr gebracht werden.

Damit ist die Bestimmung des **Verhältnisses von Literatur und sozialer Wirklichkeit** aber nicht beliebig. Texte bilden nicht die in der Lebenswelt beobachtbaren Formen- und Orientierungssysteme ab, sie selektieren vielmehr aus ihren Beständen und erweisen sich durch die Anordnung gewählter Elemente gegenüber solchen Systemen als kontingent (vgl. Voßkamp 1995, S. 38). Unter systemtheoretischen Aspekten gilt für Literatur das, was Luhmann im Hinblick auf Religion formuliert hat: Es »liegt eine modale Generalisierung von Wirklichkeit zugrunde, der zufolge alles Gegebene mit Verweisungen auf andere Möglichkeiten zur Erscheinung kommt« (Luhmann 1972, S. 18). In jeder historischen Epoche gibt es einen Überschuß an literarischen und künstlerischen Formen, der gesellschaftlichen Strukturen nicht vollständig zuzuordnen, geschweige denn zuzurechnen ist. Geht man von diesem Überschußcharakter aus, wird deutlich, daß eine Funktionsgeschichte der Literatur im kulturwissenschaftlichen Zusammenhang den besonderen ästhetischen Status der Literatur ernster zu nehmen hat als das in Konzepten der Diskurs- und Mentalitätsgeschichte der Fall ist. Die künstlerische Formenvielfalt einer Epoche dürfte stets größer sein als die Zahl der nachweisbaren Funktionen. Das prinzipiell ›Unverfügbare‹ der Literatur bleibt die Herausforderung jeder Literaturgeschichte, die als Funktionsgeschichte der Literatur die Zusammengehörigkeit von Literatur- und Kulturwissenschaft evident machen will.

4. Zusammenfassung

Eine kulturwissenschaftliche Orientierung der Literaturwissenschaft kann ihre Konturen nur in der Konsequenz der genauen Einsicht in die Eigenart ihres Gegenstands und der gegenwärtig beobachtbaren kulturellen Situation gewinnen. Wenn die Forderung nach **Wandel und Modernisierung** der Philologien kein leeres Schlagwort bleiben soll, sind weitere methodologische Präzisierungen und historische Konkretisierungen des Verhältnisses von Literaturwissenschaft und Kulturwissenschaft erforderlich. Die vielbeschworene ›Krise‹ der Literaturwissenschaft könnte sonst unversehens zu einer ›Krise‹ der Kulturwissenschaft werden.

Eine gegenüber den Kulturwissenschaften offene Literaturwissenschaft müßte ihren Platz genau in jener Lücke finden, die zwischen poststrukturalistischen Texttheorien und deren Distanz zur Geschichte einerseits und der Sozial- und Funktionsgeschichte und ihren Schwierigkeiten, die Literarizität der Texte als geschichtliche Realität herauszuarbeiten, andererseits liegt. Eine kulturwissenschaftlich orientierte Literaturwissenschaft vermag das Interesse an der Geschichtlichkeit ihres Gegenstandes wieder zu beleben, um gerade darin ihre Besonderheit kenntlich zu machen.

Die **Chance für eine ›Poetik der Kultur‹** könnte in der Wechselbeziehung zwischen einer kulturwissenschaftlichen Erweiterung der Literaturwissenschaften und einer textwissenschaftlichen Orientierung der Kulturwissenschaften liegen. Ohne Zweifel verweist die anthropologische und ethnologische Diskussion über ›Kultur als Text‹ auf Versuche wechselseitiger Annäherungen zwischen den Literaturwissenschaften und einzelnen Disziplinen der Kulturwissenschaften.

Zu klären bleiben allerdings komplexe Probleme fächerübergreifender verknüpfungs- und prozeßtheoretischer Fragen, die bisher nur ansatzweise gelöst sind. Bemühungen um eine ›interkulturelle Literaturwissenschaft‹ oder eine ›interpretative Kulturanthropologie‹ sollten nicht darüber hinwegsehen, daß die Literaturwissenschaft ihren spezifischen Gegenstand definieren und stets neu bestimmen muß. Im Kern geht es um die kulturelle Selbstwahrnehmung in Texten und deren wissenschaftliche Beobachtung. Die Reflexion dieser Beobachtung und die der institutionellen Beobachtungsverhältnisse bilden den Rahmen für eine gegenüber den Kulturwissenschaften offene Literaturwissenschaft.

Literaturverzeichnis

Standardwerke und Einführungen

Anderegg, Johannes/Kunz, Edith Anna (Hgg.): *Kulturwissenschaften. Positionen und Perspektiven.* Bielefeld: Aisthesis 1999.

Appelsmeyer, Heide/Billmann-Mahecha, Elfriede (Hgg.): *Kulturwissenschaft. Felder einer prozeßorientierten wissenschaftlichen Praxis.* Weilerswist: Velbrück 2001.

Assmann, Aleida/Harth, Dietrich (Hgg.): *Kultur als Lebenswelt und Monument.* Frankfurt a. M.: Fischer 1991.

Bachmann-Medick, Doris (Hg.): *Kultur als Text. Die anthropologische Wende in der Literaturwissenschaft.* Frankfurt a. M.: Fischer 1998 [1996].

Baecker, Dirk: *Wozu Kultur?* Berlin: Kadmos 2000.

Böhme, Hartmut/Scherpe, Klaus R. (Hgg.): *Literatur und Kulturwissenschaften. Positionen, Theorien, Modelle.* Reinbek bei Hamburg: Rowohlt 1996.

Böhme, Hartmut/Matussek, Peter/Müller, Lothar (Hgg.): *Orientierung Kulturwissenschaft. Was sie kann, was sie will.* Reinbek bei Hamburg: Rowohlt 2002 [2000].

Cassirer, Ernst: *Zur Logik der Kulturwissenschaften. Fünf Studien.* Darmstadt: Wissenschaftliche Buchgesellschaft 1961 [1942].

Danneberg, Lutz/Vollhardt, Friedrich, in Zusammenarbeit mit Hartmut Böhme und Jörg Schönert (Hgg.): *Vom Umgang mit Literatur und Literaturgeschichte. Positionen und Perspektiven nach der »Theoriedebatte«.* Stuttgart: Metzler 1992.

Fleischer, Michael: *Kulturtheorie. Systemtheoretische und evolutionäre Grundlagen.* Oberhausen: Athena 2001.

Fohrmann, Jürgen/Voßkamp, Wilhelm (Hgg.): *Wissenschaftsgeschichte der Germanistik im 19. Jahrhundert.* Stuttgart/Weimar: Metzler 1994.

Frühwald, Wolfgang et al. (Hgg.): *Geisteswissenschaften heute. Eine Denkschrift.* Frankfurt a. M.: Suhrkamp 1991.

Geertz, Clifford: *Dichte Beschreibung. Beiträge zum Verstehen kultureller Systeme.* Frankfurt a. M.: Suhrkamp 1983 (orig.: *The Interpretation of Cultures. Selected Essays.* New York: Basic Books 1973).

Glaser, Renate/Luserke, Matthias (Hgg.): *Literaturwissenschaft – Kulturwissenschaft. Positionen, Themen, Perspektiven.* Opladen: Westdeutscher Verlag 1999.

Greenblatt, Stephen: *Shakespearean Negotiations: The Circulation of Social Energy in Renaissance England.* Oxford: Clarendon Press 1987.

Gumbrecht, Hans Ulrich/Pfeiffer, K. Ludwig (Hgg.): *Materialität der Kommunikation.* Frankfurt a. M.: Suhrkamp 1988.

Hansen, Klaus P.: *Kultur und Kulturwissenschaft. Eine Einführung.* Tübingen/Basel: Francke 1995.

Hetzel, Andreas: *Zwischen Poiesis und Praxis. Elemente einer kritischen Theorie der Kulturwissenschaften.* Würzburg: Königshausen und Neumann 2001.

Huber, Martin/Lauer, Gerhard (Hgg.): *Nach der Sozialgeschichte. Konzepte für eine Literaturwissenschaft zwischen historischer Anthropologie, Kulturgeschichte und Medientheorie.* Tübingen: Niemeyer 2000.

Jahrbuch der deutschen Schillergesellschaft: Diskussionsrunden »Kommt der Literaturwissenschaft ihr Gegenstand abhanden?«, 42 (1998), S. 457–507; 43 (1999), S. 447–487; 44 (2000), S. 333–358.

KulturPoetik. Zeitschrift für kulturgeschichtliche Literaturwissenschaft. Hgg. Manfred Engel et al. Göttingen: Vandenhoeck & Ruprecht 2001 ff.

Luhmann, Niklas: »Religiöse Dogmatik und gesellschaftliche Evolution.« In: ders./Karl-Wilhelm Dahm/Dieter Stoodt (Hgg.): *Religion – System und Sozialisation.* Neuwied: Luchterhand 1972, S. 15–132.

Neumann, Gerhard/Weigel, Sigrid (Hgg.): *Lesbarkeit der Kultur. Literaturwissenschaften zwischen Kulturtechnik und Ethnographie.* München: Fink 2000.

Nünning, Ansgar (Hg.): *Metzler Lexikon Literatur- und Kulturtheorie. Ansätze – Personen – Grundbegriffe.* Stuttgart: Metzler 2001 [1998].

Prinz, Wolfgang/Weingart, Wolfgang (Hgg.): *Die sog. Geisteswissenschaften. Innenansichten.* Frankfurt a. M.: Suhrkamp 1990.

Reckwitz, Andreas: *Die Transformation der Kulturtheorien. Zur Entwicklung eines Theorieprogramms.* Weilerswist: Velbrück 2000.

Rickert, Heinrich: *Kulturwissenschaft und Naturwissenschaft.* Tübingen: Mohr 1926 [1910].

Stanitzek, Georg/Voßkamp, Wilhelm (Hgg.): *Schnittstelle. Medien und Kulturwissenschaften.* Köln: Dumont 2001.

Ullmaier, Johannes: *Kulturwissenschaft im Zeichen der Moderne. Hermeneutische und kategoriale Probleme.* Tübingen: Niemeyer 2001.

Weiterführende Literatur

Assmann, Aleida/Assmann, Jan: »Schrift – Kognition – Evolution.« In: Eric A. Havelock (Hg.): *Schriftlichkeit. Das griechische Alphabet als kulturelle Revolution.* Weinheim: VCH 1990, S. 1–35.

Assmann, Jan: *Das kulturelle Gedächtnis. Schrift, Erinnerung und politische Identität in frühen Hochkulturen.* München: Beck 1992.

Bachmann-Medick, Doris: »Literatur. Ein Vernetzungswerk.« In: Appelsmeyer/Billmann-Mahecha 2001, S. 215–239.

Baecker, Dirk: »Kultur.« In: Karlheinz Barck et al. (Hgg.): *Ästhetische Grundbegriffe.* Bd. 3. Stuttgart/Weimar: Metzler 2001, S. 510–556.

Balke, Friedrich: »Zur Konzeption des Kulturwissenschaftlichen Forschungskollegs ›Medien und kulturelle Kommunikation‹.« MS. Köln 2001.

Benda, Oskar: *Der gegenwärtige Stand der deutschen Literaturwissenschaft. Eine erste Einführung in die Problemlage.* Wien/Leipzig: Hölder-Pichler-Tempsky 1928.

Bloh, Ute von/Vollhardt, Friedrich (Hgg.): Themenheft »Germanistik als Kulturwissenschaft« der *Mitteilungen des Deutschen Germanistenverbandes* 46,4 (1999), S. 479–585.

Braungart, Wolfgang: *Ritual und Literatur.* Tübingen: Niemeyer 1996.

Fluck, Winfried: »*American Studies.* Möglichkeiten und Probleme einer kulturwissenschaftlich orientierten Literaturwissenschaft.« In: Claus Uhlig/Rüdiger Zimmermann (Hgg.): *Anglistentag 1990 Marburg Proceedings.* Tübingen: Niemeyer 1991, S. 7–18.

Grabes, Herbert: »Literaturwissenschaft – Kulturwissenschaft – Anglistik.« In: *Anglia* 114,3 (1996), S. 376–395.

Grabes, Herbert (Hg.): *Literary History/Cultural History. Forcefields and Tensions. REAL – Yearbook of Research in English and American Literature* 17 (2001).

Graevenitz, Gerhart von: »Literaturwissenschaft und Kulturwissenschaft. Eine Erwiderung.« In: *Deutsche Vierteljahrsschrift für Literaturwissenschaft und Geistesgeschichte* 73,1 (1999), S. 94–115.

Harth, Dietrich: »Die literarische als kulturelle Tätigkeit. Vorschläge zur Orientierung.« In: Böhme/Scherpe 1996, S. 320–340.

Hart Nibbrig, Christiaan L.: »Zwischen den Kulturen. Kulturwissenschaft als Grenzwissenschaft.« In: Anderegg/Kurz 1999, S. 94–104.

Haug, Walter: »Literaturwissenschaft als Kulturwissenschaft?«. In: Deutsche Vierteljahrsschrift für Literaturwissenschaft und Geistesgeschichte 73, 1 (1999), S. 69–93.

Jöckel, Sabine: »Die ›histoire des mentalités‹. Baustein einer historisch-soziologischen Literaturwissenschaft.« *Romanische Zeitschrift für Literaturgeschichte* 11 (1987), S. 146–173.

Krämer, Sybille: »Von der sprachkritischen zur medienkritischen Wende? Ein Kommentar zur Mediendebatte in sieben Thesen.« Vortrag. Köln 1998.

Lachmann, Renate: »Ebenen des Intertextualitätsbegriffs.« In: Karlheinz Stierle/Rainer Warning (Hgg.): *Das Gespräch*. München: Fink 1984, S. 133–138.

Lenk, Carsten: »Kultur als Text. Überlegungen zu einer Interpretationsfigur.« In: Glaser/Luserke 1996, S. 116–128.

Link, Jürgen: »Literaturanalyse als Diskursanalyse. Am Beispiel des Ursprungs literarischer Symbolik in der Kollektivsymbolik.« In: Jürgen Fohrmann/Harro Müller (Hgg.): *Diskurstheorien und Literaturwissenschaft*. Frankfurt a. M.: Suhrkamp 1988, S. 284–307.

Luhmann, Niklas: *Die Gesellschaft der Gesellschaft*. Bd. 1. Frankfurt a. M.: Suhrkamp 1997.

Müller, Jan-Dirk: »Kulturwissenschaft historisch. Zum Verhältnis von Ritual und Theater im späten Mittelalter.« In: Neumann/Weigel 2000, S. 53–77.

Nünning, Ansgar: »Literatur, Mentalitäten und kulturelles Gedächtnis. Grundriß, Leitbegriffe und Perspektiven einer anglistischen Literaturwissenschaft«. In: ders. (Hg.): *Literaturwissenschaftliche Theorien, Modelle und Methoden. Eine Einführung*. Trier: WVT 1998 [1995], S. 173–198.

Ort, Claus-Michael: »Vom Text zum Wissen. Die literarische Konstruktion sozio-kultureller Wissens als Gegenstand einer nicht-reduktiven Sozialgeschichte der Literatur.« In: Danneberg/Vollhardt 1992, S. 409–441.

Ort, Claus-Michael: »›Sozialgeschichte‹ als Herausforderung der Literaturwissenschaft. Zur Aktualität eines Projekts.« In: Huber/Lauer 2000, S. 113–128.

Perpeet, Wilhelm: »Kultur, Kulturphilosophie.« In: Joachim Ritter et al. (Hgg.): *Historisches Wörterbuch der Philosophie*. Bd. IV. Darmstadt: Wissenschaftliche Buchgesellschaft 1976, Sp. 1309–1324.

Rieger, Dietmar: »Literaturwissenschaft als eine Kulturwissenschaft.« In: *Romanistische Zeitschrift für Literaturgeschichte* (*Cahiers d'histoire des Littératures Romanes*) 26 (2002), S. 21–32.

Schmidt, Siegfried: *Kalte Faszination. Medien • Kultur • Wissenschaft in der Mediengesellschaft*. Weilerswist: Velbrück 2000.

Schmidt-Dengler, Wendelin/Schwob, Anton (Hgg.): *Germanistik im Spannungsfeld zwischen Philologie und Kulturwissenschaft*. Beiträge der Tagung der österreichischen Gesellschaft für Germanistik in Wien 1998. Wien: Edition Präsens 1999.

Schönert, Jörg: »Einleitung: Möglichkeiten und Probleme einer Integration von Literaturgeschichte in Gesellschafts- und Kulturgeschichte.« In: Danneberg/Vollhardt 1992, S. 337–348.

Schönert, Jörg: »Warum Literaturwissenschaft heute nicht nur Literatur-wissenschaft sein soll.« In: *Jahrbuch der Deutschen Schillergesellschaft* 42 (1998), S. 491–494.

Schönert, Jörg: »Mentalitäten, Wissensformationen, Diskurse und Medien als dritte Ebene einer Sozialgeschichte der Literatur. Zur Vermittlung zwischen Handlungen und symbolischen Formen.« In: Huber/Lauer 2000, S. 95–103.

Steiner, Uwe C.: »Können die Kulturwissenschaften eine neue moralische Funktion beanspruchen? Eine Bestandsaufnahme.« In: *Deutsche Vierteljahrsschrift für Literaturwissenschaft und Geistesgeschichte* 71,1 (1997), S. 3–38.

Titzmann, Michael: »Kulturelles Wissen – Diskurs – Denksystem. Zu einigen Grundbegriffen der Literaturgeschichtsschreibung.« In: *Zeitschrift für französische Sprache und Literatur* 99 (1989), S. 47–61.

Voßkamp, Wilhelm: »Einheit in der Differenz. Zur Situation der Literaturwissenschaft in wissenschaftshistorischer Perspektive.« In: Ludwig Jäger (Hg.): *Germanistik: Disziplinäre Identität und kulturelle Leistung.* Weinheim: Beltz 1995, S. 29–45.

Voßkamp, Wilhelm: »Die Gegenstände der Literaturwissenschaft und ihre Einbindung in die Kulturwissenschaften.« In: *Jahrbuch der Deutschen Schillergesellschaft* 42 (1998), S. 503–507.

Voßkamp, Wilhelm: »Literaturwissenschaft und Kulturwissenschaften. Versuch einer Bestandsaufnahme.« In: Frank Fürbeth et al. (Hgg): *Zur Geschichte und Problematik der Nationalphilologien in Europa. 150 Jahre Erste Germanistenversammlung in Frankfurt am Main (1846–1996).* Tübingen: Niemeyer 1999, S. 809–821.

Voßkamp, Wilhelm: »Einleitung. Kommunikation – Medien – Repräsentation – Archive.« In: Stanitzek/Voßkamp 2001, S. 9–13.

Wenzel, Horst: »Systole – Diastole. Mediävistik zwischen Textphilologie und Kulturwissenschaft.« In: *Jahrbuch der deutschen Schillergesellschaft* 43 (1999), S. 479–487.

Wilhelm Voßkamp

5. Kulturanthropologie

Kulturanthropologie ist die Wissenschaft von (fremden) Kulturen, von ihrer Erfahrung, Analyse und Darstellung. Seit den 1970er Jahren ist sie zu einer Leitdisziplin für die Kulturwissenschaften geworden. Sie hat einen umfassenden ***cultural turn* in den Humanwissenschaften** ausgelöst (vgl. Berg/Fuchs 1993, S. 15; Hunt 1989, S. 15), der sich in der sog. ›anthropologischen Wende‹ in den Sozial- und Geisteswissenschaften (vgl. Lepenies 1981) ebenso manifestiert wie in einer »Anthropologisierung des Wissens« (Frühwald u. a. 1991, S. 51), in der anthropologischen Wende in den Literaturwissenschaften (vgl. Bachmann-Medick 1998) sowie in der Historischen Anthropologie (vgl. Medick 2001). Im Licht der Kulturanthropologie werden in den kulturwissenschaftlichen Einzeldisziplinen nicht nur neue Gegenstandsbereiche und Themenfelder erschlossen, sondern auch gemeinsame, disziplinenübergreifende Forschungseinstellungen entwickelt. Für die noch nicht abgeschlossene Profilierung der Kulturwissenschaften bietet die Kulturanthropologie wichtige konzeptuelle Anstöße, vor allem aber methodische Konkretisierungen. Diese werden dringend benötigt, um die Kulturwissenschaften nicht in die Sackgasse einer Metainstanz bzw. eines abstrakten *umbrella term* laufen zu lassen.

Für diese Perspektive einer kulturanthropologischen Grundlegung der kulturwissenschaftlichen Forschung muß nicht die gesamte Geschichte der Anthropologie aufgerollt werden, auch nicht ihre Herausbildung als wissenschaftliche Disziplin seit Ende des 19. Jahrhunderts mit ihrer durchschlagenden Errungenschaft der empirischen Feldforschungsmethode. Eher ist es die Entwicklung der modernen Kulturanthropologie seit den 1970er Jahren, die mit ihren lebhaften Methoden- und Kulturdebatten eine Selbstreflexion der Disziplinen in ihren kulturspezifischen Erkenntnisweisen und Forschungspraktiken angeregt hat. Im Unterschied zur deutschsprachigen Tradition einer philosophisch begründeten Anthropologie geht die Kulturanthropologie anglo-amerikanischer Prägung, die Ethnologie, ausdrücklich nicht von anthropologischen Konstanten und universalisierbaren Wissenssystemen aus. Ihr Forschungsinteresse erwächst vielmehr aus der Auseinandersetzung mit kulturellen Differenzen und aus unhintergehbarer Fremderfahrung. Es ist die **Kategorie des Fremden**, mit der die Kulturanthropologie eine Pluralität von Kulturen behauptet und mit der sie einen interkulturellen Untersuchungshorizont abgesteckt hat, der auch für andere Kulturwissenschaften fruchtbar geworden ist. Ähnliches gilt für die ethnologische Kultur-Reflexion, die sich bis auf das Problem der Kultur-Beschreibung erstreckt. Seitdem die Kulturanthropologie die Beschreibung und Darstellung fremder Kulturen von Macht, Autorität und einer kulturell geprägten Rhetorik durchzogen sieht, beleuchtet sie das **Problem der kulturellen Repräsentation** überhaupt, das auch in den anderen kulturwissenschaftlichen Fächern eine wichtige Rolle spielt.

Welche Orientierung bietet die hier skizzierte Kulturanthropologie für die gegenwärtige Selbstaufklärung der kulturwissenschaftlichen Positionen? Die in den USA institutionalisierte Kulturanthropologie ist zu einem wichtigen Bezugsfeld der Diskussion über Grundlagen und Perspektiven kulturwissenschaftlicher Forschung geworden. Sie weist über diejenigen Ansätze hinaus, die sich durch wissenschaftsgeschichtliche Rückbesinnung und ›Vergewisserung‹ auf frühe kulturwissenschaftliche Ansätze um 1900 beschränken und dabei allzuleicht auf Gründungsväter wie Georg Simmel, Ernst Cassirer, Max Weber fixiert bleiben (vgl. Oexle 1996). Die jüngsten kulturanthropologischen Positionen stellen das Potential solcher wissenschaftsgeschichtlichen Rückbezüge auf die deutschsprachigen Vorläufer und ihre Erhebung zu einer Autoritätsinstanz in Sachen kulturwissenschaftlicher Grundlagenreflexion eher in Frage. Statt dessen bereichern sie die kulturwissenschaftliche Forschung durch die Auseinandersetzung mit Problemfeldern außerhalb Europas und verpflichten sie auf die Kategorie des Fremden. Damit lösen sie sich aus der geisteswissenschaftlich geprägten europäischen Tradition. Ihre Vorstellung von **Kulturwissenschaften im Plural** fordert zudem eine kulturwissenschaftliche Interdisziplinarität, die den jüngsten Vorschlägen, Kulturwissenschaft als ein Einzelfach zu etablieren (vgl. Böhme/Matussek/Müller 2000), eher entgegenläuft.

Die moderne Kulturanthropologie bietet zum einen den Horizont einer Internationalisierung, zum andern eine erkenntniskritische Verfremdung eigener Traditionen, Standorte und Überzeugungen. Sie relativiert europäische oder gar eurozentrische Einseitigkeiten der (wissenschaftlichen) Perspektive, indem sie die Kategorie der Fremderfahrung für alle Erkenntnisprozesse zentral werden läßt. Andere Disziplinen können von der Ethnologie diese **Praxis des ›Fremdmachens‹** lernen, die keineswegs nur eine intellektuelle Übung bleibt, sondern von den sozialen Prozessen selbst angetrieben wird, von ethnischen Konflikten, von Minoritätenpolitik und Bürgerrechtsbewegungen in ›multikulturellen Gesellschaften‹, von Migration und Diaspora mit ihren ›hybriden‹ Überlagerungen verschiedenster kultureller Erfahrungsschichten und Zugehörigkeiten. Angesichts solcher Anschübe auch für die Theoriebildung spielte sich die Transformation der Kulturtheorien im späten 20. Jahrhundert gerade nicht im aseptischen Theorielabor ab (im Unterschied dazu vgl. Reckwitz 2000).

1. Kurze Geschichte der Kulturanthropologie

Die moderne Kulturanthropologie wurde in den 1920er Jahren durch den nach Amerika ausgewanderten deutschen Kulturanthropologen **Franz Boas** (1858–1942) in Absetzung von der physischen bzw. biologischen Anthropologie begründet. Sie unterscheidet sich nicht nur von der deutschen philosophischen Anthropologie im Gefolge Ernst Cassirers, sondern auch von der britischen Sozialanthropologie bzw. dem Strukturfunktionalismus. Weder anthropologische Universalien bzw. eine allgemeine *conditio humana* noch kulturunabhängige soziale Strukturen sind ihr Gegenstand, sondern das Erklären und Verstehen fremdkultureller

Zusammenhänge. Wichtigste Voraussetzung ihrer Erkenntnisgewinnung sind direkte Kulturerfahrungen durch die **empirische Feldforschung der ›teilnehmenden Beobachtung‹**. Unter diesem Vorzeichen steht auch ihre zentrale Praxis der **Kontextualisierung des kulturellen Wissens**, mit der die Kulturanthropologie etwa Verhaltensweisen und Glaubensformen in übergreifendere Bezüge kulturspezifischer Symbolisierung einbindet. Herkömmliche Brennpunkte der kulturanthropologischen Forschungspraxis sind Kulturen und Traditionen, Verwandtschaftssysteme, Religion und Mythologie, Rituale und Machtstrukturen. Gegenwärtig richtet sich die Aufmerksamkeit freilich immer mehr auf die veränderten Rahmenbedingungen der gesellschaftlichen Transformationen selbst (vgl. Moran 1996).

In der Kulturanthropologie der ersten Hälfte des 20. Jahrhunderts war der **Kulturrelativismus** die einflußreichste methodische Orientierung (Kulturen können nur relativ zueinander beurteilt werden, ohne objektive Basis für eine Rangordnung). Die Sapir/Whorf-These, nach der unterschiedliche Sprachen auf je verschiedene Welten und Weltsichten deuten, hat den Kulturrelativismus mit empirischer Forschung verknüpft. Im Gefolge des klassischen Kulturverständnisses Edward B. Tylors dominierte hier die Vorstellung von integrierten Kulturen als komplexen, isolierten Gesamtzusammenhängen bzw. ganzheitlichen Systemen. Diese kulturrelativistische Einstellung wirkte bis hinein in die systematische Ausarbeitung eines ethnographischen Kulturkonzepts im Rahmen einer Kulturanthropologie als »Wissenschaft der Kultur« in den 1950er Jahren (Kroeber/Kluckhohn 1952). Sie hielt auch nachdem der Kulturrelativismus in Richtung auf einen Kulturkomparatismus überwunden worden ist weiter an und entwickelte sich seit den 1960er und 1970er Jahren – befördert durch Clifford Geertz – zur Position einer vergleichenden ›Hermeneutik der Kultur‹. Bis heute erweist sich der Kulturrelativismus als eine Forschungseinstellung, die der Forderung nach einer Selbstrelativierung der eigenen Kulturbefangenheit zugrunde liegt (vgl. Kohl 1993, S. 150).

Isolierte kulturelle Ganzheiten, wie sie der Kulturrelativismus voraussetzt, werden unter dem Druck der zunehmenden globalen Verflechtungen, der transnationalen Überlagerungen und der Verwestlichung traditioneller Gesellschaften immer mehr in Frage gestellt. Die anfängliche und fortwährende Fokussierung der Kulturanthropologie auf Stammesgesellschaften bzw. auf *small-scale-societies* und *face-to-face*-Gesellschaften ist dem Prozeß weltweiter Transformationen nicht mehr angemessen. Überschaubare kulturelle Einheiten und Gesamtzusammenhänge wurden in den letzten Jahrzehnten des 20. Jahrhunderts zunehmend in ihren globalen Brechungen analysiert, wenn sich die Forschungsfelder nicht überhaupt bis in die Untersuchung komplexer Gesellschaften hinein ausdehnten. Mit einem nicht mehr holistisch beschränkten Kulturhorizont ging die **Einsicht in die unvermeidbare Unvollständigkeit der Kulturbeschreibung** (**»partial truths«**) einher (Clifford/Marcus 1986, S. 1 f.). Daraus folgte die Hinwendung zur Untersuchung kultureller Teilbereiche, geleitet von der Einsicht, daß Kulturenvergleich dann am fruchtbarsten ist, wenn er gezielt perspektivierend vorgeht und an solchen Teileinheiten statt an kulturellen Gesamtbildern ansetzt.

Für eine Systematisierung kulturenvergleichender Forschung, die auch am Beginn des 21. Jahrhunderts noch im Gange ist, sind neue Weichen gelegt worden, dies vor allem durch Blicköffnungen für kulturelle Konstellationen und Ungleichheiten sowie für die Rahmenbedingungen der weltweiten Kulturbeziehungen überhaupt. Hierfür steht seit den 1960er/1970er Jahren eine wichtige kulturanthropologische Praxis: die »**defamiliarization by cross-cultural juxtaposition**« (Marcus/Fischer 1986, S. 138). Eine solche Untersuchungseinstellung von »cultural critique« (ebd., S. 137) schließt eine Kritik ethnozentrischer Positionen durch eine Analyse kultureller Differenzen ein. »Cultural critique« umfaßt in den verschiedensten Bereichen der Kulturanalyse die Machtbeziehungen zwischen sog. ›Erster‹ und ›Dritter Welt‹ sowie die damit verbundenen Hegemonien bis in den Bereich der Repräsentation hinein.

Seit den 1970er Jahren sind es also nicht mehr nur die ethnographischen Einzeluntersuchungen, mit denen sich die Kulturanthropologie profiliert; vielmehr ist es die **kulturkritische Öffnung des Faches**, die mit einem verstärkten Theorieangebot und mit einer ausgefeilteren methodischen Ausrichtung einhergeht. Für diese Schwerpunktverlagerung ist der sogenannte ***interpretive turn*** (vgl. Rabinow/Sullivan 1979) bis heute bahnbrechend geworden. Auch wenn noch eine ganze Kette weiterer *turns* die Kulturanthropologie (Ethnographie/Ethnologie) geprägt haben: *performative turn*, *literary turn*, *dialogic turn*, *postcolonial turn* etc., dann ist dies keinesfalls im Sinne einer sukzessiven Abfolge immer wieder neuer Schwerpunkte in der Entwicklung der kulturanthropologischen Reflexion zu verstehen. Eher handelt es sich um durchaus simultane Überlappungen jeweils verschiedener Diskussionsstränge, die allerdings analytisch auseinandergehalten werden sollten (eine reflektierende Darstellung dieser Geschichte der Kulturanthropologie im 20. Jahrhundert gibt Kuper 1999; zur Kritik an der Vorstellung einer linearen Diskursentwicklung vgl. Schlesier 1999, S. 157 f.).

2. Interpretative Kulturanthropologie – Kultur als Text

Clifford Geertz gilt nicht nur als der Vater der modernen Kulturanthropologie, sondern auch als der Begründer einer ihrer einflußreichsten Richtungen: der hermeneutisch und kultursemiotisch angelegten **Interpretativen Kulturanthropologie.** Sein bahnbrechendes Standardwerk ist die Essaysammlung *The Interpretation of Cultures* (1973; *Dichte Beschreibung. Beiträge zum Verstehen kultureller Systeme*, 1983a). Dieser Band steht für eine hermeneutische Neufassung des Kulturbegriffs und des Faches überhaupt. Da freilich jegliches Verstehen anderer Kulturen immer nur der Versuch eines Fremdverstehens sein kann, wird der hermeneutische Prozeß unvermeidlich durch Alterität gebrochen: »Was wird aus dem Verstehen, wenn das Einfühlen entfällt?« (Geertz 1983a, S. 290) Mit diesem Akzent auf einer **Hermeneutik des Fremdverstehens** findet die Kulturanthropologie ihre eigene Position gegenüber den Klassikern, auf die sie sich allerdings vielfach bezieht, wie etwa auf Johann Gottfried Herder, Georg Forster, Wilhelm Dilthey und Hans Georg Gadamer (vgl. Geertz 1983a; Turner/Bruner 1986). Von dieser Position aus sind stärkste Anstöße für die Ausweitung der ethnographischen Reflexion ausgegangen, bis hinein in kulturtheoretische und kulturwissenschaftliche Neuorientierungen anderer Wissenschaften.

Eine entscheidende Rolle spielt dabei die **Metapher von Kultur als Text**, die schon fast zur Formel verfestigt ist. Diese Metapher hat Geertz im Anschluß an Paul Ricœurs Texthermeneutik formuliert und in seinem mittlerweile klassischen Essay »›Deep Play.‹ Bemerkungen zum balinesischen Hahnenkampf« (in: Geertz 1983a, S. 202–260) veranschaulicht. Sie richtet sich auf die Lesbarkeit und Übersetzbarkeit kultureller Praktiken (wie etwa des Hahnenkampfs) in Analogie zu Texten. Ein (fremder) Kulturzusammenhang wird objektiviert, indem ihm ein Textstatus zuerkannt wird. Damit lassen sich kulturelle Bedeutungen jenseits von Subjektintentionen und flüchtigen, situativen Handlungsumständen festhalten und in einem gesellschaftlichen System von Bedeutung und kulturinterner Selbstauslegung verankern. Kultur ist eine eigene Praxis der Signifikation, die Bedeutungen produziert. Sie ist das von den Mitgliedern einer Gesellschaft »selbstgesponnene Bedeutungsgewebe«, durch das Handlungen permanent in interpretierende Zeichen und Symbole übersetzt werden (Geertz 1983a, S. 9). Symbole, Rituale, Praktiken, aber z. B. auch literarische Texte sind **Darstellungsformen kultureller Selbstauslegung**. Sie machen über ihre Ausdrucksdimension den Prozeß der gesellschaftlichen Bedeutungskonstitution zugänglich. Somit gelten sie nicht nur als Objekte von Interpretation, sondern ihrerseits als kollektive Deutungsinstanzen, insofern sie handlungsorientierende und gefühlsmodellierende ›Konzepte‹ ausbilden.

Wieweit ist die Metapher von ›Kultur als Text‹ methodisch zu konkretisieren? Grundlegend für die kulturanthropologische Interpretation sind nicht etwa schriftliche Texte, sondern die **Lesbarkeit von Handlungszusammenhängen** in ihrer Zeichen- und Textstruktur, d. h. in ihrer Aufladung mit kulturellen Kodierungen. Dieses Kulturverständnis ist nicht nur ein semiotisches, sondern auch ein holistisches. Denn Kultur gilt hier als ein Bedeutungszusammenhang, der auf synekdochische Weise rekonstruiert werden kann, d. h. ausgehend von signifikanten Einzelheiten als Brennpunkten des Ganzen (vgl. Bachmann-Medick 1998, S. 22 f.). Was durch das Textmodell freilich ausgeblendet wird, sind zentrale Momente des sozialen Handelns und der kulturellen Erfahrung: Situationsabhängigkeit, Intentionalität, Mündlichkeit, die Dynamik kultureller Handlungen und Konfliktverläufe, die Prozeßhaftigkeit performativer Ereignisse, die geschlechtsspezifische Differenzierung von Kulturbedeutungen sowie die dialogische Hervorbringung von Kultur (zur Kritik an ›Kultur als Text‹ und an Geertz' Ansatz überhaupt vgl. Berg/Fuchs 1993; Crapanzano, in: Bachmann-Medick 1998, v. a. S. 179 f.; Lindner 2002). Dennoch sind von der ›Kultur als Text‹-Metapher starke methodische Impulse ausgegangen. Kultur als Text aufzufassen heißt, ein gemeinsames Feld abzustecken, das nur durch disziplinenübergreifende Fragestellungen zu bearbeiten ist. Kultur ist ein Bereich, der – ähnlich wie ein Text – zu verschiedenen Lesarten aufruft.

Eine wichtige Methode aus diesem ethno-hermeneutischen Umfeld, die auch für andere Kulturwissenschaften prägend geworden ist, ist die ›**dichte Beschreibung**‹. Hier handelt es sich um eine mikroskopische Detailerfassung der sozialen Wirklichkeit, die sich ausdrücklich nicht auf die bloße Faktizität einzelner Handlungen, Abläufe und Ereignisse richtet. Gegenstand dieser besonderen Form der kulturanthropologischen Forschung und Darstellung ist vielmehr eine durchaus theoriegeleitete Rekonstruktion der in diesen Praktiken verdichteten Bedeutungsschichten bzw. »Tiefenbedeutungen« (Wolff 1992, S. 344). Vorausgesetzt wird, daß die soziale Wirklichkeit selbst gleichsam wie ein Text auf ein kulturelles Symbolsystem verweist. Die sozialen Praktiken gelten als textabhängig, als immer schon von Deutungen durchzogen und von Wirklichkeitskonstruktionen vorgeprägt (vgl. Fröhlich/Mörth 1998, S. 18). Kulturanthropologie kann also eine Ebene der kulturellen Bedeutungsherstellung freilegen, die der Flüchtigkeit und Situationsgebundenheit sozialer Ereignisse enthoben ist, allerdings durchaus mit der Gefahr eines »Positivismus des Symbolischen« (Fechner-Smarsly 1999, S. 90). Entscheidend ist das Bemühen, in einzelnen, lokalen Praktiken selbst solche Vertextungen von Bedeutungen aufzuspüren und damit die jeweiligen Kulturen in ihrer eigenen Begrifflichkeit, in ihrem eigenen Vokabular der Selbstauslegung zu untersuchen und darzustellen, z. B. in ihrem kulturspezifischen Verständnis von Person, Emotionalität und Statushierarchie (vgl. Geertz 1983a, S. 133–201). ›Dichte Beschreibung‹ ist auch für andere Sozial- und Kulturwissenschaften zu einer einflußreichen Methode geworden, kulturelle Äußerungsformen an »lokales Wissen« (Geertz 1983b) und »begrenzte(n) Örtlichkeiten« (Geertz 1983a, S. 32) rückzubinden. Anliegen dieser Methode ist es also nicht, »abstrakte Regelmäßigkeiten festzuschreiben«, sondern interpretationsoffene »Generalisierungen im Rahmen eines Einzelfalls« zu ermöglichen (Geertz 1983a, S. 37).

Die Analyse einer Kultur folgt damit nicht etwa den längst verselbständigten Leitbegriffen der Gesellschaftsuntersuchung (Modernisierung, Industrialisierung, Integration etc.), sondern basiert auf einer Theoriebildung, die nach Maßgabe **empirischer Einzelbeobachtungen** und ihrer zugleich **interpretativen Tiefenbohrungen** immer wieder von neuem überprüft werden muß (allgemein zur ›dichten Beschreibung‹ vgl. Wolff 1992; Medick 1989, S. 59 f.; zum Verhältnis zwischen ›dichter Beschreibung‹, Fiktionalität und Kultur-Erfindung im Feld der Japanforschung vgl. Griesecke 2001). Gerade durch das In-Beziehung-Setzen verschiedener Sinnbereiche (Metaphern), durch andere Kontrasttechniken (vgl. Wolff 1992, S. 352 f.) sowie schließlich durch eine Bündelung verschiedener disziplinärer Zugangsweisen kann ein umfassenderes, selbstreflexives Wissen über die elementare gesellschaftliche Bedeutung von Kultur erreicht werden: »Die Aufgabe der Theorie in der Ethnographie besteht darin, ein Vokabular bereitzustellen, in dem das Wissen, das das symbolische Handeln über sich selbst, d. h. über die Rolle der Kultur im menschlichen Leben hat, ausgedrückt werden kann« (Geertz 1983a, S. 39).

3. Performative Kulturanthropologie

Aus anderer Perspektive betrachtet und zugleich dynamisiert wird die interpretative Kulturanthropologie durch die vergleichende symbolische Kulturanthropologie im Sinne von **Victor Turner**, der Kultur als einen Darstellungs- und Aufführungszusammenhang (*performance*) auffaßt. ›**Kultur als Darstellung**‹ heißt, den Prozeß der Bedeutungskonstitution selbst von der Ausdrucks- und Aufführungsseite her in den Blick zu nehmen. Kultur gilt nach dieser Sichtweise nicht primär als ein System von Bedeutungen, sondern als ein Prozeß symbolischer Praktiken im pragmatischen Handlungsbezug.

Die Kulturanthropologie hat hiernach das Ziel, »die Symbole gewissermaßen in Bewegung einzufangen« (Turner 1989b, S. 33). **Symbole und Rituale** werden in ihren Verwendungszusammenhängen untersucht, **als Elemente sozialer Praxis** mit einer eigenen Verlaufsform. Übergangsritualen (z. B. Ritualen der Adoleszenz, der Statusänderung, der Lebenskrisen etc.) wird eine idealtypische Verlaufsform von Trennungs-, Übergangs- und Wiederangliederungsriten zuerkannt. Mit solcher Strukturanalyse ritueller Abläufe gelingt es dieser kulturanthropologischen Performanztheorie, Prozesse der Bedeutungsherstellung an Handlungen rückzubinden und damit aus der Statik der Kulturbeschreibung auszubrechen. Die **Kulturdynamik** selbst wird zum Gegenstand der Analyse. So hat Turner in Anlehnung an die Ritualanalyse des Volkskundlers Arnold van Gennep (1907) das **Konzept der Liminalität** zu einer weitreichenden Kategorie ausgearbeitet, mit der die zentrale Schwellensituation in Ritualen beschrieben und erklärt werden kann. Genau hier, in der Phase ritueller Verunsicherung und Grenzerfahrung, erkennt Turner einen entscheidenden Spielraum für eine Infragestellung der hergebrachten Kultursymbolik, aber auch für ihre kulturell innovative Neukombination.

In komplexen Gesellschaften, so Turner in seiner Studie *From Ritual to Theatre. The Human Seriousness of Play* (1982; *Vom Ritual zum Theater. Der Ernst des menschlichen Spiels*, 1989 b), sind solche kreativen Möglichkeiten der liminalen Phase in das liminoide Genre des Theaters eingegangen. Im Theater können rituelle Abläufe verarbeitet und in übersteigerter und gebrochener Form zur Darstellung gebracht werden. Mit ihrer Aufmerksamkeit auf die Inszenierung von Handlungen und ihrer Aufwertung von Schwellenphasen weicht die performative Kulturanthropologie vom Zentralismus der Kultursemiotik ab. Sie wertet Zwischenräume als Angelpunkte der kulturellen Bedeutungskonstitution auf: Bedeutung wird an »Nahtstellen zwischen etablierten kulturellen Subsystemen *erzeugt*« (Turner 1989b, S. 63).

Mit der Analyse der rituellen Verlaufsstruktur hat Turner ein handhabbares komparatistisches Instrumentarium entwickelt, mit dem es möglich wird, rituelle Formen miteinander vergleichbar zu machen, über kulturelle Grenzen und auch über Disziplinengrenzen hinweg. Dies gilt auch für die Ausgestaltung und Modifikation ritueller Elemente in performativen Genres wie literarischen Texten, Dramen etc. (vgl. Bachmann-Medick 1998; vgl. die Ansätze der Theateranthropologie, z. B. bei Schmidt/Münzel 1998). Die kulturanthropologische **Symbol- und Ritualanalyse** sowie ihre **Analyse ›sozialer Dramen‹** sind mit diesem komparatistischen Horizont ein fruchtbarer methodischer Beitrag, mit dem der Kulturenvergleich konkretisiert werden könnte (zur Kategorie des ›sozialen Dramas‹ vgl. Turner 1989b, S. 95–139). Zugleich dringt mit den Metaphorisierungen, die hier am Werk sind (z. B. das Leben als Schauspiel, als ›soziales Drama‹, aber auch bereits ›Kultur als Text‹), ein wichtiges Element in die kulturanthropologische Wirklichkeitsbeschreibung ein: die Bedeutung von Metaphern und anderen Tropen als kollektive Handlungsschablonen, aber auch als ethnographische Darstellungsmittel (vgl. Fernandez 1994, S. 8). Schon die symbolische Anthropologie ist somit handlungs- und darstellungsorientiert zugleich. Sie verweist auf die Rolle rhetorischer Praktiken nicht nur bei der Selbstkonstruktion von Kulturen, sondern darüber hinaus auch im Prozeß des ethnographischen Schreibens.

4. Writing Culture

Im Zuge der linguistischen/literarischen Wende in der Ethnologie wird die kultursemiotische und hermeneutische Ebene des Kulturverstehens und der Textinterpretation nicht nur kulturpragmatisch erweitert, sondern in eine gänzlich neue Phase der Kulturanthropologie überführt. Sie bewirkt eine durchgreifende kritische **Selbstreflexion der kulturanthropologischen Forschungspraxis** selbst, vor allem im Hinblick auf ihre Gegenstandskonstitution. Wie schafft sich die Anthropologie ihr Forschungsobjekt? Bereits in bezug auf diese Frage hat Johannes Fabian festgestellt, daß die Konstitution und Darstellung fremder Kulturen in den meisten Fällen hierarchisch vorgeht und von zeitlicher Distanzierung Gebrauch macht, indem durch ein »**denial of coevalness**« ein Zeit- und Entwicklungsgefälle suggeriert wird (Fabian 1983, bes. S. 25 f.). Den entscheidenden Durchbruch für die Zuspitzung der kulturanthropologischen Selbstkritik brachte freilich der Sammel- bzw. Konferenzband *Writing Culture. The Poetics and Politics of Ethnography* (Clifford/Marcus 1986). Im Blickpunkt stehen hiernach nicht mehr nur Kulturen als Gegenstand der Repräsentation. Vielmehr wird die wissenschaftliche Repräsentation als solche, einschließlich der Entstehung ethnographischer Texte, zu einem eigenen Gegenstand der Analyse.

Vor allem die Schwierigkeit, konkrete Fremderfahrung in einen Text hinein zu übersetzen, hat in der jüngsten Kulturanthropologie dazu geführt, die Darstellung fremder Kulturen überhaupt theoretisch und methodisch zu überdenken. Die Spannbreite reicht dabei von synekdochischen Prinzipien der holistischen Kulturbeschreibung bis hin zu einer umfassenden Repräsentationskritik im Gefolge der *Writing-Culture*-Debatte seit den späten 1970er Jahren. Hier ist das **Problem der Kulturbeschreibung** so explizit und kritisch wie nie in den Vordergrund gerückt worden, zunächst in Ethnographien, dann auch in literarischen Texten sowie in historischen Quellendarstellungen und in der Geschichtsschreibung (vgl. Hayden White). Wenn man schon bei historischen Konzepten, ethnographischen Räumen und Regionen, ja selbst bei kulturellen Erfahrungen und Darstellungen von ihrer sozialen Konstruiertheit ausgehen muß, dann erst recht beim Prozeß des (ethnographischen) Schreibens, das an solcher Kultur-Konstruktion entscheidend beteiligt ist.

Die Aufmerksamkeit richtet sich stärker als zuvor auf die **rhetorischen Darstellungsmittel** selbst (vgl. Clifford/Marcus 1986; Geertz 1990). Ethnographische Beschreibungen sind in Wirklichkeit interpretierende Übersetzungen. Denn sie haben den Status eigenständiger Texte, die von rhetorischen Strategien und Stilmitteln (wie erlebte Rede, zeitloses ethnographisches Präsens, Eröffnungsgeschichten etc.) ebenso Gebrauch macht wie von literarischen Darstellungsmitteln, von Ironie, Metaphern, Tropen, Allegorien (zur Literarizität kulturanthropologischer Texte vgl. Marcus/Cushman 1982). In vielen anthropologischen Kulturbeschreibungen sind die narrativen Strategien und Stilmittel des realistischen Romans unübersehbares Vorbild (vgl. Clifford 1993, S. 142 f.). Angesichts solcher Verflechtungen kann man nicht nur von einer anthropologischen Wende in den Sozial- und Literaturwissenschaften sprechen, sondern umgekehrt auch von einer **literarischen Wende in der Kulturanthropologie**. Wechselseitige Anschlußmöglichkeiten zwischen den Disziplinen werden damit markiert und nicht etwa nur Einbahnstraßen des Methodentransfers.

Die Kulturanthropologie öffnet sich ausdrücklich zur Literaturwissenschaft und zur Rhetorik, indem sie erkennt, wie die von ihr produzierten Texte nicht etwa authentische Abbildungen von Wirklichkeit sind, sondern eher rhetorisch-narrative Konstrukte, welche die Glaubwürdigkeit der ethnographischen Kulturdarstellung verbürgen sollen. Die weiterführende Einsicht, daß die Repräsentation fremder Kulturen stets durch die Begrifflichkeit und Darstellungskonventionen europäischer Wissenschaft verzerrt zu werden droht, führt gar zu einer Kritik an der westlichen Konzeption der Textproduktion und des Textes selbst. Kulturanthropologie, Literatur- und Geschichtswissenschaften haben gemeinsam, daß ihre Texte und ihre Verfahren der Fremdrepräsentation in übergreifende narrative Konventionen, Diskurse und Machtstrukturen eingebunden sind.

Diese grundlegende Selbstreflexion in der *Writing-Culture*-Debatte – die allerdings für ihre Ausblendung des *Gender*-Aspekts kritisiert wurde (vgl. Strathern 1987; Abu-Lughod 1991) – hat die Kulturanthropologie von der selbstverständlichen Fixierung auf Feldforschung und ethnographische Monographien abgelenkt. Mit der Selbstkritik der eigenen Tätigkeit im Sinne einer Meta-Ethnographie hat sie die **postmoderne Ethnologie** eingeleitet (vgl. Manganaro 1990; zusammenfassender Überblick über die postmoderne Kulturanthropologie bei Marcus 1992b). Darüber hinaus hat sie die Kulturanthropologie zu einer Quelle des postmodernen Denkens überhaupt gemacht. Es wäre aber zu kurz gegriffen, die »ethnologische Selbstkritik als wichtige Quelle ›post-moderner‹ Selbstreflexion der Moderne« (Berg/Fuchs 1993, S. 76) zu betrachten und dabei ihr weiterreichendes kulturkritisches und politisches Engagement auszublenden, d. h. ihr Eintreten für die Selbstrepräsentation derjenigen, die bisher nur Objekte für die Kulturanalysen westlicher Wissenschaft gewesen sind.

Die hier thematisierte sog. **Krise der Repräsentation** selbst greift weiter aus. Sie wird – über die Rezeption von Foucaults Diskursanalyse – als Problem der **Machtabhängigkeit von Kulturbeschreibungen** reflektiert: Die Beschreibung fremder Kulturen aus dem Blickwinkel und mit den Kategorien westlicher Wissenschaft wird fragwürdig angesichts der kolonialen und postkolonialen Machtungleichheiten. Jede textgebundene Repräsentation von Kulturen ist zudem mit einer umstrittenen Darstellungsautorität aufgeladen. Diese Einsicht, für die James Cliffords einschlägiger Aufsatz »On Ethnographic Authority« (1993) steht, betrifft im weiteren Sinne die Kontrollmacht gegenüber (kulturellen) Bedeutungen. Dieses Dilemma der Repräsentationsautorität bleibt selbst dann noch erhalten, wenn sich im Zuge der *Writing-Culture*-Debatte – und mit Bezug auf die

Ansätze Michail Bachtins – eine **dialogische Kulturanthropologie** entwickelt, die die Einheimischen direkt zu Wort kommen läßt (Vincent Crapanzano, Kevin Dwyer, Stephen A. Tyler und andere). Aber auch hier kommt die Kontrollmacht ins Spiel, nämlich über die Autorität der Gesprächsorganisation durch den Ethnologen. In historischen Fremdheits- und Fremdsetzungsdiskursen, wie etwa im Horizont des Orientalismus, zeigt sie freilich ihre viel weitergehende Durchsetzungskraft. **Edward Saids** Orientalismuskritik, zugänglich in seinem vielzitierten Buch *Orientalism* (1978), hat aus der einseitigen Repräsentation des Orients in der europäischen Literatur- und Ideengeschichte die Verschränkung von Literatur und kolonialistischen Praktiken aufgedeckt. Ans Licht kommen von hier aus die weitreichenden epistemologischen Folgen für sämtliche Versuche der Fremdwahrnehmung und Fremdbeschreibung, die seither jahrhundertelang eben diesem Raster einer dichotomischen Entgegensetzung von fremd und eigen, Selbst und Anderem, Europa und Orient gefolgt sind. Der Aspekt der Machtabhängigkeit kultureller Repräsentation wirft nicht nur Licht auf diese anhaltende Prägung der Fremdwahrnehmung und -darstellung durch kolonialistische Hegemonie. Er beleuchtet auch eine wichtige kategoriale Gelenkstelle zwischen Kulturanthropologie und postkolonialer Theorie.

5. Kulturanthropologie im Spannungsfeld interkultureller Konfliktdynamik

Der kulturanthropologische Kulturbegriff hat mit einem Plädoyer für die Verschiedenheit und Besonderheit von Kulturen begonnen (vgl. Kulturrelativismus). Mittlerweile scheint er gleichsam das **Ende des Kulturbegriffs** selbst einzuläuten, indem die Vorstellung von Kulturen als in sich abgrenzbare und homogene Ganzheiten aufgegeben wird. Mit dem Ziel einer umfassenderen Grundlegung der Kulturwissenschaften selbst wird vielmehr auf ein verändertes, **nicht essentialistisches Kulturverständnis** hingearbeitet, das auf Vermischungsprozesse ausgerichtet ist.

Damit bleibt die Kulturanthropologie nicht nur auf eine empirische Wissenschaft beschränkt, die durch ›teilnehmende Beobachtung‹ die Lebenszusammenhänge fremder Kulturen erforscht. Als eine kulturkritische Einstellung der Fremdsetzung und Verfremdung überhaupt wird sie vielmehr auch für andere Human- und Kulturwissenschaften grundlegend. Die Kulturkritik scheint jedoch selbst dann noch zu stark im Bann der kulturanthropologischen Kultur-Reflexion zu stehen. Erst im Zuge der **postkolonialen Theorie** lockert sich die kulturalistische Fixierung auf den Kulturbegriff. Politik, Ökonomie, Geschichte und geschlechtsspezifische Differenzierungen treten in den Vordergrund. Der Anstoß hierzu kommt bezeichnenderweise aber nicht von der Kulturanthropologie, sondern von der Literaturwissenschaft.

Rückgebunden an das historische Umfeld der hegemonialen Konstellationen von Kolonialismus und Postkolonialismus betont **Homi Bhabha**, ein Hauptvertreter der postkolonialen Theorie und Autor des einschlägigen Buches *The Location of Culture* (1994; *Die Verortung der Kultur*, 2000), das **Konzept der Differenz.** Differenz wird zu einer Kategorie der kulturellen Interaktion (vgl. auch Appadurai 1996, S. 13). Mit ihr wird das traditionelle Kulturkonzept aufgebrochen, davon ausgehend, »daß das Problem der kulturellen Interaktion nur an den signifikatorischen Grenzen von Kulturen auftaucht, an denen Bedeutungen und Werte (miß)verstanden oder Zeichen aus ihrem Kontext gerissen werden« (Bhabha 2000, S. 52). Im Unterschied zur langen hermeneutischen Tradition der Kulturanthropologie mit ihrem Schwerpunkt auf Fremdverstehen werden die Kategorien der Differenz, der Brüche, der produktiven Zwischenräume und Grenzzonen, der Vermischungen und des Mißverstehens zu wichtigen neuen Ausgangspunkten der Kulturanalyse.

Die postkoloniale Perspektive – und hier insbesondere der Blickwinkel nichteuropäischer Literatur – ist eine entscheidende Antriebskraft für eine Modifikation der Kulturanthropologie und ihres Kulturkonzepts. Sie umreißt den Horizont für eine Kulturkritik, die auf ein **Umschreiben der hegemonialen Repräsentationssysteme** zielt bzw. die Selbstrepräsentation der bisher marginalisierten Kulturen und Subjekte fördert. Die traditionellen Schlüsselkonzepte wie der Andere/Fremde, teilnehmende Beobachtung und kulturelle Identität bzw. Kulturübersetzung werden redefiniert. Nicht mehr die Decodierung von Bedeutungen steht hier im Vordergrund, sondern eher die Vorgänge, die sich bei der Auseinandersetzung um Handlungsfähigkeit, um die Macht der Symbolik und um die Bewältigung von Bedeutungskonflikten zwischen sozialen Gruppen und Kulturen abspielen.

Kultur als konfliktreicher Prozeß des Aushandelns (von Differenzen, die damit nicht mehr länger als Wesensunterschiede festgeschrieben werden) tritt zunehmend an die Stelle von Kultur als Text. Hybridisierung, Ungleichzeitigkeiten, dritte Räume von Heimatlosigkeit und gebrochenen Identitäten in kulturellen Zwischenwelten sowie Spannungsräume interkultureller Auseinandersetzung öffnen den Blick für Äußerungen marginalisierter Subjekte und Gesellschaften sowie für die damit verbundene Durchsetzung indigener Interessen. Dies führt weit hinaus über die bloße Lesbarkeit von Bedeutungszusammenhängen, wie sie durch Selbstauslegung zusammengehalten werden. Mit der Einsicht in die Asymmetrie der Kulturen selbst wird somit das Problem der ethnographischen Repräsentation und Übersetzung an der Gelenkstelle zwischen Kulturanthropologie und postkolonialer Theorie politisch aufgeladen. Es führt zu **kulturpolitischen Ansätzen**, die es für notwendig halten, pragmatische Strategien für ein selbstbewußtes Aushandeln kultureller Differenzen gerade auch in nicht-europäischen Gesellschaften zu entwickeln (vgl. Fuchs 2001).

Kulturen im globalen Zeitalter stehen unter dem Vorzeichen einer Überlagerung und Transformation der vielschichtigen Zugehörigkeiten und Erfahrungen im konfliktreichen Spannungsfeld von Migration und Diaspora. Dadurch wird die Vorstellung von Kultur als einer ›reinen‹, in sich geschlossenen traditions- und identitätssichernden Instanz immer fragwürdiger. Ein holistisches Kulturverständnis wird immer brüchiger. Kulturen konstituieren sich als Übersetzung (vgl. Bhabha 2000, S. 57) bzw. als Prozeß der **Überlagerung und Vermischung verschiedener Kulturen** (Hybridität, Synkretismus, Kreolisierung). Die dennoch weltweiten kulturellen Hierarchien und ihre ungleiche Machtverteilung stellen freilich auch die Kulturanthropologie vor neue, postkoloniale Herausforderungen. Die Kulturanthropologie ist dabei, sich neu zu orientieren angesichts einer transnationalen Weltgesellschaft, deren ökonomisch-kulturellen Verflechtungen die traditionelle Fremdheitskategorie außer Kraft setzen, indem sie eher auf globale Vereinheitlichung statt auf globale Vielfalt zielen (aufschlußreich ist hierfür das Thema der Jahrestagung der Deutschen Gesellschaft für Völkerkunde 2001: *Verflechtungen. Ethnologische Perspektiven zu Gesellschaften im Prozeß weltweiter Transformationen*; vgl. Hauser-Schäublin/Braukämper 2002).

Unter derart veränderten Vorzeichen lenken Kulturanthropologie und Postkolonialismus die Aufmerksamkeit nicht nur auf Differenzen und Übersetzungen zwischen den Kulturen, sondern auch innerhalb von Kulturen. Solche Übersetztheit von Kultur wird als **Hybridität** bezeichnet (vgl. Bhabha 2000). Auch die Kulturanthropologie richtet den Blick verstärkt auf Phänomene von Konflikt, Überlagerung, Vermischung. Dies führt zu neuen methodischen Differenzierungen des Kulturverständnisses und des Kulturenvergleichs. So ist davon auszugehen, daß Kulturen nicht vorgängig existieren, sondern daß sie durch kulturelle Kontakte überhaupt erst Gestalt annehmen (vgl. Clifford 1997, S. 3): im Sinne von Kontaktzonen, vom ›Dritten Raum‹ der Übersetzung kultureller Differenzen bzw. von interkulturellen Zwischenräumen (vgl. Bhabha 2000; Bachmann-Medick 1998 und 2002; Wolf 2000). Es geht um eine handlungstheoretische, akteursorientierte Überarbeitung des Kulturverständnisses (vgl. Fuchs 2001). Nicht mehr primär die Beziehungen zwischen (kulturellen) Texten und Bedeutungen treten hier ins Blickfeld, sondern Faktoren wie Macht, Prozesse des Aushandelns von Bedeutungen im Kontakt der Kulturen, Interkulturalität – bis hin zu den neuen Herausforderungen durch die grenzüberschreitenden Aktivitäten, aber auch Zumutungen und Verlusten einer globalen Kultur und Ökonomie.

Bereits an der Entwicklung der Ansätze von Clifford Geertz ließe sich zeigen, wie dieser Vertreter der interpretativen Kulturanthropologie in seinen späteren Arbeiten statt von Texten und kulturellen Bedeutungen viel eher von Spurenlesen, von Vernetzungen, Fäden, Feldern etc. spricht, ja schließlich sogar von einer »**Welt in Stücken**«, angesichts derer sich Geertz selbst von einem holistischen Kulturverständnis verabschiedet (vgl. Geertz 1996, S. 73):

> Das Bild einer Welt, die gesprenkelt ist mit verschiedenen Kulturen, übersät mit unverbundenen kleinen und größeren Einheiten des Denkens und Fühlens, gleichsam eine pointillistische Sicht ihrer geistigen und seelischen Zusammensetzung, ist um nichts weniger irreführend als die Vorstellung einer säuberlichen Einteilung der Welt nach dem regelmäßigen Muster einförmiger Nationalstaaten (ebd., S. 17).

Es gibt keine neue Weltordnung, sondern nur Partikularität, Dezentriertheit, Bruchstücke im **Prozeß der Globalisierung**. Auch die Theoriebildung und die Forschungskategorien kommen nicht umhin – so Geertz – an den Splittern und Bruchlinien dieser zersplitterten Welt anzusetzen, um Differenzen anzuerkennen, sie aber auch aufbrechen zu können: »Das Vokabular kultureller Beschreibung und Analyse muß geöffnet werden, damit Abweichung, Vielfalt und Nichtübereinstimmung darin Platz finden« (ebd., S. 65).

Es ist freilich nicht allein Clifford Geertz zuzuschreiben, daß gegenwärtig das kulturanthropologische Vokabular neu geöffnet und an die veränderten Verhältnisse der weltweiten Kulturdifferenzen anpaßt wird. Die postmoderne anthropologische Kritik hat vielmehr die **Etablierung eines globalen anthropologischen Diskurses** vorangetrieben: »Am Ende des 20. Jahrhunderts ist die Anthropologie endgültig aus ihren nationalen und sprachräumlichen Beschränkungen herausgetreten« (Gingrich 1999, S. 202). Nicht nur ein neues Vokabular, sondern vor allem veränderte Fragestellungen tauchen auf, besonders unter dem Einfluß der postkolonialen Theorie und einem beträchtlichen Globalisierungsdruck (vgl. ebd., S. 256). Eine neue Kulturanthropologie zeichnet sich ab, die sich ebenfalls Kultur als Übersetzung auf die Fahne geschrieben hat, eine Ethnologie, die durch ein »going beyond boundaries« gekennzeichnet ist (Pálsson 1993).

6. Kulturanthropologie und globale Vernetzungen

Im Kontext des Welt›systems‹ wird der holistische Rahmen der Kulturanalyse gesprengt, nicht zuletzt angesichts der **sozialen und medialen Globalisierung lokaler Lebenswelten.** Diskontinuierliche Orte kultureller Produktion in transnationalen Verknüpfungen werden zum neuen Gegenstand ethnographischer Forschung. In seinem wichtigen Aufsatz »Global Ethnoscapes. Notes and Queries for a Transnational Anthropology« (1991) spricht **Arjun Appadurai** von »cosmopolitan ethnography« (in: Appadurai 1996, S. 52) bzw. von »macroethnography« (ebd.). Mit ähnlichen Perspektiven gehen Marc Augé von »supermodernity« (Augé 1999) und George E. Marcus von einer »multi-sited ethnography« aus (Marcus 1995, S. 97; Marcus 1999). Was mit diesen Begriffen umschrieben wird, sind vor allem die multiplen Orte der Feldforschung jenseits des lokal eingegrenzten ethnographischen Untersuchungsrahmens. Dazu gehören z. B. ethnographische Untersuchungen von neuen ›diasporic public spheres‹, d. h. von grenzüberschreitenden Öffentlichkeiten, die durch die Wechselbeziehungen zwischen Migration und Medienvermittlung geschaffen werden, durch die kollektive Aneignung von elektronischen Medien und Printmedien sowie durch über die Welt verstreute ethnische Gruppen: »The transformation of everyday subjectivities through electronic mediation and the work of the imagination is not only a cultural fact. It is deeply connected to politics, through the new ways in which individual attachments, interests, and aspirations increasingly crosscut those of the nation-state« (Appadurai 1996, S. 10).

Zu einer solchen Kulturanthropologie über Nationalstaaten hinweg gehören nicht nur eine **Ethnographie im Zeitalter elektronischer Medien** (vgl. Fischer 1999), z. B. des Internets, sondern auch eine **Ethnographie der Naturwissenschaften und Technik**, der Medizin- und Biotechnologie als kultureller Praktiken (vgl. Franklin 1995), ja eine Neuverortung der **kognitiven Anthropologie des kulturellen Wissens** und anderer mentaler Prozesse überhaupt (Gedächtnis, Emotion etc.) (vgl. D'Andrade 1995). Die politischen Implikationen sind freilich am größten, wenn sich diese nicht mehr regional begrenzte kulturanthropologische Forschung auf eine Ethnographie der Migration und der Flüchtlingsströme richtet oder auch auf eine Ethnographie der transnationalen Märkte und Wirtschaftskonzentrationen sowie des staatenlosen, weltweit operierenden Terrorismus. Ebenfalls an solchen politischen Brennpunkten arbeitet – und dafür spricht nicht nur der Sammelband *Transforming Societies, Transforming Anthropology* – eine **Kulturanthropologie von Entwicklung, Hunger, Gesundheit/Krankheit** (Aids), **Gewalt und Menschenrechten** (vgl. Moran 1996).

All diese vernetzungsorientierten Forschungsfelder verlangen ein Überdenken der ethnographischen **Kategorien von Raum und Ort**, wie es vor allem in Zusammenarbeit mit Kulturgeographen und ihrer *mapping*-Ansätze vorangetrieben wird (vgl. Bird et al. 1993). Diese makroethnologische Erweiterung der kulturanthropologischen Forschung ist ein wichtiger Bezugspunkt für kulturwissenschaftliche Untersuchungen jenseits begrenzter Orte, in einem globalen Umfeld, das durch Wechselbeziehungen und Zirkulationen von Bedeutungen bzw. kulturellen Objekten über Grenzen hinweg geprägt ist (vgl. Hannerz 1992 und 1996). ›Dichte Beschreibung‹ kann hier nicht mehr länger die Leitmethode sein: »ethnographers can no longer simply be content with the thickness they bring to the local and the particular, nor can they assume that as they approach the local, they approach something more elementary, more contingent, and thus more real than life seen in larger-scale perspectives« (Appadurai 1996, S. 54). So beschäftigt sich die Kulturanthropologie jetzt auch mit ›imagined lives‹, d. h. mit der Kraft der Imaginationen, der weltweit verbreiteten Bilder, Ideen und Massenmedien in einer nicht mehr nur territorial gegliederten Welt. Orte der kulturanthropologischen Forschung sind jetzt eher Netzwerke zwischen ethnischen und religiösen Gruppen, **transnationale »ethnoscapes«** (ebd., S. 48) und eben nicht mehr die räumliche Verankerung in Dörfern, Gemeinschaften und Gesellschaften im Sinne der traditionellen *Area Studies* (vgl. Kap. 14 in diesem Band).

7. Kulturanthropologie an den Schnittflächen verschiedener Disziplinen

Die kulturanthropologische Forschung zu Beginn des 21. Jahrhunderts verlangt einerseits Öffnung gegenüber anderen Disziplinen: »The emergence of multisited ethnography is located within new spheres of interdisciplinary work, including media studies, science and technology studies, and cultural studies broadly« (Marcus 1995, S. 95). Andererseits ist die Kulturanthropologie selbst zu einer **kulturwissenschaftlichen Leitdisziplin** geworden. Doch worin genau liegt die Bedeutung der Kulturanthropologie für die Kulturwissenschaften? Entscheidend ist, daß die Ethnologie – über ihr Potential einer empirischen Wissenschaft hinaus – eine kulturanthropologische Problematisierung des ›Kultur‹-Verständnisses selbst auf den Weg bringt (vgl. Fuchs 2001).

Ethnologie geht nicht in der empirischen Feldforschung, in der ›teilnehmenden Beobachtung‹ fremder (Stammes-)Kulturen auf, auch nicht in der Untersuchung von Transformationsprozessen mit ihren durchaus eigenständigen, nicht nur westlichen Wegen der ›Modernisierung‹. Als eine **kulturkritische Einstellung der kulturellen Fremdsetzung und Verfremdung** überhaupt bleibt sie vielmehr auch für andere Human- und Kulturwissenschaften offen. Sie ist deshalb so anschlußfähig, weil sie – janusköpfig – an der Grenze zwischen einer empirischen Wissenschaft und einer Textwissenschaft steht. Auch sie ist dem Problem der Repräsentation ausgesetzt, das nicht erst dann beginnt, wenn Feldforschungserfahrungen aufgeschrieben werden. Bereits die wahrgenommene kulturelle Wirklichkeit selbst ist durchsetzt von Repräsentationen. Für solche Vielschichtigkeit der Untersuchungsgegenstände und -bezüge hat die Kulturanthropologie eine Reihe von Methoden oder methodenähnlichen Untersuchungseinstellungen entwickelt – wie z. B. die Ritualanalyse, die Repräsentationskritik und die Mikroanalyse der ›dichten Beschreibung‹ –, die auch anderen Kulturwissenschaften neue Impulse gegeben haben und dies immer noch tun.

Kulturanthropologie leistet nicht nur Zugänge für eine Anthropologisierung der Kultur. Sie ermöglicht auch eine **kulturanthropologische Reflexion der Wissenschaften**. Dies betrifft einerseits die Darstellungsweisen: So hat bereits Clifford Geertz in seinem Essay »Blurred Genres. The Refiguration of Social Thought« (in: Geertz 1983b, S. 19–35) Verflechtungsformen der verschiedenen Wissenschaften durch ein ***blurring of genres*** aufgezeigt, d. h. durch eine Vermischung und Grenzverwischung zwischen literarischen Texten, Techniken und Theorien. Durch solche Genrevermischung als einem Grundzug der heutigen Sozial- und Kulturwissenschaften wird eine wechselseitige Verfremdung der Disziplinen ermöglicht, gerade indem man Schlüsselkonzepte und Methoden ausdrücklich aus anderen Disziplinen übernimmt, z. B. das Dramenmodell in der Soziologie, Erzählstrategien in den Geschichtswissenschaften, Essays in der Philosophie. Neben solchen Überlappungen können auch andere wissenschaftliche Strukturen und Praktiken kulturanthropologisch untersucht werden, etwa Konferenzstrukturen, Ritualformen von Seminaren, Vortragsstile, aber auch grundlegende disziplinäre Herangehensweisen der Natur- versus Geistes- bzw. Kulturwissenschaften. Vor allem richtet sich das kulturanthropologische Interesse auf den Status der Wissenschaften selbst, so in den *Science Studies* auf die kulturelle Konstruktion der (Natur-) Wissenschaften sowie auf ihre besondere Wissenschaftskultur (vgl. Franklin 1995).

Von der Kulturanthropologie geht jedoch vor allem für die Geistes- und Kulturwissenschaften ein nachhaltiges **methodisches Anregungspotential** aus, z. B. für die Geschichtswissenschaft bzw. Historische Anthropologie (vgl. Medick 2001) und für die Literaturwissenschaften bzw. Literarische Anthropologie (vgl. Bachmann-Medick 1998; Neumann/Weigel 2000; vgl. Kap. 6 in diesem Band). Zur Debatte steht allerdings nicht bloß ein punktueller Austausch von Methoden, sondern das Bemühen, neue Gegenstandsdimensionen zu erschließen: ein Verständnis der Textvermitteltheit, Strategien der Fremderfahrung und -darstellung, Verfahren kultur-, zeit- und geschlechtsspezifischer Symbolisierung. Angeregt werden vor allem **Verfahren kultureller Kontextualisierung**. Sie betreffen

1. den Wechselbezug zwischen Texten, Ausdrucksformen und übergreifenden gesellschaftlichen Zusammenhängen und Diskursformationen (wie z. B. Kolonialismus, Orientalismus),
2. die Einbindung der Texte in umfassendere kulturelle Darstellungs- und Inszenierungsformen (Theater, Rituale, Feste),
3. eine detailbewußte, kulturbezogene Ausdeutung von Gefühlsbegriffen, religiösen Vorstellungen und Verhaltensmustern sowie
4. die Erschließung von Fremdheitserfahrungen durch spezifische Verfahren der Symbol- und Ritualanalyse.

Damit verbunden ist die Überschreitung literarischer Textgrenzen hin zu einem umfassenderen Verständnis von kulturellem Text (vgl. die Ansätze des *New Historicism* und Kap. 7 in diesem Band). In ähnlicher Hinsicht wird auch die Übersetzungswissenschaft, die als Übersetzung von und zwischen den Kulturen über Sprach- und Textübersetzung hinausführt, durch kulturspezifische Kontextualisierung erweitert (vgl. Bachmann-Medick 1997; Wolf 2000). Trotz solcher Vorlagen erscheint es problematisch, daß sich die interdisziplinären Grenzüberschreitungen noch allzu oft auf eine Kulturanthropologie beziehen, die auf ihre klassische Ausprägung im Sinne von Clifford Geertz festgeschrieben wird.

8. Anthropologie der Kultur – Neigung zum Kulturalismus

Die Kulturanthropologie ist nicht zuletzt deshalb grundlegend, weil sie ausdrücklich auch die eigene kulturanthropologische Reflexion des Kulturbegriffs in seinen vielfältigen Schattierungen kritisch in den Blick nimmt, selbst wenn diese besonders folgenreiche Ansätze für die Kulturwissenschaften insgesamt entwikkelt hat: Mit ihrer Grundposition des Kulturrelativismus betont die Kulturanthropologie einen Pluralismus der Kulturen sowie kulturelle Verschiedenheit. Indem sie die Auseinandersetzung mit fremden Kulturen nutzt, um eine kritische Einstellung gegenüber der eigenen Kultur zu gewinnen, entwickelt sie **Grundlegungen für eine allgemeine Kulturkritik** (vgl. Marcus/Fischer 1986). So eignet sich die Methode des Kulturenvergleichs dazu, außereuropäische Gesellschaften ebenso zu untersuchen wie Teilbereiche der europäischen Kultur selbst (z. B. Großstadt-, Jugend-, Wissenschaftskulturen, Anthropologie von Unternehmen, Gerichten, Religionsgemeinschaften etc., vgl. Schiffauer 1997, S. 168). Auch dabei wird eine Außensicht der eigenen Gesellschaft nicht nur durch das methodische Leitprinzip der Fremdheit bzw. Verfremdung ermöglicht, sondern vor allem auch durch die systematische Grundeinstellung einer epistemologischen Kritik. Epistemologische Kritik, die westliche Kategorien und deren Universalisierungsanspruch skeptisch ins Visier nimmt, ist nicht zuletzt deshalb so weitreichend, weil sie sich auf die Kategorie der Kultur selbst richtet. In diesem Sinne plädiert Adam Kuper für eine Dekonstruktion des Kulturbegriffs: »However, to understand culture, we must first deconstruct it. Religious beliefs, rituals, knowledge, moral values, the arts, rhetorical genres, and so on should be separated out from each other rather than bound together into a single bundle labeled culture [...]« (Kuper 1999, S. 245).

Auch eine solche Zerlegung des Kulturbegriffs bleibt freilich immer noch einer Fixierung auf den Kulturbegriff verhaftet, mit der die Kulturanthropologie Gefahr läuft, materielle Prozesse zu vernachlässigen und im Kulturalismus zu münden. Indem Geertz die Kulturanthropologie zu einer hermeneutischen Disziplin machte und die Ganzheit von Kulturzusammenhängen in den Vordergrund rückte, hat er einem Kulturalismus von Lesbarkeit und Essentialisierung in der Ethnologie Vorschub geleistet (zur Kulturalismuskritik vgl. Kaschuba 1995, v. a. S. 19). **Kulturalismus bedeutet »Hypostasierung des Kulturellen«**, ein Ausblenden von Macht, von materieller und sozialer Dynamik, Politik und Ökonomie. Damit wird es immer schwieriger, Gesellschaft als einen umfassenden und vor allem »gestaltbaren Handlungszusammenhang« zu erfassen (ebd., S. 16; vgl. Lindner 2002, S. 78 f.).

Mit der Fixierung auf Kultur und auf die Verschiedenheit von Kulturen ist das **Problem der Differenz und der Konstruktion des Anderen** verbunden und damit immer auch die Gefahr der Ausgrenzung (vgl. Schiffauer 1997). Der Kulturbegriff wird auch in Zukunft in Frage stehen, besonders in seiner möglichen Verwendung für Essentialisierungen und Exotisierungen, für Stereotypenbildung oder gar für Ausgrenzung: »Culture is the essential tool for making other. As a professional discourse that elaborates on the meaning of culture in order to account for, explain, and understand cultural difference, anthropology also helps construct, produce, and maintain it« (Abu-Lughod 1991, S. 143). Gerade mit Hilfe des anthropologischen Kulturbegriffs werden kulturelle Differenzen allzuleicht ›eingefroren‹. Sie können damit für Identitätspolitik, für eine Unterdrükkung ethnischer Gruppen und für Rassentrennung ebenso funktionalisiert werden wie für Polarisierungen von Überzeugungssystemen und Lebensformen.

Auf diese Weise wäre Samuel Huntingtons Weltbild eines Kampfes der Kulturen bzw. Zivilisationen (*clash of cultures*) keine Alternative entgegenzusetzen. Ansätze eines ***Writing Against Culture*** (Abu-Lughod 1991), die in den Kulturwissenschaften bisher noch wenig verfolgt worden sind, könnten eine dazu gegenläufige Argumentationsschiene bieten, auch wenn sie vorschlagen, auf den Kulturbegriff ganz zu verzichten und statt dessen eher von Habitus, Hegemonie und Diskurs zu sprechen (vgl. Sewell 1999, S. 38). Was sich jedenfalls in einer Zeit zunehmender Herausforderung der Kulturanthropologie durch Globalisierung abzeichnet, ist das Ende der Rede von kulturellen Systemen und von einer Autonomie der Kultur. Die jüngste Kulturanthropologie verfolgt gleichsam einen neuen Weltbezug des Kulturellen, in den Worten von Fredric Jameson: »a case of culture falling into the world« (zit. nach Marcus 1992b, S. 320) bzw. eine Akzentverlagerung hin zu einer nicht-hegemonialen Politik der Differenzen und hin zu einer globalen Kulturökonomie (vgl. Appadurai 1996).

Die klassische Anthropologie à la Clifford Geertz kann in dieser gegenwärtigen Situation, in der sich die Kulturanthropologie zur **Makroanthropologie** weiterentwickelt, nicht mehr Hauptbezugspunkt bleiben (vgl. Hannerz 1992 und 1996; Marcus 1995). Doch immerhin kann die Kulturanthropologie ihre Position einer *cultural critique* weiter ausbauen: Ethnologisches Wissen, nicht nur über Gesellschaften außerhalb Europas, ist von großer Bedeutung »für die Formierung einer vergleichenden Theorie der kulturellen Pragmatik« (Wimmer 1996, S. 420) sowie für die Kritik der (universalisierten) westlichen Moderne. Auch die ›multikulturellen‹ Verhältnisse innerhalb Europas geben der Kulturanthropologie eine neue Forschungsrichtung: »Der Ethnologe schreibt nicht mehr über ›andere‹, die weit weg sind – sondern die anderen sind präsent« (Schiffauer 1997, S. 165). Auch in diesem Horizont steht die Kulturanthropologie nachhaltig für eine Wissenschaft, die sich in direkte interkulturelle Auseinandersetzung hineinbegibt und deren ›Objekte‹ nun als Partner – oder Kritiker und vielleicht sogar Gegner – auftreten. Diese **lebensweltliche Rückbindung der Forschungspraxis** gibt der Interkulturalität der kulturanthropologischen Ansätze und Methoden eine neue Stoßkraft. Sie zeigt, daß es auch für die anderen Disziplinen nicht allein darum gehen kann, die eigene kulturwissenschaftliche Methodik zu schärfen, sondern diese auch in Richtung auf eine interkulturelle Kulturwissenschaft weiter zu profilieren.

Literaturverzeichnis

Standardwerke

Appadurai, Arjun: *Modernity at Large. Cultural Dimensions of Globalization.* Minneapolis/London: University of Minnesota Press 1996.

Bhabha, Homi K.: *Die Verortung der Kultur.* Tübingen: Stauffenburg 2000 (orig.: *The Location of Culture.* London/New York: Routledge 1994).

Bonnell, Victoria E./Hunt, Lynn (Hgg.): *Beyond the Cultural Turn. New Directions in the Study of Society and Culture.* Berkeley/Los Angeles/London: University of California Press 1999.

Boon, James A.: *Other Tribes, Other Scribes. Symbolic Anthropology in the Comparative Study of Cultures, Histories, Religions, and Texts.* Cambridge/London: Cambridge UP 1982.

Clifford, James/Marcus, George E. (Hgg.): *Writing Culture. The Poetics and Politics of Ethnography.* Berkeley/Los Angeles/London: University of California Press 1986.

Clifford, James: *The Predicament of Culture. Twentieth-Century Ethnography, Literature, and Art.* Cambridge, MA/London: Harvard UP 1988.

Clifford, James: »Über ethnographische Autorität.« In: Berg/Fuchs 1993, S. 109–157 (orig.: »On Ethnographic Authority.« In: ders.: *The Predicament of Culture. Twentieth-Century Ethnography, Literature, and Art.* Cambridge, MA/London: Harvard UP 1988, S. 21–54).

Crapanzano, Vincent: *Hermes' Dilemma and Hamlet's Desire. On the Epistemology of Interpretation.* Cambridge, MA/London: Harvard UP 1992.

Douglas, Mary: *Natural Symbols. Explorations in Cosmology.* London: Barrie & Rockliff 1970 (dt.: *Ritual, Tabu und Körpersymbolik. Sozialanthropologische Studien in Industriegesellschaft und Stammeskultur.* Frankfurt a. M.: Fischer 1974).

Douglas, Mary: *Implicit Meanings. Essays in Anthropology.* London/Boston: Routledge & Kegan Paul 1975.

Fabian, Johannes: *Time and the Other. How Anthropology Makes Its Object.* New York: Columbia UP 1983.

Fox, Richard G. (Hg.): *Recapturing Anthropology. Working in the Present.* Santa Fe: School of American Research Press 1991.

Frühwald, Wolfgang et al. (Hgg.): *Geisteswissenschaften heute. Eine Denkschrift.* Frankfurt a. M.: Suhrkamp 1991.

Geertz, Clifford: *Dichte Beschreibung. Beiträge zum Verstehen kultureller Systeme.* Frankfurt a. M.: Suhrkamp 1983a (orig.: *The Interpretation of Cultures. Selected Essays.* London: Hutchinson 1973).

Geertz, Clifford: *Local Knowledge. Further Essays in Interpretive Anthropology*. New York: Basic Books 1983b.

Geertz, Clifford: *Works and Lives. The Anthropologist as Author*. Stanford: Stanford UP 1988 (dt.: *Die künstlichen Wilden. Der Anthropologe als Schriftsteller*. München: Hanser 1990).

Geertz, Clifford: *Welt in Stücken. Kultur und Politik am Ende des 20. Jahrhunderts*. Wien: Passagen 1996.

Geertz, Clifford: *After the Fact. Two Countries, Four Decades, One Anthropologist*. Cambridge, MA: Harvard UP 1995 (dt.: *Spurenlesen. Der Ethnologe und das Entgleiten der Fakten*. München: Beck 1997).

Hannerz, Ulf: *Cultural Complexity. Studies in the Social Organization of Meaning*. New York: Columbia UP 1992.

Hannerz, Ulf: *Transnational Connections. Culture, People, Places*. London: Routledge 1996.

Hunt, Lynn (Hg.): *The New Cultural History*. Berkeley/Los Angeles/London: University of California Press 1989.

Kroeber, Alfred L./Kluckhohn, Clyde: »Culture. A Critical Review of Concepts and Definitions.« In: *Papers of the Peabody Museum of American Archaeology and Ethnology* 47,1 (1952), S. i–viii.

Leach, Edmund: *Culture and Communication. The Logic by which Symbols are Connected. An Introduction to the Use of Structuralist Analysis in Social Anthropology*. Cambridge/New York: Cambridge UP 1976 (dt.: *Kultur und Kommunikation. Zur Logik symbolischer Zusammenhänge*. Frankfurt a. M.: Suhrkamp 1978).

Marcus, George E./Fischer, Michael M.J. (Hgg.): *Anthropology as Cultural Critique. An Experimental Moment in the Human Sciences*. Chicago/London: University of Chicago Press 1986.

Rabinow, Paul/Sullivan, William M. (Hgg.): *Interpretive Social Science. A Reader*. Berkeley/Los Angeles/London: University of California Press 1979.

Sahlins, Marshall: *Culture and Practical Reason*. Chicago/London: University of Chicago Press 1976 (dt.: *Kultur und Praktische Vernunft*. Frankfurt a. M.: Suhrkamp 1981).

Sahlins, Marshall: *Culture in Practice. Selected Essays*. New York: Zone 2000.

Said, Edward W.: *Orientalism*. New York: Pantheon 1978.

Turner, Victor W./Bruner, Edward M. (Hgg.): *The Anthropology of Experience*. Urbana/Chicago: University of Illinois Press 1986.

Turner, Victor W.: *Das Ritual. Struktur und Anti-Struktur*. Frankfurt a. M./New York: Campus 1989a (orig.: *The Ritual Process. Structure and Anti-Structure*. New York: Aldine 1969).

Turner, Victor W.: *Vom Ritual zum Theater. Der Ernst des menschlichen Spiels*. Frankfurt a. M./New York: Campus 1989b (orig.: *From Ritual to Theatre. The Human Seriousness of Play*. New York: Performing Arts Journal Publications 1982).

Einführungen/Überblicksdarstellungen

Bachmann-Medick, Doris (Hg.): *Kultur als Text. Die anthropologische Wende in der Literaturwissenschaft*. Frankfurt a. M.: Fischer 1998 [1996].

Bachmann-Medick, Doris: »›Writing Culture‹ – ein Diskurs zwischen Ethnologie und Literaturwissenschaft.« In: *Kea. Zeitschrift für Kulturwissenschaften* 4 (1992), S. 1–20.

Bachmann-Medick, Doris: »Kulturanthropologische Horizonte interkultureller Literaturwissenschaft.« In: Alois Wierlacher/Andrea Bogner (Hgg.): *Handbuch interkulturelle Germanistik*. Stuttgart/Weimar: Metzler 2003.

Berg, Eberhard/Fuchs, Martin (Hgg.): *Kultur, soziale Praxis, Text. Die Krise der ethnographischen Repräsentation*. Frankfurt a. M.: Suhrkamp 1993.

D'Andrade, Roy: *The Development of Cognitive Anthropology*. Cambridge, MA: Cambridge UP 1995.

Franklin, Sarah: »Science as Culture, Cultures of Science.« In: *Annual Review of Anthropology* 24 (1995), S. 163–184.

Funk, Julika: »Forschungsrichtungen in der Anthropologie. Philosophische Anthropologie, Historische Anthropologie, Interkulturalität und Kulturanthropologie. Überblick und Auswahlbibliographie.« In: *Historical Social Research. Historische Sozialforschung* 25,2 (2000), S. 54–138 (insbesondere S. 114–138: »Kulturanthropologie«; auch in: http://www.sfb511.uni-konstanz.de/publikationen/positionen.htm).

Gingrich, Andre: *Erkundungen. Themen der ethnologischen Forschung.* Wien/Köln/Weimar: Böhlau 1999.

Hannerz, Ulf: »Transnational Research.« In: H. Russell Bernard (Hg.): *Handbook of Methods in Cultural Anthropology.* Walnut Creek/London/New Delhi: AltaMira Press 1998, S. 235–256.

Hauser-Schäublin, Brigitta (Hg.): *Ethnologische Frauenforschung. Ansätze, Methoden, Resultate.* Berlin: Reimer 1991.

Kaschuba, Wolfgang: *Einführung in die Europäische Ethnologie.* München: Beck 1999.

Keesing, Roger M.: *Cultural Anthropology. A Contemporary Perspective.* New York et al.: Holt, Rinehart and Winston 1976.

Kohl, Karl-Heinz: *Ethnologie – die Wissenschaft vom kulturell Fremden. Eine Einführung.* München: Beck 1993.

Kuper, Adam: *Culture. The Anthropologist's Account.* Cambridge, MA/London: Harvard UP 1999.

Levinson, David/Ember, Melvin (Hgg.): *Encyclopedia of Cultural Anthropology.* 4 Bde. New York: Henry Holt 1996.

Lindner, Rolf: »Konjunktur und Krise des Kulturkonzepts.« In: Lutz Musner/Gotthart Wunberg (Hgg.): *Kulturwissenschaften. Forschung – Praxis – Positionen.* Wien: WUV-Verlag 2002, S. 69–87.

Marcus, George E. (Hg.): *Rereading Cultural Anthropology.* Durham/London: Duke UP 1992a.

Marcus, George E.: »Ethnography in/of the World System. The Emergence of Multi-Sited Ethnography.« In: *Annual Review of Anthropology* 24 (1995), S. 95–117.

Marcus, George E./Cushman, Dick: »Ethnographies as Texts.« In: *Annual Review of Anthropology* 11 (1982), S. 25–69.

Marschall, Wolfgang (Hg.): *Klassiker der Kulturanthropologie. Von Montaigne bis Margaret Mead.* München: Beck 1990.

Medick, Hans: »Quo vadis Historische Anthropologie? Geschichtsforschung zwischen Historischer Kulturwissenschaft und Mikro-Historie.« In: *Historische Anthropologie* 9,1 (2001), S. 78–92.

Monaghan, John/Just, Peter: *Social and Cultural Anthropology. A Very Short Introduction.* Oxford/New York: Oxford UP 2000.

Schmidt, Bettina E./Münzel, Mark (Hgg.): *Ethnologie und Inszenierung. Ansätze der Theaterethnologie.* Marburg: Curupira 1998.

Stellrecht, Irmtraud: »Interpretative Ethnologie. Eine Orientierung.« In: Thomas Schweizer et al. (Hgg.): *Handbuch der Ethnologie. Festschrift für Ulla Johansen.* Berlin: Reimer 1993, S. 29–78.

Wimmer, Andreas: »Kultur. Zur Reformulierung eines sozialanthropologischen Grundbegriffs.« In: *Kölner Zeitschrift für Soziologie und Sozialpsychologie* 48 (1996), S. 401–425.

Weiterführende Literatur

Abu-Lughod, Lila: »Writing Against Culture.« In: Richard G. Fox (Hg.): *Recapturing Anthropology. Working in the Present.* Santa Fe: School of American Research Press 1991, S. 137–162.

Augé, Marc: *An Anthropology for Contemporaneous Worlds.* Stanford: Stanford UP 1999.

Bachmann-Medick, Doris (Hg.): *Übersetzung als Repräsentation fremder Kulturen.* Berlin: Erich Schmidt 1997.

Bachmann-Medick, Doris: »Übersetzung im Spannungsfeld von Dialog und Erschütterung. Ein Modell der Auseinandersetzung zwischen Kulturen und Disziplinen.« In: Joachim Renn/Jürgen Straub/Shingo Shimada (Hgg.): *Übersetzung als Medium des Kulturverstehens und sozialer Integration.* Frankfurt a. M./New York: Campus 2002, S. 275–291.

Bird, Jon et al. (Hgg.): *Mapping the Futures. Local Cultures, Global Change.* London/New York: Routledge 1993.

Böhme, Hartmut/Matussek, Peter/Müller, Lothar: *Orientierung Kulturwissenschaft. Was sie kann, was sie will.* Reinbek bei Hamburg: Rowohlt 2000.

Bundesministerium für Wissenschaft und Verkehr und Internationales Forschungszentrum Kulturwissenschaften (Hg.): *The Contemporary Study of Culture.* Wien: Turia + Kant 1999.

Clifford, James: *Routes. Travel and Translation in the Late Twentieth Century.* Cambridge, MA/ London: Harvard UP 1997.

Fechner-Smarsly, Thomas: »Clifford Geertz' *Dichte Beschreibung* – ein Modell für die Literaturwissenschaft als Kulturwissenschaft?« In: Jürg Glauser/Annegret Heitmann (Hgg.): *Verhandlungen mit dem New Historicism. Das Text-Kontext-Problem in der Literaturwissenschaft.* Würzburg: Königshausen & Neumann 1999, S. 81–101.

Fernandez, James W.: »Spielerisch und planvoll. Zur Theorie der Tropen in der Anthropologie.« In: *Historische Anthropologie* 2, 1 (1994), S. 1–19.

Fischer, Michael M.J.: »Worlding Cyberspace. Toward a Critical Ethnography in Time, Space, and Theory.« In: Marcus 1999, S. 245–304.

Fröhlich, Gerhard/Mörth, Ingo (Hgg.): *Symbolische Anthropologie der Moderne. Kulturanalysen nach Clifford Geertz.* Frankfurt a. M./New York: Campus 1998.

Fuchs, Martin: »Der Verlust der Totalität. Die Anthropologie der Kultur.« In: Heide Appelsmeyer/Elfriede Billmann-Mahecha (Hgg.): *Kulturwissenschaft. Felder einer prozeßorientierten wissenschaftlichen Praxis.* Weilerswist: Velbrück 2001, S. 18–53.

Gottowik, Volker: *Konstruktionen des Anderen. Clifford Geertz und die Krise der ethnographischen Repräsentation.* Berlin: Reimer 1997.

Griesecke, Birgit: *Japan* dicht *beschreiben. Produktive Fiktionalität in der ethnographischen Forschung.* München: Fink 2001.

Hauser-Schäublin, Brigitta/Braukämper, Ulrich (Hgg.): *Ethnologie der Globalisierung. Perspektiven kultureller Verflechtungen.* Berlin: Reimer 2002.

Kaschuba, Wolfgang: »Kulturalismus: Vom Verschwinden des Sozialen im gesellschaftlichen Diskurs.« In: ders. (Hg.): *Kulturen – Identitäten – Diskurse. Perspektiven Europäischer Ethnologie.* Berlin: Akademie 1995, S. 11–30.

Lepenies, Wolf: »Anthropologische Tendenzen in der Wissenschaftssoziologie.« In: Biruta Schaller et al. (Hgg.): *Schau unter jeden Stein. Merkwürdiges aus Kultur und Gesellschaft. Festschrift für Dieter Claessens.* Frankfurt a. M./Basel 1981, S. 179–197.

Manganaro, Marc (Hg.): *Modernist Anthropology. From Fieldwork to Text.* Princeton: Princeton UP 1990.

Marcus, George E. (Hg.): *Critical Anthropology Now. Unexpected Contexts, Shifting Constituencies, Changing Agendas.* Santa Fe: School of American Research Press 1999.

Marcus, George E.: »Past, Present and Emergent Identities. Requirements for Ethnographies of Late Twentieth-Century Modernity Worldwide.« In: Scott Lash/Jonathan Friedman (Hgg.): *Modernity and Identity.* Cambridge, MA: Blackwell 1992b, S. 309–330.

Medick, Hans: »›Missionare im Ruderboot‹? Ethnologische Erkenntnisweisen als Herausforderung an die Sozialgeschichte.« In: Alf Lüdtke (Hg.): *Alltagsgeschichte. Zur Rekonstruktion historischer Erfahrungen und Lebensweisen.* Frankfurt a. M./New York: Campus 1989, S. 48–84.

Moore, Henrietta L.: *A Passion for Difference. Essays in Anthropology and Gender.* Cambridge: Polity Press 1994.

Moore, Henrietta L. (Hg.): *Anthropological Theory Today.* Cambridge: Polity Press 1999.

Moran, Emilio F.: *Transforming Societies, Transforming Anthropology.* Ann Arbor: University of Michigan Press 1996.

Neumann, Gerhard/Weigel, Sigrid (Hgg.): *Lesbarkeit der Kultur. Literaturwissenschaften zwischen Kulturtechnik und Ethnographie.* München: Fink 2000.

Oexle, Otto Gerhard: »Geschichte als Historische Kulturwissenschaft.« In: Wolfgang Hardtwig/ Hans-Ulrich Wehler (Hgg.): *Kulturgeschichte Heute.* Göttingen: Vandenhoeck & Ruprecht 1996, S. 14–40. (= *Geschichte und Gesellschaft. Zeitschrift für Historische Sozialwissenschaft,* Sonderheft 16).

Pálsson, Gísli (Hg.): *Beyond Boundaries. Understanding, Translation and Anthropological Discourse.* Oxford/Providence: Berg 1993.

Reckwitz, Andreas: *Die Transformation der Kulturtheorien. Zur Entwicklung eines Theorieprogramms*. Weilerswist: Velbrück 2000.
Rippl, Gabriele (Hg.): *Unbeschreiblich weiblich. Texte zur feministischen Anthropologie*. Frankfurt a. M.: Fischer 1993.
Schiffauer, Werner: »Die Angst vor der Differenz. Zu neuen Strömungen in der Kultur- und Sozialanthropologie.« In: ders.: *Fremde in der Stadt. Zehn Essays über Kultur und Differenz*. Frankfurt a. M.: Suhrkamp 1997, S. 157–171.
Schlesier, Renate: »Kultur-Interpretation. Gebrauch und Mißbrauch der Hermeneutik heute.« In: Bundesministerium für Wissenschaft und Verkehr 1999, S. 157–166.
Sewell, William H.: »The Concept(s) of Culture.« In: Bonnell/Hunt 1999, S. 35–61.
Strathern, Marilyn: »An Awkward Relationship. The Case of Feminism and Anthropology.« In: *Signs* 12 (1987), S. 276–292.
Wolf, Michaela: »The *Third Space* in Postcolonial Representation.« In: Sherry Simon/ Paul St-Pierre (Hgg.): *Changing the Terms. Translating in the Postcolonial Era*. Ottawa: University of Ottawa Press 2000, S. 127–145.
Wolff, Stephan: »Die Anatomie der Dichten Beschreibung. Clifford Geertz als Autor.« In: Joachim Matthes (Hg.): *Zwischen den Kulturen? Die Sozialwissenschaften vor dem Problem des Kulturvergleichs*. Göttingen: Otto Schwartz 1992, S. 339–361 (= *Soziale Welt*, Sonderbd. 8).

Zeitschriften

American Anthropologist. Journal of the American Anthropological Association
American Ethnologist.
Annual Review of Anthropology
Anthropological Theory (http://www.sagepub.co.uk/journals/details/j0280.html)
Anthropos. Internationale Zeitschrift für Völker- und Sprachenkunde
Cultural Anthropology
Historische Anthropologie. Kultur – Gesellschaft – Alltag
Kea. Zeitschrift für Kulturwissenschaften

Doris Bachmann-Medick

6. Historische und literarische Anthropologie

1. Historische Anthropologie

Gegenstand der historischen Anthropologie, die sich seit den 1970er Jahren in einem interdisziplinären und transnationalen Diskussionsnetz konstituiert und weniger ein klar abgegrenztes Fach als vielmehr ein Forschungsprogramm darstellt, ist »**der Mensch in der Geschichte**« (Süssmuth 1984; Dressel 1996, S. 25). Was dabei unter ›Mensch‹, was unter ›Geschichte‹ verstanden, wie ihr Verhältnis begriffen und methodisch gefaßt wird, divergiert erheblich. Entscheidend sind jedoch für alle Vertreter/innen einer historischen Anthropologie zwei Aspekte. Durch die Betonung des historischen Moments gehen sie erstens auf Distanz zu biologischer und philosophischer Anthropologie, die zeitlose Konstanten menschlichen Wesens destillieren. In der Akzentuierung des Menschen opponieren sie zum anderen mit der Form von Sozialgeschichtsschreibung, die um die Erfassung umgreifender Strukturen und deren regelgeleiteter Entwicklung innerhalb von Kulturen bemüht ist und deshalb kritisch als »Geschichte ohne Menschen« (van Dülmen 1991b, S. 704) bezeichnet wird (vgl. zu kulturwissenschaftlichen Ansätzen in der Geschichtswissenschaft auch Kap. 9 in diesem Band).

1.1 Ausgangspunkte

Als Vorläufer einer historischen Anthropologie gelten verschiedene Forschungsprojekte. Die in den 1920er Jahren von Franz Boas als Richtung der amerikanischen Ethnologie begründete **Kulturanthropologie** (vgl. Dressel 1996, S. 47 f.) grenzt sich dadurch von biologischer wie philosophischer Anthropologie ab, daß sie menschliches Verhalten im Kontext historischer Modifikationen und kultureller Differenzen erörtert. Damit wird die Vorstellung vom Menschen verzeitlicht und der Begriff der Kultur pluralisiert. In seiner 1936 erschienenen Studie *Über den Prozeß der Zivilisation* zeichnet Norbert Elias den Wandel alltäglicher Verhaltensweisen nach (vgl. Böhme 1985, S. 251 f.; van Dülmen 1991b, S. 692). Wenngleich der Untersuchung eine ethnozentrische Perspektive zugrunde liegt, führt sie doch vor, daß die Formation des Menschen ein Produkt geschichtlicher Prozesse ist. Diese doppelte Ausrichtung auf die Wandelbarkeit des Menschen und auf seine alltäglichen Umgangsformen teilt die **Mentalitätsgeschichte** (vgl. Dressel 1996, S. 76 f.; van Dülmen 2000, S. 15 f.). Sie unterscheidet sich darin nicht nur von biologischer und philosophischer Anthropologie, sondern zudem von einer personen- und ereignisorientierten politischen Geschichtsschreibung.

Philippe Ariès macht 1960 in seinem Buch *L'enfant et la vie familiale sous l'ancien régime* (*Geschichte der Kindheit*, 1975) deutlich, daß das Erkenntnisinteresse »gefühlsmäßigen Einstellungen« (Ariès 1975, S. 48) gilt, die in den jeweiligen kulturellen Praktiken einer Gesellschaft zu entziffern sind. Die konstatierte Zählebigkeit solcher Mentalitäten, der »kognitiven, ethischen und affektiven Dispositionen« (Raulff 1987, S. 10) des Menschen, birgt jedoch die Gefahr in sich, geschichtlichen Wandel nur in großen Zeiträumen von drei bis vier Jahrhunderten denken zu können und damit wieder ahistorisch zu werden.

In der deutschen Geschichtswissenschaft ist es Thomas Nipperdey, der 1967 mit seinem Aufsatz »Bemerkungen zum Problem einer historischen Anthropologie« den Begriff in die Diskussion einführt. Er plädiert dafür, nach den historischen Formen zu fragen, »in denen der Mensch sich als Mensch konstituierte«, und nicht nur die Geschichte der ›großen Einzelnen‹ und der »Oberschicht« zu schreiben, sondern »soziale Gruppen« und »Unterschichten« (Nipperdey 1967, S. 364) einzubeziehen. Deren »Verhaltensweisen« (ebd., S. 365) stellen den Gegenstand einer historischen Anthropologie dar. Allerdings reduziert Nipperdey (1973, S. 230) sein Programm später darauf, daß die **Geschichtswissenschaft** lediglich »**anthropologische Fragen**« **zu integrieren hat.** Dies impliziert, daß weder das Modell eines teleologischen Geschichtsverständnisses revidiert noch kulturelle Differenzen berücksichtigt werden. Die Geschichtswissenschaft dehnt lediglich ihr traditionelles Verfahren auf das Feld der Anthropologie aus.

Konsequent bleibt die Diskussion um eine historische Anthropologie zum einen in Explikationsversuchen stecken, die die »Widerspenstigkeit« (Köhler 1974, S. 162) zwischen zwei Disziplinen, deren eine »das Bleibende«, deren andere »den Wandel« analysiert (ebd.), zu lösen suchen (vgl. Marquard 1973; Lepenies 1975; Sprandel 1976). Zum anderen greifen die programmatischen Forderungen auf die gängigen Methoden zurück. So wird – im Anschluß an die Mentalitätsgeschichte und Fernand Braudels Konzept der ›longue durée‹ – das Unternehmen, »historische Veränderungen im Makromaßstab« zu untersuchen, »auf die mögliche Veränderung elementarer Verhaltensweisen« übertragen (Lepenies 1977, S. 131). Und es wird die Feststellung kulturübergreifender »Identitäten (nicht: Unveränderliches)« (Martin 1982, S. 376) eingeklagt. Ziel ist es hierbei – dies zwar in einer signifikanten Verkehrung der Braudelschen Formel **von einer ›histoire totale de l'homme‹**, doch unter Beibehaltung dessen Universalanspruches – **zu einer »histoire de l'homme total«** (ebd.) zu gelangen.

1.2 Geschichtswissenschaft, Anthropologie/Ethnologie und Kulturanthropologie in den USA

Die Diskussion im angelsächsischen Raum verläuft unbelastet von geschichtsphilosophischen Voraussetzungen und Prämissen der philosophischen Anthropologie deutscher Provenienz. Dies rührt daher, daß das angelsächsische Verständnis von Anthropologie eng an die Ethnologie und damit eher an die Beobachtung kultureller Differenzen als an die Erstellung universalisierender Konzepte geknüpft ist. Zudem werden die inhaltlichen und methodischen Grenzen zwischen Anthropologie, Ethnologie und Geschichtswissenschaft umstandslos einbezogen. Schließlich gelangt die Kulturanthropologie in den USA durch Clifford Geertz' 1973 publizierter Studie *Interpretation of Cultures* (*Dichte Beschreibung*, 1983a) zu einer Neuformulierung von Erkenntnisobjekt und -verfahren. Geertz versteht **Kultur als ein »Bedeutungsgewebe«** (Geertz 1983a, S. 9) bzw. **als ein »Ensemble von Texten«** (Geertz 1983b, S. 259): Handlungen und Verhaltensweisen der Menschen sind symbolisch strukturiert. Damit eignet sämtlichen kulturellen Lebensäußerungen eine interpretative Dimension: Sie sind Konstruktionen und Repräsentationen von Erfahrungen und Einstellungen. Wie jedoch ist ›Kultur als Text‹, sind die interpretativen Hervorbringungen einer Kultur zu interpretieren, wenn es sich um eine ›fremde Kultur‹ handelt und die hermeneutische Prämisse einer »wirkungsgeschichtlichen Fragestellung« (Gadamer 1960, S. 284) nicht gegeben ist? Geertz' Verfahren lautet auf **›dichte Beschreibung‹**. Diese verzichtet bewußt auf die hermeneutischen Leitlinien von Eindeutigkeit und Stimmigkeit, betont statt dessen das Widersprüchliche in den kulturellen Repräsentationen wie Konstruktionen, entscheidet sich für eine ›offene‹ Darstellungsweise und verfährt »mikroskopisch« (Geertz 1983a, S. 30) in dem Sinn, daß es bei ›kleinen‹ Handlungen und ›kleinen‹ Lebensräumen ansetzt.

Die **Nähe von Geschichtswissenschaft und Anthropologie** betont Bernhard S. Cohn (vgl. 1980, S. 198): Beide beschäftigen sich mit dem gleichen Gegenstand, mit »otherness«, und beide zielen auf die Untersuchung von Veränderung ab. Als grundsätzliches Anliegen der zwei Disziplinen sieht Cohn die **Analyse der »construction of culture«** (ebd., S. 215), die sich auch für ihn in Prozessen der Interpretation und symbolischen Strukturierung vollzieht. Natalie Zemon Davis (vgl. 1981, S. 267) hebt als innovatives Moment der Anthropologie gleichfalls die Einsicht in den symbolischen Konstruktcharakter menschlichen Verhaltens hervor. Zugleich können Materialien und Verfahren der Anthropologie Historiker/innen die Möglichkeit eröffnen, »to discover the strange and surprising in the familiar landscape of historical texts« (ebd., S. 275). Anders als in Deutschland wird damit Anthropologie als Methode auf die Geschichtswissenschaft angewendet: Das Fremde ist nicht mehr nur das Fremde einer anderen Kultur; es findet sich in der eigenen Kultur, und zwar als das Fremde einer anderen, vergangenen Zeit bzw. als das Fremde eines in der Geschichtsschreibung bisher Marginalisierten und Ausgegrenzten.

Marshall Sahlins' 1981 erschienene Studie *Historical Metaphors and Mythical Realitites* (*Der Tod des Kapitän Cook*, 1986) stellt eine repräsentative Umsetzung des in den USA erreichten Diskussionsstandes dar. Sie beginnt als Mikroanalyse, die ein einzelnes Ereignis, die Tötung Cooks, klären möchte. Dabei kann Sahlins einleuchtend machen, daß die Tötung nicht auf die Beraubung der Einwohner durch die Engländer zurückzuführen ist. Eine solche Interpretation projiziert das Paradigma, daß Gewalt Gegengewalt erzeugt, auf die Kultur Hawaiis und liest nicht deren ›Text‹. In eben einen solchen jedoch, in eine **symbolisch strukturierte Handlungs- und Glaubenswelt** tritt Cook mit seiner Landung auf Hawaii ein: Er wird als Verkörperung des Gottes Lono empfangen und muß gemäß der Mythologie als dieser Gott sterben. Erst nach der Analyse dieses Ereignisses zieht Sahlins' Konsequenzen für die Erörterung umfassender historischer Transformationen. So spricht er von einer ›Englishness‹ der hawaiischen Oberschicht, die aus der Verinnerlichung des Entdeckers hervorgeht und bis ins 19. Jahrhundert währt. Geschichtliche Veränderungen und kulturelle Modifikationen resultieren demnach aus dem Zusammenprall differenter Kulturen: Sahlins reklamiert den Konflikt als zentrale historische Triebkraft.

1.3 Historische Anthropologie in Deutschland

Es ist das Verdienst des Historikers Hans Medick, die amerikanische Variante der historischen Anthropologie zusammenfassend vorgestellt und damit inhaltliche und methodische Impulse für eine **Umorientierung der deutschen Geschichtswissenschaft** gegeben zu haben. So fordert er, jegliche »zentristische [...] Geschichtsperspektive« (Medick 1984, S. 301) aufzugeben und sich dem zu widmen, was »als unwandelbar und geschichtslos [...] und deshalb als marginal für den historischen Prozeß« (ebd., S. 302) angesehen wird. Als Beispiele führt er die Geschichte der Frauen und die Geschichte volkskultureller Äußerungsformen an: Diese sind nun in ihren widerspruchsvollen und vielschichtigen Dimensionen zu erfassen, was jedoch nicht auf eine romantisierende ›Geschichte der Verlierer‹ hinauslaufen soll, sondern darauf, sich »dem ›Fremden‹ [...] in unserer eigenen Geschichte zuzuwenden« (ebd., S. 304). Gerade deshalb erweisen sich die in der Ethnologie entwickelten Analyseverfahren auch für die Geschichtswissenschaft als fruchtbar. Dementsprechend plädiert Medick (ebd., S. 305) mit dem Ethnologen James Boon (1983, S. 234) für eine »**hermeneutics with a difference**« und dafür, das Geertzsche Modell von der ›Kultur als Text‹ zur Voraussetzung jeder Interpretation zu machen.

Mit Blick auf die in Deutschland etablierten Wissenschaften geht der entscheidende Anstoß für eine historische Anthropologie von der **Volkskulturforschung** aus. Zum einen werden hier die Arbeiten ausländischer Geschichtswissenschaftler, etwa des Italieners Carlo Ginzburg (1976) und des Engländers Peter Burke (1979), sehr rasch aufgegriffen. Zum anderen ziehen die deutschen Wissenschaftler – noch vor Medicks theoretischer Neuformulierung der geschichtswissenschaftlichen Aufgaben – mit Einzeluntersuchungen nach, wie die Aufsätze von Medick (1980, 1982) und die Sammelbände von Richard van Dülmen (1983, 1984) belegen. Darüber hinaus initiiert van Dülmen 1980 die Reihe *Studien zur historischen Kulturforschung*. Die Sammelbände verdeutlichen zum einen die Themenzentriertheit des Forschungsansatzes: Untersucht werden die Erfahrungen von Liebe und Armut, Formen der Frömmigkeit und Arbeitsweisen, die Einstellung gegenüber Verbrechen und die Wahrnehmung des Körpers. Die dabei vorgenommene Begrenzung auf einen historischen Ausschnitt veranschaulicht zum anderen, daß man nicht die Geschichte einer kulturellen Praktik, Einstellung oder Wahrnehmungsform schreiben, sondern Geschichten über deren Vielfalt anbieten will. Programmatisch öffnet Wolfgang Kaschuba in seiner *Volkskultur zwi-*

schen feudaler und bürgerlicher Gesellschaft (1988) die Volkskulturforschung für Fragestellungen einer historischen Anthropologie. Zunächst klagt er ein, daß es eine Volkskultur als eine statische Einheit nicht gibt und ahistorische Verhaltenstypologien jeder Art zu unterbleiben haben. Sodann begreift er Kultur als eine symbolische Ordnung und sieht die Aufgabe einer Kulturanalyse darin, die »**kulturelle ›Wirklichkeit‹ symbolisch geformter sozialer Praxis**« (Kaschuba 1988, S. 201) zu dechiffrieren.

Exemplarisch für die Neuausrichtung der Volkskulturforschung widmet sich Norbert Schindler in seinen Fallstudien über *Widerspenstige Leute* (1992) **dem ›Fremden‹ in der ›eigenen‹ Kultur** und beabsichtigt die Rekonstruktion historisch unterdrückter Lebensformen aus deren Perspektive. So entziffert er beispielsweise in der Verdrängungsgeschichte des Pflug- und Blochziehens, eine spätmittelalterliche Rügesitte gegen vermeintlich heiratsunwillige Frauen, historisch variierende und sich transformierende Formen der emotionalen Disziplinierung (vgl. ebd., S. 175–214). Und im ›Querlesen‹ (vgl. ebd., S. 15) der Salzburger Hexenakten des späten 17. Jahrhunderts entschlüsselt er Überlebensstrategien der Bettler (vgl. ebd., S. 258–314).

In den 1990er Jahren boomt die themenzentrierte Analyse sozialer Praktiken, Einstellungen und Lebensverhältnisse von gesellschaftlich bzw. in der Geschichtsschreibung marginalisierter Gruppen (vgl. u. a. Ulbricht 1990, 1995; Habermas 1991; van Dülmen 1991a, 1999; Schuster 1995). Mit wenigen Ausnahmen verfahren diese Arbeiten indes nicht **mikrologisch**, d. h. ihre Untersuchungen sind nicht auf einen abgegrenzten sozialen Raum, etwa auf ein Dorf, oder auf ein einzelnes historisches Ereignis konzentriert. Einen solchen Ansatz wählt Jürgen Schlumbohm, wenn er sich in seiner 1994 erschienenen Studie *Lebensläufe, Familien, Höfe* auf die Bauern und Heuerleute des Osnabrückischen Kirchspiels Belm beschränkt. Ziel dieser Beschränkung ist es, durch die Analyse etwa der Familienkonstellationen und Eheallianzen die Funktionsmechanismen einer ›kleinen Gesellschaft‹ zu verstehen, um von da aus die in der herkömmlichen Makrogeschichtsschreibung entwickelten Thesen über bäuerliche Gesellschaften zu hinterfragen. Paul Burgards 1998 publizierte Untersuchung *Tagebuch einer Revolte* ist um ein historisches Ereignis zentriert – den städtischen Aufstand im thüringischen Neustadt im April 1525. Das explizit kulturanthropologische Erkenntnisinteresse Burgards versucht, religiöse wie politische Praktiken und deren mentale Voraussetzungen so zu verknüpfen, daß die heterogenen und ambivalenten Triebkräfte sichtbar werden, die kulturhistorische Konflikte produzieren. Gleich Schlumbohm zielt er auf »die Dekonstruktion so manchen festgefügten makrohistorischen Erklärungsmusters« (Burgard 1998, S. 17).

1.4 Institutionelle Verankerung

Nicht zuletzt die beiden Einführungen von Gert Dressel (1996) und van Dülmen (2000) zeugen davon, daß sich die historische Anthropologie am Ende des 20. Jahrhunderts als Forschungsprogramm etabliert hat. Bereits 1970 wird um den

Althistoriker Jochen Martin das Freiburger Institut für historische Anthropologie gegründet. Im Umfeld des Instituts erscheint die Zeitschrift *Saeculum. Jahrbuch für Universalgeschichte.* Zugleich gibt das Institut seit 1978 die Schriftenreihe *Historische Anthropologie* heraus. Schließlich bietet die Universität Freiburg mittlerweile einen Studiengang in zwei Zweigen an – Biologie der Anthropologie und Kulturanthropologie/Historische Anthropologie –, so daß historische Anthropologie nun auch als Fach studiert werden kann. Sowohl in den Einzeluntersuchungen als auch in der Schriftenreihe manifestiert sich der **universalhistorische Anspruch** der Vertreter/innen des Instituts. Zwar wenden sie sich – ähnlich der Mentalitätsgeschichte und der Volkskulturforschung – menschlichen Erfahrungen wie Geschlechtlichkeit (vgl. Müller 1985) und Kindheit (vgl. Martin/Nitschke 1986) zu. Doch werden die Themen in einem derart großflächigen Kontext erörtert, daß Differenzierungen innerhalb einer Kultur kaum noch vorgenommen werden können.

1978 schließt sich am Göttinger Max-Planck-Institut für Geschichte eine Gruppe von Historikern zusammen – u. a. Medick und Alf Lüdtke –, der vor allem die produktive Rezeption ausländischer Theoriestandards zu verdanken ist. Im Gegensatz zum Freiburger Institut favorisiert die Göttinger Gruppe die **mikrologische Analyse** und ist darum bemüht, soziale Gruppen und kulturelle Praktiken in den Blick zu bekommen, die in der politischen Sozialgeschichtsschreibung ausgeblendet sind.

Dieter Lenzen, Gunter Gebauer, Christoph Wulf, Dietmar Kamper und andere arbeiten am Interdisziplinären Zentrum für historische Anthropologie an der FU Berlin zusammen. Seit 1982 geben Wulf und Kamper die Schriftenreihe *Logik und Leidenschaft. Internationale transdisziplinäre Studien zur Historischen Anthropologie* heraus, seit 1988 publiziert das Zentrum die Schriftenreihe *Historische Anthropologie* und seit 1992 die Zeitschrift *Paragrana. Internationale Zeitschrift für Historische Anthropologie.* Innerhalb der bisher referierten Forschungseinrichtungen nimmt die Berliner Gruppe eine Sonderstellung ein, was aus ihrer stärkeren philosophischen Orientierung resultiert. Das heißt jedoch nicht, daß sie auf Positionen der philosophischen Anthropologie zurückgreift. Im Gegenteil: Die Kritik am universalen und normativen Anspruch dieser Anthropologie stellt einen zentralen Ausgangspunkt dar (vgl. Lenzen 1989, S. 32 f.; Kamper/Wulf 1994, S. 9; Gebauer 1998, S. 14 f.) und führt zur Forderung, daß sich alle Anthropologie auf »lokales, orts- und zeitgebundenes Wissen« (Gebauer 1998, S. 7) zu beschränken hat. Über die Versuche Nipperdeys, Köhlers und Lepenies' hinausgehend, verlangt Lenzen (1989, S. 32) eine »radikale Historizität«, die sich auf das Verständnis ihres Gegenstandes genauso bezieht wie auf die jeweils leitende Theorie. Lenzen ist es auch, der auf der »Zeichenhaftigkeit aller Gegenstände Historischer Anthropologie« (ebd., S. 35) und auf dem **Konstruktcharakter sämtlicher kultureller Äußerungsformen** insistiert. Die Sonderstellung der Berliner Gruppe rührt vielmehr daher, daß sie erstens kaum Fallstudien betreibt, mithin den Gang in die Archive selten antritt, und sich zweitens an philosophisch-anthropologischen Positionen abarbeitet, also weitestgehend auf den Höhenkamm theoretischer Texte und damit auch auf einen spezifischen Themenkreis bezogen bleibt.

Durch die Gründung der Zeitschrift *Historische Anthropologie. Kultur – Gesellschaft – Alltag* 1993, die u. a. van Dülmen, Lüdtke, Medick und Michael Mitterauer herausgeben, werden einzelne, bis dahin entwickelte Forschungsansätze, vor allem die Volkskultur- und die mikrologisch orientierte Kulturforschung, im Programm einer historischen Anthropologie zusammengeführt.

1.5 Inhalte, Methoden und Probleme

Das Editorial der Zeitschrift *Historische Anthropologie. Kultur – Gesellschaft – Alltag* (im folgenden zit. nach: van Dülmen 2000, S. 30 f.) veranschaulicht die Inhalte und die methodischen Prämissen, die für das weitere Forschungsprogramm prägend sein werden.

1. Erstens werden als Untersuchungsgegenstand die »Befindlichkeiten und Einstellungen, Interpretationen und Imaginationen, Verhaltens- und Handlungsweisen« von Menschen in einem kulturhistorischen Kontext angeführt. Die damit benannten Analyseaspekte tragen der Mentalitätsgeschichte ebenso Rechnung wie der amerikanischen Kulturanthropologie, insofern anerkannt wird, daß menschlichen Äußerungsformen immer auch eine **interpretative Dimension** eignet und also Interpretationen unterschiedlichster Form selbst zum Objekt der Interpretation avancieren. Daß indes nicht von »Grundsituationen [...] des Menschen« (Süssmuth 1984, S. 15) oder »menschlichen Grundphänomenen« (Martin 1994, S. 42) die Rede ist, zeigt das Bemühen, auch nur die Suggestion einer zeitlosen Konstanz des Menschlichen zu verhindern.

2. Konsequent spricht das Editorial zweitens von einer »**Gleichzeitigkeit [...] von ›langer Dauer‹ und ›rapidem Wechsel‹**«. Damit geht die historische Anthropologie über die Mentalitätsgeschichte hinaus, nicht indem sie die Langlebigkeit bestimmter Einstellungen leugnet, sondern ergänzend eine mikrologische Erfassung von sich rasch ändernden Befindlichkeiten einfordert.

3. Drittens soll in den »alltäglichen Lebenswelten der Vergangenheit die **Gleichzeitigkeit von ›Fremdem‹ und ›Eigenem‹**« (zit. n. van Dülmen 2000, S. 30 f.) erschlossen werden. Diese Äußerung nimmt zwar die antihermeneutische Prämisse zurück, daß Historiker/innen sich ihrem Gegenstand gegenüber in einem Modus unaufhebbarer ›Fremdheit‹ befinden, wie dies noch Medick (1984, S. 304) hervorhebt, doch affirmiert sie das ›Fremde‹ als Teil der Geschichte. In der Formulierung von der »Gleichzeitigkeit« ist zudem angedeutet, daß Differenzen innerhalb einer Kultur als historische Triebkräfte fungieren und kulturelles Leben »konflikthaft« ausgetragen und vorangetrieben wird.

4. Ziel der Analyse ist es viertens, »die Bezugs- und Ausdrucksformen« zu dechiffrieren, »in denen soziales Leben symbolisch formuliert, in verdichteter Form repräsentiert« wird (van Dülmen 2000, S. 31). Auch hiermit ist die Voraussetzung der amerikanischen Kulturanthropologie aufgenommen, daß **kulturelle Praktiken symbolisch strukturiert** sind und der Analytiker es mit Repräsentationen und Konstruktionen zu tun hat.

5. Fünftens schließlich bildet ein **erweiterter Kulturbegriff** die Grundlage der historischen Anthropologie: »›Kultur‹ gilt nicht als Kennzeichen eines bestimmten Sektors, sondern als Medium historischer Lebenspraxis und Auseinandersetzung insgesamt« (ebd.). Kultur wird damit nicht mehr als ein eigenständiger, in sich abgegrenzter Bereich neben Politik, Wirtschaft und Geschichte verstanden und auf eine elitär gefaßte ›Hochkultur‹ reduziert. Alle Artikulationsweisen des Menschen – literarische Texte und Gerichtsurteile, wirtschaftliche Gebräuche und religiöse Feste, Praktiken des Aberglaubens und Formen politischen Handelns –, sind als kulturelle Äußerungen zu verstehen, die in ihrem Mit- und Gegeneinander Kultur produzieren. Ein derart erweiterter Kulturbegriff hat eine nachhaltige Auswirkung auf die Materialbasis: Potentiell wird alles – Gemälde und Familienportraits, Polizeiakten und Autobiographien, Kleidungs- und Möbelstücke (vgl. Dressel 1996, S. 193–203) – zum Forschungsmaterial der historischen Anthropologie. In allen fünf Punkten profiliert sich die historische Anthropologie als entschieden kulturwissenschaftliches Forschungsprogramm.

Die Definition der **Kultur als ›Medium‹** wirft indes auch ein Problem auf: Sie kann dazu führen, den Menschen wieder als das Subjekt dieser Kultur ins Spiel zu bringen. Aus der Distanzierung der historischen Anthropologie von einer Geschichtsschreibung, die auf die Analytik von Systemen und Strukturen setzt und den Menschen als deren »Marionetten« begreife (Ulbricht 1997, S. 13), resultiert vereinzelt eine Reinstallierung des Menschen als »Akteur der Geschichte« (van Dülmen 2000, S. 32). Dementsprechend wird die eingangs zitierte Formel vom ›Mensch in der Geschichte‹ innerhalb der historischen Anthropologie auf zwei Weisen ausbuchstabiert: Einmal ist sie für eine emphatische Lesart offen, laut der die historische Anthropologie eine **Hinwendung zum »Menschen als Subjekt der Geschichte«** (Süssmuth 1984, S. 9) praktiziert und deshalb die Diskursanalyse Michel Foucaults oder Judith Butlers Variante der *Gender Studies* ablehnt, da diese Ansätze für den Menschen als Handelnden keinen Platz ließen (vgl. Dressel 1996, S. 206).

Auf der anderen Seite jedoch wird das »Konzept von Individuum [...] als der Hauptbezugsgröße bei der Produktion und Zuweisung von Bedeutung und Sinn als der falsche Ausgangspunkt« (Medick 1984, S. 318) bezeichnet und dagegen auf die soziale Produktion von Bedeutungen verwiesen sowie der Konflikt divergierender Kulturen bzw. gesellschaftlicher Gruppen als bedeutungsgenerierend veranschlagt. In dieser Lesart akzentuiert die Formel vom ›Mensch in der Geschichte‹ die **Eingebundenheit des Menschen in historische Prozesse**, von denen er mitgestaltend gestaltet wird. Letztlich wird das Pathos der Vertreter/innen einer subjektzentrierten historischen Anthropologie von ihren eigenen Studien widerlegt. Denn sowohl Otto Ulbricht (1990) als auch van Dülmen (1991a) zeichnen etwa in ihren Arbeiten zum Kindsmord ein Beziehungsnetz zwischen juristischen, medizinischen und literarischen Diskussionen nach, in dem die Handlung Kindsmord interpretiert wird, und profilieren keineswegs einzelne Menschen als ›Akteure von Geschichte‹.

Aus der oft vorschnellen Abweisung Foucaults und Butlers resultiert in der deutschsprachigen Forschung ein Theoriedefizit, das vor allem ein Thema zum Problem werden läßt – den Körper bzw. das Geschlecht. Während für angelsächsische Autor/inn/en die **kulturelle Produktion des Körpers und des Geschlechts** die Grundlage für die Erwägung neuer Theoriemodelle und historischer Fallstudien darstellt (vgl. Roper 1994), bemerkt van Dülmen in seinem Sammelband über *Körper-Geschichten* programmatisch: »Der Ausgangspunkt ist stets der konkrete Körper mit seinen Bedürfnissen und Zwängen, seiner Lust und seinem Leiden« (van Dülmen 1996, S. 9). Eine verstärkte Auseinandersetzung mit Diskursanalyse und *Gender Studies* bildet ein Desiderat innerhalb der historischen Anthropologie und hat u. a. zu klären, inwiefern auch der ›konkrete Körper‹ Effekt kultureller Praktiken ist.

Ein weiteres Problem ergibt sich mit Blick auf **das mikrologische Verfahren** der historischen Anthropologie. Gleichgültig ob die Studien eine ›Hermeneutik der Differenz‹ (neben Medick vgl. Fuchs/Berg 1993) oder semiologische Methoden präferieren (vgl. Iggers 1995) – es stellt sich die Frage, ob und wie die Ergebnisse einer mikrologischen Analyse auf eine Makroebene zu beziehen sind. Jürgen Kocka (1994, S. 37) hat das »mikrohistorische Klein-Klein« kritisiert und beklagt, daß sich Geschichte dadurch auf Geschichten reduziere. Eine solche Kritik übersieht jedoch drei Aspekte:

- Durch den Übertrag des mikrologischen Verfahrens aus der amerikanischen Kulturanthropologie auf die historische Anthropologie sollten erstens **kulturelle Praktiken** untersucht werden, **die durch einen makroanalytischen Ansatz** gar **nicht faßbar** sind (vgl. van Dülmen 2000, S. 47).
- Zweitens artikuliert sich im mikrologischen Zugriff, im Erzählen von Geschichten aus kleinen Lebenswelten, die Einsicht, daß **Geschichte nur im Plural gedacht werden kann**: »Die Geschichte [...] gibt es nicht. Es gibt nur immer ›Geschichten von [...]‹« (Veyne 1990, S. 31).
- Drittens gibt es durchaus mikrologische Studien, die um eine **Anbindung** ihrer Ergebnisse **an eine Makroebene** bemüht sind. Doch geschieht dies gewissermaßen subversiv: Kategorien und Theoreme der traditionellen Geschichtsschreibung wie ›Klasse‹ oder ›Modernisierung‹ werden aufgerufen, zu den Analyseresultaten in Bezug gesetzt und in ihrer Relativität ausgewiesen (vgl. Dressel 1996, S. 190–192).

Die Mikrogeschichten allerdings dadurch in ihr Recht zu setzen, daß man sie als Versuch »einer ›histoire totale‹ im Kleinen« (ebd., S. 193; hingegen: Schlumbohm 1994, S. 24) bezeichnet, korrespondiert nicht nur nicht den vorgelegten Studien, sondern reformuliert den Anspruch auf eine universelle Geschichte, deren Ablehnung gerade Ausgangspunkt der historischen Anthropologie ist.

Ein letztes Problem bildet die mittlerweile auffällige **Redundanz der Themen** (vgl. die Überblicke bei Dressel 1996, S. 71 f.; van Dülmen 2000, 55 f.): Die meisten Arbeiten kreisen um Familie, marginalisierte soziale Gruppen sowie deren Lebensformen und religiöse Praktiken. Zu Recht bemerkt Dressel (1996, S. 83), daß eine Reihe von Themen noch gar nicht diskutiert sind. Dabei handelt es sich vor allem um Themenkomplexe, die der historischen Anthropologie zur Metareflexion dienen können – etwa die historisch divergierenden Formen von Kommunikation, also der kulturell regulierten Produktion von Bedeutung, die Bezüglichkeit von Individualität und Kollektivität oder die Kategorie des ›Menschen als

Subjekt‹. Gerade dem geschichtlichen Konstruktionscharakter dieser Kategorie ist im Anschluß an Foucault (1996, S. 372–389) und der Berliner Gruppe (Kamper/Wulf 1994, S. 9 f.; Gebauer 1998, S. 20) vermehrt in Einzelstudien nachzugehen, die Gerichtspraktiken ebenso wie Verfahren medizinischer Gutachten berücksichtigen und nicht auf den Kanon philosophischer Texte fixiert bleiben.

2. Literarische Anthropologie

Gleich der historischen Anthropologie ist die literarische Anthropologie eher als ein Forschungsprogramm denn als eine Disziplin zu begreifen. Je nach Ansatz divergieren die Erkenntnisinteressen entschiedener als im Fall der historischen Anthropologie. Es liegen themenzentrierte Analysen vor, die das Anthropologische in der Literatur bzw. Literatur selbst als Anthropologikum profilieren wollen. Es gibt vereinzelte Versuche, Ergebnisse und Verfahren der amerikanischen Kulturanthropologie für eine methodische Umorientierung innerhalb der Literaturwissenschaft fruchtbar zu machen. Schließlich existieren stärker an Foucault ausgerichtete Arbeiten, die die Wissenschaft der Anthropologie und also auch das Projekt Mensch historisieren wollen und dazu nach dessen kulturellen Voraussetzungen fragen.

2.1 Ausgangspunkte

Das Verdienst, literarische Anthropologie als ein Forschungsprogramm eingeführt zu haben, gebührt dem kanadischen Anthropologen Fernando Poyatos. Bereits 1978 hat er einen Kongreß mit dem Titel »Folklore and Literary Anthropology« angekündigt; 1983 veranstaltet er ein Symposium zu diesem Thema beim »International Congress of Anthropological and Ethnological Sciences«. Vorträge und Abschlußdiskussion dieses Kongresses veröffentlicht Poyatos 1988 in dem Sammelband *Literary Anthropology*. Sein Ansatz besteht darin, **Literaturen verschiedener Kulturen ›anthropologisch‹**, d. h. als »the richest sources of documentation for both synchronic and diachronic analyses of people's ideas and behaviors« (Poyatos 1988, S. xii), zu lesen. Einem solchen Zugriff liegt indes ein Verständnis von Literatur als einer ›black-box‹ zugrunde, die problemlos Rückschlüsse auf die Wirklichkeit einer Kultur erlaubt. Entsprechend wird die Diskussion um den Status von Literatur zu einem zentralen Aspekt der Beiträge (Winner, Erickson, Boelhower, Loriggio). In der Schlußdiskussion lehnt die Anthropologin Jayne Botscharow das von Poyatos vorgegebene Literaturverständnis strikt ab und plädiert dafür, **Literatur »as a product of its culture«** (in: Poyatos 1988, S. 337) zu sehen. Dies impliziert für sie, daß Literatur als Produkt einer Kultur auch deren »codes, values and beliefs« (ebd.) teilt, die ausschließlich in einer umfassenden Kontextanalyse, die literarische wie nicht-literarische Texte berücksichtigt, zu erfassen sind. Im Prinzip greift Botscharow damit einen Gedanken auf, den Stephen Greenblatt 1980 in seiner Studie *Renaissance Self-Fashioning* mit dem Programm eines »cultural or anthropological criticism« (Greenblatt 1980, S. 4) formuliert. Mit Bezug auf den kulturanthropologischen Ansatz von Geertz versteht Greenblatt jede kulturelle Praxis als eine interpretative Konstruktion und sieht die Aufgabe der Literaturwissenschaft darin, **Literatur als Teil des Zeichensystems** zu analysieren, das eine Kultur konstruiert und konstituiert. Dies bedeutet zum einen, daß Literatur keinen für das Verständnis einer Kultur privilegierten Untersuchungsgegenstand mehr bildet; dies verlangt zum anderen, daß die Literaturwissenschaft sich Texten zuwendet, die außerhalb des geistesgeschichtlichen Kanons liegen.

Unberührt vom diesem Diskussionsstand und ohne Bezug auf die historische Anthropologie führt der Germanist Helmut Pfotenhauer mit seiner Abhandlung *Literarische Anthropologie* 1987 den Begriff in Deutschland ein. Dabei nimmt er eine Eingrenzung des Forschungsprojekts vor, indem er es auf einen spezifischen historischen Befund verpflichtet: Literarische Anthropologie ist »Ausdruck für einen, vor allem im 18. Jahrhundert denkwürdigen Sachverhalt« (Pfotenhauer 1987, S. 1) – die Anthropologie und Literatur verbindende **Erörterung des »ganzen Menschen«** (ebd.) als Versuch, die Aufspaltung des Menschen in Leib und Seele zu vermitteln. Um dies zu leisten, praktiziert Literatur anthropologische Arbeit, indem sie etwa im Roman auf der Grundlage der anthropologischen Faktorenanalyse die innere Geschichte von Charakteren entwirft. Umgekehrt betreibt Anthropologie literarische Formgebung, indem sie z. B. argumentative Verlegenheitsstellen narrativ zu füllen sucht. Der literarischen Anthropologie geht es demnach um zwei Aspekte: »um **das Literarische der Anthropologie und das eigentümlich Anthropologische der Literatur**« (Pfotenhauer 1994, S. 557). Pfotenhauers Studie wird diesem Programm nur ansatzweise gerecht. Das ›Literarische der Anthropologie‹ wird kurz mit Blick auf Autoren wie Platner, Herder oder Lavater verhandelt. Das ›Anthropologische der Literatur‹ wird zwar ausführlich an der Gattung der Autobiographie erörtert, doch sieht Pfotenhauer deren »anthropologischen Anspruch« darin begründet, daß »sie als Selbstreflexion von Subjektivität mehr ausdrückt als nur das Private und Unbedeutend-Kontingente am einzelnen« – nämlich »das human Repräsentative, Allgemeingültige« (Pfotenhauer 1987, S. 17). Damit wird zum einen deutlich, daß Pfotenhauer ein humanistisch-philosophisches Konzept von Anthropologie vertritt. Zum anderen reicht ihm bereits ein tradiertes Gattungsmerkmal aus, um der Autobiographie das Prädikat des ›Anthropologischen‹ zu verleihen. Damit jedoch wird eine Geschichte der Autobiographie entlang der bekannten Knotenpunkte (Augustinus, Rousseau, Goethe) lediglich unter einem neuem Etikett präsentiert.

Während es Pfotenhauer im Begriff der literarischen Anthropologie um eine »*historische Formation*« (Pfotenhauer 1994, S. 555) zu tun ist, verfolgt der Anglist Wolfgang Iser in seinem programmatischen Aufsatz »Towards a Literary Anthropology« von 1989 eine systematische Darstellung. Ausgangspunkt ist seine Überlegung, daß der Mensch zu jeder Zeit Literatur produziert, daß mithin sein Fiktionsvermögen und also **Literatur selbst ein Anthropologikum** sind. Daran schließt Iser die Fragen an, welche anthropologischen Bedürfnisse Literatur nun ihrerseits als Medium stillt und was sie darin »about our own anthropological makeup« (Iser 1989, S. 210) aussagt. Seine Antwort lautet darauf, daß Literatur immer »**an overstepping of limits**« (ebd., S. 227) praktiziert, weil sie frei von jeglichen Zwängen Mensch und Welt darzustellen vermag, darin das für Wissenschaft und Erfahrung Unfaßbare inszeniert und so das menschliche Begehren, »to gain access to what we otherwise cannot have« (ebd., S. 227), befriedigt. An diesen Grundüberlegungen hält Iser in seiner 1991 publizierten Studie *Das Fiktive und das Imaginäre* fest. Gerade in der permanenten Grenzüberschreitung gewährt Literatur ein »Über-sich-Hinaussein«, das Iser als »**Signatur des Menschen**« (Iser 1991, S. 154) entziffert. Die Grenzüberschreitung veranschaulicht zugleich »die ungeheuere Plastizität des Menschen«, dessen exzentrische Position dazu führt, sich »zu einer unvordenklichen Gestaltenfülle seiner kulturellen Prägung zu vervielfältigen« (ebd., S. 505). Auch wenn die Rede von der »Plastizität des Menschen« die Feststellung anthropologischer Konstanten auszuschließen scheint, liegen Isers literarischer Anthropologie zwei ahistorische Prämissen zugrunde: Zum einen die Prämisse, daß der Mensch sich in einer exzentrischen Position befindet; zum anderen die, daß Literatur Grenzüberschreitung der jeweils gegebenen kulturellen Kontexte ist. Diese zweite Prämisse läßt Isers literarische Anthropologie in eine historisch unspezifische Definition von Literatur münden: Sie beweist ihre »uniqueness [...] by highlighting its otherness in relation to the situations that have conditioned it« (Iser 1989, S. 227).

2.2 Der Boom der literarischen Anthropologie in der ersten Hälfte der 1990er Jahre

Eine Reihe von Sammelbänden zeugen in den 1990er Jahren von dem wachsenden Interesse vor allem an Pfotenhauers Ansatz. Der auf ein 1991 in Dublin veranstaltetes Symposium zurückgehende Band *Anthropologie und Literatur um 1800* stellt programmatisch die »**leib-seelische Doppelnatur des Menschen**« (Barkhoff/Sagarra 1992, S. VI) und die problematischen Versuche deren Vermittlung als Ausgangspunkt aller Aufsätze heraus. In dem von Hans-Jürgen Schings herausgegebenen Sammelband *Der ganze Mensch. Anthropologie und Literatur im 18. Jahrhundert*, der die Beiträge eines interdisziplinären DFG-Symposiums von 1992 präsentiert, steht gleichfalls die problematische Einheit von Leib und Seele im Zentrum der Studien. Die Romanisten Rudolf Behrens und Roland Galle, die die Ergebnisse des Potsdamer Romanistentages von 1993 in dem Band *Historische Anthropologie und Literatur* zusammenfassen, wählen insofern einen Sonderweg, als sie das »commercium mentis et corporis« (Behrens/Galle 1995, S. 8) diachron, vom Mittelalter bis ins 20. Jahrhundert, untersuchen wollen und ausdrücklich an die historische Anthropologie anknüpfen, der gemäß »alle kulturelle Selbst-Gestaltung des menschlichen Lebens [...] sich Formen der Inszenierung verdankt« (ebd., S. 10).

Die Aufsätze im Band *Der ganze Mensch* entwickeln eine Reihe neuer Themen und Perspektiven für die Literaturwissenschaft, die die innovative Kraft der

Fragestellung Pfotenhauers exemplifizieren – Magnetismus (Barkhoff, Ego) und Naturgeschichte des Menschen (Vogl), Formen der Akkulturation (Weissberg) und Grenzwerte des Menschlichen (Hartung, Ingensiep). Hinzu kommt, daß einzelne Untersuchungen sich Wissenschaften zuwenden, die bis dahin in den Literaturwissenschaften kaum Berücksichtigung fanden, etwa Neurophysiologie (Häfner), Neuroanatomie (Hagner) und Physiognomik (Campe), und dabei auch narrative Argumentationsmuster und ästhetische Verfahrensweisen in der wissenschaftlichen Rede herausarbeiten können. Auffällig ist jedoch, daß – mit Ausnahme der unter der Leitung von Pfotenhauer stehenden Sektion beim DFG-Symposium – in allen Sammelbänden nicht von literarischer Anthropologie, sondern von **Literatur und (historischer) Anthropologie** die Rede ist. Vermutlich soll diese **Auseinanderdividierung** der Begriffe betonen, daß es nicht um eine Anthropologie geht, die allein eine der Literatur, ihrer Gattungen und ihrer Vermögen ist: Zwei Disziplinen, die Literatur und die Anthropologie, stehen zur Debatte. Allerdings schlagen sich die meisten Beiträger auf die Seite einer der beiden Disziplinen, so daß deren Wechselspiel kaum in den Blick gerät. In den Aufsätzen, die die Bezüglichkeit der Disziplinen untersuchen, dient dies lediglich dem Ausweis des besonderen Status von Literatur. Manfred Engel z. B. betont, daß die Schwärmerdebatte der Theoretiker des 18. Jahrhunderts eine »bloße Neuinszenierung bekannter Topoi« darstellt: »Neue Einsichten sind in dieser Epoche wesentlich der Literatur zu verdanken« (Engel 1994, S. 479). Behrens und Galle stellen ihr gesamtes Projekt unter den Imperativ, »**das Surplus der ästhetischen Erfahrung**« (Behrens/Galle 1995, S. 9) zu akzentuieren. Das führt dann dazu, daß nicht etwa alle kulturellen Äußerungen als selbstinterpretative Praktiken analysiert werden. Vielmehr werden Biographien der Renaissance miteinander verglichen, um eine Affinität zwischen Renaissance und Moderne zu rekonstruieren (Galle). Ebenso werden der aporetische Konflikt zwischen Pflicht und Neigung in den frühen Tragödien Corneilles dargestellt (Sick) und das Moment der Anthropologie in der Literatur darauf reduziert, ein Menschenbild zu gestalten und ein anderes zu unterlaufen (Behrens, Wanning).

Im Fall der beiden eher germanistisch orientierten Sammelbände ist bei den Aufsätzen, die sich mit Literatur oder Ästhetik beschäftigen, die **Redundanz der anthropologischen Referenzpunkte** (Platner, Herder, Kant) signifikant. Durch die Ausgrenzung der Fülle von Anthropologien im 18. Jahrhundert wirken die Studien – zumal im Vergleich mit Vertreter/inne/n der historischen Anthropologie – äußerst materialarm, arbeiten sich zumeist am tradierten Höhenkamm ästhetischer und philosophischer Schriften des 18. Jahrhunderts ab (u. a. im Band von Barkhoff/Sagarra 1992: Pfotenhauer; im Band von Schings 1994: Adler, Müller-Sievers, Mülder-Bach, Utz, Gaier) und beziehen sich oft auf bereits in der Forschung etablierte Großthesen, die nicht mehr am historischen Material überprüft, sondern sogleich auf Literatur angewendet werden (u. a. im Band von Barkhoff/Sagarra 1992: Nisbet, Sharpe; im Band von Schings 1994: Esselborn, Neumann, Wöbkemeier). Darüber hinaus durchziehen Parameter die Untersuchungen, die – wie die »Humanisierung der Gesellschaft« (Kaiser 1992, S. 140) und die »Autonomie« des Menschen (Riedel 1992, S. 52), die Erfahrungen des Schönen und des Erhabenen (vgl. Zelle 1994, S. 441–443), die »Idee der Vervollkommnung des

Menschen« (Esselborn 1994, S. 513) und die Vorstellung von Dichtung als einer »kultivierende[n] Tätigkeit des Menschen« (Gaier 1994, S. 738) – bereits von geistesgeschichtlichen Untersuchungen zur Verfügung gestellt und nun als ›anthropologische‹ Leitvorstellungen bezeichnet werden.

Diesen Defiziten korrespondiert das **Fehlen fast jeglicher methodischer Fundierung** einer literarischen Anthropologie. Helmut Pfeiffer fordert im Verweis auf Geertz und Greenblatt eine kontextgebundene Analyse literarischer Texte, die »nichtästhetische Diskurse«, »soziale Riten, Zeremonien und Repräsentationen« (Pfeiffer 1995, S. 73) berücksichtigt. Selbst bietet er allerdings eine kontextlose Analyse von Montaignes *Essais*, die nicht nur darin die Schwäche vieler Studien exemplarisch veranschaulicht. Pfeiffers Kernthese: »Das Ich als Haushalt – das ist im Kern ein anthropologisches Strukturmodell«, wird für den zu untersuchenden Zeitraum nirgends belegt. Daß dieses Modell »durch die metaphorische Aneignung eines fremden Diskurses« (ebd., S. 74) sein Profil gewinnt, bleibt gleichfalls ohne Nachweis, da der ›fremde Diskurs‹, der Diskurs der Politik, allein über das Referat einiger Lebensdaten Montaignes eingeholt wird, die, ohne die interpretative Dimension dieser Aussagen in Rechnung zu stellen, fast ausschließlich den *Essais* entnommen sind.

Wolfgang Riedel bemüht sich in seiner Studie ›*Homo Natura*‹. *Literarische Anthropologie um 1900* von 1996 weder um eine methodische Grundlegung seines Untertitels noch um einen Anschluß an eines der vorhandenen Modelle literarischer Anthropologie. Er möchte für die Zeit um 1900 das Aufkommen eines neuen Naturbegriffs nachweisen, dem »unmittelbar anthropologische Relevanz« eignet, da dieser »definiert, was ›Natur des Menschen‹ heißt, und somit begründet, wovon nicht nur die philosophische und wissenschaftliche, sondern auch die literarische Anthropologie überhaupt spricht« (Riedel 1996, S. VIII). Die amerikanische Kulturanthropologie und die historische Anthropologie sprechen 1996 nicht mehr von der ›Natur des Menschen‹ – und literarische Anthropologie muß dies lediglich dann tun, wenn sie der Geistesgeschichte als Methode und der **philosophischen Anthropologie als Referenzpunkt** verpflichtet bleibt. Eben dies gilt für Riedel. Der Nachweis einer »Biologisierung des Naturbegriffs« (ebd., S. 150) gerinnt zu einem geistesgeschichtlichen Streifzug, der über Goethe, Schiller, Schopenhauer, Bachofen und Nietzsche reicht. Bereits in seinem Forschungsbericht von 1994, in dem alles einer literarischen Anthropologie zugerechnet wird, was im weitesten Sinne Themen des Menschlichen behandelt, leistet Riedel keine methodische Fundierung, sondern kommt zu einer geradezu **metaphysischen Begründung des anthropologischen Anspruchs von Literatur**: »Dichtung ist der Diskurs des Anderen der Vernunft. In diesem Sinne ›ist‹ Literatur Anthropologie« (Riedel 1994, S. 101). In der Folge dieser Bestimmung wird Literatur als einzig adäquates Medium für eine Menschenkunde ausgewiesen: Sie gibt »die ungeschönten Protokolle seiner [des Menschen] imperfekten Existenz zu lesen. Sie und beinahe sie allein beschreibt sein Sein« (ebd.). Das Projekt einer literarischen Anthropologie mündet damit im radikalen Ausschluß jeder anderen Form von Anthropologie.

Der 1996 von dem Anglisten Jürgen Schlaeger herausgegebene Sammelband *The Anthropological Turn in Literary Studies* zielt demgegenüber auf eine theoretische Grundlegung. Zum einen wird versucht, die ahistorischen Prämissen Isers dadurch zu revidieren, daß man eine **Leserfundierung** seines Projekts fordert (Sutrop). Zum anderen wird im Anschluß an die amerikanische Kulturanthropologie und an Hayden Whites Einsicht in die narrative Verfaßtheit der Geschichtswissenschaft auf das **konstruktive und interpretative Moment aller kultureller Äußerungen**, inklusive der wissenschaftlichen, insistiert (Müller). Die sodann dargebotenen Untersuchungen zur Literatur tragen diesen Erwägungen jedoch kaum Rechnung. Teilweise unternimmt man im Anschluß an ethnologische Modelle eine Neulektüre der literarischen Texte (Armstrong, Lemke). Doch geschieht dies in rein textimmanenten Analysen, die zumeist ein diffuses Anthropologisches der Literatur auszuweisen suchen (Reif-Hülser, Minnis, Theisen). Daß beispielweise Edgar Allan Poes Texte zwei Körpermodelle entwerfen, wobei das eine einer »grotesque-arabesque aesthetics«, das andere einer »aesthetics of ugliness« folgt (Rippl 1996, S. 239), reicht nicht über Erkenntnisse der gängigen Literaturwissenschaft hinaus.

2.3 Das Ende der literarischen Anthropologie?

Gleich Schlaeger spricht auch Doris Bachmann-Medick in ihrer Studie *Kultur als Text* (1996) im Untertitel von einer *anthropologischen Wende in der Literaturwissenschaft.* Allerdings setzt sie diese Bezeichnung gezielt ein, um sich von den bisher in Deutschland entfalteten Modellen abzugrenzen. Eine ›**anthropologische Wende**‹ impliziert für sie mehr als die Orientierung an vermeintlich anthropologischen Themen (vgl. Kap. 5 »Kulturanthropologie« in diesem Band). Ziel ist es, den Untersuchungshorizont und die Methodik der Literaturwissenschaft zu erweitern: Literarische Texte »sind auf die in ihnen selbst enthaltenen Repräsentationsweisen und Strategien kultureller Selbst- und Fremderfahrung abzuklopfen« (Bachmann-Medick 1996, S. 12). Methodisch impliziert dies eine Infragestellung des hermeneutischen Anspruchs auf Horizontverschmelzung: Nicht nur Texte anderer Kulturen, auch die der eigenen Kultur markieren »**kulturinterne Brüche und Fremdheiten**« (ebd., S. 9). Dergleichen ›Fremdheiten‹ sind in ihren spezifischen zeitlichen wie räumlichen Kontexten zu erörtern. Dies wiederum bedeutet, daß Literaturwissenschaft die Begrenzung auf den tradierten Kanon aufzubrechen und sich einem umfassenden Korpus literarischer wie nicht-literarischer Texte zuzuwenden hat.

Im Anschluß an Geertz' interpretative Kulturanthropologie – sie ermöglicht es, auch **literarische Texte als Formen einer Kulturauslegung** zu begreifen (ebd., S. 22–26) –, Foucaults Diskursanalyse – sie fragt nach Momenten der **Normierung und Disziplinierung in allen kulturellen Praktiken** (ebd., S. 29 f.) –, der *Writing Culture*-Debatte – sie hat auf die rhetorisch-literarischen Strategien der ethnograpischen Texte selbst und damit aller wissenschaftlicher Texte aufmerksam gemacht – formuliert Bachmann-Medick als Aufgabe der Literaturwissenschaft, kulturelle Repräsentationen jeder Form – Rituale ebenso wie Literatur – als Effekte vielfältiger und konfligierender Selbstauslegungen zu verstehen. Als konkreten Ansatz hierfür nennt sie die Arbeiten Stephen Greenblatts. Dieser untersucht die **Austauschprozesse zwischen einzelnen kulturellen Praktiken**, zu denen er auch die Literatur zählt, und fragt danach, wie in diesem Austausch ein **kulturelles Wissen** produziert wird. Daß er dabei den »Gebrauch des Ausdrucks ›der Mensch‹« (Greenblatt 1990, S. 10) explizit ablehnt, verweist für Bachmann-Medick auf die im *New Historicism* praktizierte Absage an eine philosophische Anthropologie, die meist als Grundlage der literarischen Anthropologie deutscher Provenienz fungiert.

Die Arbeiten von Roland Borgards, Albrecht Koschorke, Harald Neumeyer und Stefan Rieger zeugen von einer forcierten **Anwendung der Diskursanalyse und des *New Historicism*** auf Humanwissenschaften und Literatur sowie auf den Begriff vom Menschen. In seinem Beitrag für das DFG-Symposion macht Koschorke auf die medientechnischen Voraussetzungen des Projekts Mensch aufmerksam: Alphabetisation bezeichnet er als jenes »kommunikative Apriori«, das »den Prozeß der Subjektformung bedingt« (Koschorke 1994, S. 627). Rieger verweist auf die »Schriftmacht« – Techniken zur Aufzeichnung und Archivierung des Wissens vom Menschen –, die allererst die Konstitution der Humanwissenschaften im 18. Jahrhundert ermöglicht und an die Stelle einer »Individualität des denkwürdigen Menschen« »die Individualität des berechenbaren Menschen« setzt (Rieger 1995, S. 382). Diese medientheoretische Wendung einer Diskursanalyse bildet die Voraussetzung für die Habilitationsschriften Koschorkes und Riegers.

Koschorke bezieht sich in seiner *Mediologie des 18. Jahrhunderts* (1999) zunächst auf das Forschungsprojekt der literarischen Anthropologie, beruft sich dann jedoch auf die Arbeiten Foucaults, die veranschaulichen, daß die **Humanwissenschaften »das in ihnen verhandelte Wissen nicht vorfinden, sondern erzeugen«**. Konsequent hat man die Reden über den Menschen »in ihren machttechnischen Verwicklungen, als Komplex von Einschluß- und Ausschlußverfahren« (Koschorke 1999, S. 10) anzusehen. Implizit ist damit einer literarischen Anthropologie in der Nachfolge Pfotenhauers und Riedels eine Absage erteilt: Statt die Aussagen über den Menschen in ihrem Aussagewert zu nehmen und daraus ein repräsentativ Humanes oder eine *conditio humana* zu destillieren, gilt es, nach den historischen Bedingungen zu forschen, die dergleichen Aussagen hervorbringen. Koschorke ortet diese Bedingungen in einem in Medizin und Literatur/Ästhetik parallel verlaufenden Umbruch. In der Medizin ist es die Umstellung vom humoralen zum neuronalen Leib; im Kommunikationsbereich sind es die Alphabetisation und das Anwachsen des Schriftverkehrs – beide Prozesse produzieren jeweils einen Menschen, der nach außen wie nach innen abgeschlossen ist und doch auf kommunikative Anschlußfähigkeit verpflichtet wird.

In seiner 2001 erschienenen Studie *Die Individualität der Medien* reklamiert Rieger für sich das »Programm einer **kulturwissenschaftlich ausgerichteten Medienanthropologie**« (Rieger 2001, S. 36). Ziel dieses Ansatzes ist es zum einen, »das konstitutive Verhältnis von Mensch und Medium« (ebd., S. 37) entlang differenter historischer Episteme zu skizzieren, um derart die mediale Formung des Menschen als »Regelfall« (ebd., S. 30) seiner Geschichte auszuweisen. Zum anderen beabsichtigt Rieger eine Ebene der Humanwissenschaften in den Blick zu nehmen, die der traditionellen Wissenschaftsgeschichte entgeht und die er als das »Unbewußte des Wissens« (ebd., S. 41), als verlorengegangene oder latent gewordene Bereiche eines Wissens vom Menschen bezeichnet. Auf dieser Ebene gilt es, z. B. die primären Effekte der Medientechniken auf die Konstruktion des Menschen zu rekonstruieren. Dann, so Rieger, wird als grundlegender Befund nicht nur für die Moderne folgendes deutlich: »In seiner Bestimmung als Medium gewinnt das Phantom Mensch Kontur« (ebd., S. 42).

Von literarischer Anthropologie ist bei Borgards und Neumeyer nicht mehr die Rede. Mit Koschorke teilen sie das Interesse an **parallellaufenden Prozessen in Wissenschaft und Literatur** sowie an der **historischen und interdisziplinären Produktion von Modellen des Menschen**. Neumeyer zeichnet in seiner Untersuchung zur Melancholie um 1800 den sich zwischen Medizin und Literatur vollziehenden Austausch von Metaphern, Reflexionsfiguren und Problemlagen nach. Dieser Austauschprozeß konstituiert einen »kulturellen Kode[s] der Melancholie« (Neumeyer 2000, S. 79), nach dessen Maßgabe eine anthropologische Gegebenheit wie Melancholie historisch allererst identifizierbar und berechenbar gemacht wird. In seinem Aufsatz zur Onanie-Debatte des 18. Jahrhunderts zeigt Neumeyer, wie der Mensch als eine »Text-Körper-Produktions-Maschine« (Neumeyer 2001, S. 79) eingesetzt wird: Die Lektüre von Schriften zur Onanie produziert spezifische Körper, deren Lektüre wiederum zur Abfassung von Schriften zur Onanie treibt – der Körper des Menschen fungiert damit als Medium fortgesetzter Zeichenproduktion und -interpretation. Borgards weist in seiner Arbeit zum Schmerz nach, daß die Erfahrung von Schmerz historischen Transformationen unterliegt. Erst in der medizinischen Diskussion ab 1780 wird der Schmerz »zum Kriterium für das beseelte Leben« (Borgards 2001, S. 153). Voraussetzung dieses Umbruchs ist abermals die Umstellung innerhalb der medizinischen Explikationsmodelle: An die Stelle des humoralen Körpers tritt der Körper als ein nervöses System, dem Schmerz als ihm eigentümliche Erfahrung zugeordnet werden kann. Die damit erfolgte Engführung von Schmerz und Leben produziert ein Wissen vom Menschen, »an dem physiologische Traktate und melancholische Gedichte gleichermaßen partizipieren« (ebd., S. 156). In einem gemeinsamen Aufsatz haben Borgards und Neumeyer zudem dargestellt, daß die historische Erfindung des Menschen in der zweiten Hälfte des 18. Jahrhunderts mehr Modelle hervorbringt als das bekannte einer problematischen Einheit von Leib und Seele. Eines dieser Modelle, dessen Voraussetzung die in Wissenschaften wie Literatur praktizierte Verlagerung der Nacht aus dem Außen in ein Innen des Menschen bildet, profiliert den Menschen als ein »Doppelwesen aus Bewußtsein und Nicht-Bewußtsein, als eine Hell-Dunkel-Doublette« (Borgards/Neumeyer 2001, S. 35).

Der 2001 publizierte Sammelband *Anthropologie und Ästhetik um 1800*, der auf eine Tagung des Gießener Graduiertenkollegs »Klassizismus und Romantik« zurückgeht, fokussiert die Analyseperspektive auf »die **Austauschbeziehungen zwischen zeitgenössischer anthropologischer Forschung und ästhetischer Theorie und Praxis**« (Bergengruen/Borgards/Lehmann 2001, S. 10). Konsequent zeigen einzelne Studien, wie etwa das diätetische Strukturmodell die ästhetische Organisation literarischer Texte steuert (Thums) bzw. wie divergierende physiologische Fundierungen der Einbildungskraft Neuformulierungen in der romantischen Ästhetik generieren (Welsh). Christina Dongowski schließlich entziffert die wissenschaftspolitische Funktion der durch Pfotenhauer und im Anschluß an ihn formulierten Modelle einer literarischen Anthropologie. Daß Literatur und Ästhetik »als emphatischer Ort des Humanums« (Dongowski 2001, S. 161) ausgewiesen und als Untersuchungsgegenstand privilegiert werden, dient der Selbstlegitimation der Philologien im System der Wissenschaften. Damit jedoch setzen die einzelnen Philologien als historisches Faktum voraus, was Kant als notwendiges Desiderat formuliert – die Ausdifferenzierung von Wissenschaft und Literatur als unterschiedliche Formen der Rede über den Menschen.

2.4 Institutionelle Verankerung

Der Heterogenität der Ansätze und dem Umstand entsprechend, daß das Forschungsprojekt der literarischen Anthropologie relativ spät propagiert und der Begriff bereits nach knapp zehn Jahren weitgehend aus der Forschungslandschaft verschwunden ist, kommt es nicht zu einer Institutionalisierung und Bündelung der Forschungsinteressen wie im Falle der historischen Anthropologie. Der 1996 an der Universität Konstanz gegründete Sonderforschungsbereich »Literatur und Anthropologie« scheint auf den ersten Blick, folgt man dem auf der Homepage präsentierten »Grundsatzpapier«, den Spagat zwischen der literarischen Anthropologie Pfotenhauers und Isers, die schon schwer in Einklang zu bringen sind, auf der einen und einer anthropologischen Wende in der Literaturwissenschaft auf der anderen Seite zu wagen. So wird im Anschluß an Iser **Literatur als ein anthropologisches Faktum** verstanden; es wird aber auch darauf hingewiesen, was eher Pfotenhauers Position entspricht, daß Literatur anthropologische Fragestellungen verhandelt. Schließlich, und dies trägt einer anthropologischen Wende in der Literaturwissenschaft Rechnung, sollen die literarischen Konstruktionen des Menschen mit den Konzeptualisierungen des Menschen in anderen Disziplinen in Bezug gesetzt werden. Daraus erklärt es sich wohl, daß von ›Literatur und Anthropologie‹ die Rede ist. Es gilt, dem Mißverständnis vorzubeugen, daß allein Literatur als anthropologische Gegebenheit auf ihre historisch und kulturell divergierenden Funktionen hin erörtert und ausschließlich Literatur danach befragt werden soll, inwiefern sie Anthropologisches repräsentiert.

Die von Gerhart von Graevenitz herausgegebene Schriftenreihe des Sonderforschungsbereich, die gleichfalls den Reihentitel *Literatur und Anthropologie* trägt, läßt nochmals die Heterogenität der Ansätze sichtbar werden. Der von Rieger, Schamma Schahadat und Manfred Weinberg herausgegebene Band zur *Interkulturalität* (1999) behandelt als Leitfrage, wie sich im – konfliktreichen – Aufeinandertreffen von unterschiedlichsten Repräsentationsformen fremder Kulturen und Wahrnehmungstechniken sowie Lebenspraktiken der je eigenen Kultur das Verhältnis zur letzteren modifiziert. Der Band praktiziert damit die anthropologische Wende in der Literaturwissenschaft. Hingegen benutzt der auch 1999 von Anette Keck, Inga Kording und Anja Prochaska publizierte Band zur *An-*

thropophagie in Literatur und Kulturwissenschaften das verbindende ›und‹ des Titels dazu, die Disziplinen voneinander zu trennen. Der Großteil der Studien bietet auf Literatur beschränkte Analysen, die ohne kulturhistorisch spezifizierte Kontexte auskommen und das Thema des Kannibalismus mit allgemeinen zeitumgreifenden Theorieentwürfen aus Philosophie oder Psychoanalyse zu füllen suchen (u. a. Gasché, Görling, Windisch, Fulda, Ellmann, Prochaska).

Die 1999 an der Universität Bochum gegründete DFG-Forschergruppe »Imagination und Kultur«, die unter der Leitung von Rudolf Behrens steht, unternimmt den interdisziplinär und diachron ausgerichteten Versuch, eine Geschichte der Imagination zu entwerfen. Ausdrücklich verweist die »Kurzbeschreibung« des Projekts auf der Homepage der Forschergruppe darauf, daß die **Funktionsweisen der Imagination** in den Künsten genauso wie in den Wissenschaften behandelt werden sollen. Wie die Forschergruppe indes geschichtliche und kulturelle Divergenzen ins Verhältnis zu ihrer Annahme setzen wird, daß es sich im Falle der Imagination um eine anthropologische Grundbegebenheit handelt, bleibt abzuwarten.

2.5 Probleme und Perspektiven

Die »strikte Historisierung« des Menschen, wie sie der historischen Anthropologie eignet und sie zu einem »Kernstück« der Kulturwissenschaften qualifiziert (Böhme/Scherpe 1996, S. 17), ist im Forschungsprojekt der literarischen Anthropologie – dort, wo es unter diesem Namen antritt – noch nicht vollzogen. Eine solche Historisierung ist vor allem in zwei Hinsichten vorzunehmen. Zum einen sind sämtliche **anthropologische Leitlinien**, wie sie Wissenschaften und Literatur repräsentieren, **in ihrer historischen Kontingenz** zu erörtern und nach ihren materiellen Voraussetzungen zu befragen. Dies betrifft vermeintlich fixe Identitäten wie den Körper oder die Natur des Menschen ebenso wie das Paradigma vom ›ganzen Menschen‹. Zum anderen müssen – vor jeder Konstatierung der Literatur als Anthropologikum – die **kulturell und geschichtlich unterschiedlichen Funktionen von Literatur** ausbuchstabiert werden (vgl. Fluck 1997). Um beide Aufgaben zu erfüllen, ist eine Erweiterung der Materialbasis unumgänglich. Die vielfach beibehaltene Ausrichtung am geistesgeschichtlichen Kanon bekommt weder die Pluralität kultureller Kontexte noch die Heterogenität anthropologischer Selbstauslegungen in den Blick. So steht z. B. zu vermuten, daß das Paradigma des ›ganzen Menschen‹, das durch Berufung auf die immer gleichen Autoren abgesichert wird, ein komplexitätsreduzierendes Forschungskonstrukt ist.

Aufgabe einer literarischen Anthropologie sollte es ferner sein, die Beziehungen zwischen den Humanwissenschaften und der Literatur auf gemeinsame Explikationsmodelle und Problemlagen hin zu untersuchen, um so die **interdisziplinäre Konstruktion eines kulturellen Wissens vom Menschen** – diesseits eines spekulativ veranschlagten Allgemein-Menschlichen – nachzeichnen zu können. Dabei spielen die Analyse der ästhetischen Verfahren in Wissenschaft und Literatur sowie die Untersuchung der medialen Bedingungen für die Generierung und

Archivierung dieses Wissens vom Menschen eine zentrale Rolle. Ob dieses Forschungsprogramm allerdings unter dem Namen der literarischen Anthropologie ausgeführt wird, ist zu bezweifeln. Durch die Arbeiten von Pfotenhauer, Iser und Riedel ist dieser Begriff mit einer Reihe geistesgeschichtlicher und ahistorischer Implikationen besetzt, die vorab an dem besonderen Status von Literatur festhalten. Joseph Vogls in impliziter Anlehnung an Foucault 1997 und 1999 formuliertes Projekt der ***Poetologien des Wissens*** präsentiert demgegenüber ein Set an Fragestellungen und Perspektiven, die es ermöglichen, die historischen und kulturellen Formen eines Wissens vom Menschen und ihre ›poietische‹ Hervorbringung disziplinenübergreifend zu diskutieren – damit avanciert Literaturwissenschaft zur Kulturwissenschaft.

Literaturverzeichnis

Historische Anthropologie

Ariès, Philippe: *Geschichte der Kindheit.* München: dtv 1978 (orig.: *L'Enfant et la vie familiale sous l'Ancien régime.* Paris: Plon 1960).

Böhme, Gernot: *Anthropologie in pragmatischer Hinsicht. Darmstädter Vorlesungen.* Frankfurt a.M: Suhrkamp 1985.

Boon, James A.: *Other Tribes, Other Scribes. Symbolic Anthropology in the Comparative Study of Cultures, Histories, Religions and Texts.* Cambridge: Cambridge UP 1983.

Burgard, Paul: *Tagebuch einer Revolte. Ein städtischer Aufstand während des Bauernkrieges von 1525.* Frankfurt a. M./New York: Campus 1998.

Burke, Peter: *Helden, Schurken und Narren. Europäische Volkskultur in der frühen Neuzeit.* Stuttgart: Klett Cotta 1981 (orig.: *Popular Culture in Early Modern Europe.* London: Temple Smith 1978).

Cohn, Bernhard S.: »History and Anthropology. The State of Play.« In: *Comparative Studies in Society and History* 22 (1980), S. 198–221.

Davis, Natalie Zemon: »Anthropology and History in the 1980s. The Possibilities of the Past.« In: *Journal of Interdisciplinary History* 12,2 (1981), S. 267–275.

Dressel, Gert: *Historische Anthropologie. Eine Einführung.* Wien/Köln/Weimar: Böhlau 1996.

Dülmen, Richard van (Hg.): *Kultur der einfachen Leute. Bayerisches Volksleben vom 16. bis zum 19. Jahrhundert.* München: Beck 1983.

Dülmen, Richard van: *Frauen vor Gericht. Kindsmord in der frühen Neuzeit.* Frankfurt a. M.: Fischer 1991a.

Dülmen, Richard van: »Historische Anthropologie in der deutschen Sozialgeschichtsschreibung. Ein Bericht.« In: *Geschichte in Wissenschaft und Unterricht* 42 (1991b), S. 692–709.

Dülmen, Richard van (Hg.): *Körper-Geschichten. Studien zur historischen Kulturforschung.* Frankfurt a. M.: Fischer 1996.

Dülmen, Richard van: *Der ehrlose Mensch. Unehrlichkeit und soziale Ausgrenzung in der Frühen Neuzeit.* Köln/Weimar/Wien: Böhlau 1999.

Dülmen, Richard van: *Historische Anthropologie. Entwicklung, Probleme, Aufgabe.* Köln/Weimar/Wien: Böhlau 2000.

Dülmen, Richard van/Schindler, Norbert (Hgg.): *Volkskultur. Zur Wiederentdeckung des vergessenen Alltags.* Frankfurt a. M.: Fischer 1984.

Elias, Norbert: *Über den Prozeß der Zivilisation. Soziogenetische und psychogenetische Untersuchungen.* 2 Bde. Frankfurt a. M.: Suhrkamp 1976 [1936].

Fuchs, Martin/Berg, Eberhard: »Phänomenologie der Differenz. Reflexionsstufen ethnographischer Repräsentation.« In: dies. (Hgg.): *Kultur, soziale Praxis, Text. Die Krise der ethnographischen Repräsentation.* Frankfurt a. M.: Suhrkamp 1993, S. 11–108.

Foucault, Michel: *Die Ordnung der Dinge. Eine Archäologie der Humanwissenschaften*. Frankfurt a. M.: Suhrkamp 1974 (orig.: *Les mots et les choses*. Paris: Gallimard 1966).

Gadamer, Hans Georg: *Wahrheit und Methode*. Tübingen: Mohr 1960.

Gebauer, Gunter: »Überlegungen zur Anthropologie.« In: ders.: (Hg.): *Anthropologie*. Ditzingen: Reclam 1998, S. 7–21.

Geertz, Clifford: »Dichte Beschreibung. Bemerkungen zu einer deutenden Theorie von Kultur.« In: ders.: *Dichte Beschreibung. Beiträge zum Verstehen kultureller Systeme*. Frankfurt a. M.: Suhrkamp 1983a, S. 7–43 (orig.: *The Interpretation of Cultures: Selected Essays*. New York: Basic Books 1973).

Geertz, Clifford: »›Deep play‹. Bemerkungen zum balinesischen Hahnenkampf.« In: ders.: 1983a, S. 202–260 (= 1983b).

Ginzburg, Carlo: *Der Käse und die Würmer. Die Welt eines Müllers um 1600*. Berlin: Wagenbach 1990 (orig.: *Il formaggio et i vermi: il cosmo di un mugniao del '500*. Torino: Eincandi 1976).

Habermas, Rebekka: *Wallfahrt und Aufruhr. Zur Geschichte des Wunderglaubens in der Frühen Neuzeit*. Frankfurt a. M./New York: Campus 1991.

Iggers, Georg: »Zur ›Linguistischen Wende‹ im Geschichtsdenken und in der Geschichtsschreibung.« In: *Geschichte und Gesellschaft* 21 (1995), S. 557–570.

Kamper, Dietmar/Wulf, Christoph: »Zum Spannungsfeld von Vervollkommnung und Unverbesserlichkeit.« In: dies. (Hgg.): *Anthropologie nach dem Tode des Menschen. Vervollkommnung und Unverbesserlichkeit*. Frankfurt a. M.: Suhrkamp 1994.

Kaschuba, Wolfgang: *Volkskultur zwischen feudaler und bürgerlicher Gesellschaft. Zur Geschichte eines Begriffs und seiner gesellschaftlichen Wirklichkeit*. Frankfurt a. M./New York: Campus 1988.

Kocka, Jürgen: »Perspektiven für die Sozialgeschichte der neunziger Jahre.« In: Winfried Schulze (Hg.): *Sozialgeschichte, Alltagsgeschichte, Mikro-Historie. Eine Diskussion*. Göttingen: Vandenhoeck & Ruprecht 1994, S. 33–39.

Köhler, Oskar: »Versuch einer historischen Anthropologie.« In: *Saeculum. Jahrbuch für Universalgeschichte* 25 (1974), S. 129–246.

Lenzen, Dieter: »Historische Anthropologie. Zum Problem der Humanwissenschaften heute oder Versuche einer Neubegründung.« In: Gunter Gebauer et al. (Hgg.): *Historische Anthropologie. Zum Problem der Humanwissenschaften heute oder Versuche einer Neubegründung*. Reinbek: Rowohlt 1989, S. 13–48.

Lepenies, Wolf: »Geschichte und Anthropologie. Zur wissenschaftshistorischen Einschätzung des aktuellen Disziplinenkontakts.« In: *Geschichte und Gesellschaft* 1 (1975), S. 325–343.

Lepenies, Wolf: »Probleme einer Historischen Anthropologie.« In: Reinhard Rürup (Hg.): *Historische Sozialwissenschaft. Beiträge zur Einführung in die Forschungspraxis*. Göttingen: Vandenhoeck & Ruprecht 1977, S. 126–159.

Marquard, Odo: »Zur Geschichte des philosophischen Begriffs ›Anthropologie‹ seit dem Ende des 18. Jahrhunderts.« In: ders. (Hg.): *Schwierigkeiten mit der Geschichtsphilosophie*. Frankfurt a. M.: Suhrkamp 1997 [1973], S. 122–144.

Martin, Jochen: »Das Institut für Historische Anthropologie.« In: *Saeculum. Jahrbuch für Universalgeschichte* 33 (1982), S. 375–380.

Martin, Jochen: »Der Wandel des Beständigen. Überlegungen zu einer historischen Anthropologie.« In: *Freiburger Universitätsblätter* 126 (1994), S. 35–46.

Martin, Jochen/Nitschke, August (Hgg.): *Zur Sozialgeschichte der Kindheit*. Freiburg/München: Alber 1986.

Medick, Hans: »Spinnstuben auf dem Dorf. Sexualkultur und Feierabendbrauch in der ländlichen Gesellschaft der frühen Neuzeit.« In: Gerhard Huck (Hg.): *Sozialgeschichte der Freizeit. Untersuchungen zum Wandel der Alltagskultur in Deutschland*. Wuppertal: Hammer 1980, S. 19–49.

Medick, Hans: »Plebejische Kultur, plebejische Öffentlichkeit, plebejische Ökonomien. Über Erfahrungen und Verhaltensweisen Besitzarmer und Besitzloser in der Übergangsphase zum Kapitalismus.« In: Robert Berdahl et al. (Hgg.): *Klassen und Kultur. Sozialanthropologische Perspektiven in der Geschichtsschreibung*. Frankfurt a. M.: Syndikat 1982, S. 157–204.

Medick, Hans: »›Missionare im Ruderboot‹? Ethnologische Erkenntnisweisen als Herausforderungen an die Sozialgeschichte.« In: *Geschichte und Gesellschaft* 10 (1984), S. 295–319.

Müller, Ernst Wilhelm (Hg.): *Geschlechtsreife und Legitimation zur Zeugung*. Freiburg/München: Alber 1985.

Nipperdey, Thomas: »Bemerkungen zum Problem einer historischen Anthropologie.« In: Ernst Oldemeyer (Hg.): *Die Philosophie und die Wissenschaften. Simon Moser zum 65. Geburtstag*. Meisenheim am Glan: Hain 1967, S. 350–370.

Nipperdey, Thomas: »Die anthropologische Dimension der Geschichtswissenschaft.« In: Gerhard Schulz (Hg.): *Geschichte heute. Positionen. Tendenzen. Probleme*. Göttingen: Vandenhoeck & Ruprecht 1973, S. 225–255.

Raulff, Ulrich: »Vorwort.« In: ders. (Hg.): *Mentalitäten-Geschichte. Zur historischen Rekonstruktion geistiger Prozesse*. Berlin: Wagenbach 1987, S. 7–17.

Roper, Lyndal: *Ödipus und der Teufel. Körper und Psyche in der Frühen Neuzeit*. Frankfurt a. M.: Fischer 1995 (orig.: *Oedipus and the Devil. Witchcraft, Sexuality and Religion in Early Modern Europe*. London: Routledge 1994).

Sahlins, Marshall: *Der Tod des Kapitän Cook. Geschichte als Metapher und Mythos als Wirklichkeit in der Frühgeschichte des Königreiches Hawaii*. Berlin: Wagenbach 1986 [1981].

Schindler, Norbert: *Widerspenstige Leute. Studien zur Volkskultur in der frühen Neuzeit*. Frankfurt a. M.: Fischer 1992.

Schlumbohm, Jürgen: *Lebensläufe, Familien, Höfe. Die Bauern und Heuerleute des Osnabrükker Kirchspiels Belm in protoindustrieller Zeit. 1650–1860*. Göttingen: Vandenhoeck & Ruprecht 1994.

Schuster, Beate: *Die freien Frauen. Dirnen und Frauenhäuser im 15. und 16. Jahrhundert*. Frankfurt a. M./New York: Campus 1995.

Sprandel, Rolf: »Historische Anthropologie. Zugänge zum Forschungsstand.« In: *Saeculum. Jahrbuch für Universalgeschichte* 27 (1976), S. 121–142.

Süssmuth, Hans: »Geschichte und Anthropologie. Wege zur Erforschung des Menschen.« In: ders. (Hg.): *Historische Anthropologie. Der Mensch in der Geschichte*. Göttingen: Vandenhoeck & Ruprecht 1984, S. 5–18.

Ulbricht, Otto: *Kindsmord und Aufklärung in Deutschland*. München: Oldenbourg 1990.

Ulbricht, Otto (Hg.): *Von Huren und Rabenmüttern. Weibliche Kriminalität in der Frühen Neuzeit*. Köln/Weimar/Wien: Böhlau 1995.

Ulbricht, Otto: »Aus Marionetten werden Menschen. Die Rückkehr der unbekannten historischen Individuen in die Geschichte der Frühen Neuzeit.« In: Erhard Chvojka/Richard van Dülmen/ Vera Jung (Hgg.): *Neue Blicke. Historische Anthropologie in der Praxis*. Wien: Böhlau 1997, S. 13–32.

Veyne, Paul: *Geschichtsschreibung und was sie nicht ist*. Frankfurt a. M.: Suhrkamp 1990 (orig.: *Comment on écrit l'histoire*. Paris: Seuil 1971).

Literarische Anthropologie

Bachmann-Medick, Doris: »Einleitung.« In: dies. (Hg.): *Kultur als Text. Die anthropologische Wende der Literaturwissenschaft*. Frankfurt a. M.: Fischer 1996, S. 7–64.

Barkhoff, Jürgen/Sagarra, Eda (Hgg.): *Anthropologie und Literatur um 1800*. München: Iudicium 1992.

Behrens, Rudolf/Galle, Roland (Hgg.): *Historische Anthropologie und Literatur*. Würzburg: Königshausen & Neumann 1995.

Bergengruen, Max/Borgards, Roland/Lehmann, Johannes F. (Hgg.): *Die Grenzen des Menschen. Anthropologie und Ästhetik um 1800*. Würzburg: Königshausen & Neumann 2001.

Böhme, Hartmut/Scherpe, Klaus R.: »Zur Einführung.« In: dies. (Hgg.): *Literatur und Kulturwissenschaften. Positionen, Theorien, Modelle*. Reinbek: Rowohlt 1996, S. 7–24.

Borgards, Roland: »Das Leben ein Schmerz. Die Geschichte einer Denkfigur in Literatur und Medizin.« In: Bergengruen/Borgards/Lehmann (Hgg.) 2001, S. 135–158.

Borgards, Roland/Neumeyer, Harald: »Der Mensch in der Nacht – die Nacht im Menschen. Aufgeklärte Wissenschaften und romantische Literatur.« In: *Athenäum. Jahrbuch für Romantik* 11 (2001), S. 13–39.

Dongowski, Christina: »Die zwei Körper des Menschen. Wilhelm von Humboldts Versuch, den Sinn der Fortpflanzung zu denken.« In: Bergengruen/Borgards/Lehmann 2001, S. 159–181.

Engel, Manfred: »Die Rehabilitation des Schwärmers. Theorie und Darstellung des Schwärmens in Spätaufklärung und früher Goethezeit.« In: Schings 1994, S. 469–498.

Esselborn, Hans: »Vexierbilder der literarischen Anthropologie. Möglichkeiten und Alternativen des Menschen im europäischen Reiseroman des 17. und 18. Jahrhunderts.« In: Schings 1994, S. 499–516.

Fluck, Winfried: *Das kulturelle Imaginäre. Eine Funktionsgeschichte des amerikanischen Romans 1790–1900.* Frankfurt a. M.: Suhrkamp 1997.

Gaier, Ulrich: »›...ein Empfindungssystem, der ganze Mensch‹. Grundlagen von Hölderlins poetologischer Anthropologie im 18. Jahrhundert.« In: Schings 1994, S. 724–746.

Greenblatt, Stephen: *Renaissance Self-Fashioning. From More to Shakespeare.* Chicago: University Press 1980.

Greenblatt, Stephen: »Resonanz und Staunen.« In: ders.: *Schmutzige Riten. Betrachtungen zwischen Selbstbildern.* Frankfurt a. M.: Fischer 1995, S. 7–29 (orig.: *Learning to Curse. Essays in Early Modern Culture.* New York: Routledge 1990).

Iser, Wolfgang: »Towards a Literary Anthropology.« In: Ralph Cohen (Hg.): *The Future of Literary Theory.* New York: Routledge 1989, S. 208–228.

Iser, Wolfgang: *Das Fiktive und das Imaginäre. Perspektiven literarischer Anthropologie.* Frankfurt a. M.: Suhrkamp 1991.

Kaiser, Marita: »Zum Verhältnis von Karl Philipp Moritz' psychologischer Anthropologie und literarischer Selbstdarstellung.« In: Barkhoff/Sagarra 1992, S. 120–140.

Keck, Annette/Kording, Inka/ Prochaska, Anja (Hgg.): *Verschlungene Grenzen. Anthropophagie in Literatur und Kulturwissenschaft.* Tübingen: Narr 1999.

Koschorke, Albrecht: »Alphabetisation und Empfindsamkeit.« In: Schings 1994, S. 605–628.

Koschorke, Albrecht: *Körperströme und Schriftverkehr. Mediologie des 18. Jahrhunderts.* München: Fink 1999.

Neumeyer, Harald: »›Wir nennen aber jetzt Melancholie‹ (Adolph Henke). Chateaubraind, Goethe, Tieck und die Medizin um 1800.« In: Thomas Lange/ Harald Neumeyer (Hgg.): *Kunst und Wissenschaft um 1800.* Würzburg: Königshausen & Neumann 2000, S. 63–88.

Neumeyer, Harald: »›Ich bin einer von denjenigen Unglückseligen (...)‹: Rückkopplungen und Autoreferenzen. Zur Onaniedebatte im 18. Jahrhundert.« In: Bergengruen/Borgards/Lehmann 2001, S. 65–95.

Pfeiffer, Helmut: »Das Ich als Haushalt. Montaignes ökonomische Politik.« In: Behrens/Galle/Roland 1995, S. 69–90.

Pfotenhauer, Helmut: *Literarische Anthropologie. Selbstbiographien und ihre Geschichte – am Leitfaden des Leibes.* Stuttgart: Metzler 1987.

Pfotenhauer, Helmut: »Einführung.« In: Schings 1994, S. 555–560.

Poyatos, Fernando (Hg.): *Literary anthropology. A new interdisciplinary approach to people, signs and literature.* Amsterdam/Philadelphia: John Benjamins 1988.

Riedel, Wolfgang: »Influxus physicus und Seelenstärke. Empirische Psychologie und moralische Erzählung in der deutschen Spätaufklärung und bei Jacob Friedrich Abel.« In: Barkhoff/Sagarra 1992, S. 24–52.

Riedel, Wolfgang: »Anthropologie und Literatur in der deutschen Spätaufklärung. Skizze einer Forschungslandschaft.« In: *Internationales Archiv für Sozialgeschichte der deutschen Literatur.* Sonderheft 6 Forschungsreferate 3 (1994), S. 93–157.

Riedel, Wolfgang: *›Homo Natura‹. Literarische Anthropologie um 1900.* Berlin/New York: de Gruyter 1996.

Rieger, Stefan: »Memoria und Oblivio. Die Aufzeichnung des Menschen.« In: Miltos Pechlivanos et. al. (Hgg.): *Einführung in die Literaturwissenschaft.* Stuttgart/Weimar: Metzler 1995, S. 378–392.

Rieger, Stefan/Schahadat, Schamma/Weinberg, Manfred (Hgg.): *Interkulturalität. Zwischen Inszenierung und Archiv.* Tübingen: Narr 1999.

Rieger, Stefan: *Die Individualität der Medien. Eine Geschichte der Wissenschaften vom Menschen.* Frankfurt a. M.: Suhrkamp 2001.

Rippl, Gabriele: »E.A. Poe and the Anthropological Turn in Literary Studies.« In: Schlaeger 1996, S. 223–242.

Schings, Hans-Jürgen: (Hg.): *Der ganze Mensch. Anthropologie und Literatur im 18. Jahrhundert. DFG-Symposion 1992*. Stuttgart/Weimar: Metzler 1994.

Schlaeger, Jürgen (Hg.): *The Anthroplogical Turn in Literary Studies*. Tübingen: Narr 1996.

Vogl, Joseph: »Für eine Poetologie des Wissens.« In: Karl Richter/Jörg Schönert/Michael Titzmann (Hgg.): *Die Literatur und die Wissenschaften 1770–1930. Walter Müller-Seidel zum 75. Geburtstag*. Stuttgart: M & P 1997, S. 107–127.

Vogl, Joseph: »Einleitung.« In: ders. (Hg.): *Poetologien des Wissens um 1800*. München: Fink 1999, S. 7–16.

Zelle, Carsten: »Die Notstandsgesetzgebung im ästhetischen Staat. Anthropologische Aporien in Schillers philosophischen Schriften.« In: Schings 1994, S. 440–468.

Harald Neumeyer

7. New Historicism, Cultural Materialism und Cultural Studies

1. Standortbestimmung

»Cultural Studies today is a simmering stew of the ideas, voices, and lives of people all over the world. It's the things we use and the people we talk about. It's life and life only.« Diese Definition von ***Cultural Studies*** sagt alles oder vielmehr gar nichts. Man findet sie (unter www.culturalstudies.net) gleich auf einer der ersten Seiten, die eine intelligente Suchmaschine im weltweiten Netz zu diesem Stichwort aufspürt. Das heißt, sie ist selber Teil jener semi- oder jedenfalls nicht allein akademischen Kultur, von der sie spricht. Um das Bild vom »simmering stew« aufzunehmen: Bei einem Eintopf, der noch auf dem Herd köchelt, fällt die Abgrenzung und Bestimmung der einzelnen Bestandteile schwer. Wenn man den Deckel hebt, dampfen einem Ideen, Stimmen und Biographien entgegen, manches schon leicht zerkocht, anderes vielleicht noch nicht ganz gar.

New Historicism, *Cultural Materialism* und *Cultural Studies* – das suggeriert drei wohldefinierte methodische Ansätze, deren jeweiliges Proprium sich beschreiben und zwischen denen sich womöglich wählen läßt. Doch die Gleich- und Nebenordnung der Begriffe täuscht. Je nach eigenem Standort lassen sich hier vielmehr ganz unterschiedliche Rangfolgen und Hierarchien ansetzen. Und aus der Warte einer deutschen Literaturwissenschaft zeigt sich sofort ein weiteres Problem: Alle drei Begriffe tragen – im Gegensatz zu Dekonstruktion, Kultursemiotik (vgl. Kap. 3 »Kultursemiotik« in diesem Band) oder Strukturalismus, die ebenfalls keine deutschen Erfindungen sind – englischsprachige Bezeichnungen, zu denen sich keine deutsche Entsprechung eingebürgert hat. Im neuen *Reallexikon der deutschen Literaturwissenschaft* etwa findet sich zwar ein längerer Artikel zum *New Historicism*, *Cultural Studies* und *Cultural Materialism* jedoch kommen nicht einmal als Verweisstichwörter vor – und Kulturtheorie bzw. **Kulturwissenschaft** sind hierzulande eben doch, schon historisch bedingt, deutlich anders konnotiert.

Bei der Abgrenzung und Operabilisierung unserer drei gegebenen Begriffe hilft also nur eine Entscheidung, der eine gewisse Willkür nicht auszutreiben ist. Sie fällt aus wie folgt:

(1) ***New Historicism*** bezeichnet im engeren Sinne (*Berkeley School*) eine in Kalifornien Anfang der 1980er Jahre entwickelte Praxis der literaturwissenschaftlichen Renaissance-Forschung. Als solche wäre sie nur von lokalem Interesse. Sie hat aber in den USA schulbildend gewirkt und auf andere literaturwissenschaftliche und schließlich kulturwissenschaftliche Forschung überhaupt ausgestrahlt. Erst in dieser Ausweitung – die nicht mehr überall unter dem Namen *New Historicism* firmiert und schließlich in die *Cultural Studies* mündet – ist sie von generel-

lem methodischem Interesse. In Deutschland gibt es zwar, von individuellen Ausnahmen abgesehen, keine nennenswerte Praxis des *New Historicism*, dagegen ist unter diesem Stichwort ein guter Teil der Methodendiskussion ›Geistes- vs. Kulturwissenschaften‹ geführt worden. Der *New Historicism* wird daher im folgenden als konkrete Praxis und als eine – womöglich noch nicht theoretisch ausformulierte – Option im Rahmen des kulturwissenschaftlichen Methodenspektrums verhandelt. Im deutschsprachigen Kontext läßt sie sich als textualistische Option von hermeneutischen, handlungs- und kommunikationstheoretischen Alternativen abgrenzen.

(2) ***Cultural Materialism*** ist ein Ausdruck von Raymond Williams (1921–1988) für seine frühe britische Spielart kulturwissenschaftlich ausgerichteter und später auch auf weitere kulturelle Felder übertragene Literaturwissenschaft (vgl. Kap. 4 »Literaturwissenschaft als Kulturwissenschaft« in diesem Band). Williams' Œuvre erstreckt sich von den 1950ern bis in die 1980er Jahre und war eine wesentliche Anregung für die britischen *Cultural Studies*, wie sie vor allem am 1964 gegründeten Center for Contemporary Cultural Studies (CCCS) in Birmingham betrieben werden, aber auch für den amerikanischen *New Historicism*. Der *Cultural Materialism* wird daher im folgenden als einer der bedeutenden Einflüsse auf *New Historicism* und *Cultural Studies* gewürdigt, aber nicht als eigene methodische Option aufgebaut.

(3) ***Cultural Studies*** – im Englischen stets als Singular gebraucht – schließlich ist (1) ein Oberbegriff, der ein breites Spektrum kulturwissenschaftlicher Methoden umfaßt, wie sie im angelsächsischen Raum betrieben werden. In dieser Bedeutung fallen sowohl *New Historicism* als auch *Cultural Materialism* unter die *Cultural Studies*. Im engeren Sinne firmieren als *Cultural Studies* freilich (2) jene vor allem auf gegenwärtige Problemstrukturen ausgerichteten engagierten und interventionistischen Spielarten kulturwissenschaftlicher Analyse wie *Gender Studies*, *Black Studies*, *AIDS-Studies*, *Postcolonial Studies* etc., die zwar zum Teil aus den im engeren Sinne literaturwissenschaftlichen Richtungen (*New Historicism* in den USA, *Cultural Materialism* in England) hervorgegangen sind und methodisch von ihnen zehren, deren Skopus jedoch mittlerweile jenseits historischer oder gar textueller Fragestellungen liegt.

Clifford Geertz, einer der Väter neuerer Kulturtheorie, gibt zu bedenken: »Will man eine Wissenschaft verstehen, so sollte man nicht in erster Linie ihre Theorien oder Entdeckungen ansehen und keinesfalls das, was ihre Apologeten über sie zu sagen haben, sondern das, was ihre Praktiker tun« (Geertz 1995, S. 9 f.). Fragen wir also zunächst:

2. Was macht der New Historicist?

Der *New Historicist* wundert sich. Er stellt die oft zunächst banal anmutende Frage, warum überhaupt etwas in einem Text steht, in einer Anekdote überliefert oder auf einem Bild zu sehen ist und nicht vielmehr nicht oder anders. Wie kommt es eigentlich, fragt der Anglist und Shakespeare-Forscher **Stephen Greenblatt**, daß in *Hamlet* ein Geist auftritt? Wie kommt es, daß in *King Lear* Gedanken und Formulierungen aus einem geistlichen Traktat ausgerechnet über den katholischen Exorzismus verwendet werden, ohne daß es im Stück um diesen geht? Wie kommt es, daß Elisabeth die öffentliche Aufführung von *Richard II.* fürchtet und verbietet, obwohl das Stück den Königsmord verteufelt? Wie kommt es, daß ein Denkmalsentwurf Dürers für einen Sieg im Krieg gegen die Bauern einen von hinten erstochenen Bauern zeigt, aber nicht den Helden, der das Schwert führt? Und wieso rührt uns all dies vierhundert Jahre später noch immer?

Die im angelsächsischen Raum Mitte des 20. Jahrhunderts dominanten Methoden eines ***close reading***, einer genauen, textimmanenten Lektüre von Literatur – charakteristisch für den *New Criticism* oder auch jenes *Cambridge English*, mit dem Williams sozialisiert wurde – hätten solche Fragen beantwortet, indem sie die Funktion des verwunderlichen Elementes in der Gesamtstruktur und -aussage eines Kunstwerks bestimmt hätten. Das geschlossene Kunstwerk verweist in dieser formalistischen Sicht vor allem auf sich selbst, auf seine Textualität und Artifizialität. Daß seine Elemente offenkundig aus fremden Texten und anderen kulturellen Sphären stammen, ist dabei nicht wichtig – das Genie, Shakespeare, bedient sich eben aller Dinge, die seinen Zwecken tauglich sind, und verwandelt sie sich an zu einem Werk sui generis.

Im *New Historicism* richtet sich der Fokus dagegen genau auf die Herkunft der sprachlichen, inhaltlichen und rhetorischen Elemente von Kunstwerken. Das Prinzip des *close reading*, der materialnahen, akribischen Lektüre wird dabei nicht aufgegeben, aber es richtet sich jetzt eher auf die ›Fransen‹ des textuellen Gewebes, es verfolgt – so die Metaphorik – die ›Fäden‹, die aus den unterschiedlichsten kulturellen Bereichen in einen Text hineinführen und auch wieder aus ihm hinaus. Diese Lektüre bleibt mikrologisch, aber sie richtet das textanalytische Mikroskop jetzt vorzugsweise auf jene **Webstellen, an denen das Kunstwerk mit seiner zeitgenössischen Kultur verwoben ist.** Bei dieser Art näherer Betrachtung stellt sich heraus, daß viele Elemente nicht nur der Struktur des Kunstwerks angehören, sondern darüber hinaus auch noch Teile eines anderen, weiteren Textes sind, des Textes der Kultur.

Was ist der Mehrwert einer solchen Lektüre? In seinen *Shakespearean Negotiations. The Circulation of Social Energy in Renaissance England* von 1988 (*Verhandlungen mit Shakespeare*, 1990) antwortet Greenblatt darauf mit einer weiteren Metapher. Die Verbindung mit dem Text der Kultur lade Kunstwerke wieder mit jener **kulturellen Energie** (*social energy*) auf, »die ursprünglich in diesen Werken codiert wurde« (Greenblatt 1990a, S. 12), die ihnen zum Zeitpunkt ihres Erscheinens zu eigen war. Die Kodierungsprozesse, die in großer Kunst am Werk sind, kappen dieser Auffassung nach die Fäden zum kulturellen Kontext nicht, im Gegenteil:

> [E]s gibt ihn nicht, diesen reinen, unbeschränkten Schöpfungsakt. Statt der glänzenden Schöpfung erhascht man etwas ganz anderes, das auf den ersten Blick weit weniger spektakulär erscheint: ein subtiles, schwer faßbares Ensemble von Tauschprozessen, ein Netzwerk von Wechselgeschäften, ein Gedränge konkurrierender Repräsentationen, eine Verhandlung [*negotiation*] zwischen Aktiengesellschaften. Allmählich haben sich diese komplexen, unablässigen Leih- und Verleihgeschäfte

als wichtiger, ja gar als aufschlußreicher und spannender entpuppt als alle anfänglich erhoffte Epiphanie. (Greenblatt 1990a, S. 12)

Nun ist die Rede von den Fäden und Geweben ebenso wie die von der kulturellen Energie und den Tauschgeschäften offensichtlich eine metaphorische. Wie sieht das also in der Praxis aus? Wir haben oben betont, daß im *New Historicism* die akribische Lektüre und ihre Materialfixiertheit, die das textimmanente *close reading* bestimmt, bei der Überschreitung der Textgrenzen in Richtung Kultur nicht einfach aufgegeben werden. Es ist der Stolz der Methode, den historischen oder kulturellen Hintergrund in gleicher Partikularität und Konkretion zu repräsentieren wie die Texte selbst – und gerade nicht, wie üblich, in Form von Abstraktionen und Generalisierungen (›die Romantiker wollten‹, ›das Elisabethanische Zeitalter war der Auffassung‹ etc.). Zum ersten Mal macht hier eine historisch ausgerichtete Methode Ernst mit jener »Skepsis gegenüber den Metaerzählungen«, die der französische Philosoph Jean-Francois Lyotard als Kern des postmodernen Wissens bestimmt hat (Lyotard 1986, S. 14).

Die conditio sine qua non dieser Partikularität ist die von Louis A. Montrose in seiner beinahe schon kanonischen Definition des *New Historicism* sogenannte ›**Textualität der Geschichte**‹ (*textuality of history*):

Die poststrukturalistische Ausrichtung auf Geschichte, die jetzt in der Literaturwissenschaft aufkommt, kann mit einem Chiasmus bezeichnet werden als ein reziprokes Interesse an der Geschichtlichkeit von Texten und der Textualität von Geschichte. (Montrose 1995, S. 67)

Der *New Historicist* will Texte geschichtlich, also in ihrem historischen Kontext lesen, weigert sich jedoch, »den historisch-kulturellen Kontext eines literarischen Textes anders zu fassen denn in Form weiterer, je partikularer Texte« (Baßler 2002, S. 94).

In allen hier erörterten Zusammenhängen scheint es übrigens sinnvoll, die Bezeichnung ›Kultur‹ (›kultureller Kontext‹, ›kulturelle Energie‹ etc.) zu verwenden, auch wenn die amerikanischen Texte von *history* oder *social energy* sprechen. Eine Geschichtlichkeit, deren erste Eigenschaft Textualität ist, kann nur synchron gedacht werden, während das deutsche Wort ›Geschichte‹ unabweisbar diachrone Konnotationen hat, also Lyotards »metanarrative[m] Dispositiv [...] der Legitimation« verpflichtet bleibt (Lyotard 1986, S. 14). Der Begriff ›sozial‹ hingegen sollte für kommunikationstheoretische Konzepte von Gesellschaft, etwa das systemtheoretische Modell Niklas Luhmanns, reserviert bleiben.

Der kulturelle Kontext, der im *New Historicism* entworfen wird, ist also genauer zu bestimmen als ein **intertextueller Zusammenhang**, der Zusammenhang eines Feldes synchroner Texte:

Praktisch bedeutet dieses Projekt eine Neuausrichtung der Achse der Intertextualität: Der diachrone Text einer autonomen Literaturgeschichte wird ersetzt durch den synchronen Text eines kulturellen Systems. (Montrose 1995, S. 63)

Und dies hat zur Folge, daß im *New Historicism* »formale und historische Belange nicht einander entgegengesetzt, sondern vielmehr untrennbar sind« (ebd., S. 64).

Was also macht der *New Historicist* als Reaktion auf sein Staunen? Er stellt seinen Text in einen Kontext anderer Texte derselben Zeit. Er zeigt intertextuelle Verbindungen auf, die zwischen seinem Shakespeare-Drama und diesen Feld-Texten bestehen. Und weil die Texte, die er dazu wählt, keineswegs nur literarischen oder hochkulturellen Ursprungs sein müssen, sondern aus allen möglichen Bereichen der Kultur stammen können, werden auf diese Weise Elemente des vertrauten literarischen Werkes in neuen Zusammenhängen lesbar. Es wird deutlich, daß sie – um einen weiteren nicht unproblematischen Begriff ins Spiel zu bringen – an zeitgenössischen Diskursen partizipieren, die nicht rein literarisch sind. Diese Neu-Kontextualisierung macht sie auf neue Weise interessant und lebendig, lädt sie mit ›Energie‹ auf, und läßt das scheinbar autonome Werk als Teil einer Kultur erscheinen und an deren Verhandlungen (*negotiations*) teilhaben.

In der Praxis, etwa in den stilbildenden Arbeiten Greenblatts zu Shakespeare, funktioniert das in überzeugender Weise. Die Frage nach dem Geist von Hamlets Vater lädt dieses vertraute Element mit der ganzen Virulenz der Frage nach den Seelen im Fegefeuer auf, bzw. mit der Frage, was aus diesem in allen Bevölkerungsschichten äußerst wirksamen, Furcht verbreitenden katholischen Dogma wird, nachdem Henry VIII. dem Katholizismus in England ein gewaltsames Ende bereitet hat (Greenblatt 2001). Die Übernahmen aus dem antikatholischen Traktat des anglikanischen Geistlichen Harsnett gegen den Exorzismus importieren, ähnlich wie die Übernahme enteigneter geistlicher Gewänder durch die Londoner Bühnen, einen Teil der verblassenden Aura katholischer Inszenierungen ins Drama Shakespeares. Harsnetts Traktat wird bei dieser Gelegenheit übrigens genauso sorgfältig gelesen wie die entsprechenden Stellen in *King Lear*. Bereits in der Vorlage, so zeigt sich, spielt das Theatralische eine Rolle, nämlich als Erklärung der seltsamen Vorgänge beim Exorzismus. »Als Harsnett 1603 den Exorzismus ins Theater verbannt, steht Shakespeare wartend im Foyer des Globe, ihn mit offenen Armen zu empfangen« (Greenblatt 1990a, S. 111). Freilich verkehrt sich der Spott Harsnetts über die Drehungen und Windungen der angeblich besessenen Simulanten unter der Hand beinahe ins Gegenteil, wenn er im Drama den Usurpatoren und Folterern in den Mund gelegt wird – wie überhaupt die Austauschprozesse zwischen den Medien für die Inhalte niemals folgenlos bleiben (Greenblatt 1990a, S. 92–122).

Jeder Text färbt – als neuer Kontext – einen Diskurs neu und anders ein. Um den Chiasmus noch einmal anders zu formulieren: **Diskurse schaffen und bestimmen Texte**, aber die Texte sind es, die die Diskurse führen. Greenblatts Lektüren geben, eben weil sie so wenig wie möglich abstrahierend und komplexitätsreduzierend vorgehen, einen Eindruck von der virtuell unendlichen Komplexität solcher diskursiven Konstellationen.

> Der Preis, den wir für diese Verlagerung unserer Aufmerksamkeit zahlen müssen, ist die befriedigende Illusion einer ›ganzheitlichen Lektüre‹, jene von bedeutenden Literaturwissenschaftlern immer wieder heraufbeschworene Vision, daß – wäre nur die Welt groß genug und die Zeit lang – noch das kleinste Detail eines Textes erhellt und mit all den anderen Einzelwahrnehmungen zu einer einheitlichen Deutung verwoben werden könnte. (Greenblatt 1990a, S. 9)

Aufgegeben wird, mit anderen Worten, der hermeneutische Traum; doch meint Greenblatt, »eine nicht weniger befriedigende Entschädigung anbieten zu können, nämlich die Einsicht in die halb verborgenen kulturellen Transaktionen, die den großen Werken der Kunst ihre Macht verleihen« (Greenblatt 1990a, S. 9 f.). Das Beispiel von *Richard II.* zeigt überdies, daß integrale Deutungen eines Kunstwerkes seiner Wirkmacht in der historischen Realität nicht unbedingt gerecht werden. Wenn im Zuge des Essex-Aufstandes die Gegner Elisabeths viel Geld für die Aufführung dieses Stückes zu zahlen bereit sind, während die Königin diese fürchtet (»Ich bin Richard II. Wißt Ihr das nicht?«), dann ist offenbar die bloße Tatsache, daß hier ein Königsmord auf der Bühne repräsentiert wird, wirkmächtiger als das interpretatorisch vermutlich unstrittige Faktum, daß dieser Mord im Stück als etwas Katastrophales und unbedingt zu Verurteilendes behandelt wird (Greenblatt 1982).

In dem frühen Aufsatz »Murdering Peasants«, mit dem 1983 die erste Nummer des *New Historicism*-Hausorgans **Representations** eröffnet wurde, ermöglicht Greenblatt anhand von Denkmalsentwürfen Dürers und verschiedenen Beispielen aus der englischen Renaissanceliteratur den Panoramablick auf »the range of solutions generated in response to historical pressures on generic codes« (Greenblatt 1983, S. 14). Die Bauernkriege schafften ein Problem, für dessen Repräsentation die vorhandenen Gattungsmuster nicht gewappnet waren: Wie feiert man Helden, die über unwürdige, unebenbürtige, von vornherein unterlegene Gegner wie die aufständischen Bauern siegen? Der Aufsatz zeigt ein Spektrum von sehr seltsamen Ergebnissen, allesamt lesbar als Lösungen dieses Problems unter den Zwängen vorgegebener Gattungen. Hier wird deutlich, daß historische Diskurse nicht jenseits formaler, durchaus auch genuin ästhetischer Gestaltungsprobleme zu verhandeln, sondern im Gegenteil mit diesen untrennbar verwoben sind. Timothy J. Clarks Impressionismus-Studie *The Painting of Modern Life* (1984) ist für dieses Vorgehen ein außerordentlich gelungenes, umfassender angelegtes Beispiel aus einem anderen Fachbereich.

3. Entstehung und Einflüsse

Der *New Historicism* entsteht, wie gesagt, in den frühen 1980er Jahren in einem Dozentenzirkel an der University of California in Berkeley. In der Einleitung zu einer Sondernummer der Zeitschrift *Genre* zum Thema *The Forms of Power and the Power of Forms in the English Renaissance* (1982) – man beachte schon hier den Chiasmus! – sucht Greenblatt für die methodisch sehr unterschiedlichen Beiträge einen gemeinsamen Nenner und findet ihn, »im Unterschied zur historischen Forschung der Vergangenheit und zur formalistischen Literaturwissenschaft, die diese Forschung in den Jahrzehnten nach dem Zweiten Weltkrieg partiell abgelöst hat«, in »the new historicism« (Greenblatt 1995 [1982], S. 31 f.). Die zitierte Formulierung hat einige Verwirrung gestiftet. *Historicism* meint hier ausschließlich **eine an historischen Zusammenhängen interessierte Literaturwissenschaft**, zunächst ohne terminologischen Bezug zu dem, was wir in Deutschland unter ›Historismus‹ verstehen. Greenblatt exemplifiziert diese Methode an Dover Wilsons, einem Vorkriegs-Shakespeare-Forscher, der seine Texte – wie üblich – in ein aus der historischen Forschung bekanntes, klar formuliertes Elisabethanisches Weltbild einordnet. Die *New Historicists* wollen ihre Texte ebenfalls historisch kontextualisieren, zweifeln aber eben am Wert solcher »monologisch« konstruierten Weltbilder.

Ähnlich mißverständlich ist die Distanzierung von der »formalistischen Literaturwissenschaft«: Damit ist *nicht* die formalistische Tradition vom Russischen Formalismus über die verschiedenen Spielarten des Strukturalismus bis hin zum Poststrukturalismus gemeint, sondern eine – eher von Benedetto Croce und T.S. Eliot stammende – Praxis rein immanenter Lektüre literarischer Texte, die sich unter der Ägide des *New Criticism* durchgesetzt hatte und mit der auch die zu dieser Zeit boomende amerikanische Spielart des Dekonstruktivismus (mit Paul de Man, Harold Bloom, J. Hillis Miller und andere) nicht gebrochen hatte.

3.1 Raymond Williams' Cultural Materialism

Eine solche doppelte Frontstellung – die zugleich die Beerbung wesentlicher Elemente nicht ausschließt – war bereits für den englischen *Cultural Materialism* von Raymond Williams kennzeichnend. Dort war auf der einen Seite die an Williams' Studienort Cambridge gelehrte, auf intensive immanente Exegese des hochkulturellen Erbes ausgerichtete englische Literaturwissenschaft (*Cambridge English*) der institutionell mächtige Gegner. Williams' innovative Leistung in diesem Kontext »is to have transformed the study of literature and other art forms from [Matthew] Arnold's conservatory of the ›best that has been thought and said‹ into a form of social and cultural knowledge« (Aronowitz 1995, S. 323). Literatur, so Williams, sei »von Anfang an eine Praxis der Gesellschaft«; »Literatur und Kunst [...] mögen zwar als Praktiken spezifische Merkmale aufweisen, können aber nicht vom gesamt-gesellschaftlichen Prozeß getrennt werden« (Williams 1977, S. 196). Insofern setzt er seinen kulturellen Materialismus **gegen den kulturellen Idealismus** seiner Fachkollegen. Schon hier ist dies mit einer Ausweitung nicht nur des Kanons, sondern des geisteswissenschaftlichen Gegenstandsbereichs überhaupt verbunden: »In diesem Zusammenhang müssen wir neben der Literatur die bildenden Künste und die Musik und in unserer heutigen Gesellschaft auch die mächtigen Medien Film, Rundfunk und Fernsehen mit einbeziehen« (ebd., S. 197). Mit Büchern wie *Television. Technology and Cultural Form* (1974) ist Williams auch hier mit tätigem Beispiel vorangegangen.

Nach der anderen Seite richtet sich Williams' Vorwurf des Monologismus nun aber nicht gegen irgendeine obsolete Vorkriegswissenschaft, sondern gegen die dominante Formation im europäischen intellektuellen Kontext der 1960er und 1970er Jahre schlechthin: den Marxismus. Diese Seite der Auseinandersetzung bekommt damit ein viel schärferes Profil, eine ganz andere Virulenz. Der als *working-class intellectual* gehandelte Williams, »the railway signalman's son from the Welsh village of Pandy« (Ward 1981, S. 1), stellt sich zwar selbst in die marxistische Tradition, setzt sein Modell von Kultur – »daß in jeder Gesellschaft, in jeder Periode, ein zentrales System von Praktiken, Bedeutungen und Werten vorzufinden ist, das wir zutreffend als das herrschende und wirksame bezeichnen können« (Williams 1977, S. 190) – jedoch mit aller Entschiedenheit **gegen ein deterministisches Modell von ökonomischer Basis und kulturellem Überbau** ab. Im Grunde ist das Argument dasselbe wie das **gegen einen isolierten Begriff von Hochkultur**: Die Dinge sind komplexer! Kultur, definiert als die Sphäre der Signifikation und Kommunikation, kann nicht als Sekundärphänomen abgetan werden:

> We cannot think of it as marginal; or as something that happens after reality has occurred. Because it is through the communication systems that the reality of ourselves, the reality of our society, forms and is interpreted. (Williams 1989, S. 22 f.)

Versteht man *Cultural Studies* als Oberbegriff für die neuen methodischen Bemühungen, »Williams can be credited with having invented the field« (Gallagher 1995, S. 310). Natürlich gab es längst ein ganzes Spektrum von Spielarten kulturorientierter Geschichtsschreibung, etwa die *Annales*-Schule mit ihrer Untersuchung von *longue-durée*-Phänomenen oder Norbert Elias' Untersuchungen der höfischen Kultur, es gab Geschichtsschreibung ›von unten‹ oder aus feministischer Sicht. Erst bei Williams ist jedoch jenes Problemfeld zwischen Literatur (Text, Kunstwerk) und Geschichte (Gesellschaft, Kommunikation), zwischen historischer Forschung und Engagement, Theorie und Praxis, zwischen Ablehnung einer reinen Hochkulturforschung und Skepsis gegenüber abstrahierenden Metanarrationen voll etabliert, das die *Cultural Studies* seither bearbeiten.

Der Begriff ›Kultur‹ transzendiert dabei den Fächerkanon genauso wie den traditionellen Methodenkanon, er definiert – oder vielleicht eher: hypostasiert – durchaus einen neuen Gegenstandsbereich: »a whole way of life, material, intellectual and spiritual« (Williams 1958, S. XVI). Ein kurzer Seitenblick auf Luhmanns Theorie sozialer Systeme mag verdeutlichen, was das heißt. Luhmann bezeichnet ›Kultur‹ bekanntlich als »einen der schlimmsten Begriffe, die je gebildet worden sind« (Luhmann 1995, S. 398), gerade weil diese Kategorie alle möglichen Phänomene integriere und damit hinter der Ausdifferenzierung der Gesellschaft seit dem 19. Jahrhundert zurückbleibe. Aus der Sicht einer Theorie, die die Eigenständigkeit modern ausdifferenzierter Systeme voraussetzt, ist es unerträglich, daß »Semantiken nicht systemspezifisch in den Blick genommen wurden, sondern system-indifferent als Teil einer integralen Kultur« (Werber 2001, ohne Seitenangabe). Von hier aus gedacht, kann die neue Ausrichtung auf Kultur in den Geisteswissenschaften, der heute allgemein sogenannte ***cultural turn***, als Teil jener postmodernen Re-Hybridisierung der Gegenstände gelten, die Bruno Latour in seinem Buch mit dem sprechenden Titel *Wir sind nie modern gewesen* (1995; *Nous n'avons jamais été modernes*, 1991) beschreibt. Sie folgt der Einsicht, daß die Gegenstände, in unserem Fall: die Texte und ihre Beziehungen untereinander, allemal komplexer sind, als eine Beschreibung erfassen kann, die sich den je spezifischen Regeln der ausdifferenzierten Wissensdisziplinen unterwirft. *Kultur*wissenschaft heißt *just connect* statt *divide et impera* – eine Haltung, die auch dem zeitgleichen Aufschwung des ökologischen Denkens zugrunde liegt und mit den neuen Möglichkeiten zur Verarbeitung komplexer Informationen zusammenzudenken ist, die die Computertechnik bereitstellt. Luhmanns Theorie bleibt demnach – systematisch gesprochen – eine moderne Konkurrenz zu den postmodernen *Cultural Studies*.

Williams' einflußreiche und vielgelesene Bücher der 1960er und 1970er Jahre, u. a. *The Long Revolution* (1961), *The Country and the City* (1973), *Marxism and Literature* (1977) und *Problems in Culture and Materialism* (1980), haben zur **Durchsetzung eines umfassenden Begriffs von Kultur** als »the signifying system through which necessarily a social order is communicated, reproduced, experienced and explored« wesentlich beigetragen (Williams 1991, S. 13). Seine im engeren Sinne literaturwissenschaftlichen Arbeiten lesen Texte als Ausdruck einer historischen Gefühlsstruktur (*structure of feeling*), einer nie im Klartext ausgedrückten historisch-sozialen Disposition, methodisch anzusiedeln in »the endless comparison that must occur in the process of consciousness between the articulated and the lived« (Williams 1979, S. 168). Freilich hat weder seine praktische Arbeit noch seine anhaltende Auseinandersetzung mit der Theorie vor allem des Marxismus seinen *Cultural Materialism* auf eine methodisch oder gar theoretisch tragfähige Basis gestellt. Wie will man etwa Artikuliertes und Gelebtes, Ausgesprochenes und Unausgesprochenes vergleichen? Was heißt in diesem Zusammenhang Materialismus, und wie ist ein solcher mit der semiotischen Idee eines »signifying system« zusammenzudenken? Und wie wiederum dieses mit der Praxis einer sozialen Ordnung? (Vgl. die subtile Kritik in Gallagher 1995 und Gallagher/Greenblatt 2000, S. 60–66).

Williams deutet einmal an, »a fully historical semiotics would be very much like the same thing as cultural materialism« (zit. nach Higgins 1999, S. 139). »[W]ould be«! Tatsächlich artikuliert Williams immer wieder seine **Skepsis gegenüber allzu intensiven Theoretisierungs- und Systematisierungsbestrebungen**, weil er darin – vielleicht nicht zu unrecht – die Praxisdimension seines Interesses an Kultur gefährdet sieht. Damit stößt er ins gleiche Horn wie die Kritiker eines ›textualistischen‹ Kulturbegriffs und überhaupt einer hypertrophen, vom Korrektiv praktischer Analysen abgekoppelten *theory* bis heute. In der Tat hat vor allem seine Ablehnung des *linguistic turn*, insbesondere des französischen Poststrukturalismus (den er über das Werk Louis Althussers kennengelernt hat), eine methodische Fundierung und damit einen Ausbau und letztlich eine Anschlußfähigkeit seiner Arbeiten in den *Cultural Studies* blockiert, die über die Etablierung eines allgemeinen Feldes ›Kultur‹ hinausginge.

3.2 Michel Foucaults Diskursanalyse

Zeitgleich mit Williams und unter vergleichbaren Prämissen erarbeitet in Frankreich Michel Foucault sein ungleich konsistenteres Modell einer **Archäologie der Formen sozialen und kulturellen Wissens**. Foucault hat Ende der 1970er und Anfang der 1980er Jahre mehrfach in Berkeley gastiert und damit unmittelbaren Einfluß auf den *New Historicism* in der Phase seiner Entstehung genommen.

Seine *L'archéologie du savoir* von 1969 (*Archäologie des Wissens*, 1973) beginnt mit der konzentrierten und radikalen Suspendierung aller überkommenen Einheiten des historischen Diskurses wie ›Tradition‹, ›Einfluß‹, ›Entwicklung‹, ›Evolution‹, ›Mentalität‹ oder ›Geist‹, auch ›Buch‹ oder ›Werk‹ (Foucault 1990, S. 33–47), die letztlich, wie alle »kontinuierliche Geschichte« – historische Metanarration also – auf die obsolete »Stifterfunktion des Subjekts« zurückgingen (ebd., S. 23).

> Hat man diese unmittelbaren Formen der Kontinuität einmal suspendiert, findet sich in der Tat ein ganzes Gebiet befreit. Ein immenses Gebiet, das man aber definieren kann: es wird durch die Gesamtheit aller effektiven Aussagen (énoncés) (ob sie gesprochen oder geschrieben worden sind, spielt dabei keine Rolle) in ihrer Dispersion von Ereignissen [...] konstituiert. (ebd., S. 41)

Dieses ›befreite Gebiet‹ entspricht in etwa Williams' ›Kultur‹. ›Dispersion‹, ein Begriff aus der Statistik, bezeichnet dabei die Streuung der Diskursereignisse im Feld. »Eine diskursive Formation zu analysieren, heißt also, eine Menge sprachlicher Performanzen auf der Ebene der Aussagen und der Form der Positivität, von der sie charakterisiert werden, zu behandeln« (ebd., S. 182) – das berühmte Schlagwort vom fröhlichen Positivismus Foucaults fällt in diesem Zusammenhang.

Hier ist nicht der Ort, die elaborierte und vieldiskutierte Theorie Foucaults ausführlicher darzustellen, deren Einfluß auf den *New Historicism* und die *Cultural Studies* allgemein kaum überschätzt werden kann. Statt dessen sei versucht, den *point of departure* zu markieren, an dem sich die kalifornische Methode vom diskurstheoretischen Vorbild abhebt. Er liegt – wieder einmal – in der Textualität. Foucaults Diskurse sind nämlich als Regularitäten gedacht, die die historischen Ereignisse und ihre Streuung steuern. Sie sind also nicht auf der Ebene der Ereignisse vorhanden, sondern – als Möglichkeitsbedingungen – diesen vorgeordnet. Die Summe dieser **Regularitäten** ergibt dann das **Archiv einer Epoche**. Damit läuft die Archäologie in der Praxis, etwa im 1966 erschienenen *Les mots et les choses* (*Die Ordnung der Dinge*, 1971), letztlich doch wieder auf die Abgrenzung großer Episteme (Renaissance, Klassik, Moderne) hinaus, deren Regularitäten die einzelnen Befunde bestimmen. Im textuellen Universum der *New Historicists* dagegen bleiben die Diskurse – als intertextuelle Verbindungen – auf der Ebene der Ereignisse, der Texte nämlich. Genau dafür steht ja die strapazierte Figur des Chiasmus: Sie blendet beide Aspekte der Betrachtung – Text und Geschichte/Kultur bzw. Text und Diskurs – auf ein gemeinsames Tableau, und das ist in diesem Fall die Textualität.

Dadurch bleibt die neuhistoristische Diskursanalyse dem Klein-Klein des Positiven, der Materialität und Partikularität auch in der Praxis wesentlich stärker verpflichtet als Foucaults Archäologie. Epochale Synthesen werden vermieden – und in ihrer Aussagekraft bezweifelt, denn genau diesem vitiösen Zirkel, daß die erkennende Abstraktion des Historikers sich zum determinierenden Faktor der Historie verselbständigt, gilt ja die Skepsis gegenüber den Metanarrationen:

> Against the determinism that attempts to insist that certain things in a given period were beyond conception or articulation, new historicism invokes the vastness of the

> textual archive, and with that vastness an aesthetic appreciation of the individual instance. (Gallagher/Greenblatt 2000, S. 16)

Das Archiv, von dem hier die Rede ist, ist ›textuell‹, es handelt sich also nicht länger, wie bei Foucault, um »das Gesetz dessen, was gesagt werden kann, das System, das das Erscheinen der Aussagen als einzelner Ereignisse beherrscht« (Foucault 1990, S. 187), sondern tatsächlich um ein materiales Archiv, **die Summe der erhaltenen Aufzeichnungen einer Kultur**.

3.3 Clifford Geertz' Konzept der ›dichten Beschreibung‹

Es gibt durchaus Fächer, die schon immer über einen weiten Begriff von Kultur verfügten, wie Williams ihn den Literaturwissenschaften vorgab. In gewisser Weise betreiben etwa die Altertumswissenschaften oder die Mediävistik immer schon auch *Cultural Studies*, insofern sie sich mit der ganzen Kultur ihrer jeweiligen Epoche beschäftigen, und nicht nur mit der Hochkultur (und dies, obwohl oder vielleicht gerade weil sie sich dabei auf verhältnismäßig wenige Textzeugnisse stützen können). Noch deutlicher ist so ein umfassender Kulturbegriff freilich in der Ethnologie zu Hause (vgl. Kap. 5 »Kulturanthropologie« in diesem Band). Der amerikanische Anthropologe Geertz war es, der in seinen ebenfalls in den 1960er und 1970er Jahren erschienenen Arbeiten zur javanesischen und arabischen Kultur (deutsche Auswahl: *Dichte Beschreibung. Beiträge zum Verstehen kultureller Systeme*, 1983) für eine Verwendung von dezidiert textuellen Begriffen plädierte, um das komplexe Gewebe von Bedeutungen und Interpretationen zu erfassen, die eine kulturelle Situation ausmachen.

> Als ineinandergreifende Systeme auslegbarer Zeichen [...] ist Kultur keine Instanz, der gesellschaftliche Ereignisse, Verhaltensweisen, Institutionen oder Prozesse kausal zugeordnet werden könnten. Sie ist ein Kontext, ein Rahmen, in dem sie verständlich – nämlich dicht – beschreibbar sind. (Geertz 1995, S. 21)

Eine **dichte Beschreibung** (*thick description*) zeichnet sich dadurch aus, daß sie die verschiedenen Bedeutungsmöglichkeiten kultureller Zeichen bei der Interpretation einer gegebenen Situation aufruft, »its place in a network of framing intentions and cultural meanings« (Gallagher/Greenblatt 2000, S. 21) berücksichtigt. Operationen vom Augenzwinkern bis zum Hahnenkampf werden in einem semiotischen Feld und somit in ihrer Komplexität, in ihrer kulturellen Vielschichtigkeit lesbar – genau so, wie die *New Historicists* das mit ihren Texten machen wollen. Die ethnologische *Writing-Culture*-Debatte der 1980er Jahre hat Geertz' semiotisch konzipiertes, in der Praxis freilich oft eher der Hermeneutik verhaftetes Modell vom Text der Kultur und den Texten, die der Ethnologe daraus macht, weiter verfolgt (vgl. Clifford/Marcus 1986). Den Effekt auf die Literaturwissenschaft aber hat Greenblatt auf die Formel *the touch of the real* gebracht: Ausgerechnet Geertz, der als Anthropologe von Berufs wegen doch für das ›wirkliche Leben‹ zuständig ist, entdeckt dessen unhintergehbare Textualität:

> He argued, that our interpretive strategies [das Handwerkszeug des Literaturwissenschaftlers] provided key means for understanding the complex symbolic systems and life patterns that anthropologists studied. The effect was like touching one wire to another: literary criticism made contact with reality. Or rather, as Geertz quickly observed, it made contact, as always, with pieces of writing. But this was writing with a difference: not poetry or fiction but verbal traces less self-consciously detached from the lives real men and women actually live. (Gallagher/Greenblatt 2000, S. 20 f.)

Das ist das akademische Initiationserlebnis des *New Historicism*: die Entdeckung, daß nicht nur hochkulturelle Texte, sondern die Kulturen selbst komplexe textuelle Geflechte, symbolische Systeme sind, die das ganze interpretatorisch-analytische Handwerkszeug des Literaturwissenschaftlers fordern. Mit anderen Worten: erst die elektrisierende Entdeckung der ***textuality of history*** läßt die kulturelle Energie durch die chiastisch verschränkten Kabel fließen. Wie Greenblatt betont, verlockt dabei nicht so sehr die Aussicht, die hochkulturellen Texte zu verlassen, sondern vielmehr die, sie mit der ›Wirklichkeit‹ kurzzuschließen.

3.4 Paul de Mans ›Allegorien des Lesens‹

Neben den hier skizzierten Einflüssen auf den *New Historicism* gibt es zahlreiche weitere, wie die Kultursemiotik von Roland Barthes, Erich Auerbachs Mimesis-Konzept, Carlo Ginzburgs Mikro-Historie, die Arbeiten von Aby Warburg, Walter Benjamin, Hayden White und anderen mehr. Zum Dekonstruktivismus Jacques Derridas und de Mans werden dagegen in der Regel eher die Unterschiede markiert – die ja bereits im Erkenntnisinteresse nicht zu leugnen sind. Von bekannten Spielarten sozialgeschichtlich ausgerichteter Literaturwissenschaft, insbesondere auch jener Formen von *Cultural Criticism*, die sich direkt auf Williams beziehen (vgl. Graff/Robbins 1992, S. 419 f.), unterscheidet sich der *New Historicism* freilich gerade darin, daß er die texttheoretischen **Prämissen der Dekonstruktion** im Prinzip teilt. Greenblatt berichtet – offenbar zunächst etwas verblüfft – von einer Replik des vortragenden Paul de Man auf einer Konferenz zum Thema *Allegory and Representation* (1979): »If you want to talk about men, you are in the wrong field. We can only talk about letters«, und kommentiert selbst: »Our words are permanently cut off from what we dream of signifying, and criticism [...] must acknowledge this condition« (Greenblatt 1981, S. viii). Die *différance* ist sozusagen immer schon die andere Seite des *touch of the real*, letzteren will man, aber hinter erstere kann man nicht zurück. Die Befreiung durch Geertz lag unter anderem darin, auf textuellem Boden den entsprechenden Chiasmus zu etablieren, ohne sich einseitig entweder für einen determinierenden Unterbau von wahrem Leben oder das bloße Konstatieren durchschaubarer Realitätseffekte entscheiden zu müssen. Aus dieser Sicht stellt das **Textualitäts-Theorem** also nicht, wie oft behauptet, (nur) eine Facette im weiten Spektrum kulturwissenschaftlicher Angebote dar, sondern ist die Bedingung der Möglichkeit einer methodischen Synthese namens ›Kultur‹ überhaupt.

Alan Liu hat mit gutem Grund behauptet, daß der *New Historicism*, ohne sich dessen recht bewußt zu sein, »auf höherer Ebene die Verlegenheit weiterführt, die der Formalismus erstmals angesichts der Geschichte erfuhr« (Liu 1995, S. 125). Er schlägt vor, die Grundlagen der Methode in der formalistischen Tradition zu re- (bzw. überhaupt erstmal zu) formulieren. Als erster Kritiker hat er gesehen, »daß der New Historicism eine Methode der Metapher oder der kulturellen Intertextualität ohne genau durchdachte Philosophie von kulturellem Symbol, Tropus, Einfall oder von ›Sprache‹ ist«, der »in einer unheimlichen Beziehung von Gleichheit/Differenz zum de Manschen und dekonstruktivistischen Impuls« steht (ebd., S. 139). Er regt an, jene Poetik der Kultur, vermittels derer die *New Historicists* ihre Text-Kontext-Beziehungen einlösen, zu einer Art **Rhetorik der Kultur** nach de Manschem Vorbild auszubauen.

4. Poetik der Kultur und die Anekdote

Greenblatt gebraucht ***poetics of culture*** nahezu synonym mit *New Historicism*. Der Begriff changiert wohl nicht ohne Absicht zwischen Genitivus objectivus und subjectivus. Ist es die historische Kultur, der eine spezifische Poetik eignet, oder stellt die Poiesis des Wissenschaftlers diese Kultur allererst her, so wie der Historiker, nach White, erst über seine narrativen Verfahren Geschichte konstituiert? Diese Frage läßt sich am Gebrauch einer Textsorte erörtern, die geradezu zum Signum des *New Historicism* avanciert ist: der Anekdote. Das sogenannte Anekdotische in den Aufsätzen Greenblatts und anderer hat man immer wieder gelobt, weil es die wissenschaftlichen Texte in ungewohntem Maße anschaulich und lesbar macht, zuweilen hat man es freilich auch beargwöhnt als einen Effekt, der Ephemeres über Gebühr hervorhebt, so daß methodische Beliebigkeit droht.

Die Anekdote steht seit jeher, seit Prokops Geheimgeschichte(n) des byzantinischen Hofes im 6. Jahrhundert, für eine geheime, alternative, potentiell skandalöse Geschichtsschreibung neben der offiziellen. Als Erzählung einer einzelnen, konkreten, merkwürdigen Begebenheit sperrt sie sich sozusagen von Natur aus **gegen metanarrative Vereinnahmung durch ›die‹ Geschichte.** Indem der *New Historicist* eine Anekdote erzählt, importiert er einen in seiner Besonderheit zunächst unerwarteten »individual instance« in seinen Text, und »outlandish and irregular ones held out the best hope for preserving the radical strangeness of the past by gathering heterogeneous elements – seemingly ephemeral details, overlooked anomalies, suppressed anachronisms« (Gallagher/Greenblatt 2000, S. 51). Willkommener Zusatzeffekt solcher exzentrischen Anekdoten über Männer, die Kinder bekommen, Gespenster im Ehebett oder die Hinrichtung einer schwangeren Frau wegen Kindsmord ist natürlich, daß sie auch den heutigen Leser noch faszinieren. Entscheidend für ihre Funktion im Text des *New Historicists* ist vor allem ihre Authentizität, aber gerade nicht, wie Joel Fineman (1989, S. 61) meint, die Authentizität des Ereignisses, das die Anekdote erzählt. Nicht auf den Realitätseffekt kommt es an, **der Text der Anekdote ist vielmehr selbst die Realie** – darin, *daß* sie zu ihrer Zeit erzählt wurde, liegt ihre Authentizität. Das bloße Faktum der exzentrischen Anekdote macht die Andersartigkeit des historischen Archivs sichtbar und gibt dem Forscher den Auftrag, die diskursive Konstellation zu rekonstruieren, in der solches denkbar, sagbar und möglich war. In diese diskursive Konstellation, realisiert als intertextuelles Gewebe, speist der *New Historicist* nun auch seine literarischen Texte ein und kann damit zwei Fliegen mit einer Klappe schlagen: Der literarische Text erscheint in neuem Licht, wird selbst wieder fremd und erklärungsbedürftig, und zugleich hat er durch Ankopplung an den historisch vorgefundenen Diskurs wie versprochen teil an dessen kultureller Energie. Und mit ihm werden auch die anderen, scheinbar minderen Texte, die innerhalb so einer intertextuell-diskursiven Konstellation in den Blick geraten, auf neue Weise interessant:

> The conjunction can produce almost surrealist wonder at the revelation of an unanticipated aesthetic dimension in objects without pretensions to the aesthetic. It can suggest hidden links between high cultural texts, apparently detached from any direct engagement with their immediate surroundings, and texts very much in and of their world. (Gallagher/Greenblatt 2000, S. 10)

Bei alledem wird aufgrund der Partikularität der Bezüge historische *clôture*, also die ein für alle Mal festgestellte, abstrahierte und übertragbare Erkenntnis historischer Zusammenhänge, so weit es geht vermieden und dafür der Sinn für die virtuell unendliche **Komplexität jeder historischen Situation** wachgehalten, »a sense of archival and interpretive inexhaustibility« (Gallagher/Greenblatt 2000, S. 15). Das ist, gerade im Vergleich mit anderen kulturwissenschaftlichen Methoden, ein nicht gering zu schätzender Gewinn des *New Historicism* und, ebenso wie die Lesbarkeit und faszinierende Materialnähe seiner Arbeiten, kein bloßes Beiwerk, sondern direkter Effekt der intertextuellen Methode, der »textuality of history«.

Die Anekdote ist also ein geeignetes kulturpoetisches Medium, weil sie einerseits selbst schon Text ist, also eine spezifische diskursive Verknüpfung als historisch realisierte vorgibt, und andererseits zum Import solcher historischen Verknüpfungen in den wissenschaftlichen Text dient. Sie ist zunächst ein historisches Fundstück, ein veritables *objet trouvé*, das im **Vertextungsprozeß** des *New Historicists* dann wie ein Ferment wirkt und die unterschiedlichsten Texte und Diskurse zusammenführt. Nicht zufällig spricht Greenblatt von einem »almost surrealist wonder«, den solche Zusammenstellungen produzieren. Auch die kühne surrealistische Fügung zwingt ja, wie jede Metapher, zu einem Ausflug in den semiotisch-kulturellen Hintergrund des Textes, in der Hoffnung, doch noch dem Verbindenden der *prima facie* asyndetischen Glieder auf die Spur zu kommen. Die Anekdote ist zurecht zum Signum neohistoristischer Arbeiten geworden, weil sie die Essenzen der Methode in sich konzentriert: das Erstaunliche, das Partikulare und die Textualität.

5. Probleme der methodischen Fundierung

All dies führt zu Texten, die spannend sind und sich gut lesen, weil sie anstelle von trockenen Abstraktionen konkretes Material erschließen, aufbereiten und präsentieren. Insbesondere in der Kombination scheinbar abseitiger Diskurse mit zentralen Texten des abendländischen Kanons hat die *Cultural Poetics* von Greenblatt und Kollegen ihre Sternstunden als »tool with which to rub literary texts against the grain of received notions« (Greenblatt/Gallagher 2000, S. 52). Die Beiträge in den *Representations* und anderen amerikanischen Zeitschriften, die zum Teil heftig diskutierten Buchpublikationen der Reihe *The New Historicism* sowie die Popularität und wissenschaftliche Karriere der wichtigsten Vertreter belegen die anhaltende Attraktivität des *New Historicism*, obwohl der Boom der *Cultural Studies* (im weiten Sinne) das Spektrum konkurrierender Angebote längst beträchtlich erweitert hat.

Zu den anhaltenden **Vorwürfen gegen den *New Historicism*** gehört freilich der, die Methode sei theoretisch unzureichend fundiert. Greenblatt selbst kokettiert geradezu mit der **Nicht-Systematisierbarkeit** und dem ad-hoc-Charakter seiner erfolgreichen Kulturpoetik (zuletzt in Gallager/Greenblatt 2000, S. 2 ff.), auch wenn er in den Einleitungen seiner Bücher immer wieder methodische Überlegungen in die Diskussion einbringt. Sind seine ›Theoreme‹ wie eben jene von der Zirkulation kultureller Energie (*circulation of social energy*), von den kulturellen Verhandlungen und Tauschgeschäften (*negotiations*) und von der Textualität der Kultur (*textuality of history*) nicht letztlich bloße **Metaphern**, die in keinem theoretisch konsistenten Konzept fundiert sind? Es ist durchaus bezeichnend, daß Wolfgang Behschnitt, der sich auf die Spur von Greenblatts Energie-Konzept begibt, in dessen Werk selbst keinen klaren systematischen Ort dafür ausmachen kann. Er muß die »These, daß ›social energy‹ als diskursive Figuration aufzufassen ist«, schon selbst formulieren, um aus der ganzen Sache Sinn zu machen (Behschnitt 1999, S. 166). So geht es einem immer, wenn man den *New Historicism* ein wenig systematisieren will: Man sammelt verstreute Hinweise in den einschlägigen Aufsätzen, und muß sich dann noch selbst einen Reim drauf machen.

Dabei gibt es durchaus Nachfragen, die die Substanz der Methode berühren. Da ist einmal die Frage nach der **Repräsentativität der aufgezeigten intertextuellen Verbindungen.** Oben haben wir am Beispiel der Anekdote die im Textuellen des Materials begründete Partikularität, das unhintergehbar Konkrete der Bezüge gelobt, die der *New Historicist* herstellt. Aber selbst Anekdoten beziehen ja einen nicht unbeträchtlichen Teil ihrer Wirkung daher, daß das, was sie erzählen, nicht nur für sich selbst steht, sondern darüber hinaus in irgendeiner nicht näher explizierten Weise typisch ist für bestimmte Personen oder Zusammenhänge. Ebenso gilt für die Handvoll von Text-Text-Verbindungen, die ein durchschnittlicher *New Historicism*-Aufsatz präsentieren kann, daß sie – um überhaupt unser Interesse zu finden – Geltung für mehr als den einen mikrologisch-konkreten Fall beanspruchen müßten. Zumindest für einen bestimmten Ausschnitt des kulturellen Archivs, von dem die Rede ist, sollten sie schon repräsentativ sein. »Ein anekdotisches Verfahren«, so der Amerikanist Winfried Fluck, »kann nur aussagekräftig sein, wenn zuvor eine Theorie dessen zugrunde liegt, was der Stellenwert des Anekdotischen ist« (Fluck 1995, S. 248). Der *New Historicism* aber sei, genau besehen, »gar nicht auf die systematische Erkenntnis historischer Zusammenhänge ausgerichtet« (ebd., S. 237) – das müsse als »logische Konsequenz kultureller Enthierarchisierung angesehen werden« (ebd., S. 240) und sei seine »eigentliche ›postmoderne‹ Pointe« (ebd., S. 246). Doch selbst wenn die angestrebte Erkenntnis nicht Teil einer abgeschlossenen Systematik zu sein braucht – muß sie nicht, als Erkenntnis, mehr benennen als den individuellen Fall? Und das provoziert eben sofort die Frage, wie dieses Mehr jenseits von leeren Abstraktionen und jenen historischen Meta-Konstruktionen zu fassen wäre, um deren Vermeidung man sich ja bemüht.

Alan Liu stellt eine womöglich noch grundsätzlichere Frage: Was sind eigentlich diese intertextuellen Verbindungen, wenn sie ausdrücklich nicht hermeneutisch, also nicht als konkrete kausale Einflüsse auf einen Text, gesteuert durch einen Autor, gedacht sind? Man hält, wie in der von dem Kunstgeschichtler Heinrich Wölfflin eingeführten Doppel-Dia-Projektion, zwei Dinge nebeneinander – aber worin liegen deren Analogien begründet, wenn nicht in der bloßen, ahistorischen Evidenz?

> Ein Paradigma im New Historicism hält auf der einen Seite einen historischen Kontext, auf der anderen Seite einen literarischen Text und dazwischen eine Verbindung des reinen Nichts zur Betrachtung in die Höhe (Liu 1995, S. 123),

bemerkt Alan Liu. Das ist vielleicht die Kernfrage: **Was ist das Verbindende zwischen den synchronen Texten**, wenn es keine Metanarration, keine Foucaultsche Episteme, kein irgendwie abstraktes Allgemeines ist? Diese Frage, die von den *New Historicists* in ihrer Ablehnung systematisierender Synthesen bislang nicht befriedigend beantwortet werden konnte, zielt gleichwohl auf den Kern sowohl der Methode als auch der *Cultural Studies* überhaupt. Um mit dem amerikanischen Kultur- und Medienwissenschaftler John Fiske zu sprechen:

> We are habituatedly disposed to find the greatest significance [...] in structures that seek to explain the concrete by distancing themselves from it. We therefore, as historical products, find a science of the particular particularly difficult to envisage. (Fiske 1992, S. 164)

Man könnte die amerikanischen *Cultural Studies*, einschließlich des *New Historicism*, aber als genau dies begreifen: als Versuche einer »science of the particular«, einer **Wissenschaft vom je Konkreten und Besonderen**. Ihre Erfolge sind bislang jedoch erkauft durch ein Überspringen der theoretischen Fundierung, direkt in den fröhlichen Positivismus der Praxis hinein.

Von hier aus ergeben sich sozusagen zwei Optionen: entweder der konsequente Weg in die Textualität hinein, der Versuch einer theoretischen Begründung, und sei es post festum, der kulturwissenschaftlichen Praxis in der formalistisch-strukturalistischen Tradition, wie Alan Liu das energisch vorgeschlagen hat; oder aber der Weg aus der Theorie hinaus, hinein in die politisch-interventionistische Praxis der Gegenwart, wie die *Cultural Studies* im engeren Sinne ihn eingeschlagen haben.

6. Die textuelle Option

Welche Chancen bestünden für »ein deutlicher formuliertes und strenger abgegrenztes Konzept« (Voßkamp 1995, S. 36) oder gar eine »umfassende Theorie des *New Historicism*« (Liu 1995, S. 137), die oben skizzierten Probleme zu lösen? Wie könnte eine systematische Fundierung der Methode aussehen? Behschnitt kommt, wie gesagt, zu dem Ergebnis, Greenblatts kulturelle Energie sei »als diskursive Formation aufzufassen« (Behschnitt 1999, S. 166). Die ganze Begrifflichkeit mache »deutlich, daß die Argumentation auf einem semiotischen Kulturbegriff basiert«, der nur nicht wirklich ausgeführt wird. »Kulturelle Phänomene – Gegenstände, Institutionen, Handlungen – sind demnach grundsätzlich als Signifikanten in einem bedeutungstragenden und bedeutungsgenerierenden System aufzufassen«, schließt er, und sein Beispiel (mit Bezug auf Greenblatt 1990a) ist überzeugend: »Um das Publikum an sexueller Energie teilhaben zu lassen, muß das Theater also nicht Sexualität vorführen – das wäre Pornographie –, sondern sich bestimmte Figurationen aneignen, die im kulturellen Diskurs Sexualität repräsentieren« (ebd., S. 160). Alan Liu, einer der schärfsten Kritiker, fordert abschließend »eine Methode oder ›Sprache‹ der Kontextualisierung, die sich auf irgendeine historisch realisierte Diskursphilosophie gründet – d. h. auf irgendeinen Begriff von Rhetorik oder, allgemeiner, von Sprache als historisch verortetem Ereignis. [...] Was also, mit anderen Worten, geändert werden muß, ist eben das Konzept von ›Text‹ selbst« (Liu 1995, S. 139 f.).

Text und/oder Handlung – auf diese Positionierung des Gegenstandes »between the articulated and the lived« (Williams 1979, S. 168) läuft die Theorie-Diskussion in den *Cultural Studies* immer wieder hinaus. Insbesondere Vertreter der engagierten Spielart, wie Stuart Hall vom CCCS in Birmingham, halten es grundsätzlich für eine »illusion, that you can cover, in the textuality of the critical debate, the whole of the world, not recognizing the worldliness of the object you are trying to analyze and place theoretically« (Hall 1992, S. 288). Bei anderen bleibt der Begriff der ›Textualität‹ mit gegenstandsfernem Theoretisieren oder einem Haften an der literarischen Hochkultur konnotiert. Nun ist es nicht schwer, den Welt-, Handlungs- und Praxisbezug einzuklagen – das tun auch die hermeneutisch-anthropologischen Kulturwissenschaftler in Deutschland immer wieder gern –, zuvor freilich wäre die Frage zu beantworten, als was, auf welcher Basis, auf welchem methodischen Tableau solche ›**lebensweltlichen**‹ **Bezüge** denn Objekte wissenschaftlicher Analyse und vergleichender Betrachtung werden können. Der *cultural turn* bestand ja gerade in der Entdeckung der Textualität als jenes Feldes, auf dem Texte und ihre historischen oder kulturellen Kontexte allererst vergleichbar und methodisch konsistent aufeinander beziehbar werden. *The touch of the real* (Greenblatt) war für den Textwissenschaftler die Offenbarung, daß auch lebensweltliche Bezüge im methodischen Zugriff des Ethnologen (Geertz) textueller Natur sind. Um ein Wort von Williams zu modifizieren: Textualität ist nicht »something that happens after reality has occurred«, sondern, aus der Sicht der Textualisten, die methodische Basis für einen Objektbereich ›Kultur‹ überhaupt.

Denn kulturelle Dinge, Ereignisse und Handlungen, so die Prämisse, sind keineswegs »life and life only« (www.culturalstudies.net), sondern immer schon

representations, Dinge mit Bedeutung. In seinen jüngsten Publikationen ruft Greenblatt diese elementare Einsicht der Kultursemiotik noch einmal ins Gedächtnis:

> If an entire culture is regarded as a text, then everything is at least potentially in play both at the level of representation and at the level of event. Indeed, it becomes increasingly difficult to maintain a clear, unambiguous boundary between what is representation and what is event. (Gallagher/Greenblatt 2000, S. 15)

Das gilt freilich für kulturwissenschaftliche Ansätze generell: »Alles erscheint doppelt, nämlich einmal als das, was es ist, und ein weiteres Mal als das, was es im Rahmen eines Vergleiches bedeutet«, schreibt gleichzeitig und beinahe wortgleich der Systemtheoretiker Dirk Baecker, ohne dabei an Texte auch nur zu denken. »Schließlich ›ist‹ nichts mehr etwas, wenn es nicht zugleich auch etwas ›bedeutet‹« (Baecker 2000, S. 67). Erst im Vergleich mit anderen Möglichkeiten wird etwas zu ›Kultur‹. Der »Rahmen eines Vergleiches« freilich ist, *in terms of text* gedacht, in Form seiner paradigmatischen Achse gegeben. Das Mitlesen kulturell möglicher Paradigmen beim Lesen eines Textes (eines Syntagmas) macht diesen allererst verständlich, indem er »its place in a network of framing intentions and cultural meanings« (Gallagher/Greenblatt 2000, S. 21) bestimmbar macht. Dichte Beschreibung ist, mit anderen Worten, Lektüre unter Berücksichtigung kultureller Paradigmen. Aber woher nehme ich diese kulturellen Paradigmen für einen Text, sagen wir, der Shakespeare- oder Goethezeit? Nirgendwo her als aus dem Archiv der überlieferten Zeugnisse, der Texte einer Kultur. Womit wir wieder bei der *textuality of history* wären.

Montrose, dessen *New-Historicism*-Chiasmus so oft zitiert wird, spricht ja im selben Aufsatz auch von der »Neuausrichtung der Achse der Intertextualität« (Montrose 1995, S. 63) von Diachronie auf Synchronie. Schaut man bei Julia Kristeva und anderen nach, dann findet man, daß ›Intertextualität‹ von Anfang an genau so konzipiert war: als Umstellung der Analyse von der hermeneutischen Achse der Kommunikation (Text als Handlung) auf die **strukturalistische Achse der Äquivalenzen und Oppositionen innerhalb eines synchronen Feldes von Texten.** Ich halte es für möglich und wünschenswert, das skizzierte Modell einer Textualität der Kultur in diesem Sinne, auf der Basis des poststrukturalistischen Intertextualitäts-Begriffs, zu formalisieren und diesen dabei gleichzeitig zu pragmatisieren. Die Möglichkeiten einer solchen Methode reichen dabei bis hin zu ihrer computertechnischen Umsetzung mit Volltextdatenbanken, Suchbefehlen und Hypertext-Vernetzungen. Das Problem einer überprüfbaren Repräsentativität wäre mit Hilfe tendenziell vollständiger Datenbanken und ausformulierter, überprüfbarer und variierbarer Suchbefehle zu lösen. Dabei bliebe die Konkretheit des Materials, die mikrologische Auflösung jederzeit gewahrt. Und das Text-Kontext-Problem, das neuere Forschung als das Basisproblem des *New Historicism* ausgemacht hat (vgl. Glauser/Heitmann 1999), wäre ebenfalls gelöst: Das Verbindende zwischen einem Text und seinem Kontext, verstanden als Feld synchroner Texte derselben Kultur, ist in diesem Modell nicht, wie Liu befürchtet, das reine Nichts, sondern das gute alte strukturalistische Paradigma. Die paradigmatische Achse mit ihrem Prinzip der Äquivalenz wäre neu zu definieren als Achse des Vergleichs und damit der Kultur (vgl. dazu Baßler 1999, 2001b, 2002).

7. Cultural Studies

Eine heftige Debatte, die sich in den USA der 1980er Jahre am *New Historicism* und anderen auf Konzepte Foucaults zurückgreifenden Methoden entzündete, ging um den Begriff ***power***. Die überwiegend marxistisch oder doch jedenfalls politisch links sozialisierten Wissenschaftler, auf deren Terrain sich die neuen Richtungen zu etablieren begannen, vermißten in Foucaults von Nietzsche sich herschreibender Machtanalytik so etwas wie normative Standards. Wenn Macht nicht länger nur als ein Instrument der Herrschenden betrachtet wird, sondern als ein vielfältiger Prozeß, der überall am Werke ist, wo etwas diskursiv oder lebensweltlich zur Erscheinung kommt, von wo aus läßt sich dann noch jene politische Kritik am Falschen üben, die das wesentliche Projekt einer intellektuellen Linken ist? Foucault selbst, so eine von Paul Rabinow überlieferte Anekdote, wurde einmal gefragt, auf welcher Grundlage er sein Engagement für die polnische Solidarnosc-Bewegung methodisch eigentlich rechtfertige. Angeblich lautete die Antwort sinngemäß, daß dem, der nicht sehe, wer da in Polen unterstützt werden müsse, auch mit Theorie nicht zu helfen sei – ein Sprung in den vortheoretischen *common sense* also.

Die Praxis der *Cultural Studies* im engeren Sinne wiederholt diese – für Foucault eher untypische – Figur. »It does not take its questions from theory or even from particular academic disciplines«, sondern ist primär »**politically driven**«, genauer: »committed to producing knowledge that both helps people understand that the world is changeable and that offers some direction for how to change it« (Grossberg 1997, S. 264). Oder etwas peppiger formuliert: »I'm trying to return the project of cultural studies from the clean air of meaning and textuality and theory to the something nasty down below« (Hall 1992, S. 278). Das Projekt der *Cultural Studies*-Forscherin ist somit von Beginn an »explicitly political and interventionist« (Musner 1999, S. 581). In der Praxis heißt das: Sie nimmt sich einen aktuellen Gegenstand der **Gegenwartskultur** vor – Fotos von AIDS-Patienten, Nippes in einer Immigranten-Wohnung, eine Baustelle, Hip Hop-Platten, Fußballfans, einen Schwarzenegger-Film, die deutsch-polnische Grenze, einen neuen Typ von Straftat, eine Sit-Com, den Prozeß gegen O. J. Simpson, um ein paar reale Beispiele zu nennen. Diesen Gegenstand analysiert sie auf seine diskursiven, politischen und lebensweltlichen Implikationen und Kontexte hin. Dabei geht es ihr in der Regel um seine problematischen Aspekte, um Dinge, die auf die politische Agenda gehören, wie institutionalisierte Vorurteile, Ausgrenzung und Diskriminierung. Nicht selten versteht sie sich selbst als Teil einer marginalisierten Gruppe, als mehr oder weniger Betroffene: »cultural studies is still often« – wenn auch nicht notwendigerweise – »identified with the speaking position of the marginal« (Grossberg 1997, S. 250).

Der 1992 erschienene Sammelband *Cultural Studies* (Grossberg/Nelson/Treichler) gibt einen Eindruck vom beeindruckenden Spektrum der entsprechenden Forschung, wie sie sich auf der Großtagung *Cultural Studies Now and in the Future* (University of Illinois, April 1990) präsentierte. Bestimmte wiederkehrende Fragestellungen – die im Prinzip auf verschiedenste kulturelle Gegenstände anwendbar sind – haben sich inzwischen zu Formationen mit eigenständigem

Profil und Forschungszusammenhang ausgebildet. Die aus dem Feminismus hervorgegangenen ***Gender Studies*** sind sicher der älteste und bedeutendste Strang, der seinerseits einigen Einfluß auf die Entwicklung der *Cultural Studies* genommen hat, dazu kommen ***Race Studies*** (*Black Studies*, *White Studies* etc.), ***Postcolonial Studies***, ***AIDS-Studies*** und anderes mehr. Die gleichzeitige Entwicklung der Medienwissenschaften (*Film Studies* etc.) interferiert heftig mit dieser Methodenlandschaft, wie die *Cultural Studies* überhaupt von sehr unterschiedlichen Fächern und Institutionen aus betrieben werden.

> Indeed, cultural studies is not merely interdisciplinary; it is often [...] actively and aggressively anti-disciplinary – a characteristic that more or less ensures a permanently uncomfortable relation to academic disciplines. (Grossberg/Nelson/Treichler 1992, S. 1)

Was freilich einer erfolgreichen akademischen Karriere der genannten Methoden und ihrer Vertreter nicht entgegenstand.

Man erkennt unschwer das veränderte Erkenntnisinteresse gegenüber dem *New Historicism*: Dieser macht als primär historische Methode vergangene, synchrone Kulturen zum Gegenstand und thematisiert ihre aktuellen Implikationen allenfalls am Rande; die *Cultural Studies* richten sich auf **Phänomene und Probleme der Gegenwart**, um politische Aussagen zu machen, und ziehen historische Aspekte nur in Betracht, wo sie dazu beitragen können. Anstelle des beinahe surrealistischen Erstaunens über die vergangenen kulturellen Texte tritt die politische Involviertheit ins Heute, Emanzipationsbestreben und der Wunsch nach realer Veränderung gegenwärtiger Zustände. Intertextuelle Verflechtung weicht der Untersuchung von institutionellen Bezügen und **Machtverhältnissen**. Zugleich sind aber auch die Übereinstimmungen zwischen beiden Schulen nicht zu übersehen, auch wenn sie ihrerseits durchaus mit (nur allzu akademischen) Abgrenzungsstrategien arbeiten. Greenblatt etwa kommt weder in der ausführlichen Bibliographie von Grossberg/Nelson/Treichler 1992 noch in der von Grossberg (1997) vor, dennoch könnten die Punkte, die Grossberg in seinem Credo »Cultural Studies: What's in a Name?« (ebd., S. 245) aufzählt, überwiegend dessen Schriften entnommen sein: Das gilt für die Interdisziplinarität, die Selbstreflexivität, die Skepsis gegenüber theoretischen Systemen, vor allem aber für den zentralen Punkt eines »radikalen Kontextualismus« (Grossberg 1997, S. 253).

Grossberg bestimmt die *Cultural Studies* als »a discipline of contextuality« (ebd., S. 254), die sich jedoch ihre Kontexte nicht von anderen oder einer vermeintlichen Empirie vorgeben läßt. Diese stellen sich vielmehr im Verlauf der jeweils konkreten Untersuchung erst her, und zwar in der gleichen Materialität und Partikularität wie der zu kontextualisierende Gegenstand selbst: »cultural studies is strongly antireductionist« sowie »always materialist« (ebd., S. 256), ohne dabei jedoch essentialistisch zu sein: »It locates everything in relations but assumes that such relations, while always real, are never necessary« (ebd., S. 259). Grossberg faßt diese historische – und damit in gewisser Weise finite, nicht dekonstruierbare – kontextuelle Situiertheit als *articulation*:

> A text does not have to mean what it seems to mean to 90 percent of the people who read it. But in fact it does mean that to 90 percent of the people who read it because

> the relationship between those words and that meaning has been produced. Those words, that text, have been articulated to that meaning. (ebd.)

Text dient hier, wohlgemerkt, als Beispiel und nicht als Oberbegriff für jene Dinge, die Gegenstand von *Cultural Studies* werden können. Daß Kon*textualisierung* schon etymologisch den Bereich einer Textualität voraussetzt, realisiert Grossberg nicht. Dennoch ist deutlich, daß der Gegenstand der *Cultural Studies* hier einen vergleichbaren Ort im kontextuellen Geflecht einnimmt wie der Text im *New Historicism*: Er bekommt seinen Sinn erst im konkreten Kontext und hat zugleich aktiv Teil an diesem. Der **Begriff der *articulation*** soll dabei dem Unterschied zwischen den semiotischen Möglichkeiten kultureller Bedeutung und der im jeweiligen Kontext realisierten wirklichen Bedeutung Rechnung tragen. Wie dieser Kontext und die jeweilige *articulation*, geschweige denn die *power*, die dabei am Werk ist, methodisch zu fassen sind, wie etwa das Verhältnis von Semiotik und Machtanalyse, das Konzept von Sprache als System und Handlung oder die ›Lesbarkeit‹ nicht-textueller Dinge zu denken sind, bleibt noch unklarer als schon bei Greenblatt und Kollegen. Freilich würde es am Wesentlichen vorbeizielen, gerade den *Cultural Studies* ihre mangelnde theoretische Fundierung vorzuhalten oder gar aus diesem Grund die ganze Bewegung in Frage zu stellen. Ihr Ziel ist ja nicht so sehr die historische Beschreibung von Kontexten als vielmehr deren Veränderung: »Cultural studies offers an intellectually grounded practice for intervening into the becoming of contexts and power« (ebd., S. 261). Verbindlich bleibt das Ethos des politischen Intellektuellen nach Vorbild Antonio Gramscis.

Keineswegs naiv, sondern ganz bewußt eklektisch bedienen sich die *Cultural Studies* zu diesem Zweck bei den unterschiedlichsten Methoden, von der Diskursanalyse bis zur Medientheorie, von der Sozialstatistik bis zur Dekonstruktion, je nachdem, was das konkrete Vorhaben gerade verlangt.

> Cultural studies is interventionist in the sense that it attempts to use the best intellectual resources available to gain a better understanding of the relations of power [...] in a particular context, believing that such knowledge will better enable people to change the context and hence the relations of power. (ebd., S. 253)

Nimmt man diese Dimension ernst, dann ermißt sich Gelingen oder Scheitern von Projekten der *Cultural Studies* im engeren Sinne letztlich nicht aufgrund von Maßstäben akademischer Überprüfbarkeit, methodischer Solidität und theoretischer Fundierung – was nicht heißt, daß diese nicht gegeben sein können und sollen – sondern aufgrund ihrer politisch-emanzipatorischen, aufklärerischen Wirksamkeit. Diese kann der Intellektuelle allerdings wohl kaum in seiner Rolle als akademischer Forscher und Lehrer in erforderlichem Maße entfalten, sie würde vielmehr den Gang in die Massenmedien und damit den Umgang mit ganz anderen Codes als den wissenschaftlichen voraussetzen.

Aus akademischer Sicht muß das problematisch bleiben. An vergleichbar emanzipatorischen Projekten der feministischen (z. B. Literatur-) Wissenschaft hat man diese Konstellation ja auch in Deutschland schon einmal durchgespielt, mit dem nahezu zwangsläufigen Ergebnis: Feminismus und Wissenschaft bleiben zwei miteinander letztlich unvereinbare Vorhaben, weil Parteilichkeit und gezieltes Engagement mit den wissenschaftstheoretischen Objektivitätsansprüchen nicht in Einklang zu bringen sind. Dem ist zuzustimmen – einerseits. Auf der anderen Seite möchte man allerdings die Wissenschaft als Facette in einem feministischen Spektrum, das im übrigen weit ins Politische und Lebensweltliche hineinreicht, so wenig missen wie die feministische Facette im Methodenspektrum der eigenen Wissenschaft.

»Life and life only« mag sich kaum zum Motto universitärer Disziplinen eignen, aber ein bißchen Kontakt zum wirklichen Leben muß deshalb noch nicht schaden. Grossberg hat ja recht: »Is it not peculiar that we have journalists trained to report science but none trained to report social and cultural knowledge?« (ebd., S. 269). Die Arbeiten der britischen und amerikanischen *Cultural Studies* bringen inzwischen regelmäßig interessante und anregende Lektüren z. B. alltags- und popkultureller Gegenstände hervor, die durchaus über Feuilletons, intellektuelle Zeitschriften, Bücher, Web und Fernsehen auch Verbreitung und popularisierende Rezeption finden. Die deutschen Geisteswissenschaften bemühen sich seit einigen Jahren verstärkt um den Anschluß an den internationalen *cultural turn*. Es wäre doch schade, wenn sie sich dabei der Chance grundsätzlich verschlössen, durch engagierte Forschung zu aktuellen Gegenständen auch **neue Schnittstellen zwischen Akademie und Gegenwartskultur** zu schaffen und womöglich gar – warum nicht? – ein Stück gesellschaftlicher Relevanz zurückzuerobern.

Literaturverzeichnis

Standardwerke und Einführungen

Baßler, Moritz (Hg.): *New Historicism. Literaturgeschichte als Poetik der Kultur.* Frankfurt a. M.: Fischer 2001a [1995].

Clark, Timothy J.: *The Painting of Modern Life. Paris in the Art of Manet and His Followers.* Princeton: Princeton UP 1984.

Clifford, James/Marcus, George E. (Hgg.): *Writing Culture. The Poetics and Politics of Ethnography.* Berkeley et al.: University of California Press 1986.

Dollimore, Jonathan/Sinfield, Alan (Hgg.): *Political Shakespeare. Essays in Cultural Materialism.* Manchester: Manchester UP 1985.

Foucault, Michel: *Archäologie des Wissens.* Frankfurt a. M.: Suhrkamp 1990 [1973] (orig.: *L'Archéologie du Savoir.* Paris: Gallimard 1969).

Gallagher, Catherine/Greenblatt, Stephen: *Practicing New Historicism.* Chicago/London: University of Chicago Press 2000.

Geertz, Clifford: *Dichte Beschreibung. Beiträge zum Verstehen kultureller Systeme.* Frankfurt a. M.: Suhrkamp 1995 [1983] (orig.: *The Interpretation of Cultures. Selected Essays.* London: Hutchinson 1973).

Greenblatt, Stephen (Hg.): *Allegory and Representation. Selected Papers from the English Institute, 1979–80.* Baltimore/London: Johns Hopkins UP 1981.

Greenblatt, Stephen (Hg.): *The Forms of Power and the Power of Forms in the English Renaissance.* Oklahoma: University of Oklahoma 1982 [Sonderausgabe 15 von *Genre*] (Einleitung dt. in: Baßler 1995, S. 29–34).

Greenblatt, Stephen: *Verhandlungen mit Shakespeare. Innenansichten der englischen Renaissance.* Berlin: Wagenbach 1990a (orig.: *Shakespearean Negotiations. The Circulation of So-*

cial Energy in Renaissance England. Berkeley/Los Angeles: University of California Press 1988).

Greenblatt, Stephen: *Learning to Curse. Essays in Early Modern Culture.* New York/London: Routledge 1990 (dt. Auswahl: *Schmutzige Riten. Betrachtungen zwischen Weltbildern.* Berlin: Wagenbach 1991).

Greenblatt, Stephen: *Marvelous Possessions.* Oxford: Oxford UP 1991 (dt.: *Wunderbare Besitztümer. Die Erfindung des Fremden. Reisende und Entdecker.* Berlin: Wagenbach 1994).

Greenblatt, Stephen: »Murdering Peasants. Status, Genre, and the Representation of Rebellion.« In: *Representations* 1 (1983), S. 1–29 (dt.: »Bauernmorden. Status, Genre und Rebellion.« In: Baßler 1995, S. 164–208).

Greenblatt, Stephen: *Hamlet in Purgatory.* Princeton/Oxford: Princeton UP 2001.

Greenblatt, Stephen/Gunn, Giles (Hgg.): *Redrawing the Boundaries. The Transformation of English and American Studies.* New York: Modern Language Association of America 1992.

Grossberg, Lawrence: *Bringing It All Back Home. Essays On Cultural Studies.* Durham/London: Duke UP 1997.

Grossberg, Lawrence/Nelson, Cary/Treichler, Paula (Hgg.): *Cultural Studies.* New York/London: Routledge 1992 [mit Bibliographie].

Hall, Stuart: »Cultural Studies and its Theoretical Legacies.« In: Grossberg/Nelson/Treichler 1992, S. 277–294.

Liu, Alan: »Die Macht des Formalismus: Der New Historicism.« In: Baßler 1995, S. 94–163 (orig.: »The Power of Formalism. The New Historicism.« In: *English Literary History* 56 (1989), S. 721–771).

Montrose, Louis A.: »Die Renaissance behaupten. Poetik und Politik der Kultur.« In: Baßler 1995, S. 60–93 (orig.: »Professing the Renaissance. The Poetics and Politics of Culture.« In: Veeser 1989, S. 15–36).

Thomas, Brook: *The New Historicism and Other Old-Fashioned Topics.* Princeton: Princeton UP 1991.

Veeser, H. Aram (Hg.): *The New Historicism.* New York/London: Routledge 1989.

Veeser, H. Aram (Hg.): *The New Historicism Reader.* New York/London: Routledge 1994.

Williams, Raymond: *Culture and Society 1780–1950.* London: Chatto and Windus 1958.

Williams, Raymond: *Innovationen. Über den Prozeßcharakter von Literatur und Kultur.* Hg. von H. Gustav Klaus. Frankfurt a. M.: Syndikat 1977.

Williams, Raymond: *Politics and Letters.* New York: Schocken Books 1979.

Williams, Raymond: »Communications and Community.« [1961]. In: ders.: *Resources of Hope.* Hg. von Robin Gable. London/New York: Verso 1989.

Williams, Raymond: *The Sociology of Culture.* Chicago: University of Chicago Press 1991 [1981].

Weiterführende Literatur

Aronowitz, Stanley: »Between Criticism and Ethnography. Raymond Williams and the Intervention of Cultural Studies.« In: Prendergast 1995, S. 320–339.

Baecker, Dirk: *Wozu Kultur?* Berlin: Kulturverlag Kadmos 2000.

Baßler, Moritz: »New Historicism und der Text der Kultur: Zum Problem synchroner Intertextualität.« In: Moritz Csáky/Richard Reichensperger (Hgg.): *Literatur als Text der Kultur.* Wien: Passagen 1999, S. 23–40.

Baßler, Moritz: »›Science of the Particular‹? Perspektiven einer literaturwissenschaftlichen Texttheorie der Kultur.« In: Beate Burtscher-Bechter/Martin Sexl (Hgg.): *Theory Studies? Konturen komparatistischer Theoriebildung zu Beginn des 21. Jahrhunderts.* Innsbruck: Studienverlag 2001b, S. 271–282.

Baßler, Moritz: »Zwischen den Texten der Geschichte. Vorschläge zur methodischen Beerbung des New Historicism.« In: Daniel Fulda/Sylvia Serena Tschopp (Hgg.): *Literatur und Geschichte. Ein Kompendium zu ihrem Verhältnis von der Aufklärung bis zur Gegenwart.* Berlin/New York: de Gruyter 2002, S. 87–100.

Behschnitt, Wolfgang: »Die Macht des Kunstwerks und das Gespräch mit den Toten. Über Stephen Greenblatts Konzept der ›Social Energy‹.« In: Glauser/Heitmann 1999, S. 157–169.

Fineman, Joel: »The History of the Anecdote. From Fiction to Fiction.« In: Veeser 1989, S. 49–76.

Fiske, John: »Cultural Studies and the Culture of Everyday Life.« In: Grossberg/Nelson/Treichler 1992, S. 154–173.

Fluck, Winfried: »Die ›Amerikanisierung‹ der Geschichte im *New Historicism.*« In: Baßler 1995, S. 229–250.

Gallagher, Catherine: »Raymond Williams and Cultural Studies.« In: Prendergast 1995, S. 307–319.

Glauser, Jürg/Heitmann, Annegret (Hgg.): *Verhandlungen mit dem New Historicism. Das Text-Kontext-Problem in der Literaturwissenschaft.* Würzburg: Königshausen & Neumann 1999.

Graff, Gerald/Robbins, Bruce: *Cultural Criticism.* In: Greenblatt/Gunn 1992, S. 419–436.

Higgins, John: *Raymond Williams. Literature, Marxism and Cultural Materialism.* London/New York: Routledge 1999.

Hörning, Karl H./Winter, Rainer (Hgg.): *Widerspenstige Kulturen. Cultural Studies als Herausforderung.* Frankfurt a. M.: Suhrkamp 1999.

Johnson, Richard: »What Is Cultural Studies Anyway?« In: *Social Text* 16 (1986/87), S. 38–80.

Kuna, Franz: »Literaturwissenschaft und ›Cultural Studies‹. Die Geschichte einer Herausforderung.« In: Werner Delanoy et al. (Hgg.): *Lesarten. Literaturdidaktik im interdisziplinären Vergleich.* Innsbruck: Studienverlag 1996, S. 225–238.

Latour, Bruno: *Nous n'avons jamais été modernes. Essai d'anthropologie symétrique.* Paris: Éditions La Découverte 1991 (dt.: *Wir sind nie modern gewesen. Versuch einer symmetrischen Anthropologie.* Berlin: Akademie Verlag 1995).

Luhmann, Niklas: *Die Kunst der Gesellschaft.* Frankfurt a. M.: Suhrkamp 1995.

Lyotard, Jean-Francois: *Das postmoderne Wissen. Ein Bericht.* Wien: Passagen 1986 (orig.: *La condition postmoderne.* Paris: Editions de Minuit 1979).

Musner, Lutz: »Locating Culture in the US and Central Europe – A Transatlantic Perspective on Cultural Studies.« In: *Cultural Studies* 13, 4 (1999), S. 577–590.

Nelson, Cary/Treichler, Paula A./Grossberg, Lawrence: »Cultural Studies: An Introduction.« In: Grossberg/Nelson/Treichler 1992, S. 1–22.

Prendergast, Christopher (Hg.): *Cultural Materialism. On Raymond Williams.* Minneapolis/London: University of Minneapolis Press 1995.

Voßkamp, Wilhelm: »Einheit in der Differenz. Zur Situation der Literaturwissenschaft in wissenschaftshistorischer Perspektive.« In: Ludwig Jäger (Hg.): *Germanistik – Disziplinäre Identität und kulturelle Leistung.* Weinheim: Beltz Athenäum 1995, S. 29–45.

Ward, John P.: *Raymond Williams.* Cardiff: University of Wales Press 1981.

Werber, Nils: »Ohne Text und Kultur. Die Systemtheorie und der ›cultural turn‹ der Kulturwissenschaft.« [Vortrag am IFK Wien 2001, Ms.].

Moritz Baßler

8. Kollektives Gedächtnis und Erinnerungskulturen*

1. Einleitung: Ein ›neues Paradigma‹ und seine Ursachen

Seit Ende der 1980er Jahre ist in den Kulturwissenschaften eine intensive Beschäftigung mit Konzepten von kollektivem Gedächtnis und Erinnerungskulturen zu beobachten. Fragt man nach möglichen Ursachen für die Wirkungsmacht dieses ›neuen Paradigmas‹ (Jan Assmann), so rücken – neben der durch die Jahrtausendwende ohnehin vermehrt zu beobachtenden Tendenz zur Rückschau – mit dem ausgehenden 20. Jahrhundert einsetzende Wandlungsprozesse historischer, politischer und gesellschaftlicher, aber auch technologischer und wissenschaftlicher Art in den Blick, die Fragen nach der kollektiven Dimension von Erinnerung und nach dem Verhältnis von Kultur und Gedächtnis aufwerfen.

So sehen wir uns mit dem allmählichen Schwinden derjenigen Generation konfrontiert, die Holocaust und Zweiten Weltkrieg miterlebt hat. Für die **kollektive Erinnerung an das ›Dritte Reich‹** bedeutet dies einen tiefen Einschnitt, denn damit bricht auch die mündliche Überlieferung von Lebenserfahrung ab (vgl. Berg 1996; Assmann/Frevert 1999). Ohne Zeitzeugen der Geschichte ist die Gesellschaft auf zwei andere Modi des Vergangenheitsbezugs verwiesen, auf die wissenschaftlich-historische Forschung und auf das mediengestützte ›kulturelle Gedächtnis‹. Eine Kontroverse über Möglichkeiten und Implikationen der geschichtswissenschaftlichen Beschäftigung mit dem Holocaust kulminierte in den Jahren 1986/87 im sogenannten ›Historikerstreit‹ (vgl. Augstein 1987). Diskussionen über Inhalte und Formen des kulturellen Gedenkens wurden etwa im Rahmen der Debatten um Martin Walsers Friedenspreisrede (vgl. Zuckermann 1999) oder um das Berliner Holocaust-Denkmal (vgl. Cullen 1999; Jeismann 1999) geführt. Im Zentrum all dieser Kontroversen standen Fragen nach Formen, Inhalten und Funktionen des kollektiven Bezugs auf Vergangenheit, die die Forschung zu kollektivem Gedächtnis und Erinnerungskulturen mit den ihr eigenen Theorien und Methoden zu beantworten oder zumindest fundiert zu reflektieren verspricht – Fragen etwa nach dem Verhältnis von Geschichte und Gedächtnis sowie von mündlich überlieferter Lebenserfahrung und gestiftetem kulturellem Gedenken.

Eine weitere Ursache für die Konjunktur des Gedächtnis- und Erinnerungs-Paradigmas sind tiefgreifende **Veränderungen auf dem Gebiet der Medien des kollektiven Gedächtnisses** (vgl. Kap. 16 »Medienkulturwissenschaft« in diesem Band). Die rapide Entwicklung der Computertechnik bringt neue und ungeahnte

---

* Für konstruktive Kritik und wertvolle Anregungen bedanke ich mich herzlich bei Ansgar Nünning sowie bei Birgit Neumann und Gerald Echterhoff.

Möglichkeiten der Speicherung von Wissen mit sich. Im Kontext dieses technologischen Wandels stellen sich Fragen nach Gemeinsamkeiten und Unterschieden menschlicher und elektronischer Gedächtnisse. Handelt es sich bei der Entwicklung künstlicher Intelligenz um eine Abbildung und Optimierung des menschlichen Gedächtnisses? Neuro- und Kognitionswissenschaft haben gezeigt, daß das kybernetische Modell von ***storage und retrieval*** der Funktionsweise organischer Gedächtnisse ganz und gar nicht entspricht: Bei dem menschlichen Gedächtnis handelt es sich nicht um einen Speicher, in den Daten erst eingegeben werden, um dann jederzeit originalgetreu abrufbar zu sein, wie wir es von Computern erwarten. Unsere Erinnerungen sind keine objektiven Abbilder vergangener Wahrnehmungen, geschweige denn einer vergangenen Realität. Es sind subjektive, hochgradig selektive und von der Abrufsituation abhängige **Rekonstruktionen.** Das wird nirgends deutlicher als im Rahmen der *false memory debate*, die Anfang der 1990er Jahre in den USA durch spektakuläre Gerichtsprozesse ausgelöst wurde, in denen Zeugen offenbar nach bestem Wissen und Gewissen falsche Erinnerungen generierten. Vergessen, Verdrängung und Verzerrung gehören zur menschlichen Erinnerung (vgl. Schacter 1995; 1999).

Medien des kollektiven Gedächtnisses – wie Mündlichkeit, Schrift, Bild oder eben Computer – ermöglichen die **Kontinuierung von Kultur.** Gerade durch neue Technologien können heute große Mengen an Daten aufbewahrt und an spätere Generationen überliefert werden. Aber wie kann angesichts dieser Datenfülle ein Überblick behalten werden? Wer soll sich die kodierten Informationen – die, solange sie nur in Büchern oder auf Festplatten ruhen, ›totes Wissen‹ sind – aneignen, wer auswählen, was für die gesamte Gesellschaft erinnerungswürdig ist? Diese Überlegungen verweisen auf eine dem Wissenschaftssystem immanente Ursache für die neuerliche Beschäftigung mit Erinnerung und Gedächtnis. Könnte hier die **Aufgabe der Geisteswissenschaften** liegen, die seit der postmodernen Herausforderung viele ihrer Erklärungs- und Sinnstiftungsansprüche relativieren mußten? Die kulturwissenschaftliche Erweiterung der geisteswissenschaftlichen Einzeldisziplinen und der gemeinsame Fokus auf den Problembereich ›Gedächtnis und Erinnerung‹ versprechen, die Beschäftigung mit gegenwärtiger und vergangener Kultur für das gesellschaftliche System neu zu legitimieren, und zwar in zweierlei Hinsicht: Die Kulturwissenschaften fungieren als Institutionen, die unser kulturelles Erbe verwalten. Ihre Methoden, wie Quellenkunde oder Textkritik, ermöglichen eine wissenschaftlich fundierte Beschäftigung mit dem Überlieferten. Zugleich handelt es sich bei den Kulturwissenschaften um eine Instanz, die die eigene Erinnerungsarbeit anhand eines theoretischen und begrifflichen Instrumentariums reflektieren kann und verschiedene Erinnerungskulturen zu vergleichen vermag (vgl. Harth 1998 sowie Kap. 2 »Kulturbegriffe« in diesem Band).

Bei dem Versuch, kollektives Gedächtnis und Erinnerungskulturen zu theoretisieren, haben **transdisziplinär ausgerichtete Forschungsansätze** einen hohen Erkenntniswert bewiesen. In neueren Publikationen gehen Psychologie, Kognitions- und Neurowissenschaft, Sozial- und Geschichtswissenschaft, Altertumswissenschaft, Religionsgeschichte, Philosophie, Kunst- und Literaturwissenschaft produktive Verbindungen ein (vgl. z. B. Butler 1989; Haverkamp/Lachmann 1991,

1993; Loewy/Moltmann 1996; Oexle 1995; Antze/Lambek 1996; Berns/Neuber 1993; Tholen/Weber 1997; Weinrich 1997; Assmann/Weinberg/Windisch 1998; Bal/Crewe/Spitzer 1999; Radstone 2000; Borsò/Krumeich/Witte 2001; Echterhoff/Saar 2002). Die Vielzahl der kursierenden **Gedächtnisbegriffe** – *memoria*, *mémoire collective*, ›soziales Gedächtnis‹, *lieux de mémoire*, *invented traditions*, ›kulturelles Gedächtnis‹, ›kommunikatives Gedächtnis‹ oder *cultural memory* – führt vor Augen, daß sich das Forschungsfeld ›kollektives Gedächtnis und Erinnerungskulturen‹ nicht nur aus Beiträgen verschiedener Disziplinen, sondern auch unterschiedlicher Nationen, Kulturen und Epochen speist.

2. Die ›Erfindung‹ des kollektiven Gedächtnisses: Maurice Halbwachs und Aby Warburg

Zwei Traditionssträngen ist die heutige Forschung zum kollektiven Gedächtnis verpflichtet. Beide haben ihren Ausgangspunkt in den 1920er Jahren. Es handelt sich um Maurice Halbwachs' soziologische Studien zur *mémoire collective* und Aby Warburgs kulturhistorische Beschäftigung mit einem in bildhafter Symbolik gründenden ›sozialen Gedächtnis‹. Zwar scheinen Stiftung, Pflege und Reflexion des kulturellen Erbes zur anthropologischen Grundausstattung des Menschen zu gehören und die Sachgeschichte der Begriffe ›kollektives Gedächtnis‹ und ›Erinnerungskulturen‹ ist bis in die Antike zurückzuverfolgen. Halbwachs und Warburg waren allerdings die ersten, die diese Phänomene im Rahmen einer modernen Kulturtheorie beim Namen genannt und systematisch untersucht haben.

2.1 Maurice Halbwachs: Mémoire collective

Der französische Soziologe Maurice Halbwachs (1877–1945), ein Schüler Henri Bergsons und Emile Durkheims, hat drei Schriften verfaßt, in denen er seinen Begriff der *mémoire collective* entwickelte und die heute eine zentrale Stellung bei der Beschäftigung mit dem kollektiven Gedächtnis einnehmen. 1925 veröffentlichte Halbwachs die Studie *Les cadres sociaux de la mémoire* (*Das Gedächtnis und seine sozialen Bedingungen*, 1985), in der er versuchte, die soziale Bedingtheit der Erinnerung nachzuweisen. Damit richtete er sich gegen Gedächtnistheorien seiner Zeitgenossen, Henri Bergson oder Sigmund Freud etwa, die Erinnerung als rein individuellen Vorgang verstanden. Halbwachs' Theorie, nach der jede noch so persönliche Erinnerung eine ***mémoire collective***, ein kollektives Phänomen ist, erntete heftigen Widerspruch – nicht zuletzt von seinen Kollegen an der Universität Straßburg, Charles Blondel und Marc Bloch. Letzterer warf Halbwachs wie der Durkheim-Schule generell eine unzulässige Kollektivisierung individualpsychologischer Phänomene vor.

Angeregt von der Kritik machte sich Halbwachs daran, sein Konzept des kollektiven Gedächtnisses in einem zweiten Buch weiter auszuführen. Über fünfzehn Jahre arbeitete er an der Schrift *La mémoire collective* (*Das kollektive Gedächtnis*, 1991), die allerdings erst 1950, unvollständig und postum erscheinen sollte. Zuvor veröffentlichte Halbwachs ein drittes Buch, das an einem Fallbeispiel die Formen und Funktionsweisen des kollektiven Gedächtnisses aufzeigt, *La topographie légendaire des évangiles en Terre Sainte* (1941; *Verkündigte Orte im Heiligen Land. Eine Studie zum kollektiven Gedächtnis*, 2002). Im August 1944 wurde Halbwachs von den Deutschen nach Buchenwald deportiert. Am 16. März 1945 wurde er dort ermordet.

Halbwachs' Schriften zum kollektiven Gedächtnis gerieten in der Nachkriegszeit, wie die Beschäftigung mit der kulturellen Dimension von Gedächtnis und Erinnerung überhaupt, in Vergessenheit. Heute kommt allerdings keine theoretische Konzeptualisierung des kollektiven Gedächtnisses ohne einen Rekurs auf den Soziologen aus. Drei Untersuchungsbereiche können in Halbwachs' Studien zur *mémoire collective* unterschieden werden, die in drei verschiedene Richtungen der Forschung zum kollektiven Gedächtnis weisen: Erstens Halbwachs' Theorie zur sozialen Bedingtheit individueller Erinnerung, zweitens seine Untersuchungen zu Formen und Funktionen des Generationengedächtnisses und drittens schließlich seine Ausweitung des Begriffs der *mémoire collective* auf den Bereich der kulturellen Überlieferung und Traditionsbildung, auf das, was heute mit der Terminologie Aleida und Jan Assmanns als ›kulturelles Gedächtnis‹ bezeichnet wird.

Die These von der sozialen Bedingtheit individueller Erinnerung beruht auf dem Konzept der *cadres sociaux*, das den Ausgangspunkt der Halbwachsschen Theorie des kollektiven Gedächtnisses darstellt. Im ersten Teil von *Das Gedächtnis und seine sozialen Bedingungen* zeigt Halbwachs anhand von Überlegungen zum Traum und zur Sprache detailliert die kollektiven Anteile autobiographischer Erinnerung auf und kommt zu dem Schluß, daß die Voraussetzung individuellen Erinnerns der Rückgriff auf *cadres sociaux* (soziale Bezugsrahmen) bildet. Soziale Rahmen sind für Halbwachs zunächst schlicht die Menschen, die uns umgeben. Der Mensch ist ein soziales Wesen. Ohne andere Menschen bleibt ihm nicht nur der Zugang zu so eindeutig kollektiven Phänomenen wie Sprache oder Sitten verwehrt, sondern, so Halbwachs, auch der zum eigenen Gedächtnis. Dies liegt zum einen daran, daß wir Erfahrungen meist im Kreise anderer Menschen machen. Diese können uns später helfen, die Ereignisse zu erinnern. Sehr viel grundlegender ist für Halbwachs aber die Tatsache, daß uns durch Interaktion und Kommunikation mit unseren Mitmenschen sowie durch Medien, wie Bücher, Bilder oder Gebäude, Wissen über Daten und Fakten, kollektive Zeit- und Raumvorstellungen, Denk- und Erfahrungsströmungen vermittelt werden. Weil wir an einer kollektiven symbolischen Ordnung teilhaben, können wir vergangene Ereignisse verorten, deuten und erinnern. *Cadres sociaux* bilden also den umfassenden, sich aus der materialen, mentalen und sozialen Dimension unserer Kultur konstituierenden Horizont, in den unsere Wahrnehmung und Erinnerung eingebettet ist. So hätte für Halbwachs wohl ein Caspar Hauser keine Erinnerung, der einsame Robinson Crusoe aber sehr wohl, weil er im Geiste auf die sozialen Bezugsrahmen seiner Heimat zurückgreifen kann. Von zentraler Bedeutung ist für Halbwachs, den Soziologen, allerdings die soziale Gruppe, denn ohne sie können weder Sinnwelten entstehen noch weitergegeben werden.

Soziale Rahmen vermitteln und perspektivieren die Inhalte des kollektiven Gedächtnisses – einen Vorrat an für das Kollektiv relevanten Erfahrungen und geteiltem Wissen: »Es würde in diesem Sinne ein kollektives Gedächtnis und einen gesellschaftlichen Rahmen des Gedächtnisses geben, und unser individuelles Denken wäre in dem Maße fähig sich zu erinnern, wie es sich innerhalb dieses Bezugsrahmens hält und an diesem Gedächtnis partizipiert« (1985, S. 21). Unsere individuellen Erinnerungen sind sozial geprägt, unsere Wahrnehmung ist gruppenspezifisch. Allerdings handelt es sich bei dem kollektiven Gedächtnis nicht um eine von organischen Gedächtnissen losgelöste, überindividuelle Instanz. Kollektives und individuelles Gedächtnis stehen in einer Beziehung wechselseitiger Abhängigkeit, so daß »das Individuum sich erinnert, indem es sich auf den Standpunkt der Gruppe stellt, und das Gedächtnis der Gruppe sich verwirklicht und offenbart in den individuellen Gedächtnissen« (ebd., S. 23).

Halbwachs unterscheidet verschiedene Ausprägungen kollektiver Gedächtnisse und führt im zweiten Teil von *Das Gedächtnis und seine sozialen Bedingungen* einige soziologische Fallbeispiele an: Familie, Religionsgemeinschaft, soziale Klassen. Das **Familiengedächtnis** ist ein typisches **Generationengedächtnis**. An ihm haben alle Familienmitglieder teil, die den Erfahrungshorizont des Familienlebens teilen. Ein derartiges kollektives Gedächtnis konstituiert sich durch soziale Interaktion (durch gemeinschaftliche Handlungen und geteilte Erfahrungen) und durch Kommunikation (wiederholtes gemeinsames Vergegenwärtigen der Vergangenheit). Durch mündliche Erzählungen, bei Familienfesten etwa, haben auch diejenigen an dem Gedächtnis teil, die das Erinnerte nicht selbst miterlebt haben. Auf diese Weise findet ein Austausch lebendiger Erinnerung zwischen Zeitzeugen und Nachkommen statt. Das kollektive Generationengedächtnis reicht daher so weit, wie sich die ältesten Mitglieder der sozialen Gruppe zurückerinnern können.

Das Generationengedächtnis trennt Halbwachs radikal von der Zeitgeschichte. Für ihn handelt es sich um zwei Formen des Vergangenheitsbezugs, die einander ausschließen. Gleich zu Beginn einer Gegenüberstellung von ›gelebter‹ und ›geschriebener‹ Geschichte in *Das kollektive Gedächtnis* betont Halbwachs, »daß die Geschichte im allgemeinen an dem Punkt beginnt, an dem die Tradition aufhört – in einem Augenblick, an dem das soziale Gedächtnis erlischt und sich zersetzt« (1991, S. 66). **Geschichte und Gedächtnis** sind unvereinbar: Geschichte ist für Halbwachs universal, sie zeichnet sich durch eine unparteiische Gleichordnung aller vergangenen Ereignisse aus. Im Zentrum ihres Interesses stehen Gegensätze und Brüche. Das kollektive Gedächtnis hingegen ist partikular. Seine Träger sind zeitlich und räumlich begrenzte Gruppen, deren Erinnerung stark wertend und hierarchisierend ist. Eine zentrale Funktion des Vergangenheitsbezugs im Rahmen kollektiver Gedächtnisse ist **Identitätsbildung**. Erinnert wird, was dem Selbstbild und den Interessen der Gruppe entspricht. Hervorgehoben werden dabei vor allem Ähnlichkeiten und Kontinuitäten, die demonstrieren, daß die Gruppe dieselbe geblieben ist. Die Teilhabe am kollektiven Gedächtnis zeigt an, daß der sich Erinnernde zur Gruppe gehört.

Für Halbwachs ist das Anliegen der Geschichte die Vergangenheit. Das kollektive Gedächtnis hingegen orientiert sich an den Bedürfnissen und Belangen der Gruppe in der Gegenwart und verfährt daher stark **selektiv und rekonstruktiv**. Dabei sind Verzerrungen und Umgewichtungen bis hin zur Fiktion möglich. Ein Abbild der Vergangenheit liefert das Gedächtnis daher nicht, im Gegenteil: »[D]ie Erinnerung ist in sehr weitem Maße eine Rekonstruktion der Vergangenheit mit Hilfe von der Gegenwart entliehenen Gegebenheiten und wird im übrigen durch andere, zu früheren Zeiten unternommene Rekonstruktionen vorbereitet« (ebd., S. 55). Hier klingt schon an, was der radikale Konstruktivismus ein halbes Jahrhundert später als das ›Konstruieren einer Wirklichkeit‹ bezeichnen wird.

Die Begrenzung seiner Untersuchungen auf Generationengedächtnisse, deren Medium die alltägliche Kommunikation ist und deren Inhalte und Bedeutungen auf die Belange überschaubarer sozialer Gruppen beschränkt bleiben, bricht Halbwachs in *Das Gedächtnis und seine sozialen Bedingungen* schon in den Kapiteln zum Adel sowie zu religiösen Gruppengedächtnissen und erst recht in seiner späteren Studie zur christlichen Gedächtnis-Topographie Palästinas auf. In *La topographie légendaire* wendet er seine Aufmerksamkeit stärker geformten Kollektivgedächtnissen zu, deren **Zeithorizont** über Tausende von Jahren hinwegreicht und die daher der Gegenstände und Gedächtnisorte zur Rahmenbildung bedürfen. An dieser Stelle überschreitet Halbwachs den Untersuchungsbereich der kollektiv geprägten Erinnerung an gelebte Geschichte und tritt ein in den Bereich des kollektiv konstruierten Wissens über eine ferne Vergangenheit. Dieses Wissen beruht auf Überlieferung und **Traditionsbildung**. Hieran werden Jan und Aleida Assmann mit ihrer Theorie zum kulturellen Gedächtnis anknüpfen.

2.2 Aby Warburg: Das ›soziale Gedächtnis‹

Der zweite bedeutende Entwurf einer Konzeption des kollektiven Gedächtnisses geht ebenfalls auf einen Wissenschaftler der 1920er Jahre zurück. Der Kunst- und Kulturhistoriker Aby Warburg (1866–1929) gilt heute allgemein als bedeutender Vordenker einer modernen, interdisziplinär orientierten und ihre Quellenbasis erweiternden Kulturwissenschaft (vgl. Warburg 1979; 2000). Bis heute bekannt ist die **Kulturwissenschaftliche Bibliothek Warburg** in Hamburg. Ihre Anlage zeichnete sich dadurch aus, daß Warburg mit dem Ziel, die ›grenzpolizeiliche Befangenheit‹ der Einzeldisziplinen zu umgehen, seine umfangreiche Sammlung nach kulturgeschichtlichen Themengruppen ordnete und so zu einer Epochen, Medien, Genres und Fächer übergreifenden Betrachtungsweise anregte. Mit Warburgs Bibliothek war ein Kreis von so bedeutenden Forschern wie Ernst Cassirer, Erwin Panofsky und Hellmut Ritter verbunden. Nach Warburgs Tod konnte die Bibliothek im Jahr 1933 vor den Nazis nach London gerettet werden. Seit 1944 ist das Warburg Institute ein Teil der University of London.

Warburg hatten Zeit seines Lebens zwei kunsthistorische Probleme beschäftigt: Die Kontinuität einer Sternensymbolik und das Nachleben der Antike in der

Frührenaissance. Beiden Phänomenen näherte sich Warburg durch die Untersuchung der Wiederaufnahme bildhafter Details in verschiedenen Epochen und Kulturräumen. Doch erst spät, Mitte der 1920er Jahre, verbindet Warburg seine kunsthistorische Forschung explizit mit einer Theorie des kollektiven Gedächtnisses (vgl. Gombrich 1992; Kany 1987; Ginzburg 1995). Die von ihm beobachtete **Wiederkehr künstlerischer Formen** – z. B. bewegte Gewandmotive antiker Fresken in Renaissancegemälden Boticellis und Ghirlandaios oder gar auf Briefmarken der 1920er Jahre – interpretierte Warburg nicht so sehr als Ergebnis einer bewußten Aneignung der Antike durch Künstler späterer Epochen, sondern führte sie auf die erinnerungsauslösende Kraft kultureller Symbole zurück.

Eine besondere Bedeutung kommt dabei den sogenannten **Pathosformeln** zu. Renaissancekünstler griffen bei dem Versuch, ›Superlative‹ des menschlichen Ausdrucks – leidenschaftliche Erregung in Gebärde oder Physiognomie – darzustellen, auf die Symbolik antiker Vorbilder zurück. Solche Symbole, in denen sich das antike Pathos, im Sinne paganer emotionaler Intensität, niedergeschlagen hatte, bezeichnete Warburg als ›Pathosformeln‹. Um die besondere Überlebenskraft des den Symbolen innewohnenden Affektgehalts zu erklären, griff er auf das Modell des Gedächtnispsychologen Richard Semon zurück: Bei Pathosformeln, so Warburg, handelt es sich um kulturelle ›Engramme‹ oder ›Dynamogramme‹, die ›mnemische Energie‹ speichern und unter veränderten historischen Umständen oder an weit entfernten Orten wieder zu entladen vermögen. Das Symbol ist eine kulturelle ›Energiekonserve‹. Kultur beruht auf dem Gedächtnis der Symbole. Warburg entwarf auf diese Weise eine Theorie des kollektiven Bildgedächtnisses, das er als ›**soziales Gedächtnis**‹ bezeichnet.

Für Warburg sind mit dem sozialen Gedächtnis zutiefst moralische Fragen verbunden: Das antike Pathos ist eine Erinnerung, der der Künstler erliegen, die er aber auch beherrschen kann. Mit der Wiederaufnahme von Pathosformeln verbinden sich zwei Grundaspekte der Kultur, ›Ausdruck‹ und ›Orientierung‹: Der affektive Gehalt symbolischer Gebärden bietet dem mit ihnen in Kontakt kommenden ›zivilisierten‹ Künstler zwar die Chance eines intensiven und prägnanten bildhaften Ausdrucks, stellt aber durch sein Herrühren aus primitiven Schichten der Kultur, in denen das Ich noch nicht Herr der Dinge war, auch eine Bedrohung dar. Kunst bewegt sich immer in der gefahrenvollen Zone zwischen Magie und Logik, zwischen primitiver Ekstase und zivilisierter Selbstbeherrschung. Entscheidend ist, ob es der Künstler vermag, die überlieferte Symbolik aufzunehmen und zugleich in sicherer Distanz zu halten, um durch diesen Balanceakt Klarheit und Schönheit zu schaffen. Warburg geht es um die ›künstlerische Sophrosyne‹, die Mäßigung und moralische Selbstbehauptung des modernen Menschen angesichts der Erinnerung an die tiefen Schichten seiner Kultur. Künstlerische **Techniken der Sophrosyne** können die Betonung des bloß metaphorischen Charakters der Symbole, z. B. durch die Grisailletechnik, oder zeitgemäße Neuinterpretationen, etwa im christlichen Sinne, sein.

Warburg betont die für jede Zeit und jeden Ort typischen **Aktualisierungen und Veränderungen des kollektiven Gedächtnisses**. So erlaubt das spezifische Zusammenspiel von Kontinuität und Umdeutung kultureller Symbolik in Kunstwerken, Rückschlüsse auf die mentale Dimension der Kultur zu ziehen: »Die

Abweichungen der Wiedergabe, im Spiegel der Zeit erschaut, geben die bewußt oder unbewußt auswählende Tendenz des Zeitalters wieder und damit kommt die wunschbildende, idealsetzende Gesamtseele an das Tageslicht« (zit. nach Gombrich 1992, S. 359).

Wie zentral der Gedächtnisbegriff und der Gedanke der künstlerischen ›Erbgutverwaltung‹ in Warburgs Denken wurde, zeigt die Tatsache, daß sein letztes Ausstellungsprojekt den Titel »**Mnemosyne**« (**1924–1929**) trägt (vgl. Warburg 2000) – den Namen derjenigen Muse, die für die Erinnerung steht und zugleich Mutter der übrigen Musen ist. Es handelt sich um einen Atlas, der ein Epochen und Länder überschreitendes Bildgedächtnis veranschaulichen sollte. In Warburgs Zusammenstellung scheinbar heterogener Tafeln konturiert sich eine übergreifende, Europa und Asien verbindende ›Erinnerungsgemeinschaft‹.

Das Forschungsfeld ›kollektives Gedächtnis und Erinnerungskulturen‹ erfährt mit Warburgs und Halbwachs' Studien schon in den 1920er Jahren eine weite Ausdehnung. Allerdings unterscheiden sich beide Konzeptionen grundlegend voneinander. Während Halbwachs' Schriften zum kollektiven Gedächtnis durchaus als theorielastig zu bezeichnen sind, hat Warburg eine allgemeine Theorie oder Systematik nicht hinterlassen. Warburg geht induktiv, vom Material her vor – ganz gemäß seines berühmten Diktums: »Der liebe Gott steckt im Detail.« Dabei rückt er die materiale Dimension der Kultur in den Vordergrund. Ihn beschäftigt die Frage nach der Erinnerung evozierenden und Kultur kontinuierenden Wirkung kultureller Objektivationen. Es geht ihm in erster Linie um die ausdrucksstarke und eng mit unbewußten, psychischen Prozessen verbundene visuelle Kultur, allerdings in einem so weiten, medien- und disziplinübergreifenden Sinne, daß er auch Objektivationen der Alltagskultur, Feste oder literarische Quellen heranzieht. Halbwachs hingegen argumentiert von der sozialen Dimension der Kultur aus. Ihm geht es in erster Linie um die aktive, bewußte, konstruktive und Bedürfnissen der Gegenwart entsprechende Aneignung einer identitätsbezogenen Vergangenheit durch soziale Gruppen.

Die Gemeinsamkeit beider Entwürfe liegt allerdings in der Erkenntnis, daß **Kultur und ihre Überlieferung Produkte menschlicher Tätigkeit** sind. Anfang des 20. Jahrhunderts war diese Annahme keineswegs eine Selbstverständlichkeit. Inspiriert von Darwin und dem Evolutionismus und Biologismus der Jahrhundertwende versuchten viele Wissenschaftler, das Phänomen der Überlebenskraft von Kulturen mit Konzepten von ›Rassengedächtnis‹ zu erklären. Aufgezeigt zu haben, daß der Schlüssel zu einer Kontinuierung vergänglicher sozialer und mentaler Aspekte der Kultur nicht in einer Art genetischem Gedächtnis liegt, sondern vielmehr in ihrer Vermittlung durch soziale Interaktion und Festschreibung in materialen Objektivationen, ist Halbwachs' und Warburgs Verdienst. Zugleich haben beide durch ihre Arbeitsweise demonstriert, daß dem Phänomen ›kollektives Gedächtnis‹ nur durch eine Fächergrenzen überschreitende Methodik beizukommen ist.

3. Der Beitrag der Einzeldisziplinen zum Forschungsfeld ›kollektives Gedächtnis und Erinnerungskulturen‹

Während Halbwachs' und Warburgs Schriften heute allgemein als zentrale Grundlegungen einer Konzeptualisierung von Kollektivgedächtnis diskutiert werden, wurden sie zunächst kaum rezipiert. Interdisziplinär und kulturwissenschaftlich ausgerichtete Untersuchungen zu Gedächtnis als kollektiv bedingtes oder Kultur konstituierendes und kontinuierendes Phänomen wurden auf breiter Basis erst in den 1980er Jahren wieder aufgenommen. Zuvor wurden Theorien zu Gedächtnis und Erinnerung in den Einzeldisziplinen und unter unterschiedlichen Blickwinkeln entwickelt. Die Erkenntnisse dreier Forschungsbereiche haben eine große Wirkung auf den heutigen Diskurs über kollektives Gedächtnis und Erinnerungskulturen ausgeübt. Es handelt sich um die psychologische und kognitionswissenschaftliche Forschung zum individuellen Gedächtnis, um geschichtswissenschaftliche Überlegungen zum Verhältnis von Geschichte und Gedächtnis sowie um kunst- und literaturwissenschaftliche Untersuchungen zur Tradierung kultureller Formen.

3.1 Psychologie und Kognitionswissenschaft

Erst im ausgehenden 19. Jahrhundert etablierte sich die Psychologie als Wissenschaft. Bis dahin war die Theoriebildung zum individuellen Gedächtnis vor allem Sache philosophischer und protopsychologischer Denker. Ein psychologischer Diskurs über das Gedächtnis ist schon in der Antike zu verzeichnen. **Platon** vergleicht das Gedächtnis mit einer Wachstafel, auf die Wahrnehmungen eingeritzt werden, **Aristoteles** mit einem Siegel, in dem ein Eindruck haften bleibt (vgl. Fleckner 1995; Harth 1991; Weinrich 1964; Draaisma 1999). Bis in die Neuzeit dominierte eine durch die antike Philosophie geprägte Vorstellung vom organischen Gedächtnis: Erinnert wird, was sich zuvor in das Gedächtnis eingeschrieben oder eingedrückt hat. **Metaphern von Gedächtnis** als zu beschreibende oder zu prägende Masse übten noch Einfluß auf **Richard Semons** oder **Sigmund Freuds** Gedächtniskonzeptionen aus. Um 1900 erstreckte sich das Spektrum der Gedächtnisforschung von philosophischen und psychoanalytischen über literarische bis hin zu experimentell-empirischen Zugängen.

Die Anfänge der experimentellen Gedächtnispsychologie gehen auf **Hermann Ebbinghaus** (*Über das Gedächtnis*, 1885) zurück. Er versuchte, das Lerngedächtnis in ›Reinform‹ zu beobachten, indem er sich sinnlose Silben einprägte und seine Behaltensleistung maß. Durch eine entgegengesetzte, statt der reproduktiven die produktiven Aspekte der Erinnerung fokussierende Methodik zeichnen sich die Studien des britischen Psychologen **Sir Frederick Bartlett** aus. In *Remembering* (1932), seiner klassischen, experimentelle und Sozialpsychologie verbindenden Studie, erfährt Halbwachs' Theoriebildung zur sozial geprägten Erinnerung eine kritische Reflexion. Bartlett weist anhand eines Experiments, bei dem Versuchspersonen eine fremdartige Geschichte erinnern sollten, nach, daß Erinnerung von Verzerrungen – Nivellierung, Akzentuierung, Assimilation – geprägt ist. Er stimmt Halbwachs darin zu, daß bei der Erinnerung konstruktive Prozesse eine Rolle spielen. Die Anteile der kollektiven Vorstellungswelt an der individuellen Erinnerung, das was Halbwachs *cadres sociaux* nennt, bezeichnet Bartlett als **Schemata** – Muster und Wissensstrukturen, aufgrund derer Vorannahmen über bestimmte Gegenstände, Menschen und Situationen sowie die Art ihrer Beziehung gemacht werden, die damit Komplexität reduzieren und so Wahrnehmung und Erinnerung leiten.

Erst mit der Ablösung des in der ersten Hälfte des 20. Jahrhunderts weithin dominierenden Behaviorismus durch die sogenannte **›kognitive Wende‹** in der Psychologie gewannen interne Wahrnehmungs- und Erkenntnisprozesse wieder an Interesse. Dabei geriet auch die von Halbwachs und Bartlett so betonte Rekonstruktivität der Erinnerung verstärkt in den Blick: **Ulric Neisser**, bedeutender Vordenker der kognitiven Psychologie, vergleicht den Vorgang der Erinnerung mit dem Versuch eines Paläontologen, die Gestalt eines Dinosauriers aus fossilen Überresten wiederherzustellen (vgl. Neisser 1967).

Die Mitte der 1970er Jahre entstandene **Kognitionswissenschaft** (***cognitive science***) trägt der Einsicht Rechnung, daß die Gedächtnisforschung der interdisziplinären und der den Gegensatz von Natur- und Geisteswissenschaft überwindenden Forschung bedarf. Psychologen, Informatiker, Linguisten, Sozialwissenschaftler, Philosophen und Neurologen kooperieren bei dem Versuch, Erkenntnisprozesse und Wissensstrukturen des Menschen zu verstehen und sie bei der Entwicklung künstlicher intelligenter Systeme nutzbar zu machen. Dabei erwies die Messung neuronaler Aktivität, daß das Gedächtnis keinen festen Ort im Gehirn hat. Bei Erinnerungsprozessen scheinen alle Hirnregionen beteiligt zu sein. Diese Tatsache spricht für die Vorstellungen des **Konnektionismus** oder für bestimmte Formen des Neuronale-Netzwerke-Modells, denen zufolge das Gedächtnis kein Speicher ist, sondern aus im Nervensystem dauerhaft angelegten kognitiven Strukturen besteht. Erinnerung erweist sich so als Aktivierung von Erregungsmustern. Sie wird innerhalb eines autopoietischen Systems immer wieder aufs Neue erzeugt (vgl. Maturana 1982; Förster 1985; Varela 1990).

Das **Gedächtnis als kulturelles und soziales Phänomen** rückte Mitte der 1980er Jahre wieder verstärkt in den Blick, als der reine Kognitivismus innerhalb der Psychologie Kritik erfuhr und eine Ausweitung der Betrachtung auf kontextuelle Faktoren gefordert wurde. Der Frage nach dem Einfluß sozio-kultureller Gegebenheiten auf Erinnerung widmen sich diskursorientierte und sogenannte **ökologische Ansätze** der Psychologie. Hier werden kollektive Kontexte der individuellen Erinnerung, etwa soziale Praktiken und Institutionen oder die rhetorische Organisation des Erinnerns und Vergessens, untersucht (vgl. Connerton 1989; Middleton/Edwards 1990; Lüer/Lass 1997). Eine Verschränkung von biologisch-physiologischer und philosophisch-kulturgeschichtlicher Forschung zu Erinnerung und Gedächtnis wird seit Ende der 1980er in zahlreichen Sammelbänden angestrebt (vgl. Klix/Hagendorf 1986; Solomon et al. 1989; Schmidt 1991).

3.2 Geschichtswissenschaft

Im Zentrum des die Geschichtswissenschaft seit knapp drei Jahrzehnten beschäftigenden Problembereichs ›**Geschichte und/oder/als Gedächtnis**‹ steht die Frage, ob Geschichtsschreibung nicht eine Form kollektiver Erinnerung sei. Schließlich handelt es sich schon bei historischen Quellen um kulturelle Artefakte, die vergangene Wirklichkeit nicht widerspiegeln, sondern immer schon perspektivisch deuten. Hinzu kommt, daß die Tätigkeit der Historiker keineswegs dem naiven Objektivitätsideal gerecht zu werden vermag, das noch Halbwachs seiner polemischen Gegenüberstellung von unbeteiligter Geschichte und wertendem Gedächtnis zugrunde legte. Historiker wählen aus, gewichten und deuten. Sie sind selbst an ihren historischen Standort und ihre persönliche Perspektive gebunden. Nicht zuletzt wird die Frage diskutiert, welche gesellschaftlichen Funktionen die Geschichtsschreibung übernehmen soll: Geht es um die objektive und unbeteiligte Rekonstruktion der Vergangenheit oder um eine Auseinandersetzung mit Geschichte, die Partei ergreift und in der Gegenwart ›etwas will‹? Hat die Historiographie also eine dominant **wissenschaftliche Funktion** oder eine dominant **memoriale Funktion**? Das Spektrum der Konzeptualisierungen des Verhältnisses von Geschichte und Gedächtnis reicht von Versuchen, die Ähnlichkeiten beider Modi des Vergangenheitsbezugs aufzuzeigen, bis hin zur Betonung ihrer Nichtvereinbarkeit (vgl. LeGoff 1992; Burke 1989; Füßmann/Grütter/Rüsen 1994; Rüsen 1994; Wischermann 1996).

In Erkenntnisinteresse und Methodik stark am Pol ›Gedächtnis‹ angesiedelt ist die ***Oral History***, die sich in den 1980er Jahren als ein neuer Forschungszweig innerhalb der Geschichtswissenschaft etablierte (vgl. Niethammer 1985). Ihr Ziel war es, der Zeitgeschichtsschreibung, die in erster Linie auf schriftliche und bildliche Dokumente zurückgriff, eine andere Art des Quellenmaterials hinzuzufügen. Die *Oral Historians* nutzten dabei produktiv, was schon Gegenstand der Halbwachsschen Untersuchungen zum Generationengedächtnis war und mit dem Begriff Aleida und Jan Assmanns als ›kommunikatives Gedächtnis‹ bezeichnet werden kann – die eng an organische Gedächtnisse gebundene lebendige Erinnerung an kollektiv relevante Ereignisse. Die Methode der *Oral History* besteht darin, mit Zeitzeugen lebensgeschichtliche Interviews durchzuführen und Rückschlüsse auf historische Wahrnehmungs- und Verhaltensweisen zu ziehen. Allerdings sind Erinnerungen, und speziell die biographischen Erinnerungen, die wir zu Lebensgeschichten gestalten, retrospektive Konstrukte. Sie haben häufig sehr viel weniger mit der vergangenen Wirklichkeit zu tun als mit dem Hier und Jetzt der Interviewsituation. Die *Oral History* schreibt daher neben der Zeit- immer auch Gedächtnis- und Erinnerungsgeschichte.

Der französische Historiker **Pierre Nora** ist innerhalb der Diskussion um Geschichte und/oder/als Gedächtnis einer der einflußreichsten Vertreter der strikten begrifflichen Trennung beider Vergangenheitsbezüge. In dem seinem monumentalen siebenbändigen Werk *Les lieux de mémoire* (1984–1992) vorangestellten Aufsatz »Zwischen Geschichte und Gedächtnis« betont er ganz im Sinne Halbwachs': »Gedächtnis, Geschichte: keineswegs sind dies Synonyme, sondern [...] in jeder Hinsicht Gegensätze« (1990, S. 13). Doch anders als Halbwachs, der noch von der Existenz kollektiver Gedächtnisse ausgeht, resümiert Nora mit Blick auf unsere Zeit: »Nur deshalb spricht man so viel vom Gedächtnis, weil es keines mehr gibt« (ebd., S. 11). Zum Gegenstand seiner Reflexion werden deshalb ›**Erinnerungsorte**‹. Sie sind in der Tradition der antiken Mnemotechnik als *loci* im weitesten Sinne zu verstehen, können also geographische Orte ebenso umfassen wie historische Persönlichkeiten, Gebäude und Denkmäler, Kunstwerke, philosophische und wissenschaftliche Texte oder symbolische Handlungen. So zählen Paris, Versailles und der Eiffelturm als Erinnerungsorte, aber auch Jeanne d'Arc, die französische Flagge, die Marseillaise oder Descartes' *Discours de la méthode.*

Allerdings vermögen Erinnerungsorte nicht ein kollektives Gedächtnis im Halbwachsschen Sinne zu konstituieren. Ganz im Gegenteil erklärt Nora: »Es gibt *lieux de mémoire* weil es keine *milieux de mémoire* mehr gibt« (ebd.). Ihm zufolge befindet sich die heutige Gesellschaft in einem Übergangsstadium, in dem die Verbindung zur lebendigen, gruppen- und nationenspezifischen, identitätsbildenden Vergangenheit abreißt. Daher fungieren Erinnerungsorte als eine Art künstlicher Platzhalter für das nicht mehr vorhandene natürliche kollektive Gedächtnis. Bei den von Nora herausgegebenen *Les lieux de mémoire* handelt es sich um eine Sammlung von Aufsätzen über Elemente der französischen Kultur, die zwar für Aspekte einer gemeinsamen Vergangenheit im Sinne eines kollektiv-autobiographischen Gedächtnisses stehen, in ihrer Vielfalt aber nicht mehr zu einem verbindlichen Gesamtbild zusammenzufügen sind. Jeder einzelne wird seine eigene Auswahl aus dem Angebot der Erinnerungsorte treffen. Ihre Pluralisierung läßt keine Hierarchisierung, keine Anordnung zu einer kohärenten Erzählung oder einem Sinngefüge zu. Zudem ist der Bruch, der die Vergangenheit von der Gegenwart trennt zu groß, als daß Erinnerungsorte in dem heutigen Betrachter noch Reaktionen hervorrufen könnten, die anders als sentimentalisch zu bezeichnen wären. Erinnerungsorte sind daher Zeichen, die nicht nur auf zu erinnernde Aspekte der französischen Vergangenheit, sondern zugleich immer auch auf das abwesende lebendige Gedächtnis verweisen.

Noras Schriften sind wohl das prominenteste Beispiel für eine kulturwissenschaftlich ausgerichtete Geschichtsschreibung, in der theoretische Konzeptionen des kollektiven Gedächtnisses mit Untersuchungen historischer Erinnerungskulturen verbunden werden. Auf ähnliche Weise verfahren die im englischsprachigen Raum entstandenen Studien zu ***invented traditions*** (Hobsbawm/Ranger 1983) und ***imagined communities*** (Anderson 1983). In Deutschland hat sich insbesondere die historische Forschung zu Kriegerdenkmälern dem Problembereich kollektives Gedächtnis und Erinnerungskulturen gewidmet (vgl. Koselleck/Jeismann 1994). Etienne François und Hagen Schulze haben in Anlehnung an Noras Methode das Projekt *Deutsche Erinnerungsorte* initiiert (vgl. François/Schulze 2001).

3.3 Kunst- und Literaturwissenschaft

Kunst- und Literaturwissenschaft haben eine Vielfalt von Beiträgen zum Problembereich Gedächtnis und Erinnerung geleistet. Ein klar umrissenes Arbeitsfeld ist hieraus allerdings nicht hervorgegangen. Aus vielen Einzelstudien mit unterschiedlicher theoretischer und methodischer Ausrichtung leiten sich diverse Gedächtniskonzepte ab. Wichtige Impulse für die heutige Diskussion gehen von Studien aus, die Warburgs Gedächtnisbegriff weiterentwickeln und mit Konzepten der antiken Rhetorik verbinden, von der mediävistischen *memoria*-Forschung, von poststrukturalistischen Intertextualitätstheorien sowie von der strukturalistischen und hermeneutischen Erzählforschung.

Der Romanist **Ernst Robert Curtius** stellt seiner Studie *Europäische Literatur und lateinisches Mittelalter* (1948) ein Zitat von Warburg voran und verortet sein **Konzept der historischen Topik** damit im Umkreis kulturwissenschaftlicher Theorien zum Kollektivgedächtnis. Europa ist für Curtius eine historische und geistesgeschichtliche Einheit. Bei der Beschränkung der Literaturbetrachtung auf bestimmte Epochen und Nationen geraten daher, so Curtius, wichtige Traditionslinien aus dem Blick. Um Kontinuitäten und Wandlungen literarischer Formen aufzuzeigen, richtet er seine Aufmerksamkeit auf ***topoi***, in der antiken Rhetorik zur *inventio* gehörende Gemeinplätze bzw. feste Denk- und Ausdrucksschemata. Hierzu zählt Curtius rhetorische Topoi wie den Bescheidenheits- oder den Unsagbarkeitstopos, Metaphern wie ›das Leben als Schiffahrt‹ oder ›die Welt als Theater‹ sowie Vorstellungen wie die von der ›verkehrten Welt‹. Dabei erweist sich, wie sehr *inventio* auf *memoria* basiert: Künstlerische Tätigkeit ist immer auch Erinnerungsakt, denn sie muß auf Elemente des Tradierten zurückgreifen. Curtius' Toposforschung verdeutlicht, daß Literatur eine diachrone und transkulturelle Dimension hat. So wie Pathosformeln die ›Energiekonserven‹ des kollektiven Bildgedächtnisses sind, findet das literarische Gedächtnis in Topoi seinen Ausdruck.

Die im Umkreis des Warburg-Institute entstandene Studie *The Art of Memory* (1966; *Gedächtnis und Erinnern*, 1990) der Literaturhistorikerin **Frances Yates** ist eine Geschichte der Gedächtniskunst von der Antike bis zur frühen Neuzeit. Yates bringt die weitgehend in Vergessenheit geratene ***ars memoriae*** wieder in Erinnerung und argumentiert, daß sich Kunst, Wissensorganisation und Denksysteme des Mittelalters und der Renaissance in nicht unwesentlichem Maße aus einem Rückgriff auf die antike Mnemonik speisen.

Ausgangspunkt ihrer Studie ist eine gründliche Rekapitulation der antiken Mnemotechnik. Der Gründungsmythos des künstlichen Gedächtnisses ist uns von Cicero in *De Oratore* überliefert. Es ist die Geschichte des griechischen Dichters Simonides von Keos (um 557–467 v. Chr.), der die durch eine Katastrophe ums Leben gekommenen Besucher eines Festmahls identifizieren konnte, weil er sich zuvor ihre Sitzordnung eingeprägt hatte. Die Erfahrung, daß räumlich angeordnete Vorstellungsbilder als Gedächtnisstütze dienen können, soll den Dichter zur Erfindung der Gedächtniskunst angeregt haben. Die antike Mnemotechnik verfährt nach dem Prinzip der ***loci et imagines***: An eine Reihe von realen oder imaginierten Orten (*loci*) heftet man in der Vorstellung Bilder, am besten von hoher

Intensität (*imagines agentes*), die auf die zu erinnernden Dinge verweisen. Im Geiste kann man diese Orte später abgehen und die Bilder und damit das zu Erinnernde ›aufsammeln‹. Es handelt sich also um eine Art geistige Schrift, die in der Antike in erster Linie dazu genutzt wurde, Reden auswendig zu lernen. Daher ist uns die antike Mnemotechnik auch ausschließlich in Schriften zur Rhetorik überliefert.

Yates argumentiert, daß wir es in Mittelalter und Renaissance mit einer tiefgreifenden Umgestaltung der klassischen Gedächtniskunst zu tun haben. Durch den Rückgriff auf römische Quellen und ihre Verbindung mit platonischen Schriften und christlichem Gedankengut erhält das künstliche Gedächtnis eine ganz neue Dimension, eine moralische Funktion: Von Scholastikern wie Albertus Magnus oder Thomas von Aquin wird die *memoria* als Teil der *prudentia*, einer der vier Kardinaltugenden, verstanden. Die eindrucksvollen Bildwelten in Dantes *Göttliche Komödie*, die gotische Architektur oder Bilder von Giotto oder Tizian werden, so Yates, besser verständlich, wenn man sie als Ausdruck einer mittelalterlichen Gedächtniskunst versteht. Sie stellen eine christliche Form der platonischen Wiedererinnerung (*anamnesis*) – an Paradies und Hölle, Laster und Tugenden – dar, und zwar mit Hilfe der den antiken Quellen entnommenen mnemonischen Technik, Orte mit *imagines agentes* zu verbinden.

Yates Ausführungen zur Geschichte der Gedächtniskunst von der Mnemotechnik der Antike über die Bildwelten des Mittelalters bis hin zu den magisch-hermetischen Gedächtnissystemen Giulio Camillos, Giordano Brunos oder Robert Fludds in Renaissance und früher Neuzeit verdeutlichen, daß die Gedächtniskunst eine lebendige und recht wandlungsfähige Tradition war, die nicht nur zu rhetorischen Zwecken, sondern auch zum christlichen Gedenken, zur kulturellen Wissensorganisation oder als Möglichkeit künstlerischen Ausdrucks diente. Nicht zuletzt zeigt Yates' Untersuchung zur produktiven Aneignung antiker Techniken und ihrer Anwendung zu neuen Zwecken im Rahmen gänzlich verschiedener Sinnsysteme, daß Erinnerungstechniken und -modi selbst Produkte des kollektiven Gedächtnisses sind (zur Kritik an Yates' Thesen vgl. Carruthers 1990).

Im Rahmen der textzentrierten poststrukturalistischen Theoriebildung wird **Intertextualität als Gedächtnis der Literatur** verstanden. Bei Julia Kristeva, die in Anlehnung an Michail Bachtins Dialogizitätskonzept den Begriff der Intertextualität prägte (vgl. Kristeva 1969), und später vor allem in den Studien von **Renate Lachmann** (1990) erscheint literarische Erinnerung als nicht-intentionale Aneignung kultureller Prätexte, als deren Transformation und Aktualisierung. Begreift man Kultur im Sinne der Kultursemiotik als fortlaufenden Prozeß der ›De- und Resemiotisierung‹ (Haverkamp/Lachmann 1993; vgl. auch Freudenfeld 1996), dann bedeutet kollektives Erinnern eine ›Resemiotisierung‹ von Zeichen, also ein Wieder-Aufladen von Elementen überlieferter Kunst mit Bedeutung, wie dies in der Literatur beispielweise durch intertextuelle Bezüge auf einzelne Werke oder Gattungen geschieht.

Die Rolle von Kunst und kollektivem Gedächtnis in der Gesellschaft wird dort stärker akzentuiert, wo Bedingungen der Produktion und Spezifika der Rezeption von Kunstwerken miteinbezogen werden. So hat der Mediävist **Friedrich**

Ohly im Rahmen der interdisziplinären Mittelalterforschung zur *memoria* (vgl. Schmid/Wollasch 1984; Schmid 1985) den Blick auf die Tatsache gelenkt, daß Literatur und bildende Kunst nicht nur ihrem Formenrepertoire nach Gedächtniskünste sind, sondern auch ihre gesellschaftliche Legitimation aus dem Bereich kollektiver Gedächtnisbildung beziehen. In seinem Aufsatz »Bemerkungen eines Philologen zur Memoria« (1984) betont er die Funktion der Dichter, kulturelles Gedächtnis zu stiften und zu verwalten. Eine rezeptionsorientierte Sicht auf das Verhältnis von Literatur, Gesellschaft und kollektivem Gedächtnis ermöglicht die Kanonforschung (vgl. Assmann/Assmann 1987). In diesem Kontext ist auch **Aleida Assmanns Konzeption der ›kulturellen Texte‹** zu verorten. Sie unterscheidet zwei »Rezeptionsrahmen [...], in denen sich Texte entweder als ›kulturelle‹ oder ›literarische‹ konstituieren« (A. Assmann 1995, S. 234). Zu kulturellen Texten werden literarische Werke, wenn sie von der Leserschaft als verbindlich, als kollektive Identität fundierend und überzeitliche Wahrheit vermittelnd wahrgenommen werden.

Eine Vielzahl kunst- und literaturwissenschaftlicher Studien zu einzelnen Epochen, Genres, Autoren und Künstlern hat gezeigt, daß Gedächtnis und Erinnerung in bildender Kunst und Literatur thematisch und strukturell eine bedeutende Rolle spielen. Die **Inszenierung von Prozessen des individuellen Gedächtnisses** gehört zu den dominanten und rekurrenten Merkmalen der abendländischen Kunst (vgl. z. B. Düsing 1982; Koch 1988; Glomb 1997; Kurz 2000). Angesichts der seit Ende der 1980er Jahre immer stärker spürbar werdenden Virulenz der Themen ›kollektives Gedächtnis‹ und ›Erinnerungskulturen‹ haben sich – vor allem im letzten Jahrzehnt – auch kunst- und literaturwissenschaftliche Studien verstärkt und kulturwissenschaftlich ausgerichtet der **künstlerischen Darstellung kollektiver und kultureller Formen des Gedächtnisses** gewidmet (vgl. stellvertretend für viele andere: Weigel 1994; Hemken 1996; Sauerland 1996; Butzer 1998; Peil/Schilling/Strohschneider 1998; Berndt 1999; Wettengl 2000; sowie die Sammelbände der Reihe *Literature as Cultural Memory*, z. B. D'haen et al. 2000; Ibsch 2000 und Neubauer 2000. Stärker literatur- und gedächtnis*theoretisch* orientiert sind die Beiträge von Wägenbaur 1998; Pethes 1999; Vervliet/Estor 2000; Erll 2002).

Eine besondere interdisziplinäre Wirkung haben die **Erkenntnisse der Narratologie** entfaltet. Die Erzähltheorie hat sich zwar bislang kaum an der kulturwissenschaftlichen Diskussion zu Erinnerung und Gedächtnis beteiligt (eine Ausnahme bildet Nünning 1995), aber Studien zu Formen narrativer Sinnstiftung (etwa Ricœur 1988–1991) haben sich im Rahmen der geschichtswissenschaftlichen und psychologischen Gedächtnisforschung als äußerst fruchtbar erwiesen. So betont die narrative Psychologie, was in autobiographischen Texten seit Augustinus' *Confessiones* (397/98) immer wieder literarisch inszeniert wird: **Erzählen ist Bedingung der individuellen wie kollektiven Erinnerung**, Sinnstiftung und nicht zuletzt – hierfür stehen Jean-Jacques Rousseaus *Les Confessions* (1782, 1788) – der Identitätsbildung. In psychologischen und geschichtswissenschaftlichen Untersuchungen wird mit Hilfe erzähltheoretischer Analysekategorien aufgezeigt, wie narrative Verfahren Inhalt und Deutung der Erinnerung mitkonstituieren (vgl. Bruner 1990; Straub 1998).

4. Aleida und Jan Assmanns Theorie des kulturellen Gedächtnisses

Mit dem Begriff den kulturellen Gedächtnisses, den Aleida und Jan Assmann Ende der 1980er Jahre prägten, verbindet sich das im deutschsprachigen Raum zur Zeit einflußreichste Konzept des kollektiven Gedächtnisses. Zentrales Verdienst der Theorie des kulturellen Gedächtnisses ist, die Verbindung von Gedächtnis, Kultur und sozialen Gruppen systematisch, begrifflich differenziert und theoretisch fundiert aufgezeigt zu haben (eine gute Zusammenfassung bietet Assmann/Assmann 1994). Vor allem durch ihre Akzentuierung des Zusammenhangs von kultureller Erinnerung, kollektiver Identitätsbildung und politischer Legitimierung werden Phänomene beschreibbar, die heute von allgemeinem kulturwissenschaftlichem Interesse sind. Durch den in vielen Sammelbänden (vgl. z. B. Assmann/Hölscher 1988; Assmann/Harth 1991a, b) demonstrierten hohen Grad der Anschließbarkeit an etablierte Disziplinen, Forschungsgegenstände und Methoden wird mit dem Begriff des kulturellen Gedächtnisses ein gemeinsames Forschungsfeld eröffnet, das so unterschiedliche akademische Fächer wie Geschichtswissenschaft, Altertumswissenschaft, Religionswissenschaft, Kunstgeschichte, Literaturwissenschaft oder Soziologie unter einem Dach zu vereinen vermag. Damit schafft die Theorie des kulturellen Gedächtnisses die Voraussetzungen für eine Zusammenschau bislang disparater Felder durch ein gemeinsames Erkenntnisinteresse.

4.1 Kommunikatives und kulturelles Gedächtnis

Zentrale Voraussetzung des Assmannschen Konzeptes ist die begriffliche Trennung zweier Systeme des kollektiven Gedächtnisses. Der in vielen Zügen den Erkenntnissen von Halbwachs verpflichtete Theorieentwurf basiert auf der grundlegenden Einsicht, daß zwischen einem kollektiven Gedächtnis, das auf Alltagskommunikation basiert, und einem kollektiven Gedächtnis, das sich auf symbolträchtige kulturelle Objektivationen stützt, ein qualitativer Unterschied besteht. Daher unterscheiden Jan und Aleida Assmann zwischen **zwei ›Gedächtnis-Rahmen‹**, dem ›kommunikativen Gedächtnis‹ einerseits und dem ›kulturellen Gedächtnis‹ andererseits. Jan Assmann stellt Merkmale des kommunikativen Gedächtnisses und des kulturellen Gedächtnisses – bewußt überpointiert – gegenüber, um zu zeigen, daß sich Inhalte, Formen, Medien, Zeitstruktur und Träger dieser beiden Gedächtnis-Rahmen grundlegend unterscheiden (vgl. J. Assmann 1992, S. 56):

- Das **kommunikative Gedächtnis** entsteht durch Alltagsinteraktion, hat die Geschichtserfahrungen der Zeitgenossen zum Inhalt und bezieht sich daher immer nur auf einen begrenzten, ›mitwandernden‹ Zeithorizont von ca. 80 bis 100 Jahren.
- Bei dem **kulturellen Gedächtnis** handelt es sich hingegen um eine an feste Objektivationen gebundene, hochgradig gestiftete und zeremonialisierte, in der

kulturellen Zeitdimension des Festes vergegenwärtigte Erinnerung. Ihr Gegenstand sind mythische, als die Gemeinschaft fundierend interpretierte Ereignisse einer fernen Vergangenheit.

Die Inhalte des kommunikativen Gedächtnisses sind veränderlich und erfahren keine feste Bedeutungszuschreibung. Jeder gilt hier als gleich kompetent, die gemeinsame Vergangenheit zu erinnern und zu deuten. Das kulturelle Gedächtnis hingegen transportiert einen festen Bestand an Inhalten und Sinnstiftungen, zu deren Kontinuierung und Interpretation Spezialisten ausgebildet werden.

Das kommunikative Gedächtnis gehört laut Jan Assmann zum Gegenstandsbereich der *Oral History*. Es dient Jan und Aleida Assmann als Oppositionsbegriff und Abgrenzungsfolie zum kulturellen Gedächtnis, welches den eigentlichen Fokus ihrer Forschung darstellt. In dem 1988 erschienenen Aufsatz »Kollektives Gedächtnis und kulturelle Identität« prägt Jan Assmann den Begriff ›kulturelles Gedächtnis‹ und definiert ihn wie folgt:

> Unter dem Begriff kulturelles Gedächtnis fassen wir den jeder Gesellschaft und jeder Epoche eigentümlichen Bestand an Wiedergebrauchs-Texten, -Bildern und -Riten zusammen, in deren ›Pflege‹ sie ihr Selbstbild stabilisiert und vermittelt, ein kollektiv geteiltes Wissen vorzugsweise (aber nicht ausschließlich) über die Vergangenheit, auf das eine Gruppe ihr Bewußtsein von Einheit und Eigenart stützt. (J. Assmann 1988, S. 15)

Ein **Bündel zentraler Merkmale** legt den Gebrauch des Begriffs ›kulturelles Gedächtnis‹ fest (vgl. ebd., S. 13–15):

- *Identitätskonkretheit* bedeutet, daß soziale Gruppen ein kulturelles Gedächtnis konstituieren, aus dem sie ihre Identität ableiten.
- Mit *Rekonstruktivität* wird der Einsicht in die Gegenwartsbezogenheit jeglicher Erinnerung Rechnung getragen: Das kulturelle Gedächtnis ist ein retrospektives Konstrukt.
- *Geformtheit* ist das erste distinktive Merkmal zur Unterscheidung zwischen kommunikativem und kulturellem Gedächtnisrahmen. Das kulturelle Gedächtnis ist auf die Kontinuierung von Sinn anhand fester Objektivationen angewiesen.
- *Organisiertheit* bezeichnet die Institutionalisierung des kulturellen Gedächtnisses und die Spezialisierung ihrer Trägerschaft.
- Aus der *Verbindlichkeit* des kulturellen Gedächtnisses ergibt sich für die Gruppe eine ›klare Wertperspektive und ein Relevanzgefälle‹.
- Das Merkmal der *Reflexivität* verweist schließlich auf die Tatsache, daß das kulturelle Gedächtnis die Lebenswelt der Gruppe, ihr Selbstbild und nicht zuletzt sich selbst reflektiert.

4.2 Kulturelles Gedächtnis, Schrift und politische Identität

Das gegenwärtig sicherlich einflußreichste Buch zur kulturwissenschaftlichen Gedächtnistheorie ist Jan Assmanns *Das kulturelle Gedächtnis* (1992). Hier geht es um die Verbindung von Erinnerung, kollektiver Identitätsbildung und politischer Machtausübung und um die Unterschiede und Gemeinsamkeiten oraler und skripturaler Kulturen. »Gesellschaften imaginieren Selbstbilder und kontinuieren über die Generationenfolge hinweg eine Identität, indem sie eine Kultur der Erinnerung ausbilden; und sie tun das [...] *auf ganz verschiedene Weise*«, betont Jan Assmann (ebd., S. 18). Sein Ziel ist es, diese Unterschiede in der konnektiven Struktur von Gesellschaften anhand einer Kulturtypologie aufzuzeigen. Als Beispiele wählt der Ägyptologe frühe Hochkulturen des Abendlandes und des alten Orients – Ägypten, Israel, die Hethiter, Griechenland.

Die beiden zentralen Medien des kulturellen Gedächtnisses, **Mündlichkeit und Schrift**, erweisen sich mit Blick auf die Herstellung kultureller Kohärenz grundsätzlich als funktionsäquivalent. Allerdings wirkt sich die Einführung der Schrift auf die Formen der Vergegenwärtigung kultureller Vergangenheit aus. In diesem Zusammenhang spricht Jan Assmann von der **rituellen Kohärenz oraler Kulturen** und der **textuellen Kohärenz skripturaler Kulturen**. Orale Kulturen sind auf die genaue Wiederholung ihrer Mythen, auf Repetition angewiesen, denn das kulturelle Gedächtnis wird in den organischen Gedächtnissen der Sänger oder Schamanen bewahrt und jede Variation könnte den Überlieferungszusammenhang gefährden. Textuelle Kohärenz beruht hingegen auf der Auslagerung kulturellen Sinns in das Medium der Schrift. Im Rahmen einer ›**zerdehnten Situation**‹ (Konrad Ehlich) wird so eine spätere Wiederaufnahme der Mitteilung gewährleistet. So entsteht die Möglichkeit, mehr zu überliefern, als das Gedächtnis des einzelnen zu behalten vermag. Allerdings bedürfen die verbindlichen, kanonischen Texte des kulturellen Gedächtnisses in jeder Gegenwart aufs Neue der Aneignung. Ihr Sinn muß ausgelegt, interpretiert werden. Textuelle Kohärenz geht mit den kulturellen Verfahren des Kommentars, der Imitation oder der Kritik einher.

Als mögliche gedächtnispolitische Strategien nennt Jan Assmann die ›heiße‹ und die ›kalte‹ Option: Gesellschaften können Erinnerung zum Motor ihrer Entwicklung machen. Dann handelt es sich um **heiße Kulturen**, wie im Falle des alten Israels. Sie können den geschichtlichen Wandel durch Erinnerung an das ewig Gleiche jedoch auch ›einfrieren‹. Beispiele für derartig **kalte Kulturen** sind das alte Ägypten oder das mittelalterliche Judentum (vgl. auch Yerushalmi 1988). Das Gedächtnis heißer Kulturen beruht auf ›Mythen‹ im Sinne von Geschichte(n) über eine gemeinsame Vergangenheit, die Orientierung in der Gegenwart und Hoffnung für die Zukunft bieten. Diese Mythen entfalten in der Regel sowohl eine ›**fundierende**‹ als auch eine ›**kontrapräsentische**‹ **Motorik**: Fundierend und bestehende Systeme legitimierend wirkt der Mythos dort, wo er von der Gesellschaft als Ausdruck einer gemeinsamen Geschichte, aus der sich die gegenwärtigen Verhältnisse ableiten, wahrgenommen wird. Er nimmt eine kontrapräsentische und potentiell delegitimierende Bedeutung an, wenn durch ihn den Defizienzerfahrungen der Gegenwart eine Erinnerung an die vergangene, bessere Zeit gegenübergestellt wird.

Die Fallstudien des zweiten Teils zeigen, daß Schrift, kulturelles Gedächtnis und politische Identität auf das engste miteinander verschränkt sind. Gemeinschaftlicher, identitätsbildender kultureller Sinn wird in Schriftkulturen durch **normative und formative Texte** gestiftet und kontinuiert – durch Texte also, die auf die Fragen ›was sollen wir tun‹ und ›wer sind wir‹ antworten. Sie konstituieren den monumentalen Diskurs Ägyptens, sind Voraussetzung der religiösen Erinnerung als Widerstand in Israel und fördern die Ethnogenese in Griechenland.

4.3 Gedächtnis als ars und vis, Funktionsgedächtnis und Speichergedächtnis

Ihrem 1999 erschienenen Buch *Erinnerungsräume* stellt Aleida Assmann eine grundlegende Unterscheidung voran: Die historische Konzeptualisierung von Gedächtnis als *ars* einerseits, als *vis* andererseits. Die Vorstellung von **Gedächtnis als *ars***, als Kunst oder Technik, geht auf das topologisch geprägte Modell der antiken Mnemotechnik zurück. Gedächtnis als *ars* erscheint als ein Wissensspeicher, in den Informationen eingelagert und in der gleichen Form wieder abgerufen werden können. Mit der Vorstellung von **Gedächtnis als *vis***, einer anthropologischen ›Kraft‹, wird hingegen die Dimension der Zeit und ihre transformierende Wirkung auf die Gedächtnisinhalte akzentuiert. Damit rücken Prozeßhaftigkeit und Rekonstruktivität der Erinnerung ins Zentrum des Interesses. Gedächtnis als *vis* impliziert immer auch Vergessen. Denn aus der Fülle des zu Erinnernden können nur einige wenige, der gegenwärtigen Situation entsprechende Elemente ausgewählt werden. Aleida Assmann macht diese beiden Vorstellungstraditionen zur Grundlage einer Kulturtypologie: Um 1800 – mit dem ›Prestigeverfall der antiken Mnemotechnik‹, der Philosophie Lockes, der ›Entstehung des bürgerlichen Subjekts‹ und schließlich der ›romantischen Konzeption von Identität-durch-Erinnerung‹ – verortet sie die Ablösung der bis dahin dominanten Konzeption von Gedächtnis als *ars* durch ein Verständnis von Gedächtnis als *vis*. Zum ›Patron des Paradigmas der identitätsstiftenden Erinnerung‹ wurde dann im 19. Jahrhundert der Philosoph und Kulturkritiker Friedrich Nietzsche.

Um Prozesse der Aktivierung und des Vergessens kulturellen Sinns beschreibbar zu machen, trifft Aleida Assmann eine weitere Unterscheidung, die zwischen **Funktions- und Speichergedächtnis**.

- Funktionsgedächtnis nennt Assmann das ›bewohnte Gedächtnis‹. Es besteht aus ›bedeutungsgeladenen Elementen‹, die zu einer kohärenten Geschichte konfiguriert werden können und sich durch ›Gruppenbezug, Selektivität, Wertbindung und Zukunftsorientierung‹ auszeichnen.
- Das Speichergedächtnis hingegen ist das ›unbewohnte Gedächtnis‹, eine ›amorphe Masse‹ ungebundener, bedeutungsneutraler Elemente, die keinen ›vitalen Bezug‹ zur Gegenwart aufweisen (vgl. A. Assmann 1999, S. 134 f.).

> Auf kollektiver Ebene enthält das Speichergedächtnis das unbrauchbar, obsolet und fremd Gewordene, das neutrale, identitäts-abstrakte Sachwissen, aber auch das

Repertoire verpaßter Möglichkeiten, alternativer Optionen und ungenutzter Chancen. Beim Funktionsgedächtnis dagegen handelt es sich um ein angeeignetes Gedächtnis, das aus einem Prozeß der Auswahl, der Verknüpfung, der Sinnkonstitution [...] hervorgeht. Die strukturlosen, unzusammenhängenden Elemente treten ins Funktionsgedächtnis als komponiert, konstruiert, verbunden ein. Aus diesem konstruktiven Akt geht *Sinn* hervor, eine Qualität, die dem Speichergedächtnis grundsätzlich abgeht. (ebd., S. 137)

Die Relation zwischen diesen beiden Modi der Erinnerung bezeichnet Aleida Assmann als perspektivische: Das Funktionsgedächtnis ist als Vordergrund zu denken, der sich vor dem Hintergrund des Speichergedächtnisses abhebt. Zwar erfüllt das Funktionsgedächtnis so zentrale Aufgaben wie Identitätskonstruktion oder die Legitimierung einer bestehenden Gesellschaftsform. Das Speichergedächtnis ist deshalb aber nicht weniger wichtig. Es dient als »Reservoir zukünftiger Funktionsgedächtnisse«, als »Ressource der Erneuerung kulturellen Wissens« und damit als »Bedingung der Möglichkeit kulturellen Wandels« (ebd., S. 140). Alle Elemente des Speichergedächtnisses können, wenn sie für die Gesellschaft eine zusätzliche Sinndimension erhalten, in das Funktionsgedächtnis übergehen. Entscheidend sind daher nicht nur Inhalte der beiden Gedächtnisebenen, sondern auch der Grad der Durchlässigkeit zwischen ihnen, der die Möglichkeit von Veränderung und Erneuerung bestimmt.

Durch die Erweiterung des begrifflichen Feldes durch ›Gedächtnis als *vis* und *ars*‹ sowie durch ›Speicher- und Funktionsgedächtnis‹ werden mit der Assmannschen Theorie **Formen und Wandlungsprozesse des kulturellen Gedächtnisses** erklärbar – eben jene Phänomene, deren Geschichte von der Antike bis zur Postmoderne Aleida Assmann in *Erinnerungsräume* erzählt und anhand von Interpretationen einer Vielzahl literarischer Werke dokumentiert.

5. Formen von Gedächtnis und Erinnerung auf kollektiver Ebene: Anregungen zur begrifflichen Differenzierung

Das Forschungsfeld ›kollektives Gedächtnis und Erinnerungskulturen‹ reicht heute von der Beschäftigung mit den sozialen oder kulturellen Anteilen individueller Wahrnehmungs- und Erinnerungsprozesse bis hin zu der Vorstellung von einem Gedächtnis der Kultur, im Sinne der gesellschaftlichen Konstruktion und Überlieferung kollektiver symbolischer Sinnwelten. Die kulturwissenschaftliche Perspektive auf Gedächtnis und Erinnerung umfaßt also – um mit Begriffen Jan Assmanns (2002, S. 8) zu sprechen – »**Gedächtnis als Kulturphänomen**« ebenso wie »**Kultur als Gedächtnisphänomen**«. Eine zentrale Herausforderung der heutigen, stark ausdifferenzierten kulturwissenschaftlichen und interdisziplinären Forschung zu Gedächtnis und Erinnerung besteht daher in der Zusammenführung einer Vielzahl wissenschaftlicher Beiträge zur Theorie und Geschichte von Erinnerungskulturen. Um verschiedene Gedächtnisbegriffe miteinander vergleichbar, diverse Untersuchungsgegenstände als Phänomene des kollektiven Gedächtnisses begreifbar sowie die in unterschiedlichen Disziplinen gewonnen Erkenntnisse als Beitrag zu einem gemeinsamen Forschungsfeld fruchtbar zu machen und in einem gedanklichen System verorten zu können, sollen abschließend einige Anregungen zur begrifflichen Differenzierung verschiedener Formen von Gedächtnis und Erinnerung auf kollektiver Ebene gegeben werden.

5.1 Kollektives Gedächtnis, Akte kollektiver Erinnerung und Erinnerungskulturen

Die kulturwissenschaftliche Forschung zum kollektiven Gedächtnis basierte und basiert auf einer (zumeist) metaphorischen Übertragung von Konzepten der Individualpsychologie auf die Ebene der Kultur. Führt man diese Tradition fort, so kann in Anlehnung an die kognitionspsychologische und neurowissenschaftliche Unterscheidung von Gedächtnis und Erinnerung argumentiert werden, daß es sich bei dem **Gedächtnis auf kollektiver Ebene** nicht so sehr um einen fest umgrenzten Speicher als um ein – prinzipiell offenes und veränderliches – Gewebe mentaler, materialer und sozialer Phänomene handelt. Einige Aspekte dieser niemals vollständig zu rekonstruierenden Gewebe des kollektiven Gedächtnisses manifestieren sich in **Akten kollektiver Erinnerung**. Sie allein sind beobachtbar. Um intersubjektiv nachvollziehbar zu sein, d. h. um die Teilhabe mehrerer Menschen am kollektiven Gedächtnis zu garantieren, müssen Akte kollektiver Erinnerung eine mediale Dimension – von der mündlichen Rede bis zur bildlichen Formung – aufweisen.

Erinnerungskulturen sind die historisch und kulturell variablen Ausprägungen von kollektivem Gedächtnis. Dabei verweist die Wahl des Begriffs ›Erinnerungskulturen‹ auf zwei zentrale Grundannahmen: Die Pluralform zeigt an, daß wir es niemals, auch nicht in den homogensten Kulturen, mit nur einer einzigen Erinnerungsgemeinschaft zu tun haben. Im Gegenteil, jede Gesellschaft weist eine Vielzahl koexistierender, häufig konkurrierender kollektiver Gedächtnisse auf. Zweitens deutet der Begriff ›*Erinnerungs*kulturen‹ (statt ›Gedächtniskulturen‹) darauf hin, daß das wissenschaftliche Konstrukt ›kollektives Gedächtnis‹ erst in seiner Aktualisierung durch einzelne kollektive Erinnerungsakte tatsächlich beobachtbar und kulturwissenschaftlich analysierbar wird.

5.2 Symbolische Formen und kulturelle Dimensionen des Gedächtnisses

Um der engen Verwobenheit von Kultur und kollektivem Gedächtnis Rechnung zu tragen, ist es von Nutzen, einigen grundlegenden Konzepten der Kulturtheorie (vgl. Kap. 2. »Kulturbegriffe« in diesem Band) auch bei der kulturwissenschaftlichen Gedächtnisforschung Beachtung zu schenken. So können etwa ›Symbolsysteme‹ bzw. ›symbolische Formen‹ (Ernst Cassirer) des kollektiven Gedächtnisses unterschieden und damit auch verschiedene Ausprägungen kollektiver Erinnerungsakte voneinander abgegrenzt werden. Einige Inhalte des kollektiven Gedächtnisses werden in der Alltagspraxis erzeugt und aktualisiert, andere im Rahmen institutionalisierter symbolischer Formen, wie ›Religion‹, ›Recht‹, ›Wissenschaft‹, ›Geschichte‹ und ›Kunst‹. **Symbolische Formen** stellen **spezifische Weisen der Welterschließung** dar. Sie formen das zu Erinnernde mit.

Auch die im Rahmen der Kultursemiotik vorgenommene Differenzierung zwischen materialer, sozialer und mentaler Dimension der Kultur (vgl. Kap. 3. »Kultursemiotik« in diesem Band) kann für die gedächtnishistorische Forschung fruchtbar gemacht werden. **Drei Dimensionen des kollektiven Gedächtnisses** sind zu unterscheiden:

- Die *materiale Dimension* des kollektiven Gedächtnisses konstituieren Medien. Wie etwa Aby Warburg sowie Aleida und Jan Assmann im Rahmen recht unterschiedlicher Theorieentwürfe gezeigt haben, können Inhalte des kollektiven Gedächtnisses erst durch Kodierung in kulturellen Objektivationen – Texte, Monumente, Riten, usw. – aus dem Kommunikationszusammenhang begrenzter und vergänglicher sozialer Gruppen gelöst, über raum-zeitliche Grenzen hinweg gespeichert und schließlich wiederaufgenommen werden.
- Zur *sozialen Dimension* des kollektiven Gedächtnisses gehört die bei Halbwachs im Mittelpunkt stehende Trägerschaft des Gedächtnisses: Personen und gesellschaftliche Institutionen, die an Speicherung und Abruf von für das Kollektiv relevantem Wissen beteiligt sind.
- Zur *mentalen Dimension* zählen schließlich all jene Schemata und kollektiven Codes, die gemeinsames Erinnern durch symbolische Vermittlung ermöglichen und prägen sowie alle Auswirkungen der Erinnerungstätigkeit auf kollektive mentale Dispositionen – etwa auf Vorstellungen und Ideen, Denkmuster und Empfindungsweisen, Selbst- und Fremdbilder oder Werte und Normen.

5.3 Explizite und implizite Systeme des kollektiven Gedächtnisses

Zur Unterscheidung verschiedener Systeme des kollektiven Gedächtnisses bietet sich einmal mehr der Rekurs auf die Begrifflichkeiten der mit organischen Gedächtnissen befaßten Wissenschaften an (vgl. auch Hirst/Manier 2002). Bewußte individuelle Erinnerungen sind in kognitionspsychologischer Terminologie entweder Aktualisierungen des ›semantischen‹ oder des ›episodischen‹ Gedächtnisses (vgl. Schacter 1999). Bei dem im Rahmen des *semantischen Gedächtnisses* Erinnerten handelt es sich um gelerntes, symbolisch repräsentiertes Wissen (z. B. ›die Erde ist rund‹). Das *episodische Gedächtnis* ist hingegen ein zeit- und kontextbezogenes Gedächtnis. In seinem Rahmen wird Lebenserfahrung erinnert (z. B. ›der erste Schultag‹). Auf Prozessen der Narrativisierung episodischer Erinnerungen zu Lebensgeschichten basiert das ›autobiographische‹ Gedächtnis.

Auf kultureller Ebene lassen sich ähnliche Differenzierungen vornehmen. Im Sinne der Konstituierung eines ›**kollektiv-autobiographischen Gedächtnisses**‹

geht es in Erinnerungskulturen um die kollektive Vergegenwärtigung einer gemeinsamen Vergangenheit und um ›Sinnbildung über Zeiterfahrung‹ (Jörn Rüsen). Der Fokus kulturwissenschaftlicher Untersuchungen zu kollektiv-autobiographischen Gedächtnissystemen richtet sich auf die Dynamik, Kreativität und Narrativität sowie auf die Funktionen kollektiver Erinnerungsakte, die in Analogie zu denen individuell-autobiographischer Erinnerung verstanden werden, wie sie schon der englische Philosoph John Locke in *An essay concerning human understanding* (1690) beschrieben hat: Für Locke ist die Fähigkeit zur Erinnerung Voraussetzung für individuelle Identität und Verantwortung. Durch Erinnerung erlebt der einzelne die Kontinuität seines Ich und vermag sich auf Basis der zuvor gemachten Erfahrungen in der Welt zu orientieren. Auf kollektiver Ebene erfüllen ›autobiographische‹ Vergangenheitsversionen die Funktion der Selbstbeschreibung einer Kultur. Durch kollektiv-autobiographische Erinnerungsakte werden kollektive Identitäten gestiftet, Werte- und Normensysteme etabliert. Derartige Mechanismen werden mit Halbwachs' Begriff der *mémoire collective* und mit den Assmannschen Konzepten ›kulturelles und kommunikatives Gedächtnis‹ beschrieben. Noras *lieux de mémoire* gehen die Narrativisierungsprozesse ab. Es handelt sich um eine Art ›kollektiv-episodisches Gedächtnis‹, das nicht in kohärente Geschichten überführt wird.

Mit dem Begriff ›**kollektiv-semantisches Gedächtnis**‹ können Verfahren der kulturellen Wissensorganisation und -speicherung bezeichnet werden. Diese Form des kollektiven Gedächtnisses ist nicht dominant mit Zeiterfahrung, sondern mit spatialen Anordnungsstrategien – seien es *mental maps*, Archive oder die von Frances Yates untersuchten Gedächtnistheater – befaßt. In der Forschung zum kollektiv-semantischen Gedächtnis geht es, zumeist unter dem Begriff *memoria*, um die symbolische Repräsentation von kollektiv relevantem Wissen, um Organisationsprinzipien und Medien der Speicherung.

Freilich ist auf der Ebene des individuellen wie des kollektiven Gedächtnisses immer auch von einer Überlagerung und Durchdringung semantischer und autobiographischer Gedächtnissysteme auszugehen. So handelt es sich bei kollektiven Wissenssystemen um kulturspezifische Phänomene, die sich historisch herleiten und der Selbstbeschreibung und Distinktion dienen können. Umgekehrt findet die Bildung kollektiv-autobiographischer Gedächtnisse immer im Horizont bestehender Wissensordnungen und Semantiken statt. Schließlich kann die Erinnerung an eine gemeinsame Vergangenheit auch zum identitätsabstrakten Wissen werden.

Die Differenzierung zwischen kollektiv-semantischen und kollektiv-autobiographischen Gedächtnissystemen kann jedoch beispielsweise dazu beitragen, die schwierige Frage nach dem **Status der Geschichtswissenschaft in der Erinnerungskultur** zu beantworten: Die Historiographie weist stark kollektiv-autobiographische Anteile auf, wenn sie deutlich auf die Gruppe oder Kultur ihres Entstehungskontextes bezogen ist, Identitätskonzepte, Werte und Normen vermittelt sowie affektive Anteile aufweist. Als kollektiv-semantisch und damit mehr dem Wissen als der Erinnerung im engeren Sinne zuzuordnen wäre Geschichtsschreibung dann zu bewerten, wenn sie identitätsabstraktes Wissen (thematisch, z. B. über fremde Kulturen, oder formal, z. B. in einer Weise, die eine Anbindung an die Gegenwart der Gruppe nicht nahelegt) vermittelt. Zu bedenken ist jedoch, daß ›autobiographisch-identitätsstiftende‹ oder ›semantisch-wissenschaftliche‹ Funktionen der Geschichtsschreibung niemals allein auf textuellen Merkmalen basieren, sondern immer auch Rezeptionsphänomene darstellen.

Semantische und autobiographische Erinnerungen werden bewußt herbeigeführt. Sie werden daher in der Kognitionspsychologie dem Bereich des sogenannten ›expliziten Gedächtnisses‹ zugeordnet. Daneben sehen wir uns tagtäglich mit einer Fülle von Erinnerungen konfrontiert, die wir nicht bewußt herbeiführen. Sie sind Ausprägungen des ›impliziten Gedächtnisses‹. Hierzu gehört das prozedurale Gedächtnis, das uns automatisch ablaufende Handlungen ermöglicht und schon zu Beginn des 20. Jahrhunderts von Henri Bergson als *mémoire habitude* (im Gegensatz zur expliziten *mémoire souvenir*) bezeichnet wurde, ebenso wie das Körpergedächtnis: Marcel Prousts eindrucksvolle Beschreibungen in *A la recherche du temps perdu* (1913) zeigen, wie sinnliche Eindrücke, Geruch und Geschmack einer Madeleine etwa, eine *mémoire involontaire* (unwillkürliche Erinnerung) hervorrufen können. Auch Traumata basieren auf Erinnerungsfragmenten im Rahmen des impliziten Gedächtnisses.

Mit dem Begriff ›**kollektiv-implizites Gedächtnis**‹ kann die nicht gesteuerte Wiederkehr von Wissensbeständen und Ausdrucksformen (hierzu gehört die Wirkung von Aby Warburgs ›Pathosformeln‹) oder ein Vergangenheitsbewußtsein beschrieben werden, das (etwa im Sinne von Harald Welzers ›sozialem Gedächtnis‹; vgl. Welzer 2001) in nicht-offiziellen und nicht-intendierten Erinnerungsakten zum Ausdruck kommt (vgl. auch Rüsen/Straub 1998). Bei Formen des kollektiv-impliziten Gedächtnisses handelt es sich um die unbewußte und nicht-intentionale Seite kollektiv-autobiographischer und -semantischer Gedächtnisse. Obgleich sie nicht bewußt herbeigeführt werden, sind die auf dem impliziten Gedächtnis basierenden kollektiven Erinnerungsakte dennoch an kulturelle Ausdrucksformen gebunden, sei es an bildhafte Symbolik oder an kollektive Verhaltensweisen.

6. Das Forschungsfeld ›kollektives Gedächtnis und Erinnerungskulturen‹ heute: Grad der Institutionalisierung und Forschungsdesiderate

Mittlerweile sind kollektives Gedächtnis und Erinnerungskulturen fest als Forschungsfelder innerhalb der Kulturwissenschaften verankert: Die seit 1989 erscheinende und von Saul Friedländer herausgegebene **Zeitschrift** ***History & Memory. Studies in Representation of the Past*** widmet sich ausschließlich der Erforschung von Prozessen kultureller Erinnerung. Im Rahmen der US-amerikanischen **Schriftenreihe** ***Contemporary Cultural Memory*** werden Studien veröffentlicht, die sich speziell mit postmodernen Formen und Funktionen des kollektiven Gedächtnisses beschäftigen. In einschlägigen kulturwissenschaftlichen **Lexika und Einführungen** finden sich Einträge zu *memoria*, ›Erinnerung‹ und ›Gedächtnis‹

(vgl. Böhme/Matussek/Müller 2000; Neuber 2000; Nünning 2001; Oesterle 2001; Schmidt 2001); ein interdisziplinäres Lexikon zu Gedächtnis und Erinnerung ist erschienen (Pethes/Ruchatz 2001).

An der Gießener Universität wurde 1997 der **Sonderforschungsbereich »Erinnerungskulturen«** eingerichtet, in dem disziplinübergreifend an einer Rekonstruktion der Geschichte des Erinnerns gearbeitet wird und dessen Schriftenreihe *Formen der Erinnerung* im Verlag Vandenhoek & Ruprecht erscheint (vgl. z. B. Kurz 2000; Martini 2000; Oesterle/Tausch 2001). An der Hamburger Universität wird im Rahmen eines Graduiertenkollegs und in der Forschungsstelle »Politische Ikonographie« an der Rekonstruktion und Analyse kollektiver Bildgedächtnisse gearbeitet. Die Hamburger Warburg-Stiftung gibt in Zusammenarbeit mit dem Berliner Akademie Verlag den **Nachlaß Aby Warburgs** heraus (vgl. Warburg 2000). Die **Schriften von Halbwachs** erscheinen zur Zeit im Konstanzer Universitätsverlag in Neuübersetzung (vgl. Halbwachs 2002).

Obgleich die Assmannsche Theorie des kulturellen Gedächtnisses im deutschen Sprachraum sicherlich das fruchtbarste und am weitesten verbreitete Paradigma darstellt, impliziert sie doch eine gewisse Homogenität und Verbindlichkeit kollektiver Gedächtnisse und zeichnet sich durch eine Tendenz zu Analysen historischer Erinnerungskulturen und zur Privilegierung von Objektivationen der Hochkultur aus. Zeitgenössische Erinnerungskulturen sind hingegen durch gesellschaftliche Ausdifferenzierung, durch Erhöhung der Speicherkapazitäten, durch Demokratisierung, durch die für Identitätsbildung zunehmende Bedeutung der Populärkultur sowie durch das Zusammenleben unterschiedlicher Ethnien einerseits, die Existenz kulturübergreifender Erinnerungsgemeinschaften andererseits gekennzeichnet.

In der heutigen Forschung ist eine Fülle von Ansätzen zu verzeichnen, die solchen bislang kaum beachteten Aspekten der Vielfalt kollektiver Gedächtnisse Rechnung tragen. So zeichnet sich beispielsweise ein **verstärktes Interesse an minoritären Erinnerungskulturen** ab, deren Entfaltung politisch unterdrückt wird (zur Erinnerungskultur der Armenier vgl. etwa Platt/Dhabag 1995). Dringend stellt sich auch die Frage nach den **ethischen Implikationen** kulturellen Erinnerns und Vergessens (vgl. Ricœur 1998). Zudem rücken vermehrt implizite, **nicht-intentionale Formen** kollektiver Erinnerung in den Blick (z. B. zum ›Körpergedächtnis‹ vgl. Öhlschläger 1997; zum ›sozialen Gedächtnis‹ vgl. Welzer 2001; zu psychoanalytischen Zugangsweisen vgl. Rüsen/Straub 1998). Schließlich steht die Forschung zum Verhältnis von **Medialität** und kollektivem Gedächtnis noch am Anfang (vgl. Assmann/Weinberg/Windisch 1998; Borsò/Krumeich/Witte 2001; für eine systemtheoretische Perspektivierung des kollektiven Gedächtnisses vgl. Esposito 2002). Sicher ist, daß die schier unerschöpfliche Mannigfaltigkeit und Wandlungsfähigkeit von Erinnerungskulturen für Theorie und Methoden kulturwissenschaftlicher Forschung eine nicht zu unterschätzende Herausforderung darstellt.

Literaturverzeichnis

Standardwerke

Assmann, Aleida: *Erinnerungsräume. Formen und Wandlungen des kulturellen Gedächtnisses.* München: Beck 1999.

Assmann, Jan: *Das kulturelle Gedächtnis. Schrift, Erinnerung und politische Identität in frühen Hochkulturen.* München: Beck 1992.

Halbwachs, Maurice: *Das kollektive Gedächtnis.* Frankfurt a. M.: Fischer 1991 (orig.: *La mémoire collective.* Paris: Presses universitaires de France 1950).

Halbwachs, Maurice: *Verkündigte Orte im Heiligen Land. Eine Studie zum kollektiven Gedächtnis.* Konstanz: UVK 2002 (orig.: *La topographie légendaire des évangiles en terre sainte. Étude de mémoire collective.* Paris: Presses universitaires de France 1941).

Halbwachs, Maurice: *Das Gedächtnis und seine sozialen Bedingungen.* Frankfurt a. M.: Suhrkamp 1985 (orig.: *Les cadres sociaux de la mémoire.* Paris: Alcan 1925).

Nora, Pierre (Hg.): *Les lieux de mémoire I. La République.* Paris: Gallimard 1984; *Les lieux de mémoire II. La Nation.* Paris: Gallimard 1986; *Les lieux de mémoire III. Les France.* Paris: Gallimard 1992.

Nora, Pierre: *Zwischen Geschichte und Gedächtnis.* Berlin: Wagenbach 1990.

Warburg, Aby: *Ausgewählte Schriften und Würdigungen.* Dieter Wuttke (Hg.). Baden-Baden: Koerner 1979.

Warburg, Aby: *Der Bilderatlas Mnemosyne.* Hg. v. Martina Warnke unter Mitarbeit von Claudia Brink. Berlin: Akademie Verlag 2000.

Yates, Frances: *Gedächtnis und Erinnern. Mnemonik von Aristoteles bis Shakespeare.* Berlin: Dt. Verl. der Wissenschaften 1990 (orig.: *The Art of Memory.* London: Routledge 1966).

Einführungen, Textsammlungen und Lexikonartikel

Böhme, Hartmut/Matussek, Peter/Müller, Lothar: »Erinnerung und Gedächtnis.« In: diess.: *Orientierung Kulturwissenschaft. Was sie kann, was sie will.* Reinbek: Rowohlt 2000, S. 147–164.

Fleckner, Uwe (Hg.): *Die Schatzkammern der Mnemosyne. Ein Lesebuch mit Texten zur Gedächtnistheorie von Platon bis Derrida.* Dresden: Verlag der Kunst 1995.

Harth, Dietrich (Hg.): *Die Erfindung des Gedächtnisses. Texte zusammengestellt und eingeleitet von Dietrich Harth.* Frankfurt a. M.: Keip 1991.

Neuber, Wolfgang: »Memoria.« In: Harald Fricke et al. (Hgg.): *Reallexikon der deutschen Literaturwissenschaft.* Bd. 2. Berlin/New York: de Gruyter 2000, S. 562–566.

Nünning, Ansgar: »Gedächtnis, kulturelles.« In: ders. (Hg.): *Metzler Lexikon Literatur- und Kulturtheorie.* Stuttgart/Weimar: Metzler 2001 [1998], S. 213.

Oesterle, Günter: »Erinnerung, kulturelle.« In: Ansgar Nünning (Hg.): *Metzler Lexikon Literatur- und Kulturtheorie.* Stuttgart/Weimar: Metzler 2001 [1998], S. 149 f.

Pethes, Nicolas/Ruchatz, Jens (Hgg.): *Gedächtnis und Erinnerung. Ein interdisziplinäres Lexikon.* Reinbek: Rowohlt 2001.

Schmidt, Siegfried J.: »Gedächtnis und Gedächtnistheorien.« In: Ansgar Nünning (Hg.): *Metzler Lexikon Literatur- und Kulturtheorie.* Stuttgart/Weimar: Metzler 2001 [1998], S. 211–213.

Weiterführende Literatur

Augstein, Rudolf (Hg.): »*Historikerstreit.*« *Die Dokumentation der Kontroverse um die Einzigartigkeit der nationalsozialistischen Judenvernichtung.* München et al.: Piper 1987.

Anderson, Benedict: *Imagined Communities. Reflections on the Origins and Spread of Nationalism.* London: Verso 1983.

Antze, Paul/Lambek, Michael (Hgg.): *Tense Past. Cultural Essays in Trauma and Memory.* New York: Routledge 1996.

Assmann, Aleida/Assmann, Jan (Hgg.): *Kanon und Zensur. Beiträge zur Archäologie der literarischen Kommunikation.* München: Fink 1987.

Assmann, Aleida/Assmann, Jan: »Das Gestern im Heute. Medien und soziales Gedächtnis.« In: Klaus Merten/ Siegfried J. Schmidt/Siegfried Weischenberg (Hgg.): *Die Wirklichkeit der Medien. Eine Einführung in die Kommunikationswissenschaft*. Opladen: Westdeutscher Verlag 1994, S. 114–140.

Assmann, Aleida/Frevert, Ute: *Geschichtsvergessenheit – Geschichtsversessenheit. Vom Umgang mit deutschen Vergangenheiten nach 1945*. Stuttgart: Dt. Verl.-Anst. 1999.

Assmann, Aleida/Harth, Dietrich (Hgg.): *Kultur als Lebenswelt und Monument*. Frankfurt a. M.: Fischer 1991a.

Assmann, Aleida/Harth, Dietrich (Hgg.): *Mnemosyne. Formen und Funktionen der kulturellen Erinnerung*. Frankfurt a. M.: Fischer 1991b.

Assmann, Aleida/Weinberg, Manfred/Windisch, Martin (Hgg.): *Medien des Gedächtnisses*. Stuttgart/Weimar: Metzler 1998 (= Sonderheft der *Deutschen Vierteljahrsschrift für Literaturwissenschaft und Geistesgeschichte*).

Assmann, Aleida: »Was sind kulturelle Texte?« In: Andreas Poltermann (Hg.): *Literaturkanon – Medienereignis – kultureller Text. Formen interkultureller Kommunikation und Übersetzung*. Berlin: Erich Schmidt Verlag 1995, S. 232–244.

Assmann, Jan/Hölscher, Tonio (Hgg.): *Kultur und Gedächtnis*. Frankfurt a. M.: Suhrkamp 1988.

Assmann, Jan: »Kollektives Gedächtnis und kulturelle Identität.« In: Assmann/Hölscher 1988, S. 9–19.

Assmann, Jan: *Religion und kulturelles Gedächtnis. Zehn Studien*. München: Beck 2000.

Assmann, Jan: »Zum Geleit.« In: Echterhoff/Saar 2002, S. 7–11.

Bal, Mieke/Crewe, Jonathan/Spitzer, Leo (Hgg.): *Acts of Memory. Cultural Recall in the Present*. Hanover, NH: UP of New England 1999.

Bartlett, Sir Frederick C.: *Remembering. A Study in Experimental and Social Psychololgy*. Cambridge: Cambridge UP 1932.

Berg, Nicolas (Hg.): *Shoah – Formen der Erinnerung. Geschichte, Philosophie, Literatur, Kunst*. München: Fink 1996.

Berndt, Frauke: *Anamnesis. Studien zur Topik der Erinnerung in der erzählenden Literatur zwischen 1800 und 1900 (Moritz – Keller – Raabe)*. Tübingen: Niemeyer 1999.

Berns, Jörg Jochen/Neuber, Wolfgang (Hgg.): *Ars memorativa. Zur kulturgeschichtlichen Bedeutung der Gedächtniskunst 1400–1750*. Tübingen: Niemeyer 1993.

Borsò, Vittoria/Krumeich, Gerd/Witte, Bernd (Hgg.): *Medialität und Gedächtnis. Interdisziplinäre Beiträge zur kulturellen Verarbeitung europäischer Krisen*. Stuttgart/Weimar: Metzler 2001.

Bruner, Jerome S.: *Acts of Meaning*. Cambridge: Cambridge UP 1990.

Burke, Peter: »History as Social Memory.« In: Butler 1989, S. 97–113 (dt. in Assmann/Harth 1991b).

Butler, Thomas (Hg.): *Memory. History, Culture and the Mind*. New York: Blackwell 1989.

Butzer, Günter: *Fehlende Trauer. Verfahren epischen Erinnerns in der deutschsprachigen Gegenwartsliteratur*. München: Fink 1998.

Carruthers, Mary: »*The Book of Memory.*« *A Study of Memory in Medieval Culture*. Cambridge et al.: Cambridge UP 1990.

Connerton, Paul: *How Societies Remember*. Cambrigde: Cambrigde UP 1989.

Cullen, Michael S.: *Das Holocaust-Mahnmal. Dokumentation einer Debatte*. Zürich/München: Pendo-Verlag 1999.

Curtius, Ernst Robert: *Europäische Literatur und lateinisches Mittelalter*. Bern: Francke 1948.

D'haen, Theo et al. (Hgg.): *Colonizer and Colonized*. Amsterdam: Rodopi 2000. (= *Literature as Cultural Memory 2*)

Draaisma, Douwe: *Die Metaphernmaschine. Eine Geschichte des Gedächtnisses*. Darmstadt: Primus 1999.

Düsing, Wolfgang: *Erinnerung und Identität. Untersuchungen zu einem Erzählproblem bei Musil, Döblin und Doderer*. München: Fink 1982.

Echterhoff, Gerald/Saar, Martin (Hgg.): *Kontexte und Kulturen des Erinnerns. Maurice Halbwachs und das Paradigma des kollektiven Gedächtnisses*. Konstanz: UVK 2002.

Erll, Astrid: »Literatur und kulturelles Gedächtnis. Zur Begriffs- und Forschungsgeschichte, zum Leistungsvermögen und zur literaturwissenschaftlichen Relevanz eines neuen Paradigmas der Kulturwissenschaft.« In: *Literaturwissenschaftliches Jahrbuch* 43 (2002), S. 249-276.

Esposito, Elena: *Soziales Vergessen. Formen und Medien des Gedächtnisses in der Gesellschaft.* Frankfurt a. M.: Suhrkamp 2002.

Förster, Heinz von: »Gedächtnis ohne Aufzeichnung.« In: ders.: *Sicht und Einsicht. Versuche zu einer operativen Erkenntnistheorie.* Braunschweig/Wiesbaden: Vieweg 1985, S. 123–172.

François, Etienne/Schulze, Hagen (Hgg.): *Deutsche Erinnerungsorte.* 3 Bde. München: Beck 2001.

Freudenfeld, Regina: *Gedächtnis-Zeichen. Mnemologie in der deutschen und französischen Aufklärung.* Tübingen: Narr 1996.

Füßmann, Klaus/Grütter, Heinrich Theodor/Rüsen, Jörn (Hgg.): *Historische Faszination. Geschichtskultur heute.* Köln/Weimar/Wien: Böhlau 1994.

Ginzburg, Carlo: »Kunst und soziales Gedächtnis. Die Warburg-Tradition.« In: ders.: *Spurensicherung. Die Wissenschaft auf der Suche nach sich selbst.* Berlin: Wagenbach 1995, S. 63–127.

Glomb, Stefan: *Erinnerung und Identität im britischen Gegenwartsdrama.* Tübingen: Narr 1997.

Gombrich, Ernst H.: *Aby Warburg. Eine intellektuelle Biographie.* Hamburg: Europ. Verl.-Anst. 1992 [1981] (orig.: *Aby Warburg. An Intellectual Biography.* London: Warburg Institute 1970).

Harth, Dietrich: *Das Gedächtnis der Kulturwissenschaften.* Dresden/München: Dresden UP 1998.

Haverkamp, Anselm/Lachmann, Renate (Hgg.): *Gedächtniskunst. Raum – Bild – Schrift. Studien zur Mnemotechnik.* Frankfurt a. M.: Suhrkamp 1991.

Haverkamp, Anselm/Lachmann, Renate (Hgg.): *Memoria. Vergessen und Erinnern.* München: Fink 1993 (= *Poetik und Hermeneutik* XV).

Hemken, Kai-Uwe: *Gedächtnisbilder. Vergessen und Erinnern in der Gegenwartskunst.* Leipzig: Reclam 1996.

Hirst, William/Manier, David: »The Diverse Forms of Collective Memory.« In: Echterhoff/Saar 2002, S. 37–58.

Hobsbawm, Eric/Ranger, Terence (Hgg.): *The Invention of Tradition.* New York: Cambridge UP 1983.

Ibsch, Elrud (Hg.): *The Conscience of Humankind. Literature and Traumatic Experiences.* Amsterdam: Rodopi 2000 (*Literature as Cultural Memory* 3).

Jeismann, Michael (Hg.): *Mahnmal Mitte. Eine Kontroverse.* Köln: Dumont 1999.

Kany, Roland: *Mnemosyne als Programm. Geschichte, Erinnerung und die Andacht zum Unbedeutenden im Werk von Usener, Warburg und Benjamin.* Tübingen: Niemeyer 1987.

Klix, Friedhart/Hagendorf, Herbert (Hgg.): *Human Memory and Cognitive Capabilities. Mechanisms and Performances.* Amsterdam et al.: North Holland 1986.

Koch, Manfred: *Mnemotechnik des Schönen. Studien zur poetischen Erinnerung in Romantik und Symbolismus.* Tübingen: Niemeyer 1988.

Kosellek, Reinhart/Jeismann, Michael (Hgg.): *Der politische Totenkult. Kriegerdenkmäler in der Moderne.* München: Fink 1994.

Kristeva, Julia: *Semeiotikè. Recherches pour une sémanalyse.* Paris: Editions du Seuil 1969.

Kurz, Gerhard (Hg.): *Erinnerung und Meditation in der frühen Neuzeit.* Göttingen: Vandenhoeck & Ruprecht 2000.

Lachmann, Renate: *Gedächtnis und Literatur. Intertextualität in der russischen Moderne.* Frankfurt a. M.: Suhrkamp 1990.

LeGoff, Jacques: *Geschichte und Gedächtnis.* Frankfurt a. M./New York: Campus 1992 (orig.: *Storia e memoria.* Turin: Giulio Einaudi 1977).

Loewy, Hanno/Moltmann, Bernhard (Hgg.): *Erlebnis – Gedächtnis – Sinn. Authentische und konstruierte Erinnerung.* Frankfurt a. M.: Campus 1996.

Lüer, Gerd/Lass, Uta (Hgg.): *Erinnern und Behalten. Wege zur Erforschung des menschlichen Gedächtnisses.* Göttingen: Vandenhoeck & Ruprecht 1997.

Martini, Wolfram (Hg.): *Architektur und Erinnerung.* Göttingen: Vandenhoeck & Ruprecht 2000.

Maturana, Humberto R.: *Erkennen. Die Organisation und Verkörperung von Wirklichkeit. Ausgewählte Arbeiten zur biologischen Epistemologie.* Braunschweig/Wiesbaden: Vieweg 1982.

Middleton, David/Edwards, Derek (Hgg.): *Collective Remembering*. London/Newbury Park/ New Delhi: Sage 1990.

Neisser, Ulric: *Cognitive Psychology*. New York: Appleton-Century-Crofts 1967.

Neubauer, John (Hgg.): *Gendered Memories*. Amsterdam: Rodopi 2000. (*Literature as Cultural Memory* 4)

Niethammer, Lutz: *Lebenserfahrung und kollektives Gedächtnis. Die Praxis der ›Oral History‹*. Frankfurt a. M.: Suhrkamp 1985 [1980].

Nünning, Ansgar: »Literatur, Mentalitäten und kulturelles Gedächtnis. Grundriß, Leitbegriffe und Perspektiven einer anglistischen Kulturwissenschaft.« In: ders. (Hg.): *Literaturwissenschaftliche Theorien, Modelle und Methoden. Eine Einführung*. Trier: Wissenschaftlicher Verlag Trier 1995, S. 173–197.

Oesterle, Günter/Tausch, Harald (Hgg.): *Der imaginierte Garten*. Göttingen: Vandenhoeck & Ruprecht 2001.

Oexle, Otto Gerhard (Hg.): *Memoria als Kultur*. Göttingen: Vandenhoeck & Ruprecht 1995.

Öhlschläger, Claudia/Wiens, Birgit (Hgg.): *Körper – Gedächtnis – Schrift. Der Körper als Medium kultureller Erinnerung*. Berlin: Erich Schmidt 1997.

Ohly, Friedrich: »Bemerkungen eines Philologen zur Memoria.« In: Schmidt/Wollasch 1984, S. 9–68.

Peil, Dietmar/Schilling, Michael/Strohschneider, Peter (Hgg.): *Erkennen und Erinnern in Kunst und Literatur*. In Verbindung mit Wolfgang Frühwald. Tübingen: Niemeyer 1998.

Pethes, Nicolas: *Mnemographie. Poetiken der Erinnerung und Destruktion nach Walter Benjamin*. Tübingen: Niemeyer 1999.

Platt, Kristin/Dabag, Mihran (Hgg.): *Generation und Gedächtnis. Erinnerungen und kollektive Identitäten*. Opladen: Leske und Budrich 1995.

Radstone, Susannah (Hg.): *Memory and Methodology*. Oxford/New York: Berg 2000.

Ricœur, Paul: *Zeit und Erzählung*. 3 Bde. München: Fink 1988–1991 (orig.: *Temps et récit*. Paris: Edition du Seuil 1983–1985).

Ricœur, Paul: *Das Rätsel der Vergangenheit. Erinnern – Vergessen – Verzeihen*. Göttingen: Wallstein 1998 (orig.: »La marque du passé.« In: *Revue de métaphysique et de morale* 1 (1998), S. 7–31).

Rüsen, Jörn/Straub, Jürgen (Hgg.): *Die dunkle Spur der Vergangenheit. Psychoanalytische Zugänge zum Geschichtsbewußtsein*. Frankfurt a. M.: Suhrkamp 1998 (= *Erinnerung, Geschichte, Identität* 2).

Rüsen, Jörn: »Erinnerungsarbeit in der Geschichtskultur.« In: ders.: *Historische Orientierung. Über die Arbeit des Geschichtsbewußtseins, sich in der Zeit zurechtzufinden*. Köln: Böhlau 1994, S. 209–258.

Sauerland, Karol (Hg.): *Gedächtnis und Erinnerung in der Literatur*. Warszawa: Wydawn. Naukowe PWN 1996.

Schacter, Daniel (Hg.): *Memory Distortion. How Minds, Brains and Societies Reconstruct the Past*. Cambridge/MA: Harvard UP 1995.

Schacter, Daniel: *Wir sind Erinnerung. Gedächtnis und Persönlichkeit*. Reinbek: Rowohlt 1999 (orig.: *Searching for Memory. The Brain, the Mind and the Past*. New York: Basic Books 1996).

Schmid, Karl (Hg): *Gedächtnis, das Gemeinschaft stiftet*. Mit Beiträgen von Joachim Wollasch. München/Zürich: Schnell & Steiner 1985.

Schmid, Karl/Wollasch, Joachim (Hgg.): *Memoria. Der geschichtliche Zeugniswert liturgischen Gedenkens im Mittelalter*. München: Fink 1984.

Schmidt, Siegfried J. (Hg.): *Gedächtnis. Probleme und Perspektiven der interdisziplinären Gedächtnisforschung*. Frankfurt a. M.: Suhrkamp 1991.

Solomon, Paul R. et al. (Hgg.): *Memory. Interdisciplinary Approaches*. New York: Springer 1989.

Straub, Jürgen (Hg.): *Erzählung, Identität und historisches Bewußtsein. Die psychologische Konstruktion von Zeit und Geschichte*. Frankfurt a. M.: Suhrkamp 1998 (= *Erinnerung, Geschichte, Identität* 1).

Tholen, Georg Christoph/Weber, Elisabeth (Hgg.): *Das Vergessen(e). Anamnesen des Undarstellbaren*. Wien: Turia und Kant 1997.

Varela, Francisco J.: *Kognitionswissenschaft – Kognitionstechnik. Eine Skizze aktueller Perspektiven*. Frankfurt a. M.: Suhrkamp 1990.

Vervliet, Raymond/Estor, Annemarie (Hgg.): *Methods for the Study of Literature as Cultural Memory. Leiden, 16–22 August 1997*. Amsterdam et al.: Rodopi 2000 (= *Literature as Cultural Memory* 6).

Wägenbaur, Thomas (Hg.): *The Poetics of Memory*. Tübingen: Stauffenburg 1998.

Weigel, Sigrid: *Bilder des kulturellen Gedächtnisses. Beiträge zur Gegenwartsliteratur*. Dülmen-Hiddingsel: tende 1994.

Weinrich, Harald: »*Lethe.*« *Kunst und Kritik des Vergessens*. München: Beck 1997.

Weinrich, Harald: »Typen der Gedächtnismetaphorik.« In: *Archiv für Begriffsgeschichte* 9 (1964), S. 23–26.

Welzer, Harald (Hg.): *Das soziale Gedächtnis. Geschichte, Erinnerung, Tradierung*. Hamburg: Hamburger Edition 2001.

Wettengl, Kurt (Hg.): *Das Gedächtnis der Kunst. Geschichte und Erinnerung in der Kunst der Gegenwart*. Ostfildern-Ruit: Hatje Cantz 2000.

Wischermann, Clemens (Hg.): *Die Legitimität der Erinnerung und die Geschichtswissenschaft*. Stuttgart: Franz Steiner 1996.

Yerushalmi, Yosef Hayim: *Zachor. Erinnere Dich! Jüdische Geschichte und jüdisches Gedächtnis*. Berlin: Wagenbach 1988 (orig.: *Zakhor. Jewish History and Jewish Memory*. Seattle: University of Washington Press 1982).

Zuckermann, Moshe: *Gedenken und Kulturindustrie. Ein Essay zur neuen deutschen Normalität*. Berlin: Bodenheim 1999.

Astrid Erll

9. Kulturgeschichte

Ein Überblick über Geschichte und Gegenwart der Kulturgeschichtsschreibung läuft Gefahr, drei verschiedene Themen zu einem artifiziellen Hybridgegenstand zu verschmelzen. Das erste Thema bildet diejenige Geschichtsschreibung, die sich selbst ›Kulturgeschichte‹ genannt hat bzw. nennt. Das zweite Thema sind die Ausprägungen von Geschichtsschreibung, die unter bestimmten inhaltlich-konzeptionellen Kriterien unter ›Kulturgeschichte‹ subsumiert werden können, ohne daß sie selbst diesen Terminus in allen Fällen verwenden. Beim dritten Thema schließlich geht es um die geschichtswissenschaftlichen Debatten, die über ›Kulturgeschichte‹ – was auch immer jeweils damit gemeint war bzw. ist – geführt werden. Diese Themen laufen zwar vielfach ineinander, sind jedoch keineswegs identisch. Und was die Sache noch komplizierter macht: Zahlreiche Anregungen und Konzepte, die zu bestimmten Zeiten in die Kulturgeschichtsschreibung und die Diskussionen über sie einfließen, haben nicht nur mit dem Kulturbegriff, sondern auch mit der Geschichte ursprünglich wenig oder nichts zu tun. Ein Überblick, der diese heterogene Gemengelage zu stark homogenisiert, droht ein Artefakt zu erzeugen: ›Die‹ Kulturgeschichte als fixierbare historische Subdisziplin mit einem separaten Gegenstandsbereich, spezifischen Quellen und/oder nur ihr eigenen Theorien und Methoden gibt es nicht und hat es in dieser Form auch nie gegeben. Es gibt jedoch sehr wohl etwas, was sich, ausgehend von der aktuellen kultur- und geschichtswissenschaftlichen Diskussionslage zu Beginn des 21. Jahrhunderts, rückblickend als eine zwar nicht durchgängige, aber immer wieder auftauchende zusammenhängende **Problemkonstellation** darstellen läßt. Um diese Problemkonstellation geht es, seit Kulturgeschichte – mit oder ohne Verwendung dieses Terminus – geschrieben und seit über sie gestritten wird; und sie soll im folgenden mit Kulturgeschichte gemeint sein. **Drei Argumentationszusammenhänge** bzw. Denkbewegungen sind es, die mit wechselnden Schwerpunktsetzungen in diese Konstellation eingehen:

1. Kulturgeschichte entsteht als **Gegenbewegung gegen dominante Formen der Geschichtsschreibung**, die jeweils bestimmte historische Phänomene in den Mittelpunkt der Betrachtung stellen – Phänomene, die als im besonderen Sinn geschichtsmächtig und geeignet zur historischen Linienführung gelten. In der zweiten Hälfte des 18. Jahrhunderts entstand die Kulturgeschichte als Alternative zur Geschichte der Haupt- und Staatsaktionen, in denen es vorwiegend um Höfe und Herrscher, um Kriege und Siege ging. Und auch um 1900, als insbesondere in Deutschland die ersten großen Diskussionen über Kulturgeschichte geführt wurden, grenzten sich die kulturhistorisch argumentierenden Historiker von der dominanten Politikgeschichte ab. Im 20. Jahrhundert wiederum entfaltete sich mit Unterbrechungen eine zweite große, diesmal

stärker internationale Kulturgeschichtsdebatte. Jetzt wurde Kulturgeschichte als Gegenposition gegen die dominante Sozial- und Gesellschaftsgeschichte formuliert und diskutiert, die sozioökonomische Strukturen und Prozesse, Organisationen und Institutionen als das Wesentliche der Geschichte betrachtete. Solchen dominanten Ansätzen gegenüber, die einen bestimmten Bereich menschlichen und gesellschaftlichen Lebens privilegieren und demgegenüber andere als historisch unbedeutend vernachlässigen, plädierte die Kulturgeschichte für einen weiteren Begriff des historisch Relevanten, der (in der Abgrenzung von der Politikgeschichte) soziale und wirtschaftliche Verhältnisse oder (in Abgrenzung von der Sozial- und Gesellschaftsgeschichte) die alltagsweltlichen Bezüge der Menschen und die symbolischen Ebenen vergangener Wirklichkeiten einbezieht.

2. Im engen Zusammenhang mit diesem Plädoyer für eine weitere Auffassung von Geschichte stand die **Anlehnung der Kulturgeschichte an Ergebnisse und Konzepte von Nachbardisziplinen**, die sich mit den bisher ausgesparten oder vernachlässigten Bereichen menschlichen und gesellschaftlichen Lebens befaßten: etwa der Kunstgeschichte, die für Jacob Burckhardt oder Johan Huizinga von besonderer Bedeutung war; oder der Kulturanthropologie (vgl. Kap. 5 »Kulturanthropologie« in diesem Band), aus der um 1900 u. a. Kurt Breysig und später Huizinga wichtige Impulse bezogen, ebenso wie seit den 1960er Jahren die westdeutsche Historische Anthropologie (vgl. Kap. 6 »Historische und literarische Anthropologie« in diesem Band) oder Alltagsgeschichte; oder die Literaturgeschichte, die für den angloamerikanischen *New Historicism* (vgl. Kap. 7 »New Historicism, Cultural Materialism und Cultural Studies« in diesem Band) prägend wurde. Für Karl Lamprecht war die Psychologie die wichtigste Nachbardisziplin. Seit ihrem Entstehen in den Jahrzehnten um 1900 übte auch die Kultursoziologie (vgl. Kap. 10 »Kultursoziologie« in diesem Band) entscheidende Einflüsse auf die Kulturgeschichtsschreibung aus. Insofern steht die Kulturgeschichte seit dem 19. Jahrhundert in einem sehr intensiven Wechselverhältnis mit den Kulturwissenschaften.
3. Der dritte – mit den ersten beiden wiederum eng zusammenhängende – Argumentationskontext, der die wissenschaftsgeschichtliche Problemkonstellation ausmachte, aus der heraus Kulturgeschichte entstand bzw. zum Streitpunkt wurde, betrifft die **theoretisch-methodologischen Grundsatzfragen des historischen Arbeitens.** Für eine kulturhistorische Forschung, der die religiösen Vorstellungen mittelalterlicher Nonnen ebenso wichtig sind wie die Begräbnisrituale von Königen, die die Sinnstiftungsweisen des britischen Imperialismus im 19. Jahrhundert ebenso in den Blick nehmen will wie das Alltagsleben in Garnisonsstädten des 18. Jahrhunderts oder das Männerbild in Hollywoodfilmen des 20. Jahrhunderts, kann es keinen verbindlichen Theorie- und Methodenkanon geben, der für alle diese Themen gültig sein soll. Kulturgeschichte tendiert daher schon von ihrer thematischen Spannbreite her zum **theoretisch-methodologischen Pluralismus.** Ihre Vertreter tun dies jedoch darüber hinaus aus prinzipiellen Erwägungen heraus. Wie schon Burckhardt und Huizinga stehen auch die kulturhistorisch arbeitenden Historike-

rinnen und Historiker des ausgehenden 20. Jahrhunderts solchen Erklärungsmustern skeptisch gegenüber, die den Verlauf der Geschichte ›auf Linie‹ bringen – sei es nun eine politikgeschichtliche Entwicklungslinie, die in der Geschichte auffindbar sei (wie etwa die Herausbildung des Nationalstaats), oder eine sozialgeschichtliche (wie etwa die sog. ›Modernisierung‹). Gegenüber dem Denken in diachronen säkularen Trends bevorzugen kulturgeschichtliche Arbeiten das Argumentieren mit **synchronen Wechselwirkungen** zwischen verschiedenen Wahrnehmungsweisen, nebeneinander bestehenden Institutionen und miteinander interagierenden Menschen und Kollektiven. **Widersprüchliche, hemmende und kontingente Faktoren**, die ansonsten oft ausgespart werden, erhalten dabei eine größere Bedeutung für die Erklärung von Zusammenhängen, als dies ansonsten meist der Fall ist. Und weniger Platz finden demzufolge in kulturhistorischen Argumentationen solche Erklärungsweisen, die zwischen prinzipiell geschichtsmächtigeren – ›kausal‹ wirkenden – und solchen Faktoren scharf trennen, die als Folgen, als bewirkt betrachtet werden. Sehr viel mehr Interesse als andere Herangehensweisen entwickelt demgegenüber die Kulturgeschichte an den Wechselwirkungen des historischen Frageinteresses mit den Ergebnissen, die es hervorbringt: Daß auch der wissenschaftliche Zugang zur Geschichte seine Gegenstände in ihrer spezifischen Form mit konstituiert – also zwar nicht *er*findet, aber auch nicht *vor*findet –, haben gerade Kulturhistoriker seit dem 19. Jahrhundert immer wieder betont. Dies wird jedoch nicht als Defizit, sondern als Bedingung der Möglichkeit historischer Erkenntnis betrachtet: Dementsprechend dienen Methoden und Begriffe der Kulturgeschichte nicht dazu, diese Wechselwirkung und die durch sie bewirkte Vielfalt von rekonstruierten Geschichten zu reduzieren, sondern dazu, sie transparent und damit aussagekräftig für die eigene Gegenwart mit ihrem jeweiligen Frageinteresse zu machen. Ihre entsprechenden theoretischen und methodologischen Grundsatzüberlegungen entlehnt die heutige Kulturgeschichte wiederum dem ganzen Ensemble der Kulturwissenschaften, von der Soziologie Georg Simmels über die philosophische Hermeneutik Hans-Georg Gadamers bis zur Geschichtsschreibung Michel Foucaults, dem *linguistic turn* oder der Postmoderne.

Der Vorschlag, **Kulturgeschichte** in dieser Form **als Argumentationszusammenhang** zu rekonstruieren, versucht, die eingangs genannten drei Themenstränge zu verknüpfen, ohne im gleichen Zug einen vorgeblichen Gesamtgegenstand namens ›Kulturgeschichte‹ mit der entsprechenden Traditionsbehauptung zu postulieren. Wissenschaftliche Argumentationszusammenhänge sind immer zeit- und personengebunden und hängen sehr stark von der jeweiligen Verfaßtheit der akademischen Landschaft ab. Das bedeutet, daß die drei von mir vorgeschlagenen Kriterien zur inhaltlichen Umreißung der Kulturgeschichte – als Oppositionswissenschaft gegen geschichtswissenschaftliche Engführungen, als Teil der Kulturwissenschaften und als plurales Theorie- und Methodenensemble – nicht zu allen Zeitpunkten gleichermaßen wichtig sind oder allseits geteilt werden: Lamprecht etwa stritt für eine Erweiterung der Geschichtswissenschaft, er tat dies allerdings zunehmend mit Festlegungen eigener Art (etwa auf eine sozialpsychologische

Fundierung seiner Form von Geschichtsschreibung und auf ein historisches Entwicklungsdenken eigener Art).

Und außerhalb Deutschlands war das, was durchaus unter diese vorgeschlagene inhaltliche Umreißung von Kulturgeschichte fällt, oft selbstverständlicher Teil der allgemeinen Geschichtsschreibung, um welchen sehr viel weniger oder gar nicht gestritten wurde (und wird) und der auch nicht durchweg unter Kulturgeschichte firmierte oder sich heute immer so nennt. Kulturgeschichte in dieser Form als Argumentationszusammenhang vorzustellen, ist also selbst zeit-, landschafts- und personengebunden: Es geschieht von heute aus, in einer spezifischen Diskussionsphase, die (wieder einmal) sehr stark durch theoretische und methodologische Grundsatzdebatten geprägt ist. Dies ist nicht überall gleichermaßen der Fall, sondern v. a. in der deutschsprachigen Geschichtswissenschaft, die schon seit jeher als Prinzipienfragen zu behandeln pflegte, was andernorts einfach gemacht wurde. Und es gehen nicht nur historiographiegeschichtliche Befunde in diese Umreißung der Kulturgeschichte ein, sondern auch meine persönlichen Erwartungen: daß nämlich ihr intellektuell anregendes Potential dort am größten ist, wo sie inhaltliche Engführungen aufbricht, wo sie die Brücke zu den Nachbardisziplinen schlägt und wo sie sich allen Versuchen, das breite Spektrum an sinnvollen und gewinnbringenden Vorgehensweisen, Theorieangeboten und Wegen der historischen Begriffsbildung einzuengen, verweigert.

Entsprechend der argumentationsgeschichtlichen Annäherung an die Geschichte der Kulturgeschichtsschreibung verbindet der Aufbau des folgenden Beitrags chronologische und systematische Gesichtspunkte. Es werden **drei Diskussionszusammenhänge** vorgestellt, in welchen die Frage danach, was Kulturgeschichte sein soll, kontrovers erörtert worden ist bzw. erörtert wird.

- Im ersten Schritt geht es um Kulturgeschichte als Oppositionswissenschaft gegen eine dominante Politik- und Staatszentrierung der Geschichtsschreibung und damit um die Zeit von der zweiten Hälfte des 18. Jahrhunderts bis zum Beginn des 20. Jahrhunderts, als diese Frontlinie virulent war.
- Im zweiten Abschnitt wird es um die Konflikte zwischen der etablierten Sozialgeschichte und Ansätzen, die sich als Alternative zu ihr verstanden und die zunehmend unter der Sammelbezeichnung Kulturgeschichte subsumiert wurden, gehen; hier steht der Zeitraum des 20. Jahrhunderts im Mittelpunkt.
- Abschließend soll die Debatte um Kulturgeschichte als theoretisch-methodologische Grundsatzdebatte vorgestellt werden, womit in den aktuellen Diskussionsstand eingeführt wird. Diese Ausrichtung an den Kontroversen um Kulturgeschichte bewirkt eine partielle Schwerpunktsetzung auf dem deutschsprachigen Raum – denn hier wurden sie, wie gesagt, in explizitester und schärfster Weise geführt, und die dabei angeschlagenen Töne schwingen bis heute immer mit, wenn es um Kulturgeschichte geht.

1. Kulturgeschichte in der Diskussion I: Alternativen zur Politikgeschichte

›Kultur‹ war eine der zentralen Pathosformeln der **Aufklärung des 18. Jahrhunderts**: Mit diesem Begriff wurde an die Aufgabe appelliert, die Zeitgenossen zu bilden und zu versittlichen, sie eröffnete das Zukunftsszenario eines Kultur- und Zivilisationsprozesses, der die Menschheit zu immer höheren, besseren Zuständen entwickeln würde. Der erste Aufklärer, der aus diesem Zusammenhang eine Programmatik für die Geschichtsschreibung entwickelte, ohne sie allerdings Kulturgeschichte zu nennen, war Voltaire. Sein *Essai sur l'histoire générale et sur les mœurs et l'ésprit des nations* (1756) forderte, die geläufige Darstellung historischer Haupt- und Staatsaktionen durch die Vermittlung nützlicher Kenntnisse über die historische Entwicklung der Zivilisation, des Handels und der Bevölkerung, der Lebensgewohnheiten und der Sittlichkeit zu ersetzen. Umgesetzt wurde dieses Programm in der zweiten Hälfte des 18. Jahrhunderts u. a. von Johann Christian Adelung, der wohl der erste war, der seine Version der Geschichtsschreibung als Geschichte der Kultur bezeichnete (*Versuch einer Geschichte der Cultur des menschlichen Geschlechts*, 1782). **›Kultur‹** war für ihn der **Gegenbegriff zu ›Natur‹** – wie es in den folgenden Jahrzehnten der deutschen Kulturgeschichtsschreibung auch weiterhin der Fall sein sollte. Dementsprechend wurde unter diesem Titel gezeigt, wie sich die Menschheit durch Zunahme ihrer Vernunfttätigkeit immer weiter vom rohen Naturzustand entfernt und immer sittlichere Zustände hergestellt hat. Kulturgeschichte zu schreiben war also gleichbedeutend mit der Erbringung einer Erziehungstätigkeit: Dieses Genre der Geschichtsschreibung, das »Karakter- und Sittengeschichte« biete, sei geeignet, befand Johann Gottfried Herder 1798, »den Geist der Zeit zu entwickeln« (zit. nach Mojse 1976, Sp. 1334).

War die Erziehungsversessenheit der aufgeklärten Kulturgeschichtsschreibung in diesem Ausmaß durchaus spezifisch für den deutschen Sprachraum, so war es die Erweiterung der Geschichtsschreibung um verfassungsgeschichtliche, soziale, wirtschaftliche oder – wie man später sagen würde – mentale Gegebenheiten nicht. Ohne weiteren Rückgriff auf den **Leitbegriff ›Kultur‹** schrieben etwa David Hume seine *History of England from the Invasion of Julius Caesar to the Revolution of 1688* (1754–62) und Edward Gibbon *The Decline and Fall of the Roman Empire* (1776–88; *Geschichte des Verfalls und Untergangs des Römischen Reiches*, 1779–1806) als eine zivilisationsgeschichtlich erweiterte Geschichtsdarstellung. Die britische Geschichtsschreibung – die sich erst in den Jahrzehnten um 1900 als akademische etablieren sollte – behielt im 19. Jahrhundert in ihren prominenten Vertretern diese breite Ausrichtung bei. Werke wie Thomas Carlyles *The French Revolution* (1837; *Die französische Revolution. Eine Historie*, 1844) und Thomas Babington Macaulays *History of England* (1848–61; *Die Geschichte Englands seit dem Regierungsantritte Jacobs II.*, 1849–61) schildern ihre Gegenstände in anschaulicher Narrativik und unter Einbeziehung vielfältiger Aspekte des sozialen und kulturellen Lebens. Auch in Frankreich blieb bis weit ins 19. Jahrhundert hinein die Geschichtsdarstellung in ihren führenden Vertretern weitgehend außerhalb der Universitäten und fern jeder Verengung der Geschichte auf die Ebenen von Staat und Politik. Das lag auch am inhaltlichen Schwerpunkt des französischen Geschichtsinteresses nicht nur der damaligen Zeit: der Geschichte der Französischen Revolution, die ohne Einbeziehung sozialer, wirtschaftlicher und alltagsgeschichtlicher Aspekte nicht zu haben war. Jules Michelet stützte sich für seine *Histoire de la révolution française* (7 Bde., 1847–53; *Geschichte der Französischen Revolution*, 1929/30) u. a. auf die mündliche Überlieferung aus den Reihen der Sansculotten.

In den deutschen Staaten wurde demgegenüber die Geschichte seit Beginn des 19. Jahrhunderts zu einem an den Universitäten etablierten Fach. Diese vergleichsweise frühe akademische Professionalisierung machte die deutsche Geschichtswissenschaft des 19. Jahrhunderts mit ihren hohen ›zünftlerischen‹ Standards der Quellenkritik und -edition zum Exportschlager. Sie machte sie jedoch gleichzeitig zur akademischen ›Zunft‹, d. h. zu einem privilegierten, exklusiven und hierarchisch strukturierten universitären Berufskollektiv, das die wissenschaftliche Ausübung der Geschichtsforschung monopolisierte und normierte. Im Mittelpunkt dieser quasi legitimen deutschen Geschichtsforschung stand seit Leopold von Ranke die **Staats- und Politikgeschichte**. Die durchaus parallel weiter betriebene Kulturgeschichte etwa eines Wilhelm Wachsmuth (*Allgemeine Culturgeschichte*, 3 Bde., 1850–52) oder eines Georg Friedrich Kolb (*Culturgeschichte der Menschheit mit besonderer Berücksichtigung von Regierungsform, Politik, Religion, Freiheits- und Wohlstandsentwicklung der Völker*, 2 Bde., 1869/70) wurde an deutschen Universitäten nicht heimisch. Zum bekanntesten Vertreter der außeruniversitären kulturgeschichtlich angelegten Geschichtsschreibung wurde **Wilhelm Heinrich Riehl**, der nicht einem aufgeklärt-fortschrittsoptimistischen, sondern einem nationalkonservativ-nostalgischen Geschichtsbild verpflichtet war (*Die bürgerliche Gesellschaft*, 1851).

Unter den Universitätshistorikern des deutschsprachigen Raums war es bis zum ausgehenden 19. Jahrhundert einzig der Baseler Historiker und Kunsthistoriker **Jacob Burckhardt**, der Kulturgeschichte betrieb. Seine außerordentlich anregende und vielfach aufgegriffene Vorstellung von Kulturgeschichte beruhte auf einer sehr engen Verbindung der allgemeinen Geschichte mit der Kunstgeschichte, verband jedoch beide Ansätze zu einer historischen Gesamtschau eigener Art. Neben dem auf dem Buchmarkt sehr erfolgreichen Kunstführer Italiens, dem *Cicerone* (1855), war es v. a. *Die Kultur der Renaissance in Italien* (1860), die Burckhardt und seine Version der Kulturgeschichte berühmt machte. Unter Renaissance wollte Burckhardt eine sich im ausgehenden Mittelalter anbahnende Umprägung des Lebensgefühls, der Welt-Anschauung und des gesamten gesellschaftlichen Gefüges verstanden wissen, einen radikalen und in seinen Auswirkungen sehr ambivalenten Umschwung, der individuelle und gesellschaftliche Gestaltungskräfte freisetzte, die gleichermaßen schöpferisch wie zerstörerisch gewesen seien. Interessanterweise sollte ein gutes halbes Jahrhundert später eine zweite ebenso unverwechselbare Forscherpersönlichkeit der Kulturgeschichte, nämlich **Johan Huizinga**, nicht zuletzt angeregt durch Burckhardt eine von dessen Renaissancebild stark abweichende Deutung des ausgehenden Mittelalters vorlegen und damit seinerseits eminent prägend werden.

Burckhardt teilte das vorrangige Interesse vieler seiner Kollegen an der Politik- und Ereignisgeschichte nicht, sondern betrachtete es als Ziel seiner Geschichtsforschung, diejenigen **anthropologischen Grundmuster** herauszuarbeiten, die in immer wechselnden Konstellationen dasjenige hervorbringen, was im nachhinein dann Geschichte heißt. Die wichtigsten Überlegungen zu Burckhardts Geschichtsauffassung finden sich in den Skripten seiner Vorlesungen aus den 1850–70er Jahren, die nach seinem Tod unter dem Titel *Weltgeschichtliche Betrachtungen* (1905) herausgegeben wurden. Erst ihre kritische Neuausgabe offenbarte ein rundes Dreivierteljahrhundert später, wie radikal sich Burckhardts Konzeption von Geschichte von allen anderen damals gängigen – sei es die außeruniversitäre Kulturgeschichte oder die akademische Politik- und Staatsgeschichte – unterschied (Burckhardt 1982). Burckhardt umriß Kulturgeschichte hier als Betrachtungsweise, die, statt historische Abläufe zu schildern, danach fragt, was sie bewirkt. Um diese Frage zu beantworten, identifizierte er nicht bestimmte besonders geschichtsmächtige Faktoren – den Staat etwa –, sondern er nahm eine **analytische Trennung des gesellschaftlichen Ganzen in drei ›Potenzen‹** vor: **Staat, Religion und Kultur.** Alle drei ›Potenzen‹ seien, so Burckhardt, Ausflüsse menschlicher Grundbedürfnisse. Geschichte entstehe durch die spezifische Art des Wechselverhältnisses, in dem sie in bestimmten historischen Epochen stehen, wodurch jeweils eine eigene Dynamik in Gang gesetzt werde. Der Bereich der Kultur unterscheidet sich dabei insofern von den beiden anderen, weil er gegenüber den verfestigten, tendenziell immer repressiv werdenden beiden anderen Mächten, Staat und Religion, das auflösende – je nachdem *zer*setzende oder *frei*setzende – Element darstelle. Die Vorlesungsskripte illustrieren die verschiedenen logisch möglichen Wechselverhältnisse zwischen diesen drei Wirkungsmächten mit Beispielen aus der ganzen Geschichte, was zu einer (hier jeweils nur angedeuteten) universalen Geschichtsdarstellung führt, die jedoch jenseits aller Totalitätsbehauptung und auch jenseits allen linienförmigen Entwicklungsdenkens angesiedelt ist.

Zu einem **Kampfbegriff** wurde ›Kulturgeschichte‹ in Deutschland nicht am Beispiel Burckhardts, sondern einige Jahrzehnte später. Um 1900 war hier die staats- und politikzentrierte akademische Geschichtswissenschaft einerseits auf einem Höhepunkt ihrer historischen Deutungsmacht angelangt. Andererseits sah sie sich nun, da auch die deutsche Universitätslandschaft auf aktuelle Strömungen und ein verändertes wirtschaftlich-soziales Umfeld zu reagieren begann, neuen, um akademische Etablierung bemühten Disziplinen gegenüber, die das Denken über Geschichte entscheidend zu prägen begannen. V. a. die Wirtschafts- und Sozialwissenschaften, aber auch die Anthropologie bzw. Ethnologie oder Völkerkunde waren es, aus deren Reihen die Orientierung des geschichtlichen Interesses auf die Politik relativiert wurde. An dieser Neuorientierung war die außerakademische Kulturgeschichtsschreibung, die weiterbestand und sich etwa durch die Gründung von Zeitschriften neue Publikationsmöglichkeiten schuf (ab 1903 erschien das *Archiv für Kulturgeschichte*), kaum beteiligt. Es waren vielmehr Universitätshistoriker wie Eberhard Gothein und Kurt Breysig, die, inspiriert durch die ökonomischen und sozialwissenschaftlichen Nachbardisziplinen, darum bemüht waren, kollektive Phänomene wie Recht, Wirtschaft und Religion, wie Schichten und Klassen oder auch Familiengeschichte in den Gegenstandsbereich des historischen Denkens zu integrieren. Eine solche breitere Geschichtsauffassung, die der wirtschaftlichen und sozialen Dynamik ihrer eigenen Gegenwart Rechnung tragen würde, nannten sie teils Kulturgeschichte, teils Sozial- oder auch Gesellschaftsgeschichte. Zum Eklat wurden jedoch die Arbeiten und Positionen eines weiteren Teilnehmers an den immer schärfer werdenden Debatten, nämlich **Karl Lamprechts** (Chickering 1993; Haas 1994; Oestreich 1969; Schleier 1997, 2000; Schorn-Schütte 1984).

Seine Deutsche Geschichte (1891–1909) wurde zum Auslöser des sog. ›**Methodenstreits**‹, der wiederum, einmal entbrannt, Lamprecht dazu animierte, seine umstrittene Geschichtsauffassung theoretisch zu begründen. Von Interesse ist dieser Streit weniger wegen der Lamprechtschen Konzeption als solcher, die in ihrer gewissen Holzschnittartigkeit widerspiegelt, daß hier unter schwerem Beschuß formuliert wurde. Er versuchte, eine »evolutionistische« Geschichtsauffassung (Lamprecht 1896, S. 152) zu begründen, die ihre Gesetzmäßigkeiten der zeitgenössischen Psychologie entlehnte. Unter Kulturgeschichte verstand er etwas, was man heute eher als Sozial- und Wirtschaftsgeschichte bezeichnen würde: nämlich eine primäre Berücksichtigung ökonomischer, sozialer und materieller Gegebenheiten als bewirkende Faktoren für die auf ihnen aufruhenden politisch-gesellschaftlichen Überbauphänomene (Lamprecht 1896/97).

Interessant an diesen heftigen deutschen ›Zunftkämpfen‹ ist vielmehr etwas anderes: zum einen, daß sie überhaupt stattfanden und damit signalisierten, daß auch die Geschichtswissenschaft des deutschen Kaiserreichs unter Pluralisierungsdruck geraten war. Zum zweiten ist an diesen Auseinandersetzungen bemerkenswert, daß Lamprecht sie gleichermaßen verlor wie gewann. Er verlor sie, indem er als wissenschaftlich ernstzunehmende Person innerhalb der akademischen deutschen Geschichtswissenschaft bis zum Ersten Weltkrieg zur Persona non grata wurde. Er gewann jedoch nicht nur insofern, als seine vielbändige *Deutsche Geschichte* vom Publikum durchaus goutiert und gekauft wurde (sie erlebte bis 1922 sechs Auflagen). Er institutionalisierte darüber hinaus die erste auf Dauer angelegte kulturhistorische Forschungseinrichtung, das **Königliche Institut für Kultur- und Universalgeschichte** an der Universität Leipzig, und war mit ihm und seinen Veröffentlichungen durchaus folgenreich für die weitere Entwicklung der deutschsprachigen Landesgeschichte, deren Schwerpunktsetzungen weit über den engeren Politikbereich hinausgriffen. Und schließlich stießen Lamprechts Positionen auch außerhalb Deutschlands auf Resonanz, insbesondere in Frankreich, wo die akademische Etablierung der Geschichtsforschung seit 1871 einer Politikgeschichte den Weg bereitet hatte, die jetzt ebenfalls das historische Feld dominierte und, inspiriert durch die quellenkritischen philologischen Standards ihres deutschen Pendants, die Ereignis-, Fakten- und Quellennähe höher schätzte als den großen intellektuellen Wurf und den historischen Überblick. Lamprechts ›evolutionistische‹ Geschichtsschreibung wirkte vor diesem Hintergrund als diskussionswürdige Alternative im französischen Methodenstreit der ersten Jahre des 20. Jahrhunderts, der dem deutschen in vieler, wenn auch nicht in jeder Hinsicht ähnelte (Schorn-Schütte 1985; Raphael 1990). Doch weder in den Vereinigten Staaten noch in Großbritannien – denjenigen Ländern, in denen sich erst um 1900 die Geschichtswissenschaft nicht zuletzt nach deutschem Muster, aber ohne die politikgeschichtliche Engführung etablierte – gab es vergleichbar heftige akademische Debatten um Kultur- versus Politikgeschichte (Fuchs 1992).

2. Kulturgeschichte in der Diskussion II: Alternativen zur Sozial- und Gesellschaftsgeschichte

Als **Huizinga** 1905 in Groningen seine Antrittsvorlesung hielt, erläuterte er das Geschichtskonzept, das er seiner Arbeit zugrunde legte (und das im großen und ganzen auch Grundlage der Kulturgeschichte bleiben würde, die er in den folgenden Jahrzehnten betrieb und die ihn neben Burckhardt zum zweiten *grand old man* der klassischen Kulturgeschichte machte). Dieses Konzept formulierte er in Abgrenzung von Lamprechts Vorstellungen einer an gesetzmäßigen Abläufen ausgerichteten Geschichtsauffassung. Im Gegensatz zu seinen deutschen Kollegen störte ihn an Lamprecht nicht dessen ›Materialismus‹, seine um wirtschaftliche, soziale und psychische Faktoren erweiterte Geschichte der kollektiven Phänomene, sondern vielmehr seine Vorstellung von Wissenschaftlichkeit und von Methode: Nicht die Suche nach Gesetzen mache, so Huizinga, die Geschichtsdarstellung wissenschaftlich, und nicht die Verwendung *einer* bestimmten Methode führe zu sinnvoller Geschichtsschreibung. Vielmehr liege die Bedeutung der Geschichtsforschung darin, daß die Darstellung ihrer Ergebnisse es den Lesern ermögliche, historische Zusammenhänge zu verstehen. Die Voraussetzung dafür sei jedoch, daß diese Zusammenhänge nicht auf einige wenige Faktoren reduziert und so die Vergangenheit nur als Abstraktum dargestellt würde, sondern daß sie in all ihren Facetten anschaulich gemacht wird. Seine Forderung nach **Bildhaftigkeit und Anschaulichkeit der Geschichtsdarstellung** war gleichbedeutend mit der Forderung danach, **sinnhaft gedeutete Bezüge** – und nicht Strukturen und Prozesse – in den Mittelpunkt der Geschichtsbetrachtung zu stellen. Einlösung dieses Programms wurde *Herbst des Mittelalters* (1919), ein internationaler Longseller und Klassiker der Kulturgeschichtsschreibung, in dem sich Huizinga von dem Bild der Renaissance abgrenzte, das sein großes Vorbild Burckhardt – mit dem er auch die große Nähe zur Kunstgeschichte gemeinsam hatte – rund 60 Jahre zuvor entworfen hat. Statt, wie Burckhardt, in der Zeit um 1500 eine des Aufbruchs (wenn auch mit durchaus ambivalenten Zügen) zu sehen, stellte er sie in ihrer nordeuropäischen Version als geistig erstarrte Ausklangszeit mittelalterlicher Traditionen dar. Insbesondere seien es die Traditionen der adligen Eliten gewesen, die – wie insbesondere das Ritter- und das Minnewesen – als sinnentleerte Formen weiterbestanden, ohne jeden Bezug zur real existierenden Welt mittelalterlicher Menschen aller Schichten und Stände. Aus diesen und anderen Hohlformen mittelalterlichen Lebens flohen die Menschen, so Huizingas Deutung, in Visionen und Traumwelten aller Art. *Warum* all dies passierte, interessierte Huizinga nicht – er wollte schildern, *wie* es sich in der Wechselwirkung von Lebensformen und Deutungsweisen, u. a. in der Kunst, ausgeformt hat.

Die eigenwillige Perspektivierung, die ausschließlich das ›Wie‹ der Vergangenheit im Blick hat und mehr eine Art Bild in Worten entstehen läßt als eine herkömmliche Geschichtsdarstellung, stieß in der internationalen Geschichtswissenschaft nach dem Ersten Weltkrieg auf geteilte Resonanz. Doch kein Stein des Anstoßes war es, daß hier das Bild des ausgehenden Mittelalters bis in die Verästelungen privater Traumwelten und andere, wie man heute sagen würde, alltags- oder mentalitätsgeschichtliche Dimensionen entworfen wurde. In diesem Zeitraum war die Pluralisierung der Zugangsweisen zur Geschichte in der einen oder anderen Form überall Faktum. In Großbritannien hatte es so etwas wie Schulen oder vorherrschende Ansätze nie gegeben. In den Vereinigten Staaten war mit der ***New History*** eine Sozial- und Wirtschaftsgeschichte etabliert worden, die bisherige Schwerpunktsetzungen erweiterte. In Frankreich fand sich um Lucien Febvre und Marc Bloch die Gründungsgruppe der *Annales* zusammen, die Struktur-, Wirtschafts- und Demographiegeschichte als neue historische Kernthemen etablierte und seit Gründung der Zeitschrift *Annales* 1929 mehr und mehr Einfluß auf die französische und die internationale Geschichtswissenschaft gewann.

Auch in Deutschland fanden sich jüngere Historiker wie Georg Hallgarten oder Eckart Kehr, die wirtschafts- und sozialgeschichtliche Erweiterungen des herkömmlichen Themenspektrums einforderten und formulierten. Und der Kultursoziologe **Norbert Elias** reichte in Frankfurt am Main eine Habilitationsschrift ein, die den Hof und die Macht des französischen Königs Ludwig XVI. als soziokulturelle Figuration untersucht: als Ensemble von Wechselwirkungen und Resultate konkurrierender Machtkalküle (Elias 1969). Sie erschien allerdings erst 1969 im Druck, weil Elias wie viele andere aus ›rassischen‹ oder politischen Gründen Verfolgte 1933 emigrieren mußte. Im nationalsozialistischen Deutschland etablierte sich zwar durchaus eine sozial- und strukturgeschichtliche Erweiterung der Politikgeschichte, jedoch in der spezifischen Gestalt einer nationalistisch und rassistisch eingefärbten Volkstumsgeschichte (Oberkrome 1993).

Nach dem Zweiten Weltkrieg wurde die Universitätshistorie Ostdeutschlands an einer sich zunehmend dogmatisch verhärtenden systemkonformen Version der Arbeiterbewegungs- und Sozialgeschichte ausgerichtet, die erst in den 1980er Jahren kulturhistorische Erweiterungen zuließ (Mühlberg 1986). In Westdeutschland hielt erst einmal wieder die herkömmliche Politikgeschichtsschreibung Einzug in die Seminare. Als Gerhard Ritter, einer ihrer führenden Vertreter, auf dem internationalen Historikertag in Paris 1950 damit konfrontiert wurde, daß seine französischen Kollegen es mittlerweile für selbstverständlich hielten, soziale und wirtschaftliche, demographische und geographische Faktoren als geschichtsmächtige Kräfte sui generis zu behandeln, warnte er wie weiland die Gegner Lamprechts vor dieser die historische Bedeutung des Staats und der Politik relativierenden Wirkung der »Kulturgeschichte« (Ritter 1951, 1958).

Bis um 1960 konnte sich hier der politikgeschichtliche Exklusivitätsanspruch als *mainstream* erhalten, dann geriet er im Zuge der sog. ›**Fischerkontroverse**‹ nachhaltig ins Wanken: Sie wiederum hatte nichts damit zu tun, daß sich nach und nach auch an deutschen Universitäten die Sozial- und Strukturgeschichte Werner Conzes und anderer ansiedeln konnte (Etzemüller 2001), sondern vielmehr mit den umstrittenen Veröffentlichungen Fritz Fischers zum Ersten Weltkrieg, in denen die treibende Rolle politischer und wirtschaftlicher deutscher Interessen für Vorgeschichte und Verlauf des Kriegs herausgestellt wurde (Fischer 1961). Im Zuge der innerhalb wie außerhalb der westdeutschen Universitäten mit außerordentlicher Heftigkeit geführten Debatten über die Ursachen des Ersten Weltkriegs vollzog sich so etwas wie ein nachholender Pluralisierungsschub der bundesdeutschen Geschichtswissenschaft, dem kurz darauf mit dem Ausbau der Universitäten in den Jahren um 1970 die Berufung zahlreicher jüngerer Historiker und Historikerinnen mit vielfältigen inhaltlichen und methodischen Ansätzen folgte.

Die allgemeine Tendenz der westeuropäischen wie der US-amerikanischen Geschichtswissenschaft seit den 1960er Jahren war die der weiteren Auffächerung und **Pluralisierung:** Jenseits der traditionellen Politikgeschichte und jenseits der inzwischen überall zum Kernbestand der Geschichte gerechneten klassischen Sozial- und Wirtschaftsgeschichte richtete sich das Forschungsinteresse zunehmend auf lebensweltliche Zusammenhänge früherer Epochen, auf die sog. ›einfachen Menschen‹ mit ihren Weltwahrnehmungen und Alltagspraktiken, auf die symbolischen Dimensionen vergangenen Lebens wie Sprache oder Religion. Diese erhebliche Erweiterung und Verschiebung der Auffassungen davon, was an der Vergangenheit bedeutungsvoll und geschichtsmächtig ist, war nur in einigen Fällen von prinzipiellen Auseinandersetzungen über ihre wissenschaftliche Legitimität begleitet. Am stärksten umstritten dürften die ersten Ansätze zu einer **Frauen- und Geschlechtergeschichte** gewesen sein: Sie verlangten ein radikales Umdenken, indem sie bisher als ›privat‹ und damit nur bedingt geschichtswürdig verstandene Themen wie Sexualität, Prostitution, Körpergeschichte und Hausarbeit in den Mittelpunkt des Interesses rückten (Bridenthal/Koonz 1977; Hausen 1983; Davis 1986; Scott 1988). Und ihre Durchsetzung war eng mit der Verschärfung inneruniversitärer Konkurrenz um Arbeitsplätze und Aufmerksamkeit verbunden, weil es v. a. die bislang sehr seltenen Historiker*innen* waren, die mit diesen Themen reüssierten.

Durchaus heftige Reaktionen lösten auch neue Ansätze der **Wissenschaftsgeschichtsschreibung** aus, die der bisher gängigen Errungenschaftsgeschichte der neuzeitlichen westlichen Wissenschaft eine sehr viel kritischere Sichtweise gegenüberstellte: **Thomas Kuhn** plädierte für eine Betrachtung der Wissenschaftsgeschichte, die Abschied von der Idee nahm, die Naturwissenschaften ›entwickelten‹ sich, indem sie Wissen akkumulierten, und er betonte demgegenüber, wie stark wissenschaftliche Disziplinen von zeittypischen Wahrnehmungsmustern derjenigen geprägt sind, die sie betreiben (Kuhn 1962). **Michel Foucault** richtete den Blick auf die Institutionen und Praktiken, mittels derer Wissenschaften wie etwa die Medizin oder die Psychologie in das Leben und Denken der Menschen intervenieren (Foucault 1961, 1963).

Von bereitwilligerer Akzeptanz waren andere Erweiterungen des Spektrums historischer Forschung begleitet: etwa im angloamerikanischen Sprachraum die Neuinterpretation der britischen Arbeiterbewegungsgeschichte unter Einbeziehung alltags- und mentalitätsgeschichtlicher Aspekte (Thompson 1963; Lottes 1983) oder der Ebene der Sprache (Jones 1983). Das zunehmende Interesse an der sprachlichen Ebene vergangener Wirklichkeitskonstruktionen und am Wandel von Begriffsbedeutungen führte zur Etablierung der **historischen Semantik** in verschiedenen Spielarten: Im angloamerikanischen Sprachraum kam es zu einer Neubegründung der traditionellen Ideengeschichte durch John Pocock und Quentin Skinner, die Ideologien und politischen Sprachgebrauch als Teil politisch-gesellschaftlichen Handelns untersuchten (Pocock 1971; Skinner 1978; Lottes 1996). Und in der Bundesrepublik begründeten Conze und Reinhart Koselleck das begriffsgeschichtliche Großunternehmen der *Geschichtlichen Grundbegriffe*, eines Lexikons der politisch-sozialen Sprache, das Leitbegriffe des europäischen politischen Denkens von ›Adel‹ bis ›Zivilisation, Kultur‹ auf ihren Bedeutungswandel und die darin zum Ausdruck kommenden Veränderungen des sozialen und politischen Denkens untersuchte (Brunner/Conze/Koselleck 1972–97). Die *New Cultural History* (Hunt 1989) in den USA erweiterte insbesondere die Geschichtsschreibung der Französischen Revolution um mentalitäts- und kulturgeschichtliche Aspekte. Der italienische Historiker Carlo Ginzburg war einer der ersten, der mit der Untersuchung frühneuzeitlicher Volkskultur begann (Ginzburg 1966).

Die wohl nachhaltigste und intensivste internationale Ausstrahlung ging seit den 1960/70er Jahren von den französischen **Annales** um die gleichnamige Zeitschrift aus. Ihre bisherige Ausrichtung auf Wirtschafts-, Struktur- und Bevölkerungsgeschichte wich ebenfalls einer sehr viel breiter aufgefächerten Auffassung von Sozial- oder Kulturgeschichte (Le Goff 1977) und brachte eine Reihe immens prägender Einzelstudien hervor: **Georges Duby** beschrieb das Weltbild des Feudalismus als eines der drei Ordnungen: der des Betens, der des Kämpfens und der des Arbeitens (Duby 1978). **Jacques Le Goff** zentrierte die Darstellung des mittelalterlichen Imaginären um die Vorstellung des Fegefeuers (Le Goff 1981). Von **Emmanuel Le Roy Ladurie** stammt die wohl meistgelesene dieser mentalitäts- oder kulturgeschichtlichen Arbeiten aus dem Umkreis der *Annales*, die Studie zum Pyrenäendorf Montaillou um 1300, die auf der Basis zeitgenössischer Inquisitionsprotokolle eine dichte Beschreibung mittelalterlichen Lebens, Denkens und Glaubens gibt (Le Roy Ladurie 1975).

Kurzum: Seit den 1960er Jahren schien eine Kulturgeschichte im oben umrissenen Sinn, nämlich als Argumentationszusammenhang, in dem es um das Aufbrechen geschichtswissenschaftlicher Engführungen auf bestimmte, dem Anspruch nach primäre Aspekte der Geschichte geht, sei es nun Politik- oder Sozialgeschichte, obsolet geworden zu sein. Denn es gab nichts mehr, was nicht unter bestimmten Fragestellungen zum Gegenstand der historischen Forschung werden konnte, von der Geschichte des Karnevals (Burke 1978) bis zu der des Arbeiteralltags (Reulecke/Weber 1978), von der Geschichte der Gerüchte im Paris des 18. Jahrhunderts (Farge 1986) bis zur Geschichte der Gerüche (Corbin 1982). Zunehmend wirkt mittlerweile der kulturgeschichtliche Zugang zur Geschichte auf gewissermaßen klassische Themen der Geschichtsschreibung zurück und läßt diese in ungewohnter Gestalt, nämlich ihrer wahrnehmungs- und mentalitätsgeschichtlichen Aspekte nicht entkleidet, erscheinen.

Besonders deutlich wird dies in der **Kriegs- und Militärgeschichtsschreibung:** Neuere Veröffentlichungen behandeln die Kriege seit der Französischen Revolution unter erfahrungsgeschichtlicher Perspektive (Buschmann/Carl 2001) und dehnen diesen Zugang auch auf das politisch-militärische Führungspersonal aus (Millman 2001); kulturhistorische Vergleiche zwischen den Umgangsweisen mit Niederlagen in Kriegen werden angestellt (Schivelbusch 2001), und die deutschen Kriegsverbrechen gegen belgische und französische Zivilisten während des Vormarsches im August und September 1914 werden als Manifestationen kollektiver Stimmungen der deutschen Soldaten analysiert, die sich aus der Panik über den unerwartet schwierigen militärischen Verlauf des Kriegs, aus antikatholischen Ressentiments gegen Priester und Nonnen und aus der Erinnerung an den *franc-tireurs*-Krieg 1870/71 speisten (Horne/Kramer 2001).

In der Bundesrepublik jedoch gab es bei der Verbreitung und dem Selbstverständlichwerden kulturhistorischer Ansätze einen kleinen deutschen Sonderweg: Hier beanspruchte nämlich eine bestimmte Spielart der Sozialgeschichte, die sog. ›Bielefelder Schule‹ der Sozial- und Gesellschaftsgeschichte, seit den ausgehenden 1960er Jahren eine Stimmführerrolle bei der Identifizierung des wesentlichen Kerns der Sozialgeschichte. Diesen sah sie in den Strukturen und Prozessen, die hinter dem Rücken der Menschen den Gang der Geschichte im wesentlichen ausmachten und denen gegenüber die sog. ›weichen Faktoren‹, also Wahrnehmungsweisen und Symbolwelten, als sekundär zu gelten hätten. Um 1970 war es als erster **Thomas Nipperdey**, der demgegenüber unter Rückgriff auf die **Kulturanthropologie** (vgl. Kap. 5 »Kulturanthropologie« in diesem Band) eine die Sinnzusammenhänge der historischen Subjekte einbeziehende Erweiterung der Sozialgeschichte forderte (Nipperdey 1967, 1968). Mit ähnlicher Stoßrichtung folgten unter verschiedenen *labels* andere Ansätze – von der Frauen- und Geschlechtergeschichte über die Historische Anthropologie bis zur **Alltags- und Mentalitätengeschichte** –, die seit Beginn der 1990er Jahre mehr und mehr unter der Bezeichnung Kulturgeschichte bzw. ›kulturalistische Wende‹ firmierten (siehe zu den entsprechenden Debatten u. a. Niethammer 1980; Medick 1984; Lipp 1990; Daniel 1993; Sieder 1994; Schulze 1994; van Dülmen 1995; Conrad/Kessel 1994, 1998; Dinges 1997; Daniel 1997; Debatte 1999). Dieser Strang der Debatten endete etwa zeitgleich mit dem letzten Jahrhundert, als sich auch die bundesdeutsche Sozial- und Gesellschaftsgeschichte ›Bielefelder‹ Provenienz für kulturgeschichtliche Themen jenseits einer struktur- und prozeßgeschichtlichen Engführung öffnete (Hardtwig/Wehler 1996, S. 7–13).

3. Kulturgeschichte in der Diskussion III: Für ein plurales Theorie- und Methodenverständnis

Heute, wo die materiale Erweiterung der Sozialgeschichte um ihre kulturellen Dimensionen nicht länger Diskussionsgegenstand, sondern weithin akzeptiertes Faktum ist, wird deutlich, daß dies nicht gleichbedeutend mit dem Ende der Kulturgeschichtsdebatte ist. In dieser Debatte ging es schon seit jeher um mehr als um die Verschiebung von inhaltlichen Schwerpunktsetzung und die Addierung neuer Themenfelder – denn veränderte Vorstellungen über den Gegenstandsbereich der Geschichte sind (explizit oder implizit) notwendigerweise von Überlegungen begleitet, wie die wissenschaftlichen Zugangsweisen zu diesen Gegenständen beschaffen sind bzw. sein sollten. Damit stehen immer auch **Theorie- und Methodenfragen** und die **Basis des wissenschaftlichen Selbstverständnisses** zur Diskussion (Kiesow/Simon 2000). Für diese prinzipielle Dimension des wissenschaftlichen Arbeitens haben die kulturwissenschaftlichen Debatten der letzten Jahre den Blick zwar nicht erstmals (Oexle 1996; Daniel 2002), jedoch erneut geschärft, und zwar unter veränderten – wenn man so will: ›postmodernen‹ – Vorzeichen: Im ›modernen‹ wissenschaftlichen Selbstverständnis der Neuzeit figurier(t)en explizite Theorieverwendung und Methodendiskussion als Wege zur Absicherung von Forschungsergebnissen. Es ist nicht zuletzt diese legitimierende Rolle in wissenschaftlichen Argumentationen, die Grundsatzdebatten über Theorie- und Methodenfragen mitunter so heftig und apodiktisch macht – geht es doch, solange Theorien und Methoden in dieser Weise verwendet werden, immer auch um die Frage, wer, geleitet durch die ›richtigen‹ Theorien und Methoden, ›richtigere‹ Ergebnisse präsentiert. Unter ›postmodernen‹ Vorzeichen sind so geführte Grundsatzdebatten sinnlos: nicht, weil Fragen des wissenschaftlichen Procedere hier kein Thema wären, sondern weil der Anspruch, durch ein bestimmtes wissenschaftliches Procedere Ergebnisse der Forschung stärker legitimieren zu können als sie selbst dies tun, nicht mehr glaubwürdig ist.

Dieser Wechsel in der wissenschaftlichen Selbstwahrnehmung speist sich aus verschiedenen, durchaus heterogenen Quellen, denen nur eines gemeinsam ist: daß sie nämlich die Wechselwirkungen zwischen dem wissenschaftlichen Tun und seinen Ergebnissen, den Resultaten der Forschung also, für unhintergehbar halten. Hier können nur einige genannt werden. *La condition postmoderne. Rapport sur le savoir* (1979; *Das postmoderne Wissen*, 1982), das Gründungsdokument der ›Postmoderne‹ von **Jean-François Lyotard**, betont, daß **die ›großen Erzählungen**‹, die die Vergangenheit so schlüssig auf die Gegenwart zulaufen lassen, mehr mit dieser jeweiligen Gegenwart als mit der Vergangenheit zu tun haben; diese kritische Einstellung gegenüber Entwicklungs- und Modernisierungsvorstellungen reformuliert Positionen, wie sie im kulturgeschichtlichen Argumentationszusammenhang schon Burckhardt und Huizinga eingenommen haben. Die **hermeneutische Wende** der Kulturanthropologie seit etwa 1970, deren Einfluß auf die ›kulturalistische Wende‹ in der Bundesrepublik gar nicht überschätzt werden kann (Geertz 1987), reimportiert in die Geschichtswissenschaft die Erkenntnis von der Unhintergehbarkeit hermeneutischer Zugänge zur Geschichte (Gadamer 1960). Diese schärfen den Blick für die aktive Rolle jeder Gegenwart bei der Ausgestaltung ihrer Vergangenheit und für die Unmöglichkeit, aus diesem ›hermeneutischen Zirkel‹ auszusteigen. Mehr noch: Sie betonen, daß diese Zirkularität des Wissens kulturelle Erkenntnis nicht entwertet, sondern vielmehr überhaupt erst wertvoll macht – ohne Vorannahmen und Eigeninteressen gäbe es keine Fragen zu stellen. Die Diskursanalyse und Geschichtsdeutung Foucaults stellen die intensiven Verbindungen zwischen Wissen und Macht heraus (Foucault 1972). Und von der Literaturwissenschaft (White 1973, 1987; Gossman 1990) und der Kulturanthropologie (Geertz 1988) kann man lernen, wie stark die Forschungsergebnisse der Kulturwissenschaften in ihrer Plausibilität von der narrativen Form abhängen, die sie durch die Texte erhalten, in denen sie präsentiert werden.

Diese Überlegungen, über die derzeit rege und nicht immer ohne schrille Obertöne gestritten wird (Wehler 1998; Wehler in Mergel/Welskopp 1997, S. 351–366; Evans 1998), machen Wissenschaft nicht weniger wissenschaftlich, entwerten das Bemühen um Objektivität nicht – allerdings entwerten sie die Vorstellung, es gebe eine vom Wissenschaftler durch Verfahren herstellbare Objektivität (Novick 1988) – und sie machen Theorie- und Methodendebatten nicht überflüssig. Sie verändern allerdings für diejenigen, denen sie einleuchten, die Funktion von theoretischen Angeboten und methodologischen Reflexionen: Diese verlieren an legitimierender Bedeutung und gewinnen demgegenüber – vorausgesetzt, es gerät aus der Übung, an prinzipiell bessere, geschweige denn prinzipiell richtige Theorien und Methoden zu glauben – an Bedeutung für das wichtigste Geschäft wissenschaftlich arbeitender Menschen: für die Aufgabe nämlich, gute Fragen zu stellen.

Literaturverzeichnis

Standardwerke

Brunner, Otto/Conze, Werner/Koselleck, Reinhart (Hgg.): *Geschichtliche Grundbegriffe. Historisches Lexikon zur politisch-sozialen Sprache in Deutschland.* 8 Bde. Stuttgart: Klett-Cotta 1972–97.

Burckhardt, Jacob: »Die Kultur der Renaissance in Italien. Ein Versuch.« In: ders.: *Gesammelte Werke.* Bd. 3. Darmstadt: Wissenschaftliche Buchgesellschaft 1955 [1860].

Burckhardt, Jacob: *Über das Studium der Geschichte.* Der Text der »Weltgeschichtlichen Betrachtungen«. Hg. v. Peter Ganz. München: Beck 1982.

Burke, Peter: *Popular Culture in Early Modern Europe.* London: Temple Smith 1978 (dt.: *Helden, Schurken und Narren. Europäische Volkskultur in der frühen Neuzeit.* Stuttgart: Klett-Cotta 1981).

Corbin, Alain: *Le miasme et la jonquille.* Paris: Aubier Montaigne 1982 (dt.: *Pesthauch und Blütenduft. Eine Geschichte des Geruchs.* Frankfurt a. M.: Fischer 1988).

Duby, Georges: *Les trois ordres ou l'imaginaire du féodalisme.* Paris: Gallimard 1978 (dt.: *Die drei Ordnungen. Das Weltbild des Feudalismus.* Frankfurt a. M.: Suhrkamp 1986).

Elias, Norbert: *Die höfische Gesellschaft. Untersuchungen zur Soziologie des Königtums und der höfischen Aristokratie.* Frankfurt a. M.: Suhrkamp 1989 [1969].

Farge, Arlette: *La vie fragile: violence, pouvoirs et solidarités à Paris au XVIIIe siècle.* Paris: Hachette 1986 (dt.: *Das brüchige Leben. Verführung und Aufruhr im Paris des 18. Jahrhunderts.* Berlin: Wagenbach 1989).

Foucault, Michel: *Folie et déraison: Histoire de la folie à l'âge classique.* Paris. Librairie Plon 1961 (dt.: *Wahnsinn und Gesellschaft. Eine Geschichte des Wahns im Zeitalter der Vernunft.* Frankfurt a. M.: Suhrkamp 1969).

Foucault, Michel: *Naissance de la clinique.* Paris: Presses Universitaires de France 1963 (dt.: *Die Geburt der Klinik.* München: Hanser 1973).

Gadamer, Hans-Georg: *Wahrheit und Methode. Grundzüge einer philosophischen Hermeneutik* (= *Gesammelte Werke.* Bd. I). Tübingen: Mohr 1990 [1960].

Geertz, Clifford: *Dichte Beschreibung. Beiträge zum Verstehen kultureller Systeme.* Frankfurt a. M.: Suhrkamp 1987.

Ginzburg, Carlo: *I Benandanti. Stregoneria e culti agrari tra Cinquecento e Seicento.* Turino: Einaudi 1966 (dt.: *Die Benandanti. Feldkulte und Hexenwesen im 16. und 17. Jahrhundert.* Frankfurt a. M.: Syndikat 1980).

Huizinga, Johan: *Herfsttij der middeleeuwen. Studie over levens- en gedachtenvormen der veertiende en vijftiende eeuw in Frankrijk en de Nederlanden.* Haarlem: Willink 1919 (dt.: *Herbst des Mittelalters. Studien über Lebens- und Geistesformen des 14. und 15. Jahrhunderts in Frankreich und in den Niederlanden.* Stuttgart: Kröner 1987).

Kuhn, Thomas S.: *Die Struktur wissenschaftlicher Revolutionen.* Frankfurt a. M.: Suhrkamp 1976 [1962].

Lamprecht, Karl: *Deutsche Geschichte.* 12 Bde., 2 Ergänzungsbände. Berlin: Weidmann 1920 [1891–1909].

Lamprecht, Karl: »Alte und neue Richtungen in der Geschichtswissenschaft.« [1896] In: Hans Schleier (Hg.): *Karl Lamprecht. Alternative zu Ranke. Schriften zur Geschichtstheorie.* Leipzig: Reclam 1988.

Lamprecht, Karl: »Was ist Kulturgeschichte? Beitrag zu einer empirischen Historik.« In: *Deutsche Zeitschrift für Geschichtswissenschaft,* N.F., I (1896/97), S. 75–145.

Le Goff, Jacques: *La naissance du purgatoire.* Paris: Gallimard 1981 (*Die Geburt des Fegefeuers. Vom Wandel des Weltbildes im Mittelalter.* Stuttgart: Klett-Cotta 1984).

Le Roy Ladurie, Emmanuel: *Montaillou. Village occitan de 1294 à 1324.* Paris: Gallimard 1975 (dt.: *Montaillou. Ein Dorf vor dem Inquisitor 1294 bis 1324.* Frankfurt a. M. et al.: Propyläen 1980).

Lyotard, Jean-François: *La condition postmoderne: Rapport sur le savoir.* Paris: Minuit 1979 (dt.: *Das postmoderne Wissen. Ein Bericht.* Wien: Edition Passagen 1999).

Einführungen

Daniel, Ute: *Kompendium Kulturgeschichte. Theorien, Praxis, Schlüsselwörter.* Frankfurt a. M.: Suhrkamp 2002 [2001].

van Dülmen, Richard: *Historische Anthropologie. Entwicklung – Probleme – Aufgaben.* Köln et al.: Böhlau, 2. durchges. Aufl. 2001.

Weiterführende Literatur

Bridenthal, Renate/Koonz, Claudia (Hgg.): *Becoming Visible. Women in European History.* Boston et al.: Houghton Mifflin 1977.

Burke, Peter: »Reflections on the Origins of Cultural History.« In: Joan H. Pittock (Hg.): *Interpretation and Cultural History.* New York: St. Martins Press 1991, S. 5–24.

Buschmann, Nikolaus/Carl, Horst (Hgg.): *Die Erfahrung des Krieges. Erfahrungsgeschichtliche Perspektiven von der Französischen Revolution bis zum Zweiten Weltkrieg.* Paderborn et al.: Schöningh 2001.

Chartier, Roger: *Die unvollendete Vergangenheit. Geschichte und die Macht der Weltauslegung.* Frankfurt a. M.: Fischer 1992.

Chickering, Roger: *Karl Lamprecht. A German Academic Life (1856–1915).* Atlantic Highlands, NJ: Humanities Press 1993.

Conrad, Christoph/Kessel, Martina (Hgg.): *Geschichte schreiben in der Postmoderne. Beiträge zur aktuellen Diskussion.* Stuttgart: Reclam 1994.

Conrad, Christoph/Kessel, Martina (Hgg.): *Kultur & Geschichte. Neue Einblicke in eine alte Beziehung.* Stuttgart: Reclam 1998.

Daniel, Ute: »›Kultur‹ und ›Gesellschaft‹. Überlegungen zum Gegenstandsbereich der Sozialgeschichte.« In: *Geschichte und Gesellschaft* 19 (1993), S. 69–99.

Daniel, Ute: »Clio unter Kulturschock. Zu den aktuellen Debatten der Geschichtswissenschaft.« In: *Geschichte in Wissenschaft und Unterricht* 48 (1997), S. 195–218, 259–278.

Davis, Natalie Zemon: *Frauen und Gesellschaft am Beginn der Neuzeit.* Berlin: Wagenbach 1986.

»Debatte: Review Symposium ›Kultur & Geschichte‹.« In: *Historische Sozialforschung* 24 (1999), S. 36–81.

Dinges, Martin: »›Historische Anthropologie‹ und ›Gesellschaftsgeschichte‹. Mit dem Lebensstilkonzept zu einer ›Alltagskulturgeschichte‹ der frühen Neuzeit.« In: *Zeitschrift für Historische Forschung* 24 (1997), S. 179–214.

van Dülmen, Richard: »Historische Kulturforschung zur Frühen Neuzeit. Entwicklung – Probleme – Aufgabe.« In: *Geschichte und Gesellschaft* 21 (1995), S. 403–429.

Etzemüller, Thomas: *Sozialgeschichte als politische Geschichte. Werner Conze und die Neuorientierung der westdeutschen Geschichtswissenschaft nach 1945*. München: Oldenbourg 2001.
Evans, Richard: *Fakten und Fiktionen. Über die Grundlagen historischer Erkenntnis*. Frankfurt a. M./New York: Campus 1998.
Fischer, Fritz: *Griff nach der Weltmacht. Die Kriegszielpolitik des kaiserlichen Deutschland 1914/18*. Kronberg: Athenäum 1977 [1961].
Foucault, Michel: *L'ordre du discours: leçon inaugurale au Collège de France pronocée le 2. décembre 1970*. Paris: Gallimard 1972 (dt.: *Die Ordnung des Diskurses*. Frankfurt a. M.: Fischer 1988).
Fuchs, Eckhardt: »Englischer Methodenstreit und Lamprechtkontroverse in vergleichender Perspektive.« In: *Comparativ* 1 (1992), S. 41–53.
Gilbert, Felix: *Geschichte – Politik oder Kultur? Rückblick auf einen klassischen Konflikt*. Frankfurt a. M. et al.: Campus 1992.
Gossman, Lionel: *Between History and Literature*. Cambridge, MA et al.: Harvard UP 1990.
Haas, Stefan: *Historische Kulturforschung in Deutschland 1880–1930*. Köln et al.: Böhlau 1994.
Hardtwig, Wolfgang/Wehler, Hans-Ulrich (Hgg.): *Kulturgeschichte Heute*. Göttingen: Vandenhoeck & Ruprecht 1996.
Hausen, Karin (Hg.): *Frauen suchen ihre Geschichte*. München: Beck 1983.
Horne, John/Kramer, Alan: *German Atrocities, 1914. A History of Denial*. New Haven/London: Yale UP 2001.
Hübinger, Gangolf: »Kapitalismus und Kulturgeschichte.« In: Rüdiger vom Bruch et al. (Hgg.): *Kultur und Kulturwissenschaften um 1900. Krise der Moderne und Glaube an die Wissenschaft*. Wiesbaden: Steiner 1989, S. 25–43.
Hunt, Lynn (Hg.): *The New Cultural History*. Berkeley et al.: University of California Press 1989.
Jaeger, Friedrich: *Bürgerliche Modernisierungskrise und historische Sinnbildung. Kulturgeschichte bei Droysen, Burckhardt und Max Weber*. Göttingen: Vandenhoeck & Ruprecht 1994.
Jones, Gareth S.: *Klassen, Politik und Sprache. Für eine theorieorientierte Sozialgeschichte*. Münster: Westfälisches Dampfboot 1988 [1983].
Kiesow, Rainer Maria/Simon, Dieter (Hgg.): *Auf der Suche nach der verlorenen Wahrheit. Zum Grundlagenstreit in der Geschichtswissenschaft*. Frankfurt a. M./New York: Campus 2000.
Le Goff, Jacques et al.: *Die Rückeroberung des historischen Denkens. Grundlagen der neuen Geschichtswissenschaft*. Frankfurt a. M.: Fischer 1990 [1977].
Lipp, Carola: »Writing History as Political Culture. Social History versus ›Alltagsgeschichte‹. A German Debate.« In: *History of Historiography* 17 (1990), S. 66–100.
Lottes, Günther: »Popular Culture in England (16.–19. Jahrhundert).« In: *Francia* 11 (1983), S. 640–667.
Lottes, Günther: »›The State of the Art‹. Stand und Perspektiven der ›intellectual history‹.« In: Frank-Lothar Kroll (Hg.): *Neue Wege der Ideengeschichte. Festschrift für Kurt Kluxen zum 85. Geburtstag*. Paderborn et al.: Schöningh 1996, S. 27–45.
Medick, Hans: »›Missionare im Ruderboot‹? Ethnologische Erkenntnisweisen als Herausforderung an die Sozialgeschichte.« In: *Geschichte und Gesellschaft* 10 (1984), S. 295–319.
Mergel, Thomas/Welskopp, Thomas (Hgg.): *Geschichte zwischen Kultur und Gesellschaft. Beiträge zur Theoriedebatte*. München: Beck 1997.
Millman, Brock: *Pessimism and British War Policy 1916–1918*. London/Portland, OR: Frank Cass 2001.
Mojse, G.-M.: »Kulturgeschichte.« In: Joachim Ritter (Hg.): *Historisches Wörterbuch der Philosophie*, Bd. 4. Darmstadt: Wissenschaftliche Buchgesellschaft 1976, Sp. 1333–1338.
Mühlberg, Dietrich: *Proletariat, Kultur und Lebensweise im 19. Jahrhundert*. Wien et al.: Böhlau 1986.
Niethammer, Lutz: »Anmerkungen zur Alltagsgeschichte.« In: *Geschichtsdidaktik* (1980), S. 231–242.
Nipperdey, Thomas: »Bemerkungen zum Problem einer historischen Anthropologie.« In: Ernst Oldemeyer (Hg.): *Die Philosophie und die Wissenschaften. Simon Moser zum 65. Geburtstag*. Meisenheim: Hain 1967, S. 350–370.

Nipperdey, Thomas: »Kulturgeschichte, Sozialgeschichte, historische Anthropologie.« In: *Vierteljahrsschrift für Sozial- und Wirtschaftsgeschichte* 65 (1968), S. 145–164.

Novick, Peter: *That Noble Dream. The »Objectivity Question« and the American Historical Profession*. Cambridge et al.: Cambridge UP 1993 [1988].

Oberkrome, Willi: *Volksgeschichte. Methodische Innovation und völkische Ideologisierung in der deutschen Geschichtswissenschaft 1918–1945*. Göttingen: Vandenhoeck & Ruprecht 1993.

Oestreich, Gerhard: »Die Fachhistorie und die Anfänge der sozialgeschichtlichen Forschung in Deutschland.« In: *Historische Zeitschrift* 208 (1969), S. 320–363.

Oestreich, Gerhard: »Huizinga, Lamprecht und die deutsche Geschichtsphilosophie: Huizingas Groninger Antrittsvorlesung von 1905.« In: Willem R.H. Koops et al. (Hgg.): *Johan Huizinga 1872–1972. Papers delivered to the Johan Huizinga Conference Groningen 11.–15. Dezember 1972*. Den Haag 1973, S. 1–28.

Oexle, Otto Gerhard: *Geschichtswissenschaft im Zeichen des Historismus. Studien zur Problemgeschichte der Moderne*. Göttingen: Vandenhoeck & Ruprecht 1996.

Pocock, John: *Politics, Language and Time*. Chicago et al.: University of Chicago Press 1989 [1971].

Raphael, Lutz: »Historikerkontroversen im Spannungsfeld zwischen Berufshabitus, Fächerkonkurrenz und sozialen Deutungsmustern. Lamprechtstreit und französischer Methodenstreit der Jahrhundertwende in vergleichender Perspektive.« In: *Historische Zeitschrift* 251 (1990), S. 325–363.

Reulecke, Jürgen/Weber, Wolfhard (Hgg.): *Fabrik, Familie, Feierabend. Beiträge zur Sozialgeschichte des Alltags im Industriezeitalter*. Wuppertal: Hammer 1978.

Ritter, Gerhard: »Zum Begriff der Kulturgeschichte. Ein Diskussionsbeitrag.« In: *Historische Zeitschrift* 171 (1951), S. 293–302.

Ritter, Gerhard: »Zur Problematik gegenwärtiger Geschichtsschreibung. I. Vom Problem der ›Kulturgeschichte‹.« In: ders.: *Lebendige Vergangenheit*. München: Oldenbourg 1958, S. 255–283.

Schivelbusch, Wolfgang: *Die Kultur der Niederlage. Der amerikanische Süden 1865 – Frankreich 1871 – Deutschland 1918*. Berlin: Fest 2001.

Schleier, Hans: »Deutsche Kulturhistoriker des 19. Jahrhunderts. Über Gegenstand und Aufgabe der Kulturgeschichte.« In: *Geschichte und Gesellschaft* 23 (1977), S. 70–98.

Schleier, Hans: »Kulturgeschichte im 19. Jahrhundert: Oppositionswissenschaft, Modernisierungsgeschichte, Geistesgeschichte, spezialisierte Sammlungsbewegung.« In: Wolfgang Küttler et al. (Hgg.): *Geschichtsdiskurs, Bd. 3: Die Epochen der Historisierung*. Frankfurt a. M.: Fischer Wissenschaft 1997, S. 424–446.

Schleier, Hans: *Historisches Denken in der Krise der Kultur. Fachhistorie, Kulturgeschichte und Anfänge der Kulturwissenschaften in Deutschland*. Göttingen: Wallstein 2000.

Schorn-Schütte, Luise: *Karl Lamprecht. Kulturgeschichtsschreibung zwischen Wissenschaft und Politik*. Göttingen: Vandenhoeck & Ruprecht 1984.

Schorn-Schütte, Luise: »Karl Lamprecht und die internationale Geschichtswissenschaft an der Jahrhundertwende.« In: *Archiv für Kulturgeschichte* 67 (1985), S. 417–464.

Schulze, Winfried (Hg.): *Sozialgeschichte, Alltagsgeschichte, Mikro-Historie. Eine Diskussion*. Göttingen: Vandenhoeck & Ruprecht 1994.

Scott, Joan W.: *Gender and the Politics of History*. New York: Columbia UP 1988.

Sieder, Reinhard: »Sozialgeschichte auf dem Weg zu einer historischen Kulturwissenschaft?« In: *Geschichte und Gesellschaft* 20 (1994), S. 445–468.

Skinner, Quentin: *The Foundations of Modern Political Thought*. 2 Bde. Cambridge et al.: Cambridge UP 1978.

Stone, Lawrence: »The Revival of Narrative. Reflections on a New Old History.« In: *Past & Present* 85 (1979), S. 3–24.

Strupp, Christoph: *Johan Huizinga. Geschichtswissenschaft als Kulturgeschichte*. Göttingen: Vandenhoeck & Ruprecht 2000.

Thompson, Edward P.: *Die Entstehung der englischen Arbeiterklasse*. 2 Bde. Frankfurt a. M.: Suhrkamp 1987 [1963].

Wehler, Hans-Ulrich: *Die Herausforderung der Kulturgeschichte*. München: Beck 1998.

White, Hayden: *The Content of the Form: Narrative Discourse and Historical Representation.* Baltimore: Johns Hopkins UP 1987 (dt.: *Die Bedeutung der Form. Erzählstrukturen in der Geschichtsschreibung*. Frankfurt a. M.: Fischer 1990).

White, Hayden: *Metahistory: The Historical Imagination in Nineteenth-Century Europe*. Baltimore: Johns Hopkins UP 1973 (dt.: *Metahistory. Die historische Einbildungskraft im 19. Jahrhundert in Europa*. Frankfurt a. M.: Fischer 1991).

Ute Daniel

10. Kultursoziologie

1. Die Aktualität der Kultursoziologie

Als ein konstantes Merkmal unserer sich schnell verändernden Gegenwart erweist sich die zentrale Bedeutung von Kultur in allen Bereichen des sozialen Lebens, ein Sachverhalt, der **Stuart Hall** (1997) zu der **Diagnose einer ›kulturellen Revolution‹** in der zweiten Hälfte des 20. Jahrhunderts veranlaßt hat. Die Evolution der Kommunikationsverhältnisse und die Intensivierung von Migrationsströmen haben zu ihrer immensen Produktion, Zirkulation und ihrem weltweiten Austausch geführt. Kultur ist nicht mehr auf einen abgegrenzten Bereich von Institutionen, Aktivitäten und Ereignissen beschränkt, sondern in alle Lebensbereiche expandiert. Aus der Vergangenheit bekannte soziologische Grenzziehungen zwischen der wirtschaftlichen ›Basis‹ und dem von ihr bestimmten ideologischen ›Überbau‹ bzw. zwischen der Sozialstruktur und der Kultur als abhängiger Variable verlieren ihre Aussagekraft.

So wird die postfordistische Ökonomie der Gegenwart (Harvey 1989) entscheidend durch Informations- und Kommunikationsstrukturen bestimmt. Die produzierten Objekte zeichnen sich immer mehr durch einen informationellen Charakter aus (Hardt/Negri 2002). Zudem kolonisieren globale Kulturindustrien jeden Bereich menschlichen Lebens (Lash/Urry 1994). Die Medien durchdringen das Alltagsleben (Kellner 1995). Eine Ästhetisierung sozialer Strukturen und eine Entdifferenzierung von Lebensbereichen sind die Folge. Persönliche und soziale Identitäten werden, wie das Beispiel der Lebensstile zeigt, mittels und durch Kultur konstruiert. Kultur hat sich als Kraft globalen historischen Wandels erwiesen, so daß in der entstehenden globalen Informationskultur, die zu einer Erosion des Nationalstaates führt, der Eindruck entsteht, der Bereich des Sozialen werde immer mehr durch den des Kulturellen ersetzt (Lash 2002). Es liegt auf der Hand, daß auch die Soziologie, deren Mainstream die soziale Welt eher naturalistisch und objektivistisch betrachtet, sensibler für Kultur wird, indem sie die vermittelnde Leistung kultureller Codes und Bedeutungen angemessen zu berücksichtigen versucht. So rückt zu Beginn des 21. Jahrhunderts das **Konzept ›Kultur‹ als konstitutive Dimension der Gesellschaftsanalyse** ins Zentrum ambitionierter soziologischer Analysen.

Kultursoziologie will keine Bindestrich-Soziologie neben anderen sein, kein Anhängsel der Disziplin, sondern ein eigenständiger Entwurf, der sich den zentralen Fragen und Problemen der Gegenwart stellt und im Weberschen Sinne »die Lebenserscheinungen in ihrer Kultur*bedeutung* [zu] erkennen« versucht (Weber 1988, S. 175). Hierzu ist ein Ansatz erforderlich, der **die symbolische Dimension sozialen Lebens,** die ›Kultursysteme‹ (Wilhelm Dilthey) erforscht. Dabei werden

›Kultur‹ und ›Gesellschaft‹ nur analytisch getrennt. Jede soziale Struktur ist auch eine kulturelle Struktur, jede soziale auch eine kulturelle Praktik. Freilich gilt – in einem engeren Sinne – das spezielle Interesse der Kultursoziologie kulturellen und künstlerischen Praktiken, Erfahrungen und Formen in darauf spezialisierten sozialen Kontexten, die sie zunächst als Untersuchungsobjekte isoliert, um dann in einem zweiten Schritt ihre Bedeutung im sozialen Leben bzw. ihre soziale Verankerung zu analysieren. So betrachtet sind Religions-, Literatur-, Film- und Kunstsoziologie wichtige Spielarten von Kultursoziologie. Hier wird Kultur oft als konkrete Variable bestimmt, die von der Nicht-Kultur abgegrenzt wird (Alexander 2000). Zentral für die Kultursoziologie ist jedoch die übergreifende Fragestellung, wie – ausgehend von der Analyse kultureller Formen, Erfahrungen und Praktiken – das soziale Leben im allgemeinen verstanden werden kann, die **»Ganzheit des Lebens« im Sinne Georg Simmels** (1989, S. 9), die Gesamtheit der Schöpfungen des Menschen in allen Lebensbereichen. In diesem umfassenden Sinne läßt sich Kultur definieren »als die Gesamtheit der erlernten Normen und Werte, des Wissens, der Artefakte, der Sprache und Symbole, die ständig zwischen Menschen einer gemeinsamen Lebensweise ausgetauscht werden« (Rehberg 2001, S. 68).

Allerdings impliziert diese Untersuchung von Kategorien der Kultur, die sich bereits bei den soziologischen Klassikern einer kulturwissenschaftlichen Soziologie finden läßt (Rehberg 1986), eine epistemologische Neuorientierung der heutigen Soziologie, die als **cultural turn** diskutiert wird (Chaney 1994; Long 1997; Reckwitz 2000; Hetzel 2001). Nicht naturwissenschaftliche Vorbilder und Maßstäbe, sondern kulturwissenschaftliche Begriffe, Modelle und Annahmen orientieren eine Soziologie, welche die unterschiedlichen ›Lebensordnungen‹ (Max Weber), ihre zunehmende Vermischung unter globalen Bedingungen und damit die kulturelle Gestalt der Gegenwart begreifen möchte.

2. Historische Ursprünge der Kultursoziologie

Der zentrale Begriff der Soziologie im 20. Jahrhundert war ›Gesellschaft‹. Die Disziplin entstand mit der Beschreibung und Analyse industrieller Gesellschaften in der westlichen Welt, die, verglichen mit früheren Gesellschaften, qualitativ anders waren. Die soziologischen Klassiker benutzten verschiedene begriffliche Dichotomien, um die Unterschiede zwischen Tradition und Modernität herauszuarbeiten. So analysierte Karl Marx den Übergang vom Feudalismus zum Kapitalismus, Émile Durkheim unterschied mechanische von organischen Formen der Arbeitsteilung, und Ferdinand Tönnies arbeitete sich an der Differenz von Gemeinschaft und Gesellschaft ab. Die allmähliche Institutionalisierung der Soziologie machte deutlich, daß der Gesellschaftsbegriff auf der **Folie des Nationalstaates** entworfen wurde. Wenn beispielsweise Talcott Parsons über die moderne Gesellschaft schrieb, hatte er die USA als Prototyp eines sozialen Systems vor Augen, dessen verschiedene Teile funktional miteinander integriert sein sollten. Der soziologische Diskurs entwickelte sich also auf der Basis nationalstaatlich organisierter Gesellschaften (Billig 1995). Allerdings wird je nach theoretischer Orientierung und Fragestellung ›Gesellschaft‹ unterschiedlich definiert, so daß einige Soziologen deshalb fordern, den Begriff ganz aufzugeben (vgl. Mann 1986; Urry 2000).

Methodologisch orientiert sich der Mainstream der Soziologie mehr oder minder an **Durkheims Trennung zwischen der Welt der natürlichen und der sozialen Tatsachen.** Unter den letzteren werden relativ beständige, orientierende, aber auch begrenzende Eigenschaften der sozialen Realität verstanden, die den Individuen äußerlich sind und ihr Verhalten prägen. Freilich gab es immer auch schon Gegenbewegungen zur Konzentration auf Gesellschaft, *faits sociaux* und die Autonomie des Sozialen. So ist seit Weber und Simmel ›Kultur‹ ein Schlüsselbegriff, der für die Perspektive einer Soziologie steht, die sich an den Kulturwissenschaften orientiert (Stagl 1986) und Kultur als vielgestaltig, dynamisch und offen begreift. Aber auch der späte Durkheim entwarf eine mehr hermeneutisch orientierte Soziologie, in deren Zentrum Klassifikationsweisen und symbolische Systeme standen (Alexander 1988).

Max Weber entwickelte, in Auseinandersetzung mit Heinrich Rickert und der kulturwissenschaftlichen Diskussion seiner Zeit (vgl. Oakes 1990; Lichtblau 1996), eine **›verstehende Soziologie‹**, die den Gesellschaftsbegriff zu vermeiden versuchte. Ihm ging es darum, die »großen inhaltlichen Kulturprobleme«, die »konfligierenden Lebensordnungen« (Scaff 1994, S. 680) und ihre Kulturbedeutung wissenschaftlich zu erforschen. Der Kulturwissenschaftler wird durch den Glauben an die Relevanz von Kultur, verstanden als »mit Sinn und Bedeutung bedachte« Wirklichkeit, motiviert (Weber 1988; zit. nach Weiß 1992, S. 36). Vor diesem Hintergrund bemühte Weber sich um eine Reflexion des Geltungsanspruchs der Kulturwissenschaften in der modernen Kultur, die durch Entzauberung und Perspektivismus geprägt ist. In seiner Analyse der Entstehung und Institutionalisierung des Kapitalismus arbeitete Weber (1984) heraus, daß dieser auf einer für ihn typischen Kultur beruht. Am Beispiel des ›kapitalistischen Geistes‹ zeigte er die Eigenlogik von Kultur, ihre produktive und schöpferische Kraft auf.

Auch **Georg Simmel** betonte die geschichtlichen und kulturellen Voraussetzungen sozialen Lebens, die zu unterschiedlichen Modi der Vergesellschaftung führen. In seiner *Philosophie des Geldes* (1900) bestimmte er die **moderne Kultur als ›Stil des Lebens‹**. Er lehnte statische Konzeptionen ab und hob, inspiriert durch die Lebensphilosophie, den **prozessualen Charakter der Wirklichkeit**, das durch sie pulsierende Leben, ihre kontinuierliche Bewegung hervor. Kultur ist für ihn ein »unaufhörlicher Prozeß der Formschöpfung und -vernichtung« (Bevers 1985, S. 143). Auch wenn Simmel und Weber sozialdeterministische Erklärungsansätze ablehnten, beschäftigten sie sich dennoch mit sozialstrukturellen Fragestellungen. So führte die »Untrennbarkeit von ›Kulturellem‹ und ›Strukturellem‹ [...] bei Weber nicht zu einer Einebnung der Begriffe, sondern zur Analyse der gegenseitigen Durchdringung von Faktoren, deren Perspektivität als selbst kulturell verankert erkannt wurde« (Rehberg 1986, S. 100).

Bis 1933 gab es eine lebhafte kultursoziologische Diskussion in Deutschland. Zu erwähnen sind hier auch noch Alfred Weber (1931), der Kulturgeschichte (vgl. Kap. 9 »Kulturgeschichte« in diesem Band) und Kultursoziologie verknüpfte, und Karl Mannheim, der das »Eingebettetsein der Kulturgebilde in das gesellschaftliche Leben« (Mannheim 1980, S. 59) als Thema einer Soziologie der Kultur bestimmte. Während und nach dem Faschismus wurde die Kultursoziologie klassischer Prägung nur vereinzelt fortgesetzt. So begriff **Arnold Gehlen** (1986, S. 38) den **Menschen als Kulturwesen:** »Der Inbegriff der von ihm ins Lebensdienliche umgearbeiteten Natur heißt Kultur, und die Kulturwelt ist die menschliche Welt«. Seine Arbeit zur Kultur der Gegenwart, *Die Seele im technischen Zeitalter* (Gehlen 1957), fand große Beachtung. Ebenso beschäftigten sich die aus dem amerikanischen Exil zurückgekehrten Vertreter der Kritischen Theorie, Max Horkheimer und Theodor W. Adorno, ausgehend von ihrer Theorie der Kulturindustrie intensiv mit der Rolle der (Massen-)Kultur und entwickelten eine dialektische Kritik der spätkapitalistischen Gesellschaft (vgl. Demirovic 1999).

In der Entwicklung der Disziplin führte jedoch der internationale Erfolg der synthetisch angelegten, **systemtheoretischen Soziologie von Talcott Parsons** dazu, daß die Konzeption einer kulturellen Soziologie immer mehr in Vergessenheit geriet. Dieser machte wohl in seinen Theorieanalysen die Schriften Max Webers und anderer europäischer Soziologen international bekannt, gleichzeitig setzte sich jedoch seine Interpretation der ›Klassiker‹ des Fachs weitgehend durch und dominierte – von Ausnahmen abgesehen – lange Zeit die Diskussion. Auch in Parsons' normativer Gesellschaftskonzeption spielt Kultur durchaus eine Rolle, in ihren institutionalisierten Segmenten soll sie – das Beispiel der USA vor Augen – primär eine steuernde und integrierende Funktion ausüben. Als ein kollektives System von Werten und Normen stellt sie die während der Sozialisation erworbenen Orientierungen bereit, die für ›goal attainment‹ und ›integration‹ innerhalb der Gesellschaft sorgen. In den politisch bewegten und umkämpften 1960er Jahren wurde aber schnell deutlich, daß Parsons' Gesellschaftsmodell theoretische und empirische Verkürzungen, Schwächen und Fehler enthielt (vgl. Gouldner 1974). So verschob sich der Schwerpunkt vom kulturell hergestellten Konsens zum Konflikt und zur gesellschaftlichen Auseinandersetzung. In entschiedener Abgrenzung zur lange währenden Dominanz von Parsons wurden eine Zeitlang kulturelle Erklärungen sogar ganz abgelehnt, was aber zunehmend in theoretische Aporien und Widersprüche führte (vgl. Alexander 1987). In der Folge machten dann verschiedene ›Schulen‹ in der Soziologie das Konzept ›Kultur‹ wieder zu einem wichtigen Thema, indem sie dessen analytische und erklärende Kraft nachwiesen. Seit den 1970er Jahren läßt sich sogar von einer Renaissance der Kultursoziologie in verschiedenen Ländern sprechen, die sich bei genauerer Analyse zum einen als eine jeweils spezifische Rekonfiguration von Elementen der Tradition, zum anderen als deren Kombination mit neuen Elementen aus den kulturwissenschaftlichen Nachbardisziplinen erweist.

3. Die Renaissance der Kultursoziologie

Zentral für die kultursoziologische Erneuerung ist die »fundamentale Kontextualisierung aller ›sozialen Tatsachen‹« (Rehberg 1986, S. 106; Grossberg 1999). Nur so kann deren historische und kulturelle Geprägtheit zum Thema werden. Eine begriffliche Dichotomie von Kultur und Gesellschaft wird vermieden, statt dessen werden die Wechselwirkungen, die Verschränkungen dieser beiden Bereiche zum Thema.

(1) In Deutschland kam es zu einer Neubegründung der Kultursoziologie seit Mitte der 1970er Jahre, die 1984 in die **Gründung einer Sektion Kultursoziologie** innerhalb der Deutschen Gesellschaft für Soziologie mündete. Es waren v. a. konservative Soziologen, die der damaligen durch Parsons geprägten Soziologie einen ›generalisierten Marxismus‹ unterstellten, der die wichtige gesellschaftliche Rolle gemeinsamer Werte und Bedeutungen ausblende, die gegenüber den Sozialstrukturen eine eigenständige Bedeutung und Kraft entfalten könnten. Von Anfang an hatte diese Konzeption von Kultursoziologie den Anspruch, mehr als eine Bindestrich-Soziologie zu sein. Insbesondere **Wolfgang Lipp** (1994), **Hans-Peter Thurn** (1979) und **Friedrich Tenbruck** geht es um eine »**kulturwissenschaftliche Erneuerung**«, welche »die Soziologie aus der reduktiven Verkümmerung ihres Gesellschaftsbegriffs« durch eine Kenntnis der »empirischen Kulturtatsachen« befreien solle (Tenbruck 1996, S. 50). Nur so werde die Strukturfixiertheit der Soziologie überwunden und deutlich, wie Gesellschaft sich als Kultur konstituiere. Soziale Sachverhalte seien immer auch kulturell vermittelt (vgl. Lipp/Tenbruck 1979): »Struktur und Kultur sind grundsätzlich vielmehr aufeinander verwiesen; sie bedingen einander wechselseitig, ›vermitteln‹ einander Schritt für Schritt und geben einander erst ›Sinn‹« (Lipp 1994, S. 12). Ergänzend begreift Tenbruck den Menschen im Anschluß an die philosophische Anthropologie als »Kulturwesen, das sich eine Welt von Bedeutungen erzeugt, welche jenseits der gesellschaftlichen Tatsachen liegen, wie immer sie auch mit diesen verflochten oder durch diese bedingt sein mögen« (Tenbruck 1989, S. 69). So rückt der konkret Handelnde, der in Parsons' Systemtheorie nur wenig Beachtung fand, ins Zentrum. Lipp (1994) entwickelt – entlang der in Auseinandersetzung mit Victor Turner entworfenen Konzeption ›Drama Kultur‹ – eine ebenfalls **handlungstheoretisch orientierte Kultursoziologie**.

Allerdings gab es lange Zeit viele Theorien und Themen, die in der deutschen Sektion der Kultursoziologie nicht behandelt wurden (vgl. Lauermann 1989, S. 292). Die Beschäftigung mit dem kulturellen Marxismus westlicher Prägung war weitgehend tabuisiert, bestimmte aktuelle Themen (wie die postmoderne Kultur oder die Risikogesellschaft) und wichtige Theorien (Phänomenologie, Interaktionismus) wurden nicht angemessen behandelt. In der Zwischenzeit haben Diskussion und Forschung innerhalb der deutschsprachigen Kultursoziologie einen Teil dieser Versäumnisse nachgeholt. Der interne Diskurs hat sich differenziert (vgl. Gebhardt 2001). Neben handlungstheoretischen Konzeptionen finden sich u. a. Ansätze, die sich an der Phänomenologie, an der philosophischen Anthropologie (vgl. Eßbach/Fischer/Lethen 2002), an Michel Foucaults Diskurstheorie (vgl. Bublitz 1999) oder an der Zivilisationstheorie (vgl. Hahn 2000) orientieren. Auch Niklas Luhmanns Untersuchungen zur Evolution des semantischen Vorrats okzidentaler Gesellschaften, die allerdings Kultur nur als historischen Begriff behandeln (vgl. Luhmann 1995), sind wichtiger Bestandteil heutiger Diskussionen. Inhaltlich wurde v. a. die Kultur der Moderne zum Thema (vgl. Münch 1993).

(2) In den 1960er Jahren wurde in Birmingham das **Centre for Contemporary Cultural Studies** (CCCS) gegründet, das sich – ebenfalls verbunden mit einer Kritik an Parsons (Hall 1980) – um eine **Synthese von soziologischen Fragestellungen und Kulturwissenschaften** bemühte. Ausgehend von der Beschäftigung mit Kultur in verschiedenen Disziplinen und wissenschaftlichen Schulen wurde ihre bestimmende und konstitutive Rolle für ein Verständnis gesellschaftlicher Praktiken, Konflikte und Institutionen aufgezeigt (vgl. Winter 2001). Die Arbeit des CCCS machte von Anfang an die Notwendigkeit eines *cultural turn* deutlich und vollzog ihn auch. Dabei ging es den *Cultural Studies* um eine kritische Analyse der (kapitalistischen) Gesellschaft. Im Anschluß an theoretische Analysen wichtiger Strömungen im Umkreis des westlichen Marxismus, des Strukturalismus und des Kulturalismus (vgl. Hall 1999) wurden verschiedene empirische Untersuchungen durchgeführt. Berühmt geworden sind die ethnographischen Studien zu jugendlichen Subkulturen (Willis 1979; Grossberg 1997) und zur Medienrezeption (Morley 1992). Dabei wurde deutlich, daß sich Jugendliche bzw. Medienkonsumenten trotz struktureller Zwänge kulturelle Güter produktiv und kreativ aneignen können. Die Populärkultur wurde früh zu einem wichtigen eigenständigen Forschungsfeld, das nicht von der Warte der Hochkultur aus betrachtet wird. *Cultural Studies* sind in der Zwischenzeit zu einer weltweiten Bewegung geworden, die in der Erforschung kultureller Prozesse ein inter- bzw. transdisziplinäres Projekt verfolgen (zu den *Cultural Studies* vgl. auch Kap. 7 »*New Historicism*, *Cultural Materialism* und *Cultural Studies*« in diesem Band). Dabei spielen kultursoziologische Ansätze und Impulse bis heute eine entscheidende Rolle.

(3) In den 1970er Jahren wurde die 1939 erstmals veröffentlichte **Analyse des Zivilisationsprozesses** von **Norbert Elias** (1980), in der er sowohl an Max und Alfred Weber als auch an Mannheim anknüpfte, (wieder)entdeckt. Er untersuchte die langfristige Veränderung des menschlichen Verhaltens im Lauf des Zivilisationsprozesses, die mit Veränderungen im Aufbau der Gesellschaft verbunden ist (vgl. Hahn 1986). Mit dem Begriff der ›Figuration‹ beschreibt er das Geflecht von Interdependenzen zwischen Menschen, dessen dynamische Transformation und Verdichtung zu gesellschaftlichen und kulturellen Veränderungen führt.

(4) In Frankreich entwickelte **Pierre Bourdieu** (1982, 1987) eine Kultursoziologie, die das enge **Verhältnis von Kultur und Macht** analysiert, welches das soziale Leben differenzierter Gesellschaften strukturiert. Mittels eines elaborierten Begriffsinstrumentariums, theoretischer Synthesen und empirischer Forschungen untersuchte Bourdieu v. a., was Kultur zur sozialen Reproduktion beiträgt.

(5) Die **Tradition der interpretativen Soziologie** (Symbolischer Interaktionismus, Ethnomethodologie, Erving Goffman, Peter Berger, Thomas Luckmann) mit ihren Theorien der Bedeutungskonstruktion und Analysen des Alltagslebens behandelte kulturelle Fragen von Anfang an, wenn auch eher implizit. Berger

und Luckmann (1969) zeigen mit ihrem wegweisenden Konzept einer ›**gesellschaftlichen Konstruktion von Wirklichkeit**‹, das an Max Webers Auffassungen von Sinngebung und Verstehen, an Durkheims Konzeption der Faktizität sozialer Tatsachen und an Mannheims Wissenssoziologie anknüpft, wie die menschliche Welt, die sie als Kultur begreifen, in Prozessen der Externalisierung und der Internalisierung von Wirklichkeit produziert und reproduziert wird. Auch die Gesellschaft ist in dieser Perspektive Teil der (immateriellen) Kultur. In der empirischen Analyse von Ritualen (Soeffner 2000), von kommunikativen Gattungen (Bergmann/Luckmann 1999a; Keppler 1994) oder Wissenschaftskulturen (Knorr-Cetina 1999) wurde diese Perspektive vertieft. In Auseinandersetzung mit den *Cultural Studies* und der postmodernen Theorie wurde insbesondere der Film zum kultursoziologischen Gegenstand (Denzin 1991, 2002).

(6) Seit 1983 entwickelte sich im Umkreis der von **Mike Featherstone** in Großbritannien herausgegebenen Zeitschrift ***Theory, Culture & Society*** eine intensive kultursoziologische Diskussion, welche die Kulturblindheit soziologischer Arbeiten kritisierte (vgl. Robertson 1988). Hierzu wurden die verschiedenen kulturtheoretischen Richtungen der Soziologie diskutiert und eine intensive Debatte mit Nachbardisziplinen wie der Philosophie, der Medienwissenschaft, der Architekturtheorie initiiert. In Auseinandersetzung mit poststrukturalistischen Ansätzen wurde die **postmoderne Kultur** analysiert (Featherstone 1988). Insbesondere die **Alltagskultur** in ihren verschiedenen Dimensionen (Konsum, Kino, Sport, Mode, Architektur) und die **Globalisierung von Kultur** (Robertson 1992) wurden zu wichtigen Themen.

(7) Auch in den USA läßt sich seit einigen Jahren eine Wiederentdeckung der Kultursoziologie beobachten, die auch hier als eine Herausforderung für die Disziplin als Ganze betrachtet wird. Der Mainstream-Soziologie wird vorgeworfen, daß sie zum einen den *recorded cultures* zu wenig Aufmerksamkeit geschenkt habe, zum anderen Kultur zu sehr als kohärent und konsistent konzipiere, was den postmodernen Verhältnissen der Fragmentierung und Spezialisierung nicht mehr entspreche (vgl. Crane 1994). Unter dem Einfluß von Parsons seien Struktur und Kultur zu fest aneinander gekoppelt worden. Mittels der symbolischen Anthropologie von **Clifford Geertz** (1983) und europäischer strukturalistischer bzw. poststrukturalistischer Ansätze wird **Kultur** nun zunehmend **als Text und als Code** begriffen (vgl. Smith 1998). Daneben entwickelten sich Forschungsrichtungen, welche u. a. das Verhältnis von sozialer Differenzierung, Diskursen und kulturellem Wandel (Alexander 1993), die Beziehung von Kultur und sozialem Handeln (Swidler 1986), die Produktion und Rezeption von Kultur (Peterson 2000), ihre Rolle in Organisationen oder in der Geschichte erforschen (vgl. die Beiträge in Crane 1994; Long 1997; Smith 1998).

Im folgenden werden einige der wichtigsten und fruchtbarsten Themen und Perspektiven der gegenwärtigen kultursoziologischen Forschung exemplarisch diskutiert: Kultur und Macht; Kultur und Konsum; Kultur und Erlebnis; Kultur und Kommunikation; Kultur und Globalisierung. Auf diese Weise soll deutlich werden, was kultursoziologische Forschung leistet und was eine kulturelle Soziologie zur Analyse der Gegenwart beitragen kann.

4. Perspektiven der neueren Forschung

4.1 Kultur und Macht

Die Arbeit des Centre for Contemporary Cultural Studies war unter der Leitung von Stuart Hall im wesentlichen dadurch geprägt, daß zwischen dem Kulturalismus von Raymond Williams (1958) und Richard Hoggart (1957), der Ende der 1950er/Anfang der 1960er Jahre zur Entstehung der *Cultural Studies* in Großbritannien führte, und dem Strukturalismus (Claude Lévi-Strauss, Louis Althusser) bzw. dem Poststrukturalismus, den dominierenden Strömungen seit den 1960er Jahren, vermittelt wurde (Hall 1999; Morley/Chen 1996). Um das Verhältnis von Kultur, sozialer Praxis und Macht, das im Zentrum der *Cultural Studies* steht (Winter 2001), analysieren zu können, wurden zwei Schritte erforderlich. *Erstens* wurden unter Kultur wie in der Anthropologie **kulturelle Praktiken** verstanden. Gleichzeitig wurden diese nicht als universal begriffen, sondern **in ihrer jeweils historischen Ausprägung** betrachtet, indem ihre Bezüge zur Sozialstruktur, zu Herrschaftsverhältnissen und zu sozialen Kämpfen problematisiert wurden. *Zweitens* wurden die Beziehungen zwischen kulturellen Praktiken und anderen Praktiken, zwischen kulturellen und ökonomischen, politischen und ideologischen Instanzen, untersucht.

Während im kulturalistischen Paradigma der **Ideologiebegriff** kein Kernkonzept war, spielte er vor allem in Althussers strukturalistischer Marx-Interpretation eine Schlüsselrolle. Diese betont, daß Menschen durch Ideologien (Bilder, Repräsentationen, aber auch Rituale, Gewohnheiten oder regelmäßige Verhaltensweisen), die unbewußte Kategorien sind bzw. sich unbewußt vollziehen, ihre (Lebens-)Bedingungen repräsentieren und leben (Althusser 1977). Ideologische Repräsentationssysteme konstruieren Erfahrungen, positionieren Subjekte und definieren Identitäten. »Während im ›Kulturalismus‹ Erfahrung das Fundament – der Bereich des ›Gelebten‹ – war, auf dem sich das Bewußtsein und die Bedingungen überschnitten, betonte der Strukturalismus, daß ›Erfahrung‹ per definitionem nicht das Fundament von irgend etwas sein könne, weil man seine Existenzbedingungen nur *in und durch* die Kategorien, Klassifikationen und Rahmen der Kultur ›leben‹ und erfahren könne« (Hall 1999, S. 30). In den empirischen Arbeiten des CCCS zu Jugendkulturen und zur Medienrezeption konnte gezeigt werden, daß sich **Kulturalismus und Strukturalismus** in der Analyse gesellschaftlicher Praktiken fruchtbar ergänzen (Winter 2001, S. 97–158). Die Kombination beider Perspektiven hilft, das Alltagsleben sowohl in seiner Erfahrungsdimension als auch in seiner Prägung durch Machtstrukturen zu verstehen.

Im Anschluß an die Rezeption von Foucaults Arbeiten zur Analytik der Macht (vgl. Foucault 1980) wurden insbesondere in Untersuchungen zur Populärkultur die **Beziehung zwischen Macht und Widerstand** zum Thema. ›Widerstand‹ kann in spezifischen historischen Situationen im Verhältnis von diskursiven Strukturen, kultureller Praxis und subjektiven Erfahrungen entstehen (vgl. Grossberg 1992, 1999). So begreift John Fiske den Alltag, Michel de Certeau (1988) folgend, als kontinuierliche Auseinandersetzung zwischen den Strategien der ›Starken‹ und den Guerillataktiken der ›Schwachen‹ (vgl. Fiske 1989, S. 32–47; Winter/Mikos 2001). Im Gebrauch der ›Ressourcen‹, die das kapitalistische System zur Verfügung stellt, versuchen die auf unterschiedliche Weise Subordinierten ihre Lebensbedingungen selbst zu definieren und ihre Interessen auszudrücken.

Neben den *Cultural Studies* hat v. a. **Pierre Bourdieu** das **Verhältnis von Kultur und Macht** untersucht, welches das soziale Leben bestimmt. Anders als die *Cultural Studies*, die den oft verborgenen Widerstand subordinierter Gruppen im Dickicht des Alltags aufspüren und dessen Möglichkeiten bisweilen vielleicht optimistisch überschätzen, konzentriert Bourdieu sich vornehmlich auf die dominante Kultur in der Gesellschaft und die relative Stabilität von Herrschaft und Macht. Er geht von der Frage aus, warum in einer Gesellschaft soziale Ungleichheiten existieren, ohne daß sich ein energischer und intensiver Widerstand gegen sie artikuliert (vgl. Bourdieu/Wacquant 1996). Die Antworten hierfür findet er in den Beziehungen zwischen Kultur, sozialer Struktur und sozialem Handeln. Denn es sind die kulturellen Ressourcen, Praktiken und Institutionen einer Gesellschaft, die in Bourdieus Lesart auf unterschiedliche Interessen verweisen und ungleiche soziale Beziehungen aufrechterhalten sowie verstärken. Das soziale Leben ist für ihn ein Kampf um soziale Distinktion (vgl. Bourdieu 1982), die Kultur ist ein Ausdruck davon (vgl. Bourdieu 1998).

Eine Stärke seiner Analysen liegt darin, daß er Kultur als Praxis konzipiert (vgl. Bourdieu 1987). Hierzu führt er den **Begriff des ›Habitus‹** ein, der im Zentrum seiner Kultursoziologie steht. Darunter versteht er eine ›strukturierte Struktur‹ bzw. eine ›strukturierende Struktur‹, die in den klassenspezifischen Erfahrungen der Sozialisation in Familie und *peer groups* erworben wurde. Entstanden durch die unbewußte Inkorporation externer Strukturen, die in Dispositionen transformiert wurden, setzt der Habitus zum einen strukturelle Grenzen für das Handeln, zum anderen generiert er Wahrnehmungen, Einstellungen und Praktiken, die im großen und ganzen den strukturierenden Merkmalen der frühen Sozialisation entsprechen. Dabei hat der Habitus kollektiven Charakter. Die kulturellen Praktiken der Mitglieder einer Klasse erwecken bei einem Außenstehenden den Eindruck, sie seien synchronisiert, ohne daß dies jenen zum Thema würde. Durch analoge Transfers generalisiert der Habitus seine generativen Schemata auf alle Bereiche des sozialen Lebens. Ästhetische Geschmacksformen und Lebensstile korrespondieren mit dem jeweiligen Klassenhabitus und dienen der sozialen Distinktion von anderen sozialen Gruppen, die in hoch differenzierten Gesellschaften soziale Klassen sind. Auf diese Weise trägt der Habitus primär zur **sozialen Reproduktion von Herrschaftsverhältnissen** bei.

Bourdieus Kultursoziologie darf nun aber nicht als rigide deterministisch mißverstanden werden. Denn er betrachtet den Habitus im Rahmen seiner Möglichkeiten immer auch als Agent von Spontaneität und Innovation (vgl. Bourdieu/Wacquant 1996). Außerdem wird nicht das ganze Verhalten durch den Habitus bestimmt. In Krisensituationen kann die ansonsten geschmeidige und scheinbar automatisch erfolgende Anpassung eines Habitus an ein soziales Feld unterlaufen werden. Des weiteren beschränken hoch ritualisierte Situationen die durch einen Habitus möglichen Strategien und Handlungsmöglichkeiten. Auch sozialer

Wandel ist möglich, nämlich dann, wenn der Habitus auf Strukturen trifft, die radikal anders sind als die Sozialisationsbedingungen, unter denen er entstanden ist. Insgesamt gesehen erweist sich der Habitus als Erklärungsprinzip für die Strukturiertheit sozialen Handelns und kultureller Praktiken v. a. in Situationen als überzeugend, die nicht rituell festgelegt bzw. kodifiziert sind.

Ein weiterer Begriff, der für Bourdieus Kultursoziologie von entscheidender Bedeutung ist und der den des Habitus ergänzt, ist der des ›**kulturellen Kapitals**‹ (vgl. Bourdieu 1982), die Verfügung über ungleich in der Gesellschaft verteilte Ressourcen wie Sprachfähigkeit, kulturelle Dispositionen, ästhetische Präferenzen, Klassifikationsweisen, Bildungsabschlüsse etc. (vgl. Bourdieu 1988). Bourdieu unterscheidet zwischen drei Formen: Zunächst beginnt die Akkumulation kulturellen Kapitals, das durch den Habitus verkörpert wird, in der frühen Kindheit und wird in den pädagogischen Prozessen der Schule fortgesetzt. Zweitens existiert kulturelles Kapital in einer Gesellschaft in Form von Objekten wie Büchern, Gemälden, Bauwerken oder wissenschaftlichen Instrumenten. Drittens wird kulturelles Kapital in institutionalisierter Form als Bildungsabschlüsse vergeben.

Bourdieu hebt hervor, daß das kulturelle Kapital eine umkämpfte Ressource ist. Es formt Einstellungen, Verhaltensweisen und Interaktionen und trägt zur sozialen Stratifikation fortgeschrittener Gesellschaften bei. Bourdieu begreift **Kultur als Machtressource**. Ein Teil der Eliten gründet seine Macht auf der Verfügung über kulturelle Ressourcen in Abgrenzung zu den Eliten, die über große ökonomische Ressourcen verfügen. Zudem kann in bestimmten Berufszweigen – in den Medien, im Bereich der Kunst, an Universitäten – kulturelles Kapital auch in finanzielles konvertiert werden. Bourdieus elaborierte Kultursoziologie, die Theorie und empirische Forschung mit einer expliziten Methodenreflexion gelungen verbindet, zeigt, daß der Habitus, der ein anderes Wort für Kultur als gelebte Praxis ist, den praktischen Sinn dafür vermittelt, wie man sich in der sozialen Welt bewegt. Der Begriff ermöglicht es auch, das für die Soziologie wichtige **Verhältnis von Handeln und Struktur** kultursoziologisch neu zu konzipieren und zu erforschen.

4.2 Kultur und Konsum

Die neuere Kultursoziologie beschäftigt sich intensiv mit dem Bereich des Konsums, der für die westlichen Gesellschaften der Gegenwart nachhaltig bestimmend ist und der lange Zeit sehr negativ betrachtet wurde (Featherstone 1991). Beginnend mit Georg Lukács' Theorie der Verdinglichung haben Vertreter des westlichen Marxismus wie Horkheimer, Adorno, Herbert Marcuse oder Henri Lefebvre die Expansion der kapitalistischen Warenproduktion und die erweiterten Konsummöglichkeiten in der Freizeit als Heraufkunft einer ›Postkultur‹ betrachtet, die durch die Logik des Tauschwerts und durch instrumentelle Rationalität geprägt sei. Im Anschluß hat **Jean Baudrillard** (1978, 1982) gezeigt, daß in der heutigen Ökonomie **Waren und Zeichen** miteinander verschmelzen, so daß allen Waren kulturelle Bedeutungen eingeschrieben sind. Dabei hat eine kulturelle Ware keinen feststehenden Zeichenwert, sondern dieser verändert sich in einem unendlichen Strom von flottierenden Zeichen, Bildern und Simulationen, der durch die Medien transportiert wird. Während in der zunehmend enttraditionalisierten Gesellschaft der Gegenwart soziale Normen an strukturierender Kraft verlieren, entsteht eine Konsumgesellschaft, die mehr durch die Kultur als durch das Soziale geprägt wird.

Fredric Jameson (1991) hat diese Diagnose durch eine differenzierte Analyse der postmodernen Kultur vertieft, die durch eine unbegrenzte Zeichenökonomie, durch Oberflächlichkeit, einen Verlust des Geschichtsbewußtseins und durch Phänomene der Entdifferenzierung gekennzeichnet ist. So läßt sich z. B. nicht mehr sinnvoll zwischen Hoch- und Populärkultur unterscheiden. Zudem ist die Kultur durch eine gigantische Zirkulation von Zeichen und Botschaften nicht mehr vom Sozialen differenziert, sondern in alle Lebensbereiche eingedrungen. Kapitalismus, Verdinglichung und Kultur sind in der Lesart von Jameson eins geworden.

Diese kritischen **Analysen des (Waren-)Konsums und der ›Kulturgesellschaft‹** gehen in der Regel von der Seite der Produktion aus, während in der neueren Forschung, die durch anthropologische Untersuchungen (Douglas/Isherwood 1979; Appadurai 1986), klassische Studien der Soziologie wie Simmels Theorem der Tragödie der Kultur (Simmel 1983), dem unaufhörlichen Auseinandertreten von objektiver und subjektiver Kultur, oder durch die Analyse von Alltagspraktiken (Soeffner 1988) inspiriert wird, v. a. **der Konsum selbst zum Thema wird.** Untersucht wird der Gebrauch und die Aneignung von (kulturellen) Waren (Winter 1995). Zentral sind Fragen nach der Konstitution von Gemeinschaften durch Konsum, nach sozialer Distinktion und nach der gesellschaftlichen Relevanz emotionaler und ästhetischer Qualitäten des Konsums. Auch wenn der Konsum von (vorgegebenen) Kulturwaren kein autonomer Akt ist, so ist er dennoch eine Fabrikation von Bedeutungen, Gefühlen und Phantasien. Die Konsumenten sind »Produzenten, Dichter ihrer eigenen Angelegenheiten, und stillschweigende Erfinder eigener Wege durch den Dschungel funktionalistischer Rationalität« (de Certeau 1988, S. 21).

In der Forschung werden unterschiedliche, mehr oder minder **kreative Praktiken im Alltag** beschrieben, mittels derer kulturelle Waren kombiniert, verwertet und (um-)gedeutet werden. Eine häufige Praktik ist hierbei die sogenannte ›**Bricolage**‹, auf die in vielen Jugend- und Freizeitstudien verwiesen wird. Kulturellen Objekten wird im Kontext einer Subkultur eine neue Bedeutung zugewiesen, sie werden mit anderen kombiniert und Grundlage eines eigenen Stils. Dick Hebdige (1979) hat dies am Beispiel der Punks demonstriert. Der gemeinsame Konsum führt hier zur Konstitution von Gemeinschaften.

Auch Bourdieus empirisch gehaltvolle und theoretisch komplexe Studien zur französischen Gesellschaft zeigen die wichtige **Rolle des Konsums** in den Prozessen sozialer Distinktion auf (Bourdieu 1982). Er kann zeigen, daß die durch Konsum geprägten Lebensstile die **symbolische Dimension von Klassenbeziehungen** ausdrücken. So weist er eine strukturelle Homologie zwischen dem Feld sozialer Klassen und dem Raum der Lebensstile nach. Die Konsumpräferenzen einer Klasse, die Ausdruck ihres Geschmacks sind, stehen in einer systematischen Opposition zu denjenigen der anderen Klassen. Mittels differenzierter Praktiken und der Vorliebe für unterschiedliche Konsumobjekte differenzieren sich die Klassen voneinander.

Angesichts des überwältigenden und sich ständig verändernden Angebots an Waren, Zeichen und Bildern der ›postmodernen Kultur‹ ist v. a. Wissen erforderlich, um sich zurechtfinden zu können, um neue Objekte bewerten und sie zur Distinktion nutzen zu können. Dabei stellt sich die Frage, ob die Globalisierung und die damit verbundene Erosion des Nationalstaates es nicht zunehmend schwierig machen, verläßliche und stabile Klassifikationskriterien und Dispositionen zu entwickeln, die klare Grenzziehungen zwischen Klassen in einem Nationalstaat erlauben. Sind Klasse und Sozialstruktur noch so eng miteinander gekoppelt, wie Bourdieu dies zeigen konnte? Dominieren heute nicht eher Prozesse kultureller Unübersichtlichkeit, Inkohärenz und Fragmentierung? Diese Fragen stehen im Zentrum aktueller kultursoziologischer Forschung (vgl. Featherstone 1995). Insbesondere Untersuchungen zur Populärkultur und zur Stadterfahrung weisen darauf hin, daß das **verführerische, selbstreferentiell gewordene Zeichenspiel des Konsums und der Medien**, die zu einer Ästhetisierung des Alltags führen, auch positive, utopische Möglichkeiten enthält, worauf bereits Walter Benjamin insistierte. Die heutigen Flaneure genießen die ästhetisierte Oberflächlichkeit, Künstlichkeit und Differenziertheit der Konsumkultur, entfalten ihr transgressives und spielerisches Potential, um eine eigene unverwechselbare Identität zu produzieren. Im individuellen und subkulturellen Gebrauch der großstädtischen Bricoleure wird **Kultur zur Collage** (vgl. Chambers 1986). Daneben gibt es Studien, welche die affektive Dimension neuer Gemeinschaftsformen hervorheben, die zu einem Untergang des Individualismus bürgerlicher Prägung führen.

An Simmels Soziologie der Formen anknüpfend, zeigt **Michel Maffesoli** (1988, 1990), daß die soziale Dynamik der Postmodernität eine Vielfalt von Erfahrungen, Vorstellungen und Gefühlen, die das Alltagsleben prägen, hervorgebracht hat. Eine *ambiance tribale* ist entstanden, eine emotionale Grundstimmung, die die oberflächlichen, unbeständigen Beziehungen, die sich im Bereich des Konsums, des Lebensstils und der Bilderwelten der Medien entwickeln, und die Beziehungen zu Gleichgesinnten im Bereich der Freizeit (Sportclubs, Fankulturen etc.) prägt. Die **Kondensierungen von Sozialität in den Neo-Stämmen der Gegenwart** überschreiten nach Maffesoli die Grenzen von Klassen und sind Ausdruck einer im Alltag verankerten Kreativität.

4.3 Kultur und Erlebnis

Das Erlebnis bzw. die Suche nach ihm beschäftigt im Bereich der Freizeit die Imagination und die oft rastlosen Aktivitäten vieler. Der Wunsch, viele und intensive Erlebnisse zu haben, dominiert die individuelle Lebensführung, was zu einer Steigerung der gesellschaftlichen Individualisierung führt. Erlebnisparks, *shopping malls*, Museen, spektakuläre Ausstellungen, Erlebnisurlaub, Raves, Snowboard-Events, Stadtteilfeste, die Liste kultureller und sportzentrierter Themen und Events, die einen Erlebnismarkt geschaffen haben, ließe sich endlos fortsetzen. Kultur wird zunehmend als Ereignis und als Erlebnis inszeniert und konsumiert, was in der neueren kultursoziologischen Forschung intensiv untersucht wird (Gebhardt/Hitzler/Pfadenhauer 2000; Göttlich/Winter 2000; Klein 1999).

Gerhard Schulze hat in seiner *Kultursoziologie der Gegenwart* (1992) wegen der relativ großen Bedeutung von Erlebnissen im sozialen Leben der Gegenwart die Diagnose der ›**Erlebnisgesellschaft**‹ gestellt. Deren individualisierte Akteure teilen ein erlebnisorientiertes Denken und Handeln, das für Schulze in ein strategisches Handeln mündet:

> Erlebnisrationalität ist die Systematisierung der Erlebnisorientierung. Das Subjekt wird sich selbst zum Objekt, indem es Situationen zu Erlebniszwecken instrumentalisiert. Erlebnisrationalität ist der Versuch, durch Beeinflussung äußerer Bedingungen gewünschte subjektive Prozesse auszulösen. Der Mensch wird zum Manager seiner eigenen Subjektivität, zum Manipulator seines Innenlebens. (Schulze 1992, S. 40)

Die Angebote des Erlebnismarkts werden in Schulzes Lesart zum Auslöser für ›psychophysische Prozesse‹, deren individueller Wert der einzelne beurteilen muß. Zudem schaffen gemeinsame Erlebnisse wie die Teilhabe an Events **Möglichkeiten kollektiver Selbsterfahrung**. Die Wahlakte der Subjekte, die sich an kollektiv schematisierten Erlebnismustern orientieren, lassen Milieus entstehen, nach Alter und Bildung klassifizierte Gruppen, die spezifische Orientierungen und Stile im Umgang mit Erlebnissen ausgeprägt haben. Nur äußerst unscharf nimmt Schulze jedoch in seinem kultursoziologischen Entwurf die populäre Kultur wahr, deren Lebendigkeit, Dynamik und Kreativität er mit alltagsästhetischen Typisierungen wie ›Trivial- und Spannungsschema‹, die den Akteuren Erlebnisroutinen signalisieren sollen, ungewollt verdeckt. Damit reproduziert er implizit die aus der deutschen Diskussion bekannte Abwertung des Populären. Zudem blendet er aus, daß populäre Erlebnisse auch eine Bedeutungsdimension haben, die in gesellschaftlichen Machtverhältnissen verankert ist. Das Populäre ist auch ein Ort, an dem Bedeutungen sich verschieben, neue Bedeutungen geschaffen werden und das Bestehende transzendiert werden kann.

In der populären Kultur waren Erlebnisse schon immer zentral. Das intensive Erleben des ›Jetzt‹, das sich bis zur exzessiven, karnevalesken Überschreitung von Grenzen und Hierarchien steigern kann, verbunden mit der Aufhebung der Distanz zu anderen und kollektiven Erfahrungen sind wesentliche Elemente des populären Vergnügens. Mehr oder minder ausgeprägt wird die populäre Erlebniskultur auch von einer Kritik an bestehenden Macht- und Dominanzverhältnissen, von einer ›**Lust am Widerstand**‹ geprägt, was v. a. die *Cultural Studies* gezeigt haben. Populäre Vergnügen und Erlebnisse, so Fiske (Fiske 1989; Winter/Mikos 2001), müssen von hegemonialen unterschieden werden. Sie entstehen nämlich in Opposition zur Macht, sei diese nun gesellschaftlich, moralisch, ästhetisch oder textuell bestimmt. Die Macht versucht, populäre Vergnügen zu kontrollieren, zu disziplinieren und politisch sowie kommerziell zu vereinnahmen. Nach der Vorstellung von Fiske befinden sich populäre Erlebnisse in einem widerspenstigen Verhältnis zur dominanten Ordnung, sie bedrohen diese und symbolisieren Unordnung sowie Widerstand. Kultur wird als widerspenstig begriffen (Hörning/Winter 1999).

4.4 Kultur und Kommunikation

Neuere Forschungen in der interpretativen Soziologie, die an die phänomenologische Handlungstheorie anknüpfen, verwenden das **Konzept der kommunikativen Gattungen**, das es erlaubt, Kultur als etwas Explizites, als Teil der »kommunikativen Außenwelt der Handlung« (Bergmann/Luckmann 1999b, S. 19) zu konzipieren. Ausgehend von den routinisierten und institutionalisierten Merkmalen kommunikativen Handelns werden in empirischen Untersuchungen die typischen Muster identifiziert, an denen sich Handlungsentwürfe orientieren (können). Kommunikative Gattungen werden als gesellschaftlich verfestigte **Muster kommunikativen Handelns** definiert, die – quasi als Gebrauchsanweisungen – von Handlungsproblemen, wie der Synchronisation der Handelnden oder der Koordination der Handlungssequenzen, entlasten. Sie determinieren nicht kommunikative Vorgänge, bieten aber Rahmen (Goffman 1977) zur Organisation und zum Verständnis. Dabei wird zwischen der Binnenstruktur kommunikativer Gattungen (textliche Charakteristika), ihrer Einbettung in gesellschaftliche Strukturen und der jeweiligen situativen Realisierung, welche die Kontingenz von sozialen Kontexten berücksichtigt, unterschieden (Knoblauch/Luckmann 2000). In verschiedenen empirischen Untersuchungen werden typische Formen von Kommunikation identifiziert und analysiert, die Elemente einer spezifischen Kultur darstellen. So wurden z. B. der Klatsch (Bergmann 1987), die kommunikative Konstruktion von Moral (Bergmann/Luckmann 1999a), die Spezifik von Tischgesprächen (Keppler 1994) und Mediengattungen (Keppler 1985; Ayaß 1997; Holly/Püschel/Bergmann 2001) erforscht. Hiermit werden einerseits Einblicke in die Relevanzsysteme von Gesellschaften, in ihren kommunikativen Haushalt möglich, andererseits lassen sich institutionalisierte Gesprächsformen sowie narrative Kulturen von Gruppen oder Milieus erforschen.

4.5 Kultur und Globalisierung

Seit den 1990er Jahren wird dem Prozeß der Globalisierung in der Soziologie vermehrt Aufmerksamkeit geschenkt (Beck 1997). Die globalen *flows* von Kapital, Waren, Zeichen, Bildern, Migranten etc. haben nach der Auffassung einiger Kommentatoren (Featherstone 1995; Appadurai 1996) zu einer **Autonomisierung der kulturellen Sphäre** geführt, gleichzeitig aber auch zu den bereits erwähnten **Entdifferenzierungsphänomenen**. Treibende Kraft in diesem Prozeß sind die Waren, die von transnationalen Korporationen in verschiedenen kulturellen Kontexten überall in der Welt verkauft werden. Jameson (1998, S. 69) hat darauf hingewiesen, daß es v. a. die mit den Waren verbundenen Bilder sind, die zu einer »libidinösen Besetzung« des Marktes führen, so daß die Ware gleichsam zu ihrer eigenen Ideologie wird. Die zentrale Frage in der aktuellen kultursoziologischen Diskussion ist, ob der kulturelle Wandel zu einer zunehmenden Homogenität führt oder ob sich auch Prozesse der Heterogenisierung identifizieren lassen. Insbesondere George Ritzer (1995) hat die heutige **transnationale Konsumkultur** einer kritischen Lesart unterzogen. Ausgehend von den durchrationalisierten Schnellrestaurants von McDonalds identifiziert er eine auf Berechenbarkeit und Effizienz beruhende Kultur der Gegenwart. Im Bereich der Freizeit ist eine riesige Bürokratie – vom Fastfood über Pauschalreisen bis zur Festivalkultur – entstanden, deren standardisierte Angebote das Ziel haben, Bedürfnisse effizient zu befriedigen. Auf diese Weise werden immer mehr Bereiche des Lebens der Kontrolle durch Organisationen und deren Technologien unterworfen. Das alltägliche Leben wird eintöniger, die Lebensqualität nimmt ab. Die standardisierten Versprechen der **McDonalds-Gesellschaft** verstärken das ›Gehäuse der Hörigkeit‹, das bereits Max Weber im Blick hatte. Nun ist auch die Freizeit weitgehend rationalisiert. Auch Roland Robertson (1995) geht davon aus, daß das **›Zur-Ware-Werden‹ von Kultur** und ihre weltweite Zirkulation zentral für den Globalisierungsprozeß ist. Mit seinem Begriff der *glocalization* (Robertson 1995) betont er aber, daß es eine ***difference-within-sameness*** gebe, zum einen, weil das globale Marketing seine Produkte und Dienste mit den lokalen Gegebenheiten, Praktiken und Identitäten vermitteln muß, zum anderen, weil der globale Wandel sich durch eine andauernde Interpenetration des Universalen und des Partikularen auszeichne. Globalisierung stelle also eine komplexe Verbindung aus Homogenisierung und Heterogenisierung dar.Viele neuere Forschungen zeigen, daß global zirkulierende kulturelle Elemente lokal neu artikuliert werden. Es kommt zu **Prozessen der Deterritorialisierung, der Synkretisierung und Hybridisierung** (Nederveen Pieterse 1995). Symbole, Zeichen und Ideologien werden aus ihren ursprünglichen Kontexten herausgelöst und gewinnen in Vermischung mit anderen kulturellen Elementen eine neue Bedeutung. So wird z. B. der Rap in Lateinamerika von Künstlern mit Salsa, Reggae und Pop verbunden (Rowe/Schelling 1991). Symbolische Formen und ihre Bedeutungen sind so ständig Veränderungen unterworfen. Überall auf der Welt werden eigene Versionen räumlich entfernter Kulturen geschaffen (Mitchell 1996; Lull 2001). Deshalb impliziert Globalisierung immer auch **Prozesse der Übersetzung und der Reterritorialisierung.** Durch den produktiven und kreativen Gebrauch globaler Ressourcen konstituieren sich Kulturen ständig neu. Die Ströme von Zeichen und Bildern bringen keine einheitliche Kultur hervor, vielmehr wird die ›globale Postmoderne‹ durch **Differenz, Pluralität und Hybridität** bestimmt.

5. Schluß

Die Diskussion wichtiger Themen der aktuellen Kultursoziologie hat gezeigt, daß der *cultural turn* in der Soziologie es ermöglicht, die globale Dynamik des sozialen Lebens im 21. Jahrhundert zu analysieren. Die Disziplin zeigt zunehmend (wieder) Interesse an der kultursoziologischen Perspektive. Freilich gibt es auch mächtige Gegenbewegungen. Es wird von der zukünftigen theoretischen Arbeit und empirischen Forschung abhängen, ob die ›Kulturbedeutungen‹ des gesellschaftlichen Lebens und damit auch die Möglichkeiten seiner individuellen und kollektiven Gestaltung untersucht, verstanden und verwirklicht werden.

Literaturverzeichnis

Standardwerke und Einführungen

Alexander, Jeffrey (Hg.): *Durkheimian Sociology. Cultural Studies.* Cambridge et al.: Cambridge UP 1988.

Alexander, Jeffrey: *Soziale Differenzierung und kultureller Wandel.* Frankfurt a. M. et al.: Campus-Verlag 1993.

Althusser, Louis: *Ideologie und ideologische Staatsapparate.* Hamburg et al.: VSA 1977 (orig.: »Idéologie et appareils idéologiques d'Etat.« In: ders.: *Positions (1964–1975).* Paris: Ed. Sociales 1976, S. 79–137).

Berger, Peter/Luckmann, Thomas: *Die gesellschaftliche Konstruktion von Wirklichkeit.* Frankfurt a. M.: Fischer 1969.

Bourdieu, Pierre: *Die feinen Unterschiede. Kritik der gesellschaftlichen Urteilskraft.* Frankfurt a. M.: Suhrkamp 1982 (orig.: *La distinction. Critique sociale du jugement.* Paris: Les Éditions de Minuit 1979).

Bourdieu, Pierre: *Sozialer Sinn. Kritik der theoretischen Vernunft.* Frankfurt a. M.: Suhrkamp 1987 (orig.: *Le sens pratique.* Paris: Les Éditions de Minuit 1980).

Chaney, David: *The Cultural Turn.* London/New York: Routledge 1994.

Elias, Norbert: *Über den Prozeß der Zivilisation.* 2 Bde. Frankfurt a. M.: Suhrkamp 1980 [1969].

Featherstone, Mike: *Consumer Culture & Postmodernism.* London et al.: Sage 1991.

Featherstone, Mike (Hg.): *Postmodernism.* Sonderheft der Zeitschrift *Theory, Culture & Society* 5, 2–3 (1988).

Fiske, John: *Understanding Popular Culture.* Boston et al.: Unwin Hyman 1989.

Geertz, Clifford: *Dichte Beschreibung. Beiträge zum Verstehen kultureller Systeme.* Frankfurt a. M.: Suhrkamp 1983 (orig.: *The Interpretation of Cultures. Selected Essays.* New York: Basic Books 1973).

Hörning, Karl H./Winter, Rainer (Hgg.): *Widerspenstige Kulturen.* Cultural Studies *als Herausforderung.* Frankfurt a. M.: Suhrkamp 1999.

Kellner, Douglas: *Media Culture.* London/New York: Routledge 1995.

Lipp, Wolfgang: *Drama Kultur.* Berlin: Duncker & Humblot 1994.

Long, Elisabeth (Hg.): *From Sociology to Cultural Studies. New Perspectives.* Malden, MA: Blackwell 1997.

Neidhardt, Friedhelm/Lepsius, M. Rainer/Weiß, Johannes (Hgg.): *Kultur und Gesellschaft.* Sonderheft 27 der *Kölner Zeitschrift für Soziologie und Sozialpsychologie.* Opladen: Westdeutscher Verlag 1986.

Reckwitz, Andreas: *Die Transformation der Kulturtheorien. Zur Entwicklung eines Theorieprogramms.* Weilerswist: Velbrück 2000.

Robertson, Roland: *Globalization. Social Theory and Global Change.* London et al.: Sage 1992.

Schulze, Gerhard: *Die Erlebnisgesellschaft. Kultursoziologie der Gegenwart*. Frankfurt a. M./ New York: Campus-Verlag 1992.
Smith, Philip (Hg.): *The New American Cultural Sociology*. Cambridge et al.: Cambridge UP 1998.
Tenbruck, Friedrich H.: *Perspektiven der Kultursoziologie. Gesammelte Aufsätze*. Clemens Albrecht/Wilfried Dreyer/Harald Homann (Hgg.): Opladen: Westdeutscher Verlag 1996.
Williams, Raymond: *Culture and Society 1780–1950*. London: Chatto & Windus 1958.
Winter, Rainer: *Die Kunst des Eigensinns. Cultural Studies als Kritik der Macht*. Weilerswist: Velbrück 2001.

Weiterführende Literatur

Alexander, Jeffrey: *Twenty Lectures. Sociological Theory Since 1945*. New York: Columbia UP 1987.
Alexander, Jeffrey: »Das Versprechen einer Kultursoziologie: Technologischer Diskurs und die heilige und profane Informationsmaschine.« In: Dieter Bögenhold (Hg.): *Moderne amerikanische Soziologie*. Stuttgart: Lucius & Lucius 2000, S. 149–175.
Appadurai, Arjun (Hg.): *The Social Life of Things*. Cambridge et al.: Cambridge UP 1986.
Appadurai, Arjun: *Modernity at Large. Cultural Dimensions of Globalization*. Minneapolis et al.: University of Minnesota Press 1996.
Ayaß, Ruth: *Das Wort zum Sonntag. Fallstudie einer kirchlichen Sendereihe*. Stuttgart et al.: Kohlhammer 1997.
Baudrillard, Jean: *Agonie des Realen*. Berlin: Merve-Verlag 1978.
Baudrillard, Jean: *Der symbolische Tausch und der Tod*. München: Matthes & Seitz 1982 (orig.: *L' échange symbolique et la mort*. Paris: Gallimard 1976).
Beck, Ulrich: *Was ist Globalisierung?* Frankfurt a. M.: Suhrkamp 1997.
Bergmann, Jörg: *Klatsch. Zur Sozialform der diskreten Indiskretion*. Berlin et al.: de Gruyter 1987.
Bergmann, Jörg/Luckmann, Thomas (Hgg.): *Kommunikative Konstruktion von Moral*. 2 Bde. Opladen: Westdeutscher Verlag 1999 (= 1999a).
Bergmann, Jörg/Thomas Luckmann: »Moral und Kommunikation.« In: Bergmann/Luckmann 1999a, Bd. 1, S. 13–36 (= 1999b).
Bevers, Antonius M.: *Dynamik der Formen bei Georg Simmel*. Berlin: Duncker & Humblot 1985.
Billig, Michael: *Banal Nationalism*. London et al.: Sage 1995.
Bourdieu, Pierre: *Homo academicus*. Frankfurt a. M.: Suhrkamp 1988 (orig.: *Homo Economicus*. Paris: Éd. de Minuit 1984).
Bourdieu, Pierre: *Praktische Vernunft. Zur Theorie des Handelns*. Frankfurt a. M.: Suhrkamp 1998 (orig.: *Raisons pratiques. Sur la théorie de l'action*. Paris: Seuil 1994).
Bourdieu, Pierre/Wacquant, Loïc J.D.: *Reflexive Anthropologie*. Frankfurt a. M.: Suhrkamp 1996 (orig.: *Réponses. Pour une anthropologie réflexive*. Paris: Seuil 1992).
Bublitz, Hannelore: *Foucaults Archäologie des kulturellen Unbewußten*. Frankfurt a. M. et al.: Campus-Verlag 1999.
Chambers, Iain: *Popular Culture. The Metropolitan Experience*. London et al.: Methuen 1986.
Crane, Diana (Hg.): *The Sociology of Culture*. Oxford et al.: Blackwell 1994.
De Certeau, Michel: *Kunst des Handelns*. Berlin: Merve-Verlag 1988.
Demirovic, Alex: *Der nonkonformistische Intellektuelle. Die Entwicklung der Kritischen Theorie zur Frankfurter Schule*. Frankfurt a. M.: Suhrkamp 1999.
Denzin, Norman K.: *Images of Postmodern Society. Social Theory and Contemporary Cinema*. London et al.: Sage 1991.
Denzin, Norman K.: *Reading Race. Hollywood and the Cinema of Racial Violence*. London et al.: Sage 2002.
Douglas, Mary/Isherwood, Baron: *The World of Goods*. New York: Basic Books 1979.
Eßbach, Wolfgang/Fischer, Joachim/Lethen, Helmut (Hgg.): *Plessners Grenzen der Gemeinschaft*. Frankfurt a. M.: Suhrkamp 2002.
Featherstone, Mike: *Undoing Culture. Globalization, Postmodernism and Identity*. London et al.: Sage 1995.

Featherstone, Mike/Lash, Scott/Robertson, Roland (Hgg.): *Global Modernities*. London et al.: Sage 1995.
Foucault, Michel: *Power/Knowledge. Selected Interviews & Other Writings 1972–1977*. Colin Gordon (Hg.). New York: Pantheon Books 1980.
Gebhardt, Winfried: »Vielfältiges Bemühen. Zum Stand kultursoziologischer Forschung in Deutschland«. *Soziologie* 2 (2001), S. 40–52.
Gebhardt, Winfried/Hitzler, Ronald/Pfadenhauer, Michaela (Hgg.): *Events. Soziologie des Außergewöhnlichen*. Opladen: Leske & Budrich 2000.
Gehlen, Arnold: *Die Seele im technischen Zeitalter*. Hamburg: Rowohlt 1957.
Gehlen, Arnold: *Der Mensch. Seine Natur und seine Stellung in der Welt*. Wiesbaden: Aula-Verlag 1986 [1940].
Göttlich, Udo/Winter, Rainer (Hgg.): *Politik des Vergnügens. Zur Diskussion der Populärkultur in den* Cultural Studies. Köln: Halem 2000.
Goffman, Erving: *Rahmen-Analyse*. Frankfurt a. M.: Suhrkamp 1977.
Gouldner, Alvin W.: *Die westliche Soziologie in der Krise 1*. Reinbek: Rowohlt 1974.
Grossberg, Lawrence: *We Gotta Get Out of This Place. Popular Conservatism and Postmodern Culture*. New York et al.: Routledge 1992.
Grossberg, Lawrence: *Dancing in Spite of Myself. Essays on Popular Culture*. Durham et al.: Duke UP 1997.
Grossberg, Lawrence: »Was sind *Cultural Studies*?« In: Hörning/Winter 1999, S. 43–83.
Hahn, Alois: *Konstruktionen des Selbst, der Welt und der Geschichte*. Frankfurt a. M.: Suhrkamp 2000.
Hahn, Alois: »Differenzierung, Zivilisationsprozeß, Religion. Aspekte einer Theorie der Moderne.« In: Neidhardt/Lepsius/Weiß 1986, S. 214–231.
Hall, Stuart: »Cultural Studies and the Centre: Some Problematics and Problems.« In: ders. et al. (Hgg.): *Culture, Media, Language. Working Papers in Cultural Studies, 1972–1979*. London et al.: Hutchinson 1980, S. 15–47.
Hall, Stuart: »The Centrality of Culture. Notes on the Cultural Revolution of Our Time.« In: Kenneth Thompson (Hgg.): *Media and Cultural Regulation*. London et al.: Sage 1997, S. 207–238.
Hall, Stuart: »Die zwei Paradigmen der Cultural Studies.« In: Hörning/Winter 1999, S. 13–42.
Hardt, Michael/Negri, Toni: *Empire*. Frankfurt a. M. et al.: Campus-Verlag 2002.
Harvey, David: *The Condition of Postmodernity*. Oxford et al.: Blackwell 1989.
Hebdige, Dick: *Subculture. The Meaning of Style*. London et al.: Methuen 1979.
Hetzel, Andreas: *Zwischen Poiesis und Praxis. Elemente einer kritischen Theorie der Kultur*. Würzburg: Königshausen & Neumann 2001.
Hoggart, Richard: *The Uses of Literacy*. London: Chatto & Windus 1957.
Holly, Werner/Püschel, Ulrich/Bergmann, Jörg (Hgg.): *Der sprechende Zuschauer. Wie wir uns Fernsehen kommunikativ aneignen*. Wiesbaden: Westdeutscher Verlag 2001.
Jameson, Fredric: *Postmodernism, or The Cultural Logic of Late Capitalism*. London/New York: Verso 1991.
Jameson, Fredric: »Notes on Globalization as a Philosophical Issue.« In: Fredric Jameson/Masao Miyoshi (Hgg.): *The Cultures of Globalization*. Durham/London: Duke UP 1998, S. 54–77.
Keppler, Angela: *Präsentation und Information. Zur politischen Berichterstattung im Fernsehen*. Tübingen: Narr 1985.
Keppler, Angela: *Tischgespräche*. Frankfurt a. M.: Suhrkamp 1994.
Knoblauch, Hubert/Luckmann, Thomas: »Gattungsanalyse.« In: Uwe Flick/Ernst von Kardorff/Ines Steinke (Hgg.): *Qualitative Forschung*. Reinbek: Rowohlt 2000, S. 538–545.
Klein, Gabriele: *Electronic Vibration. Pop-Kultur-Theorie*. Hamburg: Rogner & Bernhard bei Zweitausendeins 1999.
Knorr-Cetina, Karin: *Epistemic Cultures. How the Sciences Make Knowledge*. Cambridge, MA: Harvard UP 1999.
Lash, Scott: *Critique of Information*. London et al.: Sage 2002.
Lash, Scott/Urry, John: *Economies of Signs and Space*. London et al.: Sage 1994.

Lauermann, Manfred: »Ist ›Kultursoziologie‹ institutionalisierbar? Zur Gründung der Sektion Kultursoziologie in der Deutschen Gesellschaft für Soziologie.« In. Helmuth Berking/Richard Faber (Hgg.): *Kultursoziologie – Symptom des Zeitgeistes?* Würzburg: Königshausen & Neumann 1989, S. 286–304.

Lichtblau, Klaus: *Kulturkrise und Soziologie um die Jahrhundertwende. Zur Genealogie der Kultursoziologie in Deutschland.* Frankfurt a. M.: Suhrkamp 1996.

Lipp, Wolfgang/Tenbruck, Friedrich H.: »Zum Neubeginn der Kultursoziologie.« In: *Kölner Zeitschrift für Soziologie und Sozialpsychologie* 31,3 (1979), S. 393–398.

Luhmann, Niklas: »Kultur als historischer Begriff.« In: ders.: *Gesellschaftsstruktur und Semantik.* Bd. 4. Frankfurt a. M.: Suhrkamp 1995, S. 31–54.

Lull, James: »Superculture for the Communication Age.« In: ders. (Hg.): *Culture in the Communication Age.* London/New York: Routledge 2001, S. 132–163.

Maffesoli, Michel: *Le temps des tribus.* Paris: Klincksiek 1988.

Maffesoli, Michel: *Au creux des apparences. Pour une éthique de l'esthétique.* Paris: Plon 1990.

Mann, Michael: *The Sources of Social Power.* Bd. 1. Cambridge et al.: Cambridge UP 1986.

Mannheim, Karl: »Über die Eigenart kultursoziologischer Erkenntnis.« In: ders.: *Strukturen des Denkens.* David Kettler/Volker Meja/Nico Stehr (Hgg.). Frankfurt a. M.: Suhrkamp 1980, S. 33–154.

Mitchell, Tony: *Popular Music and Local Identity. Rock, Pop and Rap in Europe and Oceania.* London et al.: Leicester UP 1996.

Morley, David: *Television, Audiences and Cultural Studies.* London et al.: Routledge 1992.

Morley, David/Chen, Kuan-Hsing (Hgg.): *Stuart Hall. Critical Dialogues in Cultural Studies.* London/New York: Routledge 1996.

Münch, Richard: *Die Kultur der Moderne.* 2 Bde. Frankfurt a. M.: Suhrkamp 1993.

Nederveen Pieterse, Jan: »Globalization as Hybridization.« In: Featherstone/Lash/Robertson 1995, S. 45–68.

Oakes, Guy: *Die Grenzen kulturwissenschaftlicher Begriffsbildung.* Frankfurt a. M.: Suhrkamp 1990.

Peterson, Richard A.: »Kultursoziologie aus Sicht der Produktionsperspektive. Fortschritte und Ausblick.« In: Hans-Peter Müller/Steffen Sigmund (Hgg.): *Zeitgenössische amerikanische Soziologie.* Opladen: Leske & Budrich 2000, S. 281–312.

Rehberg, Karl-Siegbert: »Kultur versus Gesellschaft? Anmerkungen zu einer Streitfrage in der deutschen Soziologie.« In: Neidhardt/Lepsius/Weiß 1986, S. 92–115.

Rehberg, Karl-Siegbert: »Kultur.« In: Hans Joas (Hg.): *Lehrbuch der Soziologie.* Frankfurt a. M. et al.: Campus-Verlag 2001, S. 63–92.

Ritzer, George: *Die McDonaldisierung der Gesellschaft.* Frankfurt a. M.: Fischer 1995.

Robertson, Roland: »The Sociological Significance of culture. Some General Considerations.« In: *Theory, Culture & Society* 5,1 (1988), S. 3–23.

Robertson, Roland: »Glocalization. Time-Space and Homogeneity-Heterogeneity.« In: Featherstone/Lash/Robertson (Hgg.) 1995, S. 25–44.

Rowe, William/Schelling, Vivienne: *Memory and Modernity. Popular Culture in Latin America.* London/New York: Verso 1991.

Scaff, Larence A.: »Max Webers Begriff der Kultur.« In: Gerhard Wagner/Heinz Zipprian (Hgg.): *Max Webers Wissenschaftslehre.* Frankfurt a. M.: Suhrkamp 1994, S. 678–699.

Simmel, Georg: *Philosophie des Geldes.* Frankfurt a. M.: Suhrkamp 1989 [1901].

Simmel, Georg: »Der Begriff und die Tragödie der Kultur.« In: ders.: *Philosophische Kultur.* Berlin: Wagenbach 1983 [1923], S. 195–218.

Soeffner, Hans-Georg (Hg.): *Kultur und Alltag.* Sonderband 6 der *Sozialen Welt.* Göttingen: Schwartz 1988.

Soeffner, Hans-Georg: *Gesellschaft ohne Baldachin. Über die Labilität von Ordnungskonstruktionen.* Weilerswist: Velbrück 2000.

Stagl, Justin: »Kulturanthropologie und Kultursoziologie. Ein Vergleich.« In: Neidhardt/Lepsius/Weiß 1986, S. 75–91.

Swidler, Ann: »Culture and Social Action.« In: *American Journal of Sociology* 51, 3 (1986), S. 273–286.

Tenbruck, Friedrich H.: *Die kulturellen Grundlagen der Gesellschaft. Der Fall der Moderne.* Opladen: Westdeutscher-Verlag 1989.

Thurn, Hans-Peter: »Kultursoziologie. Zur Begriffsgeschichte der Disziplin.« In: *Kölner Zeitschrift für Soziologie und Sozialpsychologie* 31, 3 (1979), S. 422–449.

Urry, John: *Sociology Beyond Societies.* London et al.: Routledge 2000.

Weber, Alfred: »Kultursoziologie.« In: Alfred Vierkandt (Hg.): *Handwörterbuch der Soziologie.* Stuttgart: Enke 1982 [1931], S. 81–90.

Weber, Max: »Die ›Objektivität‹ sozialwissenschaftlicher und sozialpolitischer Erkenntnis.« In: ders.: *Gesammelte Aufsätze zur Wissenschaftslehre.* Tübingen: Mohr 1988 [1922], S. 146–214.

Weber, Max: *Die protestantische Ethik I.* Eine Aufsatzsammlung. Hg. v. Johannes Winckelmann. Gütersloh et al.: Mohn 1984 [1920].

Weiß, Johannes: *Max Webers Grundlegung der Soziologie.* München et al.: Saur 1992 [1977].

Willis, Paul: *Spaß am Widerstand. Gegenkultur in der Arbeiterschule.* Frankfurt a. M.: Syndikat 1979.

Winter, Rainer: *Der produktive Zuschauer. Medienaneignung als kultureller und ästhetischer Prozeß.* München/Köln: Quintessenz 1995.

Winter, Rainer/Mikos, Lothar (Hgg.): *Die Fabrikation des Populären. Der John Fiske Reader.* Bielefeld: Transcript 2001.

Rainer Winter

11. Kulturpsychologie und Psychoanalyse als Kulturtheorie

Kulturbezogene Vorstellungen und Konzepte finden sich im Rahmen psychologischer Forschungen in vier grob abgrenzbaren, aber sich durchaus überschneidenden Bereichen:

1. Die **Kulturvergleichende Psychologie** will vornehmlich die »Wirkungen kultureller Kontextbedingungen auf die Art und Ausprägung psychischer Funktionen« feststellen – wobei sie ›Kultur‹ als eine mögliche Variable versteht, die das menschliche Erleben und Verhalten beeinflußt – und die »Generalisierbarkeit psychologischer Gesetzmäßigkeiten« (Thomas 1993b, S. 13) überprüfen.
2. Die **Interkulturelle Psychologie** bzw. ›Psychologie interkulturellen Handelns‹ befaßt sich mit »der Analyse psychischer Bedingungen, Verlaufsprozesse und Wirkungen menschlichen Erlebens und Verhaltens in Sonder- und Grenzsituationen [...], die dadurch gekennzeichnet sind, daß Menschen aus verschiedenen Kulturen einander begegnen, bedeutsam füreinander werden, miteinander kommunizieren und evtl. sogar miteinander kooperieren« (Thomas 2001, S. 282).
3. Die **Psychologie kultureller Erscheinungen** untersucht spezifische Teilbereiche wie z. B. Kunst, Musik, Literatur, aber auch Religion einer bestimmten Kultur (vgl. Straub/Kochinka/Werbik 2000, Teil V).
4. Die **Kulturpsychologie** erforscht den Einfluß der Kultur auf das individuelle menschliche Denken, Fühlen und Handeln – und zwar zunehmend in dem Sinne, daß »im Prinzip alle psychischen Phänomene und menschlichen Hervorbringungen als kulturell verfaßt konzeptualisiert« (Billman-Mahecha 2001, S. 406) werden. ›Kultur‹ wird hier jedoch – anders als bei der kulturvergleichenden Psychologie – nicht als ›Einflußvariable‹, sondern »als genuiner Bestandteil jeglicher psychologisch relevanter menschlicher Äußerungen« (ebd.) verstanden.

Während es bei den oben angesprochenen Varianten kulturbezogenen Denkens in der Psychologie um das Erkunden, Messen, Beschreiben und Interpretieren von Bewußtseinsphänomenen geht, will die **Psychoanalyse**, die zwar – wie Sigmund Freud schrieb – als »ein Zweig der Psychologie« zu betrachten sei, etwas anderes: Sie will »Tiefenpsychologie oder Psychologie des Unbewußten« (Freud 1989, I, S. 586) sein. Im Zentrum ihrer Arbeit steht dabei nicht die Erhebung und Analyse von empirischen Daten, sondern der »Austausch von Worten« (ebd., I, S. 43) zwischen Analysand und Analytiker. Aber die Psychoanalyse will nicht nur die verschiedenen Dimensionen der menschlichen Psyche verstehen, sondern auch eine Theorie ihrer Entwicklung und damit der menschlichen Kultur überhaupt anbieten.

1. Kulturvergleichende Psychologie und Kulturpsychologie

1.1 Vorgeschichte

Psychologische Überlegungen zur Kultur sind seit dem Altertum überliefert, aber erst die europäische Expansion seit dem ausgehenden 15. Jahrhundert führte mit ihren Entdeckungen, Erkundungen und Eroberungen fremder Länder und Völker zur interessengeleiteten Sammlung ethnologischen Materials und zur Vermehrung ethnographischen Schrifttums. Wenngleich mehrheitlich deskriptiver Natur und traditionellen Denk- und Darstellungsweisen verpflichtet, dienten sie als Grundlagen für die weitere ›Erschließung‹ der Erde. Im Zuge der **Aufklärung** setzte sich dann eine Form wissenschaftlichen Vorgehens durch, die empirische Beobachtung mit kritischer Reflexion verband. Allerdings ist zu bedenken, daß sowohl Psychologie als auch Anthropologie bis weit ins 19. Jahrhundert als Teilgebiete der Philosophie galten; die entsprechenden Emanzipationsprozesse der Disziplinen müssen im folgenden mitgedacht werden.

Unabhängig von Unterschieden im Detail begriff die große Mehrheit der Aufklärer/innen den Menschen als natürliches und kulturelles Wesen: zum einen als prinzipiell vernunftbegabt, zum anderen als je spezifischen Teil der universellen Geschichte der Menschheit. Die potentielle Vielfalt seiner Existenz – vom ›Wilden‹ bis zum ›Zivilisierten‹ – wurde dabei als räumliches and zeitliches System vorgestellt, innerhalb dessen das Individuum bzw. sein sozio-kulturelles Kollektiv – entsprechend dem Gebrauch, den es von seiner Vernunft machte – ›lokalisiert‹ werden konnte, wobei die Annahme einer grundsätzlichen mentalen Ausstattung es ihrerseits erlaubte, diese unterschiedlichen ›Lokalisierungen‹ zu vergleichen und – unter der Prämisse eines allgemeinen Fortschreitens der Menschheit von der Barbarei zur Zivilisation – als unterschiedliche Stufen dieser historischen Entwicklung zu bewerten. Die überlieferten Reiseberichte dienten dann dazu, den verschiedenen Stufen der menschlichen Entwicklung entsprechende Beispiele zuzuordnen.

Während auf diese Weise die Mehrheit der Aufklärer/innen von René Descartes über John Locke, Étienne Bonnot de Condillac und dem Marquis de Condorcet zur Société des Observateurs de l'Homme die verschiedenen menschlichen Kulturen als ›Variationen‹ ein und desselben ›Themas‹ betrachtete, sich vornehmlich für das allen Menschen und ihren Kulturen Gemeinsame – also das Kulturunspezifische – interessierte, gleichwohl die europäischen Kulturen für die ›fortgeschrittensten‹ hielt, formulierte eine skeptische Minderheit von Giambattista Vico über Johann Gottfried Herder und Wilhelm von Humboldt bis zu Vertretern der ›Völkerpsychologie‹ (Humboldt) wie Moritz Lazarus und Heymann Steinthal ihre Alternative: Ja, der Mensch sei ein natürliches und kulturelles Wesen, aber er sei nicht nur von Natur aus vernunftbegabt, sondern diese Vernunft werde auch von dem jeweiligen kulturellen Kontext mitgeformt, weil sie *vornehmlich in ihm* dem Verstehen, der Kommunikation und Kooperation diene. Deshalb seien verschiedene Kulturen zunächst ›aus sich heraus‹ zu verstehen; und da sie ›in sich‹, d. h. funktional gleichwertig seien, hätten sie auch den Maßstab ihrer Bewertung in sich selbst. Gemeinsamkeiten mit anderen Kulturen seien möglich, aber nicht zwingend, und verwiesen nicht notwendigerweise auf kulturelle Universalien. Die Mehrheit favorisierte das naturwissenschaftliche, die Minderheit das geisteswissenschaftliche Modell wissenschaftlicher Erkenntnis (vgl. Cole 1996, S. 18–24; Jahoda/Krewer 1997, S. 8–11).

Entsprechend läßt sich im Hinblick auf die Psychologie feststellen (vgl. Kashima 2000, S. 16–19), daß eine Gruppe von Wissenschaftler/inne/n ihre Disziplin nach dem **Modell der Newtonschen Physik** modellierten: Im Zentrum stand das wissenschaftliche Experiment als Forschungsmethode, das – bei Beachtung der entsprechenden Regeln – nach ihrer Ansicht kausale Erklärungen mit allgemeingültigem Charakter ermöglichte. Das Experiment diente jedoch nicht der Erkenntnis kultureller Phänomene, sondern ihrer *Ausschließung*, da erst sie die Erfassung einer kulturunabhängigen Variablen ermöglichte. Dagegen betonten die am **geisteswissenschaftlichen Modell** wissenschaftlicher Erkenntnis sich orientierenden Wissenschaftler/innen die kulturelle und historische Besonderheit psychologischer Phänomene; sie strebten ein interpretatives Verstehen menschlicher Erfahrungen und Handlungen *in ihrem jeweiligen Kontext* mit Hilfe semiotischer bzw. hermeneutischer Verfahren an. Entsprechend betrachtete die erste Richtung **Kultur als etwas außerhalb der menschlichen Natur Liegendes, ihr Hinzugefügtes**, während die zweite Richtung **Kultur als zum Wesen des Menschen Gehörendes**, ja, **ihn Konstituierendes** wertete; die erste Richtung hat die Kulturvergleichende Psychologie stark beeinflußt, die zweite kann als Vorläuferin der Kulturpsychologie gelten.

Der von der naturwissenschaftlich ausgerichteten Psychologie als ›Gründungsvater‹ verehrte Wilhelm Wundt, der 1879 in Leipzig das erste experimentelle Labor eingerichtet hatte, versuchte – wie bereits John Stuart Mill vor ihm –, zwischen den beiden Richtungen zu vermitteln (vgl. Cole 1996, S. 24–30). Er konzipierte eine geisteswissenschaftlich orientierte Völkerpsychologie als notwendige Erweiterung einer naturwissenschaftlichen Methoden verpflichteten Individualpsychologie. Als deren Gegenstände bestimmte er alle die geistigen Erzeugnisse, »die aus der Gemeinschaft des menschlichen Lebens hervorgehen und die nicht aus den Eigenschaften des einzelnen Bewußtseins allein zu erklären sind, weil sie die Wechselwirkung vieler voraussetzen«; als ihre Hauptaufgabe betrachtete er es, »bei der Analyse der höheren geistigen Vorgänge« – vor deren Komplexität die experimentelle Psychologie versage – »eine unentbehrliche Ergänzung der Psychologie des Einzelbewußtseins« (Wundt 1997b, S. 274 f.) zu sein. Wundt hoffte, von der Analyse von Sprache, Mythos und Sitte – den »*Objektivationen* komplexer psychischer Prozesse« (Eckardt 1997b, S. 98) – auf die ihnen zugrundeliegenden Prozesse des Denkens, Fühlens und Wollens (vielleicht sogar ihre besondere Gesetzmäßigkeit) schließen zu können. Das Scheitern dieses Vorhabens – dokumentiert in seiner zehnbändigen *Völkerpsychologie* (1900–20) – hat sicherlich dazu beigetragen, daß auch seine Warnung, die experimentelle Psychologie nicht mit der Komplexität kulturpsychologischer Fragestellungen zu überfordern (vgl. Wundt 1997a, S. 265), ungehört verhallte. Die sich an naturwissenschaftlichen Verfahren orientierende – und eben kulturelle Problemstellungen ignorierende – Form der Psychologie dominierte die Disziplin in den entscheidenden Zentren psychologischer Forschung (Europa, Nordamerika) von ihren Anfängen bis weit in die zweite Hälfte des 20. Jahrhunderts. Erst danach führten wissenschaftsinterne Gründe – wie v. a. die begrenzten Möglichkeiten behavioristischer und kognitiver Ansätze, Prozesse der Sinn- und Bedeutungskonstruktion adäquat zu erfassen – sowie wirtschaftliche, politische und soziokulturelle Entwicklungen – wie der sich beschleunigende Prozeß der Dekolonialisierung, die weltweit zunehmenden Migrationsbewegungen, die Bürgerrechtsbewegung in den USA – dazu, daß kulturelle Probleme innerhalb von und zwischen Staaten und Gesellschaften, die mit den Verfahren der Allgemeinen Psychologie nicht zu lösen waren, wieder auf die Tagesordnung gesetzt wurden.

1.2 Kulturvergleichende Psychologie

In diesem Kontext ist die Kulturvergleichende Psychologie aus der Einsicht entstanden, daß die herrschende *mainstream psychology* sowohl *culture-bound* als auch *culture-blind* gewesen ist, ihre eigene **Kulturabhängigkeit** weder durchschaut noch reflektiert, mithin ihre Vorgehensweise für kultur*un*spezifisch gehalten hat (vgl. Lonner/Adamopoulos 1997, S. 53). Um diesen Ethnozentrismus zu korrigieren, erstrebt die Kulturvergleichende Psychologie »the systematic study of relationships between the cultural context of human development and the behaviors that become established in the repertoire of individuals growing up in a particular culture« (Berry 1997, S. x). Nach ›etabliertem amerikanischen‹ Verständnis umfaßt sie auch die Ethnopsychologie, Anteile der Sozialpsychologie, die Psychologie interkulturellen Handelns und die Kulturpsychologie (vgl. Segall/Lonner/Berry 1998, S. 1101; Berry et al. 1997, *passim*) – in Deutschland wird eher umgekehrt die Kulturvergleichende Psychologie der Kulturpsychologie subsumiert (vgl. Billman-Mahecha 2001, S. 406; Gesellschaft für Kulturpsychologie 2001); außerdem unterhält sie enge Beziehungen zur Psychologischen Anthropologie und zur Vergleichende Anthropologie.

Aber die Kulturvergleichende Psychologie will nicht nur die *mainstream psychology* korrigierend erweitern und reformieren, sondern durch ihre **inter- und intradisziplinäre Ausrichtung**, die die Ansätze indigener Psychologien ausdrücklich einschließt, und durch ihre **internationale Kooperation** zu einem besseren Verständnis menschlichen Verhaltens und zu einem friedlicheren, auf gegenseitiger Anerkennung beruhenden Zusammenleben der Völker dieser Erde beitragen. Die Untersuchungen der letzten vierzig Jahre sind breit gestreut; sie umfassen Fragestellungen zur Kognitions-, Entwicklungs- und Wahrnehmungspsychologie, zur Motivationsforschung, zur Geschlechterdifferenz, zur Entwicklung moralischer Urteilsbildung, zu Werten und ihrem Wandel, zu Kulturstandards, Emotionen etc. V. a. in den letzten zwei Jahrzehnten sind vermehrt Studien zur kulturellen Vielfalt auch *innerhalb* bestimmter Gesellschaften durchgeführt worden. Schließlich haben die Probleme des Umgangs mit kulturellen Differenzen nicht nur zu ihrer Erforschung, sondern auch zur Konstruktion von interkulturellen Trainingsprogrammen und der empirischen Überprüfung ihrer Effektivität geführt.

Wenngleich die Kulturvergleichende Psychologie in den letzten vierzig Jahren einen bemerkenswerten Aufschwung erlebt hat, führt sie – selbst in den US-amerikanischen Universitäten – nur ein randständiges Dasein; auch in Deutschland ist sie – sieht man von den rezenten Interessen an einer Psychologie interkulturellen Handelns ab (vgl. Thomas 1993c, 1996, 2001; Weidemann/Straub 2000) – immer noch marginalisiert (vgl. Trommsdorff 1986; Eckensberger/Römhild 2001). Allerdings sagt das nichts über die bisher geleistete, beachtenswerte Arbeit. Nach einer Reihe von Einzelinitiativen (vgl. z. B. Frijda/Jahoda 1966) wurden 1970 das *Journal of Cross-Cultural Psychology*, 1972 die International Association for Cross-Cultural Psychology (IACCP), 1984 die Association pour la Recherche Interculturelle (ARIC) gegründet; 1980/81 erschien das sechsbändige *Handbook of Cross-Cultural Psychology* (Triandis et al. 1980/81), das einen umfassenden Überblick über die Grundlagen, Forschungsbereiche, -fragen und -ergebnisse der kulturvergleichenden Psychologie bietet; seine zweite Auflage in drei Bänden mit einem neuen Herausgeberkreis ist 1997 erschienen (Berry et al. 1997). Es existieren sowohl solide Einführungen für Studierende (Segall et al. 1999) als auch stärker theoretisch ausgerichtete Darstellungen der Forschung (Berry et al. 1992); in deutscher Sprache liegt ein informativer Sammelband (Thomas 1993a) vor.

Bei ihren Untersuchungen hat sich die Kulturvergleichende Psychologie drei **Ziele** gesetzt:

> First is to *transport and test* our current psychological knowledge and perspectives by using them in other cultures in order to learn if they are valid; second is to *explore and discover* new aspects of the phenomenon being studied in local cultural terms; and third is to *integrate* what has been learned from these first two approaches in order to generate a more nearly universal psychology, one that has pan-human validity. The existence of universals in other disciplines (e.g. biology, linguistics, sociology, and anthropology) provided some basis for the assumption that we would be able to work our way through to this third goal with some success. (Berry 1999, S. 165 f.; fast wortgleich Segall/Lonner/Berry 1998, S. 1102; vgl. Lonner/Adamopoulos 1997, S. 53 f.)

Hieraus wird sofort deutlich, daß sich die Kulturvergleichende Psychologie von den anderen Forschungsgebieten nicht so sehr durch die Fokussierung inhaltlicher Fragestellungen als vielmehr durch ihren **methodischen Ansatz** unterscheidet:

> Nicht das Phänomen ›Kultur‹ steht im Mittelpunkt des Forschungsinteresses, sondern der Vergleich der Ausprägung psychischer Gegebenheiten in verschiedenen Kulturen. Dieser Vergleich kann zwei Ziele verfolgen: Gefragt wird zum einen nach den für die Menschen in allen Kulturen gemeinsamen psychischen Gegebenheiten, und zum anderen nach den mit je einer spezifischen Kultur verbundenen Modifikationen eben dieser Gegebenheiten. Während in einem Fall das Ziel des Vergleichs im Auffinden von universell gültigen Gesetzmäßigkeiten besteht, sollen im anderen Fall kulturelle Bedingungen als Einflußgrößen für individuelle Merkmalsausprägungen untersucht werden. (Helfrich 1993, S. 81)

Das erste Ziel verfolgen die sog. Generalisierungs-, das zweite die sog. Differenzierungsstudien (vgl. Eckensberger 1990, S. 154 f.; Eckensberger/Römhild 2001,

S. 676). Eine Darstellung der methodischen Probleme, die im Rahmen solcher Untersuchungen zu bewältigen sind, kann hier nicht erfolgen (vgl. dazu Berry 1969; Poortinga/Berry 1989; Helfrich 1993; van de Vijver/Leung 1997); grundsätzlich muß man aber davon ausgehen, daß viele – wenn auch keineswegs alle – Psycholog/inn/en, »die sich um eine Erforschung psychischer Gegebenheiten im kulturellen Kontext bemühen« (Helfrich 1993, S. 85), von der *prinzipiellen* Möglichkeit des Kulturvergleichs überzeugt sind. Problematisch bleibt allerdings bei einer Psychologie, die sich *kultur*vergleichend nennt, der – im Hinblick auf die oben angesprochenen Ziele – ungeklärte Kulturbegriff:

a) Die Komplexität kultureller Phänomene wird in den sog. **Differenzierungsstudien** in immer ›kleinere‹ Einheiten zerlegt, um zu experimentell handhabbaren (= meßbaren) Größen zu kommen; dadurch wird das kulturelle Phänomen selbst tendenziell zum Verschwinden gebracht.
b) Den sog. **Generalisierungsstudien** liegt die Vorstellung zu Grunde, man könne die Menschen verschiedener Kulturen mit Hilfe vergleichender Untersuchungen ›schälen‹ wie eine Zwiebel (vgl. Poortinga et al. 1987): Trüge man nur mit Hilfe möglichst vieler Experimente eine kulturelle Schicht nach der anderen ab, so gelangte man schließlich zu der allen gemeinsamen »psychic unity of mankind« (Segall/Lonner/Berry 1998, S. 1104) und hätte damit – so ließe sich ergänzen – die kulturelle Dimension überflüssig gemacht.

Bei der Beschreibung kulturspezifischer psychischer Gegebenheiten lassen sich zwei Ansätze unterscheiden: der ›etische‹ bzw. kulturübergreifende und der ›emische‹ bzw. kulturangepaßte – und nur die Vertreter/innen des ersten Ansatzes halten den Kulturvergleich nicht nur für möglich, sondern auch für wünschenswert. Die Unterscheidung etisch/emisch geht auf den Linguisten Kenneth Lee Pike zurück, der den üblichen Gebrauch der Begriffe Phon*etik* – für die Beschreibung des universellen Lautbestandes aller Sprachen – und Phon*emik* – für die Beschreibung jeweils sprachentypischer Lautbestände – generalisierte (vgl. Pike 1967, S. 37). Der **etische Ansatz** nähert sich den zu untersuchenden Phänomenen ›von außen‹: Er erlaubt es, Differenzen und Gemeinsamkeiten im Verhalten von Menschen aller nur denkbaren Kulturen darzustellen, sofern es gelingt, die jeweiligen Vergleichsgegenstände und Vergleichsmaßstäbe äquivalent zu halten (vgl. Helfrich 1999, S. 132 f.). Zudem ist es mit diesem Ansatz möglich, psychologische Untersuchungsergebnisse in bezug auf bestimmte kulturelle Einflußfaktoren auf ihre Generalisierbarkeit zu testen. Allerdings hat der etische Ansatz deutliche Grenzen:

> The etic approach is based upon a model of static influence. ›Culture‹ is regarded as a set of independent variables whose influence on individual competencies and states can be investigated in terms of dependent variables. It is easy to overlook the fact that ›culture‹ does not represent an independent variable in the usual sense, nor can there be culture-free definition and measurement of the dependent variables. (Helfrich 1999, S. 133)

Stark verkürzt:

a) Der Einflußfaktor ›Kultur‹ ist – wie bereits angedeutet – keine unabhängige Variable »im Sinne einer experimentellen Manipulation«, sondern kann eher als ›organismische‹ (= komplexe) Variable bezeichnet werden (Helfrich 1993, S. 99).

b) ›Kultur‹ – so ließe sich einwenden – stellt auch keinen eindeutigen, direkten und unvermeidbaren Einfluß, sondern eher ein ›Feld‹ von Möglichkeiten dar, innerhalb dessen individuelles Handeln stark variieren kann.

c) Bei den zu messenden abhängigen Variablen handelt es sich um Konstrukte wie z. B. kognitive Kompetenzen und psychische Zustände. Diese sind aber nur über ihre Performanz beobachtbar. Die Beziehung von Kompetenz und Performanz ihrerseits variiert zwischen den Kulturen.

Bringt der etische Ansatz die kulturelle Dimension tendenziell zum Verschwinden – sei es durch ihre Aufteilung in immer kleinere Elemente, sei es durch das Lösen weiterer ›Schalen‹ –, so verweist der **emische Ansatz** auf die Grenzen des *peeling the onion called culture*: Schält man nämlich eine Zwiebel, so bleibt – tut man es konsequent – nichts übrig; mit dem Schälen geht auch die Frucht verloren. Das Bild des ›Zwiebelschälens‹ demonstriert so bei genauerem Hinsehen die Fragwürdigkeit einer Vorstellung, die ›Kultur‹ als etwas den Menschen Hinzugefügtes und nicht als etwas sie Konstituierendes begreift. Entsprechend nähert sich der emische Ansatz den zu untersuchenden Phänomenen ›von innen‹; für ihn ist ›Kultur‹ kein externer Faktor, sondern integraler Bestandteil menschlichen Handelns:

> Human acts cannot be separated from their cultural context. They are determined not by *causes* which can be studied using the methods of the natural sciences but rather by *reasons* which are under the control of the acting person and must be understood through the eyes of the individuals under investigation. (Helfrich 1999, S. 133)

Diese kritische Einschätzung macht deutlich, daß nicht nur die Gegenstände psychologischer Forschung, sondern jegliche Psychologie mitsamt ihren theoretischen Grundlagen kulturabhängig sind. Deshalb haben auch zunehmend die Vertreter/innen **indigener Psychologien** gefordert, kulturelle Phänomene von Psycholog/inn/en der zu untersuchenden Kulturen mit Hilfe indigener psychologischer Konzepte erforschen zu lassen (vgl. Sinha 1997). Konsequent zu Ende gedacht führt dies allerdings zu einer relativistischen Position, die die Möglichkeit jeglichen Kulturvergleichs ernsthaft in Zweifel zieht. Zudem ist die konsequente Innenperspektive den Gefahren (a) der systematischen Befangenheit – wenn die Individuen ihr Verhalten falsch darstellen oder deuten – und (b) der Willkür – weil das psychologische ›Wissen‹ subjektiven Charakters ist – ausgesetzt.

Die Stärken und Schwächen dieser Ansätze haben zu verschiedenen Schlußfolgerungen geführt: Während in der Kulturvergleichenden Psychologie zunächst der etische Ansatz privilegiert wurde, sind dort mittlerweile Kompromiß- bzw. Komplementärvorstellungen (vgl. zuletzt Berry 1999) entwickelt worden. Außerdem hat Helfrich kürzlich einen – kontrovers beurteilten – Vorschlag zur Integration beider Ansätze vorgelegt (vgl. Helfrich 1999 sowie die Diskussion bei Berry 1999 und Lonner 1999). Der emische Ansatz wird überwiegend in der Kulturpsychologie vertreten.

1.3 Kulturpsychologie

Als Motto für die vielen, theoretisch sehr verschiedenen Strömungen, aus denen sich die Kulturpsychologie zusammensetzt – Dissident/inn/en aus der Kulturvergleichenden Psychologie, der Handlungs-, Tiefen-, Sprach- und Kognitionspsychologie (vgl. Billmann-Mahecha 2001, S. 406) –, kann eine Aussage von Edward Sapir gelten, die die Paradoxie des ›Zwiebelschälens‹ in andere Worte faßt: »The worlds in which different societies live are distinct worlds, not merely the same world with different labels attached« (Sapir 1970, S. 69). In diesem Sinne ist die Kulturvergleichende Psychologie in ihrer Kritik an der Allgemeinen Psychologie nicht radikal genug: Wo es letzterer darum geht, einen »central processing mechanism« (Shweder 1990, passim) zu bestimmen, der alle Menschen gleichermaßen zum Wahrnehmen, Denken, Fühlen, Lernen und Handeln befähigt, macht erstere zwar darauf aufmerksam, daß dieser – unterstellte – ›zentrale Prozeßmechanismus‹, will man sein Wirken mit Hilfe experimenteller Methoden überprüfen, bei Angehörigen verschiedener Kulturen zu unterschiedlichen Ergebnissen führt, stellt aber seine Existenz auf Grund dieser Ergebnisse nicht grundsätzlich in Frage. Die Unterschiede werden auf zweierlei Weise interpretiert: Entweder sind sie dadurch zustande gekommen, daß der ›zentrale Mechanismus‹ bei der getesteten Population noch nicht genügend entwickelt gewesen ist, oder dadurch, daß die jeweiligen kulturspezifischen Rahmenbedingungen die Erhebungen negativ beeinflußt haben. Im ersten Fall wird versucht, das unterbliebene ›Wachstum‹ anzuregen, im zweiten Fall werden ›natürlichere‹ bzw. ›realistischere‹ Rahmenbedingungen gesucht.

Kulturpsychologische Ansätze dagegen, wie sie in den letzten zwei bis drei Dekaden entwickelt wurden, gehen in eine andere Richtung. Für sie sind – bei allen Unterschieden im Detail – die folgenden Gesichtspunkte leitend:

a) ›Kultur‹ und ›Psyche‹ können nicht als isolierbare Variablen, sondern nur als einander bedingend konzipiert werden:

> Cultural psychology is the study of the way cultural traditions and social practices regulate, express, transform, and permute the human psyche, resulting less in psychic unity for humankind than in ethnic divergences in mind, self, and emotion. Cultural psychology is the study of the ways subject and object, self and other, psyche and culture, person and context, figure and ground, practitioner and practice live together, require each other, and dynamically, dialectically, and jointly make each other up. (Shweder 1990, S. 1)

b) Die emische Perspektive ist von zentraler Bedeutung; die psychischen Prozesse der zu untersuchenden Kultur werden v. a. *from the native's point of view* beschrieben, verstanden und dargestellt; entsprechend werden experimentelle Settings zugunsten von Alltags- oder doch zumindest alltagsnahen Kontexten aufgegeben.

c) Das In-einander-verschränkt-sein von Kultur und Psyche impliziert unter der emischen Perspektive ein anderes Menschenbild: »ein Bild vom Menschen als sozial situiertes *reflexives Subjekt*, das seinem Denken, Fühlen, Tun und Lassen sowie den Widerfahrnissen des Lebens Sinn und Bedeutung verleiht, das sich Ziele setzt und weiterreichende Lebensorientierungen verfolgt« (Billmann-Mahecha 2001, S. 407). Das bedeutet zweierlei: Zum einen müssen »die kulturell tradierten und sprachlich-symbolisch vermittelten Bedeutungssysteme, die als soziokulturelle Kontexte mit den untersuchten psychischen Prozessen verknüpft sind« (ebd.), in die Analyse einbezogen werden; zum anderen sind für diese Analyse die am naturwissenschaftlichen Paradigma ausgerichteten – quantifizierenden – Methoden der traditionellen Psychologie ungeeignet, »weil Sinn- und Bedeutungsstrukturen weder ›objektiv‹ beobacht- und meßbar, noch über standardisierte Fragebögen einfach abfragbar sind« (ebd.).

Entsprechend wird (d) qualitativen Methoden – wie der teilnehmenden Beobachtung, dem narrativen Interview, der Gruppendiskussion, der Metaphern- und Dokumentenanalyse etc. – bei der Erhebung visueller und verbaler Daten und ihrer hermeneutischen Interpretation großes Gewicht verliehen (vgl. ebd.; Cole 1996, S. 104; Greenfield 1997).

Blickt man auf die historische Entwicklung von Kulturvergleichender Psychologie und Kulturpsychologie, so war letztere vielleicht akademisch noch stärker marginalisiert als erstere (vgl. Cole 1996, S. 101). Jedoch hat sie im Zuge der ›interpretativen Wende‹, die kaum eine wissenschaftliche Disziplin unberührt gelassen hat, einen bemerkenswerten Aufschwung erlebt. Hierfür spricht im deutschsprachigen Raum nicht nur die Existenz und rege Tätigkeit der 1986 gegründeten Gesellschaft für Kulturpsychologie e.V. (2001), sondern auch eine substantielle Diskussionskultur und Publikationstätigkeit (vgl. Straub 2001); von besonderem Interesse ist hier die interdisziplinäre Zeitschrift *Handlung Kultur Interpretation. Zeitschrift für Sozial- und Kulturwissenschaften.* Internationale Zeitschriften wie *Culture & Psychology, Ethos. Journal of the Society for Psychological Anthropology und Culture, Medicine and Psychiatry* publizieren gelegentlich gleichfalls relevante Beiträge.

Auf drei Ansätze sei kurz eingegangen:

1. Michael Cole schließt in seinen Arbeiten an die Überlegungen der russischen kulturhistorischen Schule (Lew S. Wygotski, Aleksandr R. Luria, A.A. Leontiev) an (vgl. Cole 1996, S. 104 ff.). Ihre zentrale These ist, daß menschliche psychologische Prozesse durch kulturell vermittelte, historisch sich entwickelnde, praktische **Tätigkeit** entstehen und sich weiterentwickeln. D. h. stark verkürzt: Menschliche psychologische Funktionen entstehen im Zusammenhang mit neuen Formen des Verhaltens, in denen die Menschen – unterstützende wie einschränkende – Werkzeuge zur Gestaltung ihrer Beziehungen zur Umwelt und ihren Mitmenschen entwickeln und benutzen. Im Zuge dieser Entwicklung entsteht auch das ›Werkzeug der Werkzeuge‹: die menschliche **Sprache.** Dabei ist zu bedenken, daß Phylogenese und Kulturgeschichte von Anfang an interagieren (vgl. Geertz 1973, S. 67 f.). Menschen können nicht nur Werkzeuge herstellen und nutzen, sondern auch das Wissen von ihrer Mach- und Nutzbarkeit speichern und weitergeben. Unter dieser Perspektive kann man die im Lauf der historischen Entwicklung akkumulierten – materiellen

wie ideellen – Werkzeuge einer Gruppe als ihre ›Kultur‹, d. h. als das spezifische Medium ihrer Entwicklung, verstehen. Die zentrale Einheit für die Analyse psychischer Funktionen ist die alltagspraktische Tätigkeit – egal, ob es sich um einfache Operationen, komplexe Handlungen oder hochkomplizierte Tätigkeiten handelt. Obwohl Coles Vorstellung, er könne mit seinem Ansatz, der biologisch-evolutionäre Momente mit kulturhistorischen verbindet, die natur- und geisteswissenschaftlich orientierten Richtungen der Psychologie vereinen (vgl. Cole 1996, S. 327), sicherlich überzogen ist, überzeugen doch insbesondere seine entwicklungspsychologischen Untersuchungen.

2. Ernst E. Boesch hat Kultur als ein räumlich-zeitliches **Handlungsfeld** bestimmt (vgl. Boesch 1980, S. 17), das den Menschen Handlungsmöglichkeiten bietet, ihnen aber auch Handlungsbedingungen stellt.

   > Innerhalb dieser räumlich-zeitlichen Ordnungen [...] umreißt die Kultur [...] ›Handlungsbereiche‹ [...], Komplexe von aufeinander bezogenen Handlungen, wie die Bereiche Familie, Beruf, Sport, Religion, Kunst und so manche mehr. Diese verbinden sich [...] mit kulturgegebenen Vorstellungen dessen, was ein ›gutes Leben‹ sei und welche Gefährdungen ihm entgegenstehen, und daraus leiten sich vielfältige Wertvorstellungen ab [...]. (Boesch 1983, S. 22)

   Innerhalb dieser Handlungsbereiche finden menschliche Handlungen statt, die – auf Grund ihrer Einbettung in übergeordnete Zusammenhänge (Handlungsketten und -systeme) – vieldeutig sind und neben ihrem sachlichen-funktionalen Charakter immer auch symbolisch erlebt werden:

   > Diese Symbolqualität der einzelnen Handlung [...] definiert gleichsam den Stellenwert einer jeden Handlung innerhalb des individuellen Handlungssystems und dadurch auch (da der einzelne sich ja immer auch gruppenbezogen erlebt) innerhalb sozialer Handlungsregeln: die Symbolik der Handlung erfüllt eine integrative Funktion [...]. (ebd., S. 13)

   Lutz H. Eckensberger (1990, 1995) hat Boeschs Überlegungen weitergeführt, indem er den Handlungsbegriff genauer als »the dynamic interface or ›link‹ between the individual and the situational context« (Eckensberger 1995, S. 71) bestimmt und verschiedene Handlungstypen (instrumentelle und soziale) sowie unterschiedliche Handlungsebenen eingeführt hat.

3. Jerome Bruner (1990) geht – wie die beiden vorherigen Ansätze – von der menschlichen Alltagspraxis aus, die uns nur verständlich wird, wenn wir wissen, welchen Sinn die Menschen ihren Handlungen geben. Die entsprechenden **Sinnbildungsprozesse** erfolgen nach Bruner »im Kontext historisch gewachsener und sozial geteilter Symbolsysteme«, wobei für ihn »als wichtigstes Symbolsystem die Sprache und als wichtigste Form sprachlich vermittelter Bedeutungsgehalte die Erzählung im Zentrum seiner Aufmerksamkeit steht« (Billmann-Mahecha 2001, S. 407). Das Kind erwirbt im Lauf seiner Entwicklung nicht nur seine Muttersprache, sondern auch die jeweiligen Bedeutungssysteme der Kultur. Unter ihnen spielen Erzählungen deshalb eine hervorragende Rolle, weil die Menschen nach Bruners Ansicht grundsätzlich so disponiert sind, daß sie ihre Erfahrungen in Form von Erzählungen orga-

nisieren, ihnen auf diese Weise Bedeutung zuschreiben und sie in einen sinnstiftenden Zusammenhang einordnen.

In diesen nur grob skizzierten Facetten kulturpsychologischer Fragestellungen deuten sich neben Gemeinsamkeiten auch Unterschiede an: So ist beispielsweise für Shweder und Bruner die semiotische Dimension wichtiger als für Boesch, Eckensberger und Cole, die stärkeres Gewicht auf die Handlungs- bzw. Tätigkeitsdimension(en) legen. Es wäre zweifellos sinnvoll, *beide* Akzentuierungen weiterzuverfolgen (vgl. Straub 1998a, 1998b, der an Boesch 1991 und Bruner anschließt): Einerseits sind Handlungen ohne Deutungs- und Interpretationsleistungen nicht denkbar; erst im Rahmen kultureller Orientierungssysteme werden sie zu dem, was sie sind. Andererseits ergibt sich die Bedeutung einer Handlung nicht einfach aus ihrem kulturellen Kontext, sondern wird im Handlungsvollzug, der seinerseits in einen permanenten Prozeß des Aushandelns von Bedeutungen verflochten ist, ständig neu (re-)konstruiert.

2. Psychoanalyse als Kulturtheorie

2.1 Die klassische Auffassung

Mit zwei »unliebsamen Behauptungen«, so schreibt Sigmund Freud am Beginn seiner *Vorlesungen zur Einführung in die Psychoanalyse* (1916–17), »beleidigt die Psychoanalyse die ganze Welt und zieht sich deren Abneigung zu«: mit der einen, daß für sie – mit der Pointierung eines bereits vorhandenen Gedankens (vgl. Lütkehaus 1989) – »die seelischen Vorgänge an und für sich unbewußt sind«, und mit der anderen, daß »Triebregungen, welche man nur als sexuelle im engeren wie im weiteren Sinn bezeichnen kann«, nicht nur »eine ungemein große und bisher nie genug gewürdigte Rolle in der Verursachung der Nerven- und Geisteskrankheiten spielen«, sondern darüber hinaus »auch mit nicht zu unterschätzenden Beiträgen an den höchsten kulturellen, künstlerischen und sozialen Schöpfungen des Menschengeistes beteiligt« sind (Freud 1989, I, S. 47–48). Das **Skandalon der Psychoanalyse** liegt also darin, daß sie zum einen den zwei bekannten großen Kränkungen der »naiven Eigenliebe« (ebd., I, S. 283) der Menschheit – daß die Erde nicht der Mittelpunkt des Weltalls ist (Kopernikus) und daß der Mensch vom Tier abstammt (Darwin) – die dritte hinzufügt, daß das individuelle Ich »nicht einmal Herr ist im eigenen Hause, sondern auf kärgliche Nachrichten angewiesen bleibt von dem, was unbewußt in seinem Seelenleben vorgeht« (ebd., I, S. 284). Zum anderen macht sie die menschlichen Triebe – zunächst (1894–1911) die Sexual- und Selbsterhaltungstriebe, dann (1915–20) die Sexual- und Aggressionstriebe, schließlich (ab 1920) die Lebens- und Todestriebe – und den Umgang mit ihnen zur Grundlage des Kultur- bzw. Zivilisationsprozesses:

> Wir glauben, die Kultur ist unter dem Antrieb der Lebensnot auf Kosten der Triebbefriedigung geschaffen worden, und sie wird zum großen Teil immer wieder von neuem erschaffen, indem der Einzelne, der neu in die menschliche Gemeinschaft eintritt, die Opfer an Triebbefriedigung zu Gunsten des Ganzen wiederholt. (ebd., I, S. 48)

Diesen Gedanken, daß Versagungen nicht nur die Einführung in die Kultur, sondern auch die Teilhabe an ihrem Entwicklungsprozeß bestimmen, hat Freud über dreißig Jahre immer wieder aus verschiedenen, komplementären Perspektiven behandelt (vgl. Wollheim 1972, S. 192–206; von Gisteren 2000). Freud ist geleitet von der Erkenntnis, »daß die Geschehnisse der Menschheitsgeschichte, die Wechselwirkungen zwischen Menschennatur, Kulturentwicklung und jenen Niederschlägen urzeitlicher Erlebnisse, als deren Vertretung sich die Religion vordrängt, nur die Spiegelung der dynamischen Konflikte zwischen Ich, Es und Über-Ich sind, welche die Psychoanalyse beim Einzelmenschen studiert, die gleichen Vorgänge, auf einer weiteren Bühne wiederholt« (Freud 1948–52, XVI, S. 32 f.). In Aufsätzen wie »Zwangshandlungen und Religionsübungen« (1907; Freud 1989, VII, S. 13–21), »Die ›kulturelle‹ Sexualmoral und die moderne Nervosität« (1908; ebd., IX, S. 13–32), »Zeitgemäßes über Krieg und Tod« (1915; ebd., IX, S. 35–60), »Warum Krieg?« (1933; ebd., IX, S. 275–286) sowie in Büchern wie *Die Zukunft einer Illusion* (1927; ebd., IX, S. 139–189) und *Das Unbehagen in der Kultur* (1930; ebd., IX, S. 197–270) gilt sein primäres Interesse der menschlichen Ontogenese, die er durch faszinierende, wenngleich – wie sich erweisen sollte (vgl. Paul 1991; Reichmayr 1995, S. 21–51; Henseler 2000; Kraft 2000) – wissenschaftlich nicht (oder nur teilweise) haltbare Spekulationen zur Phylogenese wie in *Totem und Tabu* (1912–13; Freud 1989, IX, S. 291–444) und *Der Mann Moses und die monotheistische Religion* (1939; ebd., IX, S. 459–581) zu untermauern bzw. zu ergänzen trachtet.

In *Totem und Tabu* skizziert Freud sowohl seine Vorstellung vom Ursprung menschlichen Zusammenlebens als auch seine Theorie menschlicher Kultur, die sich seines Erachtens zwei Tabus – dem Tötungs- und dem Inzesttabu – verdankt. Am Anfang steht eine große Schuld: die vom Urvater unterdrückten, von der Macht ausgeschlossenen, von den Frauen ferngehaltenen und im Konfliktfall aus dem Clan ausgestoßenen Söhne bzw. Brüder schließen sich zusammen, töten und verzehren den Urvater. Aber der gemeinsame Mord bringt ihnen nicht die erhoffte Befreiung. Nach der Befriedigung des Hasses machen sich ambivalente Gefühle der Bewunderung und Liebe für den Vater bemerkbar. Sie führen dazu, daß die Söhne/Brüder auf den heiß ersehnten Preis – des Vaters Stelle einzunehmen und die Frauen zu besitzen – verzichten und sich selbst ein Gesetz geben, das dem des Vaters entspricht: Sie schaffen »aus dem *Schuldbewußtsein des Sohnes*« die fundamentalen Tötungs- und Inzesttabus, die nun ihrerseits »mit den beiden verdrängten Wünschen des Ödipuskomplexes übereinstimmen« (Freud 1989, IX, S. 427): Der **Ödipuskomplex** tritt gewissermaßen das Erbe dieser beiden Tabus an und wird damit zum zentralen Mechanismus der Triebunterdrückung. Wenngleich Freuds ›Modell‹ schon zum Zeitpunkt seiner Formulierung fragwürdig – wie in seinem Bezug auf das evolutionistische Denkschema, die sog. vergleichende Methode, die bei einem ähnlichen Verhalten auf einen ähnlichen Ursprung und eine ähnliche Funktion schloß, und den ahistorischen, eurozentrischen Zugriff (›Studierstubenethnologie‹) – und in einigen Punkten – wie z. B. in seinen von Jean-Baptiste Lamarck und Ernst Haeckel entlehnten Momenten – obsolet war (vgl. Reichmayr 1995, S. 21–27), hat es doch zu vielen anregenden und in ihrem Dissens fruchtbaren Untersuchungen geführt.

Unter ›Kultur‹ versteht Freud zum einen »all das Wissen und Können, das die Menschen erworben haben, um die Kräfte der Natur zu beherrschen und ihr Güter zur Befriedigung der menschlichen Bedürfnisse abzugewinnen«, zum anderen »alle die Einrichtungen, die notwendig sind, um die Beziehungen der Menschen zueinander, und besonders die Verteilung der erreichbaren Güter zu regeln«. Er erkennt sehr deutlich, daß beide Dimensionen von Kultur miteinander zusammenhängen,

> erstens, weil die gegenseitigen Beziehungen der Menschen durch das Maß der Triebbefriedigung, das die vorhandenen Güter ermöglichen, tiefgreifend beeinflußt werden, zweitens, weil der einzelne Mensch selbst zu einem anderen in die Beziehung eines Gutes treten kann, insofern dieser seine Arbeitskraft benützt oder ihn zum Sexualobjekt nimmt, drittens aber, weil jeder Einzelne virtuell ein Feind der Kultur ist, die doch ein allgemeinmenschliches Interesse sein soll. (Freud 1989, IX, S. 140)

Warum aber ist **jeder Einzelne** als »**ein Feind der Kultur**« zu betrachten? Für Freud besteht kein Zweifel an dem, was die Menschen vom Leben erwarten bzw. fordern: »sie streben nach dem Glück, sie wollen glücklich werden und so bleiben«. Dazu bedarf es jedoch zweierlei: der gesellschaftlich organisierten »Abwesenheit von Schmerz und Unlust« und des individuellen »Erleben[s] starker Lustgefühle«. Aber, so Freud, »die Absicht, daß der Mensch ›glücklich‹ sei, ist im Plan der ›Schöpfung‹ nicht enthalten« (ebd., IX, S. 208). Kulturanforderungen – wie der »Beherrschung der Naturkräfte«, aber auch der Produktion von »Schönheit, Reinlichkeit und Ordnung«, der »Schätzung und Pflege der höheren psychischen Tätigkeiten, der intellektuellen, wissenschaftlichen und künstlerischen Leistungen« (ebd., IX, S. 224) sowie der Herstellung und Regulierung komplexer sozialer Beziehungen – kann man nur gerecht werden, wenn die Menschen auf die eine oder andere Weise Triebverzicht leisten. Freuds Überlegungen sind hierbei – wie in der Skizze des Arguments von *Totem und Tabu* bereits angedeutet – relativ einfach: Den gesellschaftlichen Triebverzicht konstruiert er in Analogie zum individuellen, den phylogenetischen Kulturprozeß in Analogie zum ontogenetischen; durchgesetzt wird der entscheidende individuelle Triebverzicht durch äußeren oder inneren Zwang: Da die Menschen »spontan nicht arbeitslustig sind« und »Argumente nichts gegen ihre Leidenschaften vermögen« (ebd., IX, S. 142) und sie sich deshalb mehrheitlich kulturfeindlich verhalten, müssen sie zur Sicherung ihrer Existenz mit Zwang »aus Kulturgegnern zu Kulturträgern« (ebd., IX, S. 145) gemacht werden. Dafür bedarf es nach Freud bestimmter Rahmenbedingungen:

> Ebensowenig wie den Zwang zur Kulturarbeit, kann man die Beherrschung der Masse durch eine Minderzahl entbehren, denn die Massen sind träge und einsichtslos, sie lieben den Triebverzicht nicht, sind durch Argumente nicht von dessen Unvermeidlichkeit zu überzeugen, und ihre Individuen bestärken einander im Gewährenlassen ihrer Zügellosigkeit. Nur durch den Einfluß vorbildlicher Individuen, die sie als ihre Führer anerkennen, sind sie zu den Arbeitsleistungen und Entsagungen zu bewegen, auf welche der Bestand der Kultur angewiesen ist. Es ist alles gut, wenn diese Führer Personen von überlegener Einsicht in die Notwendigkeiten des Lebens sind, die sich zur Beherrschung ihrer eigenen Triebwünsche aufgeschwungen haben. Aber es besteht für sie die Gefahr, daß sie, um ihren Einfluß nicht zu verlieren, der Masse mehr nachgeben als diese ihnen, und darum erscheint es notwendig, daß

sie durch Verfügung über Machtmittel von der Masse unabhängig seien. (ebd., IX, S. 141)

Wie in Thomas Hobbes' *Leviathan* (1651) – auch Freud zitiert Plautus' Formulierung *homo homini lupus* (Freud 1989, IX, S. 240) – wird der Zugewinn an sozialer Sicherheit mit dem Verlust an individueller Freiheit bezahlt. Wo Hobbes die Monopolisierung der Gewalt beim Souverän – dem ›übriggebliebenen‹ Wolf – als Mittel der Pazifizierung gesellschaftsinterner Konflikte denkt, konzipiert Freud Arbeitszwang und Triebbeschränkungen – für alle Mitglieder einer durchaus autoritär strukturierten Gesellschaft – als Voraussetzungen kultureller Entwicklung. Wenngleich er nicht ausschließt, es möge gelingen, »die Last der den Menschen auferlegten Triebopfer zu verringern, sie mit den notwendig verbleibenden zu versöhnen und dafür zu entschädigen« (ebd., IX, S. 141), überwiegt seine Skepsis angesichts der dem Kulturprozeß innewohnenden Dialektik.

Wenn »Kultur auf **Triebverzicht** aufgebaut« (ebd., IX, S. 227) ist, so bedeutet dies, daß sich äußernde Triebregungen (a) unterdrückt bzw. verdrängt, d. h. ins Unbewußte ›verstoßen‹ und dort festgehalten werden, oder (b) sublimiert, d. h. »von ihren sexuellen Zielen abgelenkt und auf sozial höherstehende, nicht mehr sexuelle, gerichtet« (ebd., I, S. 48) werden, oder (c) auf ihre Befriedigung verstandesmäßig – auf Grund von Verurteilung bzw. Urteilsverwerfung (vgl. Laplanche/Pontalis 1973, S. 606–608) – verzichtet wird. Zu letzterem sind nach Freuds Meinung nur wenige Menschen fähig, während Verdrängung und Sublimierung nicht unproblematische Folgewirkungen zeitigen.

a) Eine **Verdrängung** ist eine Operation, in der das Subjekt versucht, »mit einem Trieb zusammenhängende Vorstellungen (Gedanken, Bilder, Erinnerungen) in das Unbewußte zurückzustoßen oder dort festzuhalten«. Dies geschieht in den Fällen, »in denen die Befriedigung eines Triebes – der durch sich selbst Lust verschaffen kann – im Hinblick auf andere Forderungen Gefahr läuft, Unlust hervorzurufen« (Laplanche/Pontalis 1973, S. 582). Wie oben bereits angedeutet, unterscheidet Freud zunächst Sexual- und Selbsterhaltungstriebe, dann Sexual- und Aggressionstriebe, schließlich Lebens- und Todestrieb(e). Wenn eine Triebregung »der Verdrängung unterliegt, so werden [zum einen] ihre libidinösen Anteile in Symptome« der Neurosen, die ja »wesentlich Ersatzbefriedigungen für unerfüllte sexuelle Wünsche« sind, zum anderen »ihre aggressiven Komponenten in Schuldgefühle umgesetzt« (Freud 1989, IX, S. 264). Wenn die plausible Annahme zutrifft, daß »jede Art von Versagung« gegenüber den aggressiven Trieben »eine Steigerung des Schuldgefühls zur Folge habe oder haben könnte« (ebd., IX, S. 263 f.), so wird deutlich, daß der »Preis für den Kulturfortschritt« die »Glückseinbuße« ist, die durch die »Erhöhung des Schuldgefühls«, die entsprechend zunehmende »Strenge des Gewissens« und »Härte des Über-Ichs« verursacht wird. D. h. der »(uns von außen auferlegte) Triebverzicht schafft das Gewissen, das dann weiteren Triebverzicht fordert« (ebd., IX, S. 255). So wird der äußere Zwang schrittweise durch einen inneren (Selbst-)Zwang abgelöst, der – indem er die nach außen gerichtete aggressive Triebregung verdrängt und auf diese Weise gegen das eigene Ich richtet – den ins Werk gesetzten Kulturprozeß unterläuft. Das ist das »Unbehagen«, von dem Freud (ebd., IX, S. 261) spricht.

b) Über die **Sublimierung** macht Freud nur ungefähre Angaben:

> Der Sexualtrieb [...] stellt der Kulturarbeit außerordentlich große Kraftmengen zur Verfügung, und dies zwar infolge der bei ihm besonders ausgeprägten Eigentümlichkeit, sein Ziel verschieben zu können, ohne wesentlich an Intensität abzunehmen. Man nennt diese Fähigkeit, das ursprünglich sexuelle Ziel gegen ein anderes, nicht mehr sexuelles, aber psychisch mit ihm verwandtes, zu vertauschen, die Fähigkeit zur *Sublimierung*. (ebd., IX, S. 18)

Als Ziele und Zwecke solcher Sublimierungsprozesse nennt Freud v. a. wissenschaftliche und künstlerische Arbeit (vgl. ebd., IX, S. 211 f.), aber auch die Bildung der für nicht-sexuelle Gefühlsbindungen benötigten »zielgehemmten Sexualtriebe«:

> Die zielgehemmten Sexualtriebe haben vor den ungehemmten einen großen funktionellen Vorteil. Da sie einer eigentlich vollen Befriedigung nicht fähig sind, eignen sie sich besonders dazu, dauernde Bindungen zu schaffen, während die direkt sexuellen jedesmal durch die Befriedigung ihrer Energie verlustig werden und auf Erneuerung durch Wiederanhäufung der sexuellen Libido warten müssen [...]. Alle Bindungen, auf denen die Masse beruht, sind von der Art der zielgehemmten Triebe. (ebd., IX, S. 129 f.)

Trotz früher und substantieller Kritik am Konzept der Sublimierung (vgl. z. B. Bernfeld 1931) fehlt bis heute eine zusammenhängende Theorie derselben (vgl. Laplanche/Pontalis 1973, S. 481; Hirschmüller 2000, S. 684). V. a. die Frage, ob die Sublimierung *in ihrer psychischen Funktion* eher der Verurteilung/Urteilsverwerfung – d. h. der komplexen, aber letztlich integrativen Bearbeitung von Triebregungen – nahesteht, oder ob es sich bei ihr eher um eine ›gelungenere‹ Art der Verdrängung (mit all den oben skizzierten Folgen) handelt, oder ob sie eine noch genauer zu beschreibende Zwischenposition einnimmt, ist nach wie vor ungeklärt.

Warum aber ist für die Psychoanalyse Kultur nicht ohne Triebunterdrükkung, ja vielleicht sogar *auf der Basis von Triebregungen* – also mit **»Liebe als [...] Grundlage der Kultur«** (ebd., IX, S. 231) – denkbar?

> Liebe nennt man die Beziehung zwischen Mann und Weib, die auf Grund ihrer genitalen Bedürfnisse eine Familie gegründet haben, Liebe aber auch die positiven Gefühle zwischen Eltern und Kindern, zwischen den Geschwistern in der Familie, obwohl wir diese Beziehungen als zielgehemmte Liebe, als Zärtlichkeit, beschreiben müssen. Die zielgehemmte Liebe war eben ursprünglich vollsinnliche Liebe und ist es im Unbewußten des Menschen noch immer. Beide, vollsinnliche und zielgehemmte Liebe, greifen über die Familie hinaus und stellen neue Bindungen an bisher Fremde her. Die genitale Liebe führt zu neuen Familienbildungen, die zielgehemmte zu ›Freundschaften‹, welche kulturell wichtig werden, weil sie manchen Beschränkungen der genitalen Liebe, z. B. deren Ausschließlichkeit, entgehen. Aber das Verhältnis der Liebe zur Kultur verliert im Verlaufe der Entwicklung seine Eindeutigkeit. Einerseits widersetzt sich die Liebe den Interessen der Kultur, andererseits bedroht die Kultur die Liebe mit empfindlichen Einschränkungen. (ebd., IX, S. 232)

Die Konflikte liegen auf zwei verschiedenen, aber miteinander zusammenhängenden Ebenen: Zum einen erfordert es die Kulturentwicklung, daß die Menschen sich zu immer größeren und komplexeren sozialen Einheiten zusammenschließen. ›Vollsinnliche Liebe‹ aber ist in zweifachem Sinne a-sozial: Zum einen genügen zwei einander liebende Menschen sich selbst; jede/r Dritte ist entweder überflüssig oder stört. Zur Bildung größerer sozialer Gruppen bedarf es deshalb der durch Sublimierung gewonnenen zielgehemmten Gefühlsbindungen. Da zum anderen die Menschen »nicht über unbegrenzte Quantitäten psychischer Energie« verfügen, müssen sie ihre Aufgaben »durch zweckmäßige Verteilung der Libido« (ebd., IX, S. 233) erledigen: In diesem Sinne ›entziehen‹ Liebende dem Kulturprozeß benötigte Energie, die sie in ihrer Beziehungen ›verausgaben‹; verwenden sie aber die Energie auf den Kulturprozeß, leidet ihre Liebe darunter.

Freud hat seine anfängliche These, »daß eine Kultur, welche eine so große Zahl von Teilnehmern unbefriedigt läßt und zur Auflehnung treibt, weder Aussicht hat, sich dauernd zu erhalten, noch es verdient« (ebd., IX, S. 146), zwar später dahingehend gemildert, daß er behauptete, er habe sich lediglich bemüht, »das enthusiastische Vorurteil« von sich abzuhalten, »unsere Kultur sei das Kostbarste, was wir besitzen oder erwerben können und ihr Weg müsse uns notwendigerweise zu Höhen ungeahnter Vollkommenheit führen« (ebd., IX, S. 269). So oder so war ihm jedoch klar, daß er »keinen Trost zu bringen« (ebd., IX, S. 270) wußte, das gestellte Problem zwar beschreiben und analysieren, nicht jedoch einer Lösung zuführen konnte. Der von Freud analysierten und als *universal* anerkannten **Dialektik des Kulturprozesses** – die fortschreitende Beherrschung der inneren Natur des Menschen (der Triebe) ermöglicht zwar die Beherrschung der äußeren Natur (Zivilisationsprozeß), unterwirft die Individuen aber Konflikten, an denen sie leiden und letztendlich zugrunde gehen können – steht ein Umgang mit dieser Einsicht gegenüber, der sie nicht transzendiert: Einerseits schließt Freud zwar die Möglichkeit nicht aus, Menschen könnten ihre Triebe durch den Verstand bändigen, den dabei entstehenden ›Schaden‹ in Grenzen halten und einen besseren gesellschaftlichen Zustand herbeiführen (vgl. ebd., IX, S. 183). Andererseits ist unübersehbar, daß Freud genau in dem Moment, wo er seinen neurotischen Patient/inn/en hilft, ein Stück Triebbefriedigung bzw. Genußfähigkeit (zurück)zugewinnen, den von so ihm radikal kritisierten Kulturprozeß affirmiert und reproduziert (vgl. Brückner 1975, S. 119–126).

2.2 Erweiterungen, Differenzierungen, Modifikationen

Demgegenüber haben viele von Freuds Mitarbeiter/inne/n und Schüler/inne/n früh – insbesondere nach den Erfahrungen des Ersten Weltkriegs – auf eine genauere Bestimmung des Kulturprozesses, v. a. seiner historisch spezifischen Strukturen, Triebkräfte und Entwicklungen, gedrungen. Freud selbst hat erst in der letzten Vorlesung seiner *Neue[n] Folge der Vorlesungen zur Einführung in die Psychoanalyse* (1933) auf diese Anregungen reagiert. Dabei sind nicht so sehr seine kritischen – und wie wir heute wissen: berechtigten – Fragen und Einwände zum Marxismus (hauptsächlich am Beispiel der damaligen Sowjetunion) von vorrangigem Interesse, sondern sein klarer Blick darauf, wie sein eigener Ansatz vervollständigt werden könnte:

> Wenn jemand imstande wäre, im einzelnen nachzuweisen, wie sich diese verschiedenen Momente, die allgemeine menschliche Triebanlage, ihre rassenhaften [in heutiger Sprache: kulturspezifischen] Variationen und ihre kulturellen Umbildungen unter den Bedingungen der sozialen Einordnung, der Berufstätigkeit und Erwerbsmöglichkeiten gebärden, einander hemmen und fördern, wenn jemand das leisten könnte, dann würde er die Ergänzung des Marxismus zu einer wirklichen Gesellschaftskunde gegeben haben. (Freud 1989, I, S. 605 f.)

Viele haben versucht, dieser Forderung – mit Studien zur Klassenstruktur und ihren Ursachen, zur Familie als Sozialisationsagentur, zu spezifischen Sozialcharakteren – nachzukommen: Paul Federns Analysen des Nationalgefühls und der Rätedemokratie gehören ebenso hierher wie Siegfried Bernfelds Überlegungen zu Erziehungsprozessen, **Wilhelm Reichs** Arbeiten zur Charakteranalyse und zur Massenpsychologie des Faschismus und **Erich Fromms** Modell des ›sozial typischen Charakters‹. Auch die vom exilierten Frankfurter Institut für Sozialforschung initiierten *Studien über Autorität und Familie* (Horkheimer 1936), über die autoritäre Persönlichkeit (Adorno et al. 1950) und die von Ernst Simmel (1946) herausgegebenen Arbeiten zum Antisemitismus zählen dazu. (Einen guten ersten Einblick in diese Tradition vermittelt Dahmer 1980; vgl. auch Federn 1976.) Norbert Elias hat den Zivilisationsprozeß als das Ergebnis der Herstellung und demokratischen Vergesellschaftung des Gewaltmonopols einerseits und der Durchsetzung des gesellschaftlichen Zwangs zum Selbstzwang (mit Hilfe der Ausbildung einer psychischen »Selbstkontrollapparatur«) beschrieben (Elias 1969), dabei allerdings die von Freud so eindringlich beschriebenen Folgewirkungen unbeachtet gelassen. Dagegen haben **Max Horkheimer und Theodor W. Adorno** Freuds Vertrauen in die menschliche Vernunft (vgl. z. B. Freud 1989, IX, S. 162, 184, 187) nicht geteilt und in ihrer *Dialektik der Aufklärung* (1947) vor dem Hintergrund der Erfahrungen der Verfolgung, der Shoah und des Exils gerade die Teilhabe der Vernunft am gesellschaftlichen Unterdrückungsprozeß herausgestellt – eine Perspektive, die sich auf durchaus fragwürdige Formulierungen Freuds, wenn er beispielsweise seiner Hoffnung Ausdruck gibt, der Intellekt möge »mit der Zeit die Diktatur im menschlichen Seelenleben erringen« (Freud 1989, IX, S. 598), stützen kann.

Herbert Marcuse und Norman O. Brown haben in den 1950er Jahren über mögliche Befreiungswege nachgedacht: Marcuse hat den Unterschied zwischen gesellschaftlich notwendiger und zusätzlicher Unterdrückung (»surplus-repression«) (Marcuse 1969, S. 40, 89) herausgestellt und für die Abschaffung letzterer plädiert; Browns von der christlichen Lehre inspirierte Idee vom Ende der Unterdrückung und der Auferstehung des Leibes hat den Eros ontologisiert (Brown 1970, S. 269–281), dabei aber gerade Freuds Skepsis (vgl. Freud 1989, IX, S. 270) unterschlagen. Alexander Mitscherlich et al. haben sich – auch angesichts der Systemauseinandersetzungen zwischen ›Ost‹ (Sozialismus) und ›West‹ (Kapitalismus) – mit den Möglichkeiten und Grenzen des Umgangs mit der menschlichen Aggression befaßt (Marcuse et al. 1968; Mitscherlich 1969). Jacques Lacan schließlich hat im erzwungenen Triebverzicht – ähnlich wie Michel Foucault in der Machtausübung – nicht nur den repressiven, sondern auch einen produktiven Aspekt gesehen. In seiner Neubewertung des Ödipuskomplexes erscheint das Verbot des Vaters nicht primär als das Ins-Werk-Setzen einer Versagung, sondern eher als die Voraussetzung für das Entstehen des Begehrens: Wir haben, schreibt Lacan, die Kultur »auf dem Rücken wie eine Plage, denn wir wissen nicht, was mit ihr anfangen«, aber er rät dazu, »sie zu behalten, denn das kitzelt und das weckt« (Lacan 1986, S. 59).

2.3 Ethnopsychoanalyse und Tiefenhermeneutik

Zwei Weiterentwicklungen der Freudschen Überlegungen bedürfen im Zusammenhang mit der oben behandelten Kulturpsychologie besonderer Aufmerksamkeit: die Ethnopsychoanalyse und die Tiefenhermeneutik als Methode psychoanalytischer Kulturforschung.

Unter Freuds Schüler/inne/n ist hauptsächlich Géza Róheim mit eigenständigen, von psychoanalytischen Fragestellungen geleiteten ethnologischen Feldforschungen hervorgetreten. Während er sich jedoch bis nach dem Zweiten Weltkrieg strikt an Freuds universalistische Annahmen hält, vertritt die amerikanische *Culture and Personality*-Forschung (Sapir, Alfred L. Kroeber, Abram Kardiner, Ruth Benedict, Margaret Mead), die übrigens auch im Rahmen der *cross-cultural psychology* eine Rolle spielt (vgl. Jahoda/Krewer 1997, S. 28–30), durchaus kulturrelativistische Positionen in dem eingeschränkten Sinne, daß zwar von der universellen Gültigkeit des Freudschen Systems ausgegangen wird, jedoch kulturspezifische ›Varianten‹ denkbar – und deshalb auch beschreibbar und erforschbar – sind. Solche Vorstellungen finden sich auch bei den Begründer/inne/n der **Ethnopsychoanalyse** Paul Parin, Goldy Parin-Matthèy und Fritz Morgenthaler sowie – später – Mario Erdheim und Maya Nadig.

Folgende Grundsätze sind – ungeachtet zahlreicher Unterschiede im Detail – zentral für diesen Ansatz: Die psychoanalytische Methode und Technik wird im Rahmen ethnologischer Feldforschung als Weg zum besseren Verständnis der fremden Kultur eingesetzt. Um zu ihren Ergebnissen zu kommen, ›begleiten‹ die Analytiker/innen ihre Informant/inn/en in verschiedenen Situationen (= teilnehmende Beobachtung), bauen analytische Beziehungen zu ihnen auf und interpretieren nach der Rückkehr in die Heimat die erfaßten Daten tiefenhermeneutisch. Dabei wird von der Rekonstruktion des klassischen psychoanalytischen Settings abgesehen; es werden lediglich von psychoanalytischen Fragestellungen bestimmte Gespräche geführt. Von zentraler Bedeutung für die Analyse sind die in diesen Gesprächen stattfindenden Prozesse von Übertragung und Gegenübertragung: In ersteren werden unbewußte Einstellungen, Wünsche und Gefühle, die aus früh(er)en Lebensphasen stammen, von den Informant/inn/en auf die Analytiker/innen projiziert; in letzteren werden Reaktionen der Analytiker/innen auf solche Übertragungsprozesse gebildet (vgl. Laplanche/Pontalis 1973, S. 164 f., 550–559). In der Analyse lassen sich zwei Formen des Unbewußten unterscheiden (vgl. Reichmayr 1995, S. 70): das ethnisch bzw. kulturell Unbewußte, das aus kulturspezifischen Verdrängungsprozessen stammt, und das idiosynkratische Unbewußte, das das Produkt des je individuellen Triebschicksals ist. Die Analytiker/innen versuchen, sich ihrer eigenen Irritationen, Reaktionen und Ängste klarzuwerden, je nach vorheriger Absprache auch den Informant/inn/en die im Gespräch erhobenen Daten mitzuteilen und so in einer »Pendelbewegung zwischen der Analyse der eigenen und derjenigen der fremden Kultur« (Erdheim 1982, S. 34) beide Kulturen besser zu verstehen.

Kritisch ist – bei aller Anerkennung der vorliegenden, zum Teil faszinierenden Beobachtungen und ihren Deutungen (vgl. dazu den Überblick bei Reichmayr 1995, S. 83–164) – anzumerken, daß zum einen manche Studien von widersprüchlichen Voraussetzungen ausgehen: so wird z. B. in einem Fall von den Analytiker/inne/n erwartet, daß die Informant/inn/en einerseits möglichst in der ›traditionellen Lebensweise‹ leben, andererseits eine europäische Sprache sprechen, um sich mit den Analytiker/inne/n verständigen zu können. Zum zweiten sind die Informant/inn/en nicht – wie es die Psychoanalyse für die Analysand/inn/en fordert, aber auch nicht immer realisiert – Subjekt der Deutungen ihrer Analyse(n), sondern *werden* – trotz aller anderslautenden Beteuerungen (vgl. Reichmayr 1995, S. 41, 133) – eben analysiert. Was sie selbst zu sagen haben, geht in die Darstellung – manchmal auch: Selbstdarstellung – der Analytiker/innen ein und ›verschwindet‹ dadurch in ihr. Zum dritten ist die Ethnopsychoanalyse – wie die Psychoanalyse insgesamt – im Sinne der oben getroffenen Unterscheidung zwischen emisch und etisch ein *etischer* Ansatz, der seine – universalistisch orientierten – Fragestellungen und Hypothesen von außen an die zu untersuchenden Kulturen heranträgt (vgl. z. B. Heinrichs 1982, S. 19 f.). Dabei werden ›lokale‹ Modifikationen der Theorie(n) wohl nicht ausgeschlossen, ihr Status aber bleibt sekundär.

Im Grunde geht es auch bei der **Tiefenhermeneutik** (vgl. Habermas 1968, S. 267 f., 279 f.) um die Analyse und Deutung von Übertragungs- und Gegenübertragungsprozessen (vgl. König et al. 1986, König 1993, 2001): Es entbehrt nicht der Plausibilität, einen Text im engeren wie im weiteren Sinne als ›Übertragung‹ in dem Sinne zu deuten, daß er eine Projektion vorgängiger, formal wie inhaltlich verdichteter Erfahrung darstellt, der bei seinen Leser/inne/n bzw. Betrachter/inne/n, wenn es sich um einen mehrfach kodierten Text handelt, ›Gegenübertragungen‹ auslöst, die der Analyse zugänglich sind. Dabei erforscht die Tiefenhermeneutik die ›Doppelbödigkeit‹ der in den Texten ›arrangierten Interaktionspraxis‹: sie läßt sich einerseits auf die Wirkungen des Textes ein, sie analysiert andererseits an Hand inkonsistent erscheinender, weil irritierender ›Schlüsselszenen‹ die in ihr dargestellten manifesten (= akzeptierten, bewußten) und latenten (= verpönten, unbewußten) Lebensentwürfe. Folgen die Leser/innen bzw. Betrachter/innen wie die Analytiker/innen in der Haltung ›gleichschwebender Aufmerksamkeit‹ (Freuds Begriff – vgl. Freud 1989, Ergänzungsband, S. 171) ihren Assoziationen und Irritationen, so gewinnen sie Deutungen (Lesarten), die über das durchschnittliche Textverstehen hinausgehen (vgl. König 2001, S. 179) und die in einer anschließenden (Gruppen-)Supervision bestätigt, bearbeitet und transformiert werden können.

3. Perspektiven

Am Ende dieses Einblicks in die Bereiche der Kulturvergleichenden Psychologie, der Kulturpsychologie und der Psychoanalyse als Kulturtheorie stehen v. a. folgende verfolgenswerten wie erfolgversprechenden Perspektiven:

1. Empirische Untersuchungen kultureller Prozesse sind unverzichtbar; sie müssen ständig zwischen etischem und emischem Ansatz pendeln; die entsprechenden quantitativen und qualitativen Methoden müssen ständig verfeinert und verbessert werden.
2. Empirische Untersuchungen sind zu ergänzen (und herauszufordern!) durch solche, die handlungstheoretische und (tiefen-)hermeneutische Analysen und Fragestellungen so verbinden, daß Handlungen und kulturelle Orientierungssysteme in ihrer Struktur, Prozeßhaftigkeit und gegenseitigen Durchdringung transparent werden.
3. Die Dimension des Unbewußten muß als unverzichtbarer Bestandteil aller kulturpsychologischen Untersuchungen anerkannt und integriert werden. Dabei ist der Versuch fortzusetzen, die von Freud in der Sprache der Physik des 19. Jahrhunderts und in mythologischen Vorstellungsbildern verfaßten Einsichten im Rahmen von am heutigen Wissensstand ausgerichteten Handlungs-, Interaktions- und Sozialisationstheorien zu rekonstruieren (vgl. z. B. Lorenzer 1972).
4. Die Debatte über den Wissenschaftsstatus der Psychoanalyse – Natur-, Kultur- oder »Zwischen- (oder Grenz-) Wissenschaft« (Warsitz 1997, S. 131) – bedarf der ›internen‹ disziplinären Klärung wie der interdisziplinären Einmischung interessierter Partner-Disziplinen (wie z. B. der Kulturpsychologie).
5. Die Deutungsprozesse sind in mehrfacher Hinsicht zu ›öffnen‹: Zwischen Menschen müssen (Be-)Deutungen ausgehandelt werden (können); wenn sie sich auf Texte und andere kulturelle Objekte und Prozesse beziehen, bedürfen sie des Vergleichs (Supervision oder andere Gruppenprozesse).
6. Zwischen Menschen einander fremder Kulturen ist es darüber hinaus unabdingbar, daß die Analysand/inn/en eine ›Stimme‹ erhalten, die sie als die ihre (an-)erkennen. Sie müssen wissen bzw. in Erfahrung bringen können, welche ihrer Informationen wie verarbeitet werden – und sie müssen Einspruch erheben können. Streng genommen muß ihnen ein Gegenbesuch bei denen ermöglicht werden, die sie untersucht haben – und auch dieser Besuch und seine Untersuchungsergebnisse müssen dokumentiert werden: keine Beobachtung und Analyse einer fremden Kultur ohne Gegenbeobachtung und Gegenanalyse.

Literaturverzeichnis

Standardwerke und Einführungen

Appelsmeyer, Heide/Billmann-Mahecha, Elfriede (Hgg.): *Kulturwissenschaft. Felder einer prozeßorientierten wissenschaftlichen Praxis.* Weilerswist: Velbrück 2001.

Berry, John W. et al. (Hgg.): *Handbook of Cross-Cultural Psychology.* 3 Bde. Boston/London: Allyn & Bacon 1997 [1980].

Berry, John W. et al.: *Cross-Cultural Psychology. Research and Applications*. Cambridge et al.: Cambridge UP 1992.
Freud, Sigmund: *Gesammelte Werke*. 17 Bde. Hg. v. Anna Freud et al. London: Imago 1940–52 (seit 1960 Frankfurt a. M.: Fischer).
Freud, Sigmund: *Studienausgabe*. 10 Bde. und 1 Ergänzungsband. Hg. v. Alexander Mitscherlich/Angela Richards/James Strachey. Frankfurt a. M.: Fischer 1989.
Reichmayr, Johannes: *Einführung in die Ethnopsychoanalyse. Geschichte, Theorien und Methoden*. Frankfurt a. M.: Fischer 1995.
Segall, Marshall H. et al.: *Human Behavior on Global Perspective. An Introduction to Cross-Cultural Psychology*. Boston et al.: Allyn & Bacon 1999.
Thomas, Alexander (Hg.): *Kulturvergleichende Psychologie. Eine Einführung*. Göttingen et al.: Hogrefe 1993a.
Thomas, Alexander (Hg.): *Psychologie interkulturellen Handelns*. Göttingen et al.: Hogrefe 1996.
Triandis, Harry C. et al. (Hgg.): *Handbook of Cross-Cultural Psychology*. 6 Bde. Boston et al.: Allyn & Bacon 1980/81.

Weiterführende Literatur

Adorno, Theodor W. et al.: *The Authoritarian Personality*. New York: Harper 1950.
Bernfeld, Siegfried: »Zur Sublimierungslehre.« In: *Imago* 17 (1931), S. 399–403.
Berry, John W.: »On Cross-Cultural Comparability.« In: *International Journal of Psychology* 4/2 (1969), S. 119–128.
Berry, John W.: »Emics and Etics: A Symbiotic Conception.« In: *Culture & Psychology* 5,2 (1999), S. 165–171.
Berry, John W.: »Preface.« In: ders. et al. 1997, Bd. 1, S. x–xv.
Billman-Mahecha, Elfriede: »Kulturpsychologie.« In: Gerd Wenninger (Hg.): *Lexikon der Psychologie*. Bd. 2. Heidelberg/Berlin: Springer 2001, S. 405–408.
Boesch, Ernst E.: *Kultur und Handlung. Einführung in die Kulturpsychologie*. Bern/Stuttgart/Wien: Huber 1980.
Boesch, Ernst E.: *Von der Handlungstheorie zur Kulturpsychologie*. Saarbrücken: Universität des Saarlandes 1983.
Boesch, Ernst E.: *Symbolic Action Theory and Cultural Psychology*. Berlin/New York: Springer 1991.
Brown, Norman O.: *Life Against Death. The Psychoanalytical Meaning of History*. London: Sphere 1970 [1959].
Brückner, Peter: *Sigmund Freuds Privatlektüre*. Köln: RLV 1975.
Bruner, Jerome S.: *Acts of Meaning*. Cambridge, MA: Harvard UP 1990.
Cole, Michael: *Cultural Psychology. A Once and Future Discipline*. Cambridge, MA/London: The Belknap Press of Harvard UP 1996.
Dahmer, Helmut (Hg.): *Analytische Sozialpsychologie*. 2 Bde. Frankfurt a. M.: Suhrkamp 1980.
Eckardt, Georg (Hg.): *Völkerpsychologie – Versuch einer Neuentdeckung. Texte von Lazarus, Steinthal und Wundt*. Weinheim: Psychologie Verlags Union 1997a.
Eckardt, Georg: »Einleitung in die historischen Texte.« In: ders. 1997a, S. 7–123 (= 1997b).
Eckensberger, Lutz H.: »On the Necessity of the Culture Concept in Psychology: A View From Cross-Cultural Psychology.« In: Fons J.R. van des Vijve/ Giel J.M. Hutschemaekers (Hgg.): *The Investigation of Culture. Current Issues in Cultural Psychology*. Tilburg: Tilburg UP 1990, S. 153–183.
Eckensberger, Lutz H.: »Activity or Action: Two Different Roads Towards an Integration of Culture into Psychology?« In: *Culture & Psychology* 1 (1995), S. 67–80.
Eckensberger, Lutz H./Römhild, Regina: »Kulturelle Einflüsse.« In: Manfred Amelang (Hg.): *Determinanten individueller Unterschiede* (*Enzyklopädie der Psychologie*). Göttingen et al.: Hogrefe 2001, S. 667–731.
Elias, Norbert: *Über den Prozeß der Zivilisation. Soziogenetische und psychogenetische Untersuchungen*. 2 Bde. Bern/München: Francke 1969 [1939].
Erdheim, Mario: *Die gesellschaftliche Produktion von Unbewußtheit. Eine Einführung in den ehtnopsychoanalytischen Prozeß*. Frankfurt a. M.: Suhrkamp 1982.

Federn, Ernst: »Marxismus und Psychoanalyse.« In: Dieter Eicke (Hg.): *Freud und die Folgen (I)*. Zürich: Kindler 1976, S. 1037–1058.

Frijda, Nico/Jahoda, Gustav: »On the Scope and Methods of Cross-Cultural Research.« In: *International Journal of Psychology* 1,2 (1966), S. 109–127.

Geertz, Clifford: *The Interpretation of Cultures. Selected Essays*. New York: Basic Books 1973.

Gesellschaft für Kulturpsychologie: <http://www.kulturpsychologie.de> (15.08.2001).

Gisteren, Ludger von: »Kultur(theorie, -kritik).« In: Mertens/Waldvogel 2000, S. 405–410.

Greenfield, Patricia M.: »Culture as Process: Empirical Methods for Cultural Psychology.« In: Berry et al. 1997, Bd. 1, S. 301–346.

Habermas, Jürgen: *Erkenntnis und Interesse*. Frankfurt a. M.: Suhrkamp 1968.

Heinrichs, Hans-Jürgen: *Das Fremde verstehen. Gespräche über Alltag, Normalität und Anormalität*. Frankfurt a. M./Paris: Qumran 1982.

Helfrich, Hede: »Methodologie kulturvergleichender psychologischer Forschung.« In: Thomas 1993a, S. 81–102.

Helfrich, Hede: »Beyond the Dilemma of Cross-Cultural Psychology: Resolving the Tension Between Etic and Emic Approaches.« In: *Culture & Psychology* 5,2 (1999), S. 131–153.

Henseler, Heinz: »Religion, Religionskritik.« In: Mertens/Waldvogel 2000, S. 610–615.

Hirschmüller, Albrecht: »Sublimierung.« In: Mertens/Waldvogel 2000, S. 684–687.

Horkheimer, Max (Hg.): *Studien über Autorität und Familie*. Paris: Alcan 1936.

Horkheimer, Max/Adorno, Theodor W.: *Dialektik der Aufklärung. Philosophische Fragmente*. Amsterdam: Querido 1947.

Jahoda, Gustav/Krewer, Bernd: »History of Cross-Cultural and Cultural Psychology.« In: Berry et al. 1997, Bd. 1, S. 1–42.

Kashima, Yoshihisa: »Conceptions of Culture and Person For Psychology.« In: *Journal of Cross-Cultural Psychology* 31,1 (2000), S. 14–32.

König, Hans-Dieter et al.: *Kultur-Analysen*. Frankfurt a. M.: Fischer 1986.

König, Hans-Dieter: »Die Methode der tiefenhermeneutischen Kultursoziologie.« In: Thomas Jung/Stefan Müller-Doohm (Hgg.): *»Wirklichkeit« im Deutungsprozeß. Verstehen und Methoden in den Kultur- und Sozialwissenschaften*. Frankfurt a. M.: Suhrkamp 1993, S. 190–222.

König, Hans-Dieter: »Tiefenhermeneutik als Methode psychoanalytischer Kulturforschung.« In: Appelsmeyer/Billmann-Mahecha 2001, S. 168–194.

Kraft, Hartmut: »Tabu.« In: Mertens/Waldvogel 2000, S. 709–713.

Lacan, Jacques: *Encore*. Weinheim/Berlin: Quadriga 1986.

Laplanche, Jean/Pontalis, Jean-Bertrand: *Das Vokabular der Psychoanalyse*. 2 Bde. Frankfurt a. M.: Suhrkamp 1973 (orig.: *Vocabulaire de la psychoanalyse*. Paris: Presses Universitaires de France 1967).

Lonner, Walter J.: »Helfrich's ›Principle of Triarchic Resonance‹: A Commentary on Yet Another Perspective on the Ongoing and Tenacious Etic-Emic Debate.« In: *Culture and Psychology* 5,2 (1999), S. 173–181.

Lonner, Walter J./Adamopoulos, John: »Culture as Antecedent to Behavior.« In: Berry et al. 1997, Bd. 1, S. 43–83.

Lorenzer, Alfred: *Zur Begründung einer materialistischen Sozialisationstheorie*. Frankfurt a. M.: Suhrkamp 1972.

Lütkehaus, Ludger (Hg.): *»Dieses wahre innere Afrika.« Texte zur Entdeckung des Unbewußten vor Freud*. Frankfurt a. M.: Fischer 1989.

Marcuse, Herbert: *Triebstruktur und Gesellschaft*. Frankfurt a. M.: Suhrkamp 1969 [1955].

Marcuse, Herbert et al.: *Aggression und Anpassung in der Industriegesellschaft*. Frankfurt a. M.: Suhrkamp 1968.

Mertens, Wolfgang/Waldvogel, Bruno (Hgg.): *Handbuch Psychoanalytischer Grundbegriffe*. Stuttgart/Berlin/Köln: Kohlhammer 2000.

Mitscherlich, Alexander: *Die Idee des Friedens und die menschliche Aggressivität*. Frankfurt a. M.: Suhrkamp 1969.

Paul, Robert A.: »Freud's Anthropology: A Reading of the ›Cultural Books‹.« In: Jerome Neu (Hg.): *The Cambridge Companion to Freud*. Cambridge: Cambridge UP 1991, S. 267–286.

Pike, Kenneth L.: *Language in Relation to a Unified Theory of the Structure of Human Behavior*. The Hague: Mouton 1967 [1954].

Poortinga, Ype H./Berry, John W. (Hgg.): *Cross-Cultural Comparison of Psychological Data. Issues and Pitfalls*. Amsterdam: North Holland 1989. (Special Issue of the *International Journal of Psychology*).

Poortinga, Ype H. et al.: »Peeling the Onion Called Culture: A Synopsis.« In: Çigdem Kagitçibasi (Hg.): *Growth and Progress in Cross-Cultural Psychology*. Lisse: Swets & Zeitlinger 1987, S. 22–34.

Sapir, Edward: *Culture, Language and Personality. Selected Essays*. Hg. v. David G. Mandelbaum. Berkeley/Los Angeles: University of California Press 1970.

Segall, Marshall H./Lonner, Walter J./Berry, John W.: »Cross-Cultural Psychology as a Scholarly Discipline. On the Flowering of Culture in Behavioral Research.« In: *American Psychologist* 53, 10 (1998), S. 1101–1110.

Shweder, Richard A.: »Cultural Psychology – What Is It?« In: James W. Stigler/Richard A. Shweder/Gilbert Herdt (Hgg.): *Cultural Psychology. Essays on Comparative Human Development*. Cambridge et al.: Cambridge UP 1990, S. 1–41.

Simmel, Ernst (Hg.): *Anti-Semitism. A Social Disease*. New York: International UP 1946.

Sinha, D.: »Indigenizing Psychology.« In: Berry et al. 1997, Bd. 1, S. 129–169.

Straub, Jürgen: *Handlung, Interpretation, Kritik. Grundzüge einer textwissenschaftlichen Handlungs- und Kulturpsychologie*. Berlin/New York: Springer 1998a.

Straub, Jürgen: »Geschichten erzählen, Geschichte bilden. Grundzüge einer narrativen Psychologie historischer Sinnbildung.« In: Jürgen Straub (Hg.): *Erzählung, Identität und historisches Bewußtsein. Die psychologische Konstruktion von Zeit und Geschichte*. Frankfurt a. M.: Suhrkamp 1998b, S. 81–169.

Straub, Jürgen: *Verstehen, Kritik, Anerkennung. Das Eigene und das Fremde in der Erkenntnisbildung interpretativer Wissenschaften*. Göttingen: Wallstein 1999.

Straub, Jürgen: »Psychologie und Kultur, Psychologie als Kulturwissenschaft.« In: Appelsmeyer/Billmann-Mahecha 2001, S. 125–167.

Straub, Jürgen/Kochinka, Alexander/Werbik, Hans (Hgg.): *Psychologie in der Praxis. Anwendungs- und Berufsfelder einer modernen Wissenschaft*. München: dtv 2000.

Thomas, Alexander: »Einleitung.« In: ders. 1993a, S. 13–26 (= Thomas 1993b).

Thomas, Alexander: »Psychologie interkulturellen Lernens und Handelns.« In: ders. 1993a, S. 377–424 (= Thomas 1993c).

Thomas, Alexander: »Interkulturelle Psychologie.« In: Gerd Wenninger (Hg.): *Lexikon der Psychologie*. Bd. 2. Heidelberg/Berlin: Springer 2001, S. 282–284.

Trommsdorff, Gisela: »German Cross-Cultural Psychology.« In: *The German Journal of Psychology* 10,3 (1986), S. 240–266.

van de Vijver, Fons J.R./Leung, Kwok: »Methods and Data Analysis of Comparative Research.« In: Berry et al. 1997, Bd. 1, S. 257–300.

Warsitz, Rolf-Peter: »Die widerständige Erfahrung der Psychoanalyse zwischen den Methodologien der Wissenschaften.« In: *Psyche* 51,2 (1997), S. 101–142.

Weidemann, Doris/Straub, Jürgen: »Psychologie interkulturellen Handelns.« In: Straub/Kochinka/Werbik 2000, S. 830–855.

Wollheim, Richard: *Sigmund Freud*. München: dtv 1972.

Wundt, Wilhelm: *Völkerpsychologie*. 10 Bde. Leipzig: Engelmann 1900–1920.

Wundt, Wilhelm: »Völkerpsychologie. Eine Untersuchung der Entwicklungsgesetze von Sprache, Mythus und Sitte. Einleitung.« In: Eckardt 1997a, S. 239–270 (= Wundt 1997a).

Wundt, Wilhelm: »Elemente der Völkerpsychologie. Grundlinien einer psychologischen Entwicklungsgeschichte der Menschheit. Einleitung.« In: Eckardt 1997a, S. 271–283 (= Wundt 1997b).

Jürgen Kramer

12. Kulturökologie

Weitgehend unbemerkt von Teilen der Öffentlichkeit hat in der jüngsten Vergangenheit eine wichtige wissenschaftliche Entwicklung stattgefunden, deren Konsequenzen gegenwärtig noch nicht völlig abzuschätzen sind: die Entstehung der Kulturökologie. **Kultur und Kulturen als ökologische Systeme zu analysieren**, ist ein für die Kulturwissenschaft völlig neuer Ansatz, der perspektivenreich ist und Brücken zu den Naturwissenschaften schlägt.

Zwar hat ökologisches Denken seit den 1970er Jahren auch im Bewußtsein einer wachsenden Öffentlichkeit die biologischen Fachgrenzen der Ökologie überschritten und Eingang in wirtschaftliches, politisches und Alltagshandeln gefunden, doch ist der tiefer begründete Wandel der ökologischen Theorie vielen Geistes-, Sozial- und sogar Naturwissenschaftlern verborgen geblieben. Tatsächlich aber sind sehr weitgreifende wissenschaftliche Veränderungsprozesse abgelaufen, die noch nicht abgeschlossen sind und gleichwohl schon heute unser Verständnis der Wissenschaften und damit auch das Selbstverständnis des Menschen im Spannungsfeld von Natur und Kultur erheblich umgestalten. In diesem Licht erscheint die Kulturökologie als eine noch junge, traditionelle Wissenschaftsgrenzen relativierende Disziplin mit einem bedeutenden Innovationspotential für eine Neubestimmung des kulturellen Handelns in der vom Menschen geprägten Welt. Von ihren verschiedenen theoretischen Varianten gilt dies insbesondere für die sogenannte **›Evolutionäre Kulturökologie‹**. Die ihr zugrunde liegenden Ideen und Entdeckungen können vor allem den kulturwissenschaftlichen Fächern kreative Impulse verleihen, die Lösungsperspektiven für manche alte und neue Probleme enthalten. Viele dieser Entwicklungen sind zur Zeit noch im Fluß, und parallel zur theoretischen Eigenentwicklung der Kulturökologie hat insbesondere deren Einfluß auf ihre disziplinäre Umgebung erst begonnen.

1. Was ist Kulturökologie?

1.1 Naturökologie und Kulturökologie

Wer keine sehr differenzierten Ansprüche an die wissenschaftliche Beschreibung der Welt stellt, kommt für diesen Zweck mit zwei Begriffen aus: ›Natur‹ und ›Kultur‹. Sie bezeichnen anscheinend strukturell verschiedene, ja gegensätzliche Prinzipien. Nach einer verbreiteten Vorstellung gehört ein beliebiges System, das wir in der Welt vorfinden, entweder zur einen oder zur anderen Sphäre, je nachdem, ob es ohne oder mit Zutun des Menschen entstanden ist. Im Lauf der Menschheitsgeschichte ist es zu einer immer stärkeren kulturellen Überformung der Natur gekommen, die gegenwärtig in der genetischen Manipulation einen neuen Höhepunkt erreicht. Die ursprüngliche Unterscheidung verliert damit ihre Schärfe; langfristig gesehen scheint die Kultur die Natur sogar abzulösen. Das **Problem des Natur-Kultur-Verhältnisses** ist auch eine der zentralen Fragestellungen, mit denen sich die Kulturökologie auseinandersetzt, wobei sie freilich zu zeigen versucht, wie man es mit Hilfe unseres heutigen system- und evolutionstheoretischen Wissens bedeutend genauer als früher analysieren kann.

Vielen Wissenschaftlern, insbesondere in Europa, ist noch heute der Begriff einer ›Kulturökologie‹ fremd, auch wenn sie die Grundzüge der Ökologie kennen. Obwohl die Vorgeschichte dieser Disziplin weiter zurück reicht, ist ihr wissenschaftliches Profil in den vergangenen hundert Jahren entstanden, und es ließ lange Zeit keinen Zweifel daran, daß die Ökologie eine Naturwissenschaft und als solche Bestandteil der Biologie ist. Ihr Gegenstand sind, vereinfacht gesagt, komplexe Beziehungsgeflechte in der Natur, nicht jedoch ebensolche in der Kultur. Die Ökologie in ihrem herkömmlichen wissenschaftlichen Selbstverständnis ist ›Naturökologie‹; dieser Begriff ist ungebräuchlich, weil er redundant erscheint. Eine ›Kulturökologie‹ im strengen Sinne kann es hiernach nicht geben, ebensowenig, wie es beispielsweise neben der physikalischen Mechanik eine ›Mechanik geistiger Prozesse‹ geben kann. Solche Redeweisen scheinen lediglich einen metaphorischen Charakter zu besitzen.

Allerdings gibt es auch für Biologen mindestens eine Bedeutung, in der die Redeweise von einer ›Kulturökologie‹ wissenschaftlich sinnvoll ist, nämlich als Bezeichnung für ein Anwendungsfeld des ökologischen Wissens: dasjenige, bei dem die Einflüsse untersucht werden, die die Natur durch das menschliche Handeln, seine Gewohnheiten und Techniken seit Jahrtausenden erfahren und verändert hat; in diesen Rahmen gehört z. B. der gebräuchliche Begriff der ›**Kulturlandschaft**‹. Da die diesbezügliche ökologische Forschung aber mit dem vollen Selbstverständnis des Naturwissenschaftlers durchgeführt wird, ändert sie an der naturwissenschaftlichen Grundkonzeption der Ökologie nichts. Sie verbleibt im Rahmen der Biologie und öffnet sich allenfalls in Randbereichen für Fragestellungen, deren Bearbeitung Kompetenzen und Konzepte aus anderen Wissenschaftsräumen hinzuzunehmen erfordert, wie dies beispielsweise bei der sogenannten ›**Stadtökologie**‹ der Fall ist. Der Gegenstand ›Kultur‹ tritt so nicht ins Zentrum dieses Forschungsinteresses – dort steht die Natur – sondern erscheint als ein wichtiges Phänomen an dessen Rändern, das seit langem in zunehmendem und heute in einem geradezu bedrohlichen Ausmaß die natürlichen Grundlagen auch des menschlichen Lebens beeinflußt und überformt.

Fast spiegelbildlich hierzu waren ökologische Denkweisen solchen Disziplinen und Wissenschaftlern, denen es um die Erforschung von Kultur in all ihrer Vielgestaltigkeit geht, lange Zeit völlig fremd, denn ihnen hing das Merkmal des Naturwissenschaftlichen an. Demgegenüber schien es sich beim Bereich der Kultur und der Kulturen um dezidiert andersartige Gegenstände zu handeln, die nach nicht-naturwissenschaftlichen Begriffen und Methoden zu ihrer angemessenen Erfassung verlangten. Doch wie wir heute wissen, ist dies nur zum Teil richtig; zum anderen Teil handelt es sich um ein folgenreiches Vorurteil, das wesentliche tiefliegende Einsichten zum Verhältnis von Natur und Kultur verhindert. Diese Erkenntnis war eine der bahnbrechenden Entdeckungen, die vor wenigen Jahrzehnten zwei konvergierende Entwicklungen möglich gemacht haben: die Lösung der Ökologie aus dem Bannkreis der Biologie und die **Öffnung der herkömmlichen Kulturwissenschaft für ein Denken in ökologischen Strukturen**. Ersteres ist besonders mit Namen wie Jakob von Uexküll oder Gregory Bateson, letzteres mit Namen wie Julian H. Steward oder Arne Naess verbunden. Erst jetzt wurde es möglich, eine Ökologie der Kultur zu entwickeln, die mehr leistete als die erwähnte Betrachtung der Natur unter dem kulturellen Einfluß des Menschen, nämlich: **die Kultur selber mit ökologischen Augen zu sehen**.

Heute stellt sich die Sachlage daher wie folgt dar: Viele der typisch ökologischen Ideen und Erklärungsstrukturen – der Begriff eines ›Ökosystems‹, das Abhängigkeitsverhältnis von System und Umwelt, der Funktionskreislauf von Produktion, Konsumption und Reduktion usw. – sind offenbar allgemeiner und grundsätzlicher als diejenigen, die von der im Rahmen der Biologie unter dem Namen ›Ökologie‹ sehr erfolgreich entwickelten Disziplin verwendet werden. Diese ist bereits eine Spezialisierung hiervon, nämlich hinsichtlich ihres Gegenstandes (der Natur) und ihrer Methodik (der naturwissenschaftlichen Methodik). Es hat sich herausgestellt, daß es eine weitere mögliche Spezialisierung gibt, die einen anderen, wenn auch mit der Natur verbundenen Objektbereich zum Gegenstand hat (die Kultur) und demzufolge auch andere, nicht-naturwissenschaftliche Methoden entwickeln und zur Anwendung bringen kann. Der herkömmlichen Naturökologie tritt damit die jüngere Kulturökologie an die Seite, die das von jener ausgeblendete allgemeinere Ideenpotential nutzt, um neben der Pflanzen- und Tierwelt nun auch die spezifischen Menschenwelten ökologisch zu verstehen: seine Kulturen. Dabei zeigt sich ein weiteres Mal, daß logisch-systematische Beziehungen und wissenschaftshistorische Entwicklungsschritte zwei verschiedene Dinge sind.

Während die Naturökologie als biologische Disziplin am weitesten entwikkelt ist, obwohl sie nur einen Spezialfall des ökologischen Denkens darstellt, hat die so verstandene Kulturökologie – der komplementäre Spezialfall – die Phase der Erforschung ihrer Grundlagen erst teilweise abschließen können. Am wenigsten wissenschaftlich ausgearbeitet aber ist die transdisziplinäre Basis von beidem, die **Allgemeine Ökologie**. Vieles spricht dafür, daß sie zusammen mit der Allgemeinen Systemtheorie und der Allgemeinen Evolutionstheorie heute zu einer allgemeinen und abstrakten Theorie komplexer Strukturen und Prozesse zusammenwächst, die grundlegende Bedeutung für viele verschiedene Bereiche erlangen dürfte (vgl. Laszlo 1993; Capra 1996).

1.2 Eine junge Disziplin

Wichtige Beiträge zur Erforschung des Kulturellen haben auch Biologen geleistet, doch liegt die Betrachtung der spezifisch menschlichen Formen von Kultur nicht im Mittelpunkt ihrer Arbeit. Es ist daher verständlich, daß wesentliche Impulse, die zur Entstehung der Kulturökologie als eigenständiger Disziplin im Sinne einer neuen Kulturwissenschaft geführt haben, aus Quellen außerhalb der Biologie stammen. Gleichwohl ist die klassische biologische Ökologie, die ›Naturökologie‹, die Hauptquelle unter ihnen. Sie war die erste Wissenschaft, die auf überzeugende und anschauliche Weise den **Begriff eines ›offenen Systems‹**, das von seiner Umwelt sowohl abhängig ist, wie auch selber auf diese verändernd zurückwirkt, mit Leben erfüllte. Die Systemökologie (vgl. Odum 1971), heute allgemein akzeptiert, erlaubte es, diesen Begriff für die Beschreibung der Biosphäre so weit zu präzisieren, daß wir heute vergleichsweise gut über die irdischen Lebensräume und die Lebensansprüche vieler Pflanzen- und Tierarten informiert sind. Wir fassen sie unter dem **Begriff der ›natürlichen Lebensbedingungen‹** zusammen, und insofern auch wir Menschen von ihnen abhängig geblieben sind, gelten die grundsätzlichen ökologischen Erkenntnisse über Energieverwertung, Umwelteinbindung und Wechselwirkungen zwischen System und Umwelt auch für uns.

Wie bringen wir aber die Tatsache der Kultur in jenem Bild unter? Einer der wichtigsten biologischen Zugänge zum Verständnis von Kultur, der auch die Kulturökologie beeinflußt hat, stammt von dem Princetoner Biologen John Tyler Bonner. Sein Ansatz hat den großen Vorteil, einen einfachen und klaren Kulturbegriff zugrunde zu legen; viele Kultur›definitionen‹ der traditionellen Kulturwissenschaft bestehen demgegenüber aus langen Merkmalslisten von nur geringer definitorischer Qualität. Bonner definiert Kultur als die **Weitergabe von Information durch Verhalten und Kommunikation**, im Gegensatz zur (belebten) Natur, die Informationen auf genetischem Wege weitergibt. Sein Kulturbegriff ist weit gefaßt, denn er beschränkt ihn nicht auf die Menschensphäre, sondern zielt primär auf die Anfänge der Kultur im Tierreich ab. Aber er kann auch auf das, was wir nach dem Auftreten der Menschen als Kultur beschreiben, angewandt werden. Wie groß der Vorzug dieses weiten Kulturbegriffs ist, hat erst die Kulturökologie zeigen können.

Die Kulturökologie ist eine sehr junge Wissenschaft. Zwar sind einige ihrer Voraussetzungen bereits früher in anderen Kontexten vorgedacht worden, doch trat die neue Disziplin unter diesem Namen erst vor etwa einem halben Jahrhundert erstmals auf. Die meisten ihrer theoretischen Grundlagen sind noch später, zum Teil erst in den beiden letzten Jahrzehnten erforscht worden. Die Gründe für diese späte Entwicklung sind sämtlich in der jüngsten Wissenschaftsgeschichte zu finden, in der einige **Voraussetzungsdisziplinen** der Kulturökologie erhebliche Fortschritte gemacht haben. Hierzu gehören in erster Linie die naturwissenschaftliche Ökologie und Evolutionsforschung, aber auch die Allgemeine Systemtheorie, die Chaos- und Emergenzforschung, die *Cognitive Sciences*, sowie die Sprach- und Kommunikationswissenschaften. Alle diese Disziplinen haben die Wissenschaftsgeschichte des letzten Drittels des 20. Jahrhunderts entscheidend mitgestaltet und ein Teil ihres neuen Wissens ist in der heutigen Kulturökologie zusammengeflossen.

Zwar wurden Worte wie ›Kulturökologie‹ oder ›kulturökologisch‹ bereits in früherer Zeit gelegentlich benutzt, doch wurden mit ihnen zunächst keine theoretischen Ansprüche verbunden. Der erste Wissenschaftler, der dies – erstmals in Arbeiten, die Ende der 1930er Jahre erschienen sind, systematisch dann ab den

1950er Jahren – dezidiert tat, war der amerikanische Ethnosoziologe Julian H. Steward (1902–1972). Er nannte seine Kulturtheorie *Cultural Ecology*, weil er entdeckt hatte, daß für viele wichtige Fragen der Kulturwissenschaft der Begriffs- und Wissensrahmen der Ökologie eine fruchtbare Erweiterung ihrer Perspektive mit sich bringt. Seither hat sich aus diesen Anfängen eine sehr lebendige neue Wissenschaft entwickelt, die sich nur noch zum Teil auf Stewards Pionierarbeit beruft.

1.3 Konzeptionen der Kulturökologie

Wenn man sich weniger am Namen und eher an der Sache orientiert, liegt die Kulturökologie heute bereits in mehreren unterschiedlichen Varianten vor. Sie unterscheiden sich hauptsächlich darin, wie konservativ oder innovativ ihr Wissenschaftsbild und demzufolge ihr Umgang mit der Ökologie ist. Dies führt dann zu verschiedenen Blickwinkeln auf Kultur und verschiedenen Positionen im Feld der wissenschaftlichen Disziplinen. Hiernach können wir **vier Gruppen von kulturökologischen Konzeptionen** unterscheiden, zwischen denen freilich viele Übergangsformen existieren:

(1) die frühe Kulturökologie Stewards und seiner Nachfolger,
(2) die weniger einheitlichen Gruppen der humanökologischen und
(3) sozialökologischen Ansätze
(4) und die jüngsten Entwicklungen einschließlich ihrer Hintergrundstheorien, unter ihnen vor allem die ›Evolutionäre Kulturökologie‹.

(1) Stewards **Kulturökologie** (*Cultural Ecology*, 1955) ist ein konservativ-interdisziplinärer Ansatz in dem Sinne, daß ihr Ökologiebegriff naturwissenschaftlich und ihr Wissenschaftsverständnis das der klassischen empirischen Sozialwissenschaften ist. Sie leistet weniger eine ökologische Präzisierung des Kulturbegriffs, als vielmehr seine Verbindung mit den Erkenntnissen der Bioökologie: Das Wissen über die natürliche Umwelt wird hier erstmals konsequent in die empirische Kulturforschung einbezogen. Insofern geht es dieser Konzeption auch weniger um die Neudefinition von Kultur und die kulturelle Umwelt, in der die Menschen im Gegensatz zu ihren biologischen Vorgängerformen leben, sondern um die Anpassung einer Kultur an die jeweils herrschenden natürlichen Rahmenbedingungen; Stewards Theorie ist eine ›**theory of cultural adaptation**‹. Der disziplinäre Rahmen ist die klassische Kulturanthropologie, wie sie insbesondere in der Ethnologie entwickelt wurde. Darüber hinaus hat diese Kulturökologie auf andere Wissensgebiete kaum verändernd gewirkt. Allerdings ist auf ihrem Gebiet ihre akademische Wirkung besonders in der US-amerikanischen Universitätslandschaft beachtlich gewesen; eine immer noch wachsende Schüler- und Kollegenzahl hat den neuen Ansatz aufgegriffen und mehr oder weniger modifiziert, so daß *Cultural Ecology* dort – im Unterschied zu Europa – heute eine durchaus etablierte Wissenschaftsgröße ist. Die theoretischen Modifikationen der Kulturökologen in der kritischen Nachfolge Stewards, zu denen Forscher wie Marvin Harris, Clif-

ford Geertz, Bernard Campbell oder Roy A. Rapaport gehören, gingen allerdings nicht so weit, daß die oben erwähnten wissenschaftstheoretischen Grundorientierungen erheblich verändert worden wären, führten aber zu Annäherungen insbesondere an die Konzeptionen der zweiten und der dritten Gruppe. Eine Brükkenrolle spielt dabei das Werk von Rapaport, der bereits den **Ökosystembegriff** benutzt und dessen rein naturwissenschaftliche Explikation um die Dimension der humanen Lebenswelt erweitert, ohne freilich den Schritt zu tun, die kulturellen Systeme selber als neuartige psychische Ökosysteme zu verstehen.

(2) Wesentlich unübersichtlicher sind die beiden folgenden Gruppen von Ansätzen, die zwar den Begriff ›Kulturökologie‹ nicht als Selbstkennzeichnung verwenden, aber de facto ähnliche Problemlagen bearbeiten. Die erste von ihnen, die **Humanökologie** (*Human Ecology*), ist selber ein gutes Beispiel für jenen methodologischen Pluralismus, der fast die gesamte Kulturforschung durchzieht, denn sie versteht sich zum Teil als Naturwissenschaft im Rahmen der Biologie oder der Geographie, zum Teil aber auch als eine Forschungsrichtung der Soziologie. Während sich erstere mehr auf die Ökologie des Menschen als Art und die Auswirkungen seines kulturellen Handelns auf die natürliche Umwelt konzentriert (Eugene P. Odum, Paul R. und Anne H. Ehrlich, Bernard Campbell, Garrett Hardin und andere), liegt der Forschungsschwerpunkt der soziologischen Humanökologie bei den gesellschaftlich-politischen Rahmenbedingungen dieses Handelns sowie der Kritik der dabei entstandenen Resultate (Chicagoer Schule: Robert E. Park und andere; ferner Forscher wie Amos H. Hawley, Anselm L. Strauss oder William I. Thomas). Menschliche Siedlungen, Städte zumal, deren Strukturen einen wichtigen Untersuchungsgegenstand der Humanökologen bilden, werden als neue Sekundär-Ökosysteme aufgefaßt, die von der Leistungsfähigkeit der primären Systeme abhängig bleiben, diese aber in erheblichem Umfange belasten und stören. Ein Großteil der Forschung dient daher auch Anwendungsfragen, wie diese gefährliche Lage zu bessern ist. Die meisten dieser Ansätze benutzen dabei explizit oder implizit einen Kultur- oder Zivilisationsbegriff, doch ist er kaum ein Ziel ihrer theoretischen Bemühungen.

(3) Es liegt auf der Hand, daß die Grenze der Humanökologie – besonders bei ihren soziologisch orientierten Konzeptionen – zur **Sozialökologie** (*Social Ecology*) hin unscharf ist. Sie verläuft dort, wo sich die Forscher zu einem wesentlichen Teil auch auf nicht-biologische, alternative Ökologiekonzepte stützen, die sich in der zweiten Hälfte des 20. Jahrhunderts außerhalb der Naturwissenschaften ausgebildet haben (mit Murray Bookchin als einer Leitfigur; ferner neben anderen Janet Biehl, Brian Tokar, Donella Meadows). Auf ihrer Basis wendet sich die Sozialökologie mit sozialwissenschaftlichen Forschungsmethoden u. a. der empirischen Erforschung der kulturellen Institutionen zu und behandelt diese fruchtbar im Rahmen einer grundsätzlichen System-Umwelt-Perspektive (Kenneth Boulding und andere). Der Begriff einer soziokulturellen Umwelt, die wir uns geschaffen haben und in der wir leben, gehört in diesen Rahmen. Die grundsätzliche Offenheit der Sozialökologie gegenüber einem nicht-konservativen Ökologieverständnis, die auch – vor allem durch den Einfluß der Ideen Batesons – Übergänge zur ›Evolutionären Kulturökologie‹ herstellt, führt dazu, daß auch diese Richtung insgesamt gesehen einen großen internen Pluralismus aufweist.

Gerade die relative Inhomogenität der Human- und Sozialökologie, die auch eine offene Grenze zu nichtwissenschaftlichen und esoterischen Denkrichtungen besitzt, macht freilich viele der unter ihren Etiketten versammelten Ansätze zu sehr wertvollen Fundstellen für eine Fülle theoretischer und empirischer Wissensbestände, die unser Verständnis von Kultur ergänzen und vertiefen.

(4) Die vierte und jüngste Gruppe von Ansätzen ist dagegen wiederum vergleichsweise einheitlicher, insbesondere diejenige Konzeption, die wir hier unter dem Namen ›**Evolutionäre Kulturökologie**‹ (*Evolutionary Cultural Ecology*) vorstellen. Steward hat hierfür als Vaterfigur kaum noch eine Bedeutung, denn es ist gerade die Starrheit seiner Rahmenkonzepte, die nun infrage gestellt und aufgebrochen wird. Die wichtigste Forscherpersönlichkeit, die die Entwicklung der Evolutionären Kulturökologie ermöglichte, obwohl er selber dieses Etikett nie verwendet hat, war der Psychologe Bateson. Seine Ideen zu einer *Ecology of Mind* (1972, 1979) gaben den entscheidenden Anstoß für die Lösung der ökologischen Theorien aus dem biologischen Physikalismus. Mehr als eine ganze Forschergeneration vor Bateson hatte bereits der Biologe Uexküll (1909) mit seiner Theorie der Innenwelt in ähnliche Richtung gedacht. In jüngster Zeit hat dann vor allem die *Deep Ecology* des norwegischen Philosophen Naess (1989; Gottwald/Klepsch 1995) einen starken Einfluß auf die sich formierende Evolutionäre Kulturökologie gehabt, wobei sie besonders auf die ethische und die politische Dimension dieser Konzeption eingewirkt hat. Ihr Zentralbegriff, der eines ›**Kulturellen Ökosystems**‹, stammt von dem deutschen Wissenschaftstheoretiker Peter Finke (1993, 1996, 1997); er hat auch die Kennzeichnung ›Evolutionäre Kulturökologie‹ als erster verwendet.

Faktisch kann man eine ganze Reihe von Forschern als Kulturökologen im Umfeld dieser Konzeption bezeichnen, auch wenn sie zum Teil eine andere Terminologie benutzen und als Spezialisten in anderen disziplinären Kontexten arbeiten. Zu den bekanntesten gehören beispielsweise der englische Evolutionsforscher Richard Dawkins (1976), von dem die Theorie der Meme als kultureller Replikatoren stammt, der ausgeprägt transdisziplinär arbeitende ungarische Gelehrte Ervin Laszlo (1993), der die benötigten System- und Evolutionskonzepte präzisiert hat, der deutsche Physiker Hans-Peter Dürr (1992, 1995), dessen Interpretation der Quantentheorie wichtige Brückenkonzepte zwischen Natur- und Geisteswissenschaften geliefert hat, der norwegische Linguist Einar Haugen (1972), der als erster eine neue ökologische Sprachbetrachtung vorgeführt hat, der amerikanische Pädagoge Neil Postman (1986), der sich selber als kritischer Medienökologe versteht, oder der österreichisch-amerikanische Physiker Fritjof Capra (1982, 1996), dessen integrative grundlagentheoretische und praxisorientierte Arbeiten weitgehend diesem Kontext zugehören (vgl. die Beiträge in Yüce/Plöger 2003).

1.4 Vaterfiguren: Uexküll, Bateson, Naess

Der deutsch-schwedische Biologe **Jakob von Uexküll** (1864–1944) gilt als einer der Mitbegründer der Ökologie, aber er hat bereits früh Positionen vertreten, die ihn für die meisten seiner Fachkollegen zum Außenseiter stempelten. Mit diesen Ideen, die erst gegen Ende des 20. Jahrhunderts neu aufgegriffen und zu Grundlagenideen der Evolutionären Kulturökologie wurden, war Uexküll seiner Zeit weit voraus (1909). So mit seiner **Unterscheidung von ›Wirkwelt‹ und ›Merkwelt‹**: erstere den Biologen seit langem als physische Welt vertraut, letztere als psychische Welt erst durch die Ethologie (Verhaltensphysiologie) stückweise erschlossen. Entsprechend sein **Begriffspaar ›Umwelt‹ und ›Innenwelt‹**, an dem man besonders gut sieht, daß nur die erstgenannte Dimension bislang in der biologischen Ökologie gut verankert ist. Daß eine ökologische Analyse aber nicht nur die System-Umwelt-Beziehung, sondern im Falle vieler Tiere und sicherlich des Menschen darüber hinaus auch eine System-Innenwelt-Beziehung umfaßt, ist noch heute den meisten Ökologielehrbüchern fremd. Dieser wichtige Problembereich wird in der Biologie von der Ethologie und besonders ihrer Spezialisierung, der Tierpsychologie, bearbeitet; heute existiert ein breites Übergangsfeld zur Ökologie in der sogenannten ›Öko-Ethologie‹. Dennoch hat dies bislang kaum zu Modifikationen im Bereich der theoretischen Ökologie geführt; dort schlägt sich die Bedeutung der Innenweltdimension nach wie vor nicht in einem veränderten Ökosystemverständnis nieder. Dies aber geschieht heute in der Kulturökologie, und deshalb ist sie ein Feld, auf das Uexküll unmittelbare Wirkung ausgeübt hat.

Die fruchtbarsten gedanklichen Anstöße für die Kulturökologie lieferte **Gregory Bateson** (1904–1980), dessen Universalität und Kreativität ihn zu einer der bedeutendsten Forscherpersönlichkeiten des 20. Jahrhunderts werden ließ. Der Sohn des bedeutenden englischen Genetikers William Bateson und Lebenspartner der bekannten Ethnologin Margaret Mead widersetzte sich stets einer festen fachlichen Zuordnung. Er arbeitete Zeit seines Lebens an wechselnden Forschungsprojekten, die weniger einen inter-, als vielmehr einen transdisziplinären Charakter hatten. Psychologische, psychotherapeutische, biologische, kybernetische, soziologische, anthropologische, kommunikations-, system- und evolutionstheoretische Fragestellungen kamen in seiner Interessenperspektive zusammen und erforderten zu ihrer Lösung einen weiten Überblick, mutige Unkonventionalität, auch Teamfähigkeit, aber vor allem anderen ein hohes Maß an individueller Kreativität.

Als Psychologe war Bateson der geeignete **Fortdenker der Uexküllschen Umwelt-Innenwelt-Theorie**, obwohl er dessen Schriften kaum gekannt hat. Bei ihm gewinnt dessen Innenweltdimension eine zuvor nicht erreichte theoretische Gestalt, auch wenn sie bruchstückhaft und unvollendet blieb. Wo Uexküll inmitten anderer Naturwissenschaftler die dort vergessenen psychischen Seiten einer ökologischen Gesamtsicht ans Licht hob und entsprechend zwischen Anerkennung und Nichtverständnis arbeitete, nutzte Bateson gänzlich unbeeindruckt von disziplinären Tugendwächtern jegliche Erfahrungs- und Vergleichsmöglichkeit in einem höchst umfangreichen Terrain des gesamten Tier-Mensch-Übergangsfeldes, zusätzlich noch im damals höchst dynamischen Bereich der Formalwissenschaften – er gilt heute, neben Norbert Wiener und Ludwig von Bertalanffy, als Mitbegründer der Kybernetik und Systemforschung. Mit diesem Rüstzeug im Hintergrund tat Bateson den entscheidenden Schritt, der zur Grundlegung einer leistungsfähigen Kulturökologie noch fehlte: Er gewann die Einsicht, daß man in die ökologischen Denk- und Erklärungsmuster auch die geistige Welt mit einbeziehen müsse und sie auf diese Weise dem Odium einer unfaßbaren Gespensterdimension entziehen könne. Der Abschied von einer rein physikalistischen Ökologie war damit vollzogen.

Die für die Kulturökologie entscheidende Idee Batesons war das Konzept einer ›**Ökologie des Geistes**‹ (*Ecology of Mind*, 1972). Von einigen seiner Interpreten als bloße Metapher mißverstanden, ist dies nichts weniger als die bei ihm erst stückweise ausformulierte Einsicht, daß die Bedeutung der ökologischen Sichtweise der Welt weit über die natürliche und vor allem die materiell-physikalische Welt hinausreicht, eben in die Welt der psychischen und geistigen Prozesse hinein. Bateson kommt damit das große Verdienst zu, diese zwar in der Philosophie gefeierte, in der abendländischen empirischen Wissenschaft aber meistens zu kurz gekommene, weil aufgrund ihrer Ungreifbarkeit gemiedene Dimension unserer Wirklichkeit auf neue Weise ernst genommen und durch ein **ökosystemisches Muster** – ›a pattern which connects‹ – beschrieben zu haben. Die Folgen dieses Muts, sich von herrschenden Vorurteilen über ›ordentliche‹ Wissenschaft nicht beeindrucken zu lassen, sind heute noch nicht voll absehbar; sicher ist nur, daß damit der Weg frei war, auch jene hochkomplexen und abstrakten Systeme, die wir als Kulturen kennen, neu zu beschreiben: als Ökosysteme des Geistes nämlich. Zu den Folgen gehört jedoch noch viel mehr; vor allem entstand auf diese Weise der Umriß einer ganz neuen Form von Geisteswissenschaft, die nicht mehr Gegenbild, sondern Partner der Naturwissenschaft sein will, ja den Anspruch erheben kann, einige auch für jene nicht abweisbare Konzepte und Resultate zu produzieren.

Uexküll und Bateson waren hochrangige Theoretiker, die umfangreiche eigene empirische Forschungen betrieben haben. Aber sie führten beide keine Existenz als Wissenschaftler im Elfenbeinturm. Beide verfolgten eingehend und besorgt die wachsenden Umwelt- und Innenweltbelastungen und beide nutzten viele Möglichkeiten zur Schaffung eines kritischen öffentlichen Bewußtseins. Die Innenweltethik der Philosophen setzte sich daher bei ihnen in Ansätzen zu einer frühen Umweltethik fort; in beider Arbeit gab es keine Theorie-Praxis-Kluft. Sie haben zwar in erster Linie deskriptive Forschung betrieben, aber den Zusammenhang mit normativen Fragen häufig hergestellt. Auch die neue Kulturökologie verlangt nicht nur nach theoretischen, sondern darüber hinaus nach praktischen Konzepten.

Das Unvermögen der sich global ausdehnenden westlichen Zivilisation, die durch ihr eigenes ökonomisch geprägtes Weltbild verursachten und weiterhin anhaltenden Verluste an natürlicher und kultureller Vielfalt zu stoppen, war eines der Motive für den norwegischen Philosophen **Arne Naess** (geb. 1912), im Jahr 1969 den Philosophielehrstuhl an der Osloer Universität aufzugeben und, nach einer sehr erfolgreichen internationalen Karriere als Wissenschaftstheoretiker, Ethiker und Logiker, eine rationale Begründungstheorie für die sich damals allmählich formierende und heute weltweite Ökologiebewegung zu konzipieren; er veröffentlichte sie später unter dem Titelbegriff einer ***Deep Ecology*** (1989). Nach dieser Theorie ist die herkömmliche (Natur-)Ökologie in ihrer Reichweite auf vergleichsweise oberflächennahe (*shallow*) Zusammenhänge beschränkt; es geht aber darum, ökologische Tiefenstrukturen aufzudecken, die erst sichtbar werden, wenn auch die gesamte Humansphäre systematisch in die Biosphäre einbezogen wird. Dies bedeutete vor allem, **Grundlagen einer ökologischen Ethik, Pragmatik und Politik** zu legen. Der Begründer der Tiefenökologie wurde dadurch in einem stetig enger werdenden Netzwerk praktisch engagierter Vordenker und Gruppen, zunächst hauptsächlich in Skandinavien und den USA, heute auch anderswo, zu einer erkenntnistheoretischen und moralischen Instanz. Naess ist – im Unterschied zu den frühen ›Rufern in der Wüste‹ Uexküll und Bateson – eher ein Primus inter pares, eine philosophische Leitfigur neben einigen anderen, doch verdanken wir ihm neben dem Hinweis auf die Notwendigkeit, die ökologischen Strukturanalysen auf tieferliegende Ebenen auszudehnen, die systematisch entschiedenste Ausformulierung einer Reihe von Prinzipien, die für die normative Seite der neuesten Kulturökologie zwar nicht in jedem Falle verbindlich, aber doch wegweisend wurden.

1.5 Das zentrale Problem: Was ist Kultur?

Die Hauptfrage der Kulturwissenschaft ist die nach dem Verständnis ihres Gegenstands. Vor allen anderen spezifizierenden und generalisierenden, differenzierenden und vergleichenden Fragen muß Kulturwissenschaft eine Frage stellen und beantworten: **die Frage, was Kultur ist.**

Wie die klassische Kulturforschung zeigt, ist diese Frage wegen der verwirrenden Komplexität und Vielgestaltigkeit von Kultur außerordentlich schwer zu beantworten (vgl. Kap. 2 »Kulturbegriffe und Kulturtheorien« in diesem Band). Verwirrend wirkten auch normative Begriffstraditionen, die den zeitweilig als Gegenbegriff verstandenen Zivilisationsbegriff einschließen. Auch die frühe Kulturökologie beantwortet die Frage nach ihrem Grundbegriff noch kaum genauer; vielmehr übernimmt sie im wesentlichen die Kulturdefinition(en) der Tradition. Was sie präzisiert, ist nicht der Kulturbegriff, sondern das **Bewußtsein der Abhängigkeit des Kulturellen vom Natürlichen**, im wesentlichen unsere Kenntnis der Beziehungen zwischen Kulturen und ihren Umwelten, wobei das Schwergewicht auf den natürlichen Umwelten liegt. Dies ist nicht wenig, denn es öffnet das oft enge, nur auf den eigenen Gegenstandsbereich begrenzte Blickfeld der Kulturwissenschaftler hin zur **Bedeutung der natürlichen Lebensgrundlagen und der irdischen Biome** für das Zustandekommen und die Aufrechterhaltung und Entwicklung von Kulturen. Religionen, Sprachen und Literaturen, Gesellschaftssysteme und Formen der Institutionalisierung haben sich nicht unabhängig von jenen Grundlagen und Umwelten entwickelt, die ein Lebensraum mit seiner spezifischen Naturausstattung anbot. Und ebenso eng sind die Rückkopplungen, die das jeweilige kulturelle Leben auf die dortige Natur und Landschaft mit sich brachte. Nur: was Kultur eigentlich ist, wird auch so kaum besser verständlich als in der traditionellen Kulturforschung. Erst die jüngste und ambitionierteste kulturökologische Theorie ist in diesem Punkte ein wesentliches Stück vorangekommen.

2. Grundlagen der Evolutionären Kulturökologie

2.1 Die Ökosysteme des Menschen

Ein zentraler Begriff der Ökologie ist der eines ›ökologischen Systems‹. Die Ökosystemforschung hat viele empirische Kenntnisse über die verschiedenen Ökosystemtypen der Erde gesammelt, so daß wir zum Beispiel von vielen Pflanzen und Tieren ihre Ansprüche an die für sie lebensnotwendigen Umweltbedingungen recht gut kennen. Der Mensch tritt dabei freilich nicht als ein Lebewesen in Erscheinung, das selber in ein humantypisches Ökosystem eingebunden wäre; seine Siedlungen und Städte können nur als sekundäre Einrichtungen auf der Basis der primären natürlichen Lebensgrundlagen existieren. Er wird daher zu Recht als ein **ökologischer Ubiquist** geschildert, der buchstäblich alle diese Systeme mitnutzt, durch seine Aktivitäten mehr oder weniger belastet oder schädigt und deshalb in bezug auf sie zunehmend auch eine dritte Rolle spielen muß, die des Managers oder Reparateurs. Artspezifische Ökosysteme des Menschen gibt es in dieser Perspektive nicht.

Für die Evolutionäre Kulturökologie ist diese Sichtweise falsch und **Resultat des begrenzten Ökologieverständnisses der Biologie**, das auf ihrer ausschließlich physikalischen Definition von Ökosystemen beruht. Wenn etwa ein Wald ein (natürliches) Ökosystem darstellt, dann wird dieses für gewöhnlich als ein strukturiertes System aus Biomasse vorgestellt; der in ihm ablaufende Nährstoffkreislauf ist das Musterbeispiel eines ökologischen Prozesses. Der Zusammenhalt des ganzen Systems wird ausschließlich darauf zurückgeführt, daß alle seine Teile einen aufeinander abgestimmten Anteil an der Energienutzung haben, die das System insgesamt am Leben hält. Es ist dies ein Begriff physischen Lebens; die angestrebten Quantifizierungen seiner Parameter sind sämtlich physikalischer Natur.

Tatsächlich aber besitzen schon natürliche Ökosysteme wie Wälder oder Seen eine nicht-physische, eine **psychische Dimension**, jedenfalls dann, wenn zu ihnen Tiere gehören, die bereits höhere kognitive und interaktive Leistungen erbringen können. So gibt es beispielsweise in Wäldern sehr komplexe Kommunikations- und Verhaltensgeflechte, die für ihre Identität ebenso typisch wie in Ergänzung der physischen Parameter systemkonstitutiv sind. Sie stehen in ihrer Bedeutung für den Zusammenhalt des ganzen Ökosystems dem Geflecht der trophischen Prozesse nicht nach, werden aber bei dessen rein physikalischer Beschreibung verfehlt. Diese **prähumanen kognitiven Systeme**, die noch sehr eng mit ihren materiellen Trägersystemen verkoppelt sind, sind – ganz im Sinne der Bonnerschen Kulturdefinition – der evolutionäre Ursprung aller Kultur; wir können sie daher als Protokulturen auffassen, die in der Folgezeit zusammen mit der Höherentwicklung des Gehirns und der psychischen Leistungen bei den Wirbeltieren selbst immer differenzierter und komplexer wurden. Doch zugleich lösten sie sich von ihren Trägern bis zu einem gewissen Grade ab, insofern ihre enge Kopplung an jeweils bestimmte natürliche Ökosysteme bei den frühen Menschenformen sukzessive insoweit gelockert wurde, als diese lernten, sich in verschiedenen natürlichen Biomen zu bewegen. Damit werden aus psychischen Teilsystemen der natürlichen Ökosysteme zunehmend relativ (nicht absolut!) selbständige, nicht-materielle und abstrakte Systeme.

Viele Bereiche unseres geistigen und sozialen Lebens erinnern uns an Vorbilder aus der Natur und wir benutzen Metaphern, die dies ausdrücken: Wir sprechen zum Beispiel von seelischen Gleichgewichten, Balzgehabe, geistiger Nahrung, semantischer Umweltverschmutzung, lebendigen und ausgestorbenen Kulturen usw. Trotz aller unbestrittenen Unterschiede steht hinter solchen empfundenen Parallelen nicht selten ein rational erklärbarer, evolutiver Kern, den erst die differenzierten Analyseinstrumente der modernen Systemtheorie in den 1980er Jahren zutage gefördert haben. Erst sie ermöglichten die zunächst erstaunliche Entdeckung, daß eine in die Tiefe gehende Strukturanalyse selbst der modernsten kulturellen Systeme **verdeckte Strukturen** ans Licht fördert, die ihre **evolutionäre Verwandtschaft** mit ihren sehr viel älteren materiellen Vorgänger- und Trägersystemen, den natürlichen Ökosystemen, noch immer erkennen lassen: Kreisläufe produzierender, konsumierender und reduzierender Art (vgl. Capra 2002). Es ist, als ob sie eine strukturelle Erinnerung an ihre Entstehungszeiten inmitten der Meere, Wälder und Savannen in ihre eigene Zukunft mitgenommen hätten. Obwohl unsere heutigen Kulturen zum Teil hochgradig artifizielle und institutionell vielfach überformte Nachkömmlinge der frühen Protokulturen sind, zeigt sich bei genauen Strukturanalysen auch bei ihnen noch immer jene Erbschaft aus alten ökosystemischen Mustern. Dies aber bedeutet nichts anderes als: Es gibt sie doch, die **arttypischen Ökosysteme des Menschen**, sie werden nur aufgrund ihrer nicht-physikalischen Organisation von der biologischen Ökologie meistens nicht als solche wahrgenommen. Mithilfe eines erweiterten Ökosystembegriffs aber kommen sie in unser Blickfeld: Es sind unsere Kulturen. Das wichtigste Theorem der Evolutionären Kulturökologie lautet daher: **Es gibt auch kulturelle Ökosysteme** (vgl. Finke 1993, 1996). Hieraus folgen unmittelbar anthropologische Konsequenzen. Die humanökologischen Kernbereiche der Evolutionären Kulturökologie erlauben uns bereits heute die Skizze eines neuen, naturbezogenen Menschenbildes einschließlich mancher kritischer Aussagen über unsere gegenwärtige kulturelle Praxis.

2.2 Strukturelle Erbschaft

Damit versetzt uns die Kulturökologie nunmehr in die Lage, den Kulturbegriff, dessen Vieldeutigkeit und Vagheit ein Hauptproblem der alten Kulturwissenschaft ist, selber in einer völlig neuen, perspektivenreichen Weise zu präzisieren. **›Kul-**

tur‹ bezeichnet danach einen evolutionär noch relativ jungen anderen Typus von Ökosystemen, der sich vom älteren Muttertypus hauptsächlich dadurch unterscheidet, daß er eine nicht-physikalische Struktur besitzt, nicht aber hinsichtlich der zentralen Funktionen und Organisationsformen des Systems selber. Die Lebenseinbindung und -sicherung für die betroffenen Organismen einerseits und das grundsätzliche Organisationsschema eines Produktions-Konsumptions-Reduktions-Kreislaufs andererseits sind im Prinzip erhalten geblieben, auch wenn viele der speziellen Organisationsstrukturen der neuen Systeme abgeändert wurden. Die neuen Ökosysteme haben also einen charakteristischen Wandel durchgemacht, der aber nicht so weit ging, die Spuren ihrer evolutionären Genese völlig zu verwischen.

Wie sieht die strukturelle Organisation eines typischen kulturellen Ökosystems aus? Vor allem fällt auf, daß es seine Energien nicht mehr in Biomasse, sondern in symbolisch codierte Information umsetzt; seine Kreisläufe sind keine Nahrungsketten, sondern **Informationszyklen**. Außerdem ist es nicht mehr naturgesetzlich organisiert, die in ihm stattfindende Interaktion kann mit dem Begriff des Verhaltens nicht angemessen beschrieben werden, sie bleibt nicht immer im Einklang mit den Erhaltungserfordernissen seines natürlichen Trägers, und an seiner Oberfläche besitzt es heute oft eine Struktur, die seine Herkunftsstrukturen völlig verdeckt. Anders gesagt: **Kulturen sind im wesentlichen keine materiellen Systeme, sondern immaterielle**. Sie sind nicht strikt, sondern wesentlich lockerer determiniert: In ihnen gelten Konventionen oder Regeln und damit Organisationsprinzipien eines erheblich schwächeren Verbindlichkeitsgrades als es Naturgesetze sind. Die in ihnen lebenden Akteure sind neben einigen überkommenden Relikten kausal gesteuerten Verhaltens auch zu Formen final und intentional gesteuerten Verhaltens fähig, für die ein eigener Begriff nötig wird: ›Handeln‹. Dabei hat die Bedeutung des Handelns die der auch noch vorhandenen Verhaltensreste weit überflügelt. Der damit verbundene beträchtliche Alternativengewinn erzwingt für das Zusammenleben der Individuen die Ausbildung impliziter oder expliziter Normensysteme; eine **ethische Dimension** kennzeichnet jede Kultur.

Die neugewonnenen Handlungsfreiheiten schließen auch ein Handeln ein, das so weit gehen kann, daß Schäden an den nach wie vor benötigten natürlichen Lebensgrundlagen auftreten können, Folge der weitgediehenen Abstrahierung der Kulturen von jenen. Im Unterschied zu den sogenannten ›**Naturvölkern**‹ erleben gerade die sogenannten ›**Kulturvölker**‹ ihre Kultur als ein völlig eigenständiges, von der natürlichen Basis abgetrenntes, ja diese im Prinzip hinter sich lassendes System. Hierzu trägt entscheidend bei, daß man ihr ihre Herkunft heute im Alltag nicht mehr ansieht: Wir haben sie nach jeweiligen Management- und Verwaltungsbedürfnissen umgeformt, mit neuen Oberflächenstrukturen versehen, überorganisiert. Diese erhebliche Veränderung wird mehr oder weniger starr institutionalisiert und damit das vermeintliche Anderssein der Kulturen festgeschrieben. Erst die Kulturökologie hat uns die Augen für die hierdurch verdeckten Tiefenstrukturen der Kultur geöffnet, die jenes evolutionäre Strukturerbe ans Licht bringen, das ihre unveränderte Bindung an die Natur offenbart.

Kultur wird in der Evolutionären Kulturökologie mithin ökologisch beschrieben und evolutionär erklärt. Dabei steht die **Struktur der kulturellen Syste-**

me im Vordergrund des Interesses. Man sollte aber nicht übersehen, daß der Auslöser für diese strukturellen Forschungen Überlegungen zur **Funktion von Kultur** gewesen sind. Menschen besitzen nicht nur eine Kulturzugehörigkeit, sondern sie benötigen sie auch. Wir leben in unseren geistigen Welten ebenso intensiv und eingebunden, wie wir für die Befriedigung unserer körperlichen Bedürfnisse auf die Ressourcen der materiellen Welt angewiesen sind. Beides bildet für uns eine Einheit, die Einheit unserer ökosystemischen Lebensgrundlagen. Für einen Menschen sind die kulturellen Grundlagen, die unser Leben tragen und einbinden, nicht weniger überlebenswichtig als es die natürlichen sind. Damit kommt dem kulturellen Ökosystem, in das wir hineingewachsen sind oder in das wir uns später eingelebt haben, eine ähnliche Bedeutung für das humane Leben zu, wie sie der Wald für den Specht oder das Meer für den Wal hat. **Kulturelle Ökosysteme sind aber geistige Ökosysteme.** Ihre Wurzeln liegen weit vor dem Auftreten der ersten Menschen. Ihre entscheidenden Entwicklungsschritte machten sie dann zusammen mit deren Evolution, wobei die entstehende Sprachfähigkeit und die zusammen hiermit entstehenden natürlichen Sprachen zu einer treibenden Kraft der weiteren kulturellen Entwicklung wurden.

2.3 Die Ebenen der Kultur

Wenn Kultur nicht im engen Sinne der traditionellen Kulturwissenschaft als ein Gemisch aus Sitten und Gebräuchen oder gar nur in einem snobistischen Sinn als *domain*-Bezeichnung für ›Bildung-Wissenschaft-Kunst‹ verstanden wird, sondern im weiten Sinne dessen, was infolge der Evolution des Geistes ermöglicht und aufgebaut worden ist, erfüllt sie einen äußerst umfangreichen Raum. Er reicht von den geistigen Welten der Individuen, die sich allesamt voneinander unterscheiden, bis zu den geistigen Welten ganzer Ethnien und Völkergruppen. Dazwischen liegt eine höchst komplexe Vielfalt einander ergänzender, aber auch miteinander verschachtelter Systeme geistiger Welten, die in unterschiedlichstem Ausmaß durch Gewohnheiten, Konventionen oder Bürokratien stabilisiert, verfestigt und gegeneinander abgegrenzt werden. Es ist daher für ein Verständnis von Kultur nicht ausreichend, ausschließlich die besonders komplexe ethnische Ebene zu betrachten, noch erst recht, lediglich bestimmte soziale Systeme im Bildungsbereich als Kulturrepräsentanten anzusehen, und ebenso wenig ist es richtig, die persönlichkeitsstiftenden Wert- und Handlungssysteme der menschlichen Individuen aus der kulturellen Gesamtperspektive auszublenden. Auf allen diesen Feldern findet Kultur statt, jede Verengung des Kulturbegriffs auf Teile davon verfehlt das umfassende hierarchische Geflecht der geistigen Ökosysteme des Menschen.

Einen ersten Zugang zu dieser Komplexität liefert daher eine Dreiteilung, die eine praktikable Hierarchie kultureller Ökosysteme auf **drei Kulturebenen** verteilt: die individuelle, die soziale und die ethnische Ebene – eine lockere Analogie zur Aut-, Dem- und Synökologie der Biologen. Die **Individualkulturen** sind die vergleichsweise am wenigsten komplexen, dafür die zahlreichsten und vielfältigsten Kulturen. Auch wenn sie stets Gruppen bilden und damit Teilsysteme der **sozialen Kulturen** – die nächste Hierarchiestufe – konstituieren, sind sie doch in struktureller Hinsicht voll ausgebildete kulturelle Ökosysteme, wenn auch untereinander vielfach vernetzt und von ihren kulturellen Umwelten abhängig. Sie sind besonders wenig institutionell stabilisiert, ein sehr auffälliger Unterschied zu den Kultursystemen der höheren Ebenen. In besonders starkem Maße haben solche Prozesse der Institutionalisierung freilich auf die mittlere Ebene eingewirkt und hier hochgradig überformte, hierarchisierte und verwaltete soziale Systeme geschaffen, die ihrerseits die Institutionenbildung sehr weit vorangetrieben haben: Aus den Alltagsbemühungen um Wissen wird die Wissenschaft, aus einfacher Güterproduktion und einfachem Gütertausch wird Wirtschaft, aus elementarem sozialen Handeln Politik, um nur wenige Beispiele zu nennen; alle diese Bereiche schaffen sich eine große Institutionenfülle und sie alle gehören nach dem Verständnis der Kulturökologie zur Kultur. Die komplexeste Ebene schließlich, dasjenige, was wir oft die ›**Kulturen der Völker**‹ nennen, ist demgegenüber längst nicht so durchinstitutionalisiert wie es die soziale Kulturebene heutzutage ist, aber sie macht gleichwohl von diesem Stabilisierungsinstrument vielfachen Gebrauch und erzeugt auf diese Weise ›Zivilisationen‹, also räumlich und zeitlich weitreichend herrschende Kulturen.

2.4 Kulturelle Evolution

Aus soziobiologischer Sicht ist die Evolution der Kultur eine dem Ursprung nach natürliche Entwicklung mit dem Resultat der massiven Steigerung der Fitness der an dieser Entwicklung beteiligten Arten, zuletzt insbesondere der Art *Homo sapiens sapiens*. Die Kulturökologie setzt hier an, weil sie die **Bedeutung des biologischen Natur-Kultur-Übergangsfeldes** für das Verständnis späterer und heutiger Kultur erkennt (Strukturerbe). Die Frage ist, wie ein solcher Fitnessgewinn und damit die Ausbildung einer eigenständigen kulturellen Evolution überhaupt möglich war. Offenbar hatte diese Entwicklung Ursachen im Genominventar bestimmter Tiergruppen, ohne in den später wesentlichen Punkten weiter auf die genetische Evolution zu bauen. Hier erreicht die Erklärung der kulturellen Evolution die Grenzen der Biologie. Während diese heute sogar den direkten Eingriff in die natürliche Evolution möglich gemacht hat, ist das Prinzip der kulturellen Evolution alt, wenn auch jünger als das ihrer natürlichen Mutterevolution. Basiert diese auf der Erfindung eines leistungsfähigen, ebenso kopiergetreuen wie mutationsfähigen Replikators, des Gens, beginnt ihre kulturelle Tochterevolution mit dem genetisch bedingten Auftauchen eines völlig anderen, neuen Replikatortyps: des Mems.

Die natürliche Evolution bedient sich zur Weitergabe von Information physischer Replikatoren, der Gene. Als **Meme** bezeichnen wir demgegenüber seit Dawkins (1976) **nicht-physische Replikatoren**, die die Weitergabe von Information durch Verhalten ermöglichen: Empfindungen, Ideen, Gedanken, Begriffe, Bedeutungen. Wir begegnen ihnen zumeist in ihrer durch das eine oder andere Zeichensystem codierten Form: als Ausdrucksbewegungen, Mimik, Tierrufe, Vogelgesänge, soziale Interaktionsmuster, non-verbale und schließlich verbale Elemente sprachlicher Kommunikation, auch in Bildern oder Musik. Ein herausragendes Unterscheidungsmerkmal gegenüber dem Gen ist ihre wesentlich höhere Replikationsgeschwindigkeit. Zusammen mit ihrer ebenfalls größeren Mutationsfreudigkeit entsteht dadurch ein in der genbasierten natürlichen Evolution nie gekanntes Beschleunigungspotential für die neuen evolutiven Prozesse der entstehenden Kultur. Benötigen jene zur Bildung neuer Systeme Stunden bis Jahrtausende, ist die kulturverändernde Evolution der Meme (vgl. Blackmore 1999) in jedem Gespräch, jedem sozialen Ereignis nachvollziehbar. In jedem Augenblick kann eine Idee unsere Welt verändern, eine Nachricht uns in Sekundenschnelle zwingen, unser bisheriges Weltbild zumindest teilweise neu zu ordnen.

Mit der Entstehung der Meme beginnt die psychische Evolution an die Seite der physischen zu treten und stellt diese fortan hinsichtlich der Geschwindigkeit, der Beschleunigung und der Vielfalt neu erzeugter Lebensformen zunehmend in den Schatten. Es sind dies freilich keine neuen Lebewesen oder Arten, sondern psychische Lebensformen, abstrakte Systeme der Kognition und Kommunikation, des Verhaltens, des Wissens und des Bewertens. Dies geschieht zunächst bei empfindungsfähigen, sozial lebenden Wirbeltierarten, dann – im Zusammenhang mit der Entstehung der Sprachfähigkeit – in einem immer umfangreicher und wichtiger werdenden Ausmaß bei den Menschen. Doch erst die äußerst **flexible Kodiermöglichkeit in Form von situationsunabhängig frei kombinierbaren Symbolen** – von Natur aus im akustischen (Sprache), später zusätzlich auch im visuellen (Schrift) Kommunikationskanal – hat sehr leistungsfähige Trägerformen für eine immer stärker differenzierte Memvielfalt geschaffen, die nun auch abstrakte Inhalte kognitiv und kommunikativ beliebig zu replizieren und abzuwandeln gestattete. Was auf diese Weise entstand, nennen wir heute ›Kultur‹ und erleben diese oft als weit von der Natur entfernt. Aber wir tun gut daran, ihre prähominide Vorgeschichte nicht zu vergessen, eben weil diese auch in unseren institutionell avanciertesten Kulturen offenbar noch immer relikthaft vorhanden ist.

2.5 Kulturelle Grenzen

Jegliche Vielfalt setzt voraus, daß die Konstituenten, die sie bilden, gegeneinander abgegrenzt werden können. Wo Unterschiede verschwimmen, kann eine Vielfalt kaum ausgemacht werden. Auch kulturelle Vielfalt ist nur möglich, wenn es Grenzen zwischen den Kulturen gibt, die sie voneinander zu unterscheiden gestatten. Jede Systemvielfalt enthält Systemgrenzen, aber es fragt sich, welche Merkmale ein solcher Grenzbegriff hat.

Sehr häufig verbinden wir mit einer Grenze die ausschließende Alternative: entweder befindet sich etwas vor oder hinter der Grenze. Die meisten unserer **Abgrenzungsideen** bedeuten solche hermetischen Grenzen, auch viele Visualisierungen von Systembeziehungen arbeiten damit. Für die verbreitetsten Vorstellungen von einer kulturellen Grenze gilt das gleiche. Aus kulturökologischer Sicht ist dieses Grenzkonzept mangelhaft, ja gefährlich. Daß etwas entweder das eine oder das andere ist, der einen oder anderen Kultur angehört, ist möglich, aber keineswegs zwingend; es ist lediglich ein Spezialfall. Solche strikten Ausgrenzungen widersprechen jeder ökologischen Erfahrung. Natürliche Grenzen zwischen natürlichen Ökosystemen können dabei gute Lehrmeister für die Ausgestaltung unserer Ideen über kulturelle Grenzen sein.

Ein nicht vom Menschen eingemauerter oder eingedeichter See kennt keine scharfe Abgrenzung zwischen aquatischen und terrestrischen Lebensräumen. Seine **flexiblen Grenzen** sind mehr oder weniger ausgedehnte amphibische Zonen, keine Linien oder gar Barrieren, und sie sind gleichwohl sehr wirksam. Eine strikte Grenzlinie ist der Natur unbekannt; selbst die Oberflächen der Lebewesen und ihre organischen Zellen verwenden teildurchlässige Membranen. Die Erfindung der Mauer als Abgrenzung in der Landschaft ist keine natürliche Erfindung, dort gibt es von Natur aus verschiedene, unterschiedlich breite Übergangszonen. Die Ränder aller Ökosysteme sind **Kontaktzonen** für Organismen aus allen Nachbarsystemen und selber Lebensraum einer größeren Vielfalt von Lebensstrategien, als sie in den Zentren der Systeme zu finden sind (vgl. Finke 2003). Der größte Vorrat an natürlicher Kreativität ist dort versammelt.

Für lebendige Kulturen gilt nicht anderes. Sie pflegen ein ›**liberales Grenzregime**‹, das Unterschiede wahrt und gleichwohl für alternative Weltsichten aufgeschlossen ist. Kulturelle Ökosysteme überleben Isolation auf Dauer ebensowenig wie natürliche, denn das für ihre Flexibilität und Wandlung nötige kreative Strategienpotential in ihrem Innern ist auch bei ihnen begrenzt. Das Neue kommt meistens von außen. Ebenso wie Naturschutzgebiete als reine Museumsareale keine dauerhafte Erhaltungschance besitzen, wird auch eine Kultur ohne lebhaften Austausch mit ihren Nachbarkulturen zu einem erstarrenden kulturellen Fossil. Die Einrichtung von Kulturschutzgebieten kann keine Kultur auf Dauer erhalten.

2.6 Kulturelle Energie

Über Stärke und Schwäche von Kultur wird viel spekuliert. Bei einem engen Kulturbegriff (Bildung-Theater-Museen) ist es offensichtlich, daß die kulturelle Sphäre gegenüber Ansprüchen des Alltags und der Wirtschaft oft ins Hintertreffen gerät. Sieht man jedoch auch diese Bereiche als Ausdrucksformen und Teil des gesamten kulturellen Handelns an, zeigen sich kulturelle Felder von sehr unterschiedlicher Durchsetzungskraft. Ist es möglich, diese wechselnden kulturellen Kräfte besser zu verstehen?

Die Frage nach solchen Kräften ist nichts anderes als die zentrale ökologische Frage nach den Quellen, dem Ausmaß und der Bilanz der Energie, die die kulturellen Ökosysteme benötigen und nutzen. Die traditionelle Kulturwissenschaft kennt eine solche Frage nicht. Zu sehen, daß sich der kulturelle Prozeß, wo immer er abläuft, nicht aus ›nichts‹ speist, sondern **energetische Quellen** besitzen muß, die ihn überhaupt ermöglichen, ist nur bei einem ökologischen Blick auf ihn möglich. Daß er dabei auch Energien verbraucht und freisetzt, ist zwar eine alltägliche Erfahrung, doch werden diese Kräfte von der traditionellen Kulturwissenschaft nicht thematisiert. Bei einer oberflächlichen Betrachtung sieht man häufig vor allem die finanziellen Mittel, mit denen die verschiedenen Aktionsbereiche je nach gesellschaftlich-politischer Wertschätzung unterschiedlich ausgestattet werden, und tatsächlich spielt die Kraft des Geldes in unserer heutigen ökonomischen Zivilisation die Rolle einer sekundären oder tertiären Energiequelle. Sieht man genauer hin, ist damit das Problem aber nur verschoben: die eigentlichen kulturellen Kräfte sind diejenigen, die als Ursachen zur Konsequenz dieser Mittelverteilung führen, also die psychischen Energien der kulturellen Aktanten.

Der **Begriff der ›psychischen Energie‹** ist ungewohnt, weil die Physik den Energiebegriff seit langem monopolisiert hat. Sicherlich ist nicht zu bestreiten, daß die Sonne als Primärenergiequelle nicht nur die physische Syntropie der belebten Natur, sondern auf dem Weg über diese auch die psychische Syntropie des kulturellen Lebens bereitstellt, doch ist diese physikalische Erklärung für das Verständnis psychischer Kräfte völlig unzureichend. Sie benennt nur die erste Energiequelle, nicht aber die späteren Energieformen, die sich im psychischen Bereich herausbilden. Immerhin zeigen diese Überlegungen, daß Energie keineswegs nur ein Thema der Naturwissenschaften, sondern auch der Kulturwissenschaften ist, die es freilich wegen seiner Schwierigkeit seit langem konsequent verdrängen. Tatsächlich ist die Frage nach der Natur solcher psychischen Energien, die den kulturellen Prozeß antreiben, eines der bislang noch nicht endgültig gelösten Probleme der Kulturökologie.

Immerhin verfügen wir über eine differenzierte Phänomenologie solcher Kräfte, die auf der individuellen Kulturebene als uns wohlvertraute Emotionen und Triebe zur gewöhnlichen Lebenserfahrung gehören: Neugier und Interessen, Lust, Liebe und Haß, Freude und Trauer sind nur einige Beispiele. Ihre energetische Qualität bemerken wir oft erst dann, wenn sie einmal verbraucht sind und nun fehlen. Schwieriger wird es allerdings auf den komplexeren Ebenen. Hier kommen viele Synergieeffekte zum Tragen, Gruppen- und Massenphänomene, die individuelle Dispositionen vielfach bündeln und verstärken, aber auch abschwächen können: das Erlebnis gemeinsamer Stärke, Machtgewinn durch Vereins-, Branchen- oder Teambildung, Formen kollektiver Begeisterung und Fanatismus. Nahezu unmöglich ist es, die hinter den ethnischen Kulturen und globalen Zivilisationen wirkenden Antriebskräfte, die eine sehr komplexe Genese haben können, zu erfassen. Andererseits finden wir gerade hier **zwei Quellen kultureller Energie**, die zu den wichtigsten überhaupt gehören: **Sprache und Religion.** Ihre kulturstiftende Kraft ist seit langem bekannt. Die Kulturökologie versteht sie neu als energetische Größen, die die Strukturen der großen ethnischen kulturellen Ökosysteme und Zivilisationen schaffen und verändern.

2.7 Neue Kulturkritik

Kulturen als Ökosysteme zu analysieren eröffnet auch eine neue Perspektive auf unseren Umgang mit ihnen. Die deskriptive konventionelle Kulturwissenschaft lagert dieses Thema aus und weist es einem außerwissenschaftlichen Bereich zu, der Kulturkritik. Sie selber thematisiert es nicht, weil sie die normativen Aspekte einer solchen Fragestellung meidet oder weil ihr das Konzept des Umgangs mit Kultur gänzlich fehlt. Für die Kulturökologie gibt es diesen Umgang ebenso, wie es unseren Umgang mit Natur gibt. Abstrakte Systeme, wie es Kulturen sind, stellen nicht nur Identifikations- und Ordnungswelten unserer Lebensbezüge dar, sondern verändern durch unser Handeln auch selber ihre Identität. Was z. B. für Sprachsysteme gilt, bei denen vor allem auf der semantischen, lexikalischen und pragmatischen Ebene die sie verwandelnden Resultate des Gebrauchs, den wir von ihnen machen, unübersehbar sind, gilt gleichermaßen für die Sprache-Welt-Systeme der Kulturen. Angesichts der damit verbundenen Konsequenzen kann freilich eine solche Betrachtungsweise nicht rein deskriptiv bleiben; sie muß bewertende Elemente enthalten. Dies ist der Ort, wo die Kulturökologie selber zu einer kritischen Disziplin wird, nämlich als kritische Analyse einer mit den ökosystemischen Strukturbedingungen verträglichen oder unverträglichen Praxis; sie ermöglicht eine neue Form von Kulturkritik. Die wichtigste kritische Beobachtung zu unserem faktischen kulturellen Handeln läßt sich in der These zusammenfassen: **Wir gehen mit den kulturellen Ökosystemen nicht vernünftiger um als mit den natürlichen.**

Beispiele hierfür finden sich auf allen Kulturebenen reichlich. Wir vermindern die kulturelle Vielfalt: im Zuge der ökonomischen Globalisierung, durch totalitäre politische Systeme, mit der Macht von Paradigmen; wir behindern die kulturelle Kreativität: durch Formen des Fundamentalismus, Nationalismus, überorganisierte Verwaltungsapparate; wir entwickeln zerstörerische Kulturen: Faschismus, Stalinismus, Bürokratie; wir vergeuden kulturelle Energie: durch Kriege, Arbeitslosigkeit, Wohlstandsmentalität.

Dem wachsenden **Umweltbewußtsein** entspricht bislang kein entsprechend wachsendes **Innenweltbewußtsein**, dem Blick für die Umweltschäden keine vergleichbare Sehschärfe für Beschädigungen unserer Innenwelten. Sowohl unsere Emotionalität wie unsere Rationalität sind hiervon betroffen, doch da die immaterielle Welt fast immer von der materiellen verdeckt wird, nehmen wir die Störungen ihrer sensiblen Gleichgewichte in der Regel noch weniger wahr als die der sichtbaren Welt. Dabei sind die Innenweltschäden mindestens so zahlreich und kennzeichnend für unsere kulturelle Praxis, wie es die Umweltschäden für die Natur sind; die Zunahme der psychischen Krankheiten in der Gegenwart ist nur ein Indiz hierfür.

Auch Resignation, Fremdenfeindlichkeit oder Dogmatismus können auf solche **Innenweltprobleme** hinweisen. Alle diese Indizien signalisieren unsere Schwierigkeiten im Umgang mit wichtigen Parametern eines intakten kulturellen Ökosystems: der Fehleinschätzung verfügbarer psychischer Energie (Resignation), einem falschen Grenzverständnis (Fremdenfeindlichkeit) oder dem Nichtverstehen der Notwendigkeit des Wandels (Dogmatismus). All dies kann zum

Ausgangspunkt von kulturellen Entwicklungen werden, die für einzelne, ganze Gruppen oder sogar die Menschheit gefährlich werden können. Die Angewandte Kulturökologie muß vor allem versuchen, in differenzierten Fallanalysen den kritischen Blick für unsere oft bedenkliche kulturelle Praxis zu schärfen, die Diskrepanzen zwischen Ansprüchen und Wirklichkeit herauszuarbeiten und Strategien für kulturelle Auswege zu entwickeln.

3. Exemplarische Anwendungsfelder

Ethik

Ein wesentlicher Unterschied zwischen den prähumanen Tierkulturen und den Menschenkulturen ist die Tatsache, daß letztere aufgrund der größeren und konsequenzenreicheren **Handlungsalternativen** allesamt eine ethische Dimension kennen. Dies gilt für alle Kulturebenen, auch die der sozialen Institutionen (Wissenschafts-, Politik-, Wirtschafts-, Medizinethik etc.). Für alle diese Bereiche gibt es unterschiedliche Ansichten über die Verhaltensnormen, die dort gelten sollten. Verhaltensnormen aber setzen Bewertungen voraus. Ihre Begründung ist im Rahmen einer rein deskriptiven Wissenschaft nicht mehr möglich; deshalb enthält die Kulturökologie auch eine **normative Wissenskomponente**, die daraus abgeleitet ist, welche Prinzipien des Handelns für einen solchen Umgang mit den kulturellen Ökosystemen gelten müssen, der sich an ihrer fortgesetzten Evolutionsfähigkeit orientiert. Eine Kulturpraxis, die diese beeinträchtigt oder gar zerstört, wirkt sich über kurz oder lang negativ auf die kulturelle Zukunftsfähigkeit aus.

Für ein Weltbild *from an ecological point of view* sind verschiedene Eigenschaften von Kultur so wichtig, daß sie als **Bewertungsgrößen für kulturelles Handeln** in Frage kommen, z. B. ihr kreatives Potential, ihr Grenzregime, ihre Fehlerfreundlichkeit, ihre Nachhaltigkeit und ihre Vielfalt. Diese Eigenschaften stehen in Wechselbeziehungen zueinander; die beiden zuletzt genannten sollen kurz behandelt werden.

Unsere Überlegenheit über die restliche Biosphäre ist kulturell bedingt, auch dort, wo sie heute gelegentlich ambivalent erscheint. Ohne unsere kulturelle Ausstattung wären wir nicht konkurrenz- und zukunftsfähig. Wichtigstes Kennzeichen eines zukunftsfähigen Ökosystems ist seine **Nachhaltigkeit**. Wir nennen Verhaltensweisen, Prozesse oder Systeme nachhaltig, wenn sie so organisiert sind, daß sie durch geeignete Rahmenbedingungen und Strukturen ihren langfristigen Erhalt sicherstellen. Das Urbild der Nachhaltigkeit ist der Wald, also ein vergleichsweise langfristig stabiles Ökosystem, nicht erst die extensive, naturnahe Waldbewirtschaftung. Diese wurde freilich zum Vorbild aller kulturellen Kopien der natürlichen Nachhaltigkeit, wie sie unter dem Eindruck der weltweiten Umweltzerstörung heute als Leitbilder gesucht und praktiziert werden. Nachhaltigkeit ist freilich kein bloß ökonomischer Wert, *sustainable development* nicht nur das Markenzeichen einer nachhaltigen Wirtschaftsentwicklung. Vielmehr ist Nachhaltigkeit ein allgemeines Lebensprinzip, das das geistige Leben ebenso mit umfaßt wie das physische. Nachhaltiges Wissen ist beispielsweise ein Wissen, das dynamisch-anpassungsfähig bleibt, ohne bislang nicht-widerlegte Grundsätze aufzugeben. Nicht-nachhaltiges Wissen wird entweder beliebig oder dogmatisch. Eine nachhaltige Emotion ist weniger eine unveränderte, eher eine erneuerbare Emotion. Wir handeln nachhaltig, wenn man sich auf unser Handeln verlassen kann, nicht unbedingt dann, wenn wir immer das gleiche tun. Kulturell nachhaltig sind somit vor allem Verhaltensweisen, die Konstanz mit Flexibilität verbinden, was auch Fehlertoleranz und Lernbereitschaft einschließt.

Ein weiteres kulturökologisches Prinzip ist ebenfalls heute vor allem deshalb wieder im breiteren Bewußtsein, weil sein naturökologisches Pendant sichtbar unter Druck geraten ist: **Vielfalt.** Dies aber gilt, zum Teil aus ähnlichen Gründen, auch für die kulturelle Vielfalt: Den Roten Listen gefährdeter Pflanzen- und Tierarten könnte man ähnliche Auflistungen vom Aussterben bedrohter Sprach-, Verhaltens- und Lebensformen an die Seite stellen. In beiden Fällen handelt es sich nicht um ein Schicksal, sondern um die Auswirkungen unseres faktischen kulturellen Handelns. Vielfalt ist freilich nicht eo ipso gut, Nicht-Vielfalt nicht eo ipso schlecht; die Vielfalt des Falschen z. B. kann niemand wollen. Wie wir Vielfalt bewerten, hängt von vielerlei Rahmenbedingungen ab. Wenn es aber um Zukunftsfähigkeit geht, dann hat die kulturelle Vielfalt einen sehr hohen Wert. Ihre Verdrängung durch wenige Monokulturen, sei es im Zuge der politischen Globalisierung, der Konzentrationsprozesse in der Wirtschaft oder persönlicher Eitelkeit ist ein ernstes Problem, denn sie vernichtet alternative Weltsichten und Lebensformen. Dies ist mehr als ein ästhetischer Verlust, weil Großkulturen Macht bei Wenigen konzentrieren und hierdurch Risiken für Viele wachsen.

In grundsätzlicher Hinsicht folgt eine kulturökologische Ethik dem **Prinzip der intelligenten Imitation der Natur** (vgl. Capra 2003; Finke 2003). Es besagt, daß es sich lohnt, mit unseren kulturell veränderten Mitteln Strukturen zu favorisieren, für deren natürliche Urbilder die evolutionäre Erfahrung bereits Lösungen gefunden hat. Man hat der Kulturökologie zu Unrecht vorgeworfen, sie erliege damit der aus der Ethikgeschichte bekannten *naturalistic fallacy*, also der Unmöglichkeit, aus Tatsachenaussagen Normen abzuleiten. Auf den ersten Blick scheint dies für eine Ethik, die sich an natürlichen Vorbildern orientiert, zu gelten, doch ist es tatsächlich nicht so. Denn diese Orientierung ist lediglich eine heuristische Hilfe; sie ist dort begrenzt, wo es selber ethische Gründe hierfür gibt. Ebenso, wie die kulturelle Evolution Erfindungen und Strukturen der natürlichen Evolution genutzt und weiterentwickelt hat, ist es auch für unser kulturelles Handeln von Vorteil, bei ihm nach möglichen Vorbildern in der Natur Ausschau zu halten, ohne diese in jedem Falle unverändert zu übernehmen.

Das Prinzip der intelligenten Imitation verbindet eine zukunftsfähige kulturelle Entwicklung mit den Lernschritten der natürlichen Evolution, aber es verlangt nicht, diese strukturgetreu zu kopieren. Wo die Natur ihre Gleichgewichte nur halten kann, wenn sie nach Räuber-Beute-Schemata und der Selektion der relativ schwächeren Lebensformen vorgeht, ist in der Humansphäre nicht die Kopie dieser Mittel intelligent (›Sozialdarwinismus‹), sondern des Ziels: allen beteiligten Organismen, auch den weniger durchsetzungskräftigen, eine langfristige **Überlebensperspektive** zu geben. Für uns bedeutet dies, eine vielfältige, lebendige Kultur anzustreben, die allen in ihr lebenden Menschen eine nachhaltige Entwicklung ihrer unterschiedlichen **Lebensstile** ermöglicht, jedenfalls so lange, wie dies nicht Lebensstile sind, die eben diese Offenheit für Vielfalt massiv behindern oder beschränken.

Wissen

Wissen ist nicht dasselbe wie Wissenschaft. Die Evolution des Wissens ist offensichtlich entwicklungsgeschichtlich älter als die Evolution des Handelns; auch sie führt bis in die Entstehungsgeschichte der bewußtseinsfähigen Tiere zurück. Wissenschaft ist demgegenüber eine Spätform des Wissens und ein typisches Produkt der humanen Kultur des Handelns. **Wissen ist ein kulturelles Primärsystem, Wissenschaft ein Sekundärsystem**, das wir durch Institutionalisierung und Spezialisierung über Teilen des Wissens errichtet haben. Der Erwerb, der Gebrauch und das Vergessen von Wissen waren freilich bereits Errungenschaften der prähumanen Protokulturen und haben sich bis in unsere Alltagswissenspraxis hinein erhalten. Allerdings dringt die Wissenschaft in das Alltagswissen immer mehr ein. Deshalb ist es heute nicht mehr sinnvoll, über Wissen ohne Rekurs auf die Wissenschaft(en) zu reden. Wissens- und Wissenschaftsforschung stellen einen bedeutenden Anwendungsraum für kulturökologische Konzepte dar. Wissen, Wissenschaft und Wissenschaften als ökologische Systeme zu analysieren, erlaubt, sie in substantieller Weise neu zu sehen und auch der Erkenntnis- und Wissenschaftstheorie neue Impulse zu verleihen.

Die Wissenschaft ist nicht dasselbe wie die heutige Wissenschaft. Obwohl die naive Meinung verbreitet ist, es gäbe zur Wissenschaft, wie wir sie überwiegend zur Zeit verstehen und betreiben, keine rationale Alternative, ist diese Ansicht doch falsch. **Wissenschaft ist genau so kulturabhängig, wie sie selber kulturbildend ist**; dies zeigt bereits ein Blick in andere Großkulturen, von denen das chinesische Beispiel besonders bekannt geworden ist. Alle Kulturen aber enthalten jeweils kulturspezifische Weltbilder. Wie eine Landschaft aus verschiedenen Perspektiven betrachtet werden kann, entspringen solche kulturellen Weltbilder unterschiedlichen Perspektiven auf die gesamte erlebte und umgebende Welt. Es ist also zu fragen, welches Bild von der Welt die Wissenskultur enthält, die in der heute herrschenden Form von Wissenschaft entfaltet wird und die Gernot Böhme die ›Baconsche Wissenschaft‹ genannt hat. **Francis Bacon** (1561–1626) hatte in seinem *Novum Organum* (1620) ihre Leitidee vorgegeben: **die kompromißlose Zerlegung (Analyse) der bestehenden Zusammenhänge.** Dahinter steht der Glaube, daß die Eigenschaften einer Sache letztlich in den Eigenschaften ihrer Teile aufzufinden sein müssen. Die unaufhörlich fortschreitende Spezialisierung ist zum Kennzeichen des durch diese Leitidee propagierten kulturellen Weltbilds geworden, das seither einen ungeahnten Siegeszug im wissenschaftlichen Raum erlebt. Der einflußreiche amerikanische Philosoph Willard Van Orman Quine hat 1959 ein Buch mit dem bezeichnenden Titel *From a Logical Point of View* veröffentlicht, das dieses Weltbild vor dem Hintergrund der Fortschritte in der modernen Logik sehr wirkungsvoll zusammenfaßte.

Eine kulturökologische Sicht von Wissen und Wissenschaft sieht stattdessen die Welt *from an ecological point of view* (vgl. Capra 1982). Sie ist davon überzeugt, daß das Ganze mehr ist als die Summe seiner Teile (**Holismus**), aber sie wäre zum Scheitern verurteilt, wenn sie sich gegen Logik und Analyse stellen würde. Es geht vielmehr darum, die logische Perspektive auf unsere Aussagen über die Welt zu erhalten, aber in die umfassendere ökologische Perspektive einzubetten. Die Logik klärt zwar die analytischen, aber nicht die energetischen Beziehungen von Systemen im Innern und nach außen. Wissenschaft *from an ecological point of view* muß sich daher auch den Kräften zuwenden, die sie ermöglichen oder behindern: Interaktionen, Rückkopplungen und Synthesekräften. Sie versteht ihre Konzepte als dynamische, offene Größen, was auch für den Wahrheitsbegriff gilt. Für sie ist Wissen nicht von seinen Produzenten, Konsumenten und Reduzenten ablösbar, die es ermöglichen, nutzen und relativieren. Wissenschaften nicht nur als Systeme von Aussagen, sondern als umfassende Systeme handelnder Personen zu beschreiben, die die Aussagensysteme nur als Teile enthalten, ist spätestens seit den empirischen Forschungen der Wissenssoziologie üblich, doch ihre spezifischen Equilibrien, ihre Energetik, Maß und Qualität ihrer Umweltbeeinflussung und Umweltabhängigkeit kommen erst von einem *ecological point of view* hinreichend in den Blick.

Dies gilt in der Konsequenz dann auch für den möglichen und nötigen **Wandel der Wissenschaft und unseres Umgangs mit ihr.** Wissenschaft in weit größerem Umfang als bisher mit offenen Grenzen (transdisziplinär) zu betreiben, die Vorherrschaft des forschungsleitenden Denkens in Machtstrukturen (Paradigmen) zu überwinden und die Freiräume für ihre lebensnotwendige Kreativität zu vergrößern, wird sie in theoretischer und praktischer Hinsicht erheblich verändern (vgl. Yüce/Plöger 2003). Schon heute finden solche Veränderungen statt. In vielen Disziplinen sind in den letzten Jahrzehnten neue Konzeptionen entstanden, die zu beschreiben versuchen, welche Konsequenzen der *ecological point of view* auf ihren jeweils spezifischen Gegenstand hat; insbesondere die Psychologie, die Wirtschaftswissenschaften, die Linguistik, die Physik, die Anthropologie und die Biologie haben hierbei eine Vorreiterrolle gespielt. Auch wenn dies in den meisten Fällen immer noch Minderheitenkonzeptionen sind, wächst doch die Bereitschaft zum Umdenken besonders in den jungen Forschergenerationen an. Nach außen bleiben diese Entwicklungen allerdings hinter den herrschenden Paradigmen lange unsichtbar. Demgegenüber ist das Ausmaß der nötigen praktischen Veränderungen sehr viel auffälliger und oft noch schwerer durchzusetzen, weil man sich hier darum bemühen muß, die verhärteten Institutionen des Wissens – wie Schulen, Forschungseinrichtungen, Universitäten oder Wissenschaftsministerien – auf das neue Bild von ihm hin zu reformieren.

Sprache

Es ist kaum verwunderlich, daß die Sprachwissenschaft als Nutzerin der kulturökologischen Theorien manchen anderen Disziplinen vorangegangen ist (vgl. Haugen 1972). Die Sprachevolution ist ebenso eng mit der kulturellen Evolution verknüpft, wie es die verschiedenen Sprachen mit den verschiedenen Kulturen sind. In mancher Hinsicht scheint Wilhelm von Humboldt ein früher Vorläufer von jüngsten Richtungen der Linguistik gewesen zu sein, die die Umweltoffenheit und Wechselwirkungsfreudigkeit einer Sprache mit der sie umgebenden Welt auf neuem Niveau thematisieren. Humboldts Verständnis einer Sprache als *energeia*, nicht als *ergon*, hat sogar eine kulturökologische Einsicht vorweggenommen, die die strukturalistische Linguistik des 20. Jahrhunderts erst einmal wieder vergessen hat. Tatsächlich sind die **Sprachen die wichtigsten aller kulturformenden und -differenzierenden energetischen Kräfte**. Sprachen sind wesentliche Bestandteile aller Kulturen. Der kulturökologische Ansatz in der modernen Linguistik fordert dazu auf, sie nicht nur – im Sinne des linguistischen Strukturalismus – als geschlossene Systeme zu betrachten, deren Umwelt in dieser Disziplin nicht interessiert, sondern als Bestandteile von jeweils spezifischen Paaren aus einer Sprache und der dieser Sprache adäquaten Welt. Diese Welten bestehen aus Umwelten und Innenwelten: den empirisch erfahrbaren Tatsachenkonfigurationen, die gegenüber den Sprecher-Hörern einer Sprache invariant sind, und deren subjektiven Denk- und Wahrnehmungswelten. Kulturen sind nichts anderes als solche Sprache-Welt-Systeme. Ihre jeweiligen Sprachen sind wesentliche Konstituenten der kulturellen Innenwelten und ermöglichen den Mitgliedern der Kultur eine kulturspezifische Kognition. Sie sind aber auch ihren jeweiligen Umwelten so angepaßt, daß mittels ihrer über diese auf eine kulturspezifische Weise kommuniziert werden kann (vgl. Fill/Mühlhäusler 2002).

Sprachen sind wesentlich jünger als die Ursprünge der Natur und älter als die heutigen Formen unserer Kultur, die sie mit zu entwickeln erlaubten. Dies gab zu der ***missing-link*-Hypothese** Anlaß: der Vermutung, ihre Struktur könnte noch heute einen intermediären Status formaler Organisation zwischen den strikt geltenden Naturgesetzen und den zum Teil nurmehr sehr wenig bindenden Konventionen kultureller Systeme erkennen lassen. Tatsächlich finden wir solche vermittelnden strukturellen Spuren bei allen natürlichen Sprachen wieder; sie sind in diesem Sinne ›lebende Fossilien‹ der Entstehungszeit von Kultur: sie vereinen in ihrer Grammatik und Pragmatik sowohl gesetzesartig geltende Teilbereiche wie z. B. die phonetische Struktur, als auch solche, die mit vielfach abgestuften Verbindlichkeitsgraden konventionell geregelt sind – in dieser Reihenfolge z. B. Syntax, Semantik, Stilistik. Zur erhaltenen Strukturerbschaft aber gehört auch, daß die natürliche Sprache des Menschen insgesamt ein Musterbeispiel nachhaltiger Organisation geblieben ist. Obwohl unser Sprachgebrauch alltäglich und geradezu inflationär ist, wird er nur in seltenen Fällen zu einem Sprachverbrauch. Die Sprachsysteme sind offenbar so beschaffen, daß wir von ihren Mitteln immer neuen Gebrauch machen können, ohne sie ernsthaft zu vermindern oder zu beschädigen. Die Grammatiken, die diese Systeme intern organisieren bzw. steuern, sind, im Gegensatz zu denen formaler Sprachen, Nachhaltigkeitsgrammatiken: Ihr Regelwerk erlaubt es, die sprachlichen Möglichkeiten auch dann für immer neue Gebrauchsvarianten vorrätig zu halten, wenn wir das sprachliche Material zuvor schon in bestimmten Konfigurationen oft verwendet haben (vgl. Finke 2000).

Literatur

Obwohl sich in mancher Hinsicht die Neuformulierung vieler Probleme der Literaturwissenschaft in einem kulturökologischen Rahmen anbietet, ist es auffällig, wie wenig in dieser Richtung bislang geforscht worden ist. Dies mag mit der Tatsache zusammenzuhängen, daß in der Kulturökologie die konventionellen Klüfte zwischen Natur und Kultur sowie Naturwissenschaft und Kulturwissenschaft in ungewohntem Lichte erscheinen und durch Brückenkonzepte ihre dogmatische Qualität verlieren, während nicht wenige literaturwissenschaftliche Konzeptionen diese Bereiche entweder kaum thematisieren oder noch Relikte einer Unvereinbarkeitsideologie pflegen.

Kulturelle Ökosysteme aller Ebenen werden **kaum anderswo in ihrer Besonderheit und Vielfalt so greifbar wie in der Literatur.** Im Unterschied zu anderen Künsten vermittelt sie aufgrund ihrer Sprachlichkeit die kulturellen Sprache-Welt-Systeme ohne zusätzliche Verschlüsselung durch andere Ausdrucksformen oder -medien. Der Interpretation literarischer Texte, die diese Kultursysteme durchsichtig machen und auf ein jeweils angemessenes allgemeines Diskussionsniveau heben können, kommt deshalb eine wichtige **bewußtseinschaffende Rolle** zu. Sie geschieht im Spannungsfeld von Objektivität (der Autorwelt) und Subjektivität (der Interpretenwelt), was aus konventionell-methodologischer Sicht problematisch, aus kulturökologischer Perspektive aber bereichernd erscheint. Im Prinzip ist es dadurch möglich, den Vorstellungsraum, den ein Text eröffnet, durch eine maximale Anzahl potentieller kultureller Alternativen auszufüllen. Literatur spannt mit sprachlichen Mitteln hochdifferenzierte Innenwelten auf. Insbesondere fiktionale Literatur wird auf diese Weise zu einem **Experimentierfeld möglicher Kulturentwürfe**, mit dem verglichen das wirkliche Leben auf ein kulturelles Tatsacheninventar beschränkt ist. Dieses läßt außerhalb der Kunst wenig Raum für die Übung unserer kulturellen Phantasie, und die Literatur hat hierbei den zusätzlichen Vorteil, zugleich die kreativen Potentiale der Sprache(n) als wesentlicher Energieträger der kulturellen Ökosysteme zu trainieren.

Kunst

Kreativität ist eine der wichtigsten Erscheinungsformen kultureller Energie. Sie wird überall gebraucht, wo Kultur nicht erstarren soll, aber in der Kunst ist ihre Unverzichtbarkeit geradezu sprichwörtlich. Es gibt kein anderes kulturelles Ökosystem, das ihr mehr Raum ließe und mehr auf sie angewiesen wäre als die Kunst. Wo schon wenige Wiederholungen einer gelungenen künstlerischen Strategie den Verdacht von Einfallslosigkeit und Epigonentum hervorrufen, ist der beste Übungsplatz für Kreativität aller Art. Deshalb ist die Kunst nicht nur als Selbstzweck, als eigenständige Kulturform von Bedeutung, sondern beinahe mehr noch als **Vorrats- und Innovationsraum für alle möglichen kreative Prozesse**, wie sie überall in der kulturellen Sphäre zur Erneuerung ihrer Dynamik und fortgesetzten Evolutionskraft vonnöten sind, aber nur in der Kunst relativ frei gestaltet werden können. In allen anderen kulturellen Ökosystemen gelten beschränktere Freiheitsgrade.

Für die Literatur wurde dies bereits kurz behandelt; für andere Formen der Kunst gelten zum Teil ähnliche, zum Teil andere Rahmenbedingungen. Alle Kunst projiziert Innenwelten der Künstler nach außen, je nach Kunstform mit verschiedenen Mitteln, in dem einen oder anderen Medium. Abstraktes gewinnt eine konkrete Form, Geist wird materiell, umgesetzt in Stoffe, Farben, Töne oder Worte, diese werden im Kunstwerk in bestimmter Weise strukturiert. Der Kunstkonsument setzt seine personale Kultur dagegen, versucht, das Sicht- oder Hörbare zu verstehen und in seine eigene Innenwelt einzubauen. Dieser Vorgang bleibt subjektiv, auch wenn Teile mehr oder weniger objektivierbar sind. Die personalen Kulturen erfahren durch ihn individuelle Zuwächse, und diese Erfahrung kann dann wieder zur Grundlage weiterer Erfahrungen werden, die womöglich die vorgefundene Struktur aufbrechen und neu ordnen. Die Kunst ist daher ein weites und variantenreiches Spielfeld für die Energien unserer Kreativität, die im kulturellen Alltag nur in sehr eingeschränkter Weise genutzt werden können, aber auf unerwarteten Änderungsbedarf vorbereitet sein müßten. Faktisch sind sie dieses keineswegs immer, so daß kulturelle Erstarrung vielfach um sich greift. Offenheit für künstlerische Phantasie kann helfen, sie zu vermeiden oder wieder aufzubrechen. Bis zu einem gewissen Grad kann die Kunst daher auch zum Sanatorium unserer allgemeinen kulturellen Existenz und ihrer eigenen Beschädigungen – etwa die des ökonomischen Denkens – werden; allerdings ist sie teilweise auch selbst deren Opfer.

Wirtschaft

Wirtschaftssysteme sind kulturelle Ökosysteme par excellence, weil sie die natürliche Ökonomie des Produktions-Konsumptions-Reduktionskreislaufs, den ›**Handel mit Energie und Materie**‹, im kulturellen Raum sogar materiell mehr oder weniger gut nachbilden. Dabei erzeugt die Tatsache, daß dies bislang meist weniger gut geschieht, die bekannten massiven Probleme: Wir verstehen ein funktionierendes Marktgleichgewicht noch immer überwiegend als eine Balance zwischen Angebot und Nachfrage, Herstellung und Konsum. Daß die Natur für das Vorbild aber auch eine Reduktions- oder Destruktionskomponente entwickelt hat, die jeden ›Abfall‹ zu vermeiden und die vorhandenen Ressourcen grundsätzlich optimal einzusetzen hilft, glaubten wir bislang zumeist vernachlässigen zu können; Deponien in Luft, Wasser oder Boden und damit deren massive Belastung waren der kümmerliche Ersatz. Nirgends ist daher die kulturökologische Maxime einer intelligenten Imitation der Natur unmittelbarer einleuchtend als in **Ökonomie** und **Ökonomik** (vgl. Busch-Lüty 2003). Ein Beleg dafür ist, daß der konventionelle ökonomische Begriffsapparat vielfach ebenfalls noch Einsichten vermissen läßt, die die Rationalität der natürlichen Evolution längst gewonnen hatte, z. B. daß Wachstum in einer endlichen Welt ebenfalls endlich sein muß, d. h. Kosten, Gewinn und Nutzen nicht nur monetär gemessen werden können oder Arbeit mehr ist als nur Produktions- oder Lohnarbeit.

Die Anwendung der kulturökologischen Methoden auf die konventionellen Konzepte der Wirtschaftswissenschaften verdeutlicht damit nicht nur den weitreichenden Reformbedarf dieser Disziplinen, sondern ergänzt die bei kritischen Ökonomen ohnehin wachsenden Bemühungen um diese wissenschaftliche Neuorientierung (vgl. Costanza et al. 1998). Allerdings zeigt sie auch, daß manche der dort propagierten Reformkonzepte noch immer einseitig sind, denn die **Beendigung der ›Naturvergessenheit der Ökonomie‹** ist nicht ohne die **Beendigung der Kulturvergessenheit der Ökologie** erreichbar: Eine bloße Biologisierung des ökonomischen Denkens bringt wenig, wenn nicht auch das ökologische Denken auf die Welt unseres Wissens und Handelns ausgedehnt wird. Die Wirtschaft ist ein Teil dieser kulturellen Welt; nur deshalb enthält sie überhaupt einen Raum für rationale Veränderungen.

Technik

Die kulturelle Evolution hat uns in ein technisches Zeitalter geführt, in dem wir noch immer leben. Verbreitet wird dies mit einer kulturellen Höherentwicklung und mit der **Fortschrittsidee** gleichgesetzt. Tatsächlich ist nicht zu bestreiten, daß solche Bewertungen für viele Bereiche naheliegen, doch gibt es auch nicht wenige Beispiele dafür, daß dem Nutzen mehr oder weniger massive Nachteile oder Schäden gegenüberstehen. Es ist also auch hier wichtig, sorgfältig zwischen Tatsachenaussagen und Bewertungen zu unterscheiden, ohne auf letztere ganz zu verzichten.

Auch die Anfänge der Technikkultur liegen weit vor dem Menschen; Nestbau und Werkzeuggebrauch sind bekannte Beispiele aus der Tierwelt. Die evolutionäre Konsequenz, unsere technische Zivilisation, hat unter allen Lebewesen freilich fast ausschließlich ihrem Entwickler, dem Menschen, Vorteile gebracht. Dies wäre dann nicht zu beanstanden, wenn hiermit nicht gegenläufig massive Nachteile für das nicht-menschliche Leben verbunden wären. Dort, wo dies der Fall ist – also vor allem im Bereich solcher Technologien, die in ihren Auswirkungen nicht mehr beherrschbar sind –, haben wir uns auf einen kulturellen Weg begeben, der auch dem Menschen und seiner Kultur gefährlich werden kann. Disziplinen wie eine **verantwortliche rechtzeitige Technikfolgenabschätzung** erhalten deshalb ein immer höheres kulturelles Gewicht.

Technik ist weder grundsätzlich gut noch grundsätzlich böse; sie ist funktional, dies freilich mit Konsequenzen in beide Richtungen. Dabei ist es häufig sehr schwierig, die Komplexität der Wechselwirkungszusammenhänge auch nur so weit zu durchschauen, daß die wichtigsten Einflüsse und Konsequenzen erkannt werden, bevor sie voll wirksam werden. In welchem Maße zum Beispiel unser Zeitsinn durch die Entwicklung der Technik verändert werden sollte, war von niemandem vorauszusehen. Um so wichtiger ist es, solche Auswirkungen wenigstens im Nachhinein aufzuarbeiten und kritisch zu beurteilen. Die heute offensichtliche, in vielen Bereichen wie Arbeit, Verkehr, Reisen, Freizeit wirksame, **exponentielle Beschleunigung**, der wir uns ausgesetzt haben, ist wahrscheinlich für viele der psychischen und sozialen Ungleichgewichte mit verantwortlich, die heutige Lebensstile und -prozesse vor allem in der sogenannten ›Westlichen Zivilisation‹ kennzeichnen. Eine durchgreifende Entschleunigung ist daher zur Sanierung unserer Innenwelten unumgänglich und wird die Entwicklung ganz neuer Technologien erfordern, die viele Vorteile der Beschleunigungstechniken zu erhalten, aber deren **inhumane Konsequenzen** möglichst zu vermeiden erlauben müssen.

Gerade in der technologischen Forschung bewährt sich als kulturökologisches Handlungspostulat die Maxime einer intelligenten Imitation der Natur. In der **Bionik** ist sie sogar explizit zum Gestaltungsprinzip für kreative Technikentwicklung gemacht geworden, aber ihre Bedeutung ist sehr viel grundsätzlicher. Obwohl sich Technologien an der Oberfläche nicht selten weit von natürlichen Vorbildern entfernen, ist die technische Kultur tiefenstrukturell gesehen voll von Anwendungsbeispielen für das Gegenteil. Technik grundsätzlich als Gegenbild zur Natur darzustellen (wie z. B. bei Bohnke 1997), geht insofern sicherlich an der Sache vorbei. Dort allerdings, wo wir ihre evolutionär bewährten Erfindungen ignorieren oder sogar zu konterkarieren versuchen, begeben wir uns auf risikoreiche Wege. Dies ist vor allem bei Großtechnologien der Fall, die in vollem Umfange zu beherrschen schwierig bis unmöglich ist. Ein auffallender Unterschied zwischen der Natur und unseren technologischen Menschenbemühungen ist nämlich die Tatsache, daß natürliche Prozesse unweigerlich stets alle Faktoren in die Fortschreibung einer Entwicklung einbeziehen, die tatsächlich auf sie einwirken. Wir agieren meist erheblich dümmer (vgl. Finke 2001). Wir überblicken oft nicht alles, was eigentlich zu berücksichtigen wäre, nehmen in der Regel nur einen Teil der relevanten Parameter überhaupt wahr. Sicherlich ist die Natur nicht wirklich ›klüger‹ als wir, denn zur Klugheit gehört ein Bewußtsein; die Natur agiert aber nicht wissentlich, sondern koevolutionär: sie agiert und interagiert, immer vollständig und energetisch vernetzt. Keine ihrer Bewegungen ist je isoliert, alles geschieht in einem permanent sich wandelnden Gewebe aus Wechselwirkungen. Wenn es vor allem Bewußtsein eine **natürliche Rationalität** gibt, dann ist dies die unbedingte Vollständigkeit dieses Wirkungszusammenhanges, die alles nach seinem relativen Gewicht in ihm mit umfaßt und nichts als zu unbedeutend vergißt. Unsere kulturelle technische Rationalität ist offenbar erheblich eingeschränkter. Vor allem im Bereich der sogenannten ›Risikotechnologien‹ ist daher eine Dimension von Verantwortung gegeben, der unsere heutige kulturelle Praxis noch kaum gewachsen ist.

Natur

Das Ausmaß, in dem wir auf die Natur kulturell einwirken, wächst rasch weiter an; das Ausmaß in dem wir den Wirkungszusammenhang überblicken, scheint eher zu stagnieren. Die neuartige **Aufarbeitung der Natur-Kultur-Beziehung in der Kulturökologie** erlaubt es, daß sie auch auf diesem Gebiet einen wichtigen praktischen Anwendungsraum findet. Dies ist nötig, weil der Erfolg eines umfassenden Umdenkens in Richtung auf weit mehr naturschonendes und -erhaltendes Handeln im Interesse der Zukunft der Kultur selbst ebenso dringlich wie unter der verbreiteten kulturellen Theorie und Praxis eines konventionellen ökonomischen Denkens nahezu aussichtslos ist. Diese verkennt die Problematik als ein politisch-kulturelles Randphänomen, das durch den Einsatz naturwissenschaftlichen Fachwissens gelöst werden muß, aber das Zentrum unseres kulturellen Selbstverständnisses nicht trifft – ein Irrtum, der teilweise schon heute gefährlich werden kann. Wenn Philosopheme vom ›Ende der Natur‹ oder vom notwendigen ›Abschied von der Natur‹ (Bohnke 1997) heute ein gewisses Interesse auf sich ziehen, zeugt dies nicht nur von erheblichem Nichtwissen, sondern birgt die Risiken jeglicher Irrationalität in sich.

Der kulturökologische Zugang zu diesem Problemfeld beginnt damit, daß im Unterschied zur klassischen Kulturwissenschaft die evolutionäre Wurzel der Kultur in der Natur ausführlich und auf der Basis unseres heutigen Evolutionswissens thematisiert wird. Auf diese Weise wird die früher oft sachfremd überhöhte Grenze zwischen dem Menschen und seiner natürlichen Verwandtschaft relativiert und die falsche Reklamation des Kulturellen als einer ausschließlich humanen Errungenschaft durch ein **Kontinuumsmodell** ersetzt (vgl. Bonner 1983). Wer das strukturelle Erbe der Natur in der Kultur kennt, kann besser als der Ignorant nachvollziehen, daß nicht eine beliebige Kultur mit ihrer evolutionären Mutter Natur verträglich ist und zukunftsfähige Kulturen ihre natürliche Basis schonen müssen. Hinzu kommt ein sehr wichtiger Vorteil: Wenn im Prinzip die gleichen Begriffe zur Beschreibung der natürlichen und der kulturellen Ökosysteme benötigt werden, verschwindet die übliche Sprachkluft, die schon Charles P. Snow beklagt hat. Wenn es keinen Grund gibt, die Wertschätzung natürlicher und kultureller Vielfalt prinzipiell verschieden zu sehen, dann entfällt die Möglichkeit, das eine gegen das andere auszuspielen. Tatsächlich sind unsere natürlichen Lebensgrundlagen auch die elementaren Grundlagen jeglicher Kultur. Je reicher die biologische Vielfalt als Resultat der evolutionären Rationalität um uns herum ist, desto mehr Genpools, Ideenlieferanten, Frühwarnsysteme können wir für die Entwicklung unserer kulturellen Rationalität nutzen.

Wesentlich ist die Erkenntnis, daß alle Bemühungen um einen verbesserten Naturschutz Bemühungen im kulturellen Raum sind. Zwar benötigen sie auch naturwissenschaftliche Fachkompetenz, doch um sich verständlich, die nötige Veränderung unserer Wertvorstellungen attraktiv und die gesellschaftlich-politische Umsetzung erreichbar zu machen, müssen sie als kulturelle Gemeinschaftsaufgabe hohen Ranges verstanden werden. Welches dazu die richtigen Strategien sind, kann hier nicht mehr erörtert werden, weil es den Bereich der Kulturwissenschaft übersteigt. Die Einrichtung von Naturschutzgebieten kann dabei allenfalls eine Eingangsstrategie sein. Letztlich geht es um nichts anderes als um einen umfassenden, rational gesteuerten kulturellen Wandel hin zu neuen, zukunftsfähigen Lebensstilen, um Veränderungen in den Köpfen und im Alltagshandeln. **Damit wird Naturschutz zum Teil eine Aufgabe der Angewandten Kulturwissenschaft.** Da diese aber nur in enger Kooperation mit Naturwissenschaftlern zu bewältigen ist, gewinnen Brückenkonzepte wie die der Kulturökologie große Bedeutung. Für die **Durchsetzung veränderter Werte und Lebensstile** auf einer breiten Basis dürfte die Einbindung des gesamten kulturellen Sektors einen nicht unerheblichen Gewinn an infrasozialer Verständlichkeit bedeuten. Um ihn zu nutzen, müssen freilich noch manche Voraussetzungen geschaffen werden; der Zeitdruck hierfür ist angesichts des Biodiversitätsschwundes hoch. Obwohl viele Einzelschritte bereits mit teilweise hohem Energieeinsatz getan werden, wird die nötige kulturelle Erneuerung doch nur im Rahmen einer aktiv-gesteuerten Evolution unseres humanen Selbstbildes als eines global, ja universal verantwortlichen Lebewesens und einer umfassenden Bildungsreform gewonnen werden, für die freilich kulturökologische Konzepte wertvolle Bausteine liefern können.

4. Eine Metapher für Kultur

Weil die elementaren Lebensgrundlagen jeglicher Kultur die natürlichen Lebensgrundlagen sind, ist deren Stärke eine wesentliche Voraussetzung für eine starke Kultur. Wenn wir – wie dies gegenwärtig der Fall ist – durch unsere kulturellen Wertordnungen und Gewohnheiten diese natürlichen Lebensgrundlagen schwächen, dann schwächen wir mit der Natur auch die Basis jeder Kultur.

Die Kultur ist im Unterschied zu der heute vor allem in der westlichen Machbarkeitszivilisation verbreiteten Auffassung, sie sei inzwischen eine Nachfolgerin der Natur, tatsächlich nach wie vor eine Aufsitzerin, sie ›reitet‹ auf ihr. Doch das Bild der Reiterin auf dem Pferd hat einen gravierenden Mangel: Ein Reiter kann absteigen, ohne in seiner Existenz gefährdet zu sein. Unsere Kulturen aber können auf die natürlichen Lebensgrundlagen als ihre Existenzbasis nicht verzichten. Deren Vernichtung vernichtet unweigerlich auch alle Kultur. Deshalb ist eine epiphytische Pflanze auf ihrer Trägerpflanze die bessere Metapher für das Kultur-Natur-Verhältnis. Die **Mistel auf ihrem Baum** lebt nur in Symbiose mit ihm; wird er zu stark geschädigt, nimmt auch sie Schaden. Umgekehrt können bestimmte Epiphyten auch ihre Träger schädigen. Die Evolution konnte epiphytische Organismen erst entwickeln, als es Trägerorganismen für diese gab; sie nimmt sie zurück, wenn jene verschwinden. So lange es beide gibt, entwickeln sie sich in einer Koevolution weiter. Auch die Zukunft der Kultur und die Zukunft der Natur sind koevolutiv miteinander verkoppelt. Ihre begriffliche Trennung wird dadurch nicht sinnlos, wohl aber wird es immer wichtiger, beide als Einheit zu sehen und entsprechend zu handeln. Dieser **Natur-Kultur-Verbund** wird durch die Konzepte der Kulturökologie deutlicher ans Licht gehoben als in der konventionellen Kulturwissenschaft. Es ist eine der wichtigsten Kulturaufgaben unserer Zeit, aus jener Verkopplung die nötigen Lehren zu ziehen.

Literaturverzeichnis

Bargatzky, Thomas: *Einführung in die Kulturökologie*. Berlin: Reimer 1986.

Bateson, Gregory: *Steps to an Ecology of Mind*. San Francisco et al.: Chandler 1972 (dt.: *Ökologie des Geistes*. Frankfurt: Suhrkamp 1980).

Bateson, Gregory: *Mind and Nature. A Necessary Unity*. New York: Dutton 1979 (dt.: *Geist und Natur. Eine notwendige Einheit*. Frankfurt: Suhrkamp 1987).

Blackmore, Susan: *The Meme Machine*. Oxford: Oxford UP 1999.

Bohnke, Ben-Alexander: *Abschied von der Natur. Die Zukunft des Lebens ist Technik*. Düsseldorf: Metropolitan 1997.

Bonner, John Tyler: *The Evolution of Culture in Animals*. Princeton: Princeton UP 1980 (dt.: *Kultur-Evolution bei Tieren*. Berlin/Hamburg: Parey 1983).

Busch-Lüty, Christiane: »Nachhaltigkeit als integratives Lebensprinzip.« In: Yüce/Plöger 2003 (im Druck).

Capra, Fritjof: *The Turning Point*. New York: Simon and Schuster 1982 (dt.: *Wendezeit. Bausteine für ein neues Weltbild*. Bern et al: Scherz 1983).

Capra, Fritjof: *The Web of Life*. New York: Doubleday 1996 (dt.: *Lebensnetz*. Bern et al.: Scherz 1996).

Capra, Fritjof: *Hidden Connections*. New York: Random House 2002 (dt.: *Verborgene Zusammenhänge*. Bern et al.: Scherz 2002).

Capra, Fritjof: »Ökologie und Gesellschaft«. In: Yüce/Plöger 2003 (im Druck).

Costanza, Robert: *Ecological Economics. The Science and Management of Sustainability*. New York: Columbia UP 1991.

Costanza, Robert et al.: *An Introduction to Ecological Economics*. Boca Raton: CRC Press LLC 1998 (dt.: *Einführung in die ökologische Ökonomik*. Stuttgart: Lucius und Lucius 2001).

Dawkins, Richard: *The Selfish Gene*. Oxford: Oxford UP 1976 (dt.: *Das egoistische Gen*. Heidelberg et al.: Spektrum 1994 [1978]).

Devall, Bill/Sessions, George (Hgg.): *Deep Ecology*. Salt Lake City: Gibbs Smith 1985.

Dürr, Hans-Peter: *Respekt vor der Natur – Verantwortung für die Natur*. München/Zürich: Piper 1992.

Dürr, Hans-Peter: *Die Zukunft ist ein unbetretener Pfad*. Freiburg et al.: Herder 1995.

Ehrlich, Paul R./Raven, Paul: »Butterflys and Plants. A Study in Coevolution.« In: *Evolution* 18 (1964), S. 586–608.

Fill, Alwin/Mühlhäusler, Peter (Hgg.): *The Ecolinguistics Reader*. London: Continuum 2002.

Finke, Peter: »Kultur als Ökosystem.« In: *Living* 3 (1993), S. 56–59.

Finke, Peter: »Die Ökosysteme des Menschen. Vom Umweltbewußtsein zu einer umfassenden Kulturökologie.« In: Oberösterreichische Umweltakademie (Hg.): *Gut leben oder viel haben? Referate des oberösterreichischen Umweltkongresses 1996*. Linz: Eigenverlag 1996, S. 21–26.

Finke, Peter: »Wirtschaft – ein kulturelles Ökosystem. Über Evolution, Dummheit und Reformen.« In: Vereinigung für Ökologische Ökonomie (Hg.): *Arbeiten in einer nachhaltig wirtschaftenden Gesellschaft. Schriftenreihe zur politischen Ökologie*. Bd. 4. München: Ökom-Verlag 1997, S. 31–44.

Finke, Peter: »Zukunftsfähigkeit, heilige Kühe und Grammatik. Metalinguistische Überlegungen am Ende des Baconschen Zeitalters.« In: Bernhard Kettemann/Hermine Penz (Hgg.): *ECOnstructing Language, Nature and Society*. Tübingen: Stauffenburg 2000, S. 63–84.

Finke, Peter: »Wechselwirkungen zwischen Linguistik und Wissenschaftstheorie.« Nachwort zu: Peter Plöger: *Wissenschaft durch Wechselwirkung*. Frankfurt: Lang 2001.

Finke, Peter: »Der Weg entsteht beim Gehen. Die Wechselwirkung der Vielfalt.« In: Yüce/Plöger 2003 (im Druck).

Gottlieb, Roger S. (Hg.): *The Ecological Community*. New York: Routledge 1997.

Gottwald, Franz-Theo/Klepsch, Andrea (Hgg.): *Tiefenökologie. Wie wir in Zukunft leben wollen*. München: Diederichs 1995.

Haugen, Einar: *The Ecology of Language*. Stanford: Stanford UP 1972.

Laszlo, Ervin: *The Creative Cosmos*. Edinburgh: Floris 1993 (dt.: *Kosmische Kreativität*. Frankfurt/Leipzig: Insel Verlag 1995).

Markl, Hubert: *Natur als Kulturaufgabe. Über die Beziehung des Menschen zur lebendigen Natur*. Stuttgart: Deutsche Verlagsanstalt 1986.

Naess, Arne: *Ecology, Community and Lifestyle*. Cambridge: Cambridge UP 1989.

Nünning, Ansgar (Hg.): *Metzler Lexikon Literatur- und Kulturtheorie*. Stuttgart/Weimar: Metzler 1998.

Odum, Eugene P.: *Fundamentals of Ecology*. Philadelphia: Saunders 1971 (dt.: *Grundlagen der Ökologie*. Stuttgart: Thieme 1980).

Postman, Neil: *Amusing Ourselves to Death. Public Discourse in the Age of Show Business*. New York: Viking Press 1986 (dt.: *Wir amüsieren uns zu Tode. Urteilsbildung im Zeitalter der Unterhaltungsindustrie*. Frankfurt: Fischer 1986).

Postman, Neil: *Technopoly. The Surrender of Culture to Technology*. New York: Vintage Books 1993.

Riedl, Rupert: *Kultur – Spätzündung der Evolution?* München/Zürich: Piper 1987.
Steward, Julian H.: »The Concept and Method of Cultural Ecology.« In: ders.: *Theory of Cultural Change. The Methodology of Multilinear Evolution.* Urbana: University of Illinois Press 1955, S. 30–42.
Uexküll, Jakob von: *Umwelt und Innenwelt der Tiere.* Berlin: Springer 1909.
Yüce, Nilgün/Plöger, Peter (Hgg.): *Die Vielfalt der Wechselwirkung. Eine transdisziplinäre Exkursion im Umfeld der Evolutionären Kulturökologie.* Freiburg: Alber 2003 (im Druck).

Peter Finke

13. Kulturwissenschaftliche Xenologie

1. Von der Hermeneutik zur interkulturellen Fremdheitsforschung

1.1 Die neue Herausforderung: Fremdheitswissen

Die interdisziplinäre Fremdheitsforschung oder Xenologie (gr. *xénos*: ›fremd‹, ›Fremder‹) führt Forschungsperspektiven und Wissensbestände verschiedener kulturwissenschaftlicher Disziplinen (vgl. Wierlacher 1993a) in einer fächerübergreifenden und transnationalen Erkenntnisarbeit zusammen. Ziel dieser Zusammenführung ist es, dem erhöhten Bedarf an xenologischem Wissen gerecht zu werden, der infolge der politischen Weltentwicklung, der Medienrevolution, der zunehmenden rechtlichen und ökonomischen Verflechtungen, der transnationalen Migrationsprozesse, der wachsenden Internationalisierung unserer Kontakte, der Globalisierung von Produktionsstätten der Wirtschaft und der komplexen Rückwirkungen dieser Prozesse auf das Bedürfnis der Menschen nach kultureller Vergewisserung und auf die Kompetenzprofile unserer Bildungsbereiche entstanden ist. Die **Erfahrung des Anderen und Fremden als Gefahr und Chance** hat sich für viele Menschen zur Erfahrung der Gleichzeitigkeit des Fremden als Nähe und Ferne erweitert und konkretisiert. In verschiedenen Wirklichkeiten zu leben (vgl. Blumenberg 1981) bedeutet zu Beginn des 21. Jahrhunderts auch, an mehreren Orten fremd und heimisch zugleich zu sein; die Ausdrücke ›weltfremd‹ und ›lebensfremd‹ gewinnen neue konkrete Bedeutungen. Immer mehr Menschen sehen sich vor die Herausforderung gestellt, mit Angehörigen anderer Traditionen, Rechtssystemen, Sprachen und kollektiven Sinnentwürfen interagieren zu müssen; von immer mehr Menschen wird eine Mehrsprachen- und Mehrkulturenkompetenz und ein begründetes Wissen von Eigenheit, Andersheit und Fremdheit als Teil ihrer intellektuellen Grundausstattung benötigt und erwartet.

Zu dieser Ausstattung gehören auch historische Kenntnisse über den alltäglichen **Umgang der Menschen mit kultureller Alterität**. Doch Geschichte ist ohne Bewertungsmaßstab weder zu begreifen noch zu beurteilen. Darum unterstützt die Xenologie grundsätzlich und von vornherein die Forderung von Wolf Lepenies (1997) nach Rückkehr überprüfter Werte in die Wissenschaft und zählt zu diesen Werten als ihren Rahmenbedingungen

- das menschenrechtlich begründete Verständnis von Menschen als Rechtssubjekten,
- die das globale Zusammenleben überhaupt erst ermöglichende Bereitschaft zur Anerkennung von kultureller und personaler Identität als Alterität,

- die Hochschätzung des Anderen und Fremden als eines Gastes und
- den Anspruch von Menschen, Staaten und Kulturen auf Wahrung rechtlich begründeter aktiver und passiver Toleranz (vgl. Wierlacher 1996). Die kategorialen Ausgangspunkte der Xenologie bilden **drei Grundannahmen:**

1. Kulturen sind unterschiedliche, auf Austausch angelegte Kommunikations-, Geltungs- und Wertsysteme, zwischen denen es immer wieder zu Entlehnungen und Entleihungen, zu Annexionen und Abstoßungen, zu wechselseitigen Nachahmungen und Anpassungen gekommen ist und nach wie vor kommt; isolationistisches Denken hat sich in der Geschichte nie bewährt. Nicht die Gegenstellung der Kulturen, sondern die **Interdependenz des Eigenen und Fremden** ist darum der anthropologische Modus unserer Existenz.
2. Auffassungen des Anderen und Fremden sind immer schon kulturspezifisch akzentuiert, da Menschen einem bestimmten kulturellen Gedächtnis angehören und Fremdheitserfahrungen nicht nur im interkulturellen, sondern auch im intrakulturellen Referenzrahmen gemacht werden; insbesondere in den modernen Gesellschaften gibt es auch die **subkulturelle Fremdheit der Schichten und Generationen:** »Jeder war und ist ein Fremder, als Schulanfänger, als Heranwachsender, als Berufsanfänger oder -wechsler, als alter Mensch« (Hettlage 1987, S. 26).
3. Die Erfahrung von Andersheit und Fremdheit birgt nicht nur Gefahren, sondern auch und vor allem Chancen. Diese alte Erkenntnis gehört zu den gesicherten Inhalten des Wissens, das wir im folgenden in Analogie zu Ausdrükken wie ›Sprachwissen‹, ›Lebenswissen‹ oder ›Kulturwissen‹ ›**Fremdheitswissen**‹ nennen. Dieser Begriff besitzt wie die anderen angeführten Wissensbegriffe eine deskriptive und eine normative Grundbedeutung; er umfaßt mithin zum einen die Bestände des auf Fremdheit bezogenen Sozialisations- und Erfahrungswissens, die von Gruppen als kulturelle Grundausstattung tradiert und ihren einzelnen Mitgliedern mitgegeben werden und denen handlungsleitende Funktionen zukommen; er bezeichnet zum anderen die Wissensbestände und die intellektuelle Kompetenz, die aus der Auseinandersetzung mit Alteritäten und dem erwähnten Erfahrungswissen sowie seinen Bedingungsfaktoren gewonnen und für den steigenden Bedarf an spezifischem Wissen im Umgang mit kultureller Fremdheit benötigt werden und von einer Wissenschaft verfügbar zu machen sind, die praxisrelevant werden will.

1.2 Kontur und Gegenstand der Fremdheitsforschung (Xenologie)

1954 legt Gustav Stählin seinen großen Lexikonartikel »Xenos« vor, zwanzig Jahre später wird der Ausdruck ›Xenologie‹ durch Munasu Duala-M'bedy (1977) als Bezeichnung einer transdisziplinären Fremdheitsreflexion vorgeschlagen; 1980 spricht Harald Weinrich (in: Wierlacher 1980) von dem jungen Fach Deutsch als Fremdsprache als einer ›Xenogermanistik‹; 1987 führt Wierlacher den Ausdruck ›Xenologie‹ in die Theorie interkultureller Germanistik ein (vgl. Wierlacher 2001a).

Auch die inzwischen zu xenologischen Subtermini des Diskurses eingebürgerten Begriffe wie ›kulturelle Fremde‹, ›Fremdheitsforschung‹ oder ›Fremdheitslehre‹ stammen aus dem Umfeld interkultureller Germanistik, insbesondere von Dietrich Krusche, einem der renommiertesten Vertreter des Faches Deutsch als Fremdsprache (vgl. Krusche 1980, 1983b, 1985). Seit Anfang der 1990er Jahre wird der Ausdruck ›Xenologie‹ mit entsprechendem Interesse ferner im Umkreis der Kulturforschung (vgl. Assmann/Assmann 1990) und der Religionswissenschaft (vgl. Sundermeier 1992) genutzt; 1998 faßt Ansgar Nünning diese Ansätze in seinem Lexikonartikel ›Xenologie‹ zusammen.

Der globalen Bedarfslage entsprechend wird mit der **Begründung kulturwissenschaftlicher Xenologie** nicht an ein neues akademisches Fach, sondern an eine multidisziplinäre Schnittfläche und fächerübergreifende Kooperation vieler Wissenschaften gedacht (vgl. Wierlacher 1993a). Leitziel ist, bei der Bewältigung täglicher Aktualität des Umgangs mit Anderem und Fremdem begründet kategoriale Hilfe leisten zu können. Dementsprechend wird kulturwissenschaftliche Fremdheitsforschung als angewandte Wissenschaft verstanden, die das Verhältnis von Wissenschaft und Praxis als wechselseitigen Aufklärungsprozeß (vgl. Jäger/Schönert 1997) begreift. Als solche Wissenschaft dient Xenologie der Verbesserung sowohl des Verstehens als auch der Verständigung zwischen den Kulturen und ist insofern letztlich dem Denkprinzip der Interkulturalität verpflichtet. Sie knüpft an Michael Landmanns Unterscheidung der Begriffe ›Fremdheit‹ und ›Entfremdung‹ (vgl. Landmann 1975) sowie an Horst Turks Distinktionen der Begriffe ›Alterität‹ und ›Alienität‹ (vgl. Turk 1993) an und grenzt sich zugunsten der ›echten Fremde‹ (vgl. Ohle 1978) von der Auflösung des Fremden in einer allgemeinen Ontologie ab, die auch das Unbewußte, das Tier oder den Körper als ›Figuren des Fremden‹ bestimmt (vgl. Wimmer 1997).

Zu ihren Prämissen zählt kulturwissenschaftliche Xenologie die **Einschätzung kultureller Vielfalt als Reichtum**, Anregung und Fülle, nicht als Chaos, Unordnung und Vielerlei. In ihrem thematischen Spektrum und ihren Problemfeldern ignoriert sie weder die lebensbegleitende Entfremdungserfahrung noch die anthropologische Dunkelheit unserer selbst; sie weiß auch um die existenzpsychologischen Konzepte, die im Fremden die »negative Kehrseite des eigenen positiven Lebensfundaments« (Duala-M'bedy 1977, S. 29) oder »nichts anderes als jenes Menschliche [erkennen], das wir aus unserem Bewußtsein, unserer Sprache, unserem Verhalten verdrängt haben« (Horn 1987, S. 405) und dieses Verdrängte als »versäumtes Eigene« begreifen (Muschg 1987, S. 23); sie bezieht auch die im westlichen Europa von der europäischen Empfindsamkeit bis zu Philosophen wie Emmanuel Levinas (1983, S. 396) und Schriftstellern wie Ernst Jandl (*Aus der Fremde*) oder Botho Strauss (*Die Fremdenführerin*) betonte Entfremdungsproblematik in ihre analytische Arbeit ein, die in einer Formulierung Peter Härtlings lautet, das Fremdsein »sei die uns zeitgemäße Existenzform« (Härtling 1988, S. 128). Doch nicht die Unbegreiflichkeit menschlichen Lebens ist der zentrale Gegenstandsbereich kulturwissenschaftlicher Xenologie, auch nicht die Frage nach dem Tod und dem *totaliter aliter* Gottes oder dem Umgang mit beidem, sondern die kulturelle Fremdheit und ihre Bedeutung für das einzelne menschliche Leben und für den Aufbau der Kultur(en) in Gegenwart und Geschichte. Es geht dementsprechend vorrangig nicht um Zwangserfahrungen der Fremde, also etwa um Flüchtlings- und Exilfragen, sondern um die übergeordnete Frage nach der **weltaufschließenden Ausbildung des Ich** in der Begegnung mit dem Fremden und den grundsätzlichen kulturbildenden Zusammenhängen von Fremdheit und Wohlergehen, die Werner Sombart in seiner Entwicklungsgeschichte des modernen Kapitalismus zu der Überzeugung kommen ließ, es »wäre eine reizvolle Aufgabe, die gesamte Menschheitsgeschichte unter dem Gesichtspunkt ›des Fremden‹ zu schreiben« (zit. nach Jeggle 1972, S. 42). Entsprechendes ist auch in der Sozialgeschichte der deutschen und der neueren englischen Literatur zu beobachten: die Gründer und Träger der ›Weimarer Kultur‹ sind zumeist Landes-Fremde gewesen (u. a. Herder, Goethe) und »the heights of modern English literature have been dominated by foreigners and émigrés: Conrad, James, Eliot, Pound, Yeats, Joyce« (Eagleton 1970, S. 9).

Außerhalb des deutschen Sprachraums wird in vergleichbaren Arbeiten meistens von ›**Alteritätsforschung**‹ gesprochen (vgl. Bizeul 1997), der englische Ausdruck *xenology* wird kaum verwendet, und Problemformulierungen wie *Communicating with Strangers* (vgl. Gudykunst/Kim 1984) spielen ebenfalls eine eher untergeordnete Rolle. Insofern die deutschen Ausdrücke ›Fremdheit‹, ›Wissenschaft‹, ›Forschung‹ und ihre Ableitungen kaum in andere Sprachen übersetzbar sind, ist die im folgenden beschriebene Fremdheitsforschung ein durchaus sprach- und kulturspezifischer Beitrag zur internationalen Alteritätsforschung. Sie umfaßt u. a. die **Theorie kultureller Andersheit** und ihrer Differenzierungen (vgl. Mecklenburg 1987), die konstitutive Rolle Fremder im Kulturwandel (vgl. Bargatzky 1978), die verhaltensleitenden Rahmenbegriffe interkultureller Kommunikation, die Konstitution von Fremdheitsprofilen (vgl. Krusche 1983b) und Fremdheitsgraden (vgl. Stagl 1997), die kulturelle Funktion und Wirkungsweise fremden- und fremdheitsfeindlicher Vorurteile, den Zusammenhang von Fremdheit und Initiative (vgl. Jeggle 1972), die Theorie und Geschichte des Ausländerrechts, die Integrationsprobleme, das Instrumentarium der Toleranz, die Theorie der Gastlichkeit, die epistemische Funktion des Fremden, die vielfältigen Bedeutungssetzungen von Fremderfahrungen in der Literatur, die Probleme interkulturellen ›Verstehens‹ von der Fortschreibung der Hermeneutik bis zur Ethnomedizin und den Aufbau einer entsprechend transdisziplinären Fremdheitslehre (vgl. Wierlacher/Albrecht 1998).

In diesem Problemhorizont realisiert sich Xenologie als eine Wissenschaft, die praxiserleichterndes Wissen vor allem für diejenigen bereitstellt, die tagtäglich mit Fremdheitsfragen konfrontiert sind, also für die sich globalisierenden Unternehmen ebenso wie für die sich internationalisierenden Wissenschaften und Verwaltungen, für die Schul- und Einwanderungsbehörden, für die Ausländerbeauftragten, die Auslandsämter der Hochschulen, die Kulturämter der Städte, die politischen Parteien, die Parlamentarier und die Kirchen, die internationale Kulturarbeit und die auswärtige Kulturpolitik.

1.3 Die Basisdistinktion: Das Andere und das Fremde

Die Wörter ›fremd‹ und der, die, das ›Fremde‹ sind polyseme Negativwörter (vgl. Hermanns 1996). In den Wörterbüchern werden ihre Bedeutungen aufgelistet, zu den häufigsten gehören ›unbekannt‹, ›gefährlich‹, ›unzugehörig‹, ›nichteigen‹, ›ungewohnt‹, ›andersartig‹, ›seltsam‹. Sie bezeichnen **Nichtzugehörigkeits- bzw. Nichtbesitzverhältnisse**, den Begrenzungsbereich der Kognition und die Abweichung von einer als ›Normalität‹ gesetzten Norm (vgl. Link 1997). Sie eröffnen in ihrer Negationssemantik Leerstellen, die in der konkreten Kommunikation gefüllt werden müssen. Die Übersetzung des Lexems ›fremd‹ in andere Gegenwartssprachen ist entsprechend schwierig. Brigitte Jostes (1997) hat u. a. die Bedeutungsbereiche der englischen, französischen und deutschen Ausdrücke miteinander verglichen; es fehlt in der Forschung nach wie vor an weiterführenden Vergleichen zwischen europäischen und nicht-europäischen Sprachen, obschon ein wichtiger Schritt zu einer historisch-anthropologischen Annäherung an das Fremde in verschiedenen Sprachen und Kulturen geleistet worden ist (vgl. Jostes/Trabant 2001).

Menschen sehen und erleben unbekannte und abweichende Alteritäten im Rahmen des Spannungsverhältnisses von personaler und kultureller Identität durch den Filter ihrer Vorverständnisse. Das Fremde ist folglich nicht das Andere (Alterität, *alterity*), auch nicht das von uns Abweichende, sondern stets das ›aufgefaßte‹ Andere (*foreigness*, *strangeness*), also ein **Interpretament der Andersheit und Differenz** (vgl. Krusche 1985; Mecklenburg 1987; Scheiffele 1985; Weinrich 1985; Wierlacher 1985b). Folglich beruht alle Bemühung um das Verstehen des Anderen als eines Fremden, wie bereits Alfred Schütz erkannte, auf Akten des Selbstverstehens, dieses immer verstanden als »Selbstauslegung« (Schütz 1974, S. 156). Da alles Verstehen zugleich Produkt interpersonaler und interkultureller Kommunikation und unserer kulturellen Gedächtnisse ist, gilt auch die umgekehrte Feststellung: das Verstehen unseres Selbst beruht auf Akten unseres Verstehens Anderer. Wir sind selber immer schon ein Interpretament der Alterität und also immer auch schon ›étrangers à nous mêmes‹ (Kristeva 1988).

Das kulturell Eigene und das kulturell Fremde sind mithin keine Kontrastphänomene, wie oft behauptet wird, sondern wechselseitige Bezugsgrößen. Das Fremde ist somit auch keine objektive Eigenschaft des Bedrohlichen, Fernen, Ausländischen, Nichteigenen, Ungewohnten, Unbekannten, Unvertrauten oder Seltenen. Jemanden oder etwas als ›fremd‹ zu bezeichnen heißt, ein Verhältnis zu kennzeichnen, in dem sich eine Person gegenüber einer anderen Person, einer Sache oder Situation sieht: »Fremde ist keine Eigenschaft, die ein Objekt für ein betrachtendes Subjekt hat; sie ist ein Verhältnis, in dem ein Subjekt zu dem Gegenstand seiner Erfahrung und Erkenntnis steht« (Krusche 1990, S. 143). Dieses Verhältnis ist aber keine nur subjektive Größe, es kann nicht nach dem Modell von *ego* und *alter ego*, also unter Zugrundelegung nur einer Systemreferenz, erklärt werden, sondern besitzt eine **dreiwertige Valenz** (vgl. Turk 1993): die zugrundeliegende Andersheit, deren in der Wahrnehmung erscheinendes, aufgefaßtes Sosein und die ambivalente, Spannungen setzende Interrelation, in der sich Eigenes und Fremdes wechselseitig konstituieren und charakterisieren, so daß die

Begriffe ›Andersheit‹ und ›Fremdheit‹ auch ihre Stellung wechseln können (vgl. Wierlacher 1993b, S. 62–63). Die Rückkopplungen von Fremdheitsreflexionen an die eigene Person und deren je eigene Konstitution des Fremden und des Eigenen sind folglich nicht als fragwürdiger Reflex einer neuen Innerlichkeit oder eines bloßen Kulturrelativismus mißzuverstehen, sondern als Bestandteil einer Dialektik zu begreifen, in der die relationalen Größen ›fremd‹ und ›eigen‹ immer wieder ausgewechselt und von der anderen Seite mitbetrachtet werden (vgl. Bausinger 1987, S. 11).

Ist Fremdheit mithin eine relationale Größe, die den Anderen als Fremden für jemanden an einem bestimmten Ort, in einer bestimmten Hinsicht, zu einer bestimmten Zeit qualifiziert, dann können wir über den, die oder das ›Fremde‹ (vgl. Albrecht 1997) nur reden, wenn wir den **Blickwinkel** mitbedenken, unter dem wir den Anderen, die oder das Andere als ›fremd‹ auffassen. Versteht man diesen Zusammenhang aufklärungstheoretisch im Sinne angewandter Wissenschaft als *conditio sine qua non* der Selbsterkenntnis, dann darf als eine grundsätzliche Funktion der Xenologie mit Aleida und Jan Assmann festgestellt werden: »in dieser durch die Kenntnis des Anderen begründeten **Selbstaufklärung und Selbstdistanzierung** liegen die Aufgaben einer kulturwissenschaftlichen Xenologie« (Assmann/Assmann 1990, S. 39).

1.4 Xenologie als Weiterentwicklung der Hermeneutik

Insofern das Fremde als das aufgefaßte Andere zu begreifen ist, das eo ipso prüfende Rückblicke auf uns selber verlangt, gibt es das Phänomen der Fremdheit nur in der menschlichen Interpretation, die sich im Reden wie im Handeln niederschlägt. Deshalb ist Fremdheitsforschung zum großen Teil eine kulturhermeneutische Diskursforschung, die untersucht und lehrt, was in einer oder mehreren Kulturen in einem gegebenen Zeitabschnitt oder in gesellschaftlichen Teildiskursen und wissenschaftlichen Disziplinen unter dem Anderen als Fremden verstanden wird, wie man von ihm spricht und wie die Auffassungen in Handlungen umgesetzt werden und welche Figurationen des Fremden aus welchen Erkenntnisinteressen die Künste, vor allem die Literatur, erfinden (vgl. Krusche 1985; Wierlacher 1985; Harth 1994; Caduff 1997). So gesehen ist Xenologie auch ein Beitrag zur Kulturthemenforschung und eine Wissenschaft, der sich die große Chance eröffnet, dem oft genug beklagten Wirklichkeitsverlust der Kulturwissenschaften, z. B. der Entzeitlichung der Sprache im europäischen Sprachdenken zu entgehen (vgl. Kap. 2 »Kulturbegriffe und Kulturtheorien« in diesem Band).

In Würdigung der Historizität der Konstitutionsformen von Fremdheit sowie des Umstands, daß der Bedarf an Fremdheitswissen historische Kenntnisse einschließt, besitzt Xenologie ferner eine historisch-kritische Komponente. Diese Dimension der Xenologie wird nicht als Konkurrenz zur Geschichtswissenschaft, sondern als fortschreibende **Ergänzung der philosophischen Hermeneutik** verstanden und entwickelt (vgl. Krusche 1985; Scheiffele 1985; Mecklenburg 1987; Weinrich 1990; Wierlacher 1985a), die nach Ansicht sowohl der angeführten

Autoren als auch anderer Forschungen (vgl. Sundermeier 1991; Kogge 2001) die Andersheit des Fremden im historischen Verstehensprozeß stark, zu stark vereinnahmt hat. Hans-Georg Gadamer findet es geradezu selbstverständlich, daß der Interpret die Andersheit des Fremden in einer Horizontverschmelzung der Auffassungen aufzuheben habe (vgl. Gadamer 1960, S. 508); Fremdheit heißt für ihn im wesentlichen Gegenwartsferne und zwar auch da, wo Gadamer die grundsätzliche Differenz zwischen Fremdheit und Vertrautheit als das hermeneutische ›Zwischen‹ erläutert, von dem auch die heutige **Theorie der Interkulturalität** ausgeht (vgl. Wierlacher 2001; Wierlacher/Otto 2002). Wie dieser geht es der Xenologie darum, den Abstand zum Anderen als eine besondere Beziehungsqualität zu erkennen und auf bereits angedeutete und noch näher zu beschreibende Weise produktiv zu machen. Gadamer sieht zwar klar, daß immer anders verstanden wird, wenn überhaupt verstanden wird, konzipiert Fremdheit aber im historischen Konnex des 1960 in Deutschland vorherrschenden Interesses an erneuter Traditionsvergewisserung als binnenkulturell dimensionierten historischen Kontrast, als »Zeitenabstand« im Rahmen einer identischen Kultur (Gadamer 1960, S. 282).

Dieser Fremdheitsbegriff ist bedenklich objektivistisch und zudem problematisch, weil er eine kaum zu leistende Theorie der Gegenwart voraussetzt. Es gibt dagegen in der Xenologie in Anlehnung an die interkulturelle Germanistik einen Grundkonsens über die ›**Anerkennung**‹ **kultureller Fremde** (Krusche 1983a, 1983), der darin besteht, kulturelle Andersheit nicht bloß als historischen Abstand, sondern als Alternative oder als Pluralität und Mehrwert der Möglichkeiten menschlichen Lebens zu begreifen und zu diesem Zweck aus der *tyranny of distance* eine ›Produktivität der Entfernung‹ (Veit 1985) zu machen. Dieses ehrgeizige Ziel erscheint möglich und erreichbar, sofern die kulturellen Abstände mit Blick auf die scheinbare Auflösung räumlicher Distanzen in den neuen Medien nicht als aufgehoben angesehen, sondern im Forschungsgespräch (auch) der Fremdsprachenphilologien substantialisiert und als Herausforderung in den wissenschaftlichen und allgemein intellektuellen Diskurs eingebracht werden. Diese Aufgabe setzt allerdings voraus, daß die Unterschiedlichkeit der regionalen Vorprägungen der Distanzbegriffe bekannt ist und Gemeinsames im Verschiedenen so erkannt wird, daß die Verschiedenheit nicht aufgehoben oder an den Rand gedrängt wird. Dazu wiederum gehört in der realen Kommunikation die Besinnung auf die kulturdifferenten Auffassungen und Bewertungen der Körperlichkeit menschlicher Existenz und die Bedeutung dieser Bewertungen für die emotionale Intelligenz und Verhaltenskompetenz der Menschen. Die Berücksichtigung dieser Handlungs- und Problemfelder erscheint in den Fremdsprachenphilologien angemessen und machbar, falls diese sich dem *cultural turn* der Humanwissenschaften anschließen und ihn zugleich um einen kommunikationswissenschaftlich und (kultur-) anthropologisch verstandenen **xenological turn** ergänzen, sich also zu Fremdkulturwissenschaften erweitern und den Fremdsprachenunterricht in Theorie und Praxis auch als Fremdverhaltensunterricht verstehen (vgl. Vermeer 1978).

Kulturspezifische Vielfalt wird von der Xenologie nicht primär als Handicap globaler Kommunikation verstanden, sondern als Zugewinn an Erkenntnismöglichkeiten. Die Xenologie sieht sich in dieser **Aufwertung kultureller Varianz** von der praktischen Ökonomie bestätigt: *cultural diversity* wird inzwischen auch im unternehmerischen Handeln am Arbeitsplatz nicht mehr vornehmlich als Hindernis, sondern als Ressource erkannt und anerkannt. Auch das deutsche Staatsbürger- und Zuwanderungsrecht ist hinsichtlich der Interdependenz kultureller Identität und Alterität wirklichkeitsnäher geworden, und die heutige ›Eingemeindung‹ der Fremdwörter (vgl. Olt 1987) als Internationalismen in die deutsche Sprache läßt sich durchaus als Ausdruck von Entkrampfungen und beginnender Neubestimmung des Verhältnisses zwischen Eigenem und Fremdem bewerten.

Entsprechend geht es der Xenologie primär nicht um Einverständnisse oder den alltäglichen Ethnozentrismus und andere fragwürdige Wahrnehmungsmuster wie den Exotismus, es geht ihr auch nicht um Entfremdungserfahrungen (Alienation) oder um die Andersheit und Fremdheit des Fremdsprachensprechers oder um die Wandlung des ›made in Germany‹ in eine globalisierte Markenbezeichnung mit weltweiter Produktionsbasis oder um die komplexen Rückwirkungen der Globalisierungsprozesse auf das Selbstverständnis der Nationen und Kulturen. Es geht der Xenologie primär um viel Grundsätzlicheres, das Eberhard Lämmert einmal so ins Wort gefaßt hat: »Das Verhältnis zwischen Eigenem und Fremdem [steht] neu zur Debatte« (Lämmert 1992, S. 118).

Zum ersten Mal in ihrer Geschichte sieht sich die Menschheit vor die Aufgabe gestellt, das Miteinanderleben von Menschen verschiedener Sprachen, kultureller Zugehörigkeitsentwürfe und Traditionen sowohl im globalen als auch im regionalen (arealen), nationalen und lokalen Rahmen ihrer Existenz zu lernen, wie es 1970 Richard Behrendt schon vorausgesehen hatte: »Menschen von heute müssen lernen, das Anderssein von Menschen anderer Kulturen, anderer Rassen, anderer Klassen oder anderer Konfessionen nicht mehr als Bedrohung des eigenen Lebens zu empfinden, sondern als eine Ergänzung und Bereicherung« (Behrendt 1970, S. 52). Statt einer mit universalistischem Anspruch die eigene Kulturgebundenheit übergehenden Hermeneutik wird daher eine **interkulturelle Hermeneutik** benötigt, die kulturdifferente hermeneutische Teilentwürfe und implizite Deutungstraditionen berücksichtigt, dazu aber einer übergeordneten kulturwissenschaftlichen Xenologie bedarf, die das benötigte Fremdheitswissen schafft. Die einfache Separation, die Goethe vor über zweihundert Jahren in einem Brief an Herder vom 14.10.1786 betonte: »Die Fremde hat ein fremdes Leben und wir können es uns nicht zu eigen machen, wenn es uns gleich als Gästen gefällt« (Goethe 1988, S. 15), ist unhaltbar geworden; die Anerkennung der Dialektik von Eigenem und Fremdem hat die Qualität der Bedingung unserer Selbstorientierung und Selbstsicherung gewonnen (vgl. Wierlacher 1993b, Kapitel 9): das Fremde trennt und eint die Menschen (vgl. Ohle 1978, S. 96–97) – Lessing hat diese Erkenntnis vorweggenommen: »[D]ie Menschen sind nur durch Trennung zu vereinigen! nur durch unaufhörliche Trennung in Vereinigung zu erhalten! Das ist nun einmal so. Das kann nun nicht anders sein« (Lessing 1929, S. 35).

2. Zur Forschungslage

Gesamtdarstellungen oder Forschungsberichte liegen nicht vor. Zwei bibliographische Zugänge gibt es; beide sind von Corinna Albrecht im Kontext interkultureller Germanistik erarbeitet worden, beide konzentrieren sich aus pragmatischen und methodischen Gründen auf den deutschsprachigen Raum. Im ersten Fall handelt es sich um eine einmalige Grundlagenbibliographie (Albrecht et al. 1993), die in *Kulturthema Fremdheit* (Wierlacher 1993a, S. 501–552) veröffentlicht und dort auch hinsichtlich ihrer Anlage und Zielsetzung erläutert worden ist; der andere Zugang ist eine laufende Jahresbibliographie ausgewählter Neuerscheinungen, die im *Jahrbuch Deutsch als Fremdsprache* erscheint (Albrecht 1994 ff.). Sie bietet als annalistische Auswahlbibliographie und Fortschreibung der Grundlagenbibliographie einen Überblick über ausgewählte Neuerscheinungen in zahlreichen Disziplinen und macht im Rahmen ihrer Beschränkung auf deutschsprachige Veröffentlichungen in der Fülle der berücksichtigten Fächer und Titel die besondere Bedeutung erkennbar, die dem Fremdheitsthema heute im öffentlichen Zeitgespräch deutschsprachiger Länder, insbesondere in Deutschland zukommt.

Die **interkulturelle Germanistik** hat aus den Fehlern der alten Deutschkunde gelernt, daß Fremdheitsfragen weder Instrumentarien der Selbstverherrlichung über Kontrastierungen noch Nebensächlichkeiten im Zusammenleben der Menschen sind. Die 1984 in Karlsruhe gegründete Gesellschaft für interkulturelle Germanistik hat darum das Fremde und seine Erfahrung zu einem ihrer Grundthemen gemacht, wie das Merkblatt der Gesellschaft 1984 ausweist:

> Soweit sich die Geschichte der Kulturen überblicken läßt, lernt eine Kultur von der anderen und grenzt sich zugleich von ihr ab. Das Fremde wird so zum Ferment der Kulturentwicklung. Dieses produktive Wechselverhältnis von Fremdem und Eigenem vermag auch die Germanistik zu nutzen, wenn sie sich mehr als bisher auf die kulturelle Vielfalt ihrer Bedingungen, Fragestellungen und Erkenntnismöglichkeiten besinnt.

Aus diesem Ansatz ist die hier beschriebene interdisziplinäre Xenologie herausgewachsen. Das war möglich, weil die interkulturelle Germanistik als mehrdimensionale Kulturwissenschaft konzipiert wurde (vgl. Wierlacher 2001), deren theoretisches Fragespektrum und Institutionalisierungsinteresse einen weiten Spannungsbogen ermöglichte: Er umfaßt heute die Einrichtung einer xenologischen Fachkomponente im Bayreuther Fachgebiet Interkulturelle Germanistik (1987), die erstmalige Sichtung und Erforschung der unterschiedlichen Fremdheitsbegriffe der Wissenschaften (vgl. Albrecht 1992; Wierlacher 1993a), die Grundlegung einer fächerübergreifenden und interkulturellen Fremdheitsforschung (vgl. Wierlacher 1993b, 2000, 2001a), die Konzeptualisierung einer kulturwissenschaftlichen Xenologie (vgl. Wierlacher 1993b) im Rahmen des Grundlagenbandes ***Kulturthema Fremdheit*** (vgl. Wierlacher 1993a), der mittlerweile in vielen German Departments den Status eines xenologischen Handbuchs erworben hat (vgl. Guthke 2000, S. 1), die Erarbeitung des bislang einzigen Studienbuchs zur Xenologie (vgl. Wierlacher/Albrecht 1998; vgl. auch Wierlacher 2000), die Diskussion der Xenologie als Weiterbildungsprogramm (vgl. Albrecht/Wierlacher 2000), die

Edition einer Vielzahl einschlägiger Beiträge in Sammelbänden interkultureller Germanistik und im schon angeführten *Jahrbuch Deutsch als Fremdsprache* im Konnex einer Kulturthemenforschung sowie die Formierung der linguistischen Komponente interkultureller Germanistik als Beitrag zu einer ›Xenolinguistik‹ und die Grundlegung einer Gesprächsgemeinschaft zwischen Kultur- und Naturwissenschaften mit dem Ziel, zur Überwindung wechselseitiger Fremdheitsprofilierung beizutragen (vgl. Bogner 1999; Neumann/Wierlacher/Wild 2001).

Da sich kulturell Fremdes sinnlich am ehesten an fremden Tischen erfahren läßt und unsere Toleranz darum nicht zuletzt mit dem Urteil über fremde Küchen beginnt, hat Wierlacher als konstitutiven Teil der Kulturthemenforschung sowohl eine interdisziplinäre Kulturforschung des Essens entwickelt, in der Fremdheitsfragen eine zentrale Rolle spielen (vgl. Wierlacher/Neumann/Teuteberg 1993; Teuteberg/Neumann/Wierlacher 1997; Neumann/Wierlacher/Wild 2001) als auch eine interdisziplinäre und interkulturelle Toleranzforschung aufgebaut (vgl. Wierlacher 1992, 1994, 1996), zu deren Leistungen die erste anthologische Übersicht über die xenologische Diskursentwicklung in Deutschland nach 1949 gehört (vgl. Wierlacher/Otto 2002). Als Ansatz zu einer interkulturell orientierten ›Xenolinguistik‹ ist vor allem die Konturierung des von der Forschung sehr vernachlässigten Problemfeldes einer Xenologie der Stimme anzuführen (vgl. Bogner 2000, 2003). Die Stimme des einzelnen Menschen gehört zu seinen distinktiven Merkmalen. Faßt man im Sinne des erläuterten Fremdheitsbegriffes sprachliche Fremdheit als gesellschaftlich vermittelte Interpretationskategorie auf (vgl. Weinrich 1993), erscheint die Beschäftigung mit dem anthropologischen und mit dem kulturellen **Phänomen der Stimme** um so wichtiger für die Praxis und Kompetenz interkultureller Kommunikation, weil der Gebrauch der Stimme in jeder Kultur ungeachtet und geradezu in Widerspruch zu ihrer individuellen und individualisierenden Varianz in einem komplexen funktionalen Zusammenhang eines Systems kulturgebundener Werthaltungen steht, die über die Angemessenheit des Stimmgebrauchs entscheiden.

Außerhalb der interkulturellen Germanistik hat das Fremdheitsthema seit 1970 in Deutschland in den nicht-philologischen Sozialwissenschaften und im offenen Zeitgespräch Deutschlands große Resonanz gefunden. Diese Konjunktur des Themas hält bis heute an. Sie löste die schwache Resonanz der ›Klassiker‹ der Fremdheitsforschung ab, denen wir unser Grundwissen über Fremdes und Fremdheit verdanken (vgl. Wierlacher 1993b), verwiesen sei auf Georg Simmel (1908; vgl. Loycke 1992), Otto F. Bollnow (1924) und vor allem auf Alfred Schütz (1974), Margret Wood (1934), Ernst Grünfeld (1939) und Everett V. Stonequist (1937). Die ersten Anstöße zur Neubesinnung nach den Schrecken der nationalsozialistischen Verbrechen und des Zweiten Weltkriegs haben aus fremdsprachenpolitischer Sicht **Leo Spitzer** und aus erkenntnistheoretischer Perspektive **Helmuth Plessner** gegeben. Bei ihnen und auch in der interkulturellen Germanistik steht im Sinne Spitzers die Reflexion über Anderes als Fremdes, nicht die unterrichtliche Applikation des Fremdheitswissens im Zentrum der wissenschaftlichen Arbeit. Spitzers Plädoyer ist in der Einleitung zu *Das Fremde und das Eigene* (Wierlacher 1985a) wieder angeführt worden und darf als Richtschnur der xenologischen Arbeit interkultureller Germanistik verstanden werden. Eine vergleichbare Stellung sollte sie womöglich auch in anderen Fremdsprachenphilologien gewinnen, weil noch unausgemacht ist, ob angesichts der gegenwärtigen ökonomischen und kategorialen Bildungsproblematik in Europa Spitzers Warnung nicht neue Aktualität gewonnen hat: »[D]ie neuere Pragmatisierung allen Unterrichts führt vielleicht noch zu einem Ernstnehmen des Dinglichen an Sprache und Literatur, dessen Kulturwelt oft überschätzt wird (tadellose Aussprache etc.), nicht zu einer inneren Auseinandersetzung mit dem Fremden – und dieses Manko ist wohl letztlich der Grund der periodischen öffentlichen Angriffe gegen *alles* Fremdsprachenstudium« (Spitzer 1945/46, 577–578 f.).

Systematischen Zuschnitt gewann die Annäherung an das Thema nach dem Zweiten Weltkrieg mit Stählins Lexikonartikel »Xenos« (1954). Mitte der 1960er Jahre folgten die ersten größeren Untersuchungen von Theunissen, Loiskandl und anderen (vgl. Wierlacher 1993b, S. 19 f.). Das Spektrum der in der zurückliegenden Dekade vorgelegten Publikationen reicht von evolutionstheoretischen Überlegungen Rudolf Stichwehs (1992) und der Grundlegung einer praktischen Hermeneutik des Fremden (vgl. Sundermeier 1996) bis zu Beiträgen, die sich auf eher geisteswissenschaftliche, phänomenologische oder text- und diskursanalytische Weise dem Fremdheitsproblem auf verschiedenen Fragefeldern nähern, wie etwa die Publikationen von Bernhard Waldenfels (1990, 1997), Michael Wimmer (1997), der Göttinger Übersetzungsforschung (u. a. Bachmann-Medick 1997; Huntemann/Rühling 1997), der Berlin-Brandenburgischen Akademie-Arbeitsgruppe zur Herausforderung des Fremden (vgl. u. a. Münkler/Ladwig 1997, 1998; Naguschewski/Trabant 1997), der Sammelband von Bernd Lenz/Hans-Jürgen Lüsebrink (1999), der Entwurf einer Xenosophie von Yoshiro Nakamura (2000) und die schon erwähnten Analysen des Fremdheitskonzepts der philosophischen Hermeneutik durch Werner Kogge (2001).

Insgesamt präsentiert sich die **Forschung seit 1945** zumeist als Produktion punktueller Wortmeldungen. Obwohl das Fremdheits-Thema seit den letzten drei Jahrzehnten virulent ist, stellen auch die jüngeren Veröffentlichungen in der Regel weder Bezüge untereinander noch zu anderen Fächern her; eine systematische Vernetzung, Integration und Institutionalisierung xenologischer Forschungsinteressen wird so gut wie nicht angestrebt. Zuweilen tritt eine eklatante Unkenntnis von oder Ignoranz gegenüber der Fülle bereits vorliegender xenologischer Arbeiten zu Tage. Es gibt weder Forschungsfronten, wie wir sie aus den Naturwissenschaften kennen, noch erkennbare Anstrengungen, einen transdisziplinären Gegenstandsbereich oder auch nur ein Netz fächerübergreifender Leitbegriffe und einen Diskurs zu entwickeln, unter dem ein apersonales, transindividuelles ›Regime‹ verstanden werden kann, das gesellschaftliche Wissenssysteme herstellt und in spezifischen ›Formationen‹ ordnet (vgl. Fohrmann 1997). Die bisherige Forschung greift auch kaum Praxisprobleme auf, obgleich zahlreiche Fächer eine fremdheitskundliche Komponente besitzen, die sowohl praxisrelevant als auch konzept- und disziplintheoretisch hätte entfaltet werden können. Der Ethnologie zum Beispiel wird man den Charakter einer Fremdheitswissenschaft nicht völlig absprechen wollen, obwohl sich im Sinne ihrer Selbstkritik durch Thomas Bargatzky (1993) und Karl Heinz Kohl (1993) die Frage stellt, in welchem Maße diese Zuschreibung (bis hin zu Kohls Buchtitel *Ethnologie – die Wissenschaft* *vom kulturell Fremden*) angebracht sei. Auch die Wirtschaftswissenschaften, die Soziologie, die Altertumswissenschaften, die Rechtswissenschaften, die Medizin und die Philosophie besitzen wie die vergleichenden Religionswissenschaften und die Theologie eine fremdheitskundliche Komponente; entsprechendes gilt von der Kunstgeschichte, von der Komparatistik, von der Übersetzungswissenschaft oder von der Volkskunde und dem Fach Internationale Beziehungen sowie für die Geschichtswissenschaft, die Ethnomedizin und die Soziobiologie. Kaum eine dieser Disziplinen hat ihre leitenden Begriffe ähnlich wie die interkulturelle Germanistik fachspezifisch konturiert oder das Fremdheitsproblem zu einer fachspezifischen Aufgabe gemacht, deren Diskussion den Zeitraum eines Forschungsprojekts oder Graduiertenkollegs überdauert – wenige Ausnahmen bestätigen die Regel. Die Forschung bietet insofern das Bild einer asyndetischen Ansammlung isolierter Äußerungen, denen eine Vernetzung disziplindifferenter Begriffe im Sinne einer fächerübergreifenden Wissenskumulation im hier erörterten Sinne ›fremd‹ ist. Der Eindruck ist wohl nicht völlig von der Hand zu weisen, daß auch und vor allem die schiere Quantität der insgesamt 11 Bände des Internationalen Germanisten-Kongresses von Tokyo (1990), die Hunderte kurzer Stellungnahmen verzeichnen, das Interesse an der Begründung einer fächerübergreifenden Xenologie eher behindert als gefördert haben; auf den beiden nachfolgenden Kongressen der IVG (Vancouver 1995; Wien 2000) wurde das Thema sorgsam vermieden.

Außerhalb der Germanistik ist dagegen 1998 zum ersten Mal in der Wissenschaftsgeschichte in einem literatur- und kulturwissenschaftlichen Nachschlagewerk ein einschlägiger Beitrag zum Thema vorgelegt worden (vgl. Nünning 1998), und die von Hans Hartmut Karg (1989) und Franz Hamburger (1991) gerügte Zurückhaltung der Pädagogik beim Nachdenken über das Andere und Fremde – auch die interkulturelle Pädagogik wurde kaum fremdheitswissenschaftlich begründet – scheint beendet zu sein (vgl. Benner 1999). Doch nach wie vor gibt es kaum Anstrengungen zur **Begründung einer systematischen Fremdheitslehre**, die das Spektrum der Fremdheitsproblematik lehrend entfaltet und sich unter anderem fragt: Wie viel und welche Fremdheit braucht der Mensch zu seiner Persönlichkeitsentwicklung, wie viel Fremdheit ist ihm wann und wie zumutbar? (vgl. Wierlacher 1985b, S. 83). Zu den wenigen Ausnahmen gehören die kultur- und literaturdidaktischen Beiträge Krusches (1983b, 1985), die fremdsprachenlinguistischen Überlegungen Harald Weinrichs (1985), die erwähnte Hermeneutik Sundermeiers (1996), das angeführte Studienbuch *Fremdgänge* (Wierlacher/Albrecht 1998), die Reflexionen Wolf Dieter Ottos zum Thema Wissenschaftskultur und Fremde (1995) sowie die Giessener Arbeiten zur Fremdsprachendidaktik (vgl. Bredella et al. 2000). Dieser verdienstvolle Versuch, ein spezifisch fremdsprachendidaktisches Konzept des ›Fremdverstehens‹ zu erarbeiten, steht sich leider mit einem Begriff von Fremdheit selbst im Wege, der eine obsolet gewordene Rede- und Denkweise fortführt, die dem formalen Oppositionsbegriff von Eigen- und Fremdgruppe als Differenzierungsschema von *ingroup* und *outgroup* verhaftet ist, so wie man im Deutschen vorwissenschaftlich von ›Fremdkapital‹, ›Fremdbezug‹, ›Fremdbestimmung‹ und ›Fremdenführer‹ oder behavioristisch auch von ›Fremdbeobachtung‹ spricht. Die Abkehr von solcher Terminologie hatte schon 1979 Carl F. Graumann mit den Worten gefordert:

»Der ältere deutsche Terminus der ›Fremderkenntnis‹ (in Abhebung von ›Selbsterkenntnis‹) kommt noch der ›connaissance d'autrui‹ am nächsten, schleppt aber hier die völlig irreführende konnotative Gleichsetzung des Anderen mit dem Fremden mit. Aus diesem Grund stellen wir auch der Selbstwahrnehmung nicht die ›Fremdwahrnehmung‹ gegenüber« (Graumann 1979, S. 178).

3. Rahmenbegriffe der kulturwissenschaftlichen Xenologie

Zum Begriffsnetz der Xenologie gehören außer ›Alterität‹ und ›Andersheit‹ auch die Begriffe ›Anerkennung‹, ›Distanz‹, ›Gast‹, ›Grenze‹, ›Initiative‹, ›Kultur‹ und ›Toleranz‹. Es gilt, diese Begriffe so zu festigen, daß sie im Dialog der Menschen, Kulturen und Staaten Funktionen von wenigstens mittlerer kultureller Reichweite gewinnen können und geeignet sind, die Meisterung der Aufgabe zu erleichtern, die uns die Weltentwicklung stellt: sowohl universell akzeptable als auch solche Konzepte zu erarbeiten, die in Wahrung historischer Besonderheiten nur für einzelne Kulturregionen gelten. Dem leitenden **Kulturbegriff** liegt entsprechend die universalistische Annahme zugrunde, daß Menschen sowohl Reiter als auch Tragende der Kulturen sind, ›Kultur‹ also immer auch eine Kategorie der Praxis ist – mit der Folge, daß die aus dem Französischen übernommene Wortbildung ›Kulturtransfer‹ für eine Xenologie ungeeignet ist, weil sie die Kultur tendenziell verdinglicht. Um anschlußfähig zu bleiben, legt Xenologie ihrer Arbeit einen offenen Kulturbegriff zugrunde und festigt in diesem Bedingungsrahmen den Begriff der ›Kultur‹ weder einseitig mit der kognitiven Anthropologie als in sich konsistente Orientierungsmuster oder überzeitliche, widerspruchsfreie, homogene und einsinnige Entitäten im thomistischen Sinne noch ausschließlich mit Clifford Geertz als arbiträre Symbol- und Interaktionszusammenhänge, sondern begreift ›Kultur‹ als ein sich wandelndes, auf Austausch angelegtes, kohärentes, aber nicht widerspruchsfreies und insofern offenes Regel-, Hypothesen-, Bedeutungs- und Geltungssystem, das Gemeinschaft stiftet, sichtbare und unsichtbare Phänomene einschließt und zu dem man in einem spannungsreichen Zugehörigkeitsverhältnis stehen darf (vgl. Kap. 5 »Kulturanthropologie« in diesem Band). Menschen sind Reiter und Tragende der Kulturen zugleich; diese sind ihrerseits immer auch das Ergebnis zwischenkultureller Kontakte und der gesellschaftlich wirksamen Praxis Einzelner oder subkultureller Gruppen – bis hin zur Wirkung der öffentlichen Reden eines Schriftstellers über Gewissenszwänge oder eines Bankers über Steuernachlässe und der Kritik des höchsten deutschen Gerichts und des Präsidenten der Bundesrepublik Deutschland am Benehmen von Mitgliedern des Deutschen Bundesrats im Kontext der kulturelle Fremdheit kaum zureichend thematisierenden Debatte um das Zuwanderungsgesetz.

Mit dem leitenden Kulturbegriff und der Konzeptualisierung der Fremdheit als eines Interpretaments löst die Xenologie die binäre Konzeption des Verhältnisses von kulturell Fremdem und Eigenem sowie die Gliederung der Welt durch asymmetrische Gegenbegriffe, die wir aus der europäischen Antike und in ihrer Umkehrung durch Rousseau (vgl. Link-Heer 1997) kennen und die in der

Wissenschaft gelegentlich mit Arno Borst (1957-1963) als abwertende Besetzung von Anderssprachigkeit zu den *near-universals* (vgl. Holenstein 1985) gezählt wird. Diese Auflösung erfolgt aber nicht als ein Prozeß, der das kulturell Andere und Abstände im Verstehensprozeß einholt, sondern im Rahmen der Konstitution einer Verstehensposition, die kulturelle Abstände wahrt und aus ihnen Erkenntnisse über sich, das Eigene und das Andere als das Fremde zu gewinnen sucht. Insofern fungiert Xenologie, wie eingangs bereits dargelegt, als kulturhermeneutische Fortschreibung der philosophischen Hermeneutik, und sie weist inzwischen einen breiten Grundkonsens auf, der sich mit dem Religionswissenschaftler Theo Sundermeier aus dessen »**Plädoyer für eine interkulturelle Hermeneutik**« ins Wort fassen läßt: »Die Hermeneutik einer interkulturellen Begegnung [ist] nicht auf Harmonie aus [...]. Es ist falsch, das Fremde im Verstehen vorschnell zu sich hin interpretieren zu wollen, es in das eigene Selbstverständnis zu inkorporieren und damit aus dem Gegenüber ein je Eigenes zu machen, wie es in verschiedener Form in der bisherigen Hermeneutik der Fall war« (Sundermeier 1991, S. 27).

Entsprechend festigt die Xenologie wie die interkulturelle Germanistik (vgl. Scheiffele 1985; Wierlacher 1985b, 2001) ihren leitenden **Verstehensbegriff** nicht mit der Hermeneutik Gadamers, sondern in Anlehnung an Helmuth Plessner, zumal sich dessen Überlegungen mit der xenologischen Differenzierung des Anderen und Fremden decken: Verstehen wird von Plessner als ein »Vertrautwerden in der Distanz« definiert, das »das Andere als das Andere und Fremde zugleich sehen läßt« (Plessner 1983, S. 91). Diese Distinktion bewahrt sowohl vor der Gefahr einer objektivistischen als auch einer annexionistisch-inkorporierenden Annäherung an anderskulturelle Wirklichkeiten (vgl. Stagl 1981) und bekräftigt die Annahme, eine Hauptaufgabe der kulturwissenschaftlichen Xenologie läge in der durch die Kenntnis des Anderen begründeten Selbstaufklärung und Selbstdistanzierung.

Der angeführte Verstehensbegriff ist möglicherweise ein geeignetes Instrument, auch die Problematik des umstrittenen **Begriffs der ›Aneignung‹** zu klären (vgl. Wierlacher 1993b, S. 107–112 und Steinmetz 1996). Es ist aber noch kein hinreichender Grund für die Empfehlung an die Kulturwissenschaften, sich im Blick auf ihre Ausgangsbedingungen kulturwissenschaftlich und im Blick auf die Interdependenz des Eigenen und Fremden xenologisch zu konturieren. Dieser hinreichende Grund liegt in xenologischer Sicht in dem oben angeführten Argument, man könne vom Andern und Fremden, wissenschaftsmethodologisch gesehen, nur unter der Bedingung handeln, daß man auch den Blickwinkel bedenkt und überprüft, unter dem man Alteritäten als Fremdes interpretiert. Diese Feststellung erscheint um so zutreffender und die mit ihr gestellte Aufgabe um so wichtiger und unausweichlicher, als die Gegenstände kulturwissenschaftlicher Disziplinen nicht eo ipso gegeben sind, sondern durch Problemstellungen, Konzeptualisierungen und theoretische Annahmen erst konstituiert und in einem vorgegebenen Verstehensrahmen entwickelt werden; dieser ist sowohl ein Resultat individueller Auffassungen als auch das Produkt kultureller Kategorisierungen der Realität.

Die Begründung dieser *conditio sine qua non* aller kulturelle Grenzen überschreitenden Disziplinen hat bereits vor 200 Jahren der europäische Historiker und Hermeneut Johann Martin Chladenius vorgetragen, indem er auf die uralte Frage, »warum wir die Sache so, und nicht anders erkennen« mit der **Theorie des Sehe-Punktes** antwortete: »Aus dem Begriff des Sehe-Punktes folget, daß Personen, die eine Sache aus verschiedenen Sehe-Punkten ansehen, auch verschiedene Vorstellungen von der Sache haben müssen« (Chladenius 1985, S. 100–101; vgl. Wierlacher/Wiedenmann 1996). Eine sich interkulturell öffnende Xenologie wird folglich die ›Sehe-Punkte‹, modern gesprochen: die ›Blickwinkel‹ (vgl. Wierlacher/Stötzel 1996) zur Grundlage ihrer Verstehensarbeit und ihres Beitrags zur Verständigung machen und dabei beachten, daß diese Blickwinkel der Selbstdefinition der betreffenden Personen und Kulturen als Gesamtpersonen unterliegen und sie repräsentieren. Erst durch diese Repräsentationen werden Kulturen bzw. kulturelle Bedeutungen überhaupt zugänglich (vgl. Bachmann-Medick 1997). Das Verhältnis von Eigenem und Fremdem steht unter epistemischen Gesichtspunkten mithin auch deshalb neu zur Debatte, weil die Erkenntnis des Chladenius klar macht, daß die perspektivische Blickvarianz kulturrelativer Medien oder Wissenschaften nicht schon als solche eine produktive Distinktion verspricht, sondern erst die Analyse des je konkreten Umstands, daß unterschiedliche Blicke Unterschiedliches sehen lassen.

4. Desiderate und Problemfelder der Xenologie

4.1 Problematische Konstitutionsmodi des Fremden

Zu den künftig besonders zu beachtenden Forschungs- und Lehraufgaben der Xenologie sollten in bezug auf die Praxisprobleme die konkreten Aktualisierungen der auffassenden Konstitution des Fremden gehören. In der Auffassung eines Anderen als eines Fremden, etwa eines Ausländers, wird vielfach nach Fremdheitsgraden (vgl. Stagl 1997) differenziert und geordnet. Es ist bekannt, daß es kulturdifferente Hierarchien solcher Fremdheitsgrade gibt und daß zu deren Konstitutionsfaktoren sowohl das Aussehen als auch die Dauer der Anwesenheit und der rechtliche Status der Betreffenden zu zählen sind.

Ein anderer Modus der Konstitution des Fremden entsteht dadurch, daß kulturellen Alteritäten im Moment, in dem man sie als ›fremd‹ interpretiert, ein bestimmtes Profil gegeben wird; wir nennen es mit Dietrich Krusche (1983b) ›**Fremdheitsprofil**‹ und betonen, daß es »keine reale, sondern eine virtuelle Struktur« besitzt (ebd., S. 32), die sich in Abhängigkeit von Eigenschaften der Person oder des Gegenstands und der jeweiligen Beobachterperspektive als reziproke Konstitution realisiert. Diese Profilierung ist als gesteuerte oder ungesteuerte soziale Handlung eine Funktion jener Grenzziehungen, mit der wir sowohl unsere individuelle als auch unsere Gruppenidentität absichern; in diesen Profilbildungen siedeln sich mit Vorliebe unsere Fremdheitsstereotypen an. Darum ist eine der grundlegenden Aufgaben fächerübergreifender Fremdheitsforschung die **Entwicklung einer xenologischen Stereotypen- und Vorurteilsforschung**, die nicht nur die Struktur dieser Stereotypen und Vorurteile, sondern ihre Funktions- und Wirkungsweisen bei der Konstitution kultureller Fremdheit und – im dialektischen Zusammenhang – der jeweiligen Eigenheit untersucht. Stereotypen und Vorurteile prägen die alltäglich konsumierten Medien so wie viele jener Texte, die sich als Reiseführer in die Fremde anempfehlen (vgl. Wang 2000). Drittens gibt es Fremdheitsbildungen, die mehr oder weniger bewußt gesteuerte, voluntative Fremdstellungen von Menschen, Kulturen oder Sachen vornehmen, das Fremdgestellte ausgrenzen und zum normativ Fremden (vgl. Ohle 1978) erklären; wir nennen diese Fremdstellungen ›**Fremdheitskonstruktionen**‹ (vgl. Horn 1987). Zu ihnen gehören Praktiken der Ethnisierung wie der Antisemitismus oder das Fremdmachen durch Namengebungen, Mythen und Metaphern wie die Rede vom West-Ost- oder Nord-Süd-Gefälle. Als Interpretamente sind auch sie von jedem einzelnen und jedem kollektiven Akteur zu verantworten.

4.2 Fremdheitsforschung als Bedingungsforschung

Wie Forschungsergebnisse der Humanethologie annehmen lassen, ist derselbe Impuls, der die Menschen aneinander bindet und zur Gruppenbildung anregt, auch für die Entstehung von Mißtrauen und Feindschaft verantwortlich. In diesem weiteren Sinne gewinnt kulturwissenschaftliche Xenologie Eigenschaften einer Bedingungsforschung intra- und interkultureller Kommunikation (vgl. Wierlacher 2000), die sich vorzugsweise auf Sektoren und Zeiten richtet, in denen kulturelle Fremdheit und ihre Erfahrung zu einem ›Kulturthema‹ geworden sind. So bezeichnet die Xenologie im Anschluß an die schon erwähnte Kulturthemenforschung interkultureller Germanistik ein Thema, das im öffentlichen Selbst- und Weltverständnis einer oder mehrerer Kulturen zu einem bestimmten Zeitpunkt besondere Brisanz gewinnt. Die betreffenden Kulturthemen haben ihre Gegenthemen und gewinnen aus dieser Spannung – im vorliegenden Fall: des Fremden und des Eigenen – ihre historische Sprengkraft. Diese wird im Alltagsverhalten der Menschen oft noch dadurch verstärkt, daß ein altes manichäisches Denken, das auch in der heutigen Weltpolitik zu beobachten ist, die Gegenthemen nicht dialektisch, sondern als Ausdruck von Oppositionen auffaßt, mit denen man die Welt in gut und böse, hell und dunkel, jung und alt aufgliedert, um sie überschaubar zu machen und Interdependenzen zu bagatellisieren. Solch binäres, Komplexitäten reduzierendes Denken und Handeln sucht die Xenologie unter anderem mit Hilfe des Nachweises aufzulösen, daß die Kulturthemen nur deshalb ihre Gegenthemen entwickeln können, weil Kulturen begrenzte Themenhaushalte besitzen, die aufgrund ihrer geschichtlichen Entwicklung und kulturmodifikablen Wirklichkeitskonzepte zu verschiedenen Zeiten unterschiedliche kulturelle und universalistische Lebensfragen und -bereiche ins Zentrum ihrer Aufmerksamkeit rücken und die Kulturthemen insofern zugleich so etwas wie Gewissensthemen der verschiedenen Epochen sind.

Sollen kulturelle Distanzen fruchtbar gemacht werden, gewinnen kulturelle Grenzen eine besondere Bedeutung für die Interrelation zwischen Eigenem und

Fremdem. Eines der Desiderate der Xenologie ist daher die vertiefte Befassung mit dem Kulturphänomen und Kulturthema der Grenze und in Folge mit der Kategorie der kulturellen Sicherheit. Fremdheitsforschung läßt sich geradezu als Beitrag zu einer neuen **Sicherheits- und Grenzforschung** bezeichnen. Sicherheitsgrenzen zu ziehen und zu erfahren, heißt xenologisch, die Auffassung von Grenzen als Limes oder Ausgrenzungsmedien aufzugeben und Grenzen statt dessen als Bedingungen personaler und kultureller Identität zu begreifen, die auf Reziprozität und Kooperation angewiesen ist, so daß die kulturelle Grenze auch nicht mehr wie die Staatsgrenze als eine Linie zu denken wäre, sondern als ein Überschneidungsraum, der gegebenenfalls neue, d. h. dritte Ordnungen entwickelt, deren Qualität man inzwischen als Interkulturalität bezeichnet (vgl. Wierlacher 1999). Entsprechende Wissensbestände müßten in xenologischer Sicht ebenso wie solide Toleranzkenntnisse und Fremdsprachenkenntnisse Teil der intellektuellen Grundausstattung der Menschen, also elementare Bildungsinhalte werden. Bislang aber wurden die Begriffe ›Fremdheit‹ und ›Sicherheit‹ noch kaum zueinander in Beziehung gesetzt, weder bei den Toleranztheoretikern noch in Werner Conzes großer Geschichte des Sicherheitsbegriffs (vgl. Conze 1988) noch in neueren Publikationen zur Zivilgesellschaft, die vielmehr die ideologiekritische Tradition eher fortschreiben, noch im Staatsrecht oder in soziologischen Untersuchungen zur inneren Sicherheit, obwohl diese Verknüpfung der beiden Begriffe sowohl von der wachsenden Verflechtung der Märkte als auch der Kulturbeziehungen und der Wissenschaftskommunikation nahegelegt wird. Immerhin sind alle **Kulturverträge**, die von der Bundesrepublik Deutschland mit anderen Staaten abgeschlossen wurden, inzwischen auf Gegenseitigkeit angelegt; diese wiederum macht, wie 1990 der damalige Leiter der Kulturabteilung des Auswärtigen Amtes der Bundesrepublik Deutschland, Barthold C. Witte, gezeigt hat, ein solides Fremdheitswissen zur Vorbedingung und Basis auch der Praxis auswärtiger Kulturpolitik (vgl. Witte 1993).

Da **Identität** generell auf Anerkennung durch andere angewiesen ist, weil Menschen sich nur in abgrenzender Kommunikation mit anderen entfalten können, ist auch das Problemfeld der Anerkennung, verstanden als prüfende Zuschreibung von Identität, ein besonderes Problemfeld der Xenologie und mit ihm der vernachlässigte Themenkomplex der Integrationsproblematik. In der sozialwissenschaftlichen Migrations- und Integrationsforschung ist zwar unbestritten, daß aufgezwungene Integrationsprozesse erhebliche soziale Konflikte, Anerkennungs- und Zumutungsprobleme, Entfremdungen, Frustrationen und Intoleranzen auf allen Seiten erzeugen und Entwurzelungserfahrungen verstärken. Kaum diskutiert wurde jedoch, welche Rolle kulturelle Fremdheitserfahrungen, Fremdheitskonzepte und Fremdheitsprofile sowie Kategorien der ›Anerkennung‹ kultureller Andersheit und der ›Toleranz‹, verstanden als ›Vollzug der Anerkennung‹ (Karl Jaspers 1948), im Aufbau einer erfolgreichen Integration spielen.

Auch die **Geschlechterdifferenz** wird immer wieder als Fremdheitsproblem in der Interaktion thematisiert (vgl. Kap. 15 »Kulturwissenschaften und Geschlechterforschung« in diesem Band). Doch die meisten Forschungsbeiträge einschließlich der Sozial- und Exilforschung haben die unbefragte Vorstellung des Fremden als eines ausländischen männlichen Erwachsenen vor Augen; auch die kulturstiftende Leistung von Frauen im Umgang mit dem Problem der Fremdheit wird kaum diskutiert. Dieses doppelte Manko verweist indirekt auf den bedenkenswerten Wirklichkeitsverlust, den Wolf Dieter Otto (1995) auf dem Feld seiner Untersuchungen zum Thema Wissenschaftskultur und Fremde konstatiert. Im Zeitalter der wachsenden Internationalisierung auch der Universitäten gehört ein Grundwissen über die kulturelle Vielfalt und Differenz der institutionalisierten Wissenschaft zweifellos zum verbindlichen Wissenskanon der Hochschulabsolventen aller Fächer und mithin zu einer Grundaufgabe fächerübergreifender Fremdheitsforschung und Fremdheitslehre in den Kulturwissenschaften.

4.3 Xenologie als Theorie und Geschichte der Gastlichkeit

Ein besonderes Desiderat der Xenologie als angewandter Kulturwissenschaft ist die Anthropologie und Geschichte der Gastlichkeit. Thematisiert wird dieses Problemfeld in der Regel weder in fremdheitswissenschaftlichen Beiträgen noch in benachbarten Überlegungen zur interkulturellen Hermeneutik noch in Analysen und Vorschlägen zum Einsatz wirtschaftlicher Führungskräfte. Der lat. Ausdruck *hospes* heißt im Deutschen **›Gast‹ und ›Fremder‹**; diese Doppelbedeutung ist im engl. *hospitality* und frz. *hospitalité* erhalten geblieben; die europäische Antike verehrte Zeus auch als Schützer der Fremden im Land und nannte ihn insofern *Zeus xenos*. Aus diesem Begriffsnetz entwickelte sich über die Jahrhunderte hinweg das moderne Gastrecht, das in Parallele zur Entwicklung der Menschenrechte zur Grundlage eines menschenrechtlichen Ausländer- und Aufenthaltsrechts wurde, von dem in der poetischen Literatur bereits Goethes *Iphigenie auf Tauris* handelt (vgl. Wierlacher 1983). Die Semantik des über die Jahrhunderte hinweg aus dem lat. Wort *hostis* in direkter Sprachentwicklung auf uns gekommene deutsche Wort ›Gast‹ liegt noch heutigen Begriffen wie ›Fremdenverkehr‹ zugrunde.

Diese sprach- und kulturgeschichtlichen Zusammenhänge sind den sozialwissenschaftlichen und sprachbezogenen Kulturwissenschaften in Deutschland gut bekannt; von den Fremdsprachenphilologien einschließlich der Fremdsprachengermanistik aber wurden Rolle und Funktion dieser Konzepte in Aufbau und Entwicklung der Kultur(en) bislang kaum ausgeschöpft. Eine Kulturwissenschaft der Gastlichkeit existiert allenfalls als Ausdruck volkskundlichen Interesses an Ritualen (vgl. Kammerhofer-Aggermann 1997). Als angewandte Wissenschaft sollte kulturwissenschaftliche Xenologie jedoch in der Lage sein, in Kooperation mit der Kommunikationsforschung und der Kulturwissenschaft des Essens (vgl. Wierlacher et al. 1993) die wissenschaftliche Befassung mit Theorie und Praxis der Gastlichkeit im Kontext der Internationalisierungsprozesse voranzutreiben und dabei zugleich an der Formulierung eines adäquaten Begriffs von Dienstleistung (Service) mitzuwirken, der auch den Kunden zu den Anderen und Fremden zählt. Anzuknüpfen wäre dabei sowohl an die Theorie der Gastlichkeit bei Levinas (vgl. Lesch 1988) als auch an die Beiträge in Montandon (1999, 2000) und an die sprachbezogenen Überlegungen von Hans-Dieter Bahr (1994).

4.4 Zur Xenologie als Wissenschaft vom epistemisch Fremden und vom Neuen

Ein für die Selbstbegründung wissenschaftlicher Arbeit in Forschung und Lehre zentrales Problemfeld kulturwissenschaftlicher Xenologie hat man mit der Doppelformel ›**Fremdheit und Initiative**‹ begrifflich zu erfassen gesucht (vgl. Jeggle 1972). Es geht um die kulturbildende und Initiativen provozierende Wirkkraft der Fremdheit, verstanden als Folge religiöser Weltdeutung (*Xenitheia*) bis hin zur deren Reduktion auf bloße Eroberungen oder als anthropologisch-epistemische Kategorie. Deren wissenschaftliche Erörterung weist zwei Facetten auf: Die eine behandelt die Frage nach der Produktivität Fremder im Kulturwandel (vgl. Bargatzky 1978), die auch Werner Sombart vor Augen hatte; die andere betrifft die **epistemischen Funktionen des Fremden** (vgl. Hogrebe 1993), die nicht zuletzt in der Kunst eine Rolle spielen und als Strategien etwa aus Brechts Verfremdungstheorie bekannt sind. Beide Fragebereiche überlappen sich und werden von dem Wissen genährt, daß Fremdheitserfahrungen unter besonderen herausfordernden Bedingungen überlebenswichtige Initiativkräfte entbinden können. Insofern kann man das Fremde in seiner Eigenschaft als aufgefaßtes Anderes auch als ein Ferment bezeichnen (vgl. Wierlacher 1985b), das Denk- und Handlungsanstöße gibt und Fremdheit im Fall gelingender Kommunikation in Vertrautheit verwandelt.

Die eingangs erwähnte Anthologie *Fremdgänge* (Wierlacher/Albrecht 1998) geht von eben dieser Bewertung des Fremden aus. Seit einigen Jahrzehnten ist auch in Europa die Auslandserfahrung im allgemeinen und ein Auslandsstudium im besonderen zwar zum viel verlangten und viel geförderten, aber auch überschätzten Ausbildungselement etwa studentischer Austauschprogramme der Europäischen Union geworden. Der Austausch leistet, wie die Erfahrung zeigt, vielfach nicht das, was er xenologisch gesehen leisten sollte, da er von den meisten Entsender-Disziplinen kaum als kulturelle Fremderfahrung angesehen wird. Eine Auslandserfahrung wird aber aus kulturwissenschaftlicher Sicht erst dann fruchtbar, wenn sie zum Erprobungsfeld des Ichs als Modus einer Entäußerung werden kann, die Goethe in seinem Gedicht *Selige Sehnsucht* als biblische Lebensregel des ›Stirb und werde‹ anempfohlen hat. **Menschen benötigen den Stachel des Fremden** (vgl. Waldenfels 1990), um nicht früher oder später zu erstarren. Er ist lebenswichtig, weil das Andere als das Fremde immer auch das Neue ist, in der Neuheit aber die **fermentive Kraft des Fremden** steckt, die uns zu irritieren und zu verängstigen und über diese irritierende Verängstigung zu verlebendigen und auf andere Gedanken, Ansichten und Überzeugungen zu bringen vermag. Dieses Neue ist auf der Zeitachse zugleich das Zukünftige; alle Angst vor der Zukunft besitzt Eigenschaften einer Xenophobie, die kulturelle Wandlungen auch dann erschwert, wenn diese unvermeidlich zu sein scheinen. So gesehen, steht das Verhältnis zwischen Eigenem und Fremdem zu Anfang des 21. Jahrhunderts auch deshalb neu zur Debatte, weil unsere Auffassung des Neuen und unser Verhältnis zur Zukunft angesichts der Weltlage neu zur Diskussion stehen. Die Xenologie wird dieser inhärenten Aufgabe, so steht zu hoffen, in Kooperation mit der Innovationsforschung künftig verstärkte Aufmerksamkeit schenken.

4.5 Zur Xenologie der Literatur

Wenn der vorliegende Beitrag erst jetzt und abschließend auf das für alle Fremdsprachenphilologien nach wie vor konstitutive Verständigungsmedium der poetischen Literatur zu sprechen kommt, dann deswegen, weil das literarische System als Teil der Medienkultur die Diskurse des Alltags, der Politik und der Wissenschaften prüfend und zugleich resümierend übergreift, mit den einzelnen Werken seit der europäischen Aufklärung sehr oft quer zu ihnen liegt (vgl. Kap. 4 »Literaturwissenschaft als Kulturwissenschaft« in diesem Band). Vor allem die deutsche Literatur kann geradezu als **Modus einer Fremdheitsforschung und Fremdheitslehre** begriffen werden kann (vgl. Wierlacher 1993b). Sie versteht es, ihren Lesern eine imaginative kulturelle Außenposition zur Kritik eigenkultureller Verhältnisse zu eröffnen und sowohl Wurzeln als auch Folgen des Fehlverhaltens durch Xenophobie und Rassismus, Migration und Exotismus vor Augen zu führen.

> In der Geschichte der deutschen Literatur läßt sich auf bequeme Weise der ganze Umkreis der Problematik des Fremden erkunden – und zwar nach Themenstellung, nach inhaltlichen und ästhetischen Kategorien und Verfahrensweisen, nach Aspekten der Rezeption, Produktion und teilweise sogar der Distribution. Nimmt man den Begriff der Literatur in einem weiteren Sinn, schließt Textsorten wie Reisebericht, Essay, Anekdote, Kalendergeschichte und subkulturelle Manifestationen mit ein, so zeigt sich hier das ganze kulturelle Spektrum möglicher Fremdheitswissenschaften. (Hinderer 1993, S. 208)

Die Literatur ist auch insofern ein besonders geeigneter Partner kulturwissenschaftlicher Xenologie, als es ihr gleichfalls darum geht, der durch die Kenntnis des Anderen begründeten **Selbstaufklärung des Menschen** zu dienen.

Da sich die tatsächlichen Leseprozesse aber empirisch kaum erfassen lassen, hat man vorgeschlagen, das Problem der Alterität von Lektüren, die sich aus den kulturellen Unterschieden ergeben, nicht von der Seite der empirischen Rezeptionsforschung, sondern von der des Textangebots her zu bearbeiten (vgl. Krusche 2000, 2001), zumal nur der betreffende Leser selber in Wahrung seiner personalen Identität den kulturkollektiven Anteil an der Textreflexion zu bestimmen vermöge. Dieser Vorschlag eröffnet einen neuen und besonderen Zugang zum Anderen und Fremden im Text. Der lesende Lerner und lernende Leser aller Kulturwissenschaften dürfte hinsichtlich seines Bedarfs an handlungsleitenden xenologischen Erkenntnissen möglicherweise aber insbesondere von Schriftstellern wie Goethe oder Brecht profitieren, die imstande sind, ihre Texte gelegentlich auch als Botschaften zu pointieren. Während Goethe etwa seiner Iphigenie das vorbildliche Versprechen in den Mund legt, den Anderen und Fremden in seinem Selbstwert »wie einen Gott« zu behandeln (*Iphigenie auf Tauris* V. 2162), zieht Brecht in seinem Flüchtlingsgedicht *Verhalten in der Fremde* (vgl. Wierlacher 2001b) aus dem epistemischen Zusammenhang von Fremdheit, Wachheit und Initiative eine Schlußfolgerung, der er die Form eines praxisleitenden Lebensrats und Lebenswunsches gab, dem sich der vorliegende Beitrag anschließt:

> Also: es möchte
> Allen vergönnt sein, sich so zu benehmen wie
> In der Fremde.

Literaturverzeichnis

Bibliographien, Grundlagenbeiträge und Standardwerke

Albrecht, Corinna: »Fremdheitsbegriffe der Wissenschaften. Bericht über das Bayreuther Symposium zur Begründung einer interdisziplinären Fremdheitsforschung vom 11.–13. Juli 1990.« In: *Jahrbuch Deutsch als Fremdsprache* 18 (1992), S. 544–546.

Albrecht, Corinna: »Jahresbibliographie kulturwissenschaftliche Xenologie.« In: *Jahrbuch Deutsch als Fremdsprache* 1994 ff.

Albrecht, Corinna et al.: »Auswahlbibliographie zur Grundlegung einer kulturwissenschaftlichen Fremdheitsforschung.« In: Wierlacher 1993a, S. 501–552.

Albrecht, Corinna/Wierlacher, Alois: »Zur Unverzichtbarkeit kulturwissenschaftlicher Xenologie als Programmteil Wissenschaftlicher Weiterbildung.« In: *Jahrbuch Deutsch als Fremdsprache* 22 (1996), S. 241–255 [erweiterte Fassung in: Wierlacher 2000, S. 291–302].

Albrecht, Corinna: »Fremdheitsforschung«. In: Alois Wierlacher/Andrea Bogner (Hgg.): *Handbuch interkulturelle Germanistik*. Stuttgart/Weimar: Metzler 2003, S. 541–547.

Bargatzky, Thomas: *Die Rolle des Fremden beim Kulturwandel*. Hamburg: Renner 1978.

Bollnow, Otto F.: »Das kritische Verstehen.« [1924]. In: ders.: *Studien zur Hermeneutik*. Bd. 1. Freiburg/München: Alber 1982, S. 73–102.

Duala-M'bedy, Munasu: *Xenologie. Die Wissenschaft vom Fremden und die Verdrängung der Humanität in der Anthropologie*. Freiburg/München: Alber 1977.

Gadamer, Hans-Georg: *Wahrheit und Methode. Grundzüge einer philosophischen Hermeneutik*. Tübingen: Mohr 1960.

Graumann, Carl F.: »Wahrnehmung und Beurteilung der anderen und der eigenen Person.« In: *Die Psychologie des 20. Jahrhunderts*. Bd. VIII. Zürich: Kindler 1979.

Grünfeld, Ernst: *Die Peripheren. Ein Kapitel Soziologie*. Amsterdam: Noord-Hollandsche Uitg. 1939.

Gudykunst, William B./Kim, Young Yun: *Communicating with Strangers. An approach to intercultural communication*. New York: Random House 1984.

Hettlage, Robert: »Der Fremde: Kulturmittler, Kulturbringer, Herausforderer von Kultur.« In: Wolfgang Lipp (Hg.): *Kulturtypen, Kulturcharaktere. Träger, Mittler und Stifter von Kultur*. Berlin: Reimer 1987, S. 25–44.

Jeggle, Utz: »Fremdheit und Initiative. Vorbemerkungen zu einer Variante des soziokulturellen Wandels.« In: *Zeitschrift für Volkskunde* 68 (1972), S. 42–60.

Krusche, Dietrich: »Die Kategorie der Fremde. Eine Problemskizze.« In: Alois Wierlacher (Hg.): *Fremdsprache Deutsch. Grundlagen und Verfahren der Germanistik als Fremdsprachenphilologie*. Bd. 1. München: Fink 1980, S. 46–56.

Landmann, Michael: »Das Fremde und die Entfremdung.« In: Heinz Horst Schrey (Hg.): *Entfremdung*. Darmstadt: Wissenschaftliche Buchgesellschaft 1975, S. 180–219.

Lesch, Walter: »Alterität und Gastlichkeit. Zur Philosophie von Emmanuel Lévinas.« In: Ottmar Fuchs (Hg.): *Die Fremden*. Düsseldorf: Patmos-Verlag 1988, S. 128–143.

Levinas, Emmanuel: *Die Spur des Anderen. Untersuchungen zur Phänomenologie und Sozialphilosophie*. Übersetzt, herausgegeben und eingeleitet von Wolfgang Nikolaus Krewani. Freiburg/München: Alber 1983 (orig.: *En découvrant l'existence avec Husserl et Heidegger*. Paris: J. Vrin 1949).

Nünning, Ansgar: »Xenologie.« In: ders. (Hg.): *Metzler Lexikon Literatur- und Kulturtheorie*. Stuttgart: Metzler 1998, S. 576 f.

Olt, Reinhard: »Was ist ›fremd‹ im Deutschen? Der Weg zum ›Deutschen Fremdwörterbuch von Schulz/Balser‹.« In: *Muttersprache* CCVII (1987), S. 298–322.

Plessner, Helmuth: »Mit anderen Augen.« In: ders.: *Gesammelte Schriften*. Hg. v. Günter Dux et al. Bd. 8. Frankfurt a. M.: Suhrkamp 1983, S. 88–104.

Scheiffele, Eberhard: »Affinität und Abhebung. Zum Problem der Voraussetzungen interkulturellen Verstehens.« In: Wierlacher 1985, S. 29–46.

Schütz, Alfred: »Grundzüge einer Theorie des Fremdverstehens.« [1932]. In: ders.: *Der sinnhafte Aufbau der sozialen Welt. Eine Einleitung in die verstehende Soziologie*. Frankfurt a. M.: Suhrkamp 1974, S. 137–197.

Simmel, Georg: »Exkurs über den Fremden.« In: ders.: *Soziologie. Untersuchungen über die Formen der Vergesellschaftung.* [1908]. *Gesammelte Werke.* Bd. 2. Berlin: Duncker und Humblot 1968, S. 509–512.

Spitzer, Leo: »Das Eigene und das Fremde. Über Philologie und Nationalismus.« In: *Die Wandlung* 1 (1945/46), S. 576–594.

Stagl, Justin: »Die Beschreibung des Fremden in der Wissenschaft.« In: Hans-Peter Duerr (Hg.): *Der Wissenschaftler und das Irrationale.* Bd. 1: *Beiträge aus Ethnologie und Anthropologie.* Frankfurt a. M.: Syndikat 1981, S. 273–295.

Stonequist, Everett V.: *The Marginal Man. A Study in Personality and Culture Conflict.* New York/Chicago: Russell & Russell 1965 [1937].

Theunissen, Michael: *Der Andere. Studien zur Sozialontologie der Gegenwart.* Berlin: De Gruyter 1965.

Waldenfels, Bernhard: *Der Stachel des Fremden.* Frankfurt a. M.: Suhrkamp 1990.

Waldenfels, Bernhard: *Topographie des Fremden. Studien zur Phänomenologie des Fremden.* Frankfurt a. M.: Suhrkamp 1997.

Weinrich, Harald: »Wie fern ist die Fremde? Von der Hermeneutik zur interkulturellen Fremdheitsforschung.« In: Krusche/Wierlacher 1990, S. 48–50.

Wierlacher, Alois (Hg.): *Kulturthema Fremdheit. Leitbegriffe und Problemfelder kulturwissenschaftlicher Fremdheitsforschung. Mit einer Forschungsbibliographie von Corinna Albrecht et al.* München: Iudicium-Verlag 1993 (= 1993a).

Wierlacher, Alois (Hg.): *Kulturthema Toleranz. Zur Grundlegung einer interdisziplinären und interkulturellen Toleranzforschung. Mit einer Forschungsbibliographie von Rainer Haarbusch.* München: Iudicium-Verlag 1996.

Wierlacher, Alois: »Kulturwissenschaftliche Xenologie. Ausgangslage, Leitbegriffe und Problemfelder.« In: ders. 1993a, S. 19–112 (= 1993b).

Wierlacher, Alois: »Interkulturalität. Zur Konzeptualisierung eines Leitbegriffes interkultureller Literaturwissenschaft.« In: Henk de Berg/Matthias Prangel (Hgg.): *Interpretation 2000. Positionen und Kontroversen. Festschrift zum 65. Geburtstag von Horst Steinmetz.* Heidelberg: Winter 1999, S. 155–181.

Wierlacher, Alois/Stötzel, Georg (Hgg.): *Blickwinkel. Kulturelle Optik und interkulturelle Gegenstandskonstitution.* München: Iudicium-Verlag 1996.

Wierlacher, Alois/Otto, Wolf Dieter (Hgg.): *Toleranztheorie in Deutschland 1949–1999. Eine anthologische Dokumentation.* Tübingen: Stauffenburg-Verlag 2002.

Wood, Margret M.: *The Stranger. A Study in Social Relationships.* New York/London: Columbia UP 1934.

Konzept-, Begriffs- und Wortforschung

Albrecht, Corinna: »Der Begriff *der, die, das Fremde.* Zum wissenschaftlichen Umgang mit dem Thema Fremde. Ein Beitrag zur Klärung einer Kategorie.« In: Yves Bizeul et al. (Hgg.): *Vom Umgang mit dem Fremden. Hintergrund – Definitionen – Vorschläge.* Weinheim/Basel: Beltz 1997, S. 80–93.

Albrecht, Corinna: »Fremdheit.« In: Alois Wierlacher/Andrea Bogner (Hgg.): *Handbuch interkulturelle Germanistik.* Stuttgart/Weimar: Metzler 2003 [im Druck].

Assmann, Aleida/Assmann, Jan: »Kultur und Konflikt. Aspekte einer Theorie des unkommunikativen Handelns.« In: Jan Assmann/Dietrich Harth (Hg.): *Kultur und Konflikt.* Frankfurt a. M.: Suhrkamp 1990, S. 11–48.

Bauer, Wolfgang: *China und die Fremden.* München: Beck 1980.

Bausinger, Hermann: »Kultur kontrastiv – Exotismus und interkulturelle Kommunikation.« In: Armin Wolff/Wolfgang Rug (Hgg.): *Vermittlung fremder Kultur. Theorie – Didaktik – Praxis.* Regensburg: AKDaF 1987, S. 1–16.

Bizeul, Yves: »Die französische Debatte um Alterität und Kultur.« In: ders. et al. (Hgg.): *Vom Umgang mit dem Fremden. Hintergrund – Definitionen – Vorschläge.* Weinheim/Basel: Beltz 1997, S. 94–111.

Duchhardt, Heinz (Hg.): *Der Exodus der Hugenotten. Die Aufhebung des Edikts von Nantes 1685 als europäisches Ereignis.* Köln/Wien: Böhlau 1985.

Duerr, Hans Peter: *Traumzeit. Über die Grenze zwischen Wildnis und Zivilisation.* Frankfurt a. M.: Syndikat 1978.

Eifler, Günter/Saame, Otto (Hgg.): *Das Fremde – Aneignung und Ausgrenzung. Eine interdisziplinäre Erörterung.* Wien: Passagen-Verlag 1991.

Fascher, Erich: »Fremder.« In: *Reallexikon für Antike und Christentum.* Bd. VIII. Stuttgart: Anton Hiersemann Verlag 1972, S. 306–347.

Fuchs, Ottmar (Hg.): *Die Fremden.* Düsseldorf: Patmos-Verlag 1988.

Greverus, Ina-Maria/Köstlin, Konrad/Schilling, Heinz (Hgg.): *Kulturkontakt, Kulturkonflikt. Zur Erfahrung des Fremden.* 26. deutscher Volkskundekongress in Frankfurt vom 28. 9. bis 2.10.1987. 2 Bde. Frankfurt a. M.: Institut für Kulturanthropologie und Europäische Ethnologie der Universität Frankfurt 1988.

Hermanns, Fritz: »›Fremdheit‹. Zur Semantik eines vielfach polysemen Wortes.« In: Ernest W.B. Hess-Lüttich/Christoph Siegrist/Stefan Bodo Würffel (Hgg.): *Fremdverstehen in Sprache, Literatur und Medien.* Frankfurt a. M.: Lang 1996, S. 37–56.

Hogrebe, Wolfram: »Die epistemische Bedeutung des Fremden.« In: Wierlacher 1993a, S. 355–369.

Huntemann, Willi/Rühling, Lutz: »Einleitung: Fremdheit als Problem und Programm.« In: diess. (Hgg.): *Fremdheit als Problem und Programm. Die literarische Übersetzung zwischen Tradition und Moderne.* Berlin: Schmidt 1997, S. 1–25.

Jostes, Brigitte: »Was heißt hier fremd? Eine kleine semantische Studie.« In: Dirk Naguschewski/ Jürgen Trabant (Hgg.): *Was heißt hier ›fremd‹. Studien zu Sprache und Fremdheit.* Berlin: Akademie-Verlag 1997, S. 11–76.

Jostes, Brigitte/Trabant, Jürgen (Hgg.): *Fremdes in fremden Sprachen.* München: Fink 2001.

Koselleck, Reinhart: *Vergangene Zukunft. Zur Semantik geschichtlicher Zeiten.* Frankfurt a. M.: Suhrkamp 1984.

Kramer, Fritz: *Verkehrte Welten. Zur imaginären Ethnographie des 19. Jahrhunderts.* Frankfurt a. M.: Syndikat 1977.

Kristeva, Julia: *Etrangers à nous-mêmes.* Paris: Fayard 1988 (dt.: *Fremde sind wir uns selbst.* Frankfurt a. M. : Suhrkamp 1990).

Krusche, Dietrich: *Japan, konkrete Fremde. Dialog mit einer fernen Kultur.* Stuttgart: Hirzel 1983.

Krusche, Dietrich: *Literatur und Fremde. Zur Hermeneutik kulturräumlicher Distanz.* München: Iudicium-Verlag 1985.

Krusche, Dietrich/Wierlacher, Alois (Hgg.): *Hermeneutik der Fremde.* München: Iudicium-Verlag 1990.

Leiris, Michel. *Die eigene und die fremde Kultur.* Hans-Jürgen Heinrichs (Hg.). Frankfurt a. M.: Syndikat 1977.

Lenz, Bernd/Lüsebrink, Hans-Jürgen (Hgg.): *Fremdheitserfahrung und Fremdheitsdarstellung in okzidentalen Kulturen.* Passau: Wissenschafts-Verlag Rothe 1999.

Lindner, Rolf: »Kulturelle Randseiter. Vom Fremdsein und Fremdwerden.« In: Christian Giordano (Hg.): *Kultur anthropologisch. Eine Festschrift für Ina-Maria Greverus.* Frankfurt a. M.: Institut für Kulturanthropologie und Europäische Ethnologie der Universität Frankfurt 1989, S. 15–28.

Link-Heer, Ursula: »Barbarus hic ego sum. Figuren des Anderen bei Rousseau.« In: Christoph Jamme (Hg.): *Grundlinien der Vernunftkritik.* Frankfurt a. M.: Suhrkamp 1997, S. 33–54.

Loiskandl, Helmut: *Edle Wilde, Heiden und Barbaren. Fremdheit als Bewertungskriterium zwischen Kulturen.* Mödling bei Wien: Missionsdruckerei St. Gabriel 1966.

Mecklenburg, Norbert: »Über kulturelle und poetische Alterität. Kultur- und literaturtheoretische Grundprobleme einer interkulturellen Germanistik.« In: Alois Wierlacher (Hg.): *Perspektiven und Verfahren interkultureller Germanistik.* München: Iudicium-Verlag 1987, S. 563–584.

Münkler, Herfried/Ladwig, Bernd (Hgg.): *Furcht und Faszination. Facetten der Fremdheit.* Berlin: Akademie-Verlag 1997.

Münkler, Herfried/Meßlinger, Karin/Ludwig, Bernd (Hgg.): *Die Herausforderung durch das Fremde.* Berlin: Akademie-Verlag 1998.

Naguschewski, Dirk/Trabant, Jürgen (Hgg.): *Was heißt hier »fremd«? Studien zu Sprache und Fremdheit.* Berlin: Akademie-Verlag 1997.

Nakamura, Yoshiro: *Xenosophie. Bausteine für eine Theorie der Fremdheit.* Darmstadt: Wissenschaftliche Buchgesellschaft 2000.

Nitschke, August: »Das Fremde und das Eigene.« In: *Funkkolleg Geschichte.* Studienbegleitbrief 4. Weinheim/Basel: Beltz 1979, S. 45–76.

Ohle, Karlheinz: *Das Ich und das Andere. Grundzüge einer Soziologie des Fremden.* Stuttgart: Fischer 1978.

Redder, Angelika: »Fremdheit des Deutschen. Zum Sprachbegriff bei Elias Canetti und Peter Weiss.« In: *Jahrbuch Deutsch als Fremdsprache* 17 (1991), S. 34–54.

Rothbucher, Heinz/Wurst, Franz (Hgg.): *Wir und das Fremde. Faszination und Bedrohung.* Salzburg: Selbstverlag der Internationalen Pädagogischen Werktagung 1989.

Schäffter, Ortfried (Hg.): *Das Fremde. Erfahrungsmöglichkeiten zwischen Faszination und Bedrohung.* Opladen: Westdeutscher Verlag 1991.

Stählin, Gustav: »Xenos.« In: Gerhard Friedrich (Hg.): *Theologisches Wörterbuch zum Neuen Testament.* Bd. 5. Stuttgart: Kohlhammer 1954, S. 1–36.

Stagl, Justin: »Grade der Fremdheit.« In: Herfried Münkler/Bernd Ladwig (Hgg.): *Furcht und Faszination. Facetten der Fremdheit.* Berlin: Akademie-Verlag 1997, S. 85–114.

Stichweh, Rudolf: »Der Fremde – Zur Evolution der Weltgesellschaft.« In: *Rechtshistorisches Journal* 11 (1992), S. 295–316.

Sturm, Hermann (Hg.): *Das Fremde. Ästhetische Erfahrung beim Graben, Reisen, Messen, Sterben.* Aachen: Rader 1985.

Sundermeier, Theo: »Erwägungen zu einer Hermeneutik interkulturellen Verstehens.« In: ders. (Hg.): *Die Begegnung mit dem Anderen.* Gütersloh: Gütersloher Verlags-Haus Mohn 1991, S. 13–28.

Sundermeier, Theo (Hg.): *Den Fremden wahrnehmen. Bausteine für eine Xenologie.* Gütersloh: Gütersloher Verlags-Haus Mohn 1992.

Trabant, Jürgen: »Fremdheit der Sprache.« In: Dirk Naguscheski/Jürgen Trabant (Hgg.): *Was heißt hier ›fremd‹. Studien zu Sprache und Fremdheit.* Berlin: Akademie-Verlag 1997, S. 93–114.

Turk, Horst: »Alienität und Alterität als Schlüsselbegriffe einer Kultursemantik. Zum Fremdheitsbegriff der Übersetzungsforschung.« In: Wierlacher 1993a, S. 173–197.

Wierlacher, Alois: »Mit fremden Augen oder: Fremdheit als Ferment. Überlegungen zur Begründung einer interkulturellen Hermeneutik deutscher Literatur.« In: ders. 1985b, S. 3–28.

Wimmer, Michael: »Fremde.« In: Christoph Wulf (Hg.): *Vom Menschen. Handbuch Historische Anthropologie.* Weinheim/Basel: Beltz 1997, S. 1066–1078.

Disziplin- und berufsfeldspezifische Beiträge

Albrecht, Corinna: »Fremdheit und Freiheit oder: Die Schule der Frauen. Xenologische Perspektiven der Flüchtlingsforschung.« In: Wierlacher 1993a, S. 283–296.

Bahr, Hans-Dieter: *Die Sprache des Gastes. Eine Metaethik.* Leipzig: Reclam 1994.

Behrendt, Richard: »Menschheitsbildung als Aufgabe internationaler kultureller Beziehungen heute und morgen.« In: *Zeitschrift für Kulturaustausch* 1 (1970), S. 47–53.

Bade, Klaus J. (Hg.): *Deutsche im Ausland – Fremde in Deutschland. Migration in Geschichte und Gegenwart.* München: Beck 1992.

Bargatzky, Thomas: »Die Ethnologie und der Begriff der kulturellen Fremde.« In: Wierlacher 1993a, S. 219–234.

Benner, Dietrich: »›Der Andere‹ und ›das Andere‹ als Problem und Aufgabe von Erziehung und Bildung.« In: *Zeitschrift für Pädagogik* 45 (1999), S. 315–329.

Briegel, Manfred/Frühwald, Wolfgang (Hgg.): *Die Erfahrung der Fremde. Kolloquium des Schwerpunktprogramms ›Exilforschung‹ der Deutschen Forschungsgemeinschaft. Forschungsbericht.* Weinheim et al.: VCH 1988.

Ehlich, Konrad: »Xenismen und die bleibende Fremdheit des Fremdsprachensprechers.« In: Ernest W.B. Hess-Lüttich (Hg.): *Integration und Identität. Soziokulturelle und psychopädagogische Probleme im Sprachunterricht mit Ausländern.* Tübingen: Narr 1986, S. 43–54.

Guthke, Karl S.: *Der Blick in die Fremde. Das Ich und das andere in der Literatur.* Tübingen/ Basel: Francke 2000.

Hamburger, Franz: »Von der Ausländerpädagogik zur interkulturellen Erziehung. Probleme der Pädagogik im Umgang mit den Fremden.« In: Günter Eifler/Otto Saame (Hgg.): *Das Fremde – Aneignung und Ausgrenzung. Eine interdisziplinäre Erörterung.* Wien: Passagen-Verlag 1991, S. 35–58.

Horn, Peter: »Fremdheitskonstruktionen weißer Kolonisten.« In: Alois Wierlacher (Hg.): *Perspektiven und Verfahren interkultureller Germanistik.* München: Iudicium-Verlag 1987, S. 405–418.

Huntemann, Willi/Rühling, Lutz (Hgg.): *Fremdheit als Problem und Programm. Die literarische Übersetzung zwischen Tradition und Moderne.* Berlin 1997.

Jauß, Hans Robert: *Alterität und Modernität der mittelalterlichen Literatur. Gesammelte Aufsätze 1956–1976.* München: Fink 1977.

Karg, Hans Hartmut: »Erziehung und Fremdheit.« In: *Pädagogische Welt* 43 (1989), S. 571–574.

Kogge, Werner: *Verstehen und Fremdheit in der philosophischen Hermeneutik.* Hildesheim: Olms 2001.

Kohl, Karl-Heinz: *Ethnologie – die Wissenschaft vom kulturell Fremden.* München: Beck 1993.

Krusche, Dietrich: »Das Eigene als Fremdes. Zur Sprach- und Literaturdidaktik im Fache Deutsch als Fremdsprache.« In: *Neue Sammlung* 23 (1983), S. 27–41 (= 1983b).

Krusche, Dietrich: »Nirgendwo und anderswo. Zur utopischen Funktion des Motivs der außereuropäischen Fremde in der Literaturgeschichte.« In: Krusche/Wierlacher 1990, S. 143–174.

Kühnel, Harry: »Das Fremde und das Eigene (Mittelalter).« In: Peter Dinzelbacher (Hg.): *Europäische Mentalitätsgeschichte. Hauptthemen in Einzeldarstellungen.* Stuttgart: Kröner 1993, S. 400–450.

Loycke, Almut (Hg.): *Der Gast, der bleibt. Dimensionen von Georg Simmels Analyse des Fremdseins.* Frankfurt a. M.: Campus-Verlag 1992.

Thomas, Alexander: »Fremdheitskonzepte in der Psychologie als Grundlage der Austauschforschung und der interkulturellen Managerausbildung.« In: Wierlacher 1993a, S. 257–281.

Weinrich, Harald: »Fremdsprachen als fremde Sprachen.« [1985]. In: Wierlacher 1993a, S. 129–151.

Wierlacher, Alois: »Literaturforschung als Fremdheitsforschung.« In: *Jahrbuch Deutsch als Fremdsprache* 11 (1985), S. 83–202.

Wierlacher, Alois: »Mit fremden Augen oder: Fremdheit als Ferment. Überlegungen zur Begründung einer interkulturellen Hermeneutik deutscher Literatur.« In: ders. 1985a, S. 3–28 (= 1985b).

Wierlacher, Alois: »Toleranzforschung. Zur Forschungsplanung interkultureller Germanistik.« In: *Jahrbuch Deutsch als Fremdsprache* 18 (1992), S. 3–29.

Witte, Barthold C.: »Fremdheitswissen als Basis auswärtiger Kulturpolitik.« In: Wierlacher 1993a, S. 451–461.

Disziplinäre und interdisziplinäre Fremdheitslehre

Albrecht, Corinna/Wierlacher, Alois: »Benötigt wird profundes Fremdheitswissen. Über die Unverzichtbarkeit kulturwissenschaftlicher Fremdheitslehre als Programmteil wissenschaftlicher Weiterbildung.« In: Wierlacher 2000, S. 291–302.

Bredella, Lothar et al. (Hgg.): *Wie ist Fremdverstehen lehr- und lernbar?* Tübingen: Narr 2000.

Krusche, Dietrich: »Anerkennung der Fremde. Thesen zur Konzeption regionaler Unterrichtswerke.« In: *Jahrbuch Deutsch als Fremdsprache* 9 (1983), S. 248–258 (= 1983a).

Otto, Wolf Dieter: *Wissenschaftskultur und Fremde. Auswärtige Kulturarbeit als Beitrag zur interkulturellen Bildung. Auch eine pädagogische Reflexion asiatischer Lehrjahre in Korea.* München: Iudicium-Verlag 1995.

Sundermeier, Theo: *Den Fremden verstehen. Eine praktische Hermeneutik.* Göttingen: Vandenhoeck & Ruprecht 1996.

Wierlacher, Alois: »Toleranzkultur. Zu einer Grundaufgabe internationaler Kulturarbeit in der modernen Zivilgesellschaft.« In: *Jahrbuch Deutsch als Fremdsprache* 20 (1994), S. 101–266.

Wierlacher, Alois: »Der Maßstab des Verhaltens: Bert Brechts Verhalten in der Fremde.« In: Klaus H. Kiefer/Armin Schäfer/Hans-Walter Schmidt-Hanissa (Hgg.): *Das Gedichtete be-*

hauptet sein Recht. Festschrift für Walter Gebhard zum 65. Geburtstag. Frankfurt a. M. et al.: Lang 2001, S. 215–224 (= 2001b).

Wierlacher, Alois/Albrecht, Corinna: *Fremdgänge.* Bonn: Inter Nationes 1998 [1995].

Xenologische Erweiterungen der Sprach-, Literatur- und Übersetzungswissenschaft

Bachmann-Medick, Doris (Hg.): *Übersetzung als Repräsentation fremder Kulturen.* Berlin: Schmidt 1997.

Bogner, Andrea: »Fremdsprachenerwerbsforschung zwischen Kultur- und Naturwissenschaft. Vorüberlegungen zur Identifikation interdisziplinärer Schnittstellen als Ausgangspunkte einer linguistisch und neurowissenschaftlich orientierten Fremdsprachenerwerbstheorie im Rahmen interkultureller Germanistik.« In: *Jahrbuch Deutsch als Fremdsprache* 25 (1999), S. 29–49.

Bogner, Andrea: »Stimmen hören. Das Phänomen der Stimme in der interkulturellen Kommunikation.« In: Wierlacher 2000, S. 209–217.

Bogner, Andrea: »Stimme.« In: Alois Wierlacher/Andrea Bogner (Hgg.): *Handbuch interkulturelle Germanistik.* Stuttgart/Weimar: Metzler 2003 [im Druck].

Caduff, Corina (Hg.): *Figuren des Fremden in der Schweizer Literatur.* Zürich: Limmat 1997.

Harth, Dietrich (Hg.): *Fiktion des Fremden. Erkundung kultureller Grenzen in Literatur und Publizistik.* Frankfurt a. M.: Fischer 1994.

Hinderer, Walter: »Das Phantom des Herrn Kannitverstan. Methodische Überlegungen zu einer interkulturellen Literaturwissenschaft als Fremdheitswissenschaft.« In: Wierlacher 1993a, S. 199–217.

Lönker, Fred (Hg.): *Die literarische Übersetzung als Medium der Fremderfahrung.* Berlin: Schmidt 1992.

Wang, Zhiqiang: *Fremdheitsprofile deutscher China-Reiseführer.* Frankfurt a. M.: Lang 2000.

Wierlacher, Alois (Hg.): *Das Fremde und das Eigene. Prolegomena zu einer interkulturellen Germanistik.* München: Iudicium-Verlag 1985 (= 1985a).

Wierlacher, Alois (Hg.): *Kulturthema Fremdheit. Leitbegriffe und Problemfelder kulturwissenschaftlicher Fremdheitsforschung. Mit einer Forschungsbibliographie von Corinna Albrecht et al.* München: Iudicium-Verlag 1993 (= 1993a).

Wierlacher, Alois (Hg.): *Kulturthema Kommunikation. Konzepte, Inhalt, Funktionen.* Möhnesee: Résidence-Verlag 2000.

Wierlacher, Alois: *Architektur interkultureller Germanistik.* München: Iudicium-Verlag 2001 (= 2001a).

Weiterführende Literatur

Blumenberg, Hans: *Wirklichkeiten, in denen wir leben. Aufsätze und eine Rede.* Stuttgart: Reclam 1981.

Borst, Arno: *Der Turmbau von Babel. Geschichte der Meinungen über Ursprung und Vielfalt der Sprachen und Völker.* 4 Bände. Stuttgart: Hiersemann 1957–1963.

Chladenius, Johann Martin: *Allgemeine Geschichtswissenschaft.* Wien/Köln/Graz: Böhlau 1985.

Conze, Werner: »Sicherheit, Schutz.« In: Otto Brunner/Werner Conze/Reinhart Koselleck (Hgg.): *Geschichtliche Grundbegriffe. Historisches Lexikon zur politisch-sozialen Sprache in Deutschland.* Bd. 5. Stuttgart: Klett-Cotta 1988, S. 831–862.

Eagleton, Terry: *Exiles and Emigrés. Studies in Modern Literature.* London: Chatto & Windus 1970.

Fohrmann, Jürgen: »Diskurs.« In: Klaus Weimar (Hg.): *Reallexikon der deutschen Literaturwissenschaft.* Bd. 1. Berlin/New York: de Gruyter 1997, S. 369–372.

Goethe, Johann Wolfgang von: *Briefe.* Hamburger Ausgabe II. Hg. V. Karl Robert Mandelkow. München: Beck 1988.

Härtling, Peter: *Der Wanderer.* Darmstadt: Luchterhand-Literaturverlag 1988.

Holenstein, Elmar: *Menschliches Selbstverständnis.* Frankfurt a. M.: Suhrkamp 1985.

Jäger, Georg/Schönert, Jörg (Hgg.): *Wissenschaft und Berufspraxis. Angewandtes Wissen und praxisorientierte Studiengänge in den Sprach-, Literatur-, Kultur- und Medienwissenschaften.* Paderborn et al.: Schöningh 1997.

Jaspers, Karl: *Philosophie*. Berlin et al.: Springer 1948 [1931].
Kammerhofer-Aggermann, Ulrike (Hg.): »*Herzlich Willkommen! Rituale der Gastlichkeit*. Salzburg: Salzburger Landesinstitut für Volkskunde 1997.
Krusche, Dietrich: »Lese-Differenz. Der andere Leser im Text.« In: *Jahrbuch Deutsch als Fremdsprache* 26 (2000), S. 87–104.
Krusche, Dietrich: *Zeigen im Text. Anschauliche Orientierung in literarischen Modellen von Welt*. Würzburg: Königshausen & Neumann 2001.
Lämmert, Eberhard: »Die aktuelle Situation der Hochschulen in der Bundesrepublik Deutschland.« In: *Deutschlandforschung. Koreanische Zeitschrift für Deutsche Sprache und Kultur* 1 (1992), S. 104–119.
Lepenies, Wolf: *Benimm und Erkenntnis. Über die notwendige Rückkehr der Werte in die Wissenschaften*. Frankfurt a. M.: Suhrkamp 1997.
Lessing, Gotthold Ephraim: *Ernst und Falk*. In: ders.: *Werke*. Hg. v. Julius Petersen/Waldemar Ohlshausen. Bd. 4. Leipzig: Tempel-Verlag 1929.
Link, Jürgen: *Versuch über den Normalismus. Wie Normalität produziert wird*. Opladen: Westdeutscher Verlag 1997.
Montandon, Alain (Hg.): *Mythes et représentations de l'hospitalité*. Clermont-Ferrand: Presses Universitaires Blaise Pascale 1999.
Montandon, Alain (Hg.): *Espaces domestiques et privés de l'hospitalité*. Clermont-Ferrand: Presses Universitaires Blaise Pascale 2000.
Muschg, Adolf: *Die Erfahrung von Fremdsein*. München: Hueber 1987.
Neumann, Gerhard/Wierlacher, Alois/Wild, Rainer (Hgg.): *Essen und Lebensqualität. Natur- und kulturwissenschaftliche Perspektiven*. Frankfurt/New York: Campus Verlag 2001.
Steinmetz, Horst: »Aneignung. Eine brauchbare Kategorie für den Umgang mit literarischer Fremdheit?« In: Wierlacher/Stötzel 1996, S. 443–451.
Teuteberg, Hans Jürgen/Neumann, Gerhard/Wierlacher, Alois (Hgg.): *Essen und kulturelle Identität. Europäische Perspektiven*. Berlin: Akademie Verlag 1997.
Veit, Walter: »Überlegungen zur Hermeneutik der Germanistik in Australien. Aspekte eines Paradigmas interkultureller Literaturwissenschaft.« In: Wierlacher 1985a, S. 314–326.
Vermeer, Hans J.: »Sprache und Kulturanthropologie. Ein Plädoyer für interdisziplinäre Zusammenarbeit in der Fremdsprachendidaktik.« In: *Jahrbuch Deutsch als Fremdsprache* 4 (1978), S. 1–22.
Wierlacher, Alois: »Ent-fremdete Fremde. Goethes ›Iphigenie auf Tauris‹ als Drama des Völkerrechts.« In: *Zeitschrift für deutsche Philologie* 102 (1983), S. 161–180.
Wierlacher, Alois/Neumann, Gerhard/Teuteberg, Hans Jürgen (Hgg.): *Kulturthema Essen. Ansichten und Problemfelder*. Berlin: Akademie Verlag 1993.
Wierlacher, Alois/Wiedenmann, Ursula: »Blickwinkel der Interkulturalität.« In: Wierlacher/Stötzel 1996, S. 23–64.

Alois Wierlacher/Corinna Albrecht

14. Kulturraumstudien und Interkulturelle Kommunikation

1. Abgrenzungen und Konvergenzen

Kulturraumstudien und Interkulturelle Kommunikation stellen zwei unterschiedliche, aber zugleich miteinander verknüpfte Zugänge zum Verstehen kultureller und interkultureller Prozesse dar. **Kulturraumstudien** basieren auf einer ›**räumlichen Verankerung**‹ kultureller Einheiten (wie ›Regionalkultur‹, ›Nation‹, ›Islamische Welt‹ etc.), die häufig, wenn auch nicht durchgängig, der Analyse interkultureller Kommunikation zugrunde liegt. Der Begriff ›**Interkulturelle Kommunikation**‹ und die hiermit verbundenen Forschungsansätze zielen hingegen auf die **kommunikative** ›**Beziehung**‹ zwischen Angehörigen unterschiedlicher Kulturen. Das Kulturraumkonzept spielt jedoch in der Interkulturellen Kommunikation, in der lebensweltlichen Praxis ebenso wie in der wissenschaftlichen Analyse, vor allem dann eine zentrale Rolle, wenn die kommunikativen Beziehungen zwischen Angehörigen unterschiedlicher Nationen (wie ›Deutsche‹ und ›Franzosen‹) oder unterschiedlicher supranationaler kultureller Räume (wie ›Asiaten‹ und ›Europäer‹) in den Blick gerückt werden. So liegt etwa den Untersuchungen von Geert Hofstede, einem der einflußreichsten Forschungsansätze in der Interkulturellen Kommunikation, die Vorstellung signifikant distinktiver und relativ homogener nationaler Kulturen bzw. Kulturräume zugrunde. Hofstede versteht, ebenso wie Marshall R. Singer (1998), Kultur als kollektive Programmierung des Individuums (»collective programming of the mind«) und vergleicht sie mit einer Art »mentaler Software« (»software of the mind«, Hofstede 1994, S. 4 f.), wobei er neben der nationalen Ebene soziokultureller Prägung die regionale Ebene, die Ebene des Geschlechts, der sozialen Klasse und der Organisation unterscheidet. Die nationalkulturelle Ebene erweist sich jedoch aus seiner Sicht aufgrund der Sozialisationsinstanzen Schule, Massenmedien und Öffentlichkeit sowie – vor allem in der Vergangenheit – des Militärs als prägende soziokulturelle Ebene (vgl. Kap. 2 »Kulturbegriffe und Kulturtheorien« in diesem Band).

Eine ebenso aktuelle wie kontroverse Ausformung des Kulturraumkonzepts stellt Samuel P. Huntingtons *The Clash of Civilizations and the Remaking of World Order* (1997) dar. Huntingtons Ansatz liegt eine kulturanthropologisch und religiös geprägte Konzeption von Kulturräumen zugrunde, die er als *Civilizations* bezeichnet. Im Anschluß an die Kulturraumkonzeption des französischen Historikers Fernand Braudel definiert Huntington »**Zivilisationen**« **als** »**kulturelle Einheiten**« (»cultural entity«), die in einem begrenzten Raum angesiedelt sind und sich durch eine »Anzahl kultureller Eigenheiten und Phänomene« auszeichnen, zu denen Werte, Normen, Institutionen sowie über Generationen hinweg tradierte Denk- und Verhaltensweisen gehören (Huntington 1997, S. 41).

Ausgehend von dem Postulat einer Renaissance und Radikalisierung fundamentalistischer Bewegungen in der arabischen Welt diagnostiziert Huntington eine Zuspitzung interkultureller Konflikte vor allem zwischen den großen Zivilisationen des Globus und insbesondere zwischen der zunehmend laizisierten westlichen und der in wachsendem Maße von religiösen Werten geprägten arabisch-islamischen Welt. An die Stelle der gleichermaßen kulturell wie politisch und wirtschaftlich geprägten Kluft während des Zeitalters des Imperialismus (1880–1945) zwischen den westlichen Kolonialmächten und der außereuropäischen, kolonisierten oder dependenten Welt und der politisch geprägten Kluft der Nachkriegszeit zwischen ›westlichen Staaten‹ und dem kommunistischen Ostblock (1945–89) sei seit dem Ende der 1980er Jahre ein wachsender, kulturell geprägter Widerspruch zwischen den großen zivilisatorischen Kulturräumen der Erde getreten (Westen, Lateinamerika, subsaharisches Afrika, Islamische Welt, China, Hinduistische Welt, Slawisch-orthodoxer Raum, Buddhistischer Kulturraum, Japan).

2. Kulturraumstudien

2.1 Konzeption und Geschichte

Die Konzeption der Kulturraumstudien zielt auf die umfassende Vermittlung von Wissen über die **wirtschaftlichen, sozialen, politischen und kulturellen Gegebenheiten eines Kulturraums** und bildet einen der zentralen Ansätze zur Neuorientierung der fremdsprachlich ausgerichteten Kulturwissenschaften – insbesondere der traditionellen Fremdsprachenphilologien – in den letzten Jahrzehnten. Studiengänge und -zentren mit kulturraumbezogener Ausrichtung sind in Europa vor allem seit den 1980er Jahren, zum Teil jedoch auch früher (wie das Lateinamerika-Institut in Berlin) entstanden. Als paradigmatische Beispiele für diese Entwicklung wären die seit 1989 in Deutschland an verschiedenen Standorten (Freiburg/Br., Berlin, Leipzig, Saarbrücken) entstandenen Frankreichzentren; das Großbritannienzentrum und das Zentrum Moderner Orient an der FU Berlin; das Zentrum für Niederlande-Studien an der Universität Münster; die vom DAAD seit dem Beginn der 1990er Jahren co-finanzierten Deutschlandzentren, zum Teil mit zusätzlicher Europa-Ausrichtung, die in den USA, Kanada, Japan, Großbritannien und Frankreich geschaffen wurden; und schließlich die Verankerung des ›Kulturraum‹-Konzepts in spezifischen Studiengängen, als Aufbaustudiengang (wie am Frankreichzentrum der Universität Freiburg/Br.) oder als grundständiger Studiengang, wie der Diplomstudiengang »Sprachen, Wirtschafts- und Kulturraumstudien« an der Universität Passau (seit 1989, mit Schwerpunkt anglophoner, frankophoner, germanophoner, hispanophoner, südostasiatischer oder slawischer Kulturraum) zu nennen, denen im englischsprachigen Raum Studiengänge wie *German Studies*, *British Cultural Studies* und *French Cultural Studies* entsprechen.

Die **Konzeption der *Area Studies*** ist in den USA in den 1940er Jahren aus politischen Motivationen heraus entstanden und erfuhr in der Epoche des ›Kalten Krieges‹ nach dem Zweiten Weltkrieg eine erhebliche Ausweitung. Obwohl einzelne *Area Studies*-Programme wie die Ostasienstudien an den Universitäten Yale und Columbia bereits kurz nach der Jahrhundertwende entstanden, das mit Unterstützung der Rockefeller Foundation geschaffene Institute for the Study of the Middle East and South Asia an der Universität Chicago bereits 1923 gegründet wurde und Mitte der 1930er Jahre die *Area Studies*-Programme für Orient- und Lateinamerika-Studien an den Universitäten von Michigan und Kalifornien (Berkeley und Los Angeles) eingerichtet wurden, ist die eigentliche Gründungs- und erste Expansionsphase der *Area Studies* unmittelbar mit dem Zweiten Weltkrieg und dem Beginn des ›Kalten Krieges‹ verknüpft. Die erste wissenschaftliche Vereinigung für *Area Studies* in den USA, die Far Eastern Association, wurde 1943 gegründet, die American Association for the Advancement of Slavic Studies (AAASS) 1948, dem Jahr des eigentlichen Beginns des Kalten Krieges, und die African Studies Association (ASA) 1957, im Kontext der Dekolonisierung und der neuen politischen, wirtschaftlichen und strategischen Bedeutung der afrikanischen Staaten für die USA (vgl. Palat 2000, S. 100). Die Gründung von *Area Studies*-Zentren und -Programmen wurde von großen US-amerikanischen Stiftungen finanziell unterstützt, wie der Carnegie-Foundation Ende der 1940er Jahre und der Ford-Foundation, die zwischen 1953 und 1966 die wichtigste Förderinstitution für Kulturraumstudien in den USA darstellte.

Die grundlegende Zielsetzung der *Area Studies* bestand darin, Kultur und Mentalitäten und damit die Wertvorstellungen und Reaktionsmuster der mit den USA konkurrierenden oder ihnen feindlich gegenüber stehenden Mächte zu erforschen und Spezialisten für die entsprechenden Praxisbereiche auszubilden, denen neben sprachlicher auch umfassende und differenzierte landeskundliche und interkulturelle Kompetenzen vermittelt werden sollten. Der Artikel 602 des US-amerikanischen *National Defense Education Act* von 1958 definierte entsprechend *Area Studies* als »increased or improved instruction in modern languages, and the other fields needed to provide a full understanding of the areas, regions, or countries in which such languages are communely used« (Petrov/Brosseau 1980, S. 1). 1946 existierten an US-amerikanischen Universitäten bereits 16 integrierte *Area Studies*-Programme, mit den Schwerpunkten Lateinamerika (6), Asien (4), Europa (3) und Rußland (3) (vgl. Bennett 1951, S. 10–11), 29 im Jahr 1951 und 139 im Jahr 1962, wobei insbesondere die Zahl der Afrika-bezogenen Programme Ende der 1950er Jahre sprunghaft zunahm und sich zwischen 1959 und 1962 verdoppelte (vgl. *Language and Area Studies Programs* 1962, S. XII–XIII).

Die *Area Studies* erlebten durch den Prozeß der intensivierten **ökonomischen und kulturellen Globalisierung** seit den ausgehenden 1980er Jahren vor allem in Europa, aber auch in Nordamerika und Asien, eine zweite Phase der Konjunktur und der Expansion, die durch den europäischen Einigungsprozeß und die Öffnung der Staaten des ehemaligen kommunistischen Blocks einen zusätzlichen Schub erhielt. Dieser wurde im universitären Bereich durch Reformbestrebungen, die auf eine stärkere Professionalisierung der Fächer zielten – vor allem in den Philologien und allgemein den Geisteswissenschaften –, begünstigt. Im Vordergrund standen bei der Einrichtung kulturraumbezogener Studiengänge und Forschungsinstitute häufig eng praxisbezogene Zielsetzungen, die auf die

Vermittlung von Wissen und effizienten Handlungskompetenzen im wirtschaftlichen, politischen und kulturellen Kontakt mit anderen Kulturräumen ausgerichtet waren und darauf abzielten, durch eine praxisnähere und interdisziplinäre Ausbildung die Berufschancen der Absolventen/innen zu erhöhen.

2.2 Area Studies und Landeskunde

Das amerikanische Konzept der *Area Studies* erscheint in mehrfacher Hinsicht mit der **Konzeption der ›Landeskunde‹** in Deutschland, der *Civilisation* in Frankreich sowie Konzepten wie *German Studies* oder *French Studies* in den USA verknüpft. Die Landeskunde als Bestandteil des Fremdsprachenunterrichts und der Fremdsprachenphilologien – auch ›Realienkunde‹ oder ›Kulturkunde‹ genannt – entstand in Deutschland in den 1880er Jahren mit der Zielsetzung, praxisrelevantes Wissen über sämtliche Dimensionen eines fremden Kulturraums zu vermitteln. Diese Zielsetzung erhielt im Kontext der beiden Weltkriege in der Folge auch unmittelbar politische und insbesondere auch völkerpsychologische Implikationen, was entscheidend dazu beitrug, die Landeskunde in den ersten Jahrzehnten nach 1945 zu diskreditieren und aus den Curricula von Schulen und Universitäten weitgehend zu verdrängen.

Die **Renaissance der Landeskunde** seit Mitte der 1970er und in verstärktem Maße seit den ausgehenden 1980er Jahren erfolgte aus schulischen und universitären Reformbestrebungen heraus, die seit Ende der 1980er Jahre auch den Kulturraumstudien vor allem in Europa zu einer zweiten Phase der Konjunktur verhalfen. Zwei dominierende Konzeptionen, die sich vor allem an neuen, stärker interdisziplinär ausgerichteten Universitäten in den Fremdsprachenphilologien etablierten, haben sich seitdem herausgeschält (vgl. Lüsebrink/Röseberg 1995):

- zum einen die Konzeption einer **Landeskunde als ›Landeswissenschaft‹**, die disziplinär in den Fremdsprachenphilologien verankert ist und sich – neben Literatur- und Sprachwissenschaft – als ihr drittes curriculares ›Standbein‹ versteht;
- und zum anderen die Konzeption einer **›integrativen Landeskunde‹**, die in mehreren, auf den jeweiligen Kulturraum bezogenen Fächern einer Universität mit spezifischen methodischen und theoretischen Kompetenzen (wie insbesondere Geschichte, Soziologie, Politikwissenschaft, Wirtschaftswissenschaften) verankert ist. Die Fremdsprachenphilologien beanspruchen in integrativ ausgerichteten Landeskunde-Curricula neben der Vermittlung sprachlicher und kultureller Kompetenzen eine didaktische Vermittlungskompetenz (z. B. durch die Durchführung von Lehrveranstaltungen wie der »Einführung in die Landeskunde« des betreffenden Kulturraums) und im Bereich der Forschung eine Schwerpunktbildung im Bereich der Kultur- und Medienwissenschaften. Der universitären Konzeption der integrativen Landeskunde entspricht auf schulischer Ebene die in den letzten Jahren zunehmend diskutierte und auch in wach-

sendem Maße auf Lehrerfortbildungstagungen diskutierte Konzeption des fächerübergreifenden Sachfachunterrichts.

2.3 Problemfelder

Das Konzept der *Area Studies* und die mit ihm verknüpfte Konzeption der Landeskunde sind in vierfacher Hinsicht, insbesondere in den USA, in den letzten Jahren einer grundlegenden Infragestellung und Kritik unterworfen worden:

- Erstens wird zunehmend die ›**essentialisierende Tendenz**‹ des Kulturraumkonzepts, die im allgemeinen auch komparatistischen Problemstellungen zugrunde liegt (vgl. Espagne 1999, S. 36 f.), kritisch hinterfragt. Sie neigt dazu, Mentalitäten, Werte und Symbolsysteme fremder Gesellschaften als ›Wesenheiten‹ zu betrachten, sie tendenziell zu (stereo)typisieren (vgl. Said 1985; Palat 2000), und hierbei kulturelle Binnendifferenzen (vor allem sozialer und regionaler Art) sowie die ›interkulturelle Dimension‹ von Kultur weitgehend auszublenden, die sich u. a. in Phänomenen des Kulturtransfers und der Interkulturalität, in grenzüberschreitenden und interregionalen kulturellen Vernetzungen sowie in Prozessen der Migration und der Diaspora zeigt (vgl. Kap. 13 »Kulturwissenschaftliche Xenologie« in diesem Band).
- Zweitens impliziert das traditionelle Kulturraumkonzept die **Vorstellung ›kulturell relativ homogener Räume‹** – häufig nationale Kulturräume (wie Frankreich, Deutschland oder China) oder politisch (wie Europa in den Europa-Studien) sowie religiös (wie den Orient oder die ›Islamische Welt‹ in der Islamwissenschaft) definierte Räume –, während genuin interkulturelle Räume (wie die Karibik oder der Indische Ozean) mit ihren vielfältigen interkulturellen Beziehungsgeflechten vernachlässigt werden.
- Drittens erwies sich die Instrumentalisierung der Kulturraumstudien als Handlungskonzept und Handlungsorientierung (vor allem im politischen und wirtschaftlichen Bereich) durch **die Vernachlässigung oder völlige Ausblendung interkultureller Fragestellungen** als zunehmend problematisch. In interkulturellen Interaktionssituationen sind Phänomene wie die spezifischen interkulturellen Interaktionsmuster der Dialogpartner gegenüber Vertretern anderer Kulturen sowie die spezifischen Vorstellungen und Interpretationsmodelle von eigener und fremder Kultur eng miteinander verwoben und spielen eine zentrale Rolle.
- Viertens schließlich erschwert die Konzeption der *Area Studies,* vor allem in ihrer **Ausprägung als umgreifende *umbrella disciplines*** (Lackner/Werner 1999), die in einer einzelnen Fachdisziplin wie Sinologie, Japanologie, Islamwissenschaft, Indologie oder auch französische Landeskunde sämtliche Dimensionen eines fremden Kulturraums zu erforschen und zu vermitteln sucht, die Anschlußmöglichkeiten an den Theorie- und Methodenfortschritt in den systematischen Disziplinen, zumal ihnen von politischer und wirtschaftspolitischer Seite in wachsendem Maße eine »unbegrenzte Expertenfunktion« (ebd., S. 39)

zugewiesen wird. Während Theorie- und Methodenfortschritt in der Geschichte der modernen Wissenschaften im wesentlichen an die zunehmende Spezialisierung und Binnendifferenzierung der einzelnen Wissenschaften gekoppelt ist, wird der Regionalforschung in ihrer Ausformung als *Area Studies* weiterhin, vor allem von außeruniversitärer Seite, »eine universale Kompetenz für den historischen und aktuellen Gesamtbestand des von ihr erforschten, vermeintlich relativ homogenen ›Kulturraums‹ zugemutet« (ebd.).

3. Interkulturelle Kommunikation

Der Begriff ›Interkulturelle Kommunikation‹ und die hiermit verbundenen Lehr- und Forschungsausrichtungen (die sich zum Teil auch als Fachdisziplin verstehen) zielen auf die **kommunikative Dimension der Beziehungen zwischen Angehörigen unterschiedlicher Kulturen** ab. Unter ›Kommunikation‹ werden in diesem Zusammenhang, je nach Forschungsausrichtung, entweder ausschließlich Formen der *face-to-face-communication* oder auch Formen der mediatisierten Kommunikation verstanden. Zu letzteren gehören neben der medialen Repräsentation (und im allgemeinen auch der Stilisierung) interkultureller Kommunikationssituationen, etwa in Fernsehserien und in der fiktionalen Literatur, Formen der medialen Kommunikation im engeren Sinn, wie z. B. Medienberichterstattung über andere Kulturen und allgemein der Informations- und Bildtransfer über fremde Kulturräume (vgl. auch Kap. 16 »Medienkulturwissenschaft« in diesem Band). Der Begriff ›Kultur‹ wird in diesem Zusammenhang zum einen sprachlich und zum anderen durch die Spezifik kultureller Symbolsysteme (Religion, Wertesysteme, soziale Rituale, kulturspezifische Identifikationsfiguren) definiert. Innerhalb der breit gefächerten, genuin interdisziplinären Arbeitsfelder der Forschung zur Interkulturellen Kommunikation lassen sich in theoretischer und methodischer Hinsicht vor allem vier Bereiche herauskristallisieren: ›Interaktionsprozesse‹, Prozesse des ›Kulturtransfers‹, Phänomene der ›Fremdwahrnehmung‹ und Formen der ›Interkulturalität‹.

3.1 Interkulturelle Interaktionsprozesse

Interkulturelle Interaktionsprozesse umfassen die Begegnungssituationen zwischen Angehörigen unterschiedlicher Kulturen. Im Zentrum ihrer Untersuchung stehen somit **Kommunikationsprozesse**: ihre Dynamik, ihre Strukturen und Verlaufsformen sowie die ihnen zugrundeliegenden kulturellen und mentalen Verhaltensmuster. Letztere sind in der interkulturellen Forschung vor allem unter dem Begriff ›Kulturstandards‹ gefaßt worden.

Die **Kulturstandardtheorie**, wie sie insbesondere Geert Hoftstede (1991), Alexander Thomas (1991a) und Fons Trompenaars (1993) vertreten, geht davon aus, daß Verlaufsformen und Probleme in interkulturellen Begegnungen aufgrund der Kulturdistanz, die auf unterschiedlichen Kulturstandards beruhen, in gewisser Hinsicht prognostizierbar und damit ›trainierbar‹ sind. Die kulturell-mentale Prägung der Interaktionspartner weist somit aus der Sicht der Kulturstandardtheorie einen herausragenden Stellenwert auf. Thomas definiert den Begriff ›Kulturstandard‹ wie folgt:

> Kulturstandards sind für Gruppen, Organisationen und Nationen typische Orientierungsmaßstäbe des Wahrnehmens, Denkens und Handelns. So wie ein Standard angibt, wie ein Gegenstand normalerweise beschaffen zu sein hat, wie ein häufig vorkommendes Ereignis normalerweise abläuft, so legt ein Kulturstandard den Maßstab dafür fest, wie Mitglieder einer bestimmten Kultur sich zu verhalten haben, wie man Objekte, Personen und Ereignisabläufe zu sehen, zu bewerten und zu behandeln hat. (Thomas 1991a, S. 5)

Hofstede (1993) unterscheidet in seinen umfangreichen empirischen Arbeiten **fünf Dimensionen von Kultur**, die als Kulturstandards aus seiner Sicht grundlegend für soziale Verhaltensformen in interkulturellen Interaktionssituationen sind:

1. *Individualismus/Kollektivismus*, d. h. die Bewertung des Stellenwerts individueller oder kollektiver Wertsetzungen in einer Gesellschaft;
2. *Unsicherheitsvermeidung*, d. h. die soziale Einschätzung der Bedrohung durch ungewisse oder unbekannte Situationen. »Dieses Gefühl«, so Hofstede, »drückt sich u. a. in nervösem Streß und einem Bedürfnis nach Vorhersehbarkeit aus: ein Bedürfnis nach geschriebenen und ungeschriebenen Regeln« (Hofstede 1993, S. 133);
3. *Machtdistanz*, definiert als »das Ausmaß, bis zu welchem die weniger mächtigen Mitglieder von Institutionen bzw. Organisationen eines Landes erwarten und akzeptieren, daß Macht ungleich verteilt ist. Institutionen wie Familie, Schule und die Gemeinschaft bilden die Hauptelemente einer Gesellschaft; unter Organisation ist der Ort zu verstehen, wo die Leute arbeiten« (ebd., S. 42);
4. *Maskulinität/Feminität*: für Hofstede sind ›maskuline Gesellschaften‹ Kulturen, in denen die Geschlechterrollen strikt getrennt sind und sowohl Männer als auch Frauen stark leistungs- und wettbewerbsorientiert sind. Das hieraus resultierende Verhalten in Interaktionssituationen ist stärker von der Zielsetzung geprägt, sich an eigenen Zielen zu orientieren und diese konsequent umzusetzen sowie durchzusetzen. Unter ›femininen Gesellschaften‹ hingegen versteht er Kulturen, in denen sich die Geschlechterrollen tendenziell überlappen und sowohl Frauen als auch Männer sich sozialer verhalten, Konflikte eher durch Kommunikations- und Kompromißbereitschaft gelöst werden und Kommunikationspartner in ihrem Handeln stärker auf die Erwartungen und Bedürfnisse ihres Gegenübers eingehen;
5. *Zeitbewußtsein* definiert Hofstede als den Zeit- und Planungshorizont einer Kulturgemeinschaft, der kurz-, mittel- oder langfristig ausgelegt sein kann. Hierdurch wird auf einer Skala erfaßt, ob die Angehörigen einer Gesellschaft eher eine langfristig oder eine kurzfristig angelegte Lebensplanung aufweisen und somit eher Werte wie Beharrlichkeit, statusorientierte Sozialbeziehun-

gen und Schamgefühl dominieren oder persönliche Stabilität, Traditionen und ein gegenseitiges Verhältnis von Geben und Nehmen. In Kulturen, die sich durch eine langfristige Orientierung auszeichnen, werden die Werte »Ausdauer (Beharrlichkeit)«, »Ordnung der Beziehungen nach dem Status« sowie die Einhaltung dieser Ordnung, »Sparsamkeit« und »Schamgefühl« besonders hochgeschätzt; am entgegengesetzten Pol, in Kulturen mit bevorzugt kurzfristiger Orientierung, hingegen die Werte »Persönliche Standfestigkeit und Festigkeit«, »Wahrung des ›Gesichts‹«, »Respekt vor der Tradition« sowie »Erwiderung von Gruß, Gefälligkeiten und Geschenken« (ebd., S. 190).

Hofstedes Untersuchungen zu den genannten fünf Dimensionen, die auf der Auswertung von 116.000 Fragebögen, die zwischen 1968 und 1972 von IBM-Mitarbeitern in 40 verschiedenen Ländern beantwortet wurden, basieren, sind von ihm selbst mehrfach aktualisiert und vor allem durch die Arbeiten von Thomas (vgl. 1991a, b, 1993), Trompenaars (1993) und Edward T. Hall (1976, 1989) ausdifferenziert und erweitert worden. So schlagen Thomas/Müller (1991, S. 131–135) in einer Untersuchung zu deutsch-amerikanischen interkulturellen Beziehungen statt der Hofstedeschen fünf Dimensionen sieben Kulturstandards vor, denen eine zentrale handlungsorientierende und -leitende Funktion zugeschrieben wird: Personenorientierung, Hierarchieorientierung/-bezogenheit, zentrale/patriarchische Entscheidungsprozesse, geringe Verantwortungsorientierung, Ehrgefühl, polychrones Zeitverständnis, Gelassenheit. Weiterführende Arbeiten von Thomas, u. a. zur interkulturellen Kommunikation zwischen Deutschen und Chinesen, haben das Kulturstandardkonzept weiter ausdifferenziert und Modelle der Strukturierung und Hierarchisierung von Kulturstandards entworfen, wobei insbesondere zwischen zentralen und kontextuellen Kulturstandards unterschieden wird (vgl. Thomas/Schenk 1996).

Im Gegensatz zur Kulturstandardtheorie richten vor allem kommunikationswissenschaftliche und linguistische Anätze ihr Augenmerk auf die **Interaktions- und Kommunikationsdynamik** interkultureller Prozesse. Diese werden nicht als ein ›Aufeinandertreffen‹ verschiedener Kultur- und Kommunikationsformen, sondern als ein situationsspezifisches ›Aushandeln‹ verstanden, in dem die Kommunikationspartner signifikant anders reagieren als in Kommunikationssituationen mit Vertretern aus der eigenen Kultur. In der interkulturellen Forschung ist hierfür der **Begriff ›Interkultur‹** geprägt worden, der eine kommunikative ›Zwischenkultur‹ bezeichnet, »die durch Kulturkontakt konstruiert wird« (Müller-Jacquier 1999, S. 37):

> Dies bedeutet, daß in einer solchen Zwischenwelt kulturell konstitutive, ›neue‹ Konventionen herrschen müssen, die vom Regelsystem der Ausgangskulturen (C1, C2, C3) der Beteiligten nicht beschrieben werden können. Positiv formuliert: Solchen situativ hergestellten ›Zwischenwelten‹ wird der Status einer *third culture* zugewiesen. [...] Diese fragt nach den Wirkungen von als fremd interpretierten kommunikativen Handlungen und nach den Reaktionen auf diese. (ebd., S. 38)

Interkulturelle Kommunikationssituationen zeichnen sich somit durch eine eigene, interaktive Dynamik aus, in der Kommunikations- und Verhaltensregeln ›ausgehandelt‹ werden und deren Verlauf durch die Kommunikations- und Kulturstandards der Beteiligten nur in begrenztem Maße gesteuert wird und demzufolge vorhersehbar ist. Es sei sicherlich, so Müller-Jacquier,

> ein Spezifikum, daß in interkulturellen Kommunikationssituationen eine gewisse Regelunsicherheit herrscht und alle Co-Interagierenden bereit sind, bestimmte Regelverletzungen [aus der Sicht ihrer eigenen Kultur] zu akzeptieren und gleichzeitig zu versuchen, ein gemeinsames, der Situation angemessenes Netz von Regeln zu schaffen. [...]. Solche, interaktiv hergestellten Prozesse unterscheiden sich demnach substantiell von Kommunikationsformen, wo beispielsweise ein Autor durch einen schriftlichen Text einer lesenden Person Informationen übermittelt, die nur begrenzt interaktiv sein können. (ebd., S. 33)

Müller-Jacquier (1999, S. 57–99) schlägt, im Anschluß vor allem an die Arbeiten von Karlfried Knapp (1992) und Annelie Knapp-Potthoff (1990), Juliane House (1989) und Jan ten Thije (1997), für die **Analyse interkultureller Kommunikationssituationen** ein differenziertes Raster vor, das insgesamt zehn Komponenten umfaßt:

1. *Soziale Bedeutung/Lexikon*: die kulturspezifischen Bedeutungen von Begriffen auf ihrer konnotativ-sozialen Ebene. Wörter beispielsweise wie ›Konzept‹ oder ›Sonntag‹, die im Französischen mit ›Konzept‹ und ›Sonntag‹ übersetzt werden, weisen eine völlig andere soziale Bedeutung als im Deutschen auf (frz. ›concept‹ als grober, zu diskutierender Entwurf; ›Dimanche‹ als ein Feiertag, an dem jedoch durchaus auch Tätigkeiten eines Werktags verrichtet werden können, wie Autowaschen etc.);
2. *Sprachhandlungen/Sprechhandlungssequenzen*: kulturspezifische Verwendung von Sprechakten wie ›Versprechen‹, ›Befehlen‹, ›Behaupten‹, ›Nachgeben‹ etc.;
3. *Gesprächsorganisation*: Konventionen des Diskursablaufs, die jeweils kulturspezifisch sind (wie Besprechung, Geschäftsverhandlung, Präsentation, Beratung, Sprechstunde). Mit den Konventionen der Gesprächsorganisation ist die übergeordnete Problematik der Kulturspezifik von Textsorten bzw. Textmustern verknüpft, die die interkulturelle Kommunikation in *face-to-face*-Situationen sowie in medialen Formen prägt. Diese werden von Wolfgang Heinemann definiert als »Teilmengen des Interaktionswissens der Kommunizierenden. Sie fungieren als gesellschaftlich determinierte, von Individuen internalisierte Schema/Muster, die auf komplexe Interaktions- und Textganzheiten bezogen sind« (Heinemann 2000, S. 23);
4. *Themen* von öffentlichen/privaten Kommunikationssituationen (privilegierte Themen der Kommunikationsaufnahme, Tabuthemen etc.);
5. *Direktheit/Indirektheit* der Kommunikation: Formen der Anrede des Gesprächspartners, die kulturspezifisch als angemessen, höflich, zurückhaltend oder – in unterschiedlichen Differenzierungen – als ihr Gegenteil angesehen werden können;
6. *Register*: Formulierungsalternativen in Abhängigkeit von der Situation, dem Alter, der Machtposition, dem Geschlecht und der gewählten Registerebene der Gesprächspartner, die darauf abzielen, den kulturspezifisch ›richtigen Ton‹ für eine Kommunikationssituation zu finden;

7. *Paraverbale Faktoren*: Stimme, Aussprache, Stimmlage, Lautstärke, Sprechrhythmus;
8. *Nonverbale Faktoren*: Gestik und Proxemik (Bewegungsverhalten, u. a. Körperabstand zum Gesprächspartner, der kulturell sehr unterschiedlich ist und mit Bedeutungen verknüpft wird);
9. *Kulturspezifische Werte/Einstellungen* als Erklärungsmuster für Handeln in interkulturellen Kommunikationssituationen (›Kulturstandards‹);
10. *Kulturspezifische Handlungen*, Handlungssequenzen und Rituale: Handlungen, die verbal und non-verbal begleitet sind und als kulturspezifisch – z. B. als ›typisch deutsch‹ – aufgefaßt werden (Begrüßungsrituale wie das auf den Tisch klopfen im Wirtshaus, Soziabilitätsrituale wie die Einladung zum ›Kaffeetrinken‹ am Nachmittag, Selbstwahrnehmungs- und Identitätsmuster wie die Bedeutung von akademischen Titeln in der deutschen Kultur).

Die Dynamik interkultureller Kommunikationssituationen, die durch die Komponenten dieses Rasters erfaßt wird, läßt Phänomene wie das ›Aufeinanderzugehen‹ der Kommunikationspartner sowie des Nachgebens und des Kompromisses (beispielsweise bei Begrüßungsformeln), aber auch der interkulturellen Fehlinterpretationen und Mißverständnisse hervortreten. Letztere spielen in der interkulturellen Forschung, vor allem auch in interkulturellen Trainings, eine zentrale Rolle. »**Critical Incidents**« dieser Art werden »in der Regel dazu benutzt, Wissen über Handlungsorientierungen und Gewohnheiten von Personen in einer fremden Kultur und/oder über Mechanismen der Bearbeitung konfliktiver interkultureller Situationen zu zeigen« (Müller-Jacquier 1999, S. 179). Als Trainingsmethode, die auf der Interpretation von *Critical Incidents* beruht, wurde der ›Kulturassimilator‹ (*Cultural assimilator*) entwickelt, ein interkulturelles Lehrprogramm, das von systematisierten Problemen interkultureller Kommunikationsprozesse ausgeht, um Kultur- und Kommunikationsdifferenzen aufzuzeigen und diese zu bewältigen.

Zwischen der Kulturstandardtheorie, der von Kritikern vorgeworfen wird, sie verleihe kulturellen Werten und Regeln den Status »quasi naturgesetzlicher Handlungssteuerung« (Krewer 1996, S. 151), und linguistisch-kommunikationswissenschaftlichen Ansätzen der Analyse interkultureller Kommunikationsprozesse haben sich in den letzten Jahren eine ganze Reihe von Verbindungslinien herauskristallisiert, die zu einer stärker konstruktivistischen Sicht von Kulturstandards geführt haben. Thomas räumt in neueren Untersuchungen der Problematik der Handlungswirksamkeit von Kulturstandards in konkreten interkulturellen Interaktions- und Kommunikationssituationen einen wachsenden Stellenwert ein und bestimmt ihre Funktion in diesem Zusammenhang wie folgt:

> In einer solchen Begegnungssituation werden von den beteiligten Personen nicht nur einfach an Kulturstandards gebundene Handlungen vollzogen und einander konfrontiert, sondern im interaktiven Prozeß neue Formen von Kultur (Begegnungs-, Konfliktlösungs-, Kooperationskultur) geschaffen, ausprobiert und verbindlich definiert. (Thomas/Schenk 1996, S. 25)

Aus ähnlicher Perspektive definiert Bernd Krewer Kulturstandards als »spezifische **Orientierungssysteme** [...], die konstruiert werden, um eigenes und fremdes

Wahrnehmen, Denken, Fühlen und Handeln in spezifischen INTERkulturellen Kontaktsituationen verständlich und kommunizierbar zu machen«. Sie stellen für ihn »Mittel der Selbst- und Fremdreflexion in interkulturellen Begegnungen« dar (Krewer 1996, S. 152). In der interkulturellen Interaktion sind diese demzufolge nur bedingt aufgrund der feststellbaren Kulturdistanz zwischen Kommunikationspartnern vorhersehbar, da in der Interaktion ständig neue kreative Möglichkeiten gefunden werden, um kulturelle Synergien zu entwickeln. Von besonderer Bedeutung sind in interkulturellen Kommunikationssituationen die gegenseitigen Zuschreibungen und wechselseitigen, häufig zunächst sehr stereotypen Wahrnehmungen und wechselseitigen Vorstellungsmuster, die in der Dynamik der Interaktion nicht selten einer beständigen Revision unterworfen sind. Eine ähnliche Zielsetzung verfolgen auch die Untersuchungen von ten Thije (1997) und Müller-Jacquier (1999), die Kulturstandards im Kontext interkultureller Kommunikations- und Handlungskontexten analysieren und somit – ganz im Gegensatz etwa zu den Arbeiten von Hofstede, die in ihnen eine Art ›**mentale Programmierung**‹ der Angehörigen einer Gesellschaft sehen – ihre Situationsbezogenheit unterstreichen:

> Ein solcher Ansatz der Analyse von Wertorientierungen im interkulturellen Handeln kann also – auch unter Trainingsbedingungen – der Tatsache Rechnung tragen, daß ›deutsche‹ Kulturstandards bei näherer Betrachtung vor allem deutsche Kulturstandards *im Handlungsfeld Deutsche-X* sind. Denn möglicherweise sind es gerade die deutsch-X-Handlungskonstellationen, die regelmäßig dazu führen, daß deutsche Co-SprecherInnen bestimmte Kulturstandards wie Direktheit/Wahrhaftigkeit besonders in den Vordergrund stellen, beispielsweise weil sie die kontextualisierten Gesprächsstile ihrer fremdkulturellen Gegenüber als Ausdruck von Vagheit auffassen. Damit machen sie einen Kulturstandard interaktionsrelevant, der in deutsch-deutschen Verhandlungen nicht den gleichen Stellenwert und gleiche Handlungsausprägungen zeigt. Die Ausprägung dieses Kulturstandards muß also als *Re-*Aktion auf Handlungen gewertet werden, die *durch* die inter-kulturelle Situation bewirkt wurden. (Müller-Jacquier 1999, S. 96)

Auf die interaktionelle Ebene interkultureller Kommunikation bezogen, läßt sich somit **interkulturelle Kompetenz** definieren als

> strategische Handlungs- und Kommunikationskompetenz in interkulturellen Situationen, die (situativ konstituierte) Bedeutungen aus verschiedenen kulturellen Perspektiven zu betrachten in der Lage ist, fremde Kommunikationsregeln und kulturspezifische Handlungsorientierungen analysieren kann und konstruktiv situative Bedeutungen auszuhandeln in der Lage ist. Sie schließt die Fähigkeit zum Kulturvergleich sowie zur Einschätzung der Wirkung kulturell bedingter Unterschiede (einschließlich der eigenen, für andere ›abweichende‹ Manifestationen) ein. (ebd., S. 181)

Diese Definition interkultureller Kompetenz läßt sich analog auf einen erweiterten Begriff der ›Interkulturellen Kommunikation‹ übertragen, der neben *face-to-face*-Kommunikationen auch Formen der mediatisierten Kommunikation zwischen Kulturen und ihren Angehörigen umfassen, wie sie in Formen des Kulturtransfers und der Interkulturalität gegeben sind.

3.2 Kulturtransfer

Der Begriff ›Kulturtransfer‹, mit dem sich eine Mitte der 1980er Jahre entstandene Forschungsrichtung verbindet, lenkt den Blick auf Prozesse der Interkulturellen Kommunikation, die nicht ausschließlich situations- und interaktionsgebunden sind, sondern in Medien und anderen kulturellen Ausdrucksformen und Praktiken ablaufen. Phänomene der Interkulturellen Kommunikation im engeren, situativen Sinn spielen hierbei häufig eine wichtige und zum Teil auch zentrale Rolle, werden jedoch in einen übergreifenden Kontext von Austausch- und Kommunikationsprozessen zwischen kulturellen Systemen eingeordnet. Unter ›Kulturtransfer‹ werden somit **Prozesse der interkulturellen Übertragung und Vermittlung kultureller Artefakte** (wie Texte, Diskurse, Medien, Praktiken) zwischen kulturellen Systemen verstanden, wobei drei strukturelle Komponenten unterschieden werden (vgl. Lüsebrink 2001; Lüsebrink et al. 1997):

1. *Selektionsprozesse*, die die Logik der interkulturellen Selektion in den Blick rücken und anhand derer beispielsweise zu untersuchen ist, welche Werke eines Sprach- und Kulturraums in welche anderen Kulturen übersetzt werden, welche ästhetischen Stile und Ausdrucksformen (wie etwa der Barock oder der Surrealismus) in welchen anderen Kulturräumen imitiert oder produktiv angeeignet werden und in welcher Intensität neue kulturelle Praktiken (wie Fast Food beispielsweise) übernommen und verbreitet werden;
2. *Vermittlungsprozesse*, in denen zum einen unterschiedliche Typen ›interkultureller Vermittler‹ unterschieden werden: individuelle Vermittler (wie Touristen, Austauschschüler), professionelle Vermittler (wie Übersetzer, Fremdsprachenlehrer, Auslandskorrespondenten) und institutionelle Vermittler (wie Kulturinstitute und auslandsbezogene Abteilungen der Medien); und zum anderen ›interkulturelle Vermittlungssituationen‹ (wie spontanes Gespräch, touristische Führung, Fremdsprachenunterricht, Verhandlungsgespräch im wirtschaftlichen Bereich, diplomatische Konsultationen etc.);
3. *Rezeptionsprozesse*, die unterschiedliche Formen der interkulturellen Aneignung (*appropriation* im Sinne von Lionnet 1996) umfassen, von Phänomenen der Imitation oder Nachahmung bis zu Formen der produktiven Aneignung und völligen Transformation von kulturellen Artefakten aus anderen Kulturen. Die in sehr unterschiedlichen interkulturellen Aneignungsformen verlaufende Rezeption eines Werkes wie der Dramen von Shakespeare ist ein Beispiel hierfür aus dem Bereich der intellektuell-literarischen Kultur: sie reicht von möglichst textnahen und werkgetreuen Übersetzungen bis zu postkolonialen Formen der politischen Neu-Interpretation und interkulturellen *Re-Lecture* bzw. des *re-readings* (etwa von Macbeth im China der 1980er Jahre, vgl. Chen 1997, S. 160 ff.) sowie des *Re-Writings* Shakespearescher Dramen (beispielsweise in dem Theaterstück *Une Tempête. Adaptation pour un théâtre nègre*, 1966, des karibischen Schriftstellers Aimé Césaire). Kulturtransferprozesse in ihren unterschiedlichen Dimensionen lassen sich jedoch in gleicher Weise in der materiellen Konsumkultur beobachten, wie beispielsweise anhand des ästhetischen und gastronomischen Patterns sowie des Marke-

tingkonzepts von McDonald's in unterschiedlichen Kulturräumen, die vor allem im asiatischen Raum grundlegend verändert und interkulturell adaptiert wurden (vgl. Watson 1997).

Sowohl das literarische Beispiel ›Shakespeare-Rezeption‹ als auch das Massenkultur und Ökonomie verbindende Beispiel ›kultureller Transfer amerikanischer Fast Food-Ketten‹ verweisen auf die enge Verzahnung (und damit die grundlegende Prozessualität) der **drei Komponenten ›Selektion‹, ›Vermittlung‹ und ›Transfer‹** bei Phänomenen des Kulturtransfers. In beiden Fällen spielen interkulturelle Vermittlungsinstanzen ebenso wie interkulturelle Interaktionssituationen eine zentrale Rolle: Vermittlerinstanzen (oder -figuren) wie die Übersetzer, Verleger, Dramaturgen und Schriftsteller anderer Sprach- und Kulturräume, die sich etwa mit Shakespeares Werk auseinandergesetzt haben und hierbei den spezifischen kulturellen und sozialen Erwartungshorizont der Zielkultur zu berücksichtigen suchen; oder die Marketingchefs, aber auch die Leiter der McDonald's Restaurants vor Ort, die mit Blick auf kulturspezifische Essens- und Verhaltensgewohnheiten sowie das kulturelle Wertesystem der Kunden das Essensangebot, die Raumgestaltung, den Serviceablauf, die Werbung und Öffentlichkeitsarbeit kulturspezifisch anzupassen suchen. Interkulturelle Interaktionssituationen sind hierbei jeweils von zentraler Bedeutung: in einem Fall wie der Shakespeare-Rezeption und Neu-Interpretation die interkulturelle Interaktion zwischen Verleger und Übersetzer sowie zwischen Regisseur, Dramaturg und Schauspielern, die einen Text aus einem Sprach- und Kulturraum sprachlich, gestisch und symbolisch zu ›übersetzen‹ und zu adaptieren suchen; sowie – auf der Rezeptionsebene – die Interaktion zwischen Kritikern und dem Publikum, die das Sinnpotential des Werkes aus ihrer eigenen kulturspezifischen Perspektive heraus ausfüllen. Im Fall des interkulturellen Transfers einer Fast Food-Kette und der hiermit verbundenen Marketingkonzeptionen betrifft dies die Interaktion zwischen den amerikanischen Managern von McDonald's und dem lokalen Personal, das wiederum mit den Kunden vor Ort kommuniziert und interagiert und ihren kulturellen Verhaltens- und Denkweisen ungleich näher steht.

Ein zugleich historisch verankertes und durch seine Neu-Interpretation aktuelles Beispiel – wie der Einfluß und die Rezeption des Barocks in außereuropäischen Gesellschaften und Kulturen – veranschaulicht die Problematik sowohl der produktiven Dimension des Kulturtransfers als auch seiner häufig zu beobachtenden Reziprozität. Walter Moser (1998, 2001) unterscheidet hinsichtlich der Übertragung und produktiven Verarbeitung des ästhetischen und kulturanthropologischen Modells des Barock zwischen einer ersten Phase der produktiven Aneignung und des *Recyclage* barocker Formen in Lateinamerika im 17. und der ersten Hälfte des 18. Jahrhunderts, während sich im ausgehenden 20. Jahrhundert eine zweite Phase des interkulturellen Transfers und der kreativen Auseinandersetzung mit barocken Formen beobachten ließe: so etwa im Romanwerk des kubanischen Schriftstellers Alejo Carpentier (*Concierto barrocco*, 1974), der aus postmoderner Sicht die Reise eines lateinamerikanischen Aristokraten in das barocke Europa des 18. Jahrhunderts schildert und hierdurch die kulturelle Distanz zwischen europäischer und synkretistischer kolonialer Barockästhetik verdeutlicht; oder im künstlerischen Œuvre der brasilianischen Künstlerin Adriana Varejão, die in ihren Gemälden die körperliche Gewalt des Kolonialismus visuell und materiell darzustellen versucht, indem sie aus Gemälden, die der exotisierenden kolonialen Landschaftsmalerei des 17. und 18. Jahrhunderts ähneln, Stücke herausreißt und sie – Fleischstücken oder amputierten Körperteilen vergleichbar – an völlig anderen Stellen ihrer Werke in gezielt verfremdender Weise einbaut (vgl. Zamudio-Taylor 2000).

3.3 Fremdwahrnehmung

Phänomene der Fremdwahrnehmung spielen sowohl in der Dynamik interkultureller Interaktionen als auch in Prozessen des Kulturtransfers eine zentrale Rolle. Sie beeinflussen in entscheidendem Maße die eigenen Reaktionsmuster ebenso wie die Reaktionsmuster des Gegenübers und Dialogpartners. Sie schaffen Grunddispositionen interkultureller Kommunikation in bezug auf fremde Kulturen und ihre Angehörigen, wie Neugierde, Faszination, Wissensdrang oder aber Gleichgültigkeit, Ablehnung und Indifferenz. Als **Kristallisationsformen mentaler Einstellungs- und Wahrnehmungsmuster** sind sie zugleich von entscheidender Bedeutung für die Dynamik des interkulturellen Kommunikationsaustauschs sowie die Zielrichtung und Intensität des Kulturtransfers, ob in Form von Übersetzungen, Informationen oder Filmen aus anderen Sprach- und Kulturräumen.

> Einem westlichen Manager ist nur zum Teil damit geholfen, daß er die Mentalität seines außereuropäischen Partners besser kennt. Er muß – einfach gesprochen – auch besser mit dem Bild umgehen können, das dieser Partner von ihm hat. Die jeweiligen Vorstellungen vom Eigenen und Fremden sind auf vielfache Weise miteinander verwoben. Identitäten sind nur auf den ersten Blick selbstreferentiell. In Wirklichkeit reagieren sie auf eine Vielzahl von äußeren Wahrnehmungen, Stimuli, Interpretationen. (Lackner/Werner 1999, S. 41)

In der interkulturellen Forschung spielen vor allem folgende **Begriffsunterscheidungen** eine zentrale Rolle:

- die Unterscheidung zwischen *Auto- und Heterostereotypen*, die in der interpersonalen und interkulturellen Kommunikation Funktionen der einführenden Fremd- und Selbstwahrnehmung sowie -thematisierung einnehmen;
- die Unterscheidung von *Selbst- und Fremdwahrnehmung*, die aus interkultureller Perspektive eng miteinander verknüpft sind, da »Selbstverstehen Produkt interpersonaler und interkultureller Kommunikation ist« und somit auf »Akten des Fremdverstehens aufbaut« (Wierlacher 2001, S. 363);
- die Unterscheidung verschiedener *Formen der Fremdwahrnehmung*, die von stereotypen Formen der Reduktion von Wirklichkeitskomplexität (Stereotyp, Cliché) über vorurteilsbeladene und ideologische Formen stereotyper Wahrnehmung (Vorurteil) bis zu einer Skala ausdifferenzierter kognitiver Komplexität reichen.

Wolfram Hogrebe und in ähnlicher Weise Ernst E. Boesch gehen von einer untrennbaren **Verknüpfung von Selbst- und Fremdwahrnehmung** aus. Sie setzen Fremdwahrnehmungsmuster mit drei Formen der Verneinung eigener kultureller Identitätsmuster in Verbindung: in soziologischer Hinsicht mit der Verneinung einer Zugehörigkeit; in epistemologischer Hinsicht als Nicht-Vorhandensein eines Wissens; und in psychologischer Hinsicht als Negation einer Vertrautheit. Hinsichtlich der Wahrnehmung situativer (oder medial vermittelter) interkultureller Kommunikationssituationen impliziert dies die Frage, ob der/die Interaktionspartner der eigenen Gemeinschaft oder Gruppe (auch *Ingroup*) zugerechnet werden kann oder nicht; inwieweit der/die Kommunikationspartner über gleiche oder unterschiedliche Wissensvorräte verfügen; und ob – aufgrund seiner Reaktionsweisen – der/die Kommunikationspartner als mit der eigenen Kultur vertraut empfunden werden oder nicht (vgl. Hogrebe 1993, S. 358; Boesch 1996, S. 90).

Carl Friedrich Graumann und Margaret Wintermantel (1989) unterstreichen in ihren kognitionspsychologischen Arbeiten die Universalität **stereotyper Reaktionsweisen gegenüber Fremden** und entwickeln eine Skala von Reaktionstypen, die von der identitätsstiftenden Unterscheidung zwischen ›Wir‹ und ›Ihr‹ (*Separating* und *Distancing*) über verschiedene Grade der Stereotypisierung bis hin zu Formen vorurteilsbeladener und rassistischer Degradierung (*Devaluating*, *Debasing*) des Anderen und seiner kulturellen und psychologischen Eigenheiten reichen. In Weiterführung dieses Ansatzes hat die Analyse des Verlaufs interkultureller Kommunikationssituationen neben der Intentionalität des Rückgriffs auf mehr oder minder komplexe (oder reduzierte) Formen der Selbst- und Fremdwahrnehmung ihre Häufung und tendenzielle Unvermeidbarkeit in bestimmten Kommunikationssituationen (Witz, Gesprächsanbahnung) und Textsorten (Werbung, Satire) aufgezeigt. Dies gilt auch für Fremdsprachenlehrwerke sowie Unterrichtssituationen vor allem der Anfängerphasen, in denen stereotype, d. h. vereinfachte, formelhafte und typisierende, das angeblich kulturell ›Typische‹ darstellende Repräsentationen von Personengruppen der eigenen und fremder Nationen weiterhin eine wichtige Rolle spielen, auch wenn ihr didaktischer Nutzen zunehmend in Frage gestellt wird.

Dynamik und Intensivierung interkultureller Kontakte führen keineswegs, wie häufig angenommen, zwangsläufig zum Abbau von Vorurteilen und zur Ablösung stereotyper und/oder vorurteilsbehafteter Formen durch kognitiv komplexere Strukturen der Fremdwahrnehmung, sondern können – je nach Kontext, Konstellation und Verlauf der interkulturellen Kommunikationssituation – auch zu ihrer Verstärkung und Verhärtung führen. In besonderem Maße gilt dies für Konstellationen, in denen sich interkulturelle Kontakte und ausgeprägte soziale, politische sowie ethnische Ungleichheiten überlagern, wie in Situationen militärischer Besatzung und kolonialer Dependenz, in denen sich trotz häufig sehr intensiver interkultureller Kontakte Vorurteile und stereotype Formen von Fremdwahrnehmung tendenziell verstärken.

Neuere Untersuchungen zur Funktion von Stereotypisierungen in interkulturellen Prozessen haben zudem die Notwendigkeit aufgezeigt, stereotype Formen der Selbst- und Fremdwahrnehmung nicht isoliert zu betrachten, sondern in ihrer diachronen Dynamik und ihren diskursiven Zusammenhängen zu sehen (vgl. Rosello 1998). Stereotype Fremdwahrnehmungsformen bilden in vielen Fällen die Grundlage für **kollektive Identitätsmuster**, die umgewertet und positiviert werden: wie beispielsweise im Fall der kulturellen und politischen Bewegung maghrebinischer Einwanderer in Frankreich in den 1980er Jahren, die sich als *Beurs* bezeichneten, in bewußter Aufnahme und zugleich Umwertung des Begriffs *Arabe* (dessen beide Silben im Begriff *beur* vertauscht sind) und der mit ihm in der französischen Gesellschaft verbundenen negativ besetzten Stereotypen. Das Beispiel der *Beurs* verweist zugleich auf den engen Zusammenhang zwischen der alltagsweltlichen und medialen Dynamik stereotyper Fremd- und Selbstwahrnehmungsprozesse, die sich – seit der ›Wortergreifung‹ maghrebinischer Journalisten (wie Tahar Ben Jelloun), Politiker (wie Harlem Désir), Schriftsteller und Filmemacher (wie Mehdi Charef) – auch im sozialen Selbstverständnis sowohl der französischen Gesellschaft wie der arabischen Minderheiten zum Teil grundlegend verändert haben.

3.4 Formen der Interkulturalität: Hybridität, Kreolisierung, Métissage, Néo-Baroque

Formen der interkulturellen Kommunikation, sowohl der Interaktion wie auch des Kulturtransfers, ziehen in den beteiligten Kulturen vielfältige Formen der produktiven kulturellen und sprachlichen Aneignung und damit kulturellen Mischung nach sich, die in der interkulturellen Lehre und Forschung in den letzten Jahrzehnten auf wachsende Aufmerksamkeit gestoßen sind. Diese lassen sich übergreifend als Formen der Interkulturalität bezeichnen. In der kulturwissenschaftlichen Diskussion werden sie mit sehr unterschiedlichen Begriffen gefaßt, unter denen vor allem *Métissage*, ›Transkulturalität‹, ›Hybridität‹, ›Kreolisierung‹, *(Neo-) Baroque* und *Third Space*/›Dritter Raum‹ zu nennen sind.

Der wohl älteste und zugleich am weitesten verbreitete Begriff zur Bezeichnung von Phänomenen kultureller Hybridität ist der Begriff ***Métissage***. Er stammt aus dem Portugiesischen »Mestizao« (16. Jh.) und ist kolonialen Ursprungs. Als Bezeichnung für die biologische Mischung von Angehörigen verschiedener Ethnien im 16. Jahrhundert in Brasilien geprägt, avancierte der Begriff *Métissage* vor allem seit den 1930er Jahren zu einem wichtigen Begriff der Kolonialideologie, insbesondere im französischen Kolonialreich. Er bezeichnete die anvisierte assimilationistische Verschmelzung der Kulturen des Mutterlandes und der Kolonien unter der Hegemonie der französischen Sprache und Kultur zu einer *Nation de 100 millions d'habitants*, einer ›Nation von 100 Millionen Einwohnern‹, auf fünf Kontinenten. Der mit dem Begriff *Métissage* verknüpften kolonialen Ideologie der Rassen- und Kulturmischung setzte die frühe afrikanische und afro-karibische Literatur- und Kulturtheorie (vertreten vor allem durch Léopold Sédar Senghor, Aimé Césaire, Léon-Gontran Damas und Abdoulaye Sadji) die Theorie der *Négritude* entgegen, die auf einer Apologetik der ästhetischen und kulturellen Werte Afrikas beruhte und Phänomene kultureller und rassischer Hybridisierung radikal und zum Teil mit polemischer Schärfe ablehnte. Sadjis Roman *Nini, mulâ-*

tresse du Sénégal (1947) und der kulturtheoretische Essay »Les Noirs et la Culture« (1950) von Fily Dabo Sissoko verkörpern zeittypische Beispiele für fiktionale und kulturtheoretische Umsetzungsformen dieser Position.

Die postkoloniale Theoriebildung hat seit dem Beginn der 1980er Jahre dazu beigetragen, den ursprünglich deutlich kolonial geprägten und stark emotional besetzten Begriff *Métissage* in theoretischer Hinsicht neu zu fassen, insbesondere in den Werken des karibischen Schriftstellers und Kulturtheoretikers Edouard Glissant (1981) und des französischen Kulturhistorikers Serge Gruzinski (1999), zum Teil in Verbindung mit den in der Theoriediskussion gelegentlich nahezu synonym verwendeten Begriffen *Hybridité*, *Néo-Baroque* und *Créolité*. Gruzinski (2001) und der mexikanische Anthropologe Victor Zamudio-Taylor (2000) unterscheiden in erster Linie zwei Dimensionen einer Neuperspektivierung des *Métissage*-Begriffs: zum einen seine Dimension als Form interkultureller Identität im Kontext des Kolonialismus; und zum anderen die Dimension des kulturellen Widerstands, der sich nicht in Verweigerung und Schweigen, sondern in der häretisch-subversiven Aneignung und Transformation europäischer Kultur- und Identitätsmuster und ihrer Verbindung mit lateinamerikanischen Sprach- und Kulturformen zeige. Insbesondere in Kunst und Architektur, aber auch in Religionspraktiken und -ritualen – wie dem gleichermaßen katholisch-christliche wie indianisch-präkolumbianische Elemente synkretistisch verbindenden Kult um die mexikanische Nationalheilige Santa Maria de Guadalupe (vgl. Gruzinski 1999) – zeige sich die subversive Dimension des *Métissage*, an die zeitgenössische künstlerische und literarische Werke wie das Romanwerk des kubanischen Autors Carpentier, des frankophonen karibischen Schriftstellers Patrick Chamoiseau (*Texaco*, 1992) oder des venezolanischen Künstlers Meyer Vaisman unmittelbar anknüpfen.

Die Epoche und der epochenübergreifende Stil des Barock in kolonialen und postkolonialen Kulturen außerhalb Europas (Lateinamerika, Afrika, Asien) erscheinen in dieser Perspektive als charakteristische Ausdrucksform interkultureller Synkretismen, die mit den in der Theoriediskussion häufig nahezu synonym gebrauchten Begriffen *Métissage*, *Néo-Baroque* und ›Poetik des Vielfältigen‹ (*Poétique du divers*, Glissant 1995) gefaßt werden. Als Resultat des Kulturtransfers im Zeitalter des Kolonialismus, der als eine erste Epoche ökonomischer, politischer und kultureller Globalisierung gesehen werden muß (vgl. Gruzinski 2001), wurde der Barock in außereuropäischen Kulturen radikal verändert und mit indianischen, japanischen oder philippinischen Kulturstilen vermischt, die sich in der Architektur, in der Musik, in der Literatur, in religiösen Ritualen, in der Malerei und schließlich in sprachlichen Ausdrucksformen artikulierten: »die Vermischung von westlichen und präkolumbianischen Traditionen ließ ein faszinierend gemischtes Universum entstehen, in dem sich Epochen, Sprachen und Kulturen untrennbar verbanden« (ebd., S. 116).

Die Begriffe ›**Kreolisierung**‹ (franz. *Créolisation*, engl. *Creolization*) und ›**Kreolität**‹ (franz. *Créolité*, engl. *Creoleness*) schließen in mehrfacher Hinsicht unmittelbar an die Neuperspektivierung des *Métissage*-Begriffs in der postkolonialen Theoriediskussion an. Als Neuschöpfung erscheint der Begriff *Créolité* jedoch eher unbelastet von der kolonialen Vergangenheit, die dem Begriff *Métis-*

sage anhaftet. Zudem betont er, wie auch die Autoren des Manifests *Eloge de la créolité* (1989), Patrick Chamoiseau, Jean Bernabé und Raphaël Confiant unterstreichen, stärker die ›sprachliche‹ Dimension interkultureller Hybridisierungsprozesse, die in besonders ausgeprägter Weise in genuin transkulturellen Regionen wie der Karibik und dem Indischen Ozean zum Ausdruck kommt. In der Literatur zeigen sich Phänomene der ›Kreolisierung‹ auf den verschiedenen Ebenen sprachlicher Kodierung: in der Lexik, der Syntax und der Semantik, insbesondere durch die Integration von Elementen der gesprochenen Kreolsprachen (vgl. Bernabé 1997), die semantische Neu-Kodierung französischer Wörter (in Analogie zum mündlichen Sprachgebrauch) sowie die literarische Verarbeitung der multilingualen Situation eines kulturellen Raums wie der Karibik durch die Verwendung plurilingualer Codes mit Elementen aus verschiedenen Sprachen und Symbolsystemen. »Wir haben sie erobert, diese französische Sprache«, so die Autoren der *Eloge de la Créolité* zur Kreolisierung der französischen Sprache und Kultur in der Karibik. »Wenn es stimmt, daß das Kreolische unsere legitime Sprache ist, dann wurde die französische Sprache nacheinander uns aufgezwungen und von uns gefangen genommen, legitimiert und angenommen« (Bernabé/Chamoiseau/Confiant 1989, S. 46).

Die Begriffe ›**Hybridität**‹/›**Hybridisierung**‹ und *Third Space* (›Dritter Raum‹, vgl. Bhabha 1994), die vor allem in der postmodernen Interkulturalitätsdiskussion in Nord- und Lateinamerika geprägt worden sind, zielen auf ähnliche Prozesse kultureller und sprachlicher Synkretismen wie die Begriffe ›Kreolität‹ und *Métissage*, wenn auch mit anderen Akzentierungen. Auch hier wird interkulturelle Dynamik als ein Prozeß produktiver Aneignung fremdkultureller – und vor allem auch fremd*sprachlicher* – Kulturelemente verstanden. Phänomene wie das ›Schreiben in fremden Sprachen‹ (vgl. Gauvin 1997; Dion/Lüsebrink/Riesz 2002), die interkulturelle Produktivität des Lebens und Schreibens im Exil (vgl. Bhabha 1994) und die hiermit verbundene Herausbildung »transitorischer Identitäten«, die die Erfahrung des Lebens mit und zwischen mehreren Sprachen, Gesellschaften und Kulturen spiegelt (vgl. Spivak 1995; Ghosh-Schellhorn 1997; Aciman 1999), sowie die Komplexität multikultureller Lebenswelten (vgl. Simon 1999; Canclini 2001) stehen hierbei im Vordergrund. Stärker als die Begriffe ›Kulturtransfer‹, *Métissage* und ›Synkretismus‹, die jeweils von vorgegebenen Entitäten (Kulturräumen, kulturell und ethnischen Einheiten) ausgehen und somit auf Prozesse der kulturellen *Grenz*überschreitung und -überwindung zielen, rückt das Begriffsfeld der ›Hybridisierung‹ multiple kulturelle Identitäten von Individuen und Gruppen sowie multikulturelle Räume in den Blick, die sich durch eine grundlegende Porosität kultureller und sprachlicher Grenzen auszeichnen. Diese sind vor allem in vielsprachigen und multikulturellen Metropolen wie New York, London, Berlin, Los Angeles oder Mexico City gegeben, in denen Hybridisierungsprozesse sowohl soziale Konfliktpotentiale darstellen (durch die Infragestellung tradierter Hierarchien und räumlicher Grenzziehungen) als auch ein ungewöhnliches Potential kultureller Kreativität verkörpern (vgl. Canclini 2001, S. XII).

Der Begriff ›Hybridisierung‹ verweist gleichfalls, vor allem mit Blick auf die Analyse der außereuropäischen Literaturen in europäischen Sprachen, auf die zentrale Bedeutung ihrer grundlegenden ›Übersetzungsstruktur‹: d. h. beispielsweise der Tatsache, daß die Werke des aus dem Iran stammenden und in englisch schreibenden Schriftstellers Salman Rushdie (*Satanic Verses*, 1988) oder des frankophonen afrikanischen Romanciers Amadou Kourouma (*Les Soleils des Indépendances*, 1968) in ihrer Poetik und in ihren kulturellen Codes, aber auch in ihrer Lexik, Syntax und Semantik zutiefst von der mehrsprachigen und multikulturellen Sozialisation ihrer Autoren strukturiert und geprägt wurden. Kourouma bezeichnet seine eigene literarische Tätigkeit als den Versuch, zwei Sprachen gleichzeitig zu benutzen, »auf Französisch zu schreiben und in seiner Muttersprache zu denken«, wodurch auf den verschiedenen Textebenen der auf den ersten Blick dominant französischen Textstruktur seiner Romane seine Muttersprache, das Malinké, und ihre kulturellen Codes durchscheinen (Kourouma 1997).

Das Beispiel des frankophonen afrikanischen Schriftstellers Kourouma verweist auf die enge Verschränkung von interaktionellen und medialen Formen interkultureller Kommunikation: Die literarische Fiktion verarbeitet und stilisiert hier Formen der alltagsweltlichen Interkulturalität, die Kourouma zugleich als kulturelle Vermittlerfigur par excellence zwischen den afrikanischsprachigen mündlichen Kulturen und der französischsprachigen Schrift- und Verwaltungskultur in seiner Person verkörpert. Seine Schreibweise spiegelt die Komplexität interkultureller Kommunikationssituationen multikultureller afrikanischer Alltagswelten, das ›Aushandeln‹ von sprachlichen Bedeutungen und Handlungsmustern, die Vieldeutigkeit von idiomatischen Ausdrücken und metaphorischen Bildern und die Gefahr von Mißverständnissen und sprachlich hervorgerufenen Konflikten, die der Leser selbst im Lektüreprozeß und gewissermaßen am eigenen Leibe erfährt.

Literaturverzeichnis

Standardwerke und Einführungen

Appiah, Kwame Anthony/Gates, Henry Louis (Hgg.): *Identities*. Chicago/London: University of Chicago Press 1995.

Bhabha, Homi: *The Location of Culture*. London: Routledge 1994.

Hahn, Alois/Platz, Norbert H. (Hgg.): *Interkulturalität als neues Paradigma*. Trier: Trierer Beiträge 1999.

Lüsebrink, Hans-Jürgen/Röseberg, Dorothee (Hgg.): *Landeskunde und Kulturwissenschaft in der Romanistik. Theorieansätze, Unterrichtsmodelle, Forschungsperspektiven*. Tübingen: Narr 1995.

Said, Edward W.: *Orientalism*. Harmondsworth: Penguin Books 1985 [1978].

Thomas, Alexander (Hg.): *Kulturstandards in der interkulturellen Begegnung*. Saarbrücken: Breitenbach 1991a.

Wierlacher, Alois (Hg.): *Kulturthema Fremdheit. Leitbegriffe und Problemfelder kulturwissenschaftlicher Fremdheitsforschung*. München: Iudicium 1993.

Weiterführende Literatur

Aciman, André (Hg.): *Letters of Transit. Reflections on Exile, Identity, Language, and Loss*. New York: New Press 1999.

Armstrong, Elizabeth/Zamudio-Taylor, Victor (Hgg.): *Ultrabaroque. Aspects of Post Latin American Art*. San Diego: Museum of Contemporary Art 2000.

Bennett, Wendell C.: *Area Studies in American Universities*. New York: Social Science Research Council 1951.

Bernabé, Jean/Chamoiseau, Patrick/Confiant, Raphaël: *Éloge de la créolité*. Paris: Gallimard 1989.

Bernabé, Jean: »De l'oralité à la littérature antillaise: figures de l'Un et de l'Autre.« In: Françoise Tétu de Labsade (Hg.): *Littérature et dialogue interculturel*. Sainte-Foy: Les Presses de l'Université Laval 1997, S. 49–68.

Boesch, Ernst E.: »Das Fremde und das Eigene.« In: Alexander Thomas (Hg.): *Psychologie interkulturellen Handelns*. Göttingen: Hogrefe 1996, S. 87–106.

Canclini, Néstor García: *Culturas híbridas. Estrategías para entrar y salir de la modernidad*. México City: Grijalbo 2001 [1989].

Chen, Xiaomei: »Occidentalist Theater in post-Mao China: Shakespeare, Ibsen, and Brecht as Counter-Others.« In: David Palumbo-Liu/Hans Ulrich Gumbrecht (Hgg.): *Streams of Cultural Capital*. Stanford: Stanford UP 1997, S. 155–177.

Chiellino, Carmine (Hg.): *Interkulturelle Literatur in Deutschland. Ein Handbuch*. Stuttgart/ Weimar: Metzler 2000.

Dion, Robert/Lüsebrink, Hans-Jürgen/Riesz, János (Hgg.): *Écrire en langue étrangère. Interférences de langue et de culture dans le monde francophone*. Québec: Nota bene/ Frankfurt a. M.: IKO-Verlag 2002.

Espagne, Michel: *Les transferts culturels franco-allemands*. Paris: PUF 1999.

Gauvin, Lise: *L'Écrivain francophone à la croisée des langues. Entretiens*. Paris: Karthala 1997.

Ghosh-Schellhorn, Martina: »Immer dazwischen: Eine autobiographische Reflexion über die Lebenspraxis unter interkulturellen Bedingungen.« In: Hahn/Platz 1999, S. 49–56.

Glissant, Edouard: *Le Discours antillais*. Paris: Seuil 1981.

Glissant, Edouard: *Introduction à une poétique du divers*. Montréal: Presses de l'Université de Montréal 1995.

Graumann, Carl Friedrich/Wintermantel, Margret: »Discriminatory Speech Acts. A Functional Approach.« In: Daniel Bar-Tal et al. (Hgg.): *Stereotyping and Prejudice. Changing Conceptions*. Berlin/New York: Springer 1989, S. 183–204.

Gruzinski, Serge: *La pensée métisse*. Paris: Fayard 1999.

Gruzinski, Serge: »The Baroque Planet.« In: Armstrong/Zamudio-Taylor 2000, S. 111–125.

Hall, Edward T.: *Beyond Culture*. New York: Doubleday 1989 [1976].

Heinemann, Wolfgang: »Textsorten. Zur Diskussion um Basisklassen des Kommunizierens.« In: Kirsten Adamzik (Hg.): *Textsorten. Reflexionen und Analysen*. Tübingen: Stauffenburg 2000, S. 9–30.

Hofstede, Geert: *Culture's Consequences. International Differences in Work-Related Values*. Beverly Hills: Sage 1980.

Hofstede, Geert: *Interkulturelle Zusammenarbeit. Kulturen – Organisationen – Management*. Wiesbaden: Gabler 1993 (orig.: *Cultures and Organizations. Software of the Mind*. London: McGraw-Hill 1994 [1991]).

Hofstede, Geert: »Dimensions of National Cultures in Fifty Countries and Three Regions.« In: Jan B. Deregowski/Suzanne Dziurawiec/Robert C. Annis (Hgg.): *Explications in Cross-Cultural Psychology*. Lisse: Swets & Zeitlinger 1983, S. 335–355.

Hogrebe, Wolfram: »Die epistemische Bedeutung des Fremden.« In: Wierlacher 1993, S. 355–369.

House, Juliane: »Politeness in English and German. The Functions of Please and Bitte.« In: Shoshana Blum-Kulka/Juliane House/Gabriele Kasper (Hgg.): *Cross-Cultural Pragmatics. Requests and Apologies*. Norwood, NJ: Ablex 1989, S. 96–119.

Huntington, Samuel: *The Clash of Civilizations and the Remaking of World Order*. New York: Touchstone 1997.

Jordan, Lothar/Kortländer, Bernd (Hgg.): *Nationale Grenzen und internationaler Austausch. Studien zum Kultur- und Wissenschaftstransfer in Europa*. Tübingen: Narr 1995.

Knapp, Karlfried: »Interpersonale und Interkulturelle Kommunikation.« In: Niels Bergemann/ Andreas L.J. Sourisseaux (Hgg.): *Interkulturelles Management*. Heidelberg: Physika 1992, S. 59–79.

Knapp, Karlfried/Knapp-Potthoff, Annelie: »Interkulturelle Kommunikation.« In: *Zeitschrift für Fremdsprachenforschung* 1 (1990), S. 62–93.

Kourouma, Amadou: »Ecrire en français, penser dans sa langue maternelle.« In: *Etudes françaises* 33,1 (1997), S. 118–134.

Krewer, Bernd: »Kulturstandards als Mittel der Selbst- und Fremdreflexion in interkulturellen Begegnungen.« In: Alexander Thomas (Hg.): *Psychologie interkulturellen Handelns.* Göttingen: Hogrefe 1996, S. 147–164.

Lackner, Michael/Werner, Michael (Hgg.): *Der* cultural turn *in den Humanwissenschaften.* Area Studies *im Auf- oder Abwind des Kulturalismus?* Bad Homburg: Werner-Reimers-Stiftung 1999.

Language and Area Studies Programs in American Universities. Washington: Department of State 1962.

Lionnet, Françoise: »Logiques métisses: Cultural Appropriation and Postcolonial Representation.« In: Mary-Jean Green/Karen Gould (Hgg.): *Postcolonial Subjects. Francophone Women Writers.* Minneapolis: University of Minnesota Press 1996, S. 321–343.

Lüsebrink, Hans-Jürgen: »Domination culturelle et paroles résistantes. De la dimension conflictuelle de la communication interculturelle.« In: Françoise Tétu de Labsade (Hg.): *Littérature et Dialogue Interculturel. Culture française d'Amérique.* Sainte-Foy: Presses de l'Université Laval 1997, S. 19–32.

Lüsebrink, Hans-Jürgen: »Kulturtransfer – methodisches Modell und Anwendungsperspektiven.« In: Ingeborg Tömmel (Hg.): *Europäische Integration als Prozess von Angleichung und Differenzierung.* Opladen: Leske und Budrich 2001, S. 213–226.

Lüsebrink, Hans-Jürgen/Reichardt, Rolf, in Verbindung mit Annette Keilhauer und René Nohr (Hgg.): *Kulturtransfer im Epochenumbruch. Deutschland – Frankreich 1770–1815.* 2 Bde. Leipzig: Leipziger Universitätsverlag 1997.

Moser, Walter: »Du baroque européen et colonial au baroque américain et postcolonial.« In: Petra Schumm (Hg.): *Barrocos y Modernos: nuevos caminos en la imaginación del Barroco iberoamericano.* Madrid: Vervuert (Iberoamericana) 1998, S. 67–81.

Moser, Walter/Goyer, Nicolas (Hgg.): *Résurgences baroques. Les trajectoires d'un processus transculturel.* Bruxelles: La Lettre Volée 2001.

Müller-Jacquier, Bernd: *Interkulturelle Kommunikation und Fremdsprachendidaktik. Studienbrief Kulturwissenschaft.* Koblenz: Universität Koblenz-Landau 1999 (Fernstudium Fremdsprachen in Grund- und Hauptschulen).

Palat, Ravi Arvind: »Fragmented Visions. Excavating the Future of Area Studies in a Post-American World.« In: Waters 2000, S. 65–106.

Petrov, Julia A./Brosseau, John P.: *Foreign Language, Area and Other International Studies. A Bibliography of Research and Instructional Materials, completed under the National Defense Education Act of 1958, title VI, section 602.* Washington: U.S. Government Printing Office 1980.

Simon, Sherry: *Hybridité culturelle.* Montréal: L'Ile de la Tortue 1999.

Singer, Marshall R.: *Perception and Identity in Intercultural Communication. An Abridged and Revised Edition of Intercultural Communication. A Perceptional Approach.* Yarmouth, ME: Intercultural Press 1998.

Sissoko, Fily Dabo: *Les Noirs et la Culture (Introduction au Problème de l'Evolution Culturelle des Peuples Africains).* New York: Maison Française 1950.

Spivak, Gayatri Chakravorty: »Acting Bits/Identity Talk.« In: Appiah/Gates 1995, S. 147–180.

Thije, Jan D. ten: »Intercultural Communication in Team-Discussions: Discursive Interculture and Training Objectives.« In: Annelie Knapp-Potthoff/Martina Liedtke (Hgg.): *Aspekte interkultureller Kommunikationsfähigkeit.* München: Iudicium 1997, S. 125–154.

Thomas, Alexander: »Psychologische Wirksamkeit von Kulturstandards im interkulturellen Handeln.« In: ders. 1991a, S. 55–69 (= 1991b).

Thomas, Alexander/Müller, Andrea: *Interkulturelles Organisationstraining für die USA.* Saarbrücken: Breitenbach 1991.

Thomas, Alexander (Hg.): *Kulturvergleichende Psychologie. Eine Einführung.* Göttingen: Hogrefe 1993.

Thomas, Alexander/Schenk, Eberhard: *Interkulturelles Orientierungstraining für chinesische Fach- und Führungskräfte zum Umgang mit deutschen Partnern.* Heidelberg: Asanger 1996.
Trompenaars, Fons: *Riding the Waves of Culture. Understanding Cultural Diversity in Business.* London: Economist Books 1993.
Turgeon, Laurier/Delâge, Denys/Quellet, Réal (Hgg.): *Transferts culturels et métissages, Amérique/Europe, XVIe – XXe siècles.* Québec: Presses de l'Université Laval 1996.
Waters, Neill L. (Hg.): *Beyond the Area Studies Wars. Toward a New International Studies.* Hanover/London: University Press of New England 2000.
Watson, James (Hg.): *Golden Arches East. McDonald's in East Asia.* Stanford: Stanford UP 1997.
Zamudio-Taylor, Victor: »Ultrabaroque. Art, Mestizaje, Globalization.« In: Armstrong/Zamudio-Taylor 2001, S. 141–160.

Hans-Jürgen Lüsebrink

15. Kulturwissenschaften und Geschlechterforschung

Wie das Nachdenken über das Wesen der Geschlechter haben auch die diversen Versuche, den Menschen in seiner kulturellen Eigenart zu begreifen und das Kulturelle als Voraussetzung der Weltdeutung und Weltgestaltung zu erschließen, eine lange Tradition. Dennoch wäre es wenig sinnvoll, diese Versuche schon als ›Kulturwissenschaft‹ zu bezeichnen oder etwa die traditionelle Metaphysik der Geschlechter mit ›Geschlechterforschung‹ zu verwechseln. Während die Frage nach dem Verhältnis der Geschlechter erst durch den Wiederbeginn der Frauenbewegung Ende der 1960er Jahre sowie aufgrund der in der Folgezeit erzielten Ergebnisse der Frauenforschung zu einem wissenschaftlichen Thema gemacht werden konnte, läßt sich das Konzept der ›Kulturwissenschaft‹ in Deutschland auf eine bis ins späte 19. Jahrhundert reichende Entwicklungslinie zurückführen. Allerdings verweist die gerade in den letzten Jahren viel beachtete ›kulturelle Wende‹ auf bestimmte historisch-theoretische Konstellationen, innerhalb derer sich beide Konzepte entfalten konnten und die gleichzeitig ein gemeinsames Interesse an der Verbindung von Kultur und Sozialstruktur verständlich machen. In diesem Zusammenhang sollen die Aspekte im Vordergrund stehen, die in beiden Bereichen mit der Auflösung von Grenzziehungen zu tun haben: die von den Kulturwissenschaften und den Geschlechter-Theorien gleichermaßen postulierte Überschreitung traditioneller Disziplingrenzen, die andere Formen der Wissensproduktion herausgefordert hat. Die vorwiegend aus dem anglo-amerikanischen Raum stammende Unterscheidung zwischen *sex* und *gender*, die zugleich ein erneutes Nachdenken über die Trennung von Natur und Kultur notwendig gemacht hat. Schließlich die Entgrenzungen des Textbegriffs, die mit der Bestimmung von ›Kultur als Text‹ nicht nur Fragen der Repräsentation, sondern auch Vorstellungen über die **›Lesbarkeit‹ des Körpers** in den Vordergrund gerückt haben (zum Zusammenhang von Weiblichkeit und Repräsentation vgl. Bronfen 1994, 1995; zu »Gender and Representation« vgl. den gleichnamigen Aufsatz von Chow 2001).

Da diese Aspekte v. a. im Rahmen der Geschlechterforschung zu kontroversen Diskussionen geführt haben, sollen sie zunächst mit dem Blick auf die zentralen Fragestellungen dieser Forschungsrichtung erörtert werden. Daran anschließend stellt sich die Frage, inwieweit die Prämissen der Geschlechterforschung mit den methodologischen Grundlagen der Kulturwissenschaften übereinstimmen, wo sie sich eventuell widersprechen oder sich gar unvereinbar gegenüberstehen.

1. Die Ordnung der Geschlechter

Die Grundannahmen der Geschlechterforschung und die Argumentationsschritte, die die Weiterführung dieser Annahmen begleitet haben, sind mittlerweile in zahlreichen Einführungen und Sammelbänden dokumentiert worden (vgl. u. a. MacCormack/Strathern 1980; Miller 1986; Showalter 1989; Becker-Schmidt/Knapp 1995; Bußmann/Hof 1995; Gould 1997; Walsh 1996; von Braun/Stephan 2000). Da in Deutschland erst seit vergleichsweise kurzer Zeit ein zunehmendes akademisches Interesse an dieser Forschung zu erkennen ist, mußten die deutschen Texte anfangs bei der Beschreibung der Genese dieser Forschungsrichtung im wesentlichen auf Studien zurückgreifen, die in anderen europäischen Ländern und v. a. in den USA entstanden sind. Geschlechterforschung nämlich ist ohne die wissenschaftlichen Arbeitsergebnisse der zuerst an amerikanischen Universitäten etablierten ***Women's Studies*** nicht denkbar. Seit Beginn der 1970er Jahre hatten diese Studienprogramme versucht, die Ziele der Frauenbewegung theoretisch zu begründen, Informationen von und über Frauen zusammenzutragen, um auf diese Weise die Grundlage für neue Fragestellungen zu ermöglichen. Wesentlich war die Einsicht, daß das Verhältnis der Geschlechter in allen gesellschaftlichen Bereichen von Bedeutung ist und deshalb jede Analyse einer Gesellschaftsordnung die Kenntnis der jeweiligen *Ordnung der Geschlechter* – so der Titel eines Buches von Claudia Honegger (1991) – voraussetzt.

Diese Einsicht verband sich zunächst in kritischer Absicht mit der **Forderung nach gesellschaftlicher Gleichstellung von Frauen und Männern**. In der Folgezeit jedoch wurde zunehmend deutlich, daß der gesamte Prozeß der Wissensproduktion verändert werden mußte, um eine angemessene Repräsentation von Frauen zu erreichen. Phänomene, die aus ihrer Sicht erklärungsbedürftig erschienen, waren häufig gar nicht zur Kenntnis genommen worden, so daß viele der vorhandenen Gesellschaftstheorien mit den spezifischen Lebensbedingungen von Frauen sowie mit ihren unterschiedlichen Wahrnehmungen der Realität nicht zu vereinbaren waren. Gegenüber diesen Theorien hat z. B. die Historikerin Joan Kelly in einem ihrer Essays (1977) einmal ironisch die Frage gestellt, ob auch Frauen eine ›Renaissance‹ erlebt hätten. Mit ihrer Antwort – »zumindest nicht während der Renaissance« – verlor nicht nur die Allgemeingültigkeit der traditionellen Epocheneinteilung an Überzeugungskraft, sondern auch das, was bisher als erkenntnistheoretisch gesichertes Wissen gegolten hatte. Wie die Philosophin Naomi Scheman betont, mußten diese ›Tatsachen‹ aus einer umfassenderen Perspektive »als beschränktes Produkt von Privilegien erscheinen« (Scheman 1991, S. 652). In Frage gestellt wurde somit v. a. die Objektivität und Neutralität einer ›ungeschlechtlichen‹ Wissenschaft, die sich traditionsgemäß auf die Verallgemeinerung der Lebenserfahrung von Männern gestützt und die geschlechtsspezifischen Machtverhältnisse innerhalb unserer Kultur kaum berücksichtigt hatte.

Das Anliegen, die Lebenserfahrung sozialer und kultureller Realität in ihrer Relevanz für die Entstehung und Entwicklung von Theorien anzuerkennen und als Grundlage wissenschaftlichen Arbeitens mit einzubeziehen, hatte Auswirkungen auf das jeweilige Erkenntnisinteresse und die Art der Argumentation (vgl. Kap. 2 »Kulturbegriffe und Kulturtheorien« in diesem Band). Während die Frauenforschung anfangs versuchte, bisher vernachlässigtes Wissen von und über Frauen in einzelne Wissenschaftsbereiche zu integrieren, richtete sich die Aufmerksamkeit der Geschlechterforschung in immer stärkerem Maß darauf, das vormals ausgeschlossene Wissen in einen umfassenderen Kontext zu stellen. Es ging nicht länger darum, traditionelle Konzepte und Bilder von ›Weiblichkeit‹ und ›Männlichkeit‹ zu revidieren, sondern diese Konzepte als Teil eines gesellschaftlichen Ordnungsmusters zu erkennen und mit anderen sozialen und kulturellen Organisationsformen in Verbindung zu setzen. Das hierarchische Verhältnis der Geschlechter sollte als Ergebnis von Geschichte und nicht als Folge einer naturgegebenen Klassifizierung verstanden werden. Von daher wurde v. a. die Behauptung kritisiert, es gäbe einen kausalen Zusammenhang zwischen dem als ›natürlich‹ vorausgesetzten Geschlecht und den gesellschaftlichen Positionen, die Frauen und Männern zugeschrieben wurden. Hierbei erwies sich die Unterscheidung zwischen *sex* (dem biologischen Geschlecht) und *gender* (dem sozialen Geschlecht) als hilfreich (zu den Übersetzungsschwierigkeiten vgl. Stephan 2000; ich selbst verwende hier ›Geschlecht‹/*gender* im Sinn von ›Geschlechterverhältnis‹).

Durch die Trennung von *sex* und *gender* wurde die **sozio-kulturelle Konstruktion von Sexualität** in den Vordergrund gestellt. Damit war die bekannte Formel ›Biologie als Schicksal‹ nicht länger aufrechtzuhalten. Schon der Psychoanalytiker Robert Stoller hatte in seinem 1968 erschienenen Buch *Sex and Gender* darauf aufmerksam gemacht, daß das Verhältnis zwischen physiologischen Geschlechtsmerkmalen und unseren gängigen Weiblichkeits- und Männlichkeitskonzepten sehr viel komplexer sei als bisher angenommen, nicht so sehr biologisch als vielmehr von Konventionen und Sozialisationsprozessen bestimmt. Auch kulturanthropologische Studien hatten die kulturelle Vielfalt der als weiblich und männlich gedeuteten Zuschreibungen betont. V. a. das von der Anthropologin Gayle Rubin so bezeichnete ***sex-gender system*** schien in diesem Zusammenhang ein neues Ordnungsmuster bereitzustellen, das die geschlechtsspezifische Differenzierung, die eine für die Entstehung von Gesellschaft und Kultur offenbar konstitutive Organisationsform bildet, erklären konnte (vgl. Rubin 1975). Diese Studien ermöglichten Einblick in die strukturelle Analogie von Frauen und Fremden, wie sie schon durch Freuds berühmt-berüchtigtes Diktum von der Frau als dem ›dunklen Kontinent‹ hervorgehoben worden war. Sie versprachen gleichzeitig Auskunft über das Verhältnis zwischen dem Eigenen und dem Fremden, zwischen dem Selbst und dem Anderen – gleichgültig, ob es sich bei diesem Wunsch nach Entdeckung eines anderen Orts um das Andere der (eigenen) Zivilisation, der (eigenen) Vernunft oder des (eigenen) Geschlechts handelte (vgl. die Beiträge von Lüsebrink, Wierlacher/Albrecht und Winter in diesem Band). Darüber hinaus war die Überlegung, daß die Logik der Relation zwischen *sex* und *gender* nicht auf Identitäten beruhte, auch mit sprachphilosophischen und psychoanalytischen Positionen zu vereinbaren. Ebenso wie die Bedeutung sprachlicher Zeichen sich nur über die Differenz der Zeichen untereinander definieren läßt, erkennen wir uns erst in der Abgrenzung zum anderen Geschlecht und nicht aufgrund von bestimmten Wesensmerkmalen als männlich oder weiblich.

Bei der **Unterscheidung zwischen Frauen- und Geschlechterforschung** handelt es sich selbstverständlich nicht um eine strikte Gegenüberstellung, sondern eher um eine Akzentverschiebung, durch die viele der zunächst vorwiegend auf die Lebensbedingungen und die Arbeit von Frauen konzentrierten Studien in einem größeren gesellschaftspolitischen Zusammenhang analysiert werden konnten. Mit der Frage nach dem Geschlechterverhältnis ließ sich deutlich(er) machen, daß die theoretischen Implikationen der Frauenforschung sich nicht darin erschöpfen können, bisher vernachlässigtes Wissen von und über Frauen in schon vorhandene Wissenschaftsbereiche zu integrieren, sondern daß sich – aufgrund dieser neuen Erkenntnisse – die Argumentations- und Begründungszusammenhänge der gesamten Forschung in den einzelnen Disziplinen ändern müssen. Welche Rolle spielen historisch wechselnde Vorstellungen von Weiblichkeit und Männlichkeit etwa im Rahmen der Geschichtsschreibung, die ein Verständnis unserer Vergangenheit ermöglicht? Aufgrund welcher Selektionskriterien werden bestimmte Fakten in bedeutende und weniger bedeutende historische Ereignisse eingeteilt und damit gleichzeitig ein kulturelles Gedächtnis geschaffen? (vgl. auch Kap. 8 »Kollektives Gedächtnis und Erinnerungskulturen« in diesem Band). Was wird als wissenswert und ›forschungswürdig‹ angesehen?

Mit der Etablierung von *gender* als Analysekategorie haben die im englischsprachigen Bereich als ***Gender Studies*** bekannt gewordenen Forschungsansätze die Wirksamkeit der Relation der Geschlechter für das gesamte Gebiet der Kultur hervorgehoben. Statt die Geschlechtskategorien auf ihre biologische Bestimmtheit zu reduzieren, sollte über die Existenz und die gesellschaftlichen Funktionen dieser Kategorien nachgedacht werden. In den Worten von Teresa de Lauretis:

> Wenn die Bedeutung, die der geschlechtlichen Differenzierung beigemessen wird, nicht auf anthropologische, biologische oder psychologische Gegebenheiten zurückgeführt werden konnte, sondern von kulturellen Klassifikationen abhängig war, so konnte auch die Beziehung der Geschlechter zueinander nicht länger als Ausdruck oder Repräsentation einer statischen, naturgegebenen Ordnung verstanden werden. Geschlechterbeziehungen sind *Repräsentationen von kulturellen Regelsystemen*. (De Lauretis 1987, S. 26; Übersetzung d. Verf.)

Als **Repräsentation von kulturellen Regelsystemen** begründet das Konzept *gender* das Verhältnis von Individuum und Gesellschaft. Von daher kann auch die Hierarchie der Geschlechter nicht länger als Ausdruck von naturgegebenen Eigenschaften von Frauen und Männern angesehen und legitimiert werden. Zur Debatte steht vielmehr v. a. die Beziehung zwischen dieser hierarchischen ›Ordnung der Geschlechter‹ und den jeweiligen sozio-politischen, ökonomischen und kulturellen Organisationsformen einer Gesellschaft. Damit verbunden ist eine radikale Kritik der gesamten Wissensproduktion und der damit befaßten Institutionen. Das bedeutet gleichzeitig u. a. eine Neubestimmung der Rolle von Kulturkritik.

Viele der Fragestellungen und Projekte, die die feministische Wissenschaftskritik während der letzten drei Jahrzehnte als wichtige Forschungsfelder benannt hat, werden heute auch in Deutschland als genuine Gegenstandsbereiche der Kulturwissenschaften angesehen. Die **Kanon-Debatte**, die etwa in den USA bereits zu einer umfassenden Revision der Literaturgeschichte geführt hat, ist hierfür nur ein Beispiel. Eine solche Revision beinhaltet die Forderung, das mit einem Kanon jeweils verbundene kulturelle Selbstverständnis zu überdenken. Sie impliziert eine erneute Frage nach der Funktion literarischer Texte, ein Nachdenken über unseren Umgang mit diesen Texten sowie eine Neubestimmung der ästhetischen Kriterien, die unsere Lektüre jeweils mitbestimmen. Von weitreichender Bedeutung waren darüber hinaus nicht nur die Betonung der strukturellen Beziehung zwischen privaten und öffentlichen Räumen, sondern auch die geschlechtsspezifische Zuordnung zu diesen Räumen, die es u. a. ermöglichte, den ›Strukturwandel der Öffentlichkeit‹ (vgl. Habermas 1965) in seinen Auswirkungen auf gesellschaftliche Positionen von Frauen und Männern genauer zu erfassen (vgl. u. a. Elshtain 1981; Landes 1998). Das gleiche gilt für die Vielzahl von Studien zur visuellen Wahrnehmung, die die Wichtigkeit des Visuellen im Rahmen des Erkenntnisprozesses betonen und – u. a. in der Filmwissenschaft – bahnbrechende Untersuchungen etwa zum Zusammenhang von Bilddramaturgie und geschlechtsspezifischen Zuschaueridentifikationen vorgelegt haben. Im Zeichen dieses *pictorial turn* (vgl. W.J.T. Mitchell 1997) verbinden sich die Erkenntnisinteressen aller Bereiche, die sich mit kulturellen Codierungen des Geschlechts und den Möglichkeiten der Subjektkonstitution befassen. Diese Inszenierungen des Sehens sind deshalb – ebenso wie die – ebenfalls interdisziplinär angelegten – Fragen nach ›geschlechtsspezifischen‹ Räumen – in besonderem Maß geeignet, gemeinsame Fragestellungen von Kulturwissenschaften und Geschlechterforschung zu erkennen. Über die Ästhetik der Wahrnehmung und die Kategorie des Raums wird u. a. das Phänomen von Grenzziehungen beschreibbar – etwa als Trennung von ›persönlichen‹ und ›politischen‹ Arbeitsbereichen, von ›hoher‹ und ›trivialer‹ Kunst, von Zentrum und Peripherie, Norm und Abweichung.

2. Zur Konstruktion des Natürlichen als Text der Kultur

Ebenso wie die allgemeinen Prämissen der Geschlechterforschung sind auch die Gründe für die Unterscheidung zwischen *sex* und *gender* bereits in zahlreichen Studien ausführlich dargestellt worden (vgl. die Bibliographie in Bußmann/Hof 1995). In diesem Zusammenhang ist außerdem mehrfach darauf hingewiesen worden, daß die zunächst so einleuchtend erscheinende Trennung von *sex* und *gender* in der Folgezeit von feministischen Wissenschaftlerinnen selbst zum Teil heftig kritisiert worden ist. Diese Kritik ist in Deutschland erst relativ spät, d. h. erst im Gefolge der Rezeption von Judith Butlers 1990 erschienenem Buch *Gender Trouble. Feminism and the Subversion of Identity* (*Das Unbehagen der Geschlechter*, 1991) auf einer breiteren Basis diskutiert worden. Auch diese Debatte ist seither in zahlreichen Publikationen kritisch behandelt worden. Schon 1993 veröffentlichte die Zeitschrift *Feministische Studien* ein Sonderheft zu dieser Thematik; ein Jahr später erschienen zwei Sammelbände, vom Institut für Sozialforschung Frankfurt und von Theresa Wobbe und Gesa Lindemann herausgegeben. Alle drei Bände bieten einen guten Einblick in die gesamte Debatte, die für die Frage nach der Verbindung von Geschlechterforschung und Kulturwissenschaften insofern von besonderer Relevanz ist, als anhand dieser Kontroversen über die Bedeutung des Konzepts *gender* v. a. drei Fragestellungen, mit denen sich auch die Kulturwissenschaften zunehmend auseinandersetzen müssen, deutlich geworden sind.

Zum einen wurde mit der **Trennung von *sex* und *gender*** eine Differenzierung eingeführt, die als Teil einer umfassenderen kulturkritischen Bewegung ›von Identität zu Differenz‹ verstanden werden kann und die mittlerweile zu einer Vielzahl von teilweise miteinander konkurrierenden Differenzdiskursen geführt hat.

Zum anderen wird mit der **Debatte um die ›Natürlichkeit‹ geschlechtlicher Identitäten** auch die Idee der ›sozialen Konstruktion‹ einer kritischen Überprüfung unterzogen. Denn die Frage nach ›kulturellen Konstruktionen‹ erfordert ein Nachdenken über die Bedingungen, unter denen wir Fragen stellen, d. h. ein Nachdenken über das zugrundeliegende Kulturkonzept, in dessen Rahmen solche Konstruktionen überhaupt erst interpretiert, eingeordnet und bewertet werden können. Wovon wird heute nicht behauptet, es sei sozial konstruiert? (Eine geradezu grotesk anmutende lange Liste von Buchtiteln zur Konstruktion findet sich in Hacking 1999).

Darüber hinaus wird drittens im Hinblick auf diese Auseinandersetzung erneut die Frage der Handlungsfähigkeit des Subjekts zur Diskussion gestellt – eine Frage, deren Relevanz für die Kulturwissenschaften im Zusammenhang mit den Möglichkeiten der Kulturkritik auf der Hand liegt.

Zunächst jedoch hat die **Kritik an dem *sex-gender system*** erst einmal erkennen lassen, daß auch innerhalb der feministischen Wissenschaftskritik die Meinungen über den Status der Kategorie ›Geschlecht‹ keineswegs einhellig sind. Das liegt – etwa im Fall der erwähnten kritischen Auseinandersetzung mit der Butler-Rezeption – nicht nur an Übersetzungsschwierigkeiten. Die Kontroversen sind auch nicht darauf zurückzuführen, daß die Bedeutungen des Geschlechts oder auch die Zwänge geschlechtsspezifischer Normen in den einzelnen Disziplinen oft unterschiedlich interpretiert und bewertet werden. Vielmehr waren mit der Betonung der sozio-kulturellen Konstruktion von Sexualität eine Reihe von Vorannahmen verknüpft, die sich erst allmählich als widersprüchlich herauskristallisiert haben. In aller Kürze lassen sich zwei wesentliche Argumentationslinien feststellen – auf der einen Seite eine Kritik, die die mit der **Unterscheidung von ›biologischem‹ und ›sozio-kulturellem‹ Geschlecht** einhergehende Differenzierung von Natur und Kultur in erkenntnistheoretischer Hinsicht in Frage stellt; auf der anderen Seite ein eher gesellschaftspolitisch orientierter Vorwurf, der sich darauf bezieht, daß mit dieser Unterscheidung nicht nur ein Geschlechterdualismus fortgeführt, sondern auch eine irreführende Symmetrie zwischen Frauen und Männern suggeriert werde. Es bestehe die Gefahr, diese ›Symmetrie‹ gerade über die Institutionalisierung der Geschlechterforschung weiterhin festzuschreiben. Insbesondere blieben mit der ausschließlichen Konzentration auf die Kategorie des Geschlechts viele andere Differenzen und Machtverhältnisse unberücksichtigt.

Eine überzeugende Darstellung der gesamten Thematik findet sich in dem Buch *Feministische Philosophie* von Herta Nagl-Docekal (1999). V. a. das Kapitel »Zur Anthropologie der Geschlechter« bietet eine überaus klare Auseinandersetzung mit den unterschiedlichen Positionen, die sich kritisch mit der Relevanz des Konzepts *gender* beschäftigt haben. Für Nagl-Docekal selbst steht die Bedeutung von *gender* als Angriff auf die Verknüpfung von körperlichen Geschlechtsmerkmalen mit sozialen Normen außer Zweifel. Erst der Einsatz dieses kritischen Analyseinstruments habe ein Bewußtsein dafür geschaffen, daß das Geschlechterverhältnis keine notwendige Folge einer naturhaften Ordnung darstellt, daß vielmehr gerade der Rekurs auf die Natur als Legitimationsstrategie für gesellschaftliche Machtverhältnisse zu verstehen ist. Zwar ist es dadurch, daß sich der Begriff ›Geschlecht‹ zunächst auf biologische Unterschiede bezieht, offenbar immer wieder zu dem Trugschluß gekommen, »auch die Gestaltung des Zusammenlebens von Frauen und Männern, insbesondere ihrer sexuellen Beziehungen, sei von Natur aus festgelegt oder zumindest normiert« (ebd., S. 36). Doch die Tatsache, *daß* eine Norm formuliert wird, setzt bereits die Einsicht voraus, daß das Geschlechtsleben der Menschen eben nicht von Natur aus determiniert ist. Von daher ist es einleuchtend, daß auch die Ordnung der Geschlechter nicht durch einen Verweis auf die Natur begründet werden kann. Mit anderen Worten: die Unterscheidung von *sex* und *gender* sowie die Einführung des Konzepts *gender* als Analysekategorie bestehen darauf, ›natürliche‹, geschlechtsspezifische Differenzen nicht als Ordnungsmuster anzusehen, die auf Gesellschaftsstrukturen zu übertragen sind.

Mit dieser Argumentation allerdings kann nicht nur die **Notwendigkeit der Trennung von biologischem und sozialem Geschlecht** gerechtfertigt, sondern auch der Einwand gegen diese Trennung begründet werden. Wenn es nämlich, wie Nagl-Docekal aufzeigt, nicht möglich ist, Regeln für gesellschaftliches Verhalten, für die Geschlechterordnung oder für die Beziehungen der Geschlechter untereinander aus der Natur abzuleiten, so heißt das auch, daß keine Verbindung zwischen bestimmten Verhaltensformen und biologischen (weiblichen oder männlichen) Körpern besteht, daß vielmehr die Geschlechtsidentität unabhängig von der Biologie existiert. Von daher ist es auch nicht länger sinnvoll, von einem *sex-gender system* auszugehen – auch wenn die mit diesem ›System‹ verbundene Kritik an dem asymmetrischen Geschlechterverhältnis natürlich weiterhin Bestand hat. Viele kritische Darstellungen der naturwissenschaftlichen Konzeptionen des Geschlechterverhältnisses z. B. basieren explizit auf dieser Unterscheidung (vgl. Bleier 1984; Keller 1986; Harding 1990; einen guten Überblick u. a. über die naturwissenschaftlichen Mechanismen, mit denen die Grenzen zwischen Biologie und Gesellschaft, Natur und Kultur festgelegt werden, bietet Scheich, in: von Braun/Stephan 2000).

Die zunächst so einleuchtende Vorstellung von *gender* als ›sozio-kultureller Konstruktion von Sexualität‹ wird also v. a. mit der Begründung in Frage gestellt, daß damit die Opposition von Natur und Kultur nach wie vor unangetastet bleibt. Beanstandet wird in diesem Zusammenhang, daß die Trennung zwischen *sex* und *gender*, mit der die unmittelbare, kausale Verbindung zwischen ›biologischem‹ und ›sozialem‹ Geschlecht außer Kraft gesetzt werden sollte, den Körper sozusagen als tabula rasa betrachte, auf dem dann kulturelle Einschreibungen vorgenommen werden. Das hier zugrundeliegende dichotome Verhältnis von Natur und Kultur aber sei ebensowenig aufrechtzuhalten wie die ›Wahrheit‹

einer naturgegebenen Zweigeschlechtlichkeit, die wir auf die Existenz zweier verschiedener natürlicher Geschlechtskörper zurückführen, d. h. auf etwas, das vor der Konstruktion existiert.

Nun ist bereits von seiten der Biologie darauf hingewiesen worden, daß man eher von einem ›Kontinuum‹ als von der Annahme zweier eindeutiger Geschlechter ausgehen sollte (vgl. u. a. Fausto-Sterling 1988). Auch wurde schon des öfteren der ›**latente Biologismus**‹ beklagt, der immer dann gegeben sei, wenn der eine Teil der *sex-gender* Konstruktion, d. h. das biologische Geschlecht, als naturgegeben vorausgesetzt wird. So betonen z. B. Regine Gildemeister und Angelika Wetterer, daß die »noch in feministischen Analysen als selbstverständlich biologisch vorgegeben gedachte Zweigeschlechtlichkeit des Menschen sich als undurchschaute soziale Konstruktion [erweist]« (Gildemeister/Wetterer 1992, S. 210; vgl. auch Hagemann-White 1984). Diese Überlegungen wiederum scheinen ohne größere Schwierigkeiten mit ethnologischen, historischen und empirischen Untersuchungen, die ebenfalls Zweifel an der Universalität der Zweigeschlechtlichkeit geäußert haben, vereinbar zu sein. Gesellschaften, die mehr als zwei Geschlechter zulassen, werden in diesem Zusammenhang ebensogern als Beleg angeführt wie Studien zur Transsexualität, die die Bestimmbarkeit eines klaren Dimorphismus leugnen, oder auch Thomas Laqueurs Untersuchungen zum sogenannten ›Ein-Geschlecht-Modell‹, das bis ins 18. Jahrhundert hinein in der abendländischen Kultur vorherrschte (vgl. Hirschauer 1993; Laqueur 1992; Lindemann 1993).

Wenn dennoch in Deutschland nahezu die gesamte Debatte um die Bedeutung des Geschlechterverhältnisses im wesentlichen mit dem Namen von **Judith Butler** in Verbindung gebracht wird, so lassen sich hierfür v. a. zwei Gründe anführen: Einmal eine historische Situation, in der sich – verglichen mit den Anfängen der Neuen Frauenbewegung – die Geschlechterverhältnisse verändert haben und in der eine neue Generation von Wissenschaftlerinnen mit v. a. durch den Poststrukturalismus geprägten Fragestellungen vertraut ist; zum anderen die Radikalität von Butlers Ausführungen, mit der sie das ›**Unbehagen der Geschlechter**‹ in einer bisher nicht bekannten Form radikalisiert. Sie stützt sich mit ihrer Argumentation nicht auf empirische Untersuchungen, sondern auf sprachphilosophische, erkenntnistheoretische Überlegungen, auch auf Michel Foucault, der in seinem Buch *Sexualität und Wahrheit* (1994; *Histoire de la sexualité* 1976) gezeigt hatte, in welcher Form der bisher als ›natürlich‹ angesehene Körper eine Geschichte hat, d. h. in welcher Form unser Verständnis des geschlechtlichen Körpers immer schon gesellschaftlich-kulturell vermittelt ist. Von Natur, vom Körper läßt sich nur innerhalb einer symbolischen Ordnung sprechen, die Differenzierungen bereits vorgenommen hat. Das Bild einer unabhängigen Natur ist demnach selbst ein kulturell erzeugtes Denkmuster, und auch die ›Natürlichkeit‹ der Heterosexualität beruht laut Butler auf einer Naturalisierung von Normen, mit der sich die Kultur die (notwendige) Fiktion eines ›Ursprungs‹ allererst schafft. Man könnte diese ambivalente Funktion des Begriffs *gender* als Konstruktion, die den Eindruck des Natürlichen hervorruft, auch mit den Worten/Neologismen in Verbindung bringen – *pharmakon*, *différance*, *supplément* – die Jacques Derrida dazu dienen, die Unmöglichkeit der Aufhebung von Widersprüchen zu charakterisieren – »sie markieren die Punkte dessen, was sich niemals mittels *Erinnerung* und *Aufhebung* vermitteln, beherrschen, aufheben, dialektisieren läßt« (Derrida 1995, S. 247). Wie die ›Logik‹ des Supplements oder die Ambivalenz des *pharmakon*, das zugleich Gift und Heilmittel bedeutet, markiert auch *gender* eine Grenze, die erst nachträglich das erzeugt, was durch sie bestimmt, eingegrenzt, unterschieden werden soll.

Die eigentliche Brisanz – gleichzeitig die Problematik – von Butlers Thesen besteht darin, daß sie, wie Nagl-Docekal zu Recht bemerkt, Diskursen offensichtlich eine Kompetenz des ›Herstellens‹ zuschreiben. Obwohl es einerseits sicher richtig sei zu betonen, daß der Körper immer schon mit symbolischen Konstruktionen und sozialen Normen verbunden ist, liegen die Schwierigkeiten dieser konstruktivistischen Überlegungen im wesentlichen in dem Versuch, auch **(Geschlechts-)Identitäten** auf den performativen (herstellenden) Aspekt von Sprache zurückführen zu wollen. Auf die Vorbehalte, die sich in diesem Zusammenhang v. a. im Hinblick auf Butlers Konzept der Performativität herausgebildet haben, wird schon deshalb noch zurückzukommen sein, weil die Begriffe ›**Performanz**‹ **und** ›**Performativität**‹ sowohl im Rahmen der Kulturwissenschaften als auch im Bereich der Geschlechterforschung eine besondere Bedeutung erhalten haben.

3. Das Ende der Geschlechterdifferenz?

Die provokante Behauptung, daß auch der Körper als ›Effekt der Diskurse‹ anzusehen sei, ist auf zum Teil heftigen Widerstand gestoßen. War etwa aus der Einsicht, daß die Grenze zwischen Natur und Kultur diskursiv erzeugt ist, schon die Schlußfolgerung zu ziehen, auch das biologische Geschlecht sei der gesellschaftlichen Definitionsmacht unterstellt? Angesichts der allgemeinen Verunsicherung über allgemeingültige Wertmaßstäbe schien gerade die Materialität des Körpers noch eine letzte ›Garantieinstanz‹ für eine scheinbar unberührte authentische Erfahrungswelt zu bieten. So wurde denn auch mit besonderer Vehemenz der Vorwurf der ›Entkörperung‹ vorgebracht, z. B. von Barbara Duden, die Butler als »Sprachrohr eines Diskurses« bezeichnet, »der ganz mit dem Verständnis von Natur als *Matrix*, also als Geburts*ort* im Fleisch, als Ur-*Sprung* gebrochen hat« (Duden 1993, S. 28). Im wesentlichen lassen sich zwei kritische Positionen ausmachen, die sich oft unversöhnlich gegenüberstehen. Sexualität ist entweder biologisch determiniert und festgelegt oder kulturell konstruiert und veränderbar. Obwohl u. a. Linda Nicholson (1994) ausdrücklich auf das hiermit verbundene Mißverständnis hinsichtlich der Beziehung zwischen ›biologischem Determinismus‹ und ›sozialem Konstruktivismus‹ hingewiesen hat, scheinen die ›**Essentialisten**‹ weiterhin an der Existenz eines ›prä-diskursiven‹ Körpers festhalten zu wollen, während die ›**Konstruktivisten**‹ davon ausgehen, daß alles immer schon sprachlich vermittelt sei und man von daher auch nicht von einem vorgegebenen Geschlechtsunterschied sprechen könne.

Nun lassen sich die von Nagl-Docekal so bezeichneten markanten Theoriedefizite der gegenwärtigen Debatte, »in der Körper und Diskurse abwechselnd in den Rang monokausaler Erklärungsinstanzen erhoben [werden]« (Nagl-Docekal 1996, S. 67), möglicherweise selbst als ›Effekte‹ eines Diskurses verstehen. Wenn nämlich lange Zeit die soziale Konstruktion der Beziehungen der Geschlechter immer wieder betont wurde, so deshalb, weil damit die **Veränderbarkeit des hierarchischen Geschlechterverhältnisses** hervorgehoben werden sollte. Naturgegebene oder ›natürliche‹ Dinge implizierten Essenz, Dauer, Beständigkeit – auch wenn sie kulturell ›bearbeitet‹ werden konnten. Kulturelle Artefakte dagegen waren von vornherein mit Vorstellungen von Geschichtlichkeit und Veränderung verknüpft. Von daher ist auch die Idee der sozialen Konstruktion »so wunderbar befreiend gewesen« (Hacking 1999, S. 12). Wie Hacking betont, werden mit dieser Idee immer die gleichen drei Bedeutungen in Verbindung gebracht: Demnach ist

1. eine bestimmte Unterscheidung, die vielen als selbstverständlich erscheint, nicht vom Wesen der Dinge bestimmt, d. h. sie ist nicht unvermeidlich;
2. handelt es sich bei dieser Unterscheidung um etwas Schlechtes, so daß es
3. sinnvoll wäre, die existierende Unterscheidung grundlegend neu zu gestalten.

Daraus ist jetzt offensichtlich eine spezifische Form des Konstruktivismus entstanden, die das Problem von Grenzziehungen und Unterscheidungen durch einen Prozeß der Entdifferenzierung zu lösen versucht und von daher auch die Trennung von Natur und Kultur ablehnt, anstatt den Vorgang des Differenzierens in den Vordergrund zu stellen und kritisch zu beleuchten.

»Am verwirrendsten ist für mich der Status des Begriffs *gender*«, schreibt Judith Butler selbst in einem 1997 erschienenen Aufsatz mit dem Titel »Das Ende der Geschlechterdifferenz?« Verwirrend v. a. deshalb, weil der Begriff offensichtlich zum Schauplatz verschiedenster Interessenkonflikte werden konnte. Ihr zufolge verweist die gesamte Kontroverse um das Konzept *gender* auf die ständige Schwierigkeit »zu bestimmen, wo das Biologische, das Psychische, das Diskursive, das Soziale anfangen und aufhören« (Butler 1997, S. 35). So plädiert sie dafür, die Geschlechterdifferenz als einen Ort zu verstehen, »an dem wieder und wieder eine Frage in bezug auf das Verhältnis des Biologischen zum Kulturellen gestellt wird, an dem sie gestellt werden muß und kann, aber wo sie, strenggenommen, nicht beantwortet werden kann« (ebd., S. 36).

»Einen Begriff in Frage zu stellen«, auch darauf weist Butler ausdrücklich hin, »heißt zu fragen, wie er funktioniert, welche Besetzungen er trägt, welche Ziele er anstrebt, welche Veränderungen er erfährt« (ebd., S. 29). Hier wird wieder eine der Gemeinsamkeiten zwischen Geschlechterforschung und Kulturwissenschaft deutlich, die anfangs schon mit dem Hinweis auf diverse Formen der Grenzauflösung angesprochen worden sind. Begriffe in Frage zu stellen – etwa die **Codierung der Geschlechter** oder auch die ›Natürlichkeit‹ gesellschaftlicher Hierarchisierungen und Wertvorstellungen –, war eines der Hauptanliegen der feministischen Wissenschaftskritik, in deren Rahmen sich die Geschlechterforschung entwickeln konnte. In ähnlicher Form ist es das Ziel der Kulturwissenschaften, übergreifende Fragestellungen, die traditionell disziplinär getrennt waren, zu erfassen sowie Parallelen und gemeinsame Erkenntnisinteressen bestimmter Problemfelder, die dem ersten Anschein nach keinen Bezug zueinander haben, sichtbar zu machen und damit auch die herkömmliche Aufspaltung zwischen den ›zwei Kulturen‹ – den Natur- und Geisteswissenschaften – zu überwinden. Vor diesem Hintergrund kommt der gesamten Kontroverse über die ›Natürlichkeit‹ des Körpers insofern eine umfassendere Bedeutung zu, als damit nicht nur die Relation von Natur und Kultur erneut zur Diskussion steht, sondern alle gesellschaftlichen Differenzierungs- und Normierungsprozesse. Diese Kontroverse ist demnach auch nicht isoliert zu betrachten, d. h. sie bezieht sich nicht auf ein spezifisches Problem der Geschlechterforschung, sondern kann nur im Rahmen einer sich wandelnden Auffassung von Kultur und Kulturkritik verstanden werden.

Im Hinblick auf diese umfassendere Perspektive erhalten auch die Schwierigkeiten und Widersprüche, die das Konzept *gender* mit sich gebracht hat, einen anderen Stellenwert. Wie die Historikerin **Joan Scott** zu Recht betont, ist schon die Frauenbewegung von Anfang an von Widersprüchen geprägt gewesen. Diese Widersprüche resultierten aus der paradoxen Forderung nach Freiheit und Gleichheit auf der einen Seite und einer – im Namen von Frauen vorgenommenen – Betonung ›weiblicher‹ Differenz auf der anderen (vgl. Scott 1996; zu der Spannung zwischen Gleichheits- und Differenzpostulat vgl. auch Dölling/Krais 1996). Sie bestimmten gleichermaßen die feministische Wissenschaftskritik, die dieses Dilemma nicht zu lösen vermochte, solange sie die Vorstellung einer männlichen und weiblichen Geschlechtsidentität nach wie vor als Grundlage des eigenen Denkens betrachtete und damit die Geschlechterforschung auch weiterhin einem traditionellen Identitätsdenken verpflichtet blieb. Dagegen setzt Butler die ›materialisierende‹ Kraft der Diskurse, durch die sich die Geschlechtsidentität als ›eine Art ständiger Nachahmung, die als das Reale gilt‹, herausbildet. Zu fragen ist jedoch, ob es zur Aufhebung der Hierarchie der Geschlechter notwendig ist, die Grenze zwischen biologischen und kulturellen Fakten gänzlich aufzuheben.

4. Die Intelligenz der Kultur

»Die Zerstörung im Sinne einer Grenzüberschreitung macht mit der Grenze auch das bewußt, was diese Grenze leistet«, schreibt Dirk Baecker in seinem Buch *Wozu Kultur?* »Es macht die Intelligenz der Kultur aus, die Zerstörung in dem Moment anzuhalten, in dem die Grenze bewußt, aber nicht gestrichen wird. Kultur in diesem Sinne heißt: Grenzen verfügbar machen« (Baecker 2000, S. 86). Indem die kritische Geschlechterforschung versucht hat, auch jene Erfahrungsbereiche – etwa Emotionen, Sexualität, persönliche und private Sphären –, die traditionell nur bestimmten Disziplinen als ›Untersuchungsobjekte‹ gedient hatten, in ihrer Relevanz für die gesamte Forschung und Wissensproduktion bewußt zu machen, hat sie von Anfang an die gewohnten Disziplingrenzen überschritten. Sie ist daher immer auch mit der Legitimation von Grenzen konfrontiert gewesen – nicht nur als ein Aspekt, der von den diversen *gender*-Theorien selbst thematisiert wird, sondern als eine Schwierigkeit, die die Diskussion über dieses Konzept betrifft. Welche Disziplin kann den Anspruch erheben, über den Begriff *gender*

Auskunft zu geben? Die Philosophie, die Psychologie, die Medizin, die Geschichtswissenschaft, die Soziologie? Diese Art der Verunsicherung kennzeichnet mittlerweile auch die Kulturwissenschaften, da viele der herkömmlichen Grenzsetzungen, die die Natur- und Geisteswissenschaften lange Zeit definiert haben, heute obsolet geworden sind, nicht zuletzt durch die Entwicklungen innerhalb der Gentechnologie und angesichts der weltweiten medialen Vernetzung. Hieraus erklärt sich auch die Tatsache, daß die Geschlechterforschung – ebenso wie die Kulturwissenschaften – nicht durch einen eigenen methodischen Ansatz geprägt ist, sondern eher durch eine neue Art des Umgangs mit kulturellen Phänomenen.

Mit der Auflösung der disziplinären Grenzen und der damit einhergehenden Offenheit gegenüber allem, was von den traditionellen Geisteswissenschaften als ›trivial‹ oder minderwertig ausgeschlossen wurde, ist eine **Erweiterung des Kulturbegriffs** verbunden. Dieses erweiterte Verständnis von Kultur, der Fortfall disziplinärer Selbstverständlichkeiten sowie die angestrebte Öffnung in Richtung auf das bisher Ausgeschlossene machen auch verständlich, warum gegenwärtig – nicht nur im Bereich der *Gender Studies* – der **Begriff der ›Differenz‹** zu den wohl umstrittensten Termini gehört. Schon von der Frauenforschung war immer wieder versucht worden, die Differenz der eigenen Perspektive deutlich zu machen. Daneben wurde von der Geschlechterforschung zunehmend der Zusammenhang zwischen traditionell vorherrschenden Unterscheidungskriterien und bestimmten Ausgrenzungsmechanismen herausgestellt. Damit wuchs gleichzeitig die – von marginalisierten gesellschaftlichen Gruppen vorgebrachte und von seiten des Poststrukturalismus sozusagen theoretisch untermauerte – Kritik an herkömmlichen Identitätsvorstellungen. Denn offensichtlich ging jeder Versuch einer eindeutigen Identitätszuschreibung mit jeweils neuen Ausgrenzungen einher. Diese Ausgrenzungen sind Butler zufolge zumeist als gewaltsame Akte zu begreifen, so daß für sie die Auflösung von Grenzen – die »schwankende Grenze«, von der sie spricht (Butler 1997, S. 35) – immer auch mit dem Einbezug möglichst vieler der ›verworfenen‹ Identitäten verbunden werden muß. Nun ist die Anzahl der Subjektpositionen und Identitätszuschreibungen mittlerweile nahezu unüberschaubar geworden. Immer dringlicher wurde die Frage, wie sich die Kategorie ›Geschlecht‹ zu anderen Klassifizierungen wie etwa ethnische Zugehörigkeit, sexuelle Orientierung, Alter oder Sozialstatus verhält. Wenn sich die Komplexität der sozialen Realität nicht länger mit traditionell binären Oppositionen von Mann versus Frau, Kultur versus Natur erfassen ließ, so waren v. a. Studien erforderlich, die der Vielfalt von Differenzdiskursen gerecht werden konnten. Diese Frage nach den Möglichkeiten, nicht allein die Mechanismen der Geschlechterhierarchie, sondern v. a. die gegenseitige Abhängigkeit und das Wechselspiel zwischen dem Geschlechterverhältnis und anderen Differenzkriterien zu erfassen, steht seit etwa Mitte der 1980er Jahre verstärkt im Mittelpunkt des Interesses der Geschlechterforschung (vgl. Röttger/Paul 1999).

Einen sehr guten Forschungsbericht bieten Breger, Dornhof und von Hoff, die u. a. auf eine Reihe von Studien verweisen, die die Schnittpunkte zwischen theoretischer, kultur- und literaturwissenschaftlicher Reflexion sowie zwischen Geschlechter- u. a. Differenzen thematisieren. Hier werden auch die Positionen der ***Queer Studies*** überzeugend dargestellt, die v. a. ein Bewußtsein dafür schaffen wollen, daß das, was gesellschaftlich als normal gilt, so selbstverständlich nicht ist. Gleichzeitig wird zurecht betont, daß »in Sachen *queer*« der Trend einer zunehmenden Differenzierung zu verzeichnen ist: »*Queer(ness)* ist nur einer der Namen, mit deren Hilfe die Komplexität, Heterogenität und Prozessualität von Identitäten und Sexualitäten diskutierbar geworden ist« (ebd., S. 93). Ebenfalls betont wird die Tatsache, daß im anglo-amerikanischen Raum die Verknüpfungen von *gender, post-colonial* und *minority discourses* seit langem im akademischen Kontext ausgearbeitet worden sind, während sich diese Fragestellungen in Deutschland noch in einem Anfangsstadium befinden. Das gleiche gilt für die **Männlichkeitsforschung**, die sich hierzulande erst allmählich durchzusetzen beginnt. Zwar hat, wie Michael Meuser in seinem 1998 erschienenen Buch *Geschlecht und Männlichkeit* feststellt, »die Kulturproduktion den Mann schon längst entdeckt« (Meuser 1998, S. 12). Doch diese ›Entdeckung‹ und die damit einhergehende öffentliche Aufmerksamkeit beziehen sich eher auf »Fernsehsendungen à la ›Mann-O-Mann‹, in der Männer als Objekt weiblicher Lust präsentiert werden« (ebd.). Es bleibt abzuwarten, ob die akademische Männlichkeitsforschung dazu beitragen kann, die Situation an deutschen Universitäten dahingehend zu verändern, daß das ›Geschlecht‹ nicht erst dann als Problem auftaucht, wenn von Frauen die Rede ist (einen kurzen Überblick über den Stand der Forschung in den Vereinigten Staaten geben Reichardt/Sielke 1998; vgl. außerdem Brod/Kaufman 1994; Berger/Wallis/Watson 1995; Gittings 1996).

Festzuhalten ist, daß die gegenwärtige Debatte im Bereich der Geschlechterforschung, die sich im Gefolge von Butlers kritischen Interventionen entwickelt hat, auch als Teil einer ›postmodernen‹ Auseinandersetzung verstanden werden muß, in deren Rahmen mit der **Ablehnung der universalistischen ›Meistererzählungen‹** und der Auflösung des Begriffs eines ›autonomen Subjekts‹ auch die Dezentrierung von Identitätsbildungen diskutiert wird. Butlers Stimme ist in dieser Auseinandersetzung nur eine unter vielen anderen innerhalb eines grundlegenderen Streits um Differenz – kein Plädoyer dafür, die Kategorie *gender* ›abzuschaffen‹, vielmehr eine Aufforderung, das komplexe Verhältnis von Differenzbeziehungen neu zu bestimmen.

5. ›Modernisierung der Geisteswissenschaften‹?

In einer Studie mit dem Titel *Orientierung Kulturwissenschaft,* die es sich zur Aufgabe gemacht hat, die Arbeitsfelder kulturwissenschaftlicher Forschung und Lehre explizit zu benennen, wird der Anspruch der Kulturwissenschaften im wesentlichen in der Modernisierung der Geisteswissenschaften gesehen, durch die »die Fächer der alten Philosophischen Fakultät an die faktische Internationalisierung des Wissenschaftsprozesses angeschlossen werden [sollten]« (Böhme/Matussek/Müller 2000, S. 32). Implizit wird an diesem Band jedoch v. a. deutlich, daß bei der angestrebten Modernisierung der Geisteswissenschaften die Geschlechterforschung offenbar keine große Rolle spielt. Obwohl dieser Umstand in keiner Weise thematisiert wird, legt das Buch auf die Frage nach den Gründen für die weitgehend fehlende Auseinandersetzung mit den Forschungsergebnissen der *Gender Studies* selbst eine Antwort nahe: »Die Überführung der ›Geisteswissenschaften‹ in ›Kulturwissenschaften‹«, heißt es gleich im ersten Kapitel, »wurde in der Bundesrepublik Deutschland seit den frühen 1980er Jahren nicht von Außenseitern und von der Peripherie der Disziplinen her, sondern maßgeblich von Funktionsträgern der wissenschaftlichen und wissenschaftspolitischen Eliten betrieben« (ebd., S. 32). Eine solche Aussage zeigt gleichzeitig, in welcher Form Erkenntnisinteressen, die vorwiegend aus theoretischen Überlegungen innerhalb des Wissenschaftsbetriebs hervorgegangen sind, sich von Fragestellungen unterscheiden, die ihr Entstehen einer sozialen Bewegung verdanken. An diesem Buch lassen sich somit exemplarisch zwei Aspekte hervorheben: Zum einen kann das Postulat, das **Geschlechterverhältnis als eine fundamentale Analysekategorie** zu etablieren, nicht unabhängig von den jeweiligen gesellschaftspolitischen, sozialen und institutionellen Bedingungen verstanden werden. Zum anderen wird erkennbar, daß in den USA die Verbindung von Erkenntnissen der Geschlechterforschung mit wichtigen **Fragen der sozialen, politischen und ökonomischen Machtbereiche** schon sehr viel weiter fortgeschritten ist. Denn wenn die Autoren dieses Buches hier unter der Überschrift »Die Polarität des Männlichen und des Weiblichen« erklären, daß die »Kategorie ›gender‹, die im vergangenen Jahrzehnt hierzulande als Import aus den angelsächsischen Debatten [...] aufgegriffen wurde, ihre Attraktivität nicht zuletzt ihrem Status als Fremdwort [verdankt]« (ebd., S. 145), so liegt die Vermutung nahe, daß von dem wissenschaftskritischen Potential dieser Kategorie kaum noch etwas übrig geblieben ist, daß vielmehr – wie Butler auch mit Bezug auf antifeministische Tendenzen in den Vereinigten Staaten feststellt – »*gender* einfach zu einer diskursiven Bezeichnung von männlich und weiblich geworden ist« und die Einführung von *Gender Studies*-Programmen als Möglichkeit gesehen wird, »einen akademischen Bereich zu legitimieren und doch abzulehnen [...]« (Butler 1997, S. 34).

Eine ähnliche Abneigung gegenüber ›Importen‹ zeigt auch Friedrich Kittlers *Kulturgeschichte der Kulturwissenschaft*, in der ausdrücklich vor den *Cultural Studies* gewarnt wird. Wie der Autor betont, ersetzen diese »*Cultural Studies*, soweit sie mir denn begegnet sind, Kultur durch Alltäglichkeit und Herders Völker durch Minoritäten, die demographisch allerdings auch Majoritäten sein dürfen« (Kittler 2001, S. 249). Zwar können diese Begegnungen mit der anglo-amerikanischen Konzeption von ›Kulturwissenschaft‹ – wenn man die Bibliographie daraufhin anschaut – nicht allzu häufig gewesen sein. Dennoch wird dem abendländischen Wissen, »über dessen geschichtliches Entstehen und Vergehen [...] ich Ihnen und mir Rechenschaft abzulegen versucht habe« (ebd., S. 248) höchste Priorität zugesprochen. »Nur wenn der alte eurasische Kontinent,« so heißt es weiter,

> seine Kulturgeschichte, gerade weil sie ganz unproprietär aus Nahem und Fernem, Neuem und Altem gemacht ist, selbst erforscht und erschreibt, statt sie der meistbietenden *Pax americana* zu überlassen, müssen wir den guten Titel der Kulturwissenschaft nicht erst – wie in anderen traurigen Fällen – zu *Cultural Studies* amerikanisieren, um als Wissenschaft zu dauern. Zwischen Tataren und Kelten, Indern und Scholastikern, Arabern und Germanen bleibt genug zu tun. (ebd., S. 249)

Selbst wenn es möglicherweise einfacher ist, sich mit Kelten, Scholastikern und Germanen anstatt z. B. mit afro-deutschen oder türkischen Frauen auseinanderzusetzen, so fällt es doch schwer, diese Gedankengänge auch nur annähernd mit der erwünschten Modernisierung der Geisteswissenschaften zu vereinbaren. Im Vergleich dazu erscheint – bei aller ›Ungleichzeitigkeit‹ der Theoriebildung – der internationale Gedankenaustausch im Bereich der Geschlechterforschung wesentlich ausgeprägter zu sein. Auch unter diesem Gesichtspunkt kommt der gesamten Debatte um den Status der Kategorie *gender* eine besondere Bedeutung zu. Denn ebenso wie die Rezeption von Butlers Schriften sowie – um zwei weitere Beispiele zu nennen – die in Europa und den Vereinigten Staaten äußerst intensive Beschäftigung mit den Arbeiten französischer Wissenschaftlerinnen im Bereich der Geschlechterforschung oder auch die große Zahl von internationalen Zeitschriften auf diesem Gebiet hat diese Debatte über disziplinäre und nationale Grenzen hinweg für die wissenschaftliche Auseinandersetzung und die ›Modernisierung der Geisteswissenschaften‹ einen wichtigen Beitrag geleistet. Der **Streit um Differenz** lautete denn auch bezeichnenderweise der Titel eines Bandes, der zunächst in deutscher Sprache veröffentlicht wurde und ein ›Streitgespräch‹ zwischen vier amerikanischen Wissenschaftlerinnen dokumentiert (Benhabib et al. 1993). In diesem Buch ist die Geschlechterthematik eingebettet in übergreifende theoretische Überlegungen etwa zum Problem von Universalität und Partikularität, zur Handlungsfähigkeit des Subjekts, zur sozialen Verantwortung.

»Betrachtet man die intellektuelle und universitäre Kultur der westlichen kapitalistischen Demokratien, so haben sich der Feminismus und das postmoderne Denken zu den beiden führenden Gedankenströmungen unserer Zeit entwikkelt« (ebd., S. 9), erklärt Seyla Benhabib gleich zu Beginn ihres Beitrags zu dieser Diskussion. Bei allen inhaltlichen Kontroversen bleibt diese Überzeugung während der gesamten Auseinandersetzung unwidersprochen. Daß sich eine solche Einsicht gerade in den USA durchsetzen konnte, ist u. a. der Tatsache zu verdanken, daß die Geschlechterforschung für die *Cultural Studies* mittlerweile zu einem unverzichtbaren Teil ihres eigenen wissenschaftlichen Selbstverständnisses geworden ist. Hier wird auch weniger von ›Importen‹ gesprochen – was ja immer eine bereits gezogene Grenze impliziert – als von der Notwendigkeit, Grenzen neu zu definieren. So haben etwa Stephen Greenblatt und Giles Gunn (1992) wichtige Texte der *Cultural Studies* in einem Sammelband mit dem Titel *Redrawing Boundaries* zusammengestellt. Wie in vielen anderen Arbeiten der *Cultural Studies* steht auch in diesem Band die Autorität derjenigen zur Debatte, die glaubten, von Besonderheiten – etwa von rassen-, klassen- oder geschlechtsspezifischen Machtverhältnissen – im Namen von universellen, allgemeingültigen Werten abstrahieren zu können. Diesen Aspekt betont auch Mieke Bal in ihrer *Kulturanalyse* (2002), wenn sie ihre fundierten Einwände gegenüber den *Cultural Studies* ausdrücklich als »Fußnote zu [der] übergeordneten Anerkennung« versteht, daß die *Cultural Studies*

> in einzigartiger Weise dazu beigetragen [haben], der akademischen Gemeinschaft das Konservative ihrer Bemühungen – ihr einverständliches Mitwirken an einer elitären, weiß-männlichen Politik der Ausschließung und der darauf folgenden intellektuellen Abschottung – zum Bewußtsein zu bringen. (ebd., S. 7)

Offensichtlich liegt der Unterschied zu den Kulturwissenschaften in Deutschland vorwiegend in dem **gesellschaftskritischen Impetus der *Cultural Studies***, die durch die Perspektive der ›Außenseiter‹ immer wieder gezwungen wurden, den Universalitätsanspruch der eigenen Prämissen in Frage zu stellen und neu zu reflektieren. Dagegen finden hierzulande zwischen den Kulturwissenschaften und den *Gender Studies* noch nicht einmal ›Streitgespräche‹ statt.

6. Selbstautorisierung und Performanz

»Ein Denken von ›Performanz‹ und ›Performativität‹, das sich theoriegeschichtlich auf die Sprechakttheorie, Foucaults Arbeiten zur Subjektkonstitution und Bourdieus Habitus-Begriff zurückführen läßt, bildet die gemeinsame Achse von Cultural Studies und Gender Studies« (Engelmann 1999, S. 16). Diese Feststellung von Jan Engelmann in der Einleitung zu dem von ihm herausgegebenen *Cultural Studies-Reader* ist insofern überzeugend, als die Annahme kultureller Homogenität heute ebenso fragwürdig geworden ist wie die Vorstellung einer eindeutigen Geschlechtsidentität. Von daher ist es auch nicht verwunderlich, daß der **Begriff der ›Performanz‹** für die kulturwissenschaftliche Wende der Geisteswissenschaften so zentral geworden ist. Die hiermit verbundene Theatermetaphorik knüpft einerseits an etablierte Formen von Inszenierungen wie etwa Mimikry oder Maskerade an, während andererseits aus der Perspektive der Performativität das Konzept des ›autonomen Subjekts‹ nicht länger vorausgesetzt wird. Die Aufmerksamkeit gilt – wie Butlers Arbeiten gezeigt haben – v. a. der Herstellung von Identität als Prozeß, d. h. als Zitieren von Konventionen und Normen gemäß diskursiver Regeln. Durch diese sich ständig wiederholende Praxis der Befolgung von Normen, die »aus einer Serie von Forderungen, Tabus, Sanktionen, Einschärfungen, Verboten, unmöglichen Idealisierungen und Drohungen – performativen Sprechakten [bestehen]« (Butler 1995, S. 154), erzeugt der Diskurs die Wirkungen, die er benennt.

Nun erscheint, wie z. B. die Anthropologin Henrietta Moore erklärt, die Emphase, mit der der performative Charakter der Geschlechtsidentität heute betont wird, von einem anthropologischen Standpunkt aus gesehen nicht besonders revolutionär (vgl. Moore 1994). Ethnographische Studien haben häufig darauf hingewiesen, daß geschlechtliche Klassifikationen nicht so sehr auf der Anatomie basieren als vielmehr auf dem, was Frauen und Männern *tun*. Warum also die überaus große Faszination, die das Performativitätsmodell mit sich gebracht hat? Offensichtlich stellt dieses Modell eine Reihe von Lösungsmöglichkeiten für die viel beklagte ›Identitätskrise‹ in Aussicht. Gerade die Theatermetaphorik verspricht neue Formen der Selbstautorisierung, die gleichzeitig die Spannung zwischen der postmodernen Skepsis gegenüber einem autonomen Subjekt und dem Wunsch nach Handlungsfähigkeit und einer effektiven Subjektposition aufzuheben scheinen. Diese neue Form der Selbstautorisierung wiederum ist ein kulturelles Phänomen, das – wie Winfried Fluck in seinem 1995 erschienenen Aufsatz »Die ›Amerikanisierung‹ der Geschichte im *New Historicism*« ausführt – als »Folgeerscheinung kultureller Enthierarchisierung angesehen werden kann. Denn mit jeder Zuspitzung postmoderner Enthierarchisierungstendenzen steigt paradoxerweise auch die Notwendigkeit, neue Formen der Autorisierung einer Aussage bzw. Interpretation zu finden« (ebd., S. 235). Fluck macht darüber hinaus überzeugend klar, daß die Autorität und Überzeugungskraft aller Versuche, »das Theatralische als privilegierten Ort sozialer Transaktion zu etablieren« (ebd., S. 243), eng mit den politischen Perspektiven verbunden sind, die sie jeweils vertreten (vgl. Kap. 7 »New Historicism, Cultural Materialism und Cultural Studies« in diesem Band).

Für eine fruchtbare Zusammenarbeit zwischen Kulturwissenschaften und *Gender Studies* folgt aus diesen Überlegungen zunächst einmal die Notwendigkeit, die jeweiligen politischen Perspektiven oder das gesellschaftspolitische Engagement sehr viel klarer herauszustellen. Soziale Strukturen ändern sich nicht dadurch, daß man erkennt und betont, daß sie sozial konstruiert sind. Was sich allerdings ändert, wenn nicht länger von ›natürlichen‹, biologisch fundierten Grundlagen auszugehen ist, sind die Legitimationsstrategien. Warum etwa besteht – wie Joan Scott in ihrem Aufsatz »Die Zukunft von *gender*. Fantasien zur Jahrtausendwende« bemerkt – wieder ein so großes Interesse daran, soziale Faktoren genetisch oder evolutionspsychologisch zu erklären? Zu fragen wäre ebenfalls, wie subversiv die gegenwärtig so beliebten **Studien zu *cross-dressing*, Maskerade und Transsexualität** wirklich sind. In jedem Fall sind mit dem erneuten Rekurs auf die Natur ebenso wie mit der ›Entnaturalisierung‹ der Geschlechtsidentität immer auch politische Zielsetzungen verbunden, ohne die weder die Funktion von Grenzziehungen noch der Wunsch nach Grenzüberschreitung oder -auflösung verstanden und bewertet werden können.

Literaturverzeichnis

Standardwerke und Einführungen

Bal, Mieke: *Kulturanalyse.* Frankfurt a. M.: Suhrkamp 2002.

Becker-Schmidt, Regina/Knapp, Gudrun-Axeli (Hgg.): *Das Geschlechterverhältnis als Gegenstand der Sozialwissenschaften.* Frankfurt a. M./New York: Campus 1995.

Becker-Schmidt, Regina/Knapp, Gudrun-Axeli: *Feministische Theorien zur Einführung.* Hamburg: Junius 2000.

Benhabib, Seyla/Cornell, Drucilla (Hgg.): *Feminism as Critique. On the Politics of Gender.* Minneapolis: University of Minnesota Press 1987.

Braun, Christina von/Stephan, Inge: *Gender Studien. Eine Einführung.* Stuttgart/Weimar: Metzler 2000.

Bußmann, Hadumod/Hof, Renate (Hgg.): *Genus. Zur Geschlechterdifferenz in den Kulturwissenschaften.* Stuttgart: Kröner 1995.

Butler, Judith: *Gender Trouble. Feminism and the Subversion of Identity.* New York: Routledge 1990 (dt.: *Das Unbehagen der Geschlechter.* Frankfurt a. M.: Suhrkamp 1991).

Butler, Judith: *Körper von Gewicht. Die diskursiven Grenzen des Geschlechts.* Berlin: Berlin-Verlag 1995 (orig.: *Bodies that Matter. On the Discursive Limits of ›Sex‹.* New York: Routledge 1993).

Chow, Rey: »Gender and Representation.« In: Elisabeth Bronfen/Misha Kavka (Hgg.): *Feminist Consequences. Theory for the New Century.* New York: Columbia UP 2001, S. 38–57.

Engelmann, Jan (Hg.): *Die kleinen Unterschiede. Der Cultural Studies-Reader*. Frankfurt a. M./New York: Campus 1999.

Foucault, Michel: *Sexualität und Wahrheit*. Bd. I: *Der Wille zum Wissen*. Frankfurt a. M.: Suhrkamp 1994 (orig.: *Historie de la sexualité*. Bd. 1: *La volonté de savoir*. Paris: Gallimard 1976).

Frankenberg, Ruth: *White Women, Race Matters. The Social Construction of Whiteness*. Minneapolis: University of Minnesota Press 1993.

Gould, Carol C. (Hg.): *Gender. Concepts in Critical Theory*. New Jersey: Humanities Press 1997.

Haraway, Donna: *Simians, Cyborgs and Women. The Reinvention of Nature*. London: Free Associations Books 1991 (dt.: *Die Neuerfindung der Natur. Primaten, Cyborgs und Frauen*. Frankfurt a. M./New York: Campus 1995).

Harding, Sandra: *Feministische Wissenschaftstheorie. Zum Verhältnis von Wissenschaft und sozialem Geschlecht*. Hamburg: Argument-Verlag 1990 (orig.: *The Science Question in Feminism*. Ithaca: Cornell UP 1986).

Hof, Renate: *Die Grammatik der Geschlechter. Gender als Analysekategorie der Literaturwissenschaft*. Frankfurt a. M./New York: Campus 1995.

Honegger, Claudia: *Die Ordnung der Geschlechter. Die Wissenschaften vom Menschen und das Weib*. Frankfurt a. M./New York: Campus 1991.

Laqueur, Thomas: *Auf den Leib geschrieben. Die Inszenierung der Geschlechter von der Antike bis Freud*. Frankfurt a. M./New York: Campus 1992 (orig.: *Making Sex. Body and Gender from the Greeks to Freud*. Cambridge, MA: Harvard UP 1990).

Lauretis, Teresa de: *Technologies of Gender. Essays on Theory, Film, and Fiction*. Bloomington: Indiana UP 1987.

Lindemann, Gesa: *Das paradoxe Geschlecht. Transsexualität im Spannungsfeld von Körper, Leib und Gefühl*. Frankfurt a. M.: Fischer 1993.

Meuser, Michael: *Geschlecht und Männlichkeit. Soziologische Theorie und kulturelle Deutungsmuster*. Opladen: Leske & Budrich 1998.

Nagl-Docekal, Herta: *Feministische Philosophie. Ergebnisse, Probleme, Perspektiven*. Frankfurt a. M.: Fischer 1999.

Nagl-Docekal, Herta/Pauer-Studer, Herlinde (Hgg.): *Denken der Geschlechterdifferenz. Neue Fragen und Perspektiven der feministischen Philosophie*. Wien: Wiener Frauenverlag 1990.

Nicholson, Linda (Hg.): *Feminism/Postmodernism*. New York: Routledge 1980.

Rubin, Gayle: »The Traffic in Women: Notes on the Political Economy of Sex.« In: Rayna R. Reiter (Hg.): *Toward an Anthropology of Women*. New York/London: Monthly Review Press 1975, S. 157–210.

Scheich, Elvira (Hg.): *Vermittelte Weiblichkeit. Feministische Wissenschafts- und Gesellschaftstheorie*. Hamburg: Hamburger Ed. 1996.

Scheman, Naomi: »›Your Ground is my Body‹. Strategien des Anti-Fundamentalismus.« In: Hans Ulrich Gumbrecht/K. Ludwig Pfeiffer (Hgg.): *Paradoxien, Dissonanzen, Zusammenbrüche. Situationen offener Epistemologie*. Frankfurt a. M.: Suhrkamp 1991, S. 639–654.

Scheman, Naomi: *Engenderings. Constructions of Knowledge, Authority, and Privilege*. New York/London: Routledge 1993.

Scott, Joan Wallach: *Only Paradoxes to Offer. French Feminists and the Rights of Man*. Cambridge, MA: Harvard UP 1996.

Showalter, Elaine (Hg.): *Speaking of Gender*. New York: Routledge 1989.

Spivak, Gayatri C.: *In Other Worlds. Essays in Cultural Politics*. New York/London: Routledge 1987.

Stoller, Robert J.: *Sex and Gender*. London: Hogarth 1968.

Weigel, Sigrid: *Topographien der Geschlechter*. Reinbek: Rowohlt 1990.

Weiterführende Literatur

Angerer, Marie-Luise (Hg.): *The Body of Gender. Körper/Geschlechter/Identitäten*. Wien: Passagen Verlag 1995.

Angerer, Marie-Luise/Dorer, Johanna (Hgg.): *Gender und Medien. Theoretische Ansätze, empirische Befunde und Praxis der Massenkommunikation. Ein Textbuch zur Einführung*. Wien: Braumüller 1994.

Bachmann-Medick, Doris (Hg.): *Kultur als Text. Die anthropologische Wende in der Literaturwissenschaft*. Frankfurt a. M.: Fischer 1998.

Baecker, Dirk: *Wozu Kultur?* Berlin: Kulturverlag Kadmos 2000.

Benhabib, Seyla et al.: *Der Streit um Differenz*. Frankfurt a. M.: Fischer 1993 (orig.: *Feminist Contentions. A Philosophical Exchange*. New York/London: Routledge 1995).

Berger, Maurice/Wallis, Brian/Watson, Simon (Hgg.): *Constructing Masculinity*. New York/London: Routledge 1995.

Bhavnani, Kum-Kum (Hg.): *Feminism & Race*. Oxford: Oxford UP 2001.

Bleier, Ruth: *Science and Gender. A Critique of Biology and Its Theories on Women*. Oxford/New York: Pergamon Press 1984.

Bonnell, Victoria E./Hunt, Lynn (Hgg.): *Beyond the Cultural Turn. New Directions in the Study of Society and Culture*. Berkeley: University of California Press 1999.

Böhme, Hartmut/Matussek, Peter/Müller, Lothar: *Orientierung Kulturwissenschaft. Was sie kann, was sie will*. Reinbek: Rowohlt 2000.

Breger, Claudia/Dornhof, Dorothea/Hoff, Dagmar von: »Gender Studies/Gender Trouble. Tendenzen und Perspektiven der deutschsprachigen Forschung.« In: *Zeitschrift für Germanistik* Neue Folge 1 (1999), S. 72–113.

Brod, Harry/Kaufman, Michael (Hgg.): *Theorizing Masculinities*. London: Sage Publications 1994.

Bronfen, Elisabeth: *Nur über ihre Leiche. Tod, Weiblichkeit und Ästhetik*. München: Kunstmann 1994.

Bronfen, Elisabeth: »Weiblichkeit und Repräsentation – aus der Perspektive von Ästhetik, Semiotik und Psychoanalyse.« In: Bußmann/Hof 1995, S. 408–445.

Bronfen, Elisabeth/Marius, Benjamin/Steffen, Therese (Hgg.): *Hybride Kulturen. Beiträge zur anglo-amerikanischen Multikulturalismusdebatte*. Tübingen: Stauffenburg 1997.

Butler, Judith: »Das Ende der Geschlechterdifferenz?« In: Jörg Huber/Martin Heller (Hgg.): *Konturen des Unentschiedenen*. Basel: Stromfeld/Roter Stern 1997, S. 25–43.

Butler, Judith/Laclau, Ernesto/Zizek, Slavoj: *Contingency, Hegemony, Universality. Contemporary Dialogues on the Left*. London/New York: Verso 2000.

Butler, Judith/Guillory, John/Kendall, Thomas (Hgg.): *What's Left of Theory. New York on Literary Theory*. New York/London: Routledge 2000.

Clark, Vèvè et al. (Hgg.): *Antifeminism in the Academy*. New York/London: Routledge 1996.

Code, Lorraine: *What Can She Know? Feminist Theory and the Construction of Knowledge*. Ithaca, NY: Cornell UP 1991.

Copjec, Joan: *Read My Desire. Lacan against the Historicists*. Cambridge, MA: MIT Press 1995.

Derrida, Jacques: *Dissemination*. Wien: Passagen Verlag, 1995 (orig.: *La Dissémination*. Paris: Éditions du Seuil 1972).

Deutscher, Penelope: *Yielding Gender. Feminism, Deconstruction and the History of Philosophy*. New York/London: Routledge 1997.

Dinnerstein, Dorothy: *The Mermaid and the Minotaur. Sexual Arrangements and Human Malaise*. New York: Harper & Row 1976 (dt.: *Das Arrangement der Geschlechter*. Stuttgart: Deutsche Verlagsanstalt 1979).

Dölling, Irene/Krais, Beate (Hgg.): *Ein alltägliches Spiel. Geschlechterkonstruktion in der sozialen Praxis*. Frankfurt a. M.: 1996.

Duden, Barbara: »Die Frau ohne Unterleib. Zu Judith Butlers Entkörperung. Ein Zeitdokument.« In: *Feministische Studien* 11, 2 (1993), S. 24–33.

Elshtain, Jean Bethke: *Public Man, Private Woman. Women in Social and Political Thought*. Princeton, NJ: Princeton UP 1981.

Faludi, Susan: *Backlash. The Undeclared War Against American Women*. New York: Crown 1991.

Fausto-Sterling, Anne: *Gefangene des Geschlechts? Was biologische Theorien über Mann und Frau Sagen*. München: Piper, 1988 (orig.: *Myths of Gender. Biological Theories about Women and Men*. New York: Basic Books 1985).

Fluck, Winfried: »Die ›Amerikanisierung‹ der Geschichte im *New Historicism*.« In: Moritz Baßler (Hg.): *New Historicism. Literaturgeschichte als Poetik der Kultur*. Frankfurt a. M.: Fischer 1995, S. 229–250.

Frankenberg, Ruth (Hg.): *Displacing Whiteness. Essays in Social and Cultural Criticism*. Durham/London: Duke UP 1997.

Friedman, Susan Stanford: *Mappings. Feminism and the Cultural Geographies of Encounter*. Princeton: Princeton UP 1998.

Gallagher, Catherine/Laqueur, Thomas (Hgg.): *The Making of the Modern Body*. Berkeley: University of California Press 1987.

Garber, Marjorie: *Vested Interests. Cross-dressing & Cultural Anxiety*. New York: Routledge 1992 (dt.: *Verhüllte Interessen. Transvestitismus und kulturelle Angst*. Frankfurt a. M.: Fischer, 1993).

Garber, Marjorie/Hansen, Beatrice/Walkowitz, Rebecca L. (Hgg.): *The Turn to Ethics*. New York/London: Routledge 2000.

Gatens, Moira: *Imaginary Bodies. Ethics, Power and Corporeality*. London/New York: Routledge 1996.

Gildemeister, Regine/Wetterer, Angelika: »Wie Geschlechter gemacht werden. Die soziale Konstruktion der Zweigeschlechtlichkeit und ihre Reifizierung in der Frauenforschung.« In: Gudrun Axeli Knapp/Angelika Wetterer (Hgg.): *Traditionen Brüche. Entwicklungen feministischer Theorie*. Freiburg: Kore Verlag 1992, S. 201–254.

Gittings, Christopher E. (Hg.): *Imperialism and Gender. Constructions of Masculinity*. New Lambton: Dangaroo 1996.

Greenblatt, Stephen/Gunn, Giles (Hgg.): *Redrawing Boundaries. The Transformation of English and American Literary Studies*. New York: The Modern Language Association of America 1992.

Habermas, Jürgen: *Strukturwandel der Öffentlichkeit. Untersuchungen zu einer Kategorie der bürgerlichen Gesellschaft*. Neuwied: Luchterhand 1965.

Hacking, Ian: *Was heißt ›soziale Konstruktion‹? Zur Konjunktur einer Kampfvokabel in den Wissenschaften*. Frankfurt a. M.: Fischer 1999.

Hagemann-White, Carol: »Thesen zur kulturellen Konstruktion der Zweigeschlechtlichkeit.« In: Barbara Schaeffer-Hegel/Brigitte Wartmann (Hgg.): *Mythos Frau. Projektionen und Inszenierungen im Patriarchat*. Berlin: Publica 1984.

Haraway, Donna: »Geschlecht, Gender, Genre.« In: Kornelia Hauser (Hg.): *Viele Orte. Überall? Feminismus in Bewegung*. Berlin: Argument Verlag 1987, S. 22–41.

Hekman, Susan J.: *Gender and Knowledge. Elements of a Postmodern Feminism*. Boston: Northeastern UP 1990.

Hey, Barbara: »Die Entwicklung des *gender*-Konzepts vor dem Hintergrund poststrukturalistischen Denkens.« In: *L'Homme. Zeitschrift für Feministische Geschichtswissenschaft*. 5, 1 (1994), S. 7–27.

Hirschauer, Stefan: *Die soziale Konstruktion der Transsexualität. Über die Medizin und den Geschlechtswechsel*. Frankfurt a. M.: Suhrkamp 1993.

Institut für Sozialforschung Frankfurt (Hg.): *Geschlechterverhältnisse und Politik*. Frankfurt a. M.: Suhrkamp, 1994.

Jordanova, Ludmilla: »Natural Facts. A Historical Perspective on Science and Sexuality.« In: Carol P. MacCormal/Marilyn Stratern (Hgg.): *Nature, Culture, and Gender*. New York: Cambridge UP 1980, S. 42–69.

Kaplan, Cora/Gover, David: *Genders*. London/New York: Routledge 2000.

Keller, Evelyn Fox: *Liebe, Macht und Erkenntnis. Männliche und weibliche Wissenschaft*. München: Hanser, 1986 (orig.: *Reflections on Gender and Science*. New Haven, CT: Yale UP 1985).

Keller, Evelyn Fox: *Refiguring Life. Metaphors of Twentieth-Century Biology*. New York: Columbia UP 1995.

Kelly-Gadol, Joan: »Did Women Have a Renaissance?« 1977. (dt.: »Gab es die Renaissance für Frauen?« In: Barbara Schaeffer-Hegel/Barbara Watson-Franke (Hgg.): *Männer Mythos Wissenschaft. Grundlagentexte zur feministischen Wissenschaftskritik*. Pfaffenweiler: Centaurus-Verlagsgesellschaft 1989, S. 33–66).
Kessler, Suzanne J./McKenna, Wendy: *Gender. An Ethnomethodological Approach*. New York: Wiley 1978.
Kittler, Friedrich A.: *Aufschreibesysteme 1800–1900*. München: Fink 1985.
Kittler, Friedrich A.: *Eine Kulturgeschichte der Kulturwissenschaft*. München: Fink 2001.
Landes, Joan (Hg.): *Feminism, the Public and the Private*. Oxford: Oxford UP 1998.
Lauretis, Teresa de: »Die Technologie des Geschlechts.« In: Elvira Scheich (Hg.): *Vermittelte Weiblichkeit. Feministische Wissenschafts- und Gesellschaftstheorie*. Hamburg: Hamburger Ed. 1996.
List, Elisabeth/Studer, Herlinde (Hgg.): *Denkverhältnisse. Feminismus und Kritik*. Frankfurt a. M.: Suhrkamp 1989.
Lorber, Judith/Farell, Susan A. (Hgg.): *The Social Construction of Gender*. Newbury Park, CA: Sage 1991.
Lorey, Isabel: *Immer Ärger mit dem Subjekt. Theoretische und politische Konsequenzen eines juridischen Machtmodells: Judith Butler*. Tübingen: Edition Discord 1996.
Maihofer, Andrea: *Geschlecht als Existenzweise*. Frankfurt a. M.: Helmer 1995.
McNey, Lois: *Gender and Agency. Reconfiguring the Subject in Feminist and Social Theory*. Cambridge: Polity Press 2000.
Miller, Nancy (Hg.): *The Poetics of Gender*. New York: Columbia UP 1986.
Mitchell, William J.T.: »Der Pictorial Turn.« In: Christian Kravagna (Hg.): *Privileg Blick. Kritik der visuellen Kultur*. Berlin: Edition ID Verlag 1997, S. 15–40.
Moore, Henrietta: »›Divided We Stand‹. Sex, Gender and Sexual Difference.« *Feminist Review* 47 (1994), S. 78–95.
Nagl-Docekal, Herta/Pauer-Studer, Herlinde (Hgg.): *Politische Theorie. Differenz und Lebensqualität*. Frankfurt a. M.: Suhrkamp 1996.
Nicholson, Linda: »Was heißt ›gender‹«? In: Institut für Sozialforschung Frankfurt 1994, S. 188–220.
Oakley, Ann: *Sex, Gender and Society*. London: Harper & Row 1972.
Olson, Gary A./Hirsh, Elizabeth (Hgg.): *Women Writing Culture*. Albany: State University of New York Press 1995.
Ortner, Sherry B./Whitehead, Harriet (Hgg.): *The Cultural Construction of Gender and Sexuality*. New York: Cambridge UP 1981.
Reichardt, Ulf/Sielke, Sabine: »What Does Man Want? The Recent Debates on Manhood and Masculinities.« *Amerikastudien/American Studies* 43, 4 (1998), S. 563–575.
Rendtorff, Barbara: *Geschlecht und symbolische Kastration. Über Körper, Matrix, Tod und Wissen*. Königstein: Ulrike Helmer Verlag 1996.
Röttger, Kati/Paul, Heike (Hgg.): *Differenzen in der Geschlechterdifferenz. Aktuelle Perspektiven der Geschlechterforschung*. Berlin: E. Schmidt 1999.
Scott, Joan Wallach: »Gender. A Useful Category of Historical Analysis.« In: dies.: *Gender and the Politics of History*. New York: Columbia UP 1988, S. 28–52 (dt.: »Gender: Eine nützliche Kategorie der historischen Analyse.« In: Kaiser, Nancy (Hg.): *Selbst Bewußt. Frauen in den USA*. Leipzig: Reclam 1994, S. 27–75).
Scott, Joan Wallach: »Die Zukunft von *gender*. Fantasien zur Jahrtausendwende.« In: Claudia Honegger/Caroline Arni (Hgg.): *Die Tücken einer Kategorie*. Zürich: Chronos Verlag 2001, S. 39–63.
Seshadri-Crooks, Kalpana: *Desiring Whiteness. A Lacanian Analysis of Race*. London/New York: Routledge 2000.
Soper, Kate: *What Is Nature? Culture, Politics and the Non-Human*. Oxford/Cambridge, MA: Blackwell 1995.
Spelman, Elizabeth: *Inessential Woman. Problems of Exclusion in Feminist Thought*. Boston: Beacon Press 1988.

Stephan, Inge: »Gender, Geschlecht und Theorie.« In: Christina von Braun/Inge Stephan: *Gender Studien. Eine Einführung*. Stuttgart: Metzler 2000, S. 58–96.
Stoller, Silvia/Vetter, Helmut (Hgg.): *Phänomenologie und Geschlechterdifferenz*. Wien: WUV 1997.
Walsh, Mary Roth (Hg.): *Women, Men, and Gender. Ongoing Debates*. New Haven/London: Yale UP 1996.
Wobbe, Theresa/Lindemann, Gesa (Hgg.): *Denkachsen. Zur theoretischen und institutionellen Rede vom Geschlecht*. Frankfurt a. M.: Suhrkamp 1994.

Renate Hof

16. Medienkulturwissenschaft

1. Vorbemerkung

Der Name ›Medienkulturwissenschaft‹ unterstellt, es gäbe bereits eine Wissenschaft dieses Namens mit einem schon handbuchmäßig bestimmbaren Themen- und Methodendesign. Dies ist nicht der Fall. Wohl gibt es eine Vielzahl von wissenschaftlichen Ansätzen, Programmen und Erwartungskatalogen an eine noch zu etablierende Medienkulturwissenschaft sowie eine Vielzahl von Bezeichnungen für Studiengänge, die sich mit Themen aus den Bereichen Medien und Kultur beschäftigen (vgl. Böhme/Matussek/Müller 2000).

Aus diesem Grund kann es im folgenden nicht um einen Statusbericht der Medienkulturwissenschaft gehen, sondern um eine Schilderung der bisherigen Entwicklung hin zu einer künftigen Medienkulturwissenschaft einerseits sowie um eine Klärung der konzeptionellen Grundlagen einer künftigen Medienkulturwissenschaft andererseits. Nur so ist eine Perspektivierung der Problematik einer Medienkulturwissenschaft möglich, die über den Tag sowie über heute gehandelte Optionen hinaus denkt und die dauerhaften Probleme und Ziele einer Medienkulturwissenschaft ins Auge faßt.

2. Ausweichbewegungen

Mitte der 1960er Jahre begannen im intellektuellen Leben der Bundesrepublik nicht nur die politischen Protestbewegungen, die später unter dem übertriebenen Label '68er Revolution in die Geschichtsbücher eingegangen sind, sondern auch signifikante Transformationen des Konzept- und Wertesystems der bürgerlichen Gesellschaft. Semiotiker und Linguisten wie Max Bense und Peter Hartmann kreierten den **Textbegriff**, unter dem fortan in abstrakter und neutraler Weise alle Arten von Medienangeboten von Kunstwerken bis zu Werbespots subsumiert werden konnten. Die Medien von Print bis Fernsehen zogen verstärkt das Interesse der Wirtschaft, der Politik und allmählich auch der Medienwissenschaften auf sich, zumal **Marshall McLuhan** 1962 zu Recht ›**das Ende der Gutenberg-Galaxis**‹ verkündet und damit den Primat des Printmediums in Frage gestellt hatte. Allmählich mußten auch die traditionell denkenden Literaturwissenschaftler zur Kenntnis nehmen, daß alle Medien zur Produktion von Kunstwerken genutzt werden können und Belletristik sich demgemäß als eine Option neben anderen behaupten mußte. All diese Veränderungen vollzogen sich im Rahmen des Wandels bürgerlicher, an der sog. ›Hochkultur‹ orientierter Kulturkonzepte. Der Kulturbegriff wurde wesentlich erweitert, liberalisiert und ausdifferenziert, um auch Phänomene wie Trivial-, Pop-, Sub-, Minderheiten- oder Frauenkulturen erfassen zu können, deren Berechtigung endlich zugestanden wurde. Dabei spielten die *Cultural Studies* (vgl. Kap. 7 in diesem Band) und die *Gender Studies* (vgl. Kap. 15 in diesem Band) v. a. in Großbritannien und den USA eine den alteuropäischen Kulturbegriff sprengende Rolle, v. a. seitdem sie Vorstellungen und Forderungen sog. *political correctness* für sich in Anspruch nehmen konnten.

In der Folge kam es zu einer schleichenden **Korrosion traditioneller Kanons** in den verschiedenen Künsten sowie zu einem **Umbau der traditionellen ästhetischen Form- und Wertvorstellungen**. Mutige Literaturwissenschaftler wie Helmut Kreuzer, Werner Faulstich oder Friedrich Knilli wagten es, sich öffentlich mit Comics und Werbeanzeigen, mit Schlagertexten oder Pornographie zu beschäftigen. Die Situation verschärfte sich dadurch, daß zwar die seit Mitte der 1960er Jahre erhobene Forderung nach einer methodologischen Umorientierung der Literaturwissenschaften in Richtung auf Soziologisierung und Empirisierung abgewehrt werden konnte, nicht aber die **Berufskrise**, die durch die schwindende Nachfrage nach Literaturwissenschaftlern ausgelöst wurde.

Angesichts dieser Krise wurden verschiedene Ausweichbewegungen unternommen. Die erste zielte auf eine intensive Diskussion über neue Berufsfelder für Geisteswissenschaftler (vgl. Blamberger/Glaser 1993; Jäger/Schönert 1997), die zweite versuchte, Ernst zu machen mit den konzeptionellen Umbrüchen der Gesellschaft wie der akademischen Landschaft. Geisteswissenschaftler begannen fast notgedrungen, sich entweder als Medienwissenschaftler oder als Kulturwissenschaftler zu deklarieren. Im Bereich der **Medienforschung** stießen sie dabei aber auf bereits reichlich vorhandene Konkurrenz, sei es in Gestalt der traditionellen Publizistik- und Kommunikationswissenschaft, sei es in Gestalt von Medientheorien, wie sie etwa exemplarisch von der Toronto School of Communication oder den erwähnten *Cultural Studies* vertreten wurden, oder auch in Gestalt der traditionellen Theater-, Film- und Fernsehwissenschaften, die plötzlich eine erhebliche Aufwertung erfuhren.

Anders war die Lage im Hinblick auf Kulturwissenschaft; denn ein solches Fach gab es noch nicht, es mußte erst erfunden werden. Wie die zahlreichen Einführungsbände, Hand- und Orientierungsbücher sowie Sammelwerke belegen (vgl. etwa Winter 1996; Böhme/Matussek/Müller 2000; Düllo et al. 2000; Appelsmeyer/Billmann-Mahecha 2001), dauert diese **Erfindung eines Faches Kulturwissenschaft** bzw. Kulturwissenschaften bis heute an; und schon der Streit um Singular und Plural verweist deutlich auf die Probleme dieses Unterfangens, dessen Status quo der Soziologe Dirk Baecker mit begründetem Sarkasmus so charakterisiert:

> Mit einem Ausdruck aus der amerikanischen Organisationstheorie könnte man die Kulturwissenschaften als eine *garbage can*, eine Mülltonne beschreiben, in der Beschreibungen herumwimmeln, die nach ihren Gegenständen, Konzepte, die nach ihren Problemen, und Probleme, die nach ihren Anlässen suchen: ein Fest loser Kopplung, das über alle Vor- und Nachteile loser Kopplung verfügt. (Baecker 2000, S. 77)

Einerseits signalisiert der Ruf nach Kulturwissenschaft das Schwinden disziplinärer Selbstverständlichkeit und steht für den Versuch, durch die Zusammenführung von kulturwissenschaftlichem, betriebswirtschaftlichem und juristischem Wissen und sog. *soft skills* die Berufschancen für Geisteswissenschaftler zu erhöhen. Andererseits fehlt bis heute eine Konzeption, die mehr bietet als die Zauberformeln der Verlegenheit, mit der die Stichwortgeber bis heute agieren: Pluralität, Integrativität, Differenz, Hybridisierung. Wenn aber nicht einfach eine Umetikettierung der Philologien in Kulturwissenschaft vorgenommen wird, sondern eine Kulturwissenschaft als Integrationsdisziplin oder gar als Metawissenschaft (Faulstich 2000, S. 133) angestrebt wird, dann reicht es nicht, unter dem Nominaldach ›Kulturwissenschaft‹ Disziplinen zu addieren, die sich in irgendeiner Weise mit ›Kultur‹ beschäftigen. Vielmehr erfordert ein solches Unterfangen eine klare Problemstellung, die Einführung verwendungsstabiler Grundbegriffe sowie eine Lösung des Autologieproblems; denn nur in Kultur läßt sich ›Kultur‹ als ›Kultur‹ bestimmen (vgl. Kap. 2 »Kulturbegriffe« in diesem Band).

Ähnliches gilt für die zu Medienwissenschaften umgetauften Philologien, die sich in vielen Fällen lediglich zu Bildschirmphilologien gewandelt haben, die nach wie vor auf die Interpretation von Inhalten sowie auf Hochkultur fixiert sind. Angesichts dieser Entwicklungen im Wissenschaftsbereich, angesichts der Entwicklung der IuK-Technologien, die unsere Gesellschaft telematisieren, sowie angesichts der Entwicklung von ›Kultur‹ zu einem politischen Faktor wie zu einer ökonomischen Produktivkraft im Globalisierungsprozeß habe ich Anfang der 1990er Jahre Vorschläge zur **Konzeption einer eigenständigen Medienkulturwissenschaft** vorgelegt (Schmidt 1992, 1993). Der Kern dieser Vorschläge läßt sich wie folgt zusammenfassen: Medienkulturwissenschaft ist nicht fixiert auf einzelne Medienangebote oder bestimmte kulturelle Phänomene, sondern versucht, die Mechanismen zu ergründen, die unseren Umgang mit solchen Phänomenen bestimmen, die wir aus guten Gründen für kulturelle Phänomene halten, und dabei möglichst genau die Rolle der Medien zu explizieren. Wie für die Medien- und die Kulturwissenschaften gilt auch für eine Medienkulturwissenschaft, daß ihre Konstituierung eine möglichst explizite Klärung der Grundbegrifflichkeit, der wissenschaftstheoretischen Grundlagen, der Selektivität und Legitimationsbedürftigkeit der Problemstellungen sowie der Problemlösungswege erfordert.

Damit unterscheidet sich diese Konzeption von Vorschlägen, die Literaturwissenschaft lediglich um medienbezogene Themen zu ergänzen, wie sie u. a. Wilhelm Voßkamp vorgelegt hat (Voßkamp 1990, 1999; vgl. auch Kap. 4 in diesem Band; oder die Beiträge in den Sammelbänden von Glaser/Luserke 1996; Böhme/Scherpe 1996; Lecke 1999), aber auch von den Überlegungen Jörg Schönerts, die er (in Anlehnung an Vorschläge in Schmidt 1992, 1993) im Germanistenverband unterbreitet hat. Schönert (1995, 1996, 1999) erklärt zwar: »Nichts zu deuteln geben sollte es am Abschied vom Status einer Nationalphilologie« (Schönert 1995, S. 24). Aber das bedeutet nicht, daß die philologischen Traditionen aufgegeben werden. Vielmehr sollen sie problemlösungsorientiert eingebracht werden in eine Literaturwissenschaft, die sich als Teil einer Medienkulturwissenschaft versteht, die an Orientierungspunkten wie Interdisziplinarität, Intermedialität, Interkulturalität und Internationalität ausgerichtet ist. Schönert folgert aus einer solchen Orientierung:

> Nicht nur die Philologien, sondern auch andere Geistes- und Sozialwissenschaften, einzelne Natur- und Technikwissenschaften werden zu Partnern in einem Wissenschaftsverbund zur Erforschung von Konstellationen und Geschichte medienbestimmter Kulturzusammenhänge. Germanistik wäre also nicht zu einer Megawissenschaft, der *Medienkulturwissenschaft* aufzublähen, sondern als Medienkulturwissenschaft zu betreiben, von ihren philologischen Traditionen her bestimmt. Für die Literaturwissenschaft könnte ein solches Programm zu einem medientheoretisch und mediengeschichtlich begründeten Studium der Literatur führen. (Schönert 1996, S. 196)

Problematisch und gleichwohl wenig diskutiert sind in diesen Vorschlägen die zentralen Begriffe ›Medium‹, ›Kultur‹ und ›Wissenschaft‹. Ohne deren Klärung aber tritt die Debatte auf der Stelle. Beginnen wir deshalb zunächst mit einer Bestimmung des Medienkonzepts – womit wir wohlgemerkt bereits mitten in der Ausarbeitung wie in der Anwendung einer Option von Medienkulturwissenschaft sind!

3. Medienkonzept

›Medium‹ ist ein **Kompaktbegriff**, an dem folgende konstitutive Komponenten zu unterscheiden sind: (1) semiotische Kommunikationsinstrumente, (2) die jeweilige Medientechnologie auf Produzenten- wie auf Rezipientenseite, (3) die sozialsystemische Institutionalisierung der medientechnischen Dispositive sowie (4) die jeweiligen Medienangebote wie z. B. Bücher, Zeitschriften oder Fernsehspots.

1. **Kommunikationsinstrumente** sind alle materialen Gegebenheiten, die zeichenfähig sind und zur gesellschaftlich geregelten, dauerhaften, wiederholbaren und gesellschaftlich relevanten strukturellen Kopplung von Systemen im Sinne je systemspezifischer Sinnproduktion genutzt werden können. Als Prototyp von Kommunikationsinstrumenten kann gesprochene natürliche Sprache angesehen werden, und zwar nicht nur aus Gründen historischer Priorität, sondern weil seit der Entstehung von Sprachen das grundlegende Prinzip der Sinn-Kopplung von Systemen durch signifikante Materialitäten und nicht etwa durch Bedeutungen für alle nachfolgenden Kommunikationsinstrumente exemplarisch geworden ist.
2. Mit der Entwicklung der Schrift beginnt die für die Folgezeit immer enger werdende Bindung der Kommunikationsinstrumente an **Medientechnologien** wie Schreib-, Druck-, Film- oder Fernsehtechnologien, die jede Produktion und Rezeption von Medienangeboten nachhaltig beeinflussen. Nur was dem jeweiligen technischen Entwicklungsstand einer Medientechnologie gemäß ist, kann von den verschiedenen Rezipiententypen zur Nutzung von Medienangeboten auch tatsächlich eingesetzt werden. Der Umgang mit solchen Medientechnologien muß erlernt werden und wird in aller Regel durch Routini-

sierung zum festen Bestandteil der sozialen Kompetenz und zu einer Selbstverständlichkeit, die weder bewußtseinsfähig noch bewußtseinspflichtig wird.

3. Die gesellschaftliche Durchsetzung eines Kommunikationsinstrumentes und der dafür erforderliche Aufbau einer Medientechnologie sind gebunden an die Herausbildung der sie tragenden sozialen Einrichtungen, also an Organisationen wie Verlage und Fernsehanstalten aber z. B. auch an Institutionen wie Schulen, deren Stellung in der Gesellschaft wiederum die Lösung ökonomischer, rechtlicher, politischer und sozialer Probleme erfordert. Diese **sozialsystemische Komponente** ist den beiden anderen Komponenten keineswegs äußerlich. Vielmehr muß das Beziehungsgefüge zwischen den Komponenten als selbstorganisierend modelliert werden.
4. Das gilt auch für die vierte Komponente, die **Medienangebote**, deren Produktion, Distribution, Rezeption und Verarbeitung strukturell wie inhaltlich konstitutiv von den drei anderen Komponenten geprägt ist, was z. B. die Praxis textimmanenter Interpretation höchst fragwürdig macht, da Medienangebote weder autonom sind, noch ihre semantische Lesart durch kognitiv autonome Aktanten linear steuern können.

Als ›**Medium**‹ konzipiere ich mithin das sich selbst organisierende systemische Zusammenwirken dieser vier Komponenten unter jeweils konkreten sozio-historischen Bedingungen. Nach dem hier vorgeschlagenen Medienkonzept wird natürliche Sprache wohlgemerkt als Kommunikationsinstrument und nicht als Medium konzipiert, nicht zuletzt deshalb, um die Differenz Sprache/Medium zu erhalten, die darum wichtig ist, weil prinzipiell alle Medien bzw. Mediensysteme in je unterschiedlicher Weise Sprache verwenden können.

Die in einer Gesellschaft zum jeweiligen historischen Zeitpunkt verfügbaren Medien bilden das **Gesamtmediensystem einer Gesellschaft**, in dem sich die Medien gegenseitig ihre Funktionsmöglichkeiten zuordnen. Dabei ist zwischen strukturellen und semantischen Medienwirkungen zu unterscheiden. **Strukturelle Wirkungen** entfaltet ein Medium, indem es durch seine Nutzungsmöglichkeiten ganz unabhängig von den einzelnen Aktanten Optionen eröffnet, die genutzt oder verweigert werden können. Dies setzt allerdings voraus, daß sich Nutzer den Nutzungsbedingungen anpassen, was besonders beim Internet evident geworden ist. **Semantische Wirkungen** können durch die inhaltliche Nutzung von Medienangeboten im Rahmen der strukturellen Bedingungen eines Mediums in der Gesellschaft entfaltet werden.

4. Kultur als Programm

Ein Kulturkonzept, das den Anforderungen einer thematisch breit gefächerten Medienkulturwissenschaft genügen soll, darf nicht auf einen Referenzbereich wie z. B. Artefakte, Symbole oder Wissen beschränkt sein, sondern muß hinreichend abstrakt und komplex sein. Um dieses Ziel zu erreichen, wird im folgenden versucht, eine plausible Klärung des Verhältnisses der Konzepte von ›Kultur‹, ›Wirklichkeit‹ und ›Gesellschaft‹ zu erarbeiten.

Mit Blick auf **Prozesse des Wahrnehmens, Beobachtens, Denkens oder Beschreibens** lassen sich zwei Beobachtungen machen:

1. ›Wahrnehmen‹, ›Denken‹, ›Beobachten‹ oder ›Beschreiben‹ bezeichnen Handlungen im weitesten Sinne, bei denen nur analytisch, also durch Beobachtungswechsel, zwischen **Aktant, Handlungsvollzug** und **Handlungsresultat** getrennt werden kann. Eine Beobachtung ist notwendig die Beobachtungshandlung eines Beobachters, der in einer konkreten Situation etwas als etwas beobachtet, eine Wahrnehmung ist die Wahrnehmungshandlung eines Akteurs, in deren Verlauf in einer Situation etwas als etwas wahrgenommen wird etc. Die drei analytisch voneinander unterscheidbaren Komponenten bilden also einen **Wirkungszusammenhang** im Sinne der Allgemeinen Systemtheorie (Schlosser 1993), der autokonstitutiv gedacht werden muß.
2. Die genannten Handlungen operieren mit **Unterscheidungen und Benennungen**, die aus einem Pool von Optionen selegieren. Das bedeutet: Im Unterscheiden und Benennen wird eine Setzung vollzogen: a und nicht b, die zugleich eine Voraussetzung konstituiert: (a) oder (b) wären möglich gewesen. Mit dem Begriffspaar ›Setzung‹/›Voraussetzung‹ wird eine Hegelsche Denkfigur übernommen, die die intrinsische Logik von Setzungen kennzeichnet: Jede Setzung konstituiert eine Gleichzeitigkeit von Setzung und Voraussetzung, die nicht ontologisierend voneinander getrennt werden können.

Konzentrieren wir uns nun auf die genannten Prozesse der Wahrnehmung, Beobachtung oder Beschreibung, dann erkennen wir in ihnen dieselbe Grundstruktur: Um uns in unserer Umwelt, mit Handlungspartnern und im Hinblick auf soziale Institutionen erfolgreich orientieren zu können, brauchen wir **Sinnorientierungen**, von denen wir stillschweigend annehmen, daß sie von allen anderen geteilt werden. Sinnorientierungen können konzipiert werden als ein semantischer Raum, bestehend aus einem Netzwerk von semantischen Kategorien, die gewissermaßen die Knoten dieses Netzwerkes bilden. Kategorien markieren gesellschaftlich relevante Sinndimensionen wie z. B. Alter und Geschlecht, Nahrung und Kleidung, Macht und Güter, Werte und Affekte etc. Diese Sinndimensionen werden semantisch implementiert durch eine mehr oder weniger große Zahl von semantischen **Differenzierungen**, die zweistellig wie z. B. gut/böse, alt/jung, krank/gesund, feindlich/freundlich, aber auch mehrstellig sein können: eiskalt/kalt/lau/warm/heiß. Diese Differenzierungen sind seitenneutral. Der Terminus ›Differenzierungen‹ verweist darauf, daß es sich hier um Prozesse handelt, in deren Verlauf exakt nach der Logik von Setzung und Voraussetzung eine Kategorie ausdifferenziert wird. Mit anderen Worten: Die ›theoriebautechnische‹ Konstruktion dieses Ansatzes ist ›freitragend‹, soll heißen, ich beginne nicht mit der Behauptung ontologischer Größen wie Kategorien und Differenzierungen, sondern der Prozeß der Orientierung im semantischen Raum schafft sich gewissermaßen seine eigene Ontologie qua Voraussetzung seiner Setzungen und Setzung seiner Voraussetzungen.

Werden Differenzierungen verwendet, um Beobachtungen oder Beschreibungen durchzuführen, müssen sie in seitenspezifische Unterscheidungen verwandelt werden. Mit anderen Worten, Differenzierungen werden im Gebrauch durch

Aktanten zu asymmetrischen Unterscheidungen. Kategorien lassen sich daher beschreiben als Einheit der Differenz von Differenzierungen und Unterscheidungen.

In diesem ›Spiel der Prozesse‹ lassen sich zwei Beobachtungsrichtungen voneinander unterscheiden: **Sinnorientierung und Handlung**. Sinnorientierung betrifft die zeit- und aktantenneutrale Richtungsmarkierung von Handlungen, Handlung die zeit- und aktantengebundene Prozessierung von Sinnorientierungsmöglichkeiten in Gestalt konkret vollzogener Unterscheidungshandlungen in Handlungs- bzw. Kommunikationssituationen.

Die semantischen Kategorien lassen sich kaum isoliert und unverbunden denken, sondern weisen sich – wie Wörter in einem Wortfeld – gegenseitig ihre Funktionsmöglichkeiten zu. Die systematische Ordnung dieser Funktionsbereiche konzipiere ich als ›**Wirklichkeitsmodell**‹ einer Gesellschaft, wobei hier die Lesart ›Modell für‹ maßgeblich ist und nicht die Lesart ›Modell von‹. Wirklichkeitsmodelle lassen sich theoretisch bestimmen als konzeptionelle Arrangements, mit deren Hilfe individuelle Erfahrungen gesellschaftlich einsehbar und handhabbar gemacht werden können. Dieses Modell, das in der Sozialisation in den kognitiven Systemen der Aktanten partiell aufgebaut und erprobt wird, muß bei Aktanten weder bewußtseinsfähig noch bewußtseinspflichtig sein – es funktioniert oder es funktioniert nicht.

Wirklichkeitsmodelle lassen sich bestimmen als das aus Handeln und Kommunizieren hervorgegangene und durch Praxis und Kommunikation systematisierte **kollektive Wissen der Mitglieder einer Gemeinschaft**, das über gemeinsam geteilte Erwartungen und Unterstellungen, d. h. also über die Herausbildung reflexiver und selektiv operierender Strukturen deren Interaktionen ko-orientiert und Aktanten von Geburt an durch den bzw. im gemeinsamen Bezug auf solche Modelle kommunalisiert. Wirklichkeitsmodelle entstehen ohne Plan und Blaupause auf dem Wege der kognitiven Herausbildung und Systematisierung von Kategorien und Differenzierungen, die sich im Handeln wie in der Interpretation und Bewertung von Handlungen als dauerhaft leistungsfähige Problemlösungen bewährt haben und deshalb praktisch als essentiell behandelt werden.

Es scheint mir plausibel anzunehmen, daß Wirklichkeitsmodelle in den von Kategorien markierten semantischen Dimensionen den Umgang mit genau denjenigen Handlungs- und Kommunikationszusammenhängen systematisieren, die von den sich kommunalisierenden Aktanten in ihren Handlungs- und Kommunikationskontexten als lebenspraktisch wichtig erfahren werden, so v. a. den Umgang mit der Umwelt, mit Aktanten in der Umwelt, mit Vergesellschaftungsformen, mit moralischen Orientierungen und Emotionen.

Die für eine Gemeinschaft oder Gesellschaft relevanten Kategorien und Differenzierungen werden im Rahmen meiner theoretischen Modellierung des Wirklichkeitsmodells nicht nur affektiv und normativ besetzt konzipiert, sondern auch hinsichtlich ihrer Bedeutsamkeit gewichtet. Diese **Gewichtung** drückt sich darin aus, daß Kategorien

- unterschiedlich relevante Bereiche wie Arbeit, Familie, Feinde, Kleidung, Sexualität oder Erbschaftsverhältnisse semantisch repräsentieren, die mit der Differenz zentral/peripher beobachtet und bewertet werden;

- unterschiedliche Bindungskräfte entfalten, also mit unterschiedlich vielen anderen Unterscheidungen in Beziehung stehen bzw. gebracht werden können;
- unterschiedlichen Veränderungsbedingungen unterliegen, also mehr oder weniger leicht verändert oder gar aufgegeben werden können.

Gewichtung und Positionierung von Kategorien und Differenzierungen im Wirklichkeitsmodell erfolgen nicht jeweils neu durch die einzelnen Aktanten. Vielmehr sind sie immer schon vorentschieden, wenn Aktanten das Wirklichkeitsmodell ihrer Gesellschaft im Verlauf der Sozialisation partiell ›erwerben‹, wobei auch hier die Logik von Setzung und Voraussetzung angesetzt wird: Um sozial erfolgreich handeln zu können, müssen Aktanten das Wirklichkeitsmodell ihrer Gesellschaft als Sinnorientierungs-Rahmen voraussetzen; zugleich bestätigen sie es als Setzung in jeder einzelnen Handlung.

Ein Wirklichkeitsmodell als Kategoriensystem kann erst dann handlungs- und kommunikationsorientierend wirken, wenn zugleich mit seiner Entstehung ein **sozial verbindliches Programm** emergiert, das Differenzierungen gezielt, also entsprechend gesellschaftlichen Sinnerwartungen, miteinander verbindet und die jeweiligen Verbindungen nach ihrer gefühlsmäßigen und moralischen Seite auszeichnet. Dieses für eine Gesellschaft relevante Programm der semantischen Kombination bzw. Relationierung von Kategorien und Differenzierungen, ihrer affektiven Gewichtung und moralischen Besetzung nenne ich ›**Kultur**‹.

Als Programm ist Kultur in jedem Akt der Anwendung lernunwillig, langfristig gesehen aber durchaus lernfähig, was sich dadurch erklären läßt, daß das Programm sich über die Beobachtung und Bewertung seiner Anwendungsresultate selbst beobachten und reflexiv nachjustieren bzw. verändern kann. Metaphorisch könnte man auch sagen, Kultur sei die Maschine, die das Strukturmodell für Wirklichkeitskonstruktionen ›zum Laufen bringt‹. Das Arbeiten dieser Maschine in/durch kognitive Systeme verläuft in aller Regel unreflektiert als endloser Prozeß des Verknüpfens und Bewertens semantischer Kategorien und Differenzierungen, die im Aktanten in seinen Lebenszusammenhängen das entstehen lassen, was als Sinn erlebt wird. **Sinn** kann als die dauerhafte Erfahrung funktionierender Kulturprogramme bzw. als sozial erfolgreiches Unterscheidungsmanagement beschrieben werden.

Kultur hat in dem hier vorgeschlagenen Theorieentwurf also keine ›gegenständliche Existenz‹, sondern etwas, was man als **programmatische konzeptionelle Funktion** bestimmen könnte. Kultur hat keine andere Legitimation als diese Leistung der Optionseröffnung und -schematisierung. Solche Eröffnungen können geändert werden; aber das neue Design wirkt dann – der Logik des Kulturprogramms entsprechend – wieder als Vorschrift.

Die Emergenz von Gesellschaft setzt nach dieser Überlegung die Ko-Genese von Wirklichkeitsmodellen und Kulturprogrammen voraus, wobei sich beide in der Folgezeit ausdifferenzieren können. **Wirklichkeitsmodelle** (**W**) und **Kulturprogramme** (**K**) ko-emergieren aber nicht nur, sondern sie bilden einen sich gegenseitig konstituierenden **Wirkungszusammenhang** (**W&K**) im Sinne der Allgemeinen Systemtheorie, auf den alle Sinnoperationen in einer Gesellschaft ausgerichtet sind. Sozialintegration konstituiert sich durch den Bezug aller Handlungen und Kommunikationen auf einen für alle Aktanten verbindlichen W&K-Wirkungszusammenhang – wie kontrafaktisch dieser auch in seiner Relevanz für alle Gesellschaftsmitglieder unterstellt sein mag. Gesellschaft, so läßt sich auf Grund dieser Überlegungen formulieren, ist als Wirkungszusammenhang die Einheit der Differenz von Wirklichkeitsmodell und Kulturprogramm, wobei beide nur analytisch voneinander getrennt werden können, da sie im strengen Sinne komplementär sind.

Die Spezifik eines W&K liegt darin, wie das Kategoriensystem die Kategorien und Differenzierungen des Wirklichkeitsmodells im Kulturprogramm semantisch relationiert, affektiv gewichtet und moralisch besetzt, um als Voraussetzung, also als Sinnorientierung für Setzungen, d. h. für getroffene Unterscheidungen, dienen zu können. Nach allen Kenntnissen über Kulturen, über die wir bis heute verfügen, beruht die identitätskonstitutive Spezifik eines W&K nicht in erster Linie auf dem Wirklichkeitsmodell – hier gibt es offenbar eine große Gemeinsamkeit unter den Menschen – sondern auf dem Kulturprogramm. Eben deshalb sind unterschiedliche ›Kulturen‹ auf der einen Seite so verblüffend vergleichbar und zugleich so verblüffend inkompatibel und unzugänglich, wie inter- und multikulturelle Erfahrungen lehren.

Die Einheit der Differenz zwischen Unterscheidungen und Differenzierungen, also die basale semantische Kategorie, kann gleichsam als Folie hinter allen Setzungen bewußt bleiben bzw. bewußt gemacht werden. Darum erscheinen in der Beobachtung zweiter Ordnung alle **Optionen des Kulturprogramms kontingent**, damit aber auch **veränderbar** und gestaltbar, wenn es gelingt, neue Programmteile als Vorschriften zu etablieren und andere umzuwerten. Unter dieser Prämisse kann Kultur doppelt perspektiviert werden: (1) als Gesamtheit aller zu einem bestimmten Zeitpunkt realisierten Programmanwendungen, und (2) als offener Horizont von realisierbaren alternativen Projekten und Entwürfen. Die Differenz zwischen diesen beiden Beobachtungsmöglichkeiten bestimmt gewissermaßen das dynamische Potential einer Kultur.

Aus diesen Überlegungen folgt: Es ist unplausibel, Gesellschaft ohne Kultur und Kultur ohne Gesellschaft zu konzipieren. Beide werden erst wirksam und beobachtbar in den Anwendungen des Kulturprogramms durch kognitiv und kommunikativ aktive Aktanten. Ohne **Aktanten** würden Kulturprogramme im wörtlichen Sinne des Wortes keinen Sinn machen. Insofern arbeitet jeder Aktant an ›Kultur‹ mit, obwohl er im Vollzug der Anwendung zugleich an die Anwendungsspielräume von Kulturprogrammen gebunden ist. Damit ist ein Spezifikum von Kultur beschrieben, nämlich daß Kultur zugleich als Setzung und Voraussetzung, Programm und Anwendung, Vorschrift und Veränderung beobachtet werden kann.

Eine scharfe Entgegensetzung von Kulturprogramm und Handlung, von symbolischer Sinnorientierung und konkreter Einzelhandlung, wie sie viele Autoren vorschlagen, verdeckt deren Ermöglichungszusammenhang als Kausalitätsmodus. Handlungen sind zwar stets aktantengebunden, nicht aber die im Kulturprogramm ›vorgehaltenen‹ Sinnoptionen, mit deren Hilfe Aktanten eigene und fremde Handlungen mit einem gesellschaftlich kommunizierbaren Sinn belegen können.

5. Konsequenzen

In der Vergangenheit sind Kulturkonzepte in der Regel nur über eine Referenzdimension bestimmt worden, z. B. als System von Symbolen, Mustern und Regeln, symbolischen Ordnungen und Deutungen, Normen und Vorschriften. Im Rahmen des hier erörterten Vorschlags erscheint ein **Kulturprogramm als ein sich selbst organisierendes, reflexives System von Vorschriften** im Sinne von Designs. Diese Vorschriften orientieren im Sinne operativer Fiktionen alle individuellen wie sozialen Prozesse der Planung, Durchführung, Sinndeutung und Bewertung von Handlungen im weitesten Sinne. In Interpretationsprozessen geht es um die Regelung der Semantik in den Netzwerken von Kategorien und Differenzierungen, wobei eine Synthetisierung von Erfahrungen im doppelten Sinne geleistet wird: als Konzeptualisierung über Begriffe und als Typisierung über Handlungsmuster. Dabei können Kollektivsymbole und Metaphern eine wichtige Rolle spielen. Im operativen Bereich des Handlungsvollzugs geht es um Schemata, Handlungsmuster, Modelle und Regeln, die allfällige Handlungen in eine Prozeßtypik einordnen, die wiederum nach Voraussetzungen und Erfolg differenziert werden kann. Im evaluativen Bereich schließlich geht es um die Gefühle und Normen, die mit den Voraussetzungen, Vollzügen und Folgen von Interpretationen verbunden sind. Der hier vorgelegte Vorschlag, Wirklichkeitsmodelle und Kulturprogramme als einen sich selbst konstituierenden und organisierenden dynamischen Wirkungszusammenhang zu konzipieren, geht über additive Modelle von Kultur auch insofern hinaus, als er nicht bereits kulturell gedeutete Phänomene systematisiert oder interpretiert, sondern eine Abstraktionsstufe zulegt und das **Prinzip der Erzeugung kultureller Phänomene** zu ermitteln versucht. Meines Erachtens besteht dieses Prinzip im affektiv und moralisch ›imprägnierten‹ kognitiven Management der Differenzierung von Kategorien, die in Gestalt sinnstiftender Unterscheidungen **handlungsleitende Macht** bekommen. Die Semantik dieser Asymmetrisierung bekommt dann in allen wichtigen Fällen auch eine Ausdrucksgestalt auf der beobachtbaren Oberfläche sozialen Handelns in Form von Kleiderordnungen, Riten, Feiern, symptomatischen Erzählungen, Bauwerken oder Kunstwerken.

›Kulturprogramm‹ ist als Konzept noch nicht mit einer bestimmten Selektivität für bestimmte Unterscheidungen verbunden; v. a. gibt es keine Vorentscheidung für eine Identifizierung von Kultur und Kunst. Vielmehr nehme ich an, daß Kulturprogramme im Lauf der Zeit **Subprogramme** oder Subroutinen ausbilden, die Resultate der Anwendung eines Kulturprogramms einer Zweit- oder Dritt-Codierung unterziehen im Hinblick auf beobachtungsleitende Differenzen wie wichtig/unwichtig, Kunst/Nichtkunst, elitär/trivial, U-Kunst/E-Kunst, die dann wiederum im Rahmen konkreter Programme oder Detailsemantiken asymmetrisiert werden müssen: X ist ein wichtiges Werk der E-Kunst. Erst Kulturprogramme lassen also im sinnorientierten Handeln von Aktanten in Geschichten und Diskursen aus – sowohl hinsichtlich ihrer Entstehung wie Wirkung – prozeßontologisch konzipierten Kategorien- und Differenzierungsclustern soziale Wirklichkeiten für Aktanten entstehen; aber ohne Wirklichkeitsmodelle wären Kulturprogramme gleichsam substanzlos. Daraus folgt: **Gesellschaften** haben keine Kulturen und sie sind keine Kulturen, sondern sie werden und sind Gesellschaften im Vollzug erfolgreicher Anwendungen von Kulturprogrammen durch Aktanten in Geschichten und Diskursen.

Auch ein flexibles Programm erlaubt nicht alle möglichen Anwendungen. Die ausgeschlossenen Möglichkeiten, seine **Selektivität** also, bestimmen seine Spezifik bzw. seine Identität ebenso wie die realisierbaren. Je nach Programmanwendern, Situation, Anwendungsbereich und Verknüpfung von Programmbereichen liefert das Programm ganz unterschiedliche Ergebnisse, die als kulturelle Manifestationen beobachtet und bewertet werden. Charakteristisch für das Programm ›Kultur‹ ist, daß es eben nicht nur die Herstellung von kulturellen Manifestationen, sondern auch deren Beobachtung und Bewertung steuert. Umgekehrt beglaubigt sozusagen jede kulturelle Manifestation die **Generativität** wie die Seriosität des Kulturprogramms – der Wirkungszusammenhang organisiert sich selbst.

Je nach Ausprägung und Verbindung der Komponenten von Wirklichkeitsmodellen kann man **Kulturen typologisieren**, ohne dabei über Wertkriterien operieren zu müssen. Beim Vergleich von Kulturen müssen zwei Aspekte voneinander unterschieden werden. Auf der einen Seite steht heute wohl außer Frage, daß jede Kultur ihr Daseinsrecht hat; mit anderen Worten, Kulturen werden in dieser Hinsicht als gleichberechtigt angesehen. Andererseits ist damit nicht notwendig eine Gleichwertigkeit aller Kulturen im Sinne ihrer Äquifunktionalität festgestellt. Eine abstrakte Behauptung der Gleichwertigkeit mag politisch korrekt sein. Sie wird aber der Unterschiedlichkeit der verschiedenen Kulturen nicht gerecht, die ganz unterschiedliche Problemlösungskapazitäten, unterschiedliche Entwicklungsdynamiken und unterschiedliche Komplexitäten des Unterscheidungsmanagements aufweisen und damit auf die **Spezifik der System-/Umweltbeziehungen der jeweiligen Kultur** verweisen.

Kultur stiftet damit individuelle wie soziale **Identität** durch eine verbindliche Bearbeitung der Differenz wir/die anderen und durch Kompensation der doppelten Kontingenz, die jede Interaktion und Kommunikation bestimmt. Kultur als Programm stellt Problemlösungen im Bereich der Sinnkonstruktion kognitiv wie kommunikativ auf relative **Dauer**. Damit werden zwei für den Bestand von Gesellschaften zentrale Aufgaben im Prinzip lösbar, nämlich nicht-interventionistische Kontrolle der Aktanten und die Reproduktion der Gesellschaft als Handlungs- und Kommunikationssystem. Die Reproduktion der Gesellschaft erfolgt durch die handelnde Einübung der Aktanten in den Wirkungszusammenhang von Wirklichkeitsmodellen und Kulturprogrammen in lokalen Geschichten und Diskursen im Verlauf der Sozialisation sowie deren dauerhafte Einbindung in diese Wirkungszusammenhänge durch soziale Schematisierung oder Institutionalisierung von Optionen.

Neben diesen meist genannten Aufgaben Reproduktion und Kontrolle können dem Kulturprogramm drei weitere, mit den genannten zusammenhängende **Aufgaben** zugewiesen werden, und zwar:

1. die *Integration* der Aktanten in die Gesellschaft durch verbindliche Sinnoptionen, also durch die Übernahme von Unvermeidlichkeiten;
2. die *Identitätsbildung* der Aktanten wie der Gesellschaft durch erfolgreiche Orientierungs-Orientierungen an operativen Fiktionen sowie durch Bereitstellen eines gesellschaftlichen Gedächtnisses (vgl. auch Kap. 8 in diesem Band); und

3. die *Kontingenzbegrenzung* durch ein verbindliches Angebot kontingenter Optionen – auch Kontingenz reduziert Kontingenz, wenn man die Zeitbindung streckt.

Kulturprogramme bestehen in der Regel aus miteinander verschalteten Teilprogrammen. So entwickeln etwa funktional differenzierte Gesellschaften **Teilprogramme** für jedes ausdifferenzierte Sozialsystem in Form von ›Wirtschaftskultur‹, ›Sportkultur‹, ›Unternehmenskultur‹ etc., die zum Teil miteinander inkompatibel werden können. Konflikte zwischen solchen Teilprogrammen werden seit dem 18. Jahrhundert über abstrakte Rechtsvorschriften gelöst, so z. B. Unversehrtheits- oder Eigentumsrechte. Je nach Ausdifferenzierungsgrad eines Kulturprogramms und nach Multikulturalität einer Gesellschaft stellt sich die Frage, ob man noch sinnvoll von ›der Kultur einer Gesellschaft‹ sprechen kann.

An dieser Stelle wird die spezifische **Ambivalenz des Verhältnisses von Kulturprogramm und Medien** deutlich. Einerseits brauchen Kulturprogramme Medien für eine kontinuierliche Kommunikation ihrer Anwendungen, müssen dabei allerdings in Kauf nehmen, daß die Medien Selektionspräferenzen setzen, die ihren eigenen Systembedingungen folgen und nicht auf eine Ausgewogenheit der Beschäftigung mit allen Optionstypen ausgerichtet sind. Andererseits machen solche Thematisierungen, deren Beobachtung zweiter Ordnung von den Medien erleichtert wenn nicht gar erzwungen wird, die Kontingenz des Kulturprogramms wie seiner Anwendungen unübersehbar – der notwendige Status einer Kultur als Kommunikationskultur vor Erfindung der Medien bzw. als Medienkultur befördert zugleich deren Korrosionsbedingungen. **Massenmedien erzeugen Öffentlichkeit für andere Kulturen**, allerdings unter ihren eigenen (medienökonomischen) Bedingungen. Immerhin, spätestens seit dem 17. Jahrhundert haben die europäischen Gesellschaften aus den Medien erfahren, daß es andere Kulturen gibt; aber sie haben es ›kultürlich‹ (Peter Janich) nach Maßgabe der Optionen ihrer eigenen Kulturprogramme erfahren und interpretiert, also über die Handhabung von Differenzen des Typs fremd/eigen, zivilisiert/natürlich, nah/fern, heimisch/exotisch oder ganz schlicht interessant/uninteressant. Je stärker Gesellschaften durch die Entwicklung von Mediensystemen den Grad ihrer Beobachtbarkeit erhöhen, desto drängender wird die Frage nach der Funktionsfähigkeit und Bindekraft von Kulturprogrammen. **Reflexive Beobachtungsstrukturen** – das hat die Modernisierung von Mediengesellschaften in den letzten dreißig Jahren drastisch gezeigt – führen notwendig zu gravierenden Kontingenzerfahrungen. Gesellschaften, deren Wirklichkeitsmodelle und Kulturprogramme einer Dauerthematisierung in komplexen Mediensystemen ausgeliefert sind, entwickeln daher notwendig Medienkulturen mit hoher Pluralität und geringem Verpflichtungsgrad traditioneller Problemlösungen. Sie sind verstärkt radikalen Komplexitätsreduktionen über Fundamentalismen jedweder Art ausgesetzt.

Der Zusammenhang zwischen Kultur, Gesellschaft und Aktanten kann grundsätzlich als ›auto-konstitutiv‹ bestimmt werden. Wirklichkeitsmodelle, ihre Asymmetrisierung und semantische Interpretation durch Kulturprogramme und deren Anwendung, Evaluation und Modifikation durch Aktanten bedingen sich gegenseitig, Sinn- und Ordnungsproduktion erfolgen notwendigerweise selbstorganisierend, da keine Instanz erkennbar ist, die diese Produktion von außen bewerkstelligen könnte. Damit wird der Wirkungszusammenhang von Wirklichkeitsmodell und Kulturprogramm operational gegen die Umwelt und gegen andere Gesellschaften und Kulturen abgeschlossen, womit das schon für kognitive System häufig postulierte Paradox Anwendung findet, daß nur **operational geschlossene Systeme** in komplexen Umwelten überlebensfähig sind, weil sie ihre Umweltkontakte rigide selbst selegieren können. Damit wird keineswegs behauptet, operational geschlossene Systeme hätten und brauchten keine Umweltkontakte. Im Gegenteil: Sie brauchen **Umweltkontakte**, um sich durch Differenzsetzung überhaupt als System konstituieren zu können; und sie brauchen Umweltkontakte, um sich für ihre Operationen Fremdreferenzen zu sichern. Mit Hilfe ihrer spezifischen Differenzierungsnetze oder symbolischen Ordnungen wie z. B. Riten, Mythen, generalisierte Kommunikationsmedien, Makro-Schemata der Diskursorientierung, Kollektivsymbole, Gattungen etc., die als kollektives Wissen produziert werden, überbrückt Kultur die kategoriale Trennung zwischen Kognition und Kommunikation und vermittelt die Autonomie der lebenden Systeme mit der gesellschaftlich erforderlichen sozialen Kontrolle. **Kultur** kann deshalb **als die Einheit der Programme sozialer Konstruktion und Rekonstruktion kollektiven Wissens in/durch kognitiv autonome Individuen** modelliert werden. Kultur als Programm materialisiert sich und ist entsprechend beobachtbar in Anwendungen wie Kunstwerken, Architekturen, Büchern oder Zeitungen, aber auch Speisen, Kleidung oder religiösen Kulten, die nur dann gesellschaftlich relevant werden, wenn sie eine jeweils relevante Öffentlichkeit erreichen und sich dort hinreichend lange etablieren können. Damit ist wieder verwiesen auf die hohe Bedeutsamkeit von Medien und Kommunikation für jede Kultur. Orale Gesellschaften sind notwendigerweise als **Sprach-Kultur-Gesellschaften**, Gesellschaften mit Mediensystemen als **Medien-Kultur-Gesellschaften** zu konzipieren.

6. Wissenschaft

Nachdem die Konzepte ›Medien‹, ›Wirklichkeit‹ und ›Kultur‹ erläutert worden sind, soll jetzt eine **Explikation des Wissenschaftsbegriffs** unternommen werden (vgl. Schmidt 1998). Beginnen wir mit der Frage: Worüber spricht eine Wissenschaft? Die Antwort auf diese triviale Frage scheint einfach zu sein: Eine Wissenschaft spricht über die Gegenstände in ihrem Untersuchungsbereich. Aber so einfach ist die Ausgangssituation nicht. Eine Wissenschaft spricht nicht etwa über Gegenstände, sondern über **Phänomene und Probleme.** Und diese gibt es nicht an sich, sondern nur für Wissenschaftler und Wissenschaftlerinnen; denn Wahrnehmung und Wahrgenommenes, System und Umwelt sind voneinander untrennbar, ihr Wechselverhältnis ist autokonstitutiv. Anders gesagt: die Differenz zwischen dem Objekt der Beschreibung und der Beschreibung des Objekts ist eine zeitliche und keine ontologische Differenz. Wissenschaftlich relevant werden Beobachtungen, Probleme und deren Lösungen erst in Form von Kommunikationen, für die es traditionsbestimmte und meist sehr rigide Erwartungen und Anforderungen in den verschiedenen Wissenschaften gibt. Wer erfolgreich – und das heißt: anschlußfähig im Rahmen einer Disziplin kommunizieren will, muß akzeptable Beiträge zu Themen im Rahmen des disziplinspezifischen Diskurses anbieten. Diese Beiträge müssen nicht nur thematisch akzeptabel sein, sondern sie müssen auch den diskursspezifischen Gattungs-, Stil- und Registererwartungen entsprechen bis hin zur Kompatibilität mit den Leitmetaphern spezifischer Diskurse. Über **diskursspezifische Regularien der Kommunikation** selegiert eine Disziplin also systemspezifische Beiträge und etabliert die systemspezifische Grenze, die systemintern weitgehende Selbstreferenz und Selbstorganisation, also relative Autonomie konstituiert. Aus historischen Gründen wie aus Gründen der Identitätsbricolage müssen wissenschaftliche Disziplinen ein erfolgreiches **doppeltes Differenzmanagement** betreiben: Sie müssen sich zum einen hinreichend von nicht-wissenschaftlichen Problembeschäftigungen unterscheiden, also eine deutliche Differenz Wissenschaft/Nicht-Wissenschaft konstituieren, indem sie den akzeptablen Zugang zu ihren Diskursen durch strenge Selektionskriterien begrenzen, und sie müssen eine für die Bestandserhaltung hinreichende Differenz zu anderen wissenschaftlichen Disziplinen stabilisieren, also wissenschaftlich wie gesellschaftlich relevante Problemstellungen bearbeiten.

Bis heute gibt es keine konsensfähige Bestimmung des Wissenschaftsbegriffs. Der im folgenden vorgestellte Ansatz folgt nicht der traditionellen Differenzierung zwischen Natur- und Geisteswissenschaften, sondern beginnt mit der rein deskriptiven Unterscheidung **wissenschaftlich/nicht-wissenschaftlich**, um zu einem nicht-dualistischen Wissenschaftsverständnis zu kommen. Die Ausgangshypothese lautet wie folgt: Im wissenschaftlichen wie im nicht-wissenschaftlichen Verhalten und Kommunizieren sind wir schwerpunktmäßig damit beschäftigt, Erfahrungen zu machen und Probleme zu lösen, wobei diese Aktivitäten stets emotional besetzt und moralisch evaluiert sind. Die Differenz zwischen den beiden Arten des Erfahrungmachens und Problemlösens besteht primär in der Explizitheit der Operativität und ihrer handlungsleitenden Parameter. Anders ausgedrückt: Die Differenz liegt im **strategischen Wechsel der Beobachterposition** zwischen Beobachtungen erster, zweiter und eventuell auch dritter Ordnung. Die Spezifik wissenschaftlichen Handelns im weitesten Sinne läßt sich kurz auf die Formel bringen: **explizites Problemlösen durch methodisch geregelte Verfahren**. Um diese Spezifik zu realisieren, sind gewisse Voraussetzungen zu erfüllen, die nicht etwa als willkürlich gesetzte wissenschaftstheoretische Normen zu betrachten sind, sondern als Bedingungen der Möglichkeit expliziten intersubjektiven Problemlösens durch Verfahren, die sich in der bisherigen Praxis bewährt haben. Zu diesen Voraussetzungen zählt zuerst einmal ein systematisch geordneter konzeptioneller Rahmen für die Konstitution von Phänomenen und Problemen, kurz: eine explizite Theorie als konzeptionelle Problemlösungsstrategie. Um die Anforderung der Explizitheit erfüllen zu können, muß zum einen die logische Struktur der Theorie deutlich sein, müssen zum anderen die zentralen Konzepte der Theorie definiert oder exemplarisch eingeführt sein; erst dann ist begründet damit zu rechnen, daß die Theorie erlernt und intersubjektiv vergleichbar angewendet werden kann. Für die theoretisch explizierten Probleme, deren Lösung in einer Wissenschaftlergruppe als relevant angesehen wird, muß dann eine Operationalisierung gefunden werden, d. h., es muß festgelegt werden, wie die Problemlösungsschritte und deren Sequenzierung aussehen sollen und wann ein Problem als gelöst gilt. Methoden haben das Ziel, eine Entscheidung zwischen wahr und falsch in Bezug auf entsprechende Entscheidungskriterien durchzuführen. Sie erzwingen eine Verlagerung des Beobachtens auf die Ebene der Beobachtung zweiter Ordnung.

Erst bei einer solchen expliziten Relationierung von Problemen, Problemlösungsstrategien und Problemlösungen kann das Problemlösungsverfahren intersubjektiv nachvollzogen und überprüft werden; erst dann kann auch die Anwendungsrelevanz gefundener Lösungen für andere Problemlösungszusammenhänge innerhalb und außerhalb der Wissenschaft beurteilt werden. Durch methodische Explizitheit und innerdisziplinär verbindliche Terminologie(n) werden der Erwerb und die Kommunikation gewonnenen Wissens von der Bindung an Einzelpersonen gelöst und die **kommunikative Herstellung von Intersubjektivität** ermöglicht. Dabei darf Intersubjektivität nicht mit Objektivität verwechselt werden. Die Konditionierung des Handelns und Kommunizierens in den Wissenschaften führt zu einer kulturellen Standardisierung der Wissenschaft treibenden Aktanten, die sie zur Produktion gleicher oder ähnlicher Handlungs- und Kommunikationsresultate befähigt. Darum spielt auch das Postulat der Wiederholbarkeit unter vergleichbaren Bedingungen eine so große Rolle, weil es Stabilität garantiert. Und solange wir als Beobachter erster Ordnung kognitiv einen engen Zusammenhang zwischen Stabilität und Wirklichkeitsgewißheit herstellen, gilt dies auch für die Produktion operationalen Wissens als Beobachter zweiter Ordnung. All dies verbürgt aber keineswegs Objektivität und hebt die grundlegende Selbstreferentialität allen Wissens und Erkennens nicht auf.

7. Medienkulturwissenschaft

Der Vorschlag, wissenschaftliches Handeln als methodisch geregelte Form von Problemlösungshandeln zu konzipieren, bietet den Vorteil, ein Kontinuum der Beschreibung von **Wirklichkeit** und **Kultur** bis zur **Wissenschaft** zu ermöglichen; denn Wirklichkeitsmodelle und ihre Funktionalisierung durch Kulturprogramme waren oben ebenfalls als Modi gesellschaftlicher Problemlösung beschrieben worden. Es ist wohl plausibel anzunehmen, daß Gesellschaften nur für als relevant empfundene bzw. erlebte Handlungsbereiche semantische Kategorien und Differenzierungen sowie relevante kulturelle Bearbeitungen erfunden bzw. entwickelt haben. Diese Regel gilt entsprechend auch für die Spezialform ›wissenschaftliches Handeln‹, die sowohl für innerwissenschaftliche als auch für lebensweltliche Probleme wissenschaftliche Problemlösungen entwickelt. Über den autokonstitutiven Zusammenhang von Problemerfahrung, Problemformulierung und Problemlösung, der an handelnde Aktanten in Geschichten und Diskursen gebunden ist, koppelt sich eine Gesellschaft von ihrer Umwelt ab und beschäftigt sich ausschließlich mit sich selbst, auch hinsichtlich des Problems, wie sie mit ihrer Umwelt umgeht. Diese Beschäftigung vollzieht sich strikt nach den Regeln ihres Wirkungszusammenhangs von Wirklichkeitsmodell und Kulturprogramm, die wiederum unlösbar verbunden sind mit Medien und Kommunikation, weshalb es Sinn macht, Gesellschaften theoretisch als **Medienkulturgesellschaften** zu konzipieren (vgl. Schmidt 2000).

Im Hinblick auf die **Themenstellungen einer Medienkulturwissenschaft** ergeben sich aus dem hier vertretenen Konzept von Kultur als Programm folgende Fragestellungen: Wer in einer Gesellschaft entwickelt Definitions- oder gar Verfügungsmacht über welche Kategorien und Differenzierungen des Wirklichkeitsmodells? Welche Reputation, welche Macht und entsprechend welche Sanktionen sind mit solchen Verfügungen verbunden? Welche Unterscheidungen können äquivalent behandelt, ersetzt oder verändert werden, und wer hat die Macht, das zu tun? Welche Wertbesetzungen weisen bestimmte Differenzierungsbereiche – etwa im Bereich der Geschlechterdifferenzierung – auf und wie wandelbar sind sie? Welche Zeitperspektiven haben bestimmte Optionen, etwa im Bereich ästhetischer Wertvorstellungen? Was bleibt Mode, was ist traditionsbildend? Welchen sozialen Zwangscharakter entwickeln bestimmte Optionen? Wie verteilen sich solche Kompetenzen geschlechts-, klassen-, schichten- oder milieuspezifisch? Wer hat die Bestimmungsmacht über die inhaltliche Bestimmung und Ausführung der Differenz wir/die anderen bzw. eigen/fremd?

Damit haben wir zugleich die allgemeine **Aufgabenstellung einer Medienkulturwissenschaft** umrissen, die sich durchaus mit Schönerts Vorschlag vereinbaren läßt, Medienkulturwissenschaft erforsche ›Konstellationen und Geschichte medienbestimmter Kulturzusammenhänge‹: Medienkulturwissenschaft untersucht Probleme, die wir mit dem Zusammenwirken von Wirklichkeitsmodellen, Kulturprogrammen und Mediensystemen in unserer Kultur haben. Dieses Zusammenwirken war oben beschrieben worden als sich selbst organisierender Prozeß der Ko-Evolution von Gesellschaft und Kultur im Rahmen des Zusammenwirkens von sprachlichem und nicht-sprachlichem Handeln von Aktanten im Rahmen gesellschaftlicher Institutionen.

Akzeptiert man solche Überlegungen einmal als Ausgangspunkt, dann läßt sich das **Layout einer Medienkulturwissenschaft** wie folgt skizzieren: Zunächst ist zu berücksichtigen, daß eine – wie auch immer konzipierte Medienkulturwissenschaft – notwendig autologisch und selbstreferentiell operieren muß. Kulturbeschreibungen erfolgen immer im Rahmen einer Beschreibungskultur. Von einer Medienkulturwissenschaft objektive Aussagen über Medienkultur erwarten zu wollen, wäre illusorisch; erwarten kann man bestenfalls Aussagen und Analysen, die sich im Diskurs als anschlußfähig erweisen; womit man in das zweite Paradox steuert, daß man nur in Kommunikation und mit Hilfe von Medienangeboten über Medienkultur sprechen kann. Mit Blick auf die gegenwärtige Situation der Medienforschung im weitesten Sinn liegt es nahe, Medienkulturwissenschaft als einen **Interaktionsplafond** für alle Disziplinen zu konzipieren, die sich mit Medien und Kultur beschäftigen. Alles dort bisher erarbeitete Wissen kann sich dabei für eine Medienkulturwissenschaft als nützlich erweisen. Medienkulturwissenschaft ihrerseits kann für andere medienerforschende Disziplinen **zwei wichtige Funktionen** übernehmen: (1) die Erarbeitung von Grundlagenwissen in den Bereichen Kognitions-, Kommunikations-, Medien- und Kulturtheorie, und (2) die Beobachtung, Integration und Evaluation einzelwissenschaftlicher Forschungsergebnisse unter generalisierten medienkulturwissenschaftlichen Perspektiven. Solche Perspektiven betreffen u. a. die Erarbeitung eines konsensfähigen allgemeinen Medienbegriffs, Probleme der Kopplung von Kognition und Kommunikation durch Medien bzw. Medienangebote, die Geschichte der Wahrnehmungsmodifikationen durch die spezifischen Konstruktions- und Selektionsbedingungen der einzelnen Medien, Konstanten der Medienevolution, die Entstehung und Funktion komplexer Mediensysteme in unterschiedlichen Gesellschaftstypen und Entwicklungsformen, den Zusammenhang zwischen Mediensystemen und der Ausdifferenzierung von Kulturen als Programme gesellschaftlicher Selbstbeschreibung, etc. Entsprechend können in der Medienkulturwissenschaft **vier Teilbereiche** unterschieden werden:

1. Die *Medienepistemologie* als systematische Erforschung der diachronen und synchronen Möglichkeiten bzw. Erscheinungsformen kognitiver wie kommunikativer Wirklichkeitskonstruktion unter den Bedingungen der Nutzbarkeit spezifischer Mediensysteme bis hin zu Netzwerken und Hybridsystemen (vgl. u. a. Sandbothe 2001);
2. die *Medienhistoriographie* in diversen Ausprägungen, also z. B. als Technikgeschichte, als Wahrnehmungs-, Mentalitäts- oder Kommunikationsgeschichte unter Berücksichtigung geschlechtsspezifischer Differenzen, wobei diese verschiedenen Beobachtungsaspekte koordiniert und integriert werden müssen, um aus einem bloßen Neben- oder gar Gegeneinander herauszukommen;
3. die *Medienkulturgeschichte* im engeren Sinn als Konstruktion bzw. Rekonstruktion der Ko-Evolution von Mediensystemen, Kommunikations- und Diskurstypen mit Themen wie Mediengattungstheorie, Kanonisierungsprozesse in Mediensystemen und einzelnen Kulturteilprogrammen wie z. B. Kunst oder Wissenschaft;
4. die *Trans- und Interkulturalitätsforschung* als Beobachtung und Analyse der Problemlösungskapazität und damit verbunden der Interaktionsmöglichkeiten zwischen Kulturen, spezifischer Möglichkeiten und Erscheinungsformen von Kulturprogrammen im Sinne von Mono-, Multi-, Transkulturalität, Formen kultureller Kolonialisierung und Entkolonialisierung, kultureller Ausdifferenzierung und Entdifferenzierung unter spezifischen Mediensystem-Bedingungen, Identität und Fremdheit unter Globalisierungsansprüchen internationaler Kommunikation, etc. (vgl. Drechsel/Gölz/Schmidt 2000).

Medienkulturwissenschaft ist dabei weder auf eine Disziplin noch auf ein Einzelthema festgelegt, sondern steht unter der begründeten Erwartung, ihre Themenselektion nach ihrer eigenen Systemlogik zu begründen. Da sie für solche Begründungen den jeweiligen Stand der gesellschaftlichen wie wissenschaftlichen Entwicklung mehr oder weniger selbstverständlich in Anspruch nehmen muß, gehen traditionelle Ansprüche an medienkulturwissenschaftliche Forschungen wie Wahrheit oder Objektivität in die Irre, womit die oben genannten Ansprüche an die Wissenschaftlichkeit von Problemlösungen aber wohlgemerkt unberührt bleiben.

Medienkulturwissenschaft kann nur **interdisziplinär** arbeiten. Wünschenswert wäre darüber hinaus auch eine **interkulturelle Orientierung**, um die spezifischen blinden Flecken des eigenen Beobachterstandpunktes relativieren zu können und Latenzbeobachtungen zu ermöglichen. Eine Ausbildung in Medienkulturwissenschaft – ein erster Studiengang dieses Namens ist in den 1990er Jahren an der Universität Halle eingerichtet worden – soll zu einer kompetenten Analyse wie zur kreativen Teilnahme an medienkulturellen Aktivitäten befähigen. Die Themen werden der Medienkulturwissenschaft nicht ausgehen, da Entwicklungen wie Migration, Globalisierung der Kommunikation und deren Kommerzialisierung, *Cyber-Society*, Inter- und Multikulturalität ständig neue Problemfelder eröffnen, die mit den Instrumenten einer hinreichend abstrakten und komplexen Medienkulturwissenschaft bearbeitet werden müssen.

Hinsichtlich der Frage, ob die seit Beginn der 1990er Jahre entstandenen Ansätze einer Medienkulturwissenschaft etwa an den Universitäten Halle, Lüneburg, Hamburg, Münster oder Siegen sich als eigene Disziplin organisieren sollten, gibt es folgendes zu bedenken: Der Versuch einer **Disziplinenbildung** geht in der Regel zu Lasten der **Forschungsflexibilität**. Disziplinen sind stets verstrickt in die inneruniversitären Konflikte sowie in innerdisziplinäre Definitionsstreitigkeiten. Von daher könnte Medienkulturwissenschaft eher davon profitieren, sich als eigene Forschungsrichtung im Rahmen ganz unterschiedlicher disziplinärer Verortung zu entwickeln. Um als eigene Forschungsrichtung Profil und Identität zu gewinnen, braucht sie aber unbedingt eine explizite theoretische Grundlegung, die keineswegs mit der hier skizzierten identisch sein muß, um begründet als Wissenschaft gelten zu können. Zum anderen braucht Medienkulturwissenschaft einen hinreichend abstrakten deskriptiven Kulturbegriff, um nicht nur kulturelle Phänomene, sondern um den **generativen Mechanismus für die Erzeugung für kulturell gehaltener Phänomene in allen Bereichen der Gesellschaft** von der Subkultur bis zur Unternehmenskultur analysieren zu können. Wenn sie diese beiden Bedingungen erfüllt, dann gewinnt eine Medienkulturwissenschaft die konstitutive Differenz zu den Kulturwissenschaften einerseits, zu Medienphilologien und Publizistik- und Kommunikationswissenschaften andererseits. Diese Differenz, die ihre Identität stiftet, erwirbt und behält medienkulturwissenschaftliche Forschung durch ihre Problemlösungskapazität und nicht durch disziplinäre Organisation.

Literaturverzeichnis

Appelsmeyer, Heide/Billmann-Mahecha, Elfriede (Hgg.): *Kulturwissenschaft.* Weilerswist: Velbrück 2001.

Baecker, Dirk: *Wozu Kultur?* Berlin: Kulturverlag Kadmos 2000.

Blamberger, Günter/Glaser, Hermann (Hgg.): *Berufsbezogen studieren. Neue Studiengänge in den Literatur-, Kultur- und Medienwissenschaften.* München: Beck 1993.

Böhme, Hartmut/Scherpe, Klaus R. (Hgg.): *Literatur und Kulturwissenschaft. Positionen, Theorien, Modelle.* Reinbek: Rowohlt 1996.

Böhme, Hartmut/Matussek, Peter/Müller, Lothar (Hgg.): *Orientierung Kulturwissenschaft.* Reinbek: Rowohlt 2000.

Drechsel, Paul/Gölz, Bernhard/Schmidt, Bettina: *Kultur im Zeitalter der Globalisierung. Von Identität zu Differenzen.* Frankfurt a.M: Verlag für Interkulturelle Kommunikation 2000.

Düllo, Thomas et al. (Hgg.): *Kursbuch Kulturwissenschaft.* Münster: LIT 2000.

Faulstich, Werner: »Kulturwissenschaft als Metawissenschaft.« In: Düllo et al. 2000, S. 133–140.

Glaser, Renate/Luserke, Matthias (Hgg.): *Literaturwissenschaft – Kulturwissenschaft. Positionen, Themen, Perspektiven.* Opladen: Westdeutscher Verlag 1996.

Jäger, Georg/Schönert, Jörg (Hgg.): *Wissenschaft und Berufspraxis.* Paderborn et al.: Schöningh 1997.

Lecke, Bodo (Hg.): *Literatur und Medien in Studium und Deutschunterricht.* Frankfurt a. M.: Lang 1999.

Sandbothe, Mike: *Pragmatische Medienphilosophie. Grundlegung einer neuen Disziplin im Zeitalter des Internet.* Weilerswist: Velbrück 2001.

Schlosser, Gerhard: *Einheit der Welt und Einheitswissenschaft. Grundlegung einer Allgemeinen Systemtheorie.* Braunschweig/Wiesbaden: Vieweg 1993.

Schmidt, Siegfried J.: »Why Literature is Not Enough; or, Literary Studies as Media Studies.« In: Gerald C. Cupchik/János Lázló (Hgg.): *Emerging Visions of the Aesthetic Process.* Cambridge: Cambridge UP 1992, S. 227–243.

Schmidt, Siegfried J.: »Literaturwissenschaft als interdisziplinäres Vorhaben.« In: Johannes Janota (Hg.): *Vielfalt der kulturellen Systeme und Stile. Vorträge des Augsburger Germanistentages 1991.* Bd. 2. Tübingen: Niemeyer 1993, S. 3–19.

Schmidt, Siegfried J.: *Kognitive Autonomie und soziale Orientierung,* Frankfurt a. M.: Suhrkamp 1996 [1994].

Schmidt, Siegfried J.: »Medien – Kultur – Gesellschaft. Medienforschung braucht Systemorientierung.« In: *Medien Journal* 4 (1995), S. 28–35.

Schmidt, Siegfried J.: *Die Welten der Medien.* Braunschweig/Wiesbaden: Vieweg 1996.

Schmidt, Siegfried J.: »Medienkulturwissenschaft: Interkulturelle Perspektiven.« In: Alois Wierlacher/Günter Stötzel (Hgg.): *Blickwinkel. Kulturelle Optik und interkulturelle Gegenstandskonstitution.* Akten des III. Internationalen Kongresses der Gesellschaft für interkulturelle Germanistik Düsseldorf 1994. Publikationen der Gesellschaft für interkulturelle Germanistik. Bd. 50. 1996, S. 803–810.

Schmidt, Siegfried J.: *Die Zähmung des Blicks. Konstruktivismus – Empirie – Wissenschaft.* Frankfurt a. M.: Suhrkamp 1998.

Schmidt, Siegfried J.: »Medienkulturwissenschaft.« In: Ansgar Nünning (Hg.): *Metzler Lexikon Literatur- und Kulturtheorie.* Stuttgart/Weimar: Metzler 1998, S. 349–351.

Schmidt, Siegfried J.: *Kalte Faszination. Medien, Kultur, Wissenschaft in der Mediengesellschaft.* Weilerswist: Velbrück 2000.

Schönert, Jörg: »Germanistik in den neunziger Jahren – eine Disziplin auf der Suche nach ihrer Identität.« In: Germanistentreffen Bundesrepublik Deutschland – Türkei 25.9.–29.9.1994. Hg. v. DAAD. Bonn 1995, S. 17–28.

Schönert, Jörg: »Literaturwissenschaft – Kulturwissenschaft – Medienkulturwissenschaft. Probleme der Wissenschaftsentwicklung.« In: Glaser/Luserke 1996, S. 192–208.

Schönert, Jörg: »Transdisziplinäre und interdisziplinäre Entwicklungen in den Sprach-, Literatur-, Kultur- und Medienwissenschaften.« In: Jäger/Schönert 1997, S. 17–29.

Schönert, Jörg: »›Kultur‹ und ›Medien‹ als Erweiterungen zum Gegenstandsbereich der Germanistik in den 90er Jahren.« In: Lecke 1999, S. 43–64.

Viehoff, Reinhold: »›Mord und Totschlag‹ als Voraussetzung der Medienwissenschaft. Zur Einrichtung einer kommunikationswissenschaftlichen Professur und zur Entwicklung des Studiengangs ›MedienKulturWissenschaft‹ an der Universität Halle.« In: Jäger/Schönert 1997, S. 269–280.

Voßkamp, Wilhelm: »Literaturwissenschaft als Geisteswissenschaft. Thesen zur Geschichte der deutschen Literaturwissenschaft nach dem Zweiten Weltkrieg.« In: Werner Prinz/Peter Weingart (Hgg.): *Die sogenannten Geisteswissenschaften. Innenansichten.* Frankfurt a. M.: Suhrkamp 1990, S. 240–247.

Voßkamp, Wilhelm: »Literaturwissenschaft und Kulturwissenschaften.« In: Henk de Berg/Matthias Prangel (Hgg.): *Interpretation 2000. Positionen und Kontroversen.* Heidelberg: Winter 1999, S. 183–199.

Winter, Carsten (Hg.): *Kulturwissenschaft. Perspektiven, Erfahrungen, Beobachtungen.* Bonn: ARCult Media 1996.

Siegfried J. Schmidt

Anhang

1. Auswahlbibliographie kulturwissenschaftlicher Standardwerke

Anderegg, Johannes/Kunz, Edith Anna (Hgg.): *Kulturwissenschaften. Positionen und Perspektiven*. Bielefeld: Aisthesis 1999.

Anderson, Benedict: *Imagined Communities. Reflections on the Origin and Spread of Nationalism*. London/New York: Verso 1983.

Appadurai, Arjun: *Modernity at Large. Cultural Dimensions of Globalization*. Minneapolis/London: University of Minnesota Press 1996.

Appelsmeyer, Heide/Billmann-Mahecha, Elfriede (Hgg.): *Kulturwissenschaft. Felder einer prozeßorientierten wissenschaftlichen Praxis*. Weilerswist: Velbrück 2001.

Assmann, Aleida: *Erinnerungsräume. Formen und Wandlungen des kulturellen Gedächtnisses*. München: Beck 1999.

Assmann, Aleida/Harth, Dietrich (Hgg.): *Kultur als Lebenswelt und Monument*. Frankfurt a. M.: Fischer 1991.

Assmann, Aleida/Harth, Dietrich (Hgg.): *Mnemosyne. Formen und Funktionen der kulturellen Erinnerung*. Frankfurt a. M.: Fischer 1991.

Assmann, Jan: *Das kulturelle Gedächtnis. Schrift, Erinnerung und politische Identität in frühen Hochkulturen*. München: Beck 1992.

Assmann, Jan/Harth, Dietrich (Hgg.): *Kultur und Konflikt*. Frankfurt a. M.: Suhrkamp 1988.

Assmann, Jan/Hölscher, Tonio (Hgg.): *Kultur und Gedächtnis*. Frankfurt a. M.: Suhrkamp 1988.

Bachmann-Medick, Doris (Hg.): *Kultur als Text. Die anthropologische Wende in der Literaturwissenschaft*. Frankfurt a. M.: Fischer 1996.

Baecker, Dirk: *Wozu Kultur?* Berlin: Kadmos 2000.

Bargatzky, Thomas: *Einführung in die Kulturökologie*. Berlin: Reimer 1986.

Barthes, Roland: *Mythologies*. Paris: Ed. Seuil 1970 (dt.: *Mythen des Alltags*. Frankfurt a. M.: Suhrkamp 1983).

Baßler, Moritz (Hg.): *New Historicism. Literaturgeschichte als Poetik der Kultur*. Frankfurt a. M.: Fischer 2001 [1995].

Bassnett, Susan (Hg.): *Studying British Cultures*. London/New York: Routledge 1997.

Bausinger, Hermann/Jeggle, Urz/Korff, Gottfried: *Grundzüge der Volkskunde*. Darmstadt: Wissenschaftliche Buchgesellschaft 1996 [1993].

Benhabib, Seyla/Cornell, Drucilla (Hgg.): *Feminism as Critique. On the Politics of Gender*. Minneapolis: University of Minnesota Press 1987.

Benjamin, Walter: *Das Kunstwerk im Zeitalter seiner technischen Reproduzierbarkeit*. Frankfurt a. M.: Suhrkamp 1996 [1936].

Berding, Helmut (Hg.): *Nationales Bewußtsein und kollektive Identität*. Frankfurt a. M.: Suhrkamp 1994.

Berg, Eberhard/Fuchs, Martin (Hgg.): *Kultur, soziale Praxis, Text. Die Krise der ethnographischen Repräsentation*. Frankfurt a. M.: Suhrkamp 1993.

Berger, Peter/Luckmann, Thomas: *Die gesellschaftliche Konstruktion der Wirklichkeit*. Frankfurt a. M.: Fischer 1969.

Berns, Jörg Jochen/Neuber, Wolfgang (Hgg.): *Ars memorativa. Zur kulturgeschichtlichen Bedeutung der Gedächtniskunst 1400–1750*. Tübingen: Niemeyer 1996.

Berry, John W. et al.: *Cross-Cultural Psychology. Research and Applications*. Cambridge et al.: Cambridge UP 1992.
Bhabha, Homi K.: *The Location of Culture. Discussing Postcolonial Culture*. London/New York: Routledge 1994 (dt.: *Die Verortung der Kultur*. Tübingen: Stauffenburg 2000).
Bloh, Ute von/Vollhardt, Friedrich: »Literaturwissenschaft und Kulturwissenschaft. Prolegomena.« In: *Mitteilungen des Deutschen Germanistenverbandes* 46,4 (1999) (= Themenheft *Germanistik als Kulturwissenschaft*), S. 479–485.
Blumenberg, Hans: *Die Lesbarkeit der Welt*. Frankfurt a. M.: Suhrkamp 2000 [1981].
Böhme, Hartmut: »Vom Cultus zur Kultur(wissenschaft). Zur historischen Semantik des Kulturbegriffs.« In: Glaser/Luserke 1996, S. 48–68.
Böhme, Hartmut: »Kulturwissenschaft.« In: Harald Fricke et al. (Hgg.): *Reallexikon der Deutschen Literaturwissenschaft. Bd. 2: H-O*. Berlin/New York: de Gruyter 2000, S. 356–359.
Böhme, Hartmut/Matussek, Peter/Müller, Lothar: *Orientierung Kulturwissenschaft. Was sie kann, was sie will*. Reinbek bei Hamburg: Rowohlt 2000.
Böhme, Hartmut/Scherpe, Klaus R. (Hgg.): *Literatur und Kulturwissenschaften. Positionen, Theorien, Modelle*. Reinbek bei Hamburg: Rowohlt 1996.
Bollenbeck, Georg: *Bildung und Kultur. Glanz und Elend eines deutschen Deutungsmusters*. Frankfurt a. M.: Suhrkamp 1996.
Bollenbeck, Georg: »Die Kulturwissenschaften – mehr als ein modisches Label?« In: *Merkur. Deutsche Zeitschrift für europäisches Denken* 51 (1997), S. 259–265.
Bonnell, Victoria E./Hunt, Lynn (Hgg.): *Beyond the Cultural Turn. New Directions in the Study of Society and Culture*. Berkeley/Los Angeles/London: University of California Press 1999.
Bonner, John Tyler: *The Evolution of Culture in Animals*. Princeton: Princeton UP 1980 (dt.: *Kultur-Evolution bei Tieren*. Berlin/Hamburg: Parey 1983).
Boon, James A.: *Other Tribes, Other Scribes. Symbolic Anthropology in the Comparative Study of Cultures, Histories, Religions and Texts*. Cambridge: Cambridge UP 1983.
Bourdieu, Pierre: *Zur Soziologie der symbolischen Formen*. Frankfurt a. M.: Suhrkamp 1970.
Bourdieu, Pierre: *La distinction. Critique sociale du jugement*. Paris: Minuit 1979 (dt.: *Die feinen Unterschiede. Kritik der gesellschaftlichen Urteilskraft*. Frankfurt a. M.: Suhrkamp 1982).
Bourdieu, Pierre: *Les règles de l'art. Genèse et structure du champ littéraire*. Paris: Seuil 1992 (dt.: *Die Regeln der Kunst. Genese und Struktur des literarischen Feldes*. Frankfurt a. M.: Suhrkamp 1999).
Brackert, Helmut/Wefelmeyer, Fritz (Hgg.): *Kultur. Bestimmungen im 20. Jahrhundert*. Frankfurt a. M.: Suhrkamp 1990.
Braun, Christina von/Stephan, Inge (Hgg.): *Gender-Studien. Eine Einführung*. Stuttgart/Weimar: Metzler 2000.
Bromley, Roger/Göttlich, Udo/Winter, Carsten (Hgg.): *Cultural Studies. Grundlagentexte zur Einführung*. Lüneburg: zu Klampen 1999.
Bruch, Rüdiger vom/Graf, Friedrich Wilhelm/Hübinger, Gangolf (Hgg.): *Kultur und Kulturwissenschaften um 1900. Krise der Moderne und Glaube an die Wissenschaft*. Stuttgart: Steiner 1989.
Bruner, Jerome S.: *Acts of Meaning*. Cambridge, MA: Harvard UP 1990.
Bühl, Walter L.: *Kulturwandel. Für eine dynamische Kultursoziologie*. Darmstadt: Wissenschaftliche Buchgesellschaft 1987.
Burckhardt, Jacob: *Die Kultur der Renaissance in Italien*. Hg. v. Horst Günther. Frankfurt a. M.: Klassiker-Verlag 1989.
Burke, Peter: *Popular Culture in Early Modern Europe*. London: Temple Smith 1978 (dt.: *Helden, Schurken und Narren. Europäische Volkskultur in der frühen Neuzeit*. Stuttgart: Klett Cotta 1981).
Bußmann, Hadumod/Hof, Renate (Hgg.): *Genus. Zur Geschlechterdifferenz in den Kulturwissenschaften*. Stuttgart: Kröner 1995.
Butler, Judith: *Gender Trouble. Feminism and the Subversion of Identity*. New York: Routledge 1990 (dt.: *Das Unbehagen der Geschlechter*. Frankfurt a. M.: Suhrkamp 1991).
Butler, Judith: *Bodies that Matter. On the Discursive Limits of ›Sex‹*. New York: Routledge 1993 (dt.: *Körper von Gewicht. Die diskursiven Grenzen des Geschlechts*. Berlin: Berlin-Verlag 1995).

Bystrina, Ivan: *Semiotik der Kultur. Zeichen – Texte – Codes*. Tübingen: Stauffenburg 1989.

Carruthers, Mary: »*The Book of Memory*« – *A Study of Memory in Medieval Culture*. Cambridge et al.: Cambridge UP 1990.

Cassirer, Ernst: *Philosophie der symbolischen Formen*. 3 Bde. Darmstadt: Wissenschaftliche Buchgesellschaft 1994 [1923–1929].

Cassirer, Ernst: *Zur Logik der Kulturwissenschaften. Fünf Studien*. Darmstadt: Wissenschaftliche Buchgesellschaft 1994 [1942].

Cassirer, Ernst: *An Essay on Man. An Introduction to a Philosophy of Human Culture*. New Haven: Yale UP 1944 (dt.: *Versuch über den Menschen. Einführung in eine Philosophie der Kultur*. Frankfurt a. M.: Fischer 1990).

Chaney, David: *The Cultural Turn*. London/New York: Routledge 1994.

Chartier, Roger: *Die unvollendete Vergangenheit. Geschichte und die Macht der Weltauslegung*. Frankfurt a. M.: Fischer 1992.

Clifford, James: »Über ethnographische Autorität.« In: Berg/Fuchs 1993, S. 109–157 (orig.: »On Ethnographic Authority.« In: ders.: *The Predicament of Culture. Twentieth-Century Ethnography, Literature, and Art*. Cambridge, MA/London: Harvard UP 1988, S. 21–54).

Cole, Michael: *Cultural Psychology. A Once and Future Discipline*. Cambridge, MA/London: The Belknap Press of Harvard University Press 1996.

Crapanzano, Vincent: *Hermes' Dilemma and Hamlet's Desire. On the Epistemology of Interpretation*. Cambridge, MA/London: Harvard UP 1992.

Dainat, Holger: »Zukunftsperspektiven. Anmerkungen zur kulturwissenschaftlichen Orientierung der Germanistik.« In: *Mitteilungen des Deutschen Germanistenverbandes* 46,4 (1999), S. 496–507.

Daniel, Ute. »›Kultur‹ und ›Gesellschaft‹: Überlegungen zum Gegenstandsbereich der Sozialgeschichte.« In: *Geschichte und Gesellschaft* 19 (1993), S. 69-99.

Daniel, Ute: *Kompendium Kulturgeschichte. Theorien, Praxis, Schlüsselwörter*. Frankfurt a. M.: Suhrkamp 2002 [2001].

Drechsel, Paul/Gölz, Bernhard/Schmidt, Bettina: *Kultur im Zeitalter der Globalisierung. Von Identität zu Differenzen*. Frankfurt a.M: Verlag für Interkulturelle Kommunikation 2000.

Düllo, Thomas et al. (Hgg.): *Kursbuch Kulturwissenschaft*. Münster: LIT 2000.

Dux, Günter: *Historisch-genetische Kultur. Instabile Welten. Zur prozessualen Logik im kulturellen Wandel*. Weilerswist: Velbrück Wissenschaft 2000.

Eagleton, Terry: *The Idea of Culture*. Oxford: Blackwell 2000 (dt.: *Was ist Kultur? Eine Einführung*. München: Beck 2001).

Easthope, Antony: *Literary into Cultural Studies*. London/New York: Routledge 1991.

Echterhoff, Gerald/Saar, Martin (Hgg.): *Kontexte und Kulturen des Erinnerns. Maurice Halbwachs und das Paradigma des kollektiven Gedächtnisses*. Konstanz: UVK 2002.

Elias, Norbert: *Über den Prozeß der Zivilisation. Soziogenetische und psychogenetische Untersuchungen*. 2 Bde. Frankfurt a. M.: Suhrkamp 1997 [1939].

Engel, Manfred: »Kulturwissenschaft/en – Literaturwissenschaft als Kulturwissenschaft – kulturgeschichtliche Literaturwissenschaft.« In: *KulturPoetik* 1 (2001), S. 8–36.

Engelmann, Jan (Hg.): *Die kleinen Unterschiede. Der Cultural Studies-Reader*. Frankfurt a. M./New York: Campus 1999.

Erll, Astrid: »Literatur und kulturelles Gedächtnis. Zur Begriffs- und Forschungsgeschichte, zum Leistungsvermögen und zur literaturwissenschaftlichen Relevanz eines neuen Paradigmas der Kulturwissenschaft.« In: *Literaturwissenschaftliches Jahrbuch* 43 (2002), S. 249–276.

Fisch, Jörg: »Zivilisation, Kultur.« In: Otto Brunner et al. (Hgg.): *Geschichtliche Grundbegriffe. Historisches Lexikon zur politisch-sozialen Sprache in Deutschland*. Bd. 7. Stuttgart: Klett-Cotta 1992, S. 679–774.

Fleischer, Michael: *Kulturtheorie. Systemtheoretische und evolutionäre Grundlagen*. Oberhausen: Athena 2001.

Foucault, Michel: *Les mots et les choses*. Paris: Gallimard 1966 (dt.: *Die Ordnung der Dinge. Eine Archäologie der Humanwissenschaften*. Frankfurt a. M.: Suhrkamp 1974).

Frühwald, Wolfgang et al. (Hgg.): *Geisteswissenschaften heute. Eine Denkschrift*. Frankfurt a. M.: Suhrkamp 1991.

Gabriel, Norbert: *Kulturwissenschaft und Neue Medien. Wissensvermittlung im digitalen Zeitalter.* Darmstadt: Wissenschaftliche Buchgesellschaft 1997.

Geertz, Clifford: *The Interpretation of Cultures. Selected Essays.* London: Hutchinson 1973 (dt.: *Dichte Beschreibung. Beiträge zum Verstehen kultureller Systeme.* Frankfurt a. M.: Suhrkamp 1983).

Gehlen, Arnold: *Der Mensch. Seine Natur und seine Stellung in der Welt.* Heidelberg: Quelle und Meyer 1997 [1940].

Giesen, Bernhard (Hg.): *Nationale und kulturelle Identität. Studien zur Entwicklung des kollektiven Bewußtseins in der Neuzeit.* Frankfurt a. M.: Suhrkamp 1991.

Glaser, Renate/Luserke, Matthias (Hgg.): *Literaturwissenschaft – Kulturwissenschaft. Positionen, Themen, Perspektiven.* Opladen: Westdeutscher Verlag 1996.

Goodman, Nelson: *Languages of Art. An Approach to a Theory of Symbols.* Indianapolis: Bobbs-Merrill 1968 (dt.: *Sprachen der Kunst.* Frankfurt a. M.: Suhrkamp 1973).

Grabes, Herbert: »Literaturwissenschaft – Kulturwissenschaft – Anglistik.« In: *Anglia* 114,3 (1996), S. 376–395.

Grabes, Herbert (Hg.): *Literary History/Cultural History. Forcefields and Tensions.* Tübingen: Narr 2001 (= *REAL – Yearbook of Research in English and American Literature* 17).

Graevenitz, Gerhard von: »Literaturwissenschaft und Kulturwissenschaften.« In: *Deutsche Vierteljahrsschrift für Literaturwissenschaft und Geistesgeschichte* 73,1 (1999), S. 94–115.

Greenblatt, Stephen: *Shakespearean Negotiations. The Circulation of Social Energy in Renaissance England.* Berkeley/Los Angeles: University of California Press 1988 (dt.: *Verhandlungen mit Shakespeare. Innenansichten der englischen Renaissance.* Berlin: Wagenbach 1990).

Greenblatt, Stephen: »Grundzüge einer Poetik der Kultur.« In: ders.: *Schmutzige Riten. Betrachtungen zwischen Weltbildern.* Frankfurt a. M.: Fischer 1995, S. 107–123 (Auswahl aus: *Learning to Curse. Essays in Early Modern Culture.* New York/London: Routledge 1990).

Greenblatt, Stephen/Gunn, Giles (Hgg.): *Redrawing the Boundaries. The Transformation of English and American Studies.* New York: Modern Language Association of America 1992.

Grossberg, Lawrence/Nelson, Cary/Treichler, Paula (Hgg.): *Cultural Studies.* New York/ London: Routledge 1992.

Hahn, Alois/Platz, Norbert H. (Hgg.): *Interkulturalität als neues Paradigma.* Trier: Trierer Beiträge 1999.

Halbwachs, Maurice: *La mémoire collective.* Paris: Presses universitaires de France 1950 (dt.: *Das kollektive Gedächtnis.* Frankfurt a. M.: Fischer 1991).

Hall, Stuart et al. (Hgg.): *Culture, Media, Language. Working Papers in Cultural Studies, 1972–79.* London: Hutchinson 1980.

Hansen, Klaus P. (Hg.): *Kulturbegriff und Methode. Der stille Paradigmenwechsel in den Geisteswissenschaften.* Tübingen: Narr 1993.

Hansen, Klaus P.: *Kultur und Kulturwissenschaft. Eine Einführung.* Tübingen/Basel: Francke 2000 [1995].

Hardtwig, Wolfgang/Wehler, Hans-Ulrich (Hgg.): *Kulturgeschichte Heute. Geschichte und Gesellschaft.* Göttingen: Vandenhoeck & Ruprecht 1996.

Harth, Dietrich: »Vom Fetisch bis zum Drama? Anmerkungen zur Renaissance der Kulturwissenschaften.« In: *Anglia* 114,3 (1996), S. 340–375.

Harth, Dietrich: *Das Gedächtnis der Kulturwissenschaften.* Dresden/München: Dresden UP 1998.

Hartmann, Dirk/Janich, Peter (Hgg.): *Die kulturalistische Wende. Zur Orientierung des philosophischen Selbstverständnisses.* Frankfurt a. M.: Suhrkamp 1998.

Haverkamp, Anselm/Lachmann, Renate (Hgg.): *Memoria. Vergessen und Erinnern.* München: Fink 1993 (= *Poetik und Hermeneutik* XV).

Heideking, Jürgen/Nünning, Vera: »Kulturgeschichte.« In: dies.: *Einführung in die amerikanische Geschichte.* München: Beck 1998, S. 141–162.

Hennigsen, Bernd/Schröder, Stephan Michael (Hgg.): *Das Ende der Humboldt-Kosmen. Konturen von Kulturwissenschaft.* Baden-Baden: Nomos 1997.

Hetzel, Andreas: *Zwischen Poiesis und Praxis. Elemente einer kritischen Theorie der Kulturwissenschaften.* Würzburg: Königshausen und Neumann 2001.

Hiley, David R. et al. (Hgg.): *The Interpretive Turn. Philosophy, Science, Culture.* Ithaca/London: Cornell UP 1991.
Hobsbawm, Eric/Ranger, Terence (Hgg.): *The Invention of Tradition.* New York: Cambridge UP 1983.
Hof, Renate: *Die Grammatik der Geschlechter. Gender als Analysekategorie der Literaturwissenschaft.* Frankfurt a. M./New York: Campus 1995.
Hörning, Karl H./Winter, Rainer (Hgg.): *Widerspenstige Kulturen. Cultural Studies als Herausforderung.* Frankfurt a. M.: Suhrkamp 1999.
Huber, Martin/Lauer, Gerhard (Hgg.): *Nach der Sozialgeschichte. Konzepte für eine Literaturwissenschaft zwischen historischer Anthropologie, Kulturgeschichte und Medientheorie.* Tübingen: Niemeyer 2000.
Hunt, Lynn (Hg.): *The New Cultural History.* Berkeley/Los Angeles/London: University of California Press 1989.
Inglis, Fred: *Cultural Studies.* Oxford: Blackwell 1994.
Jaeger, Friedrich (Hg.): *Kulturwissenschaftliche Perspektiven in der Nordamerika-Forschung.* Tübingen: Stauffenburg 2001.
Jahrbuch der deutschen Schillergesellschaft: Diskussionsrunden »Kommt der Literaturwissenschaft ihr Gegenstand abhanden?«, 42 (1998), S. 457–507; 43 (1999), S. 447–487; 44 (2000), S. 333–358.
Jung, Thomas: *Geschichte der modernen Kulturtheorie.* Darmstadt: Wissenschaftliche Buchgesellschaft 1999.
Kaschuba, Wolfgang: *Einführung in die Europäische Ethnologie.* München: Beck 1999.
Kellner, Douglas: *Media Culture.* London/New York: Routledge 1995.
Kittler, Friedrich A.: *Aufschreibesysteme 1800/1900.* München: Fink 1995 [1985].
Kittler, Friedrich A.: *Eine Kulturgeschichte der Kulturwissenschaft.* München: Fink 1999.
Kohl, Karl-Heinz: *Ethnologie – die Wissenschaft vom kulturell Fremden. Eine Einführung.* München: Beck 1993.
Köhnen, Ralph (Hg.): *Wege zur Kultur. Perspektiven für einen integrativen Deutschunterricht.* Frankfurt a. M.: Lang 1999.
Konersmann, Ralf (Hg.): *Kulturphilosophie.* Leipzig: Reclam 1996.
Korte, Eduard: *Kulturphilosophie und Anthropologie.* Hamburg: Kovac 1992.
Kramer, Dieter: *Von der Notwendigkeit der Kulturwissenschaft. Aufsätze zu Volkskunde und Kulturtheorie.* Marburg: Jonas 1997.
Kroeber, Alfred L./Kluckhohn, Clyde: »Culture. A Critical Review of Concepts and Definitions.« In: *Papers of the Peabody Museum of American Archaeology and Ethnology* 47,1 (1952), S. i–viii.
Lange, Gerhard W.: *Materialistische Kulturtheorie im Vergleich. Raymond Williams / Terry Eagleton und die deutsche Tradition.* Münster: Lit 1984.
Laqueur, Thomas: *Making Sex. Body and Gender from the Greeks to Freud.* Cambridge, MA: Harvard UP 1990 (dt.: *Auf den Leib geschrieben. Die Inszenierung der Geschlechter von der Antike bis Freud.* Frankfurt a. M./New York: Campus 1992).
Leach, Edmund: *Culture and Communication. The Logic by which Symbols are Connected. An Introduction to the Use of Structuralist Analysis in Social Anthropology.* Cambridge: Cambridge UP 1976 (dt.: *Kultur und Kommunikation. Zur Logik symbolischer Zusammenhänge.* Frankfurt a. M.: Suhrkamp 1978).
Lepenies, Wolf: *Das Ende der Naturgeschichte. Wandel kultureller Selbstverständlichkeiten in den Wissenschaften des 18. und 19. Jahrhunderts.* Frankfurt a. M.: Suhrkamp 1978 [1976].
Levinson, David/Ember, Melvin (Hgg.): *Encyclopedia of Cultural Anthropology.* 4 Bde. New York: Henry Holt 1996.
Lipp, Wolfgang: *Drama Kultur.* Berlin: Duncker & Humblot 1994.
Long, Elisabeth (Hg.): *From Sociology to Cultural Studies. New Perspectives.* Malden, MA: Blackwell 1997.
Lotman, Yuri M.: *Universe of the Mind. A Semiotic Theory of Culture.* London: Tauris 1990.

Luhmann, Niklas: »Kultur als historischer Begriff.« In: ders.: *Gesellschaftsstruktur und Semantik. Studien zur Wissenschaftssoziologie der modernen Gesellschaft*, Bd.4. Frankfurt a. M.: Suhrkamp 1980–1995.

Luhmann, Niklas: *Soziale Systeme. Grundriß einer allgemeinen Theorie.* Frankfurt a. M.: Suhrkamp 2002 [1987].

Lüsebrink, Hans-Jürgen/Röseberg, Dorothee (Hgg.): *Landeskunde und Kulturwissenschaft in der Romanistik. Theorieansätze, Unterrichtsmodelle, Forschungsperspektiven.* Tübingen: Narr 1995.

Lutter, Christina/Reisenleitner, Markus: *Cultural Studies. Eine Einführung.* Wien: Turia & Kant 1998.

Mannheim, Karl: *Wissenssoziologie. Auswahl aus dem Werk.* Hg. v. Kurt H. Wolff. Neuwied/Berlin: Luchterhand 1970 [1964].

Marquard, Odo: »Über die Unvermeidlichkeit der Geisteswissenschaft.« In: ders.: *Apologie des Zufälligen. Philosophische Studien.* Stuttgart: Reclam 1986, S. 98–116.

Marschall, Wolfgang (Hg.): *Klassiker der Kulturanthropologie. Von Montaigne bis Margaret Mead.* München: Beck 1990.

Medick, Hans: »›Missionare im Ruderboot‹? Ethnologische Erkenntnisweisen als Herausforderungen an die Sozialgeschichte.« In: *Geschichte und Gesellschaft* 10 (1984), S. 295–319.

Medick, Hans: »Quo vadis Historische Anthropologie? Geschichtsforschung zwischen Historischer Kulturwissenschaft und Mikro-Historie.« In: *Historische Anthropologie* 9,1 (2001), S. 78–92.

Mittelstraß, Jürgen: »Die Stunde der Interdisziplinarität?« In: Jürgen Kocka (Hg.): *Interdisziplinarität. Praxis – Herausforderungen – Ideologie.* Frankfurt a. M.: Suhrkamp 1987, S. 152–158.

Monaghan, John/Just, Peter: *Social and Cultural Anthropology. A Very Short Introduction.* Oxford/New York: Oxford UP 2000.

Montrose, Louis A.: »Professing the Renaissance. The Poetics and Politics of Culture.« In: Veeser 1989, S. 15–36 (dt.: »Die Renaissance behaupten. Poetik und Politik der Kultur.« In: Baßler 1995, S. 60–93).

Mörth, Ingo/Fröhlich, Gerhard (Hgg.): *Das symbolische Kapital der Lebensstile. Zur Kultursoziologie der Moderne nach Pierre Bourdieu.* Frankfurt a. M./New York: Campus 1994.

Müller, Jan-Dirk: »Überlegungen zu einer mediävistischen Kulturwissenschaft.« In: *Mitteilungen des Deutschen Germanistenverbandes* 46, 4 (1999) (= Themenheft *Germanistik als Kulturwissenschaft*), S. 574–585.

Müller-Funk, Wolfgang: *Die Kultur und ihre Narrative. Eine Einführung.* Wien/New York: Springer 2002.

Musner, Lutz: »Kulturwissenschaften und *Cultural Studies*: Zwei ungleiche Geschwister?« In: *KulturPoetik. Zeitschrift für kulturgeschichtliche Literaturwissenschaft* 1,2 (2001), S. 261–271.

Musner, Lutz/Wunberg, Gotthart (Hgg.): *Kulturwissenschaften. Forschung – Praxis – Positionen.* Wien: WUV-Verlag 2002.

Neidhardt, Friedhelm/Lepsius, M. Rainer/Weiß, Johannes (Hgg.): *Kultur und Gesellschaft.* Sonderheft 27 der *Kölner Zeitschrift für Soziologie und Sozialpsychologie.* Opladen: Westdeutscher Verlag 1986.

Nell, Werner/Riedel, Wolfgang: *Kulturwissenschaften. Geschichte, Grundlagen, Perspektiven.* Opladen: Westdeutscher Verlag 2001.

Neumann, Gerhard/Weigel, Sigrid (Hgg.): *Lesbarkeit der Kultur. Literaturwissenschaften zwischen Kulturtechnik und Ethnographie.* München: Fink 2000.

Niedermann, Joseph: *Kultur. Werden und Wandlungen eines Begriffs und seiner Ersatzbegriffe von Cicero bis Herder.* Firenze: Bibliopolis 1944.

Nünning, Ansgar (Hg.): *Metzler Lexikon Literatur- und Kulturtheorie. Ansätze – Personen – Grundbegriffe.* Stuttgart/Weimar: Metzler 2001 [1998].

Nünning, Ansgar: »Literatur, Mentalitäten und kulturelles Gedächtnis. Grundriß, Leitbegriffe und Perspektiven einer anglistischen Kulturwissenschaft.« In: ders. (Hg.): *Literaturwissenschaftliche Theorien, Modelle, Methoden. Eine Einführung.* Trier: Wissenschaftlicher Verlag Trier 1998 [1995], S. 173–198.

Oexle, Otto Gerhard (Hg.): *Memoria als Kultur*. Göttingen: Vandenhoeck & Ruprecht 1995.

Oexle, Otto Gerhard (Hg.): *Naturwissenschaft, Geisteswissenschaft, Kulturwissenschaft. Einheit – Gegensatz – Komplementarität?* Göttingen: Wallstein 1998.

Ort, Claus-Michael: »Was leistet der Kulturbegriff für die Literaturwissenschaft. Anmerkungen zur Debatte.« In: *Mitteilungen des Deutschen Germanistenverbandes* 46,4 (1999) (= Themenheft *Germanistik als Kulturwissenschaft*), S. 534–545.

Perpeet, Wilhelm: »Kultur, Kulturphilosophie.« In: Joachim Ritter/Karlfried Gründer (Hgg.): *Historisches Wörterbuch der Philosophie*. Bd. 4. Basel: Schwabe 1976, Sp. 1309–1324.

Pethes, Nicolas/Ruchatz, Jens (Hgg.): *Gedächtnis und Erinnerung. Ein interdisziplinäres Lexikon*. Reinbek bei Hamburg: Rowohlt 2001.

Pfeiffer, Karl Ludwig: *Das Mediale und das Imaginäre. Dimensionen kulturanthropologischer Medientheorie*. Frankfurt a. M.: Suhrkamp 1999.

Pfeiffer, Karl Ludwig/Kray, Ralph/Städtke, Klaus (Hgg.): *Theorie als kulturelles Ereignis*. Berlin/New York: de Gruyter 2000.

Pflaum, Michael: »Die Kultur-Zivilisations-Antithese im Deutschen.« In: Johann Knobloch et al. (Hgg.): *Europäische Schlüsselwörter. Wortvergleichende und wortgeschichtliche Studien*. Bd. 3: *Kultur und Zivilisation*. München: Max Hueber 1967, S. 288–427.

Pornschlegel, Clemens: »Das Paradigma, das keines ist. Anmerkungen zu einer unglücklichen Debatte.« In: *Mitteilungen des Deutschen Germanistenverbandes* 46,4 (1999) (= Themenheft *Germanistik als Kulturwissenschaft*), S. 520–532.

Posner, Roland: »Kultur als Zeichensystem. Zur semiotischen Explikation kulturwissenschaftlicher Grundbegriffe.« In: Aleida Assmann/Dietrich Harth (Hgg.): *Kultur als Lebenswelt und Monument*. Frankfurt a. M.: Suhrkamp 1991, S. 36–74.

Raulff, Ulrich (Hg.): *Vom Umschreiben der Geschichte. Neue historische Perspektiven*. Berlin: Wagenbach 1986.

Raulff, Ulrich (Hg.): *Mentalitäten-Geschichte. Zur historischen Rekonstruktion geistiger Prozesse*. Berlin: Wagenbach 1987.

Reckwitz, Andreas: *Die Transformation der Kulturtheorien. Zur Entwicklung eines Theorieprogramms*. Weilerswist: Velbrück 2000.

Rickert, Heinrich: *Kulturwissenschaft und Naturwissenschaft*. Mit einem Nachwort hg. v. Friedrich Vollhardt. Stuttgart: Reclam 1986 [1898].

Riedl, Rupert: *Kultur – Spätzündung der Evolution?* München/Zürich: Piper 1987.

Rusch, Gebhard: *Erkenntnis, Wissenschaft, Geschichte. Von einem konstruktivistischen Standpunkt*. Frankfurt a. M.: Suhrkamp 1987.

Said, Edward W.: *Orientalism*. New York: Pantheon 1978.

Schlaeger, Jürgen (Hg.): *The Anthroplogical Turn in Literary Studies*. Tübingen: Narr 1996.

Schmidt, Siegfried J. (Hg.): *Kognition und Gesellschaft*. Frankfurt a. M.: Suhrkamp 1994 [1991]. (= Der Diskurs des radikalen Konstruktivismus 2)

Schmidt, Siegfried J.: *Kalte Faszination. Medien, Kultur, Wissenschaft in der Mediengesellschaft*. Weilerswist: Velbrück 2000.

Schmidt-Biggemann, Wilhelm: »Kulturgeschichte, europäisch.« In: *Mitteilungen des Deutschen Germanistenverbandes* 46,4 (1999), S. 486–495.

Schmidt-Dengler, Wendelin/Schwob, Anton (Hgg.): *Germanistik im Spannungsfeld zwischen Philologie und Kulturwissenschaft. Beiträge der Tagung der österreichischen Gesellschaft für Germanistik in Wien 1998*. Wien: Edition Praesens 1999.

Schönert, Jörg: »Literaturwissenschaft – Kulturwissenschaft – Medienkulturwissenschaft. Probleme der Wissenschaftsentwicklung.« In: Glaser/Luserke 1996, S. 192–208.

Schulze, Gerhard: *Die Erlebnisgesellschaft. Kultursoziologie der Gegenwart*. Frankfurt a. M./New York: Campus-Verlag 1992.

Schütz, Alfred: *Der sinnhafte Aufbau der sozialen Welt. Eine Einleitung in die verstehende Soziologie*. Frankfurt a. M.: Suhrkamp 1974.

Seeber, Hans Ulrich et al. (Hgg.): Themenheft *Literaturwissenschaft und/oder Kulturwissenschaft* der *Anglia* 114,3 (1996).

Segall, Marshall H. et al.: *Human Behavior on Global Perspective. An Introduction to Cross-Cultural Psychology*. Boston et al.: Allyn & Bacon 1999.

Sellin, Volker: »Mentalität und Mentalitätsgeschichte.« In: *Historische Zeitschrift* 241 (1985), S. 555–598.

Simmel, Georg: *Philosophische Kultur. Gesammelte Essais*. In: *Gesamtausgabe*, hg. v. Rüdiger Kramme und Otthein Rammstedt, Bd. 14, Frankfurt a. M.: Suhrkamp 1996.

Smith, Philip (Hg.): *The New American Cultural Sociology*. Cambridge et al.: Cambridge UP 1998.

Stanitzek, Georg/Voßkamp, Wilhelm (Hgg.): *Schnittstelle. Medien und Kulturwissenschaften*. Köln: Dumont 2001.

Steiner, Uwe C.: »Können die Kulturwissenschaften eine neue moralische Funktion beanspruchen?« In: *Deutsche Vierteljahrsschrift für Literaturwissenschaft und Geistesgeschichte* 71,1 (1997), S. 3–38.

Straub, Jürgen (Hg.): *Erzählung, Identität und historisches Bewußtsein. Die psychologische Konstruktion von Zeit und Geschichte*. Frankfurt a. M.: Suhrkamp 1998 (= Erinnerung, Geschichte, Identität 1).

Tenbruck, Friedrich H.: *Perspektiven der Kultursoziologie. Gesammelte Aufsätze*. Clemens Albrecht/Wilfried Dreyer/Harald Homann (Hgg.): Opladen: Westdeutscher Verlag 1996.

Thomas, Alexander (Hg.): *Kulturvergleichende Psychologie. Eine Einführung*. Göttingen et al.: Hogrefe 1993.

Titzmann, Michael: »Kulturelles Wissen – Diskurs – Denksystem. Zu einigen Grundbegriffen der Literaturgeschichtsschreibung.« In: *Zeitschrift für französische Sprache und Literatur* 99 (1989), S. 47–61.

Ullmaier, Johannes: *Kulturwissenschaft im Zeichen der Moderne. Hermeneutische und kategoriale Probleme*. Tübingen: Niemeyer 2001.

Veeser, H. Aram (Hg.): *The New Historicism*. New York/London: Routledge 1989.

Veeser, H. Aram (Hg.): *The New Historicism Reader*. New York/London: Routledge 1994.

Vivelo, Frank R.: *Cultural Anthropology Handbook. A Basic Introduction*. New York: McGraw-Hill 1978 (dt.: *Handbuch der Kulturanthropologie. Eine grundlegende Einführung*. Stuttgart: Klett-Cotta 1981).

Warburg, Aby: *Ausgewählte Schriften und Würdigungen*. Hg. v. Dieter Wuttke. Baden-Baden: Koerner 1979.

Weber, Max: »Die ›Objektivität‹ sozialwissenschaftlicher und sozialpolitischer Erkenntnis.« In: ders.: *Gesammelte Aufsätze zur Wissenschaftslehre*. Hg. v. Johannes Winckelmann. Tübingen: Mohr 1968 [1904], S. 146–214.

Wierlacher, Alois (Hg.): *Kulturthema Fremdheit. Leitbegriffe und Problemfelder kulturwissenschaftlicher Fremdheitsforschung*. München: Iudicium 1993.

Wierlacher, Alois/Stötzel, Georg (Hgg.): *Blickwinkel. Kulturelle Optik und interkulturelle Gegenstandskonstitution*. München: Iudicium-Verlag 1996.

Williams, Raymond: *The Sociology of Culture*. Chicago: University of Chicago Press 1981.

Winter, Carsten (Hg.): *Kulturwissenschaft. Perspektiven, Erfahrungen, Beobachtungen*. Bonn: ARCult Media 1996.

Winter, Rainer: *Die Kunst des Eigensinns. Cultural Studies als Kritik der Macht*. Weilerswist: Velbrück 2001.

Wulf, Christoph (Hg.): *Vom Menschen. Handbuch Historische Anthropologie*. Weinheim/Basel: Beltz 1997.

Wuttke, Dieter: *Dazwischen. Kulturwissenschaft auf Warburgs Spuren*. 2 Bde. Baden-Baden: Koerner 1996.

Yates, Frances: *The Art of Memory*. London: Routledge 1966 (dt.: *Gedächtnis und Erinnern. Mnemonik von Aristoteles bis Shakespeare*. Berlin: Deutscher Verlag der Wissenschaften 1990).

Zapf, Hubert: *Literatur als kulturelle Ökologie. Zur kulturellen Funktion imaginativer Texte an Beispielen des amerikanischen Romans*. Tübingen: Niemeyer 2002.

2. Die Autorinnen und Autoren

Corinna Albrecht, Studium der Germanistik, Volkskunde und Romanistik; 1989–1993 wissenschaftliche Assistentin im Fachgebiet Interkulturelle Germanistik an der Universität Bayreuth; Mitglied der Gesellschaft für interkulturelle Germanistik (GIG); Gründungsmitglied des Instituts für Internationale Kommunikation und auswärtige Kulturarbeit (IIK) Bayreuth e.V. Veröffentlichungen u. a.: *Fremdheitsbegriffe der Wissenschaften. Bericht über das Bayreuther Symposium zur Begründung einer interdisziplinären Fremdheitsforschung* (1992); *Auswahlbibliographie zur Grundlegung einer kulturwissenschaftlichen Fremdheitsforschung* (zus. mit Ulrich Bauer u. a., 1993); *Xenologische Jahresbibliographie* (1994 ff.); *Fremdgänge. Eine anthologische Fremdheitslehre* (Hg. zus. mit A. Wierlacher, 1995); *Vom Umgang mit Fremden* (zus. mit Yves Bizeul u. a., 1997); *Kulturwissenschaftliche Xenologie* (zus. mit A. Wierlacher, 2003).

Doris Bachmann-Medick, Studium der Germanistik, Geographie, Philosophie und Ethnologie; bis 1996 Mitarbeiterin im Sonderforschungsbereich »Die literarische Übersetzung« an der Universität Göttingen; Lehraufträge und Gastprofessuren an der University of Michigan/Ann Arbor, der Universität Potsdam und an der University of California/Los Angeles. Zahlreiche Veröffentlichungen in den Bereichen Literaturwissenschaft als Kulturwissenschaft, Literarische Anthropologie, Interkulturelle Literaturwissenschaft und Kulturtheorie, u. a.: *Kultur als Text. Die anthropologische Wende in der Literaturwissenschaft* (Hg., ²1998); *Übersetzung als Repräsentation fremder Kulturen* (Hg., 1997).

Moritz Baßler, Studium der Germanistik und Philosophie in Kiel, Tübingen und Berkeley; 1993 Promotion in Tübingen mit einer Arbeit über Unverständlichkeit in expressionistischer Kurzprosa, seit 1999 Assistent von Helmut Lethen am Lehrstuhl für Neueste deutsche Literatur der Universität Rostock. Zahlreiche Publikationen zur Literatur der Klassischen Moderne, der Gegenwart und zur Literaturtheorie, aber auch zu Storm, Goethe und Barocklyrik, u. a.: *Die Entdeckung der Textur. Unverständlichkeit in der Kurzprosa der emphatischen Moderne 1910–1916* (1994); *Der deutsche Pop-Roman* (2002); *Die kulturpoetische Funktion* (Habilitationsschrift, 2002).

Ute Daniel, Universitätsprofessorin für die Geschichte des 19. und 20. Jahrhunderts und die Geschichte der Frühen Neuzeit an der TU Braunschweig; Arbeitsschwerpunkte: Sozial-, Kultur- und Geschlechtergeschichte (18.–20. Jahrhundert) und Theorie/Methodologie der Geschichtswissenschaft. Veröffentlichungen u. a.: *Arbeiterfrauen in der Kriegsgesellschaft 1914–1918* (1989); *Hoftheater. Zur Geschichte des Theaters und der Höfe im 18. und 19. Jahrhundert* (1995); *Kompendium Kulturgeschichte. Theorien, Praxis, Schlüsselwörter* (³2002).

Astrid Erll, Studium der englischen und deutschen Philologie an der Justus-Liebig-Universität Gießen; Promotionsstipendiatin der Studienstiftung des deutschen Volkes; Beteiligung am Aufbau des Gießener Graduiertenzentrums Kulturwissenschaften (GGK); wissenschaftliche Mitarbeiterin am Institut für Anglistik der JLU Gießen; Promotion 2002; seit 2003 wissenschaftliche Mitarbeiterin am Sonderforschungsbereich »Erinnerungskulturen«. Veröffentlichungen zur Kulturgeschichte des Ersten Weltkriegs und zur deutschen und englischen Literatur und Erinnerungskultur der 1920er Jahre (u. a.: *Gedächtnisromane*, 2003), zur Literatur-, Gedächtnis- und Kulturtheorie sowie zur Narratologie.

Peter Finke, Studium der Philosophie, Biologie und Indogermanistik in Göttingen, Heidelberg und Oxford; 1976 Promotion; 1979 Habilitation; seit 1982 Professor für Wissenschaftstheorie und Biolinguistik an der Universität Bielefeld; seit 1995 Gregory-Bateson-Professor für Kulturökologie an der Privatuniversität Witten-Herdecke; viele Gastprofessuren; Gründungspräsident des Verbandes naturforschender Gesellschaften; Vorstandsmitglied der Vereinigung für Ökologische Ökonomie, member-elect des Global Challenges Network. Zahlreiche Buch-, Aufsatz- und Vortragsveröffentlichungen, zuletzt u. a. *Die Zukunft der Wissenschaft* (1997); *Die Nachhaltigkeit der Sprache* (2002); *Der Weg entsteht beim Gehen* (2003).

Renate Hof, Studium der Amerikanistik, Anglistik und Allgemeinen Sprachwissenschaften in München; Lehrtätigkeiten in München und Konstanz; seit 1993 Professorin für Amerikanische Literatur und Kultur an der Humboldt-Universität zu Berlin. Veröffentlichungen zu Nabokov und zur Erzähltheorie, zur feministischen Literaturwissenschaft und im Bereich der *Gender Studies* u. a.: *Gender Studien. Eine Einführung* (Mithg., 2000).

Jürgen Kramer, Studium der Anglistik und Germanistik in Marburg/Lahn; 1975 Promotion; 1980 Habilitation; 1975–1994 Fachvertreter für Englisch am Oberstufen-Kolleg des Landes NRW an der Universität Bielefeld; 1994–1997 Professor für Kulturstudien Großbritanniens an der Universität Leipzig; seit 1997 Professor für Anglistische Kulturwissenschaft und ihre Didaktik an der Universität Dortmund. Veröffentlichungen zur anglistischen Kulturwissenschaft u. a.: *Cultural and Intercultural Studies* (1990); *British Cultural Studies* (1997); Mithg. des *Journal for the Study of British Cultures* (1994 ff.).

Hans-Jürgen Lüsebrink, Professor für Romanische Kulturwissenschaft und Interkulturelle Kommunikation an der Universität Saarbrücken; Gastprofessuren u. a. an der Universität Laval (Québec), der École des Hautes Études en Sciences Sociales (Paris) sowie an den Universitäten Dakar (Senegal), Ouagadougou (Burkina Faso) und Dschang (Kamerun). Veröffentlichungen u. a.: *Landeskunde und Kulturwissenschaft in der Romanistik* (Hg. zus. mit Dorothee Röseberg, 1995); *Die französische Kultur – interdisziplinäre Annäherungen* (Hg., 1999); *Einführung in die Landeskunde Frankreichs* (2000).

Harald Neumeyer, Studium der Germanistik, Philosophie, Romanistik und Politik in Heidelberg, Göttingen, Madrid und Freiburg; seit 2000 Akademischer Rat am Institut für Neuere Deutsche Literaturwissenschaft an der Universität Bayreuth. Monographien zu *Musensohn und Wanderlied um 1800* (1995 mit Heinrich Bosse) und zum *Flaneur. Konzeptionen der Moderne* (1999); Herausgabe des Sammelbandes *Kunst und Wissenschaft um 1800* (2000 mit Thomas Lange). Aufsätze v.a. zum Verhältnis von Humanwissenschaft und Literatur um 1800, zur Ästhetik der Romantik, zur Literatur des 20. Jahrhunderts sowie zur Literatur- als Kulturwissenschaft.

Ansgar Nünning, seit 1997 Professor für Englische und Amerikanische Literatur- und Kulturwissenschaft an der Justus-Liebig-Universität Gießen; Direktor des Gießener Graduiertenzentrums Kulturwissenschaften (GGK); Sprecher des Graduiertenkollegs »Klassizismus und Romantik im europäischen Kontext«; Projektkoordinator des internationalen Promotionsstudiengangs »Literatur- und Kulturwissenschaft« und Teilprojektleiter im SFB »Erinnerungskulturen«. Zahlreiche Veröffentlichungen im Bereich der anglistischen Literatur- und Kulturwissenschaft sowie der Literaturtheorie, u. a.: *Von historischer Fiktion zu historiographischer Metafiktion* (1995); *Literaturwissenschaftliche Theorien, Modelle und Methoden* (1995, ^{3}1998); *Metzler Lexikon Literatur- und Kulturtheorie* (1998, ^{2}2001).

Vera Nünning, Studium der Anglistik, Geschichte und Pädagogik in Köln; Promotion im Fach Anglistik, Habilitation in neuerer Geschichte; 2000–2002 Professorin für Anglistische Literatur- und Kulturwissenschaft an der Technischen Universität Braunschweig; seit 2002 Professorin für Anglistische Literaturwissenschaft an der Universität Heidelberg. Zahlreiche Veröffentlichungen zur Englischen Literatur und Kultur des 18. bis 20. Jahrhunderts, u. a.: *Die Ästhetik Virginia Woolfs* (1990); *Catherine Macaulay und die politische Kultur des englischen Radikalismus* (1998); *Der englische Roman des 19. Jahrhunderts* (2000).

Claus-Michael Ort, Studium der Neueren deutschen Literatur, Soziologie und Neueren Geschichte in München; 1999 Habilitation an der Christian-Albrechts-Universität zu Kiel; dort Privatdozent für Neuere deutsche Literaturwissenschaft. Veröffentlichungen zur Literatur vom 17. bis zum 20. Jahrhundert, zur Sozialgeschichte der Literatur und zur literaturwissenschaftlichen Methodologie und Theorie, u. a.: *Zeichen und Zeit. Probleme des literarischen Realismus* (1998); »Sozialgeschichte der Literatur und die Probleme textbezogener Literatursoziologie – anläßlich von Kafkas ›Das Urteil‹«. In: O. Jahraus u. a. (Hg.): *Kafkas »Urteil« und die Literaturtheorie. Zehn Modellanalysen* (2002); *Medienwechsel und Selbstreferenz. Christian Weise und die literarische Epistemologie des späten 17. Jahrhunderts* (2003).

Roland Posner, Studium der Philosophie, vergleichenden Literaturwissenschaft, Linguistik und Kommunikationstheorie an den Universitäten Bonn, München und Berlin; seit 1975 ordentlicher Professor für Linguistik und Semiotik an der TU Berlin; Gründungspräsident (1978–1981) der Deutschen Gesellschaft für Semiotik (DFS); seit 1994 Präsident der »International Association for Semiotic Studies« (IASS); Gründer und Herausgeber der *Zeitschrift für Semiotik* (seit 1979); Autor zahlreicher Bücher und Abhandlungen zur Linguistik, Semiotik, Sprachphilosophie, Wissenschaftstheorie und Kulturanalyse; Herausgeber von über 200

Bänden zu diesen Themen, u. a.: *Warnungen an die ferne Zukunft: Atommüll als Kommunikationsproblem* (1991); *Semiotik: Ein Handbuch zu den zeichentheoretischen Grundlagen von Natur und Kultur* (in drei Bänden, zus. mit K. Robering und T. A. Sebeok, 1997 ff.); genaueres unter http://ling.kgw.tu-berlin.de/semiotik/welcomeindex.htm

Siegfried J. Schmidt, Studium der Philosophie, Germanistik, Linguistik, Geschichte und Kunstgeschichte in Freiburg, Göttingen und Münster; 1966 Promotion; 1968 Habilitation für Philosophie; 1971 Professor für Texttheorie an der Universität Bielefeld; 1973 dort Professor für Theorie der Literatur; seit 1979 Professor für Germanistik/Allgemeine Literaturwissenschaft an der Universität Siegen; ab 1984 Direktor des Instituts für Empirische Literatur- und Medienforschung (LUMIS) an der Universität Siegen, 1997 Professor für Kommunikationstheorie und Medienkultur an der Universität Münster. Veröffentlichungen u. a.: *Die Zähmung des Blicks. Konstruktivismus – Empirie – Wissenschaft* (1998); *Kalte Faszination MedienKulturWissenschaft in der Medienwissenschaft* (2000); *Orientierung Kommunikationswissenschaft* (zus. mit G. Zurstiege, 2000).

Wilhelm Voßkamp, Studium der Germanistik, Philosophie und Geschichte in Münster, München, Göttingen und Kiel; seit 1972 Professor für Literaturwissenschaft in Bielefeld; seit 1987 Professor für Neuere Deutsche Literatur und Allgemeine Literaturwissenschaft an der Universität zu Köln. Zahlreiche Veröffentlichungen zur Romantheorie und Romangeschichte, Utopieforschung, Theorie und Geschichte der Literaturwissenschaft und Medienkulturforschung.

Alois Wierlacher, Studium der Germanistik, Geschichte und Philosophie; bis zur Pensionierung im Herbst 2001 Professor für Interkulturelle Germanistik an der Universität Bayreuth; Gründer und Hauptherausgeber des *Jahrbuchs Deutsch als Fremdsprache*; 1984–1994 Vorstandsmitglied der GIG, Honorarprofessor an der Universität Karlsruhe, mehrere Gastprofessuren an ausländischen Universitäten; langjährige Mitwirkung in Beratungsgremien des Goethe-Instituts InterNationes, des Wissenschaftsrats, der Volkswagen-Stiftung etc. Veröffentlichungen u. a.: *Fremdsprache Deutsch. Grundlagen und Verfahren der Germanistik als Fremdsprachenphilologie* (Hg., 1980); *Das Fremde und das Eigene* (Hg., 1985, ^{4}2000); *Perspektiven und Verfahren interkultureller Germanistik* (Hg., 1987); *Vom Essen in der deutschen Literatur* (1987); *Kulturthema Fremdheit* (Hg., 1993, ^{2}2001); *Kulturthema Toleranz* (Hg., 1996); *Blickwinkel* (Hg. zus. mit Georg Stötzel, 1996); *Handbuch interkulturelle Germanistik* (Hg., 2003).

Winter, Rainer, Studium der Psychologie (Diplom), Philosophie, Soziologie (Magister, Promotion, Habilitation); seit 2002 Professor für Medien- und Kulturtheorie und Vorstand des Instituts für Medien- und Kommunikationswissenschaft der Universität Klagenfurt. Aktuelle Veröffentlichungen: *Die Kunst des Eigensinns. Cultural Studies als Kritik der Macht* (2001); *Die Werkzeugkiste der Cultural Studies. Perspektiven, Anschlüsse und Interventionen* (Mithg., 2001); *Global America? The Cultural Consequences of Globalization* (Mithg., 2003).

3. Personenregister